O Caibalion para Bruxos

IMMANIS FORTUNA VOLUBILIS SEMPER

Claudiney Prieto

Rituais, Magia e Bruxaria à Luz dos 7 Princípios Herméticos

O Caibalion para Bruxos

ARDANE

Publicado em 2023 pela Editora Ardane

Editor Responsável: Claudiney Prieto
Coordenação Editorial: Luciana Papale
Capa: Ardane Books
Revisão: Papale's Editorial
Diagramação: Lara Design Editorial

DADOS INTERNACIONAIS DE CATALOGAÇÃO NA PUBLICAÇÃO (CIP)
CÂMARA BRASILEIRO DO LIVRO, SP, BRASIL

P 949 Prieto, Claudiney
Caibalion para Bruxos: Rituais, Magia e Bruxaria à Luz dos 7 Princípios Herméticos
Claudiney Prieto – 1ª edição – São Paulo: Editora Ardane, 2023.

ISBN 978-65-85370-22-6

1.Wicca. 2. Bruxaria 3. Esoterismo. 4. Magia 5. Hermetismo I. Título.

CDD 133.43
CDU 133,4

EDITORA ARDANE
www.ardane.com.br
Fone: (11) 97774-4013
E-mail: contato@ardane.com.br
Instagram: @ardanebooks

AGRADECIMENTOS

Escrever é uma obra alquímica. Neste livro de palavras e saberes, algumas pessoas se tornaram elementos vitais. É com profundo respeito e gratidão que invoco seus nomes e celebro suas contribuições:

A Lilian Dionysia e Giovani das Graças (@ajnaeditora), por me fornecerem a Prima Materia. Sua tradução de *O Caibalion* serviu como a pedra fundamental, o alicerce sobre o qual este livro foi erguido, refletindo as verdades eternas.

Ao Yuri Mocellin (@alquimia.das.artes), por ter sido o Enxofre ao capturar a essência ardente desta obra e acender o interesse e o desejo dos futuros leitores no comentário da quarta capa. Sua habilidade em destilar o espírito do livro em poucas, mas poderosas palavras, foi um ato de pura transformação alquímica.

Ao Léo Lousa (@cdhoficial), por ter sido o Mercúrio, oferecendo por meio do Prefácio perspectivas que conectam o espiritual e o material, abrindo caminhos para uma compreensão mais rica da obra e por moldar a percepção inicial do leitor.

E à Luciana Papale (@papales_editorial), a incansável alquimista das palavras, por ser o Sal alquímico ao dar forma e substância a este trabalho. Sua dedicação na revisão e lapidação dos textos tem a capacidade de transformar o chumbo da matéria bruta no ouro de um livro finalmente acabado.

Cada um de vocês foi parte vital para a criação deste livro. Sua colaboração, sabedoria e apoio foram cruciais para a realização desta obra. E assim, selo esses agradecimentos com o famoso adágio alquímico que diz:

Aurum Nostrum Non Est Aurum Vulgi

Dedicatória

À memória imortal de Hipátia de Alexandria, farol de sabedoria em tempos de escuridão, cujo espírito indomável e busca incansável pelo conhecimento ecoam através dos séculos. Que ela mantenha viva em nós a luz da sabedoria que acendeu em uma época onde poucos ousavam buscar a verdade. Nestes tempos de obscurantismo, em que as sombras da ignorância ameaçam ofuscar o brilho da razão, precisamos como nunca de sua luz!

SUMÁRIO

PREFÁCIO

É com enorme prazer e um sentimento de profundo respeito que me debruço sobre as páginas desta obra singular, *O Caibalion para Bruxos*. Com uma análise meticulosa e criteriosa do livro *O Caibalion*, contextualizando suas leis herméticas no vasto universo da Bruxaria, da Wicca e do Paganismo em geral, esta obra é, sem dúvida, um marco para os praticantes e estudiosos dessas Tradições, oferecendo uma perspectiva inovadora que interliga esses princípios antigos à luz da ciência moderna.

Claudiney Prieto, com sua habilidade única e erudição, explica, mas também expande o entendimento das leis herméticas, demonstrando sua aplicabilidade prática e sua relevância no dia a dia dos praticantes de Magia. O autor nos guia por uma jornada que revela como esses princípios milenares continuam vivos e eficazes, influenciando práticas contemporâneas.

O Hermetismo, assunto amplamente estudado nesta obra, é uma filosofia. Esta afirmação diz muito sobre seu significado, e, principalmente, sobre o que o Hermetismo deveria ser no meio esotérico. Diferentemente de uma religião que se baseia na fé, enquanto filosofia, o Hermetismo propõe reflexões e uma investigação do mundo. Entretanto, por tratar de questões metafísicas, vai além da observação da existência do Ser: o Hermetismo busca a compreensão da consciência divina e como ela habita dentro e fora de cada ser humano.

Não se faz uma boa religião, ordem ou escola iniciática sem filosofia como base. Neste ponto, é o Hermetismo que se apresenta como uma das principais influências no Ocidente quando falamos destes assuntos. Com o seu entendimento de que o Universo é mental e de que tudo que pode ser imaginado, pode, em algum nível, ser criado, é impossível não pensarmos em Magia e rituais mágicos quando falamos em criar nossa realidade através de nossos pensamentos e vontades.

Nasce com o Hermetismo o pensamento hermético mágico, que é mais amplo do que a filosofia original e, dessa maneira, com a criação do adjetivo hermético, novas escolas esotéricas passam a existir sob os véus do que é fechado e ensinado apenas aos iniciados.

O Hermetismo é responsável por muito do que estudamos no Ocidente em termos esotéricos e, a partir dele, gerando novas formas de práticas mágicas, como a Alquimia hermética, a Kabbalah hermética, a Astrologia hermética e a Magia hermética, só para citar alguns exemplos.

No século 19, com o surgimento da Ordem Hermética da Aurora Dourada, a Golden Dawn, o Ocultismo se popularizou, assim como o Hermetismo. Isso acabou influenciando a criação de ordens posteriores como a Ordo Templi Orientis, a Astrum Argentum e algumas ordens Rosacruzes hermetistas. Podemos até dizer que, através de Gardner, um grande estudioso dessas Tradições, isso também influenciou a criação da Religião da Deusa: a Wicca.

Publicado em 1908, *O Caibalion*, um livro de pouco mais de cem páginas, ressoou com seus ensinamentos ao longo do século 20, continuando, com a mesma premissa, no século 21. *O Caibalion* oferece uma abordagem mais simplificada do Hermetismo, tornando esta filosofia mais acessível e prática.

Até então, tínhamos acesso as leis herméticas por textos mais complexos, como o *Corpus Hermeticum* e os *Papiros Mágicos Gregos*, vindo *O Caibalion* com a proposta de facilitar o entendimento para as pessoas que buscam compreender as leis do Universo e como elas se manifestam.

A verdade é que pouco aprendemos de filosofia em nossa vida escolar, e isso acaba nos afetando ao ponto de não recebermos as melhores ferramentas para entendê-la. Com o Hermetismo acontecia a mesma coisa, porque, com exceção dos “Grandes Magos” do passado, que tinham tempo e recursos para viverem pesquisando e praticando esses assuntos, nós, em nossas vidas corridas, mal temos tempo para assuntos cotidianos. Este é o grande mérito do Caibalion: simplificar e tornar acessível o Hermetismo. Não é à toa que esse livro se tornou a porta de entrada para assuntos esotéricos e herméticos para muitas pessoas no mundo todo.

Entretanto, de maneira mais generalista, a filosofia não propõe práticas. O próprio Caibalion é um exemplo de um bom livro para decifrar os mistérios do Hermetismo, mas com poucas sugestões de praticidade, como rituais ou exercícios mágicos. E ouso ir além: mesmo procurando simplificar, ele ainda é complexo para nós em vários aspectos.

Eu sempre acreditei que a prática desbloqueia qualquer amarra que possamos ter em relação ao que é complexo. Precisamos da prática para nos descobrirmos, para nos autoconhecermos, para sabermos quem somos e qual nosso papel no mundo e no universo mental que se apresenta diante de nós. Essa é uma das essências do bom hermetista.

É neste ponto, caro leitor, que se este livro chegou até você. Uma oportunidade única de entender melhor muitas das práticas herméticas com uma visão toda especial voltada à Bruxaria.

Este livro é uma obra extensa e cuidadosamente elaborada, que busca não só ensinar, mas também inspirar. É um convite para explorar as profundezas da sabedoria oculta, abrindo portas para um conhecimento que tem sido a base da prática mágica ao longo dos séculos.

O autor, amigo de longa data, um estudioso voraz das teorias e práticas esotéricas e religiosas, é um exemplo raro das vozes que vão a fundo nesta temática. Este livro, com seus comentários e sugestões de práticas, é fruto da capacidade rara que Claudiney Prieto tem de se manter fiel ao que prega o Hermetismo em sua essência: conhecimento sem prática não leva à sabedoria.

Se você é praticante de Magia e Bruxaria, ou ambos, este livro é imprescindível para uma melhor compreensão das leis herméticas propostas no Caibalion. Este é o grande presente desta obra: uma boa teoria com comentários certeiros para Bruxas e Bruxos (e por que não, Magos?), com rituais práticos para sentir o Hermetismo dentro da Bruxaria de forma viva.

Aqueles que vivem a Bruxaria e a Wicca, mas desconhecem o Hermetismo, vão descobrir ferramentas maravilhosas para incrementar suas práticas na Arte. Para quem já conhece o Hermetismo, vai descobrir neste livro formas de praticá-lo através da Magia.

O Hermetismo e a Bruxaria vivem. Nesta leitura, eu senti que o sangue dessas Tradições fluiu e correu magicamente por mim. Espero que você também sinta a magia correndo em suas veias.

Enquanto prefaciador, sinto-me honrado por ter a oportunidade de introduzir uma obra que certamente se tornará uma referência indispensável para aqueles que procuram compreender e aplicar os ensinamentos herméticos em todas as suas práticas mágicas. *O Caibalion para Bruxos* é mais do que um livro; é um portal para um mundo onde a Magia e o Conhecimento caminham lado a lado.

LÉO LOUSADA

Léo Lousada é um dos mais proeminentes expoentes do Ocultismo no Brasil. Iniciado na Ordem DeMolay, por anos continuou trilhando por esse caminho, passando por ordens como a AMORC, a SCA e a Sirius-Gaia. Também foi iniciado em escolas de mistérios no Druidismo Galício e em Tradições Kabbalistas, como a do Hassidismo, de Baal Shem Tov. Ao lado de Bruno Lanaro, Léo Lousada apresenta o canal "Conhecimentos da Humanidade" no Youtube, explorando temas como história, religião, mitologia, magia e psicologia.

Serpens et Bufo gradiens sup terrā, Aquila
volans, est nostrū Magisteriū.

PALAVRAS INICIAIS

Hermetismo, uma palavra que imediatamente evoca mistérios, segredos e ensinamentos esotéricos, é um sistema metafísico que se tornou a base para muitas escolas esotéricas e ocultistas. Segundo a Tradição, essas ideias herméticas remontam ao antigo Egito e são atribuídas a Hermes Trismegisto, também conhecido como "Hermes, o Três Vezes Grande". Este notável indivíduo foi associado a deidades de sabedoria de diversas culturas: pelos egípcios com Thoth, pelos gregos com Hermes e pelos romanos com Mercúrio. Supostamente, os ensinamentos herméticos foram registrados em um corpo vasto de literatura, o *Corpus Hermeticum*.

A tragédia do incêndio na Biblioteca de Alexandria marcou a perda de uma quantidade incalculável de conhecimento, incluindo muitos textos herméticos. No entanto, mesmo diante desse desastre, quarenta e dois textos herméticos foram preservados e atravessaram as eras até chegar aos nossos dias. Durante o Renascimento, uma época de redescobertas, esses textos foram trazidos à luz novamente e, por um momento, acreditou-se que sua origem realmente se encontrava na antiguidade egípcia e que Hermes Trismegisto fora uma figura histórica real.

Porém, em 1614, a perspectiva sobre o Hermetismo sofreu um revés. O filólogo suíço Isaac Casaubon analisou os textos e concluiu, com base em seu estilo linguístico, que datavam do século 2 da EC. A argumentação de Casaubon girava em torno do estilo grego evidente nos textos, contrapondo-se à ideia de que seriam escritos de um Sacerdote egípcio antigo.

Posteriormente, Ralph Cudworth apontou falhas na metodologia de Casaubon. Ele argumentou que o simples fato de os textos terem um estilo grego não negava a possibilidade de que as ideias contidas neles tivessem origem nas Tradições egípcias. Cudworth também argumentou que, na antiguidade, o conceito de autoria estava mais relacionado à origem das ideias do que ao autor físico do manuscrito. De fato, estudos subsequentes encontraram elementos egípcios nos textos herméticos em uma extensão muito maior do que se supunha anteriormente.

Ao considerarmos a influência helenística no Egito após Alexandre, o Grande, é provável que ensinamentos das Escolas de Mistérios egípcias tenham sido estudados e reescritos por eruditos gregos. Com o trágico incêndio da Biblioteca de Alexandria, onde grande parte do conhecimento escrito do Egito estava armazenado, a ideia de que os textos herméticos atuais sejam versões gregas do material original ganha força.

E é neste contexto que surge uma pista fascinante: *O Caibalion*, um documento hermético, publicado em 1908 pela Loja Maçônica de Chicago. Embora suas origens sejam envoltas em mistério, devido ao caráter secreto da sociedade que o produziu, o Caibalion resume fielmente a filosofia hermética antiga em 7 princípios fundamentais. Mais impressionante ainda é como seus conceitos encontram paralelos precisos com a Física moderna. No entanto, esses paralelos só se tornam evidentes quando a física é interpretada dentro de uma ontologia da mente, desafiando o materialismo que permeia grande parte da Ciência Moderna.

O Caibalion lançou uma onda de iluminação espiritual que ecoa até os tempos modernos. Uma joia da literatura hermética, que se baseia nos ensinamentos de Hermes Trismegisto, a lendária figura que se entrelaça com as Tradições gregas e egípcias. Assim, o Caibalion é um manual moderno dos ensinamentos do Hermetismo, uma filosofia espiritual que remonta à antiguidade. Seu texto oferece orientações práticas sobre como compreender e aplicar princípios místicos na vida cotidiana.

Embora muito tenha se questionado sobre a verdadeira identidade do autor desse livro, hoje sabemos que a mente por trás dessa obra-prima foi William Walker Atkinson (1862-1932)[1], um influente líder do Movimento do Novo Pensamento. Sob variados pseudônimos, Atkinson, o advogado, comerciante, editor e escritor americano lançou diversas obras. Foram mais de 100 livros que moldaram o pensamento espiritual de sua época. Na virada do século 19 para o século 20, após uma série de fracassos empresariais e problemas pessoais, Atkinson teve um profundo interesse espiritual e começou a estudar os princípios do Novo Pensamento, um movimento espiritual centrado na Lei da Atração e no poder do pensamento positivo. Isso o levou a escrever extensivamente sobre assuntos como poder mental, autoajuda e espiritualidade. Sob o pseudônimo dos "Três Iniciados", ele foi autor do Caibalion, que se tornou um influente livro para o mundo esotérico, apresentando uma interpretação moderna de ensinamentos herméticos baseados

1 Há quem advogue que *O Caibalion* foi escrito por Paul Foster Case, Michael Witty e William Walker Atkinson, daí a assinatura de "Os Três Iniciados" na autoria da obra.

nas escrituras atribuídas ao Deus egípcio Thoth (conhecido como Hermes Trismegisto na Tradição grega). Apesar de sua origem moderna, a autoria real do Caibalion se torna irrelevante diante da magnitude e do impacto das palavras contidas no livro. Essa obra reverberou pelos corredores do tempo e se posicionou como um farol luminoso no cenário esotérico. Ao transcender sua era, esse livro apresentou ao mundo uma visão atualizada dos ensinamentos herméticos, fornecendo-nos o ensinamento inspirador de que a verdadeira sabedoria não está ligada à identidade, mas à capacidade de uma mensagem ressoar ao longo dos tempos, tocando corações e despertando mentes, independentemente de sua origem. A linguagem original do livro, no entanto, pode ser desafiadora para o leitor moderno devido ao seu estilo datado e, às vezes, enigmático.

Os princípios herméticos oriundos de Hermes Trismegisto são rodeados por controvérsias e mistérios. Seus ensinamentos foram tão revolucionários, que ele foi associado a Hermes, o mensageiro Divino da mitologia grega, e a Thoth, o Deus egípcio da escrita e do misticismo. O título "Trismegisto" sugere grandiosidade, mas seu significado exato e as atribuições para o título são incertos.

A cronologia exata e a vida de Hermes Trismegisto são temas de debate entre os estudiosos. Alguns acreditam que ele viveu durante o tempo de Abraão, enquanto outros argumentam que foi contemporâneo de Moisés. Um exemplo é a controvérsia sobre a autenticidade da Tábua de Esmeralda, frequentemente atribuída a Hermes, e que contém a famosa frase "como acima, é abaixo".

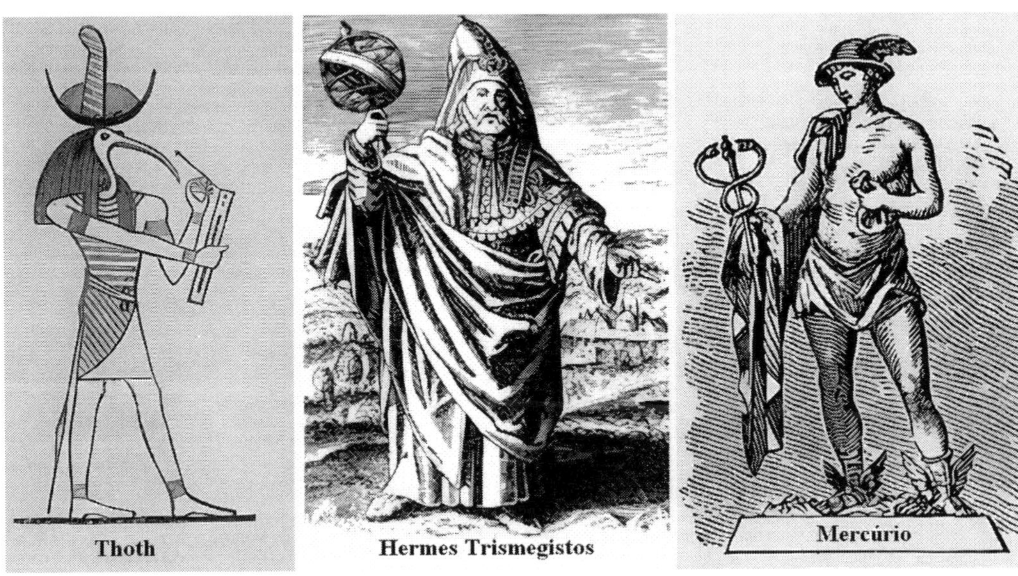

Hermes Trismegisto é uma figura mítica frequentemente considerada uma combinação do Deus grego Hermes e do Deus egípcio Thoth, ambos conectados com a sabedoria, escrita, magia e ciência, entre outras coisas. A expressão "Trismegisto", do grego antigo **Τρισμέγιστος** *(Trismegistus, "três vezes grande"), de τρῐ́ς (trís, "três vezes") + μέγιστος (mégistos, "o maior"), é usada para enfatizar a grande sabedoria e poder atribuídos a esta figura, refletindo um status quase divino na antiga filosofia e nas Tradições místicas.*

Por causa dessas controvérsias e da profundidade de seus ensinamentos, a filosofia hermética foi muitas vezes ensinada em segredo. Apenas iniciados tinham acesso a esses princípios, que eram transmitidos verbalmente. Esses saberes encontraram caminho em Tradições judaicas místicas e na filosofia gnóstica. Durante a Idade Média e o Renascimento, o Hermetismo e a Alquimia ganharam popularidade, no entanto, a perseguição religiosa fez com que muitos Hermetistas estudassem esses ensinamentos em segredo, o que deu origem à expressão "hermeticamente selado" em voga até hoje para representar algo devidamente fechado ou guardado.

O termo *Caibalion* refere-se à tradição oral dos princípios herméticos. Como um apanhado geral dos ensinamentos que foram transmitidos oralmente por muito tempo e registrados em forma escrita por meio dessa importante obra, o Caibalion é uma síntese valiosa desses saberes para leitura e aplicação prática. O livro conquistou reputação como uma obra significativa no âmbito da interpretação hermética moderna. Apesar de ser breve, o texto oferece uma visão concisa de 7 Princípios escolhidos do antigo pensamento hermético. Leitores que estão familiarizados com a Bruxaria Moderna e outros sistemas mágicos provavelmente identificarão afinidades esotéricas com esses princípios dentro de suas próprias estruturas filosóficas.

As sete leis universais apresentadas no Caibalion têm raízes em Tradições místicas antigas, mas também encontram ressonância nos ensinamentos contemporâneos da época, que são:

- **Mentalismo**: o Universo é mental.
- **Correspondência**: como acima, é abaixo.
- **Vibração:** tudo está em constante movimento.
- **Polaridade:** tudo possui opostos.
- **Ritmo:** tudo flui e reflui.
- **Causalidade:** toda ação tem uma reação.
- **Gênero**: todas as coisas têm energias masculinas e femininas.

Com seu conteúdo profundo, o livro se tornou uma ponte entre sabedorias ancestrais e o movimento transcendentalista contemporâneo, inspirando uma nova geração de pensadores e ensinamentos.

Para os Bruxos, assim como para muitos praticantes das artes mágicas e esotéricas, o entendimento das forças universais é fundamental. Neste contexto, o Caibalion, com suas raízes na sabedoria hermética, desempenha um papel crucial. Assim, vamos explorar a relevância deste livro para aqueles que trilham o caminho da Magia e do Ocultismo.

As Sete Leis Universais delineadas no Caibalion fornecem uma base sobre a qual muitas práticas mágicas são construídas. Compreender essas leis permite que o Bruxo trabalhe em harmonia com as forças naturais, ampliando sua capacidade de manifestação e intenção mágica.

Por meio da internalização dos princípios herméticos, os Bruxos podem obter maior autoconsciência, equilíbrio e crescimento espiritual, elementos vitais para qualquer um que busque a maestria nas artes mágicas. Para muitos Bruxos, a conexão com o passado e com as Tradições ancestrais é fundamental e o Caibalion oferece uma janela para os antigos ensinamentos de Hermes Trismegisto. Ao compreender as leis do Mentalismo, da Vibração e da Correspondência, por exemplo, os Bruxos podem aperfeiçoar suas habilidades intuitivas e psíquicas, tornando-se mais sintonizados com o mundo invisível ao seu redor.

Muitos Bruxos contemporâneos buscam maneiras de integrar práticas ancestrais com conceitos modernos. O Caibalion, com sua fusão de sabedoria antiga e o Novo Pensamento do início do século 20, oferece um caminho para esta integração. Não se trata apenas de um livro de Princípios, mas também de um livro de Mistérios. Para os Bruxos, mergulhar nestes ensinamentos pode ser uma jornada de descoberta, revelando camadas mais profundas de conhecimento oculto a cada leitura destes princípios.

Em resumo, para os Bruxos, o Caibalion é mais do que um simples livro: é uma bússola, uma chave, um espelho. Ele orienta, desbloqueia portas ocultas e reflete as verdades universais que residem no coração de todos os praticantes mágicos. Como todas as grandes obras esotéricas, seu valor só aumenta com o tempo e a dedicação do leitor. Em uma era onde várias Tradições místicas se entrelaçam e se influenciam mutuamente, o Caibalion serve como um ponto de convergência, permitindo aos Bruxos integrarem diferentes perspectivas em sua prática.

A busca pela sabedoria é um eco constante ao longo dos corredores do tempo. Para os Bruxos, este eco se amplifica, transformando-se em um clamor pela compreensão das forças místicas e ocultas que permeiam nossa existência. Em *O Caibalion*, encontramos um guia que não apenas ilumina, como também desvela os mistérios dessas forças.

A simbiose entre os princípios herméticos delineados nessa obra ressoa como uma sinfonia. Cada princípio, do Mentalismo ao Gênero, não é apenas uma nota isolada, mas uma melodia que, quando compreendida, pode harmonizar a prática mágica do Bruxo com o ritmo da vida.

Portanto, à medida que nos aprofundamos nas raízes do Hermetismo, somos continuamente desafiados a reconsiderar nossas concepções de história, conhecimento e realidade. E, embora nunca possamos saber toda a verdade sobre Hermes Trismegisto e os ensinamentos herméticos, é evidente que essas Tradições antigas ainda têm muito a revelar sobre a natureza da existência e do conhecimento humano.

Na trajetória do conhecimento humano, há momentos em que a ciência e a filosofia encontram-se em encruzilhadas, onde a divisão entre o empiricamente verificável e o metafisicamente ponderável se torna tênue. É exatamente neste limiar que o Hermetismo, uma Tradição antiga de sabedoria, encontra sua relevância contemporânea, não como mero simbolismo esotérico, mas como um mapa de compreensão.

Quando esses princípios herméticos se tornam compreensíveis, surge uma oportunidade de reinterpretar uma série de conceitos ocultos, paranormais e até religiosos. Dentro deste novo quadro, essas ideias não são mais vistas como misteriosas ou esotéricas. Elas não estão além do domínio da razão e não são insondáveis para a mente humana. Ao contrário, elas podem se encaixar muitas vezes até mesmo dentro de uma compreensão científica do mundo. Como afirmado no Caibalion:

> "Os Princípios da Verdade são Sete; aquele que os conhece, de maneira compreensível, possui a Chave Mágica que abre todas as Portas do Templo."

Ao explorar esses princípios, torna-se evidente que eles não são entidades isoladas umas das outras. Eles estão interconectados, construindo-se mutuamente em uma estrutura coesa. Cada princípio contribui para a formação de um todo integrado, revelando completamente o Hermetismo à luz da Bruxaria e vice-versa.

Ao entender o conceito de que o "Todo é mente", um Bruxo se torna consciente do poder de suas intenções e pensamentos. Este Princípio do Mentalismo se alinha com a essência da Magia, quando a vontade molda a realidade. Da mesma forma, ao abraçar a lei da Correspondência "como acima, é abaixo", o Bruxo é constantemente lembrado da conexão intrínseca entre o Cosmos e o eu, permitindo uma prática mágica que está em sintonia com o Universo.

A Alquimia, com seu objetivo de transformação, encontra ecos nos ensinamentos do Caibalion. A transformação alquímica não é apenas sobre transmutar substâncias ou alterar realidades externas; é sobre refinar a essência interior, alcançando um estado elevado de consciência e entendimento. Com essa obra, os Bruxos podem encontrar caminhos para aprimorar seu trabalho mágico, alinhando-se mais estreitamente com os Mistérios do Universo e com a transformação alquímica interior.

Em sua essência, o Caibalion não é apenas um livro de sabedoria esotérica, mas uma lanterna para os Bruxos, que ilumina e desbloqueia portas ocultas e revela caminhos até então escondidos. Para aqueles que buscam aprofundar sua prática mágica e compreender as forças que movem o Cosmos, esta reinterpretação moderna de antigos textos herméticos pode se tornar um companheiro inestimável na jornada espiritual.

O termo "vitriol" na Alquimia, usado para se referir a uma fórmula mnemônica que se traduz em: ***"Visita Interiora Terrae Rectificando Invenies Occultum Lapidem"****, que pode ser livremente traduzido como "Visite o interior da Terra; retificando (purificando), você encontrará a pedra escondida", é uma fórmula que sugere uma introspecção para encontrar a "Pedra Filosofal". Isso ressoa com os princípios herméticos que também incentivam a autoexploração interna para a transformação pessoal.*

Ao se aventurar pelas páginas deste livro que se encontra agora em suas mãos, você não estará apenas embarcando em uma jornada através do tempo e explorando a sabedoria imortal do Caibalion, mas também mergulhando nas profundezas místicas da Bruxaria e do Paganismo. Esta obra foi cuidadosamente estruturada para oferecer uma experiência única, uma dança harmoniosa entre o antigo e o contemporâneo, o esotérico e o prático, para ampliar a visão e a experiência espiritual dos Bruxos modernos.

Na jornada que proponho neste livro, você encontrará tanto os textos originais do Caibalion quanto minhas próprias reflexões e interpretações dos princípios herméticos sob a luz da Wicca. Para os propósitos deste livro, optei por não aprofundar as divisões conceituais entre os termos "Wicca" e "Bruxaria". Em diversos momentos, utilizarei as duas terminologias de forma intercambiável, considerando-as como sinônimas. No entanto, reconheço que, em certos contextos e para algumas interpretações pessoais, podem existir nuances distintas entre ambas as terminologias. Encorajo o leitor a buscar fontes adicionais caso deseje uma análise mais detalhada sobre as variedades de interpretações e especificidades para cada termo.

Para garantir uma leitura clara e sem confusões, gostaria de enfatizar que na primeira parte deste livro, denominada como Ratio Hermetica, após cada capítulo do Caibalion, inseri meus comentários e análises de cada princípio hermético à luz da Bruxaria. Esta estrutura foi pensada cuidadosamente para enriquecer sua compreensão sobre como estas duas Tradições se entrelaçam e se complementam. Além disso, fiz questão de distinguir visualmente meus escritos dos trechos originais do Caibalion, empregando páginas em tons de Cinza que separam o conteúdo original do meu próprio. Assim, a todo momento, o leitor terá total clareza sobre o que é proveniente da obra original e o que é reflexo de minha interpretação e entendimento dos 7 Princípios Herméticos.

Portanto, em cada seção deste livro, serão apresentados, em primeiro lugar, os textos originais do Caibalion. Estes trechos atemporais, carregados de profundidade e entendimento, oferecem uma interpretação moderna do pensamento hermético clássico que tem resistido ao teste do tempo. Logo após, você encontrará uma análise ampla e meticulosa destes escritos, vista através da lente da Bruxaria. Isso tem o objetivo de criar pontes entre o conhecimento ancestral hermético e as práticas e crenças mágicas contemporâneas. Estas seções de análise servirão como ampliações dos conceitos, explorando nuances e perspectivas que, embora não explicitamente abordadas no Caibalion, são intrínsecas ao universo da Bruxaria. Estas explanações serão imediatamente seguidas por uma seção distintiva que procura analisar os princípios da obra à luz do que eu chamo de "Ciência da Bruxaria", que visita possíveis pontes entre a Ciência e o espiritual ou místico. Na Bruxaria, enquanto a repetibilidade exata pode não ser possível devido à natureza individualizada da prática, muitos Bruxos ainda assim baseiam seus experimentos em resultados anteriores e ajustam seus métodos com base na experiência. Estas partes do livro não possuem a pretensão de transfigurar os princípios herméticos em conceitos estritamente científicos. Ao contrário, visa estabelecer possíveis paralelos e interseções entre os princípios apresentados no Caibalion e as contemporâneas teorias científicas, funcionando como um paramento reflexivo. Quando menciono "Ciência da Bruxaria", estou me referindo a um esforço intelectual e espiritual contínuo e dinâmico que busca construir pontes entre o saber científico convencional e a sabedoria arcana e oculta. Este exercício comparativo é um convite para que o leitor observe como a ciência e a espiritualidade, em muitos momentos, caminharam juntas e se influenciaram mutuamente ao longo da história da humanidade. A "Ciência da Bruxaria" aqui proposta oferece um olhar ponderado sobre ambos os domínios do saber, evidenciando onde e como eles se entrelaçam e se distanciam, sem, no entanto, almejar a fusão irrefletida ou a hierarquização patente entre um e outro.

Na segunda parte desta obra, denominada como Praxis Hermética, em vez de uma análise teórica, serão oferecidas experiências com exercícios, meditações e rituais desenhados para permitir que o leitor absorva intelectualmente os princípios herméticos, mas também vivencie e incorpore os ensinamentos do Caibalion em sua vida. É uma oportunidade de mergulhar não somente com a mente, mas com o espírito e o corpo, nas verdades universais delineadas no texto original. Todos os textos desta segunda parte mais prática não fazem parte da obra original, foram delineados inteiramente por mim para proporcionar uma experiência prática com cada um dos conceituados Princípios Herméticos.

O objetivo do *Caibalion para Bruxos* é guiar os praticantes através desta síntese, ajudando-os a posicionar as ciências herméticas dentro de uma estrutura coesa, de forma que possam compreender o todo do Caibalion e estabelecerem um paralelo entre os Princípios herméticos e os conceitos encontrados na própria Bruxaria. Será possível perceber que os 7 princípios e a ciência essencial por trás deles formam um guia para uma nova era de compreensão, onde o espiritual e o científico convergem em harmonia, abrindo novas portas para a exploração da existência.

A profunda sabedoria dos princípios herméticos não é meramente uma esquiva abstração mística. Ao contrário, sua essência é vivamente discernível na realidade tangível que nos rodeia. À medida que avançamos neste livro, cada um dos princípios e os fenômenos associados a eles serão examinados minuciosamente, proporcionando ao leitor um mergulho profundo no casamento singular entre Hermetismo e Bruxaria. O texto original do livro *O Caibalion* será destacado de maneira especial, permitindo uma comparação clara entre os dois caminhos, realçando a interconexão inerente entre ambos.

Ao desvendar as páginas deste livro, uma realidade torna-se evidente: os conceitos aqui discutidos, embora possam ser apoiados firmemente na maioria das vezes pela ciência estabelecida, abrangem também áreas tradicionalmente associadas ao sobrenatural. Porém, é fundamental ressaltar: embora este livro explore os princípios do Caibalion pela perspectiva Wiccaniana e traga algumas referências e reflexões científicas ao longo de suas páginas, este não é um texto científico! O que é apresentado aqui transcende as barreiras inclusive das doutrinas e dos credos, mas oferece uma base factual e verificável de observação acessível a todos, independentemente de sua fé ou ausência dela.

A visão de mundo que este livro busca compartilhar visa dissipar a obscuridade que envolve fenômenos tradicionalmente vistos como misteriosos ou incompreensíveis.

Muitos desses fenômenos, ao longo do tempo, foram marginalizados como superstições ou apenas aceitos como artigos de fé. Ao situar os princípios herméticos em um quadro completamente compreensível, espera-se iluminar esses cantos sombrios da compreensão humana. Mais do que isso, pretende-se mostrar que a essência destes princípios não está apenas em textos ou teorias, ela é vivenciada diretamente em nossa própria experiência consciente dia após dia. Neste sentido, o leitor é convidado a entender, mas também a sentir e viver a realidade descrita, ganhando tanto o conhecimento teórico, como uma consciência prática e imediata dos princípios apresentados no Caibalion.

Este livro, em sua essência, é um convite. Um chamado para explorar, questionar, praticar e, acima de tudo, vivenciar os princípios. À medida que você avança, cada página se tornará uma etapa na sua jornada pessoal de descoberta e transformação. Seja um praticante experiente, seja alguém que está apenas começando a trilhar o caminho mágico, este livro foi pensado para você.

Então, com coração aberto e a mente curiosa, convido você a se juntar a mim nessa jornada única. Permita que as palavras do Caibalion se entrelacem com os encantos e as práticas da Bruxaria, criando um arcabouço rico em sabedoria e Magia. Enquanto navegamos juntos por estas páginas, espero que encontre entendimento, mas também inspiração, paixão e um sentido renovado de maravilha para praticar Magia.

Se você já se deparou com o Caibalion anteriormente, sabe o banquete de sabedoria que as páginas seguintes guardam. Para os recém-chegados, preparem-se para uma jornada que pode transformar sua visão de mundo para sempre.

Se este livro chegou até você, é um sinal de que o Universo tem uma mensagem para lhe transmitir. Com uma mente aberta e coração receptivo, você certamente encontrará as respostas que procura. Aceite o chamado, embarque nessa viagem e permita que *O Caibalion* revele a você todos os seus Mistérios.

Muitas bênçãos,
Claudiney Prieto

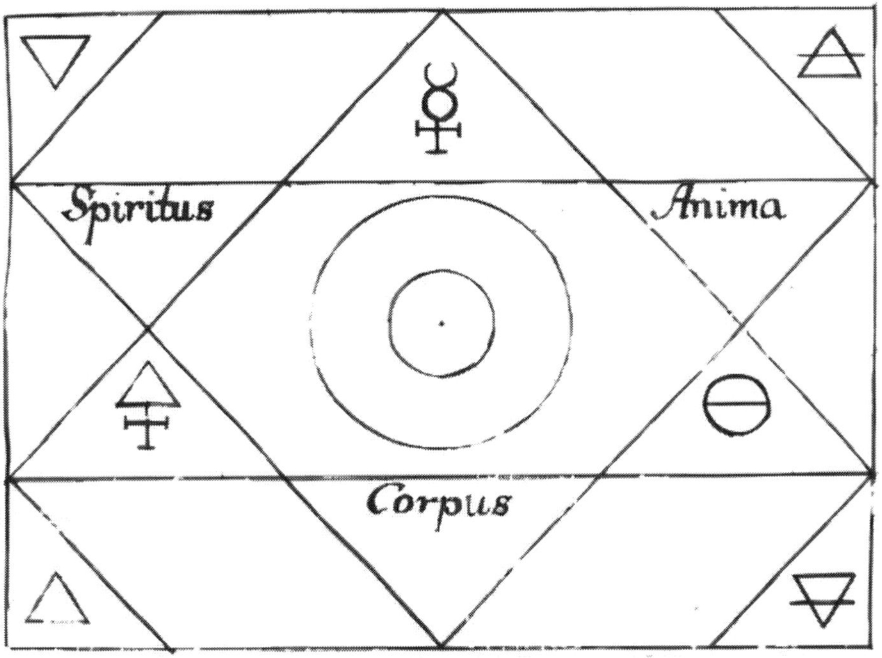
Spiritus
Anima
Corpus

Granum Fundi
Centrum Mundi
BAAL BAL

Spiritus, Anima, Corpus .

PRÓLOGO

O livro *O Caibalion* é uma obra moderna de profundidade esotérica, centrada em fundamentos que têm suas raízes na antiga filosofia hermética. Seu texto venerado destaca 7 Princípios Herméticos essenciais que, segundo ele, formam a base de toda a filosofia hermética. Por meio desses princípios, o livro oferece uma visão sobre a interconexão entre mente, matéria e as sutilezas do Universo, guiando-nos em uma jornada de compreensão e iluminação. A ideia básica é a de que esses 7 princípios sustentam amplamente toda a filosofia hermética e de que eles são pilares que elucidam a compreensão do Universo e do próprio ser. São eles:

- **Mentalismo:** a essência de que o Todo é mental. Todas as coisas no Universo são moldadas e permeadas por esta força mental, indicando que a realidade é produto da consciência.
- **Correspondência:** este princípio ressalta a harmonia entre o macrocosmo e o microcosmo. O que se reflete nos céus ecoa na Terra, ligando os diversos planos de existência através de leis universais.
- **Vibração:** nada está imóvel. Tudo está em constante movimento e oscilação, desde as menores partículas até as vastas galáxias.
- **Polaridade:** tudo possui um oposto. No entanto, esses opostos são simplesmente extremidades de um mesmo espectro, demonstrando a dualidade inerente da existência.
- **Ritmo:** a existência é cíclica. Como as marés que vêm e vão, tudo na vida tem seu momento de ascensão e declínio. Este fluxo é inevitável.
- **Causalidade:** nada acontece por acaso. Todo evento é o resultado de uma causa e cada ação desencadeia uma reação, regidos por leis universais inescapáveis.

- **Gênero:** tudo na natureza possui características masculinas e femininas, não apenas no sentido biológico, mas também como princípios fundamentais que se manifestam em todos os níveis da existência.

Estes princípios oferecem uma perspectiva profunda sobre a natureza da realidade e nosso papel nela, conduzindo-nos a uma jornada de autodescoberta e compreensão do Universo. A partir dessa compreensão, emerge um saber que tem resistido ao teste do tempo, guiando buscadores na trilha da sabedoria universal: o Hermetismo.

Para aprofundar nosso entendimento sobre esses ensinamentos ancestrais e sua relevância, vamos nos voltar à origem dessa Tradição, desvendando suas raízes e seu impacto duradouro no pensamento esotérico e espiritual ocidental.

O que é o Hermetismo?

O Hermetismo é uma rica Tradição filosófica e espiritual, que tem suas raízes profundamente fincadas no antigo Egito, irradiando sua influência ao longo das eras e contornos geográficos. Sua origem remonta ao Deus egípcio Thoth, associado à sabedoria, à escrita e à Magia. Com o passar do tempo, devido às interações culturais, Thoth se fundiu com o Deus grego Hermes, culminando na figura lendária de Hermes Trismegisto, representando a síntese do saber egípcio e grego.

A filosofia Hermética tem raízes tanto no pensamento grego quanto no egípcio, apresentando uma visão multifacetada da Divindade. Ao tentar descrever a natureza da realidade suprema, os Hermetistas empregam uma variedade de títulos: Deus, Senhor, Pai, Mente (ou *Nous* em grego), Criador, Todo, Único e assim por diante[1]. Essa perspectiva Hermética é única, pois propõe que o Divino não é apenas o tecido fundamental do Universo, mas também sua origem. Isso sugere uma conexão intrínseca entre a Força Criadora e a Criação, que não só dá origem ao Cosmos, mas também emerge dele. É uma concepção que ecoa o pensamento Estoico, onde a Divindade é vista como simultaneamente transcendente e imanente, permeando e superando sua criação.

1 É importante salientar que, embora os textos herméticos façam menção a "Deus", a referência não se alinha estritamente ao conceito de Deus conforme apresentado nas tradições judaico-cristãs. No contexto hermético, "Deus" pode ser entendido como uma consciência ou força primordial que permeia toda a existência, não necessariamente vinculado às características e narrativas específicas associadas ao Deus das Escrituras judaico-cristãs. Para os Bruxos, as menções a "Deus" nos textos herméticos podem ser interpretadas como "Deusa" ou como o "Uno". Esta interpretação reflete a compreensão de uma divindade que transcende gênero ou que incorpora todas as dualidades. Assim, a terminologia utilizada pode ser adaptada e entendida de acordo com as crenças e perspectivas individuais de cada leitor ou praticante de Bruxaria.

Dentro dos ensinamentos herméticos, três saberes emergem como pilares do conhecimento:

- **Alquimia:** muito além da transmutação literal de metais, a Alquimia é um estudo da essência espiritual e da metamorfose da matéria. Uma jornada que explora os ciclos de nascimento, morte e renovação, culminando na "Grande Obra", a sublime realização espiritual.
- **Astrologia:** no Hermetismo, a Astrologia não é apenas a interpretação dos movimentos celestiais, mas um profundo entendimento das intenções Divinas representadas pelos planetas e estrelas. Essa sabedoria busca discernir as influências celestiais em nossa existência.
- **Teurgia:** conforme interpretado por Giovanni Pico della Mirandola, a Teurgia é a prática mágica que busca alinhar o humano com o Divino. Em contraste com a Goetia, que invoca forças mais obscuras, a Teurgia aspira a uma comunhão com as manifestações do Divino em suas formas mais elevadas.

Sendo uma Tradição filosófica e esotérica que se fundamenta nos ensinamentos atribuídos a Hermes Trismegisto, a este mestre lendário é creditada uma série de escritos, referidos como herméticos, que se estendem por um milênio (aproximadamente de 300 AEC a 1200 EC) e exploram uma miríade de tópicos, desde a natureza do Divino até a Alquimia.

Uma parte significativa desses escritos, muitas vezes destacados pela sua natureza mais filosófica e teológica, são conhecidas como "Literatura Hermética Filosófica". Dentro deste subconjunto, destaca-se o *Corpus Hermeticum*, uma antologia de dezessete tratados, escritos em grego entre os séculos 2 e 4 EC. Esta obra particular representa uma vertente do Hermetismo.

Em termos históricos, a influência do Hermetismo não pode ser subestimada. Ainda que tenha surgido em uma época em que a sabedoria era tradicionalmente transmitida por meio de textos religiosos e tradições orais, o Hermetismo buscou amalgamar diversas tradições em uma síntese coesa. Ao fazê-lo, essa corrente filosófica contribuiu para uma interação cultural rica, permitindo o fluxo de ideias entre culturas antigas, especialmente entre os egípcios e gregos. Humanistas, cientistas e místicos buscavam na antiguidade respostas para questões contemporâneas, e o Hermetismo, com sua promessa de conhecimentos ocultos e sabedoria ancestral, tornou-se uma fonte fascinante de inspiração.

Na transição do Período Clássico para a Antiguidade Tardia, diversas correntes filosóficas e religiosas emergiram, moldando profundamente o pensamento e a cultura ocidentais. Aqui, o Hermetismo desenvolveu-se em paralelo com movimentos fundamentais como o Cristianismo que nascia, o Gnosticismo, o Neoplatonismo, além dos enigmáticos Oráculos Caldeus e das evolutivas literaturas Órficas e Pitagóricas. Enquanto o mundo ao redor mudava, essas doutrinas mostravam-se resilientes, resistindo à maré crescente tanto da lógica estrita quanto da fé inabalável.

No entanto, o termo "Hermetismo", em sua acepção mais ampla, não se restringe apenas a uma Tradição ou a um período. Ele abarca uma vasta gama de sistemas de pensamento que se inspiraram, direta ou indiretamente, nos ensinamentos de Hermes ou em conceitos relacionados à sua figura.

Durante o período helenístico, período este em que a cultura e filosofia gregas se expandiram por todo o mundo mediterrâneo, o Hermetismo floresceu vigorosamente. Assim, os textos atribuídos a Hermes Trismegisto tiveram um papel crucial no desenvolvimento do Neoplatonismo. Esta corrente filosófica buscava uma conciliação entre os ensinamentos de Platão e os das antigas religiões misteriosas, traçando um diálogo entre diferentes escolas de pensamento.

A transição para a Idade Média viu o Hermetismo mantendo sua relevância, principalmente no mundo árabe. Nessa época, muitos textos herméticos foram traduzidos para o árabe, incorporando-se ao vasto corpo da filosofia e misticismo islâmicos. Estes textos, ao servirem de ponte entre diferentes culturas, enriqueceram o entendimento filosófico e espiritual da época.

Grandes pensadores daquele tempo, como Plutarco, por exemplo, já faziam referência a Hermes Trismegisto no primeiro século EC. Tertuliano, Iamblichus e Porfírio, por exemplo, estudaram profundamente tais textos. No entanto, foi só em 1460 que o Hermetismo teve uma ressurgência significativa no Ocidente, quando Leonardo de Candia Pistoia, a serviço do visionário Cosme de Médici, trouxe uma cópia do *Corpus Hermeticum* de volta para Pistoia, na Itália.

O Renascimento, assim, testemunhou um ressurgimento do interesse hermético, catalisado em parte pelas traduções do *Corpus Hermeticum* feitas por eruditos como Marsilio Ficino e Lodovico Lazzarelli, e também pelas ideias médicas revolucionárias de Paracelso, que bebeu profundamente da fonte hermética. Nesta época, o redescobrimento do *Corpus Hermeticum* foi o catalisador para uma onda de estudos e interpretações que buscavam conexões entre a filosofia hermética e o misticismo cristão. Estes escritos, que muitos acreditam terem sido concebidos no início do segundo século ou até antes, mergulham profundamente na natureza transcendente do Divino, no processo de purificação da alma humana e na intrincada relação entre mente e espírito. Muitos destes textos adotam a forma de diálogos, onde a figura central de Hermes Trismegisto, compartilha sua sabedoria esotérica com um estudante em busca de compreensão.

Durante o Renascimento, o Hermetismo se expandiu para abranger a ideia de uma "teologia primordial" – um corpo de verdades espirituais universais dadas por Deus à humanidade primitiva. A partir desta visão, surgiu a ideia de que os ensinamentos sagrados de diversas culturas, representados por figuras como Zoroastro e Orfeu, eram expressões dessa verdade universal.

No decorrer desse período, a ideia de uma "*prisca theologia*" (uma teologia antiga e primordial) floresceu. Segundo essa perspectiva, a verdadeira religião teria sido revelada aos primeiros humanos e, posteriormente, distorcida ou esquecida. Essa doutrina sugere que uma verdadeira e pura teologia foi presenteada à humanidade por Deus nos primórdios da civilização. Acredita-se, que esse conjunto de ensinamentos sagrados seria a fonte de todas as Tradições religiosas. Essa noção foi tão influente, que até mesmo os primeiros teólogos cristãos tentaram assimilar os ensinamentos herméticos, propondo que Hermes Trismegisto, a figura central do Hermetismo, poderia ter sido um contemporâneo de Moisés ou talvez o culminar de uma linhagem de sábios que incluía Enoch e Noé. O trabalho dos eruditos renascentistas, então, era recuperar essa verdade perdida, e o Hermetismo era visto como uma das chaves para essa recuperação. Muitos acreditavam que, ao decifrar os ensinamentos de Hermes Trismegisto, seria possível acessar verdades universais que antecediam e superavam as divisões religiosas da época.

A antiguidade dos textos herméticos, porém, foi posta em xeque no século 17, quando o erudito Isaac Casaubon, ao analisar o estilo linguístico dos textos, propôs que não eram tão antigos quanto se pensava anteriormente. Essa visão foi desafiada em 1678, por Ralph Cudworth, que defendeu a ideia de que os textos eram baseados em uma tradição oral muito mais antiga. O debate sobre sua origem continuou no século 20, com acadêmicos como Walter Scott e W. Flinders Petrie discutindo sua datação.

Ao longo dos séculos, o termo "Hermético" evoluiu em significado, passando a denotar a sabedoria específica atribuída a Hermes, mas também um vasto espectro de conhecimentos e práticas esotéricas, em especial aqueles relacionados à Alquimia e à Magia. Movimentos ocultistas nos séculos 19 e 20 ampliaram ainda mais a popularidade e o uso do termo.

No século 20, por exemplo, Frances A. Yates avançou a teoria de que o Hermetismo da Renascença desempenhou um papel crítico na emergência da Ciência Moderna. Ainda que essa afirmação tenha gerado controvérsias, é inegável que a Alquimia, frequentemente rotulada como uma disciplina "hermética", influenciou o pensamento de notáveis cientistas, como Robert Boyle e Isaac Newton. Em suas palavras Newton citou certa vez:

> "Eu sou um cético por natureza, mas não tenho alternativa a oferecer apoio subjetivo à alegação de que a Tábua de Esmeralda tem propriedades transformadoras. Há outras coisas além da transmutação de metais que ninguém domina, mas eles entendem."

A Tábua de Esmeralda é um texto antigo e enigmático associado à Alquimia e ao Hermetismo. Acredita-se conter a essência dos ensinamentos alquímicos. Tradicionalmente atribuída a Hermes Trismegisto, sua origem é incerta, mas influenciou profundamente o pensamento esotérico ocidental.

A descoberta de textos herméticos, em 1945, perto da cidade egípcia de Nag Hammadi, lançou nova luz sobre o Hermetismo. Esses manuscritos, incluindo diálogos entre Hermes e Asclépio, reforçam a conexão entre o Hermetismo e o misticismo helenístico, onde Hermes Trismegisto é visto como uma reinterpretação do antigo Deus egípcio da sabedoria, Thoth.

Ao longo dos séculos, a saga do Hermetismo destaca a capacidade dinâmica das ideias e tradições de se transformar e adaptar, revelando a rica e interconectada história humana, onde culturas, crenças e filosofias se entrelaçam e evoluem continuamente.

A influência do Hermetismo não se limitou apenas a períodos específicos da história; sua essência permeou diversas facetas do pensamento ocidental e oriental. A complexidade e profundidade dessas ideias fizeram com que elas encontrassem ressonância em diferentes eras e culturas, desde o misticismo judaico da Cabala até aspectos do sufismo islâmico e certas correntes do pensamento hindu.

Com o tempo, à medida que o pensamento científico e racional começou a dominar o cenário intelectual europeu, o Hermetismo, juntamente a outras Tradições Esotéricas, foi empurrado para as margens da sociedade. No entanto, ele nunca desapareceu completamente. Em resposta às crises existenciais e espirituais do mundo moderno, muitos buscaram refúgio e sabedoria nas antigas Tradições. Assim, no século 19 e 20 houve um ressurgimento do interesse pelo oculto e pelo esotérico e o Hermetismo encontrou um novo público. Sociedades secretas, grupos místicos e indivíduos em busca de sabedoria espiritual, voltaram-se novamente para os ensinamentos herméticos, vendo-os como uma ponte entre o antigo e o novo, entre o mundano e o Divino. Desta forma, a Tradição Hermética manteve sua relevância, sendo objeto de estudo e prática por grupos esotéricos, especialmente no mundo ocidental. Movimentos espirituais e filosóficos, como a Teosofia, o Rosacrucianismo e o movimento da Nova Era, beberam das fontes do Hermetismo para moldar suas visões de mundo.

Até hoje, o Hermetismo continua a inspirar e a influenciar diversos movimentos espirituais e filosóficos. Suas ideias ressoam em Tradições modernas como a Teosofia, o Neopaganismo e diversas escolas de pensamento esotérico. E, embora a sociedade contemporânea possa ser dominada pelo racionalismo e pela ciência, o apelo da sabedoria ancestral simbolizada pelo Hermetismo permanece forte, lembrando-nos da rica rede de ideias e tradições que moldaram a trajetória humana ao longo dos milênios.

Nos círculos literários e artísticos, o Hermetismo tem influenciado escritores, poetas e artistas que encontraram nos textos antigos uma fonte de inspiração e um meio de explorar a interconexão entre o visível e o invisível. Movimentos como o surrealismo, por exemplo, incorporaram elementos herméticos em suas obras, buscando transcender o mundo material e explorar os reinos do subconsciente e do espiritual.

Além disso, com a globalização e a crescente interconexão das culturas, o Hermetismo encontrou novos adeptos em regiões anteriormente não expostas a essas ideias. Hoje, em um mundo digital cada vez mais interligado, a sabedoria hermética é discutida e disseminada em redes sociais, plataformas on-line, cursos e fóruns, tornando-se acessível a uma geração que busca compreender seu lugar no Cosmos.

O legado do Hermetismo destaca a capacidade humana de buscar significado e conexão em meio às mudanças e desafios do tempo. Mesmo enfrentando períodos de obscuridade e rejeição, a Tradição Hermética ressurge, demonstrando sua relevância eterna e seu poder de inspirar gerações a se reconectar com a sabedoria ancestral e o Mistério do Universo.

Isso demonstra que o Hermetismo não é apenas um artefato histórico, mas sim, que ele continua vibrante, com praticantes e acadêmicos dedicados a descobrir e a reinterpretar os ensinamentos ancestrais, buscando sua relevância no contexto da espiritualidade e filosofia contemporâneas. A jornada de Hermes Trismegisto, de um Deus egípcio à influência multifacetada que é hoje, é testemunho da resiliência e adaptabilidade das Tradições espirituais e filosóficas ao longo do tempo.

Os textos Herméticos

A antiguidade nos presenteou com uma vastidão de textos e ensinamentos que, ao longo dos séculos, moldaram e influenciaram as Tradições espirituais e filosóficas do mundo. Entre essas preciosidades, encontramos os escritos herméticos, textos profundamente esotéricos, abordando temas que vão desde Filosofia e Astrologia a Medicina e Alquimia.

Comprovadamente, a origem dos textos herméticos remonta ao período helenístico, uma era caracterizada pela fusão de culturas, após as conquistas de Alexandre, o Grande. Esta época viu o nascimento e o desenvolvimento de várias correntes filosóficas e espirituais, criando um caldeirão de ideias e práticas. Foi neste contexto que Hermes Trismegisto emergiu como uma figura emblemática.

Hermes Trismegisto, o "Três Vezes Grande", é a personificação da sabedoria esotérica e hermética, sendo considerado o elo entre o Divino e o humano, portador das chaves da compreensão cósmica.

Hermes Trismegisto não é uma figura histórica comum real. Ele é, de fato, uma síntese da sabedoria grega e egípcia, representando a união do Deus grego Hermes com o Deus egípcio Thoth. Enquanto Hermes era o mensageiro dos Deuses e o patrono da eloquência e da comunicação na mitologia grega, Thoth, por outro lado, era o Deus do conhecimento, da escrita e da Magia no panteão egípcio.

Acredita-se que a figura de Hermes Trismegisto personificava o ápice da sabedoria antiga, sendo o mestre primordial que transmitia os ensinamentos ocultos para a humanidade. Sua lenda se estendeu por todo o Mediterrâneo, atraindo discípulos e pensadores em busca de um conhecimento mais profundo sobre o Universo e o papel do ser humano nele.

Os escritos herméticos são apresentados frequentemente na forma de diálogos entre Hermes Trismegisto e seus discípulos. Por meio desses diálogos, são exploradas ideias sobre a natureza da realidade, o Cosmos, a alma humana e o Divino. Uma característica distintiva desses textos é o conceito de "Mente Universal" ou "*Nous*", uma força ou princípio Divino que permeia tudo.

Os Hermetistas acreditavam que, ao compreender esses ensinamentos, o indivíduo poderia alcançar a gnose, um conhecimento superior que leva à iluminação e à união com o Divino. Esse processo era frequentemente descrito como uma jornada da alma, onde o indivíduo se purifica, eleva-se e finalmente se reintegra à fonte Divina de onde se originou.

De fato, os escritos herméticos também exploram a ideia de que o Universo é construído através de correspondências. Como acima, é abaixo; como abaixo, é acima é uma das máximas mais famosas desses textos, sugerindo que tudo no Cosmos está interligado e reflete um padrão ou design Divino.

Durante a Renascença, o interesse pelos escritos herméticos ressurgiu com fervor. Pensadores, alquimistas e artistas da época se voltaram para eles em busca de inspiração, vendo nos textos uma chave para desvendar os Mistérios do Universo. Essa renovação do interesse hermético influenciou, indiretamente, o desenvolvimento da Ciência Moderna, especialmente com a Alquimia, que posteriormente evoluiu para a química.

A influência de Hermes Trismegisto e seus ensinamentos não se limitou apenas à esfera religiosa ou filosófica. Seus conceitos e ideias foram integrados em muitas Tradições esotéricas ao longo dos séculos, incluindo a Cabala, a Maçonaria e até mesmo certas correntes do pensamento cristão.

Os escritos herméticos e a figura de Hermes Trismegisto ocupam um lugar especial na Tradição esotérica ocidental. Seus ensinamentos, impregnados de sabedoria helenística e refletindo a síntese de culturas antigas, servem como um lembrete da busca eterna da humanidade pelo conhecimento e pelo Divino. Com os escritos herméticos, somos convidados a contemplar os Mistérios do Cosmos e nosso papel dentro dele, uma jornada que, embora antiga, continua tão relevante hoje quanto sempre foi.

Ao nos aprofundarmos nas camadas destes textos, notamos que apesar de suas raízes antigas, os ensinamentos são surpreendentemente atemporais. Em um mundo onde muitos estão em busca de significado e conexão, os princípios herméticos oferecem uma perspectiva única sobre a natureza interconectada da realidade.

Dentro destes escritos, encontramos a noção de que o ser humano não é apenas um espectador passivo do Cosmos, ele é um participante ativo. Esta ideia nos convida a considerar que, por meio do entendimento, da introspecção e da ação deliberada, podemos influenciar nossa realidade e, de certa forma, cocriar com as forças universais.

É fascinante perceber como Hermes Trismegisto fala sobre o poder da palavra e do pensamento. Em muitos aspectos, essas ideias ecoam nos princípios modernos da psicologia positiva e da Lei da Atração, sugerindo que nossos pensamentos e palavras têm poder sobre nossa realidade. Esta perspectiva desafia o indivíduo a adotar uma mentalidade mais consciente e intencional em sua jornada pela vida.

Além disso, o foco hermético na transformação pessoal e na Alquimia espiritual pode ser visto como precursor dos movimentos modernos de desenvolvimento pessoal. A ideia de que podemos refinar nossa essência, purificando-nos de impurezas e elevando nossa natureza à sua forma mais Divina, é uma mensagem que ressoa em muitas práticas contemporâneas.

No entanto, também é vital reconhecer que, embora estes textos ofereçam uma rica sabedoria, eles não são isentos de interpretações errôneas. Assim como qualquer texto esotérico, é essencial abordá-lo com discernimento, buscando compreender o contexto em que foi escrito e as intenções por trás de suas palavras.

Em tempos contemporâneos, com o ressurgimento do interesse pelo esoterismo e pelas Tradições antigas, os textos herméticos continuam a encontrar relevância. Escolas de pensamento, grupos de estudo e praticantes individuais voltam-se para estes textos, buscando decifrar seus Mistérios e aplicar seus ensinamentos em suas vidas diárias.

A figura de Hermes Trismegisto e seus escritos nos desafiam a ir além das superficialidades do cotidiano e a mergulhar nas profundezas da existência. Isso nos lembra que, em cada um de nós reside um potencial Divino à espera de ser despertado e que a verdadeira sabedoria é atemporal, relevante em todas as eras. Em nossa busca contínua por significado e conexão, esses antigos escritos servem como um farol, iluminando o caminho rumo ao entendimento mais profundo de nós mesmos e do Cosmos que nos rodeia.

Os textos herméticos não são uma única obra coesa, mas, sim, uma compilação de escritos de diferentes épocas e origens. A lista a seguir destaca alguns dos tratados mais conhecidos e significativos contidos nesta compilação:

- **Corpus Hermeticum**: coletânea mais famosa dos textos herméticos, composta por 17 tratados principais. Aborda uma variedade de temas filosóficos e teológicos, desde a natureza da Divindade até o lugar do homem no Cosmos.

- **Poimandres:** primeiro e talvez o mais conhecido tratado do *Corpus Hermeticum*. Descreve a visão de Hermes de uma figura Divina luminosa e a origem do Universo, além de introduzir a ideia da ascensão da alma.
- **Asclepius**: também conhecido como *O Livro Perfeito*, é um diálogo entre Hermes Trismegisto e seu discípulo Asclépio. Foca em temas de religião, espiritualidade e a eventual queda e renascimento da religião hermética.
- **Definições Herméticas Armênias:** texto em armênio que aborda a Alquimia Hermética. Contém extensa relação de definições relacionadas a Deus, ao Universo, ao céu, à mente, à alma, à Terra e aos elementos.
- **Discursos sobre a Ogdóade e a Enéada**: texto que aborda temas cosmogônicos e se concentra nas esferas Divinas representadas pela Ogdóade (oito) e Enéada (nove).
- **O Livro do Segredo de Criação e Arte da Natureza:** frequentemente associado à literatura alquímica, esse texto revela ideias sobre a criação do mundo e a natureza intrínseca das coisas.
- **Os Excertos de Estobeu:** fragmentos herméticos preservados pelo compilador João Estobeu. Contêm trechos valiosos que não são encontrados em outras partes da literatura hermética.

Cada um desses textos, à sua maneira, contribui para o rico panorama da Tradição Hermética. Revelam um sistema complexo de pensamento que busca compreender a natureza da Divindade, do Universo e do ser humano, bem como a relação entre eles. Com esses textos, percebemos o anseio dos antigos pela compreensão e conexão com o Divino e a busca constante pela sabedoria e pelo entendimento espiritual.

Quem foi Hermes Trismegisto?

Reconhecido como o pai do Hermetismo, muitos acreditam que ele tenha escrito o *Corpus Hermeticum*, incluindo a Tábua de Esmeralda. No entanto, a maioria não acredita que ele tenha sido uma pessoa real, mas uma combinação de várias figuras mitológicas, como o Deus grego Hermes e o Deus egípcio Thoth. Por outro lado, alguns estudiosos defendem que ele realmente existiu e há teorias de que possa ter havido até dois indivíduos com o nome Hermes Trismegisto, ambos contribuindo para a filosofia hermética. No entanto, para muitos seguidores dos princípios herméticos, a identidade real de Hermes Trismegisto é menos relevante do que os ensinamentos que ele deixou. Estas lições permanecem aplicáveis até os nossos dias. Independentemente da verdade sobre sua identidade, ele é um símbolo de Magia, misticismo, interligação e Alquimia.

Hermes Trismegisto, frequentemente traduzido como "Hermes, três vezes grande", representa, assim, um símbolo da síntese das culturas grega e egípcia durante a era helenística. Esta figura, ilustra a combinação das crenças e mitologias dessas duas antigas civilizações.

As origens de Hermes Trismegisto remontam ao Reino Ptolemaico do Egito. Nesse período, os gregos começaram a reconhecer as semelhanças entre o seu Deus, Hermes, associado à comunicação e interpretação, e o Deus egípcio Thoth, a Divindade da sabedoria. Assim, surgiu um Deus unificado, adorado no Templo de Thoth, posteriormente conhecido como Hermópolis, na era helenística. A integração dessas culturas é evidenciada pela trajetória de outras Divindades. Por exemplo, Imhotep, um polímata egípcio que mais tarde foi divinizado, fundiu-se com Thoth durante a era clássica. Da mesma forma, figuras significativas como Amenhotep e Teôs se fundiram com a adoração combinada de Hermes-Thoth, marcando uma confluência singular das Tradições espirituais gregas e egípcias.

Durante o período helenístico, após a conquista do Egito por Alexandre, o Grande, houve uma síntese cultural entre as Tradições gregas e egípcias. Thoth, o Deus egípcio da sabedoria, foi assimilado ao Deus grego da comunicação e mensageiro, Hermes. A fusão dessas duas divindades levou à criação da figura de Hermes Trismegisto.

O nome "Hermes Trismegisto" incorpora um profundo conhecimento espiritual e material. Os escritos atribuídos a esta figura forneceram a base para o Hermetismo, explorando a relação do mundo material com o Divino e o vínculo entre os reinos físico e espiritual.

Além das fronteiras da Grécia e Egito, a persona de Hermes Trismegisto ressoou nas Tradições muçulmanas e Bahá'í. Ele foi frequentemente equiparado ao profeta Idris nas histórias islâmicas, consolidando sua imagem como guia espiritual e figura sábia. Com o tempo, a literatura hermética se entrelaçou com rituais e práticas como conjuração de espíritos e animação de estátuas. Estas práticas deram origem à Alquimia e à Astrologia greco-babilônica, ampliando o alcance e a profundidade do Hermetismo. Além disso, a filosofia hermética auxiliou na sistematização das práticas religiosas, oferecendo aos adeptos um caminho para a ascensão espiritual.

Pensadores renascentistas e eruditos cristãos viam Hermes Trismegisto como uma figura profética, acreditando que ele havia antecipado o surgimento do Cristianismo. Eles adotaram a ideia de uma "*prisca theologia*", uma teologia universal presente em todas as crenças religiosas, e viram Hermes Trismegisto como um de seus defensores. Contudo, a admiração renascentista por Hermes Trismegisto foi desafiada. O erudito Isaac Casaubo, como vimos, argumentou que os escritos herméticos surgiram após o Cristianismo, levando ao declínio do Hermetismo renascentista. Avaliações posteriores indicaram que esses textos foram compostos por vários autores gregos, influenciados por diversas Tradições, incluindo o platonismo, estoicismo e possivelmente elementos persas e judaicos.

Dentro da Tradição islâmica, Hermes Trismegisto também era uma figura reverenciada, muitas vezes equiparada ao profeta Idris ou ao bíblico Enoch. Seu caráter e ensinamentos eram vistos por diferentes perspectivas, com alguns acreditando que ele tinha uma origem tripla e outros o associando ao nascimento da Alquimia.

Aqui estão alguns pontos-chave para entender a figura de Hermes Trismegisto:

- **Obras e Ensinos:** Hermes Trismegisto é tradicionalmente atribuído como o autor (ou a inspiração) do *Corpus Hermeticum*. Estes textos abrangem uma variedade de tópicos, incluindo cosmologia, teologia, filosofia e prática mística. Eles também incluem diálogos entre Hermes e seus discípulos.
- **Tábua de Esmeralda:** entre os textos associados a Hermes Trismegisto está a *Tábua de Esmeralda*, que contém o famoso aforismo: "Como acima, é abaixo; como abaixo, é acima". Este conceito enfatiza a correspondência entre o macrocosmo (o Universo) e o microcosmo (o indivíduo).
- **Influência:** os ensinamentos herméticos influenciaram várias Tradições ocultas e místicas. Durante o Renascimento, houve um ressurgimento do interesse no Hermetismo e nos textos herméticos, levando a uma integração desses ensinamentos nas artes, na ciência e na religião da época.
- **Realidade Histórica:** a questão da existência histórica de Hermes Trismegisto é debatida. Enquanto alguns acreditam que ele pode ter sido uma figura real que viveu e ensinou em algum momento da antiguidade, outros veem Hermes Trismegisto mais como uma representação simbólica ou uma amalgamação de vários mestres espirituais e Deuses.
- **Conexão com outras Tradições:** além de sua influência direta sobre o Hermetismo, Hermes Trismegisto é também ocasionalmente associado a Tradições místicas, como a Cabala e a filosofia Neoplatônica.

Hermes Trismegisto é figura central na história do esoterismo ocidental, servindo como um elo entre o pensamento antigo e os movimentos místicos e ocultos mais recentes Ele é um testemunho da convergência de culturas e da síntese de diversas Tradições espirituais. Sua lenda, que incorpora a sabedoria combinada da Grécia e do Egito, deixou uma marca indelével na paisagem filosófica e espiritual de várias culturas, chegando até nós mais recentemente e amplamente por meio do Caibalion.

Pode-se dizer que o livro traz os ensinamentos herméticos essenciais, muitas vezes associado a Hermes Trismegisto devido ao seu conteúdo. No entanto, a relação direta entre Hermes Trismegisto e o Caibalion é mais simbólica do que histórica, visto que esta é uma obra moderna.

Embora tenha sido apresentado no tempo de sua publicação como um documento antigo que encapsulava a sabedoria hermética, é importante destacar que o Caibalion foi publicado pela primeira vez no início do século passado. Não há quaisquer evidências concretas que vinculam o texto a uma origem mais antiga.

Como vimos, a obra destaca basicamente 7 Princípios Herméticos: Mentalismo, Correspondência, Vibração, Polaridade, Ritmo, Causalidade e Gênero. Esses princípios refletem conceitos encontrados no *Corpus Hermeticum* e outros textos herméticos, embora sejam apresentados de maneira mais moderna e organizada no Caibalion.

Claramente, mesmo sendo uma obra moderna, o livro se baseia na Tradição Hermética associada a Hermes Trismegisto e frequentemente faz referência ao "Os Lábios do Mestre" ou "Os Ensinamentos do Mestre", insinuando uma ligação com Hermes, mesmo que essa ligação seja mais simbólica do que literal.

Ainda que o Caibalion se inspire na Tradição Hermética, é importante notar que ele também reflete influências do pensamento da "Nova Era" do final do século 19 e início do século 20, incluindo o movimento do Novo Pensamento. Assim, enquanto seus textos compartilham semelhanças com os ensinamentos tradicionalmente atribuídos a Hermes Trismegisto, ele também tem diferenças notáveis.

É perceptível que o Caibalion posiciona a doutrina do mentalismo filosófico em seu cerne, sugerindo o papel primordial da mente na formação da realidade. Essa doutrina, como Mitch Horowitz salienta, parece ter sido influenciada por conceitos semelhantes presentes na antiga Tradição grega do Hermetismo.

No entanto, como observa Nicholas E. Chapel, o Caibalion incorpora uma mescla de ideias. Enquanto aspectos como o mentalismo filosófico e o conceito de "como acima, é abaixo", provenientes da Tábua de Esmeralda, têm raízes claras nos textos herméticos, alguns deles antigos e outros medievais, princípios como o da Vibração traçam sua origem a filosofias mais modernas e não possuem relação direta com o Hermetismo.

Chapel destaca, ainda, contrastes significativos entre o Caibalion e o Hermetismo tradicional. Por exemplo, enquanto o livro adota uma postura antiteológica, os textos herméticos tradicionais enfatizam fortemente a teologia. Além disso, o Caibalion concentra-se na "transmutação mental" do praticante, em contraste com a ênfase do Hermetismo na reverência e na unificação com o Divino. Concluindo, Chapel argumenta que o Caibalion está profundamente entrelaçado com e/ou foi adaptado para as ideias do início do século 20 provenientes do movimento do Novo Pensamento, distanciando-se, assim, da tradição histórica mais ampla da filosofia hermética.

Em resumo, o Caibalion pode ser visto como uma tentativa moderna de difundir e apresentar os ensinamentos herméticos em uma forma que seria relevante e acessível ao leitor moderno. Embora não possa ser diretamente atribuído a Hermes Trismegisto, ele busca de alguma forma transmitir a sabedoria associada a essa figura lendária.

O Caibalion para Bruxos

Frequentemente presente em textos ocultos, históricos e acadêmicos, como vimos, o termo "Hermetismo" tem suas raízes profundamente entrelaçadas com a figura mítica greco-egípcia Hermes Trismegisto. Este nome evoca o movimento religioso e espiritual que emergiu após a conquista grega do Egito por Alexandre, o Grande, em 332 AEC. A morte subsequente de Alexandre, em 323 AEC, iniciou o período helenístico, uma era de profunda transformação cultural e espiritual, quando visões de mundo antigas foram desafiadas pelo sincretismo.

O Hermetismo emergiu como uma resposta à fusão de sistemas espirituais da época, principalmente das religiões greco-romanas e egípcias. A amalgamação das filosofias, cosmologias e práticas mágicas dessas Tradições culminou na formação de um movimento filosófico e espiritual distinto que, embora não possa ser classificado como uma "religião" nos moldes tradicionais, destaca-se como uma corrente poderosa de pensamento e prática. Tal corrente se apoia em três pilares, conforme já mencionado: Alquimia, Astrologia e Teurgia.

A influência do Hermetismo é inegável ao se estudar a expansão da Magia e do misticismo no mundo ocidental. Sua herança é encontrada nos ensinamentos e práticas de diversos Magos, Bruxas, Pagãos e Ocultistas ao longo dos séculos.

Abrangendo áreas como Astrologia, Alquimia, Magia Planetária e correspondências metafísicas de ervas, gemas e animais, o Hermetismo deu origem a diversas Tradições religiosas e ocultas, influenciando inclusive ordens modernas como a Ordem Hermética da Golden Dawn, a Wicca, a Thelema e a Maçonaria.

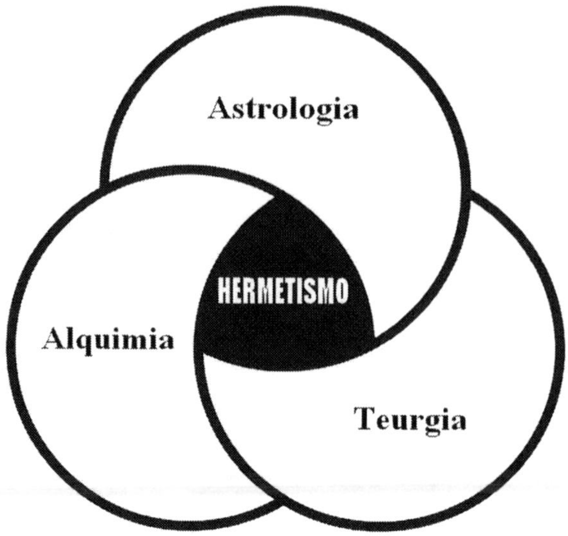

No Hermetismo, três pilares destacam-se como pilares do saber: Alquimia, que explora a metamorfose espiritual da matéria; Astrologia, entendendo os desígnios divinos via corpos celestes; e Teurgia, a prática mágica que busca a união com o Divino.

Assim, a influência hermética é visível na prática da Magia moderna. Por exemplo, Tradições espirituais como a Wicca foram moldadas e influenciadas por rituais e ferramentas herméticas. A prática de criar um círculo sagrado e invocar torres elementais é uma herança que foi adaptada de materiais da Ordem Hermética da Golden Dawn.

O caduceu, um símbolo clássico da civilização greco-romana, frequentemente associado tanto a Hermes quanto a Hermes Trismegisto, ilustra a história intercultural do Hermetismo.

Como um movimento espiritual e filosófico, o Hermetismo é um testamento ao poder do sincretismo cultural. Seu rico conjunto de ensinamentos, que cruza diversas Tradições e épocas, oferece uma visão da evolução espiritual da humanidade, mas também ferramentas práticas que continuam a enriquecer as jornadas espirituais de inúmeros buscadores até hoje.

No entrelaçar da história da espiritualidade ocidental, surgem figuras e textos que mudam para sempre o curso do pensamento e da prática. O Hermetismo deixou uma marca tão profunda que sua filosofia influenciou a onda do Novo Pensamento no final do século 19, na América do Norte. Essa influência chegou ao seu ápice em 1908, com a publicação de *O Caibalion*, atribuído, a princípio, a três iniciados, porém hoje reconhecido como obra de um único homem, William Walker Atkinson. Originário de Chicago, Atkinson além de escritor, foi uma figura central no Movimento do Novo Pensamento no início do século 20.

O que tornou o Caibalion tão intrigante, no entanto, foi a reivindicação de ser um tratado hermético ancestral. Na realidade, o texto foi nitidamente influenciado pela filosofia do Novo Pensamento da época e Atkinson não simplesmente se apropriou das ideias do *Corpus Hermeticum*. Ele as reinterpretou através da lente do Novo Pensamento, uma filosofia que se fundia com o espiritismo e as nascentes ciências da Psicologia e da Nova Física. Esta reformulação resultou em 7 princípios que adaptaram o foco hermético para se alinhar com a visão espiritual moderna.

Esses princípios rapidamente permearam o movimento da Nova Era, influenciando vastas áreas da cultura popular, da metafísica ao ocultismo. A presença destes ensinamentos pode ser observada em trabalhos como *O Poder do Pensamento Positivo*, de Norman Vincent Peale e *O Segredo*, de Rhonda Byrne, bem como nas práticas de figuras proeminentes na comunidade da Bruxaria.

No entanto, vale a pena notar que a visão de Atkinson sobre o Hermetismo diverge em alguns pontos significativos dos textos herméticos originais. Ele evitou a noção prevalecente original de que nossos corpos materiais eram uma "maldição" a ser superada. Em vez disso, ofereceu uma perspectiva mais terrena, concentrando-se em como viver a vida humana de forma plena e eficaz. Afinal, enquanto os textos originais focavam na transcendência e na reunião com o Divino, Atkinson realçou a Divindade inerente dentro de cada ser humano.

Outra transformação significativa que Atkinson trouxe para a filosofia hermética foi a popularização do que hoje chamamos de "Lei da Atração". Embora tenha raízes nas Tradições herméticas, sua concepção moderna – a ideia de que ao visualizar um resultado desejado e alinhar nossos pensamentos com ele, podemos manifestar essa realidade – é mais um produto do Novo Pensamento do que do Hermetismo clássico.

Apesar dessas diferenças, é inegável o impacto que O Caibalion e seu autor tiveram sobre a espiritualidade ocidental. Por mais que alguns puristas possam argumentar que o trabalho de Atkinson se desviou do Hermetismo tradicional, é inegável que ele proporcionou um meio acessível e prático para milhões entenderem e incorporarem princípios herméticos em suas vidas de forma prática e objetiva.

A influência da filosofia hermética no pensamento contemporâneo deve muito à intervenção de William Walker Atkinson. Ele não só trouxe a filosofia hermética para um público moderno, mas também a reinterpretou e a moldou à luz dos avanços científicos e filosóficos da época.

Muitos podem questionar a autenticidade da abordagem de Atkinson e seu afastamento da fonte original. No entanto, a verdadeira essência da filosofia hermética, como muitos argumentariam, é sua capacidade de evoluir e de se adaptar ao contexto contemporâneo. A própria filosofia é um produto de sincretismo, combinando crenças gregas e egípcias e, ao longo dos séculos, incorporando outros sistemas de crenças e práticas. Atkinson, em sua busca para tornar a filosofia relevante para o mundo do século 20, fez o que muitos antes dele fizeram: adaptou e interpretou a filosofia à luz de seu próprio entendimento e contexto.

A proposta de Atkinson de 7 Princípios Herméticos era mais que uma tentativa de simplificar a filosofia hermética, era uma maneira de a tornar mais acessível. Ele percebeu que para a filosofia ter relevância na era moderna, ela deveria abordar questões contemporâneas e se alinhar com as descobertas científicas e os avanços filosóficos da época.

Não podemos negar a influência da Nova Era nas interpretações de Atkinson. Ele tomou emprestado de várias correntes filosóficas, religiosas e científicas do início do século 20, incluindo o emergente campo da psicologia e os recentes descobrimentos na física subatômica. Atkinson viu paralelos entre a filosofia hermética antiga e as descobertas científicas modernas, especialmente na ideia de que o Universo é governado por leis universais que podem ser conhecidas e utilizadas para benefício humano.

Enquanto os textos herméticos originais falam sobre a capacidade de o Universo responder aos pensamentos humanos, Atkinson deu um passo adiante, sugerindo que os humanos podem ativamente moldar sua realidade através do poder do pensamento. Este conceito além de ressoar com as aspirações humanas de controle e domínio, também se alinhou bem com a crescente ênfase na autoajuda e no autodesenvolvimento.

É interessante observar que, enquanto alguns puristas podem ver a abordagem de Atkinson como uma diluição ou distorção da filosofia hermética, outros a veem como uma evolução necessária. Afinal, a verdadeira força de qualquer filosofia ou sistema de crença reside em sua capacidade de se adaptar, crescer e continuar relevante em tempos em constante mudança.

Além disso, Atkinson, conscientemente ou não, elevou a dimensão prática da filosofia hermética. Ele enfatizou a aplicabilidade dos princípios herméticos na vida diária, sugerindo que não eram apenas teorias abstratas, mas ferramentas práticas que poderiam ser usadas para melhorar a vida das pessoas. Em vez de ver a vida humana como um mero jogo de destino, ele propôs que os humanos têm o poder de moldar seu destino através de sua compreensão e aplicação das leis universais.

Em muitos aspectos, o trabalho de Atkinson representa um ponto de inflexão na trajetória da filosofia hermética. Ele trouxe a filosofia para um novo público e ainda a transformou, assegurando sua relevância e ressonância no mundo moderno.

A genialidade de Atkinson repousou em sua capacidade de promover uma fusão de Hermetismo, Neoplatonismo, Transcendentalismo e a filosofia do Novo Pensamento com os avanços da física subatômica e da ciência mental – neste último caso, referindo-se ao emergente campo da psicologia, durante o qual, o termo Panenteísmo[2] foi cunhado, emergindo das mesmas raízes Transcendentalistas e do Novo Pensamento.

Agora a questão central passa a ser: o Caibalion realmente representa uma extensão do Hermetismo, conforme alegado por Atkinson? Hermetistas modernos têm suas reservas quanto a esta afirmação. Nicholas Chapel, ao analisar a obra em seu artigo *The Caibalion's New Clothes* para o *Journal of the Western Mystery Tradition,* em 2013, leva-nos a refletir sobre a natureza sincrética do Hermetismo ao longo dos séculos.

O Hermetismo, desde suas origens, tem a tendência de se apropriar de ideias e até mesmo de sistemas inteiros que não se originaram em seu próprio ambiente. Como movimento altamente sincrético, tanto nos tempos antigos quanto nos modernos, incorporou-se uma gama eclética de tópicos. A este gnosticismo Pagão Greco-Egípcio original do *Corpus Hermeticum*, estudiosos renascentistas adicionaram a Cabala Judaica e a Magia Angélica. No século 17, o Rosacrucianismo floresceu sob o estandarte de Hermes Trismegisto. A Golden Dawn adicionou a ela sua influência ritual para-maçônica, fornecendo uma estrutura coerente que não se via desde o livro *De Occulta Philosophia,* de Agrippa, quatro séculos e meio antes. Entretanto, mesmo estes se encaixam na evolução lógica da literatura mágica greco-egípcio, centrando-se no Divino, foco este ausente no Caibalion.

Em sua essência, o Caibalion delineia com comentários 7 princípios universais que governam a função do Cosmos em todos os níveis. Independentemente da receptividade dos Hermetistas modernos, Atkinson extraiu essencialmente seus princípios do *Corpus Hermeticum*. As marcas destes princípios são visíveis e permeiam toda a obra.

No entanto, o que se torna evidente é o que Atkinson optou por omitir do Hermetismo original em sua interpretação pessoal extraída das filosofias de 1908. Ele passou longe da ideia, previamente estabelecida, de que nossos corpos materiais são um "mal" a ser vencido.

Não encontramos no Caibalion a perspectiva antiga de que a vida humana aprisiona o Espírito em uma carne repleta de desejos pecaminosos. Atkinson não se debruça sobre "demônios" que nos torturam com aspectos sombrios dos desejos humanos. Ele redireciona a atenção da ênfase excessiva em um dia se fundir novamente com um Divino distante (*Nous*) para a compreensão de que essa Divindade já está dentro de nós.

---

2 Derivado das palavras gregas *pan* (tudo), *en* (em) e *theos* (Deus), o panenteísmo é uma perspectiva filosófica e teológica que sustenta que o Universo está contido no Divino, mas que o Divino é mais do que apenas o Universo. Diferentemente do Panteísmo, que identifica o Divino com o Universo, o panenteísmo enfatiza a transcendência do Divino, sugerindo que, enquanto o Universo é parte do Divino, o Divino também transcende e não se limita ao universo conhecido. Assim, o Panenteísmo oferece uma visão que busca harmonizar a imanência do Divino (a deidade presente e ativa dentro da Criação) com sua transcendência (o Divino existindo além e independentemente da Criação).

Ordens como a Golden Dawn e a Rosacruz incorporaram elementos do Hermetismo em suas práticas e ensinamentos. A influência hermética nesses grupos é vista em rituais, simbolismos e na busca pela iluminação e pelo conhecimento oculto.

O Caibalion apresenta ferramentas práticas para uma vida bem-sucedida na Terra, enquanto percorre o caminho do despertar espiritual. Tais adaptações por parte de Atkinson são coerentes, visto que elas se alinham com as mudanças contínuas da evolução humana.

Dentro do *Corpus Hermeticum*, há uma forte inclinação em negar o corpo com o objetivo de, após a morte, escapar dos laços do destino e transcender os ciclos de reencarnação. O propósito era se fundir novamente com a Mente Divina (*Nous*), entoando hinos entre as estrelas por toda eternidade. Tal conceito não só se mostra incompatível com uma Bruxaria baseada na natureza, mas também ecoa a "negação da carne" adotada posteriormente pelo Cristianismo – algo que as Bruxas conscientemente escolheram ignorar.

Contrapondo-se a essa perspectiva, a filosofia do Novo Pensamento, por intermédio do Caibalion, oferece ao buscador espiritual uma nova lente ao Hermetismo, concentrando-se em viver a humanidade plenamente no presente. A busca é por desfrutar das alegrias, belezas e prazeres da vida. O Caibalion, além de propor um entendimento hermético da ordem cósmica, também forneceu meios de trabalhar eficazmente dentro dessa ordem, tornando-nos os verdadeiros protagonistas de nosso destino. Por meio dessas "chaves mestras", é possível "destrancar as portas do templo", compreender todos os Mistérios e, assim, viver plenamente a grande jornada que é a vida humana.

Esse "novo" Hermetismo, com seus 7 Princípios Herméticos, é altamente compatível com a Bruxaria e viria a reverberar profundamente ao longo das décadas seguintes. Laurie Cabot, a Bruxa oficial de Salem, entrelaçou os Princípios Herméticos do Caibalion naquilo que ela chamou de "Ciência da Bruxaria", em seu livro "*O Poder da Bruxa*", lançado em 1990. Seu discípulo, Christopher Penczak, manteve viva essa Tradição ao ensinar uma Bruxaria influenciada pelo Hermetismo em sua influente série "O Templo Interior da Bruxaria", no início dos anos 2000.

Nos tempos modernos, figuras como Manly P. Hall trouxeram a sabedoria hermética para um público mais amplo com suas obras. Seu livro *The Secret Teachings of All Ages*, tornou-se um recurso valioso para Bruxos em busca de um entendimento mais profundo das leis universais e da Magia

O Caibalion, portanto, com suas 7 leis herméticas, tem sido uma referência para muitos desde então. Ao adentrar a esfera da Bruxaria, esses princípios se tornam uma base poderosa para entender e manipular as energias místicas. Cada princípio pode ser visto sob uma perspectiva por meio da Bruxaria:

1. Princípio do Mentalismo: no universo da Bruxaria, a mente é a forja onde a Magia nasce. "O Todo é Mente; o Universo é Mental." Isso ressoa com a ideia de que antes de qualquer feitiço ou encantamento se manifestar no plano físico, ele primeiro existe no plano mental. A força do pensamento e da intenção é primordial no trabalho dos Bruxos.

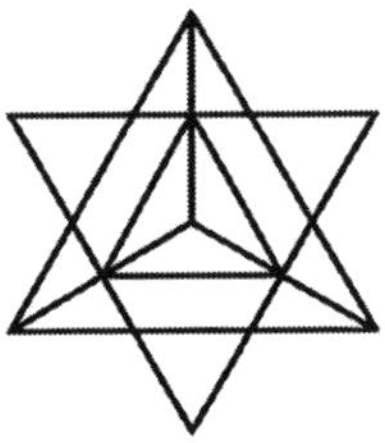

2. Princípio da Correspondência: "Como acima, é abaixo; como abaixo, é acima." No ato mágico, Bruxas e Bruxos utilizam essa correspondência para traçar conexões entre o macrocosmo e o microcosmo. Através de analogias, símbolos, sigilos e rituais, eles se alinham com as forças cósmicas e as manifestam em suas práticas.

3. Princípio da Vibração: no cerne da Bruxaria está o entendimento de que "nada está em repouso; tudo se move; tudo vibra". As energias em movimento são canalizadas por meio de rituais, cânticos e danças, reconhecendo e honrando a eterna dança vibracional do Universo.

4. Princípio da Polaridade: Bruxos compreendem que a Magia é um jogo de equilíbrio. O entendimento de que "tudo é dual" é essencial, seja ao lidar com deidades, espíritos ou forças naturais. A harmonia entre os opostos é crucial para uma prática mágica equilibrada.

5. Princípio do Ritmo: "tudo flui, para dentro e para fora". As fases da lua, as marés e as estações do ano são testemunhos desse ritmo no mundo da Bruxaria. Respeitar esses fluxos e trabalhar em harmonia com esses ciclos garante que o feitiço ou ritual seja mais potente e que os indivíduos entrem em profundo equilíbrio por meio da conexão com o ritmo da natureza.

6. **Princípio da Causalidade:** Bruxas sabem que "toda causa tem seu efeito". Ao lançar um feitiço e invocação é vital estar ciente das repercussões, lembrando de que a Lei do Retorno, chamada na Wicca de "Lei Tríplice", é uma extensão deste princípio: aquilo que aos outros fizermos retornará para nossa vida triplicadamente.

7. **Princípio do Gênero**: na Bruxaria, a celebração do Divino feminino e masculino e da Deusa e do Deus, é central. Isso é uma afirmação de que "tudo tem o seu Princípio Masculino e o seu Princípio Feminino". Cada feitiço, ritual ou cerimônia honra a manifestação desses princípios em todas as coisas, reconhecendo a dança sagrada entre eles.

Ao integrar os princípios herméticos na Bruxaria, não só se aprofunda o entendimento da Magia em si, mas também se constrói uma ponte entre as antigas Tradições filosóficas e as práticas místicas contemporâneas.

A abrangência do Caibalion hoje torna claro que aquilo que começou como um estudo esotérico transcendeu rapidamente os limites da filosofia mística para se entrelaçar na cultura global e abraçar Tradições espirituais variadas, como, por exemplo, a Bruxaria. Os Bruxos entendem que a jornada mágica é uma busca constante por compreensão e crescimento. Eles estão abertos a novas perspectivas, aprendendo com a natureza, os livros, os mestres e as próprias experiências.

Os Bruxos estão alinhados com os ensinamentos do Caibalion, tanto que compreendem que a mente é a fonte primordial da criação. Assim, eles se esforçam para dominar o poder do pensamento e da intenção. Bruxos aplicam esse conhecimento para manifestar intenções e transformar realidades, usando a meditação, a visualização e a concentração para direcionar a energia mental.

Uma compreensão assertiva das correspondências entre os diferentes planos da realidade, como expressa no Caibalion, enriquece a prática mágica dos Bruxos. Eles usam símbolos, elementos e rituais que ressoam com as energias de cada plano, alinhando-se com as leis universais para obter resultados mais eficazes.

A manipulação consciente das vibrações sutis é uma parte essencial da Magia Hermética Moderna. Da mesma forma, os Bruxos aplicam a Lei da Vibração para canalizar energias, criar estados alterados de consciência e harmonizar-se com os ciclos naturais, amplificando assim seus trabalhos mágicos.

Compreender a polaridade, permite que os Bruxos equilibrem forças opostas e encontrem harmonia em sua prática mágica. Bruxos reconhecem a dualidade inerente à vida e usam essa sabedoria para transformar desafios em oportunidades, equilibrando as energias internas e externas, exatamente como ensina o Caibalion.

O Princípio do Ritmo guia a prática mágica dos Bruxos de acordo com os ciclos naturais e universais. Eles se sintonizam com os ritmos da lua, do sol, das estações e dos ciclos pessoais, para realizar rituais e manifestar intenções no momento mais adequado.

A integração das energias masculinas e femininas, conforme ensinada pela Lei de Gênero, enriquece a prática dos Bruxos, permitindo-lhes abraçar as qualidades de ação e receptividade, lógica e intuição, para alcançar uma harmonia interna e externa.

Como uma Alquimia interna, a transmutação capacita os Bruxos a transformarem suas próprias características e realidades. Bruxos aplicam essa compreensão para superar desafios, mudar perspectivas e direcionar energias para a manifestação de suas intenções.

O correto entendimento da conexão universal, base da filosofia hermética moderna, permite que os Bruxos acessem as energias sutis do Cosmos e influenciem a realidade. Eles trabalham em harmonia com essa teia invisível, expandindo a percepção e manifestando suas intenções de maneira mais poderosa.

Os Bruxos compreendem que a sabedoria atemporal proporcionada pelo estudo do Hermetismo é uma fonte infinita de orientação e inspiração, capacitando-os a cocriar suas realidades e aprofundar sua conexão com o Universo.

Princípios Herméticos, como redefinidos por Atkinson, deixaram uma marca indelével em uma variedade de práticas metafísicas, inclusive na Wicca.

Estaria tudo isso sob o engenhoso design do trapaceiro Deus grego Hermes? Talvez a influência de Hermes se manifeste na maneira como esses ensinamentos se entrelaçaram tão profundamente em nossa cultura, lembrando-nos de que a verdadeira Magia reside na capacidade de uma ideia se adaptar, crescer e influenciar as gerações.

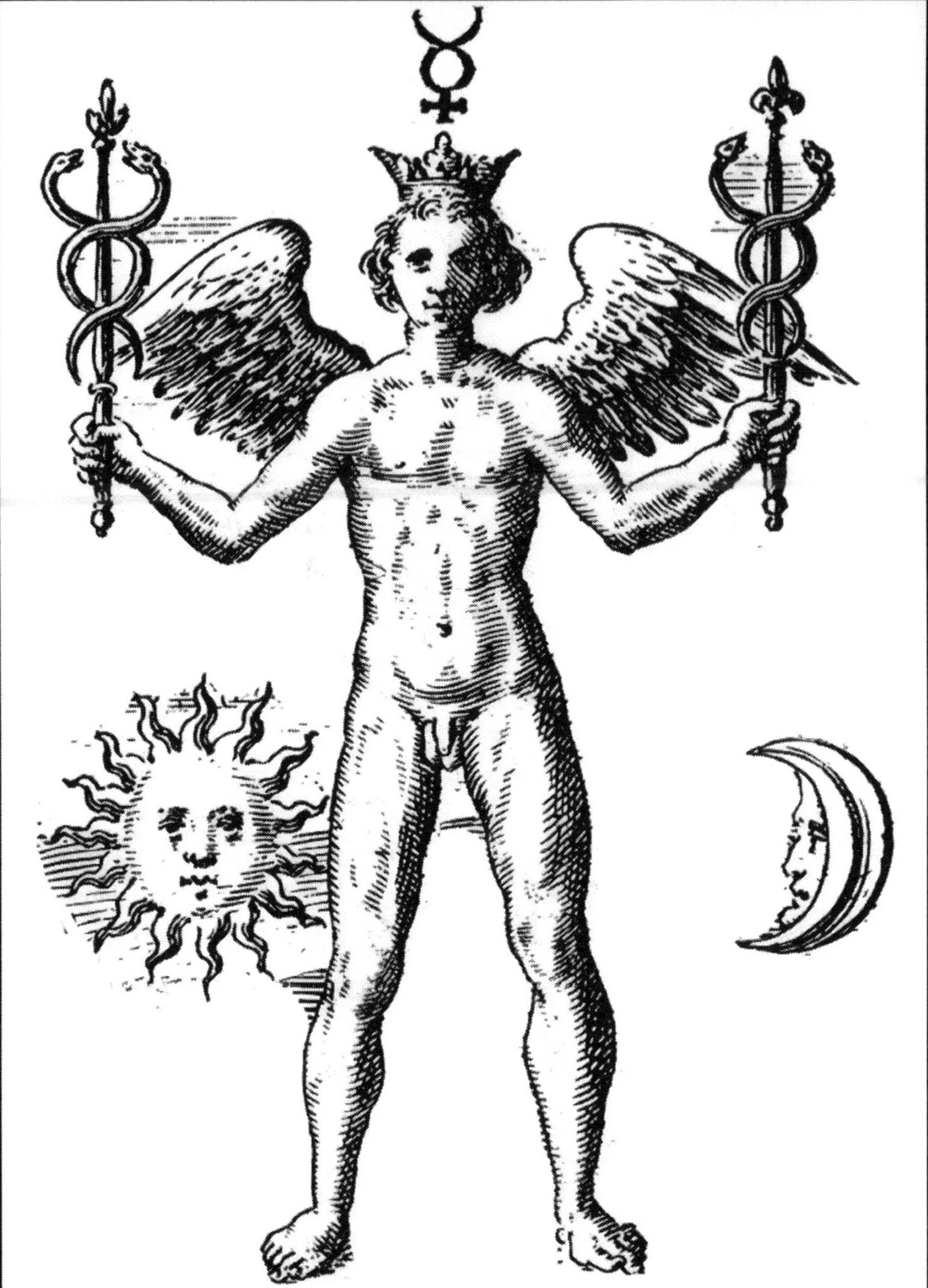

RATIO HERMETICA

Teoria Hermética

INTRODUÇÃO

"Quando os ouvidos do aluno estão prontos para ouvir, então vêm os lábios para enchê-los de Sabedoria"

O Caibalion

Para nós é um grande prazer apresentar aos estudantes e aos pesquisadores das Doutrinas Secretas este pequeno trabalho baseado nos antigos Ensinamentos Herméticos. Tem havido tão poucos escritos sobre este assunto, embora incontáveis referências aos Ensinamentos nas muitas obras sobre o ocultismo, que, sem dúvida, os muitos pesquisadores fervorosos das Verdades Arcanas darão boas-vindas à apresentação do presente volume.

O objetivo deste trabalho não é anunciar qualquer filosofia ou doutrina especial, mas, sim, fornecer aos alunos uma declaração da Verdade, servindo, assim, para reconciliar os muitos fragmentos do conhecimento oculto que podem ter adquirido, aparentemente opostos entre si e que, frequentemente, desencorajam e desagradam o discípulo iniciante no estudo. Nossa intenção não é construir um novo Templo do Conhecimento, queremos colocar nas mãos do aluno uma Chave Mestra com a qual ele possa abrir as muitas portas internas do Templo do Mistério, através dos principais portais pelos quais provavelmente já tenha entrado.

Não há nenhuma parte dos ensinamentos ocultos detidos pelo mundo que tenha sido tão bem guardada como foram os fragmentos dos Ensinamentos Herméticos, chegados até nós ao longo das dezenas de séculos passados, desde a vida do seu grande fundador, Hermes Trismegisto, o "Escriba dos Deuses", que viveu no Antigo Egito, nos dias em que a atual raça dos homens estava ainda na sua infância. Contemporâneo de Abraão e, se as lendas forem verdadeiras, instrutor daquele venerável sábio, Hermes foi, e é, o Grande Sol Central do Ocultismo, cujos raios serviram para iluminar os incontáveis preceitos que foram difundidos desde o seu tempo. Todos os princípios fundamentais e básicos incorporados nos ensinamentos esotéricos de todas as raças podem ser rastreados até chegarmos a Hermes. Mesmo os ensinamentos mais antigos da Índia, sem dúvida, têm suas raízes nos princípios herméticos originais.

Da terra do Rio Ganges, muitos sábios ocultistas vagaram para as terras do Egito e sentaram-se aos pés do Mestre. Dele, obtiveram a Chave Mestra que explicava e reconciliava seus pontos de vista divergentes e, assim, a Doutrina Secreta foi firmemente estabelecida. De outras terras também vieram outros eruditos, e todos consideravam Hermes o Mestre dos Mestres. Sua influência foi tão grande que, por séculos, apesar das muitas andanças dos Mestres pelos caminhos em diferentes terras, certa semelhança e correspondência nas entrelinhas das divergentes teorias trazidas e ensinadas pelos ocultistas dessas regiões ainda podem ser encontradas. O estudante de Religiões Comparadas poderá perceber a influência dos Ensinamentos Herméticos em toda religião digna desse nome hoje conhecida pelo homem, seja esta uma religião morta, seja alguma que esteja em pleno vigor em nossos tempos. Há sempre certa correspondência entre elas, apesar das características contraditórias e herméticas. Os ensinamentos agem como o Grande Reconciliador.

A obra de Hermes parece ter seguido no sentido de plantar a grande Semente da Verdade, que cresceu e floresceu em muitas formas estranhas, no lugar de estabelecer uma escola de filosofia que dominaria o pensamento do mundo. No entanto, as verdades ensinadas por ele foram mantidas intactas em sua pureza original por alguns homens em épocas diferentes. Esses Mestres recusaram um grande número de alunos e seguidores não preparados e seguiram o costume hermético, reservando a sua verdade a uma minoria pronta a compreendê-la e dominá-la. Por meio da oralidade, a verdade foi transmitida para poucos. Sempre houve Iniciados em cada geração, nas várias regiões da Terra, que mantiveram viva a chama sagrada dos Ensinamentos Herméticos e sempre estiveram dispostos a usar a divulgação desses ensinamentos para reacender as lâmpadas menores do mundo exterior, quando a luz da verdade foi obscurecida e se turvou por causa da negligência e a chama foi obstruída por uma matéria estranha. Sempre houve pessoas para cuidar fielmente do altar da Verdade, sobre o qual era mantida a luz da Chama Perpétua da Sabedoria. Esses homens devotaram suas vidas ao trabalho de amor que o poeta tão bem cantou em seus versos:

> "Oh, não deixem a chama se apagar! Protegida, era após era, em sua caverna escura – em seus templos sagrados e amados, ela sempre foi alimentada pelos ministros puros do amor – não deixem a chama se apagar!"

Esses homens nunca buscaram a aprovação popular, nem um grande número de seguidores. Eles são indiferentes a essas coisas, pois sabem quão poucos seres existem em cada geração que estão prontos para a verdade, ou que a reconheceriam se ela fosse apresentada a eles. Eles reservam o "sustento para os homens", enquanto outros fornecem o "leite para os bebês". Reservam suas pérolas de sabedoria para uns poucos eleitos que reconhecem o seu valor e as usam em suas coroas, em vez de jogá-las aos porcos vulgares e materialistas, que as pisoteariam na lama e as misturariam com o seu repugnante alimento mental. Mas, ainda assim, esses homens nunca esqueceram ou negligenciaram os ensinamentos originais de Hermes a respeito da transmissão das palavras da verdade para aqueles que estavam prontos para recebê-la, ensinamento esse que é declarado em *O Caibalion* da seguinte maneira: "Onde estão marcados os passos do Mestre, os ouvidos daqueles que estão prontos para o seu Ensinamento se abrem amplamente". E ainda: "Quando os ouvidos do aluno estão prontos para ouvir, então vêm os lábios para enchê-los de Sabedoria". Mas sua atitude costumeira sempre esteve estritamente de acordo com o outro aforismo hermético, também presente no Caibalion: "Os lábios da Sabedoria estão fechados, exceto para os ouvidos do Entendimento".

Há quem tenha criticado esta atitude dos Hermetistas e tenha afirmado que eles não manifestaram uma atitude adequada em sua política de reclusão e de reticência. Mas um relance momentâneo nas páginas da história mostrará a sabedoria dos Mestres que conheciam a loucura de tentar ensinar ao mundo aquilo para o qual o mundo ainda não estava pronto, nem desejava aprender. Os Hermetistas nunca procuraram ser mártires, em vez disso, sentaram-se em silêncio, com um sorriso compassivo em seus lábios fechados, enquanto os "Pagãos se enfureciam ruidosamente sobre os mártires", em sua costumeira diversão de matar e torturar os entusiastas honestos, mas equivocados, que imaginaram poder impor a uma raça de bárbaros a verdade capaz de ser compreendida apenas pelos eleitos que haviam avançado ao longo do Caminho.

E esse espírito de perseguição ainda não se extinguiu na Terra. Existem certos Ensinamentos Herméticos que, se publicamente divulgados, trariam sobre a cabeça dos mestres uma grande onda de gritos, de desprezo e de injúrias da multidão, que novamente levantaria o grito: "Crucifique! Crucifique!".

Neste pequeno trabalho, procuramos transmitir uma ideia dos ensinamentos fundamentais de *O Caibalion*, e nos esforçamos para apresentar os Princípios do trabalho, deixando que você mesmo os aplique, em vez de tentar desenvolver esse ensinamento em detalhes. Se você é um estudante verdadeiro e sincero, será capaz de trabalhar e aplicar esses Princípios – se não, então deve se esforçar para se tornar um; caso contrário, os Ensinamentos Herméticos serão somente "palavras soltas ao vento" para você.

Os Três Iniciados

CONTEXTUALIZANDO A INTRODUÇÃO PARA BRUXOS

A CHAMA ETERNA SECRETAMENTE NUTRIDA, É PRESERVADA INCESSANTEMENTE PELOS GUARDIÕES IMPREGNADOS DE PURO AMOR.

Os ensinamentos herméticos, conforme a Introdução da obra, são uma representação dos saberes antigos. Enraizados nas antigas civilizações, essas doutrinas abordam princípios universais e são consideradas por muitos como a base de diversos sistemas esotéricos e místicos que se desenvolveram ao longo dos séculos.

Ao mergulhar na paisagem religiosa da Wicca e da Bruxaria, é possível identificar ecos desses ensinamentos herméticos. A Wicca, embora tenha raízes distintas e seja relativamente jovem, é influenciada por uma variedade de Tradições esotéricas, inclusive o Hermetismo. O conceito hermético "como acima, é abaixo", que sugere uma relação reflexiva entre o macrocosmo e o microcosmo, pode ser identificado nas práticas Wiccanianas que buscam harmonizar as energias individuais com as do Universo.

O texto de introdução detalha a maneira cuidadosa e reverente com que os ensinamentos herméticos foram preservados ao longo do tempo, transmitidos apenas para aqueles considerados prontos para compreendê-los. Esta abordagem seletiva tem paralelos na Bruxaria Tradicional, onde o conhecimento muitas vezes é passado de forma sigilosa de um Iniciado para outro. Na Wicca e na Bruxaria, assim como nos ensinamentos herméticos, há uma ênfase na busca individual pela verdade e no entendimento interno em vez da aceitação cega de doutrinas.

Além disso, a relação apresentada no texto entre Hermes Trismegisto e figuras como Poimandres, e o papel de Hermes como "Mestre dos Mestres", ecoa a maneira como os Bruxos modernos olham para as figuras de sua mitologia, como a Deusa Tríplice, o Deus Cornífero e os Poderosos, como fontes de sabedoria e orientação. Essas figuras tornam-se arquétipos que fornecem uma estrutura para a compreensão e a prática espiritual da Arte.

A narrativa apresentada sobre os ensinamentos herméticos destaca a eterna busca da humanidade pelo entendimento espiritual e a conexão com o Divino. Tanto os seguidores dos ensinamentos herméticos quanto os praticantes da Wicca buscam essa compreensão, cada um à sua maneira, buscando a harmonia com o Universo e a verdadeira iluminação.

O Caibalion evidencia o cuidadoso resguardo dos ensinamentos herméticos ao longo dos séculos, bem como a linhagem sagrada de transmissão de conhecimentos que se manteve pura e inalterada. A importância de Hermes Trismegisto é destacada como o eixo central de todos os ensinamentos ocultos e o principal farol de sabedoria para diversas Tradições esotéricas. Essa reverência a uma fonte antiga e a valorização de uma transmissão esotérica reservada e seletiva têm paralelos notáveis com algumas práticas dentro do universo da Bruxaria.

Seus textos também destacam a resistência dos Hermetistas em divulgar amplamente seus ensinamentos, escolhendo, em vez disso, passar seu conhecimento de forma seletiva para evitar perseguição e mal-entendidos. Esse é um sentimento compartilhado por muitos dentro da comunidade da Bruxaria. A ideia de guardar segredos, não por elitismo, mas por necessidade e reverência ao sagrado, é um tema recorrente em ambas as Tradições.

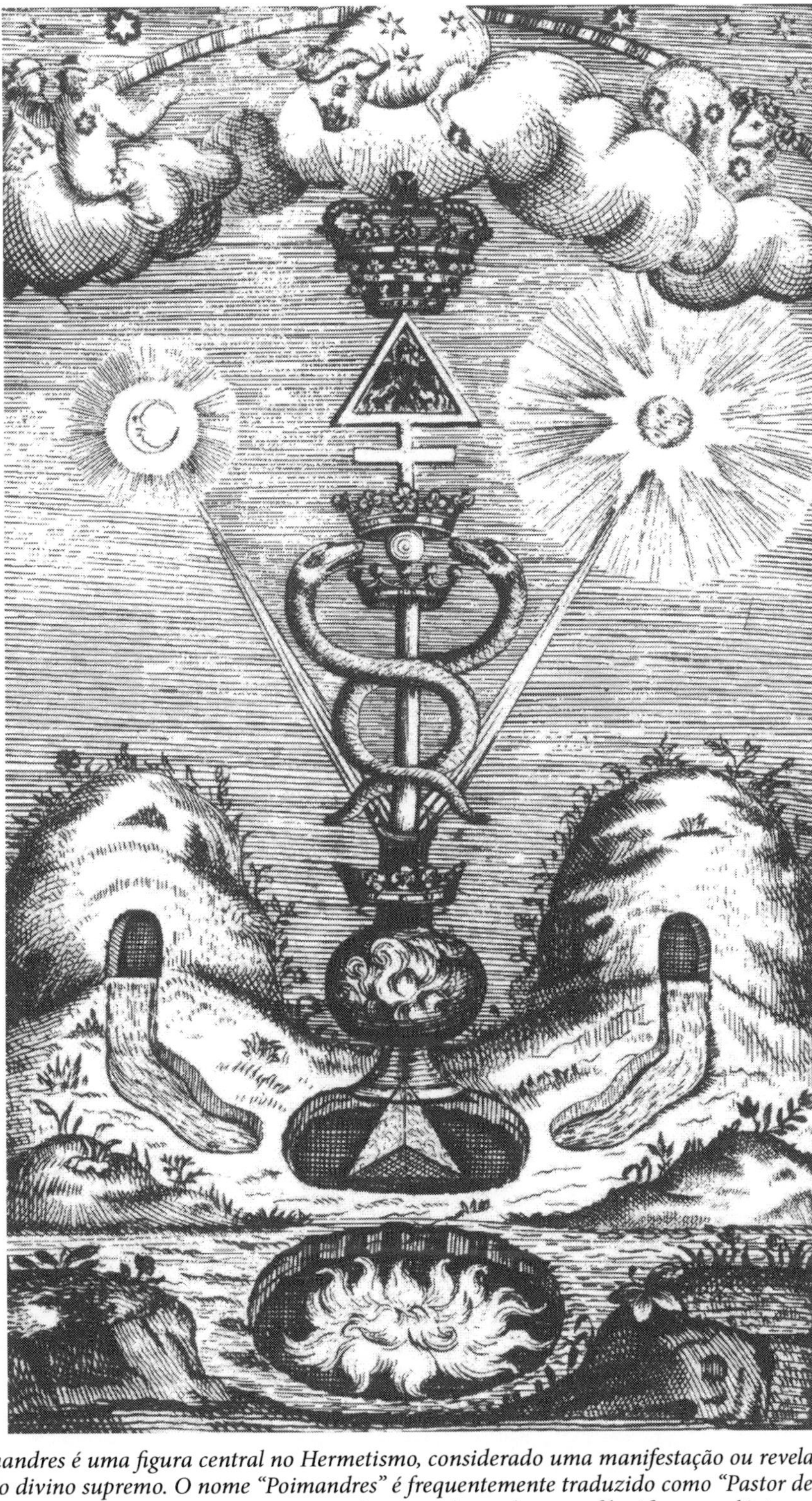

Poimandres é uma figura central no Hermetismo, considerado uma manifestação ou revelação do princípio divino supremo. O nome "Poimandres" é frequentemente traduzido como "Pastor de Homens" ou "Mente do Poder". No "Corpus Hermeticum", uma coleção de textos filosóficos e teológicos atribuídos a Hermes Trismegisto, Poimandres aparece no primeiro tratado, onde se apresenta a Hermes em uma visão, revelando a ele os segredos do Universo e da natureza divina.

Outro elemento interessante é a ideia de Hermes Trismegisto como um "Grande Sol Central do Ocultismo". Na Wicca, o Sol é frequentemente associado ao Deus Cornífero, uma Divindade masculina que é contraparte da Deusa. Elemento central na Roda do Ano Wiccaniana, que celebra o ciclo da vida, morte e renascimento. Hermes, como um farol de luz e conhecimento, pode ser visto como um paralelo com a figura do Deus Cornífero, iluminando o caminho dos buscadores.

É fundamental entender que, enquanto a Wicca pode incorporar ou ser influenciada por princípios herméticos, ela também possui um rico conjunto de ensinamentos e práticas que são distintamente seus. A celebração dos Sabbats, por exemplo, que marca o ciclo anual da Terra, e a veneração da Deusa e do Deus, são elementos centrais da Wicca que não têm origem nos ensinamentos herméticos.

O respeito e a reverência pela Tradição, a conexão com ancestrais e mestres do passado e a busca contínua por sabedoria e entendimento são temas comuns em ambas as Tradições. No entanto, enquanto os ensinamentos herméticos enfatizam a pureza e a inalterabilidade de seus ensinamentos, a Wicca propõe uma prática mais fluida, muitas vezes adaptada e personalizada pelos praticantes individuais. Esta flexibilidade é um dos pontos de divergência entre as duas Tradições, evidenciando que, embora compartilhem semelhanças e influências mútuas, elas também possuem suas características distintas e únicas.

1

A FILOSOFIA HERMÉTICA

"Os lábios da Sabedoria estão fechados,
exceto para os ouvidos do Entendimento."

O Caibalion

Do Egito Antigo vieram os ensinamentos esotéricos e ocultos fundamentais que influenciaram fortemente as filosofias de todas as raças, nações e povos, por vários milhares de anos. O Egito, o lar das Pirâmides e da Esfinge, foi o local de nascimento da Sabedoria Oculta e dos Ensinamentos Místicos. Todas as nações tomaram emprestado ensinamentos da sua Doutrina Secreta. Índia, Pérsia, Caldeia, Média[1], China, Japão, Assíria, Grécia e Roma antigas, além de outros povos, participaram livremente do festival de conhecimento que os Hierofantes e os Mestres da Terra de Ísis forneceram gratuitamente para aqueles que vieram preparados para se aproveitar da grande quantidade de Conhecimento Místico e Oculto que os mentores daquela terra antiga conseguiram reunir.

No Antigo Egito viveram os grandes Adeptos e Mestres que nunca foram superados, e que raramente foram igualados, durante os séculos que transcorreram da sua ascensão, desde os tempos do Grande Hermes. No Egito, estava localizada a Grande Loja dos Místicos. Pelas portas dos seus Templos entraram os Neófitos que depois, como Hierofantes, Adeptos e Mestres, viajaram para os quatro cantos do mundo, levando consigo o conhecimento precioso em que foram formados e que estavam ansiosos e dispostos a transmitir para aqueles preparados para recebê-lo. Todos os estudantes do ocultismo reconhecem a dívida que eles têm para com os veneráveis Mestres daquela antiga terra.

Mas, entre esses grandes Mestres do Antigo Egito, viveu um que os demais Mestres aclamavam como "O Mestre dos Mestres". Este homem, se realmente era um "homem", morou no Egito em seus primórdios. Ele era conhecido como Hermes Trismegisto, o Pai da Sabedoria Oculta; fundador da Astrologia e descobridor da Alquimia. Os detalhes da história de sua vida se perderam nos tempos, com o passar dos anos, embora vários dos países antigos reivindicassem e disputassem entre si a honra de ter sido em suas terras o seu local de nascimento – e isso há milhares de anos. A data exata do período em que ele ficou no Egito, na sua última encarnação neste Planeta, não é agora conhecida, mas foi fixada nos primeiros dias das dinastias mais antigas do Egito – muito antes da época de Moisés. As autoridades mais confiáveis o consideram um contemporâneo do Patriarca Abraão, e algumas das Tradições judaicas vão muito mais longe ainda, a ponto de afirmar que Abraão adquiriu uma parte do seu conhecimento místico do próprio Hermes.

Com o passar dos anos, após a sua passagem por este plano da vida (a Tradição registra que ele viveu trezentos anos na matéria), os egípcios deificaram Hermes e fizeram dele um de seus Deuses, sob o nome de Thoth. Anos depois, o povo da Grécia Antiga também o adotou como um de seus muitos Deuses – chamando-o de "Hermes, o Deus da Sabedoria". Os egípcios

---

1 N.A.: também conhecida em português como Medea, região da Argélia, detentora de uma rica história que remonta aos tempos do Império Romano e antes. Como muitas cidades na Argélia, Medea tem uma mistura de influências culturais, incluindo Berber, Árabe e Francesa, refletindo a longa e complexa história do país.

reverenciaram sua memória por muitos séculos – sim, por dezenas de séculos – chamando-o de "o Escriba dos Deuses" e conferindo a ele, distintamente, seu antigo título, "Trismegisto", que significa "Três Vezes Grande"; "o Grande entre os Grandes"; "o Maior dos Maiores", etc. Em todas as terras antigas, Hermes Trismegisto era reverenciado, sendo seu nome um sinônimo de "Fonte da Sabedoria".

Até nossos dias continuamos usando o termo "hermético" no sentido de "em segredo", "selado, para que nada escape", entre outras definições. Isso acontece, porque os seguidores de Hermes sempre observaram o princípio do sigilo em seus ensinamentos. Eles não acreditavam em "lançar pérolas aos porcos", ao contrário, mantinham o ensino em segredo: "leite para os bebês; alimento para os homens fortes", máximas estas que são familiares aos leitores das escrituras cristãs, mas que foram usadas pelos egípcios séculos antes da era cristã.

Essa política de disseminação cuidadosa da verdade sempre caracterizou os Hermetistas, até os dias atuais. Os Ensinamentos Herméticos podem ser encontrados em todos os países, entre todas as religiões, mas eles não são identificados com nenhum país em particular, nem com nenhuma seita religiosa em especial. Isso por causa da advertência dos antigos mestres contra permitir que a Doutrina Secreta se cristalizasse em um só credo. A sabedoria desse cuidado é evidente para todos os estudantes de história. O antigo ocultismo da Índia e da Pérsia degenerou, e foi em grande parte perdido, devido ao fato de que os Mestres se tornaram Sacerdotes, e assim misturaram a teologia com a filosofia. Como resultado disso, o ocultismo da Índia e da Pérsia foi gradualmente sendo perdido em meio à massa de cultos de superstição religiosa, de credos e de "Deuses". Assim foi também com a Grécia e a Roma antigas. E o mesmo ocorreu com os Ensinamentos Herméticos dos Gnósticos e dos Cristãos Primitivos, que se perderam na época de Constantino, cuja mão de ferro sufocou a filosofia com o manto da teologia, fazendo com que a Igreja Cristã perdesse aquilo que era a sua própria essência e espírito, obrigando-a a tatear durante vários séculos antes de encontrar o caminho de volta à sua antiga fé; as indicações aparentes para todos os observadores cuidadosos neste século 20 são de que a Igreja está agora lutando para voltar aos seus antigos ensinamentos místicos.

Apesar de tudo, sempre houve algumas almas fiéis que mantiveram viva a Chama, que cuidaram dela com zelo e que não permitiram que a sua luz se apagasse. E, graças a esses corações firmes e essas mentes destemidas, ainda temos a verdade conosco. Mas ela não é encontrada em livros. Na maioria das vezes, é transmitida de Mestre para Discípulo; de Iniciado para Hierofante; de lábios a ouvido, pela oralidade. Quando escrita, seu significado foi velado por vários termos da Alquimia e da Astrologia, de forma que apenas aqueles que possuíam a chave poderiam interpretá-la corretamente. Isso se fez necessário para evitar as perseguições dos teólogos da Idade Média, que lutaram contra a Doutrina Secreta com o fogo e a espada, a estaca, a forca e a cruz. Até hoje poucos livros confiáveis sobre a Filosofia Hermética são encontrados, embora haja inúmeras referências a ela em muitos livros escritos sobre as várias fases do Ocultismo. Considerando que, a Filosofia Hermética é a única Chave Mestra que poderá abrir todas as portas dos Ensinamentos Ocultos!

Nos primeiros tempos, havia uma coletânea de certas Doutrinas Herméticas Básicas, transmitidas de professor para aluno, que era conhecida como *O Caibalion*, cujo significado exato do termo acabou sendo perdido nas brumas do tempo. Esse ensinamento, no entanto, é conhecido por todos aqueles a quem ele foi transmitido oralmente e continuamente ao longo dos séculos. Seus preceitos nunca foram escritos ou impressos, até onde sabemos. Eles eram apenas uma coleção de máximas, de axiomas e de preceitos incompreensíveis para os leigos, mas que eram prontamente compreendidos pelos estudantes, depois que esses axiomas, máximas e preceitos eram explicados e exemplificados pelos Iniciados Herméticos aos seus Neófitos. Esses ensinamentos realmente constituíram os princípios básicos da "Arte da Alquimia Hermética", que, ao contrário da crença geral, tratava do domínio das Forças Mentais, em vez dos Elementos Materiais – na verdade, trata-se da Transmutação de alguns tipos de Vibrações Mentais em outros, e não da transformação de um tipo de metal em outro, como se imagina. As lendas da "Pedra Filosofal", que transformaria o metal comum em ouro, eram uma alegoria relativa à Filosofia Hermética, facilmente compreendida por todos os estudantes do verdadeiro Hermetismo.

Neste pequeno livro, do qual esta é a Primeira Lição, convidamos nossos alunos a examinar os Ensinamentos Herméticos, conforme estabelecido no Caibalion, como foi explicado por nós mesmos, humildes discípulos dos Ensinamentos, e, embora portemos o título de "Iniciados", ainda somos alunos aos pés de Hermes, o Mestre. Aqui fornecemos muitas das máximas, dos axiomas e dos preceitos do Caibalion, acompanhados por explicações e ilustrações que consideramos suscetíveis de tornar os ensinamentos mais facilmente compreendidos pelo estudante moderno, particularmente, porque o texto original é propositadamente velado por causa do uso de diversos termos obscuros.

As máximas, os axiomas e os preceitos originais de *O Caibalion* estão transcritos aqui, entre aspas, com os devidos créditos. O trabalho que realizamos está transcrito de forma regular, no corpo do texto. Acreditamos que os muitos alunos, a quem agora oferecemos este pequeno trabalho, obterão tanto benefício do estudo de suas páginas quanto os muitos que fizeram o mesmo anteriormente, trilhando o mesmo Caminho para a Maestria ao longo dos séculos que passaram, desde os tempos de Hermes Trismegisto – o Mestre dos Mestres – o Três Vezes Grande, como nas palavras de *O Caibalion*:

"Onde estão marcados os passos do Mestre, os ouvidos daqueles que estão prontos para o seu Ensinamento ficam bem abertos."
– O Caibalion

"Quando os ouvidos do aluno estão prontos para ouvir, então vêm os lábios para enchê-los de Sabedoria."
– O Caibalion

Deste modo, de acordo com os Ensinamentos, este livro será transmitido para aqueles que estão prontos para ter essa instrução; ele atrairá a atenção daqueles que estão preparados para receber o Ensinamento. E, da mesma forma, quando o aluno estiver pronto para conhecer a verdade, este pequeno livro virá às suas mãos. Essa é a lei. O Princípio Hermético de Causa e Efeito, no seu aspecto da Lei da Atração, unirá lábios e ouvidos – e o discípulo e o livro estarão em conjunto. Que assim seja!

MVNDVS ELEMENTARIS

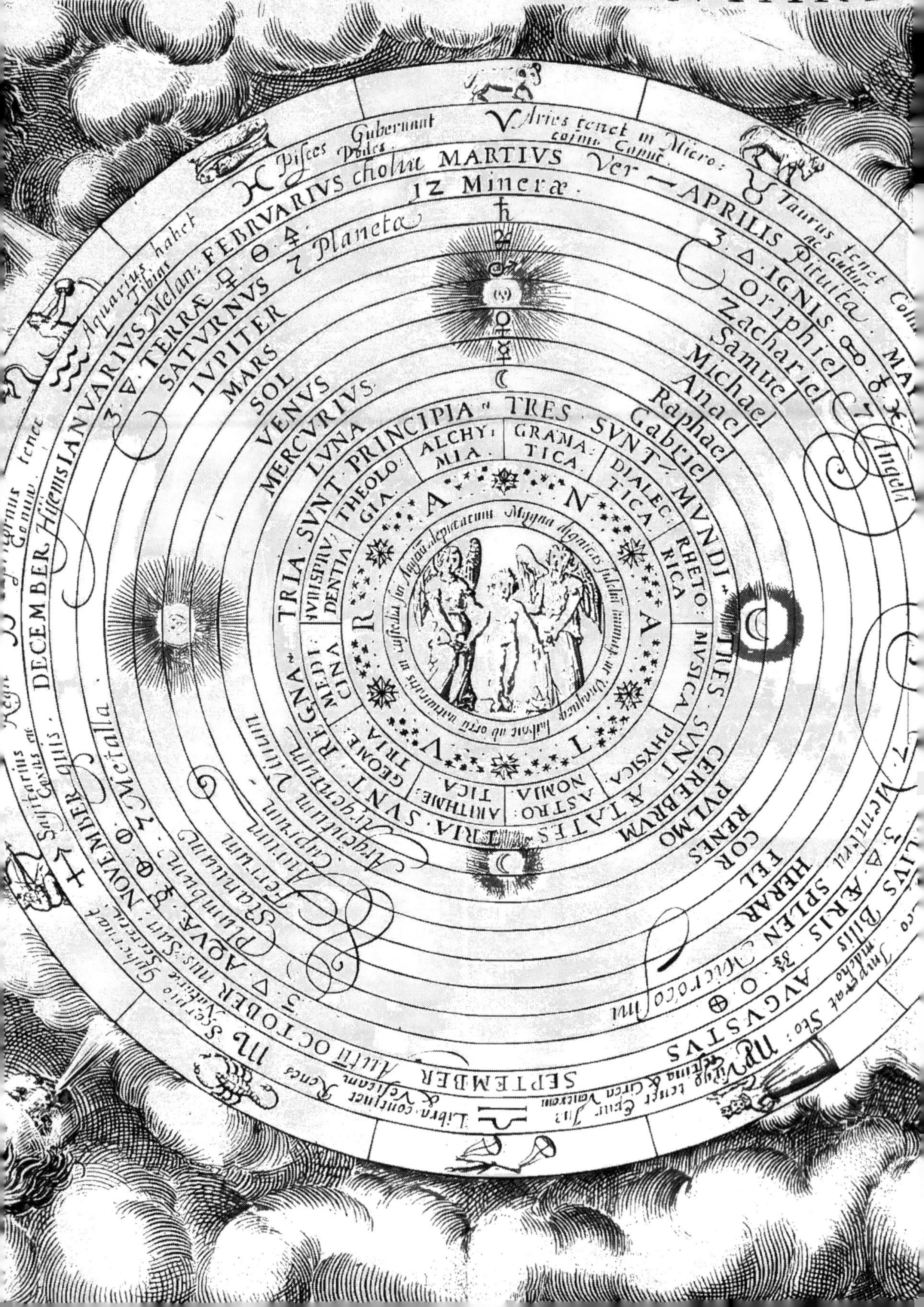

A FILOSOFIA HERMÉTICA PARA BRUXOS

A PREDISPOSIÇÃO DO APRENDIZ PARA OUVIR
ENCONTRA SEMPRE OS LÁBIOS DA SABEDORIA.

A Wicca, em suas variadas formas e Tradições, é frequentemente vista como uma religião contemporânea que visa resgatar a Magia e os rituais do Paganismo antigo, especialmente da Europa pré-cristã. No entanto, sua essência e sua conexão com os antigos Mistérios vão muito além do que se apresenta superficialmente. Da mesma forma, a filosofia hermética, tão bem encapsulada nos textos do Caibalion, fala de saberes antigos que têm sua origem nas profundezas da civilização egípcia.

Quando examinamos os ensinamentos esotéricos que emanam do Egito antigo, conforme descrito, deparamo-nos com a ideia de que esses saberes ocultos foram a base e a influência para muitas filosofias e Tradições subsequentes. A Wicca, como uma das guardiãs dos Mistérios da Tradição Ocidental, não está separada dessa linhagem de transmissão de conhecimento. Com seu foco na celebração da natureza, nos ciclos da lua, na adoração da Deusa e do Deus Cornífero e na prática da Magia Ritual, pode ser vista como uma manifestação contemporânea da antiga sabedoria. Assim como os Hermetistas guardavam seus segredos, transmitindo-os apenas aos dignos, a Wicca também tem suas Tradições Iniciáticas, nas quais os segredos são guardados e passados de Sacerdote para Neófito, de Coven para Coven, de Iniciado para Iniciado.

Hermes Trismegisto, o "Mestre dos Mestres" do Hermetismo, encontra paralelos em várias Tradições místicas e ocultas. No universo da Wicca, poderíamos pensar nele como um arquétipo similar à face do Deus Ancião ou ao Deus da Sabedoria. Sua filosofia, que aborda a transmutação das energias e a compreensão dos Mistérios da existência, encontra ecos nos rituais Wiccanianos, onde os praticantes buscam transformar a realidade ao seu redor através da Magia e da vontade direcionada.

A citação "onde recaem os passos do Mestre, os ouvidos daqueles prontos para seu Ensino se abrem amplamente" é profundamente relevante para a Wicca, pois aqueles que são chamados para o caminho Wiccaniano muitas vezes descrevem uma sensação de "retorno para casa", como se estivessem reencontrando uma verdade que já conheciam em seu íntimo. Assim como no Hermetismo, na Wicca acredita-se que quando o aluno está pronto, o "mestre" aparece. Este mestre nem sempre se trata de alguém ao qual seguimos, mas o mestre interior, que é despertado em nós quando tocamos os Mistérios Arcanos.

É também digno de nota o paralelo entre a visão hermética da Alquimia, que é interpretada mais como uma transformação mental do que material, e a prática Wiccaniana da Magia. Em ambas as Tradições, o foco está na transformação interior e na capacidade do indivíduo de se sintonizar com forças mais elevadas para manifestar mudanças em seu Eu interior, em sua vida e no mundo ao seu redor.

Em muitas Tradições esotéricas, incluindo a Bruxaria Moderna, a Iniciação representa um portal, uma transição de um estado de conhecimento e consciência para outro. Este rito não é apenas um gesto simbólico, trata-se de uma autêntica jornada que conduz o indivíduo ao núcleo mais profundo dos Mistérios Ancestrais. Essa transição ressoa profundamente com os ensinamentos do Caibalion. Com sua ênfase nos princípios herméticos, o livro serve como uma bússola para muitos buscadores espirituais quando estabelece que "os lábios da sabedoria estão fechados, exceto aos ouvidos do entendimento." Para a Wicca, essa máxima poderia destacar a importância da Iniciação, pois é por meio dela que os Mistérios são revelados aos dignos. Não se trata apenas de receber conhecimento, mas de estar preparado e apto a compreender e a assimilar esse conhecimento.

Dentro da Wicca, a Iniciação cumpre uma função semelhante. É muito mais que ser introduzido em uma Tradição ou em um Círculo, é uma transformação interna, permitindo que o Iniciado tenha acesso a verdades esotéricas anteriormente ocultas ou incompreensíveis. O rito de Iniciação age como uma chave, destrancando as portas da sabedoria antiga, permitindo que o praticante entre no reino dos Mistérios.

Relacionando a Iniciação da Arte com os ensinamentos do Caibalion, percebemos que o processo é uma materialização do conceito hermético de que o verdadeiro conhecimento é reservado àqueles preparados para recebê-lo. Assim como o texto enfatiza a necessidade de entendimento e preparação para acessar a sabedoria, a iniciação na Wicca busca preparar o Iniciado para receber, compreender e, eventualmente, praticar os Mistérios transmitidos.

Em suma, a Iniciação, seja na Wicca, seja em outras Tradições esotéricas, é mais do que um rito cerimonial. É um mecanismo de preservação dos antigos Mistérios, garantindo que eles sejam transmitidos apenas àqueles verdadeiramente preparados para carregar e honrar esse legado. Não é um direito, mas um privilégio. O Caibalion, com sua sabedoria hermética, oferece um contexto filosófico que reforça e valida a profundidade e importância de processos como a Iniciação na salvaguarda dos ensinamentos ocultos.

A Iniciação, em sua essência, não se limita à cerimônia ritualística que frequentemente lhe é associada. Nas Tradições iniciáticas como a Wicca, a verdadeira Iniciação transcende o ato cerimonial e se manifesta na profunda metamorfose do Eu. Na verdade, é uma Iniciação da alma, que ocorre por meio da assimilação da sabedoria e da plena imersão nos Mistérios.

Ao considerarmos o Caibalion, com seus princípios herméticos, deparamo-nos com o entendimento de que o verdadeiro conhecimento é assimilado pela alma, não adquirido apenas pela mente. A sabedoria ancestral que os ensinamentos herméticos transmitem não se destina apenas a ser compreendida intelectualmente, ela é vivenciada e incorporada em sua totalidade pelo ser. A máxima "Os lábios da sabedoria estão fechados, exceto aos ouvidos do entendimento", refere-se à capacidade de raciocínio, mas também ao entendimento profundo que ocorre quando a alma se alinha com os Mistérios universais.

Os sete estágios da Alquimia, frequentemente representados por processos como Calcinação, Dissolução, Separação, Conjunção, Fermentação, Destilação e Coagulação, são entendidos por muitos não apenas como etapas na transformação de metais, mas também como uma metáfora para a evolução e refinamento espiritual do ser humano. Cada estágio corresponde a um aspecto do autodescobrimento e crescimento interior, refletindo a jornada da alma em busca da 'pedra filosofal' ou iluminação espiritual.

Neste contexto, a Iniciação da alma é uma jornada interior e pessoal. Ela pode ser desencadeada por um ritual, uma revelação, uma experiência mística ou até mesmo por um profundo estudo e reflexão sobre textos esotéricos. Independentemente do catalisador, o resultado é uma transformação interna, quando o Iniciado começa a ver o mundo e a si mesmo através de uma nova lente, reconhecendo e se integrando aos Mistérios que anteriormente estavam velados.

Dentro da Wicca, essa Iniciação não ritualística é reconhecida e valorizada. Embora os rituais possam fornecer um caminho, um foco e uma estrutura para essa transformação, a verdadeira Iniciação ocorre no âmago do ser. É um despertar da alma, onde o conhecimento não é apenas entendido, mas incorporado e vivido. A pessoa se torna, em muitos aspectos, a própria manifestação dos Mistérios que busca entender.

Portanto, é fundamental compreender que a Iniciação, em sua verdadeira essência, é um processo interno e contínuo e não fruto de uma mera formalidade ritual. Enquanto os rituais podem marcar e celebrar momentos significativos nesse caminho, a verdadeira jornada é aquela que ocorre dentro de nós, quando nos alinhamos, assimilamos e nos transformamos através dos Mistérios que tanto reverenciamos. Assim, cada indivíduo se torna um guardião vivo da sabedoria ancestral, não apenas por ter sido iniciado por meio de um rito, mas por ter vivenciado e incorporado essa sabedoria em sua alma.

A Wicca e a filosofia hermética, embora distintas em suas origens e práticas, compartilham um profundo respeito e reverência pelos antigos Mistérios. Ambas as Tradições são guardiãs desses saberes, transmitindo-os para as novas gerações e garantindo que a chama da sabedoria antiga continue acesa em um mundo moderno. Com base no entendimento, no respeito e na prática dessas Tradições, podemos nos conectar com as raízes mais profundas da sabedoria humana e buscar uma vida de harmonia, compreensão e Magia.

Ritual de Contemplação Hermética

Em nosso percurso ao longo da existência, muitas vezes buscamos uma compreensão mais profunda das verdades universais, aquelas que sustentam os alicerces da realidade e do nosso ser. No coração dessas verdades, encontramos os ensinamentos sagrados da Tradição Hermética do Caibalion, uma sabedoria que tem sido a bússola de muitos buscadores por séculos.

Este Ritual de Contemplação Hermética é uma ponte para essa Tradição. Uma ferramenta para nos conectarmos com os ensinamentos do Grande Hermes Trismegisto e um meio para nos sintonizarmos com a ressonância desta sabedoria. Esta sintonização permitirá uma absorção mais profunda e autêntica de todo o conteúdo deste livro.

Embora as práticas herméticas de conexão com os princípios do Caibalion sejam apresentadas na segunda parte desta obra (Praxis Hermetica), é imperativo que o leitor compreenda o propósito deste ritual inicial, o único fornecido nesta parte mais teórica do livro. Construído cuidadosamente para preparar sua mente e sua alma, alinhando-as à essência da Tradição Hermética. Assim, ao realizar este rito, à medida que avança no livro, os ensinamentos do Caibalion serão transmitidos tanto para a sua mente racional, como também passarão a viver no interior da sua alma, sendo impressos nela para sempre.

A meditação converge para uma experiência única de imersão. À medida que se entrega ao ritual, permita-se ser levado pelo fluxo desta Tradição, confiando que, ao se abrir para essa jornada, as verdades herméticas se revelarão de maneira pessoal e transformadora em sua vida e se tornarão a chave que destranca as portas da sabedoria oculta, conduzindo você por um caminho de iluminação, autoconhecimento e sabedoria.

O Ritual

Objetivo
Imersão nos ensinamentos sagrados, busca por uma compreensão profunda e pessoal das verdades herméticas apresentadas no Caibalion.

Material necessário
O texto "A Filosofia Hermética" apresentado anteriormente neste capítulo
Papel e caneta
Um turíbulo com carvão em brasa e incenso de olíbano
Uma almofada ou tapete para meditação
Uma vasilha prateada com água
Velas (preferencialmente azuis, amarelas, douradas ou marrons)

Preparação do Ambiente
Escolha um local tranquilo, onde não será interrompido. Acenda as velas em um formato circular ao seu redor e coloque o incenso no centro deste espaço. O círculo simboliza a totalidade, a conexão com o todo.

Posicionamento
Sente-se confortavelmente no tapete ou almofada, dentro do círculo de velas, com o texto "A Filosofia Hermética" à sua frente. Respire profundamente algumas vezes, permitindo que sua mente se acalme e se concentre no momento presente.

Leitura e Contemplação
Comece a ler o texto lentamente, pausando após cada parágrafo. Ao pausar, feche os olhos e reflita sobre o que leu. Deixe que as palavras penetrem em seu ser. Se alguma frase ou conceito particularmente lhe chamar a atenção, anote no papel.

Meditação Guiada

Após a leitura completa, concentre-se na figura de Hermes Trismegisto e seu legado. Visualize-o como uma fonte luminosa de sabedoria. Sinta sua conexão com essa fonte, permitindo que o conhecimento flua para você. Faça a seguinte invocação:

Ó Hermes Trismegisto, Mestre dos Mestres,
Guardião do conhecimento antigo e da sabedoria oculta,
A ti invoco nesta hora de busca e contemplação.

Tu que és três vezes grande, o revelador dos Mistérios,
Que guiou os antigos ao longo dos caminhos da verdade,
Ilumine minha mente e meu coração,
Para que eu possa discernir a essência oculta das palavras.

Mensageiro dos Deuses, portador do caduceu sagrado,
Conduz-me através dos labirintos da mente e da alma,
Permita que eu compreenda os ensinamentos herméticos,
Assim como os mestres que vieram antes de mim.

Ó Hermes Trismegisto, eu clamo por tua sabedoria,
Que eu possa ser digno de teus ensinamentos,
E que possas guiar-me em minha jornada espiritual.

Ao invocar o teu nome, busco a chave-mestra
Para abrir todas as portas dos ensinamentos ocultos.
Que meu chamado encontre tua resposta
E minha busca encontre iluminação.

Grande Hermes, Três Vezes Grande, eu o invoco.
Eu peço, que assim seja!

Medite por alguns instantes sobre como as leis universais se aplicam à sua própria jornada espiritual e contemple a vasilha prateada repleta de água. Deixe as visões que surgirem sobre a superfície da água ou em sua mente inundarem o seu ser.

Molhe as mãos na água, toque sua cabeça e desça gradualmente, acariciando o seu corpo, indo em direção ao solo até tocar seus pés. Ao realizar este gesto sagrado, profira com convicção e reverência:

Que este vaso corporal e o campo da mente sejam limpos e purificados
Que estejam livres de matéria densa e de impurezas.
Declaro-me um receptáculo sagrado e puro,
Pronto para receber e resguardar a luz inextinguível e Divina.

Eleve o turíbulo três vezes aos céus e diga:

Ó Nous portador do sagrado elmo de sabedoria infinda!
Vós, que acendeis a chama ascendente,
Conduzindo as almas mortais até o reino iluminado e imortal,
Deixando para trás os abismos tenebrosos,
Purificadas agora pelos Mistérios velados e hinos sacrossantos.
Atendei a minha súplica, protetor magnânimos!

Derramai sobre mim, com vossa graça soberana,
A luminosidade purificadora e Divina extraída das páginas sagradas e imortais
Dissipando as brumas da ignorância e incerteza.
Permita que, com clareza cristalina,
eu possa discernir a essência Divina da alma humana
E que nenhuma força cruel e malévola,
Subjugue-me nas correntezas do esquecimento perpétuo

Vós, que trilhais o caminho luminoso da sabedoria suprema,
Atentai à minha invocação!
Revelai-me, enquanto vos apressais pelas sendas elevadas,
Os Mistérios e iniciações sagrados contidos nas palavras de poder inenarrável.

Fazei vossa presença conhecida e sentida neste rito majestoso e sagrado
Nesta conjuração de Mistérios inefáveis e sublimes.
Desvelai o véu do desconhecido,
Permita que eu vislumbre o Divino em sua essência mais pura e verdadeira
Estai comigo, ó Divindade,
Neste momento sagrado e místico de comunhão e revelação

Medite por alguns instantes e esteja aberto para qualquer revelação mistérica e gnose pessoal que possam ser despertadas em seu interior neste momento.

Registro de Reflexões

Após a meditação, anote suas reflexões. Escreva qualquer insight, ideia ou revelação que possa ter tido durante a meditação. Esse papel deverá ser guardado durante a semana para serem adicionados novos insights de acordo com os acontecimentos inusitados que surgirem, despertados pela força deste ritual.

Fechamento

Agradeça mentalmente a Hermes Trismegisto e a todos os mestres e adeptos que preservaram esse conhecimento hermético ao longo dos séculos:

Ó Hermes Trismegisto, Mestre Três Vezes Grande,
Na presença do Cosmos e dos Mistérios etéreos,
Hoje, aqui, elevo meu espírito em genuína gratidão.

Por cada sussurro dos ventos que trouxe sabedoria,
Por cada chama que ardeu no coração dos buscadores,
Pelo espelho d'água que refletiu os segredos astrais,
Eu te agradeço.

No santuário interno de minha alma,
Reconheço tua essência, o elo entre o terreno e o Divino,
E sou eternamente grato pelas chaves que concedeste,
Abertas, elas revelaram portas da compreensão e do conhecimento.

Sob o teu caduceu, encontrei cura e proteção,
Nos teus escritos, descobri a luz que dispersa as trevas da ignorância,
No teu nome, sinto a ressonância de verdades imortais.

Por tua benevolência, por tua orientação,
Eu expresso minha gratidão mais profunda e sincera,
E celebro o legado eterno que deixaste para a humanidade.

Agora, enquanto encerro este ritual de agradecimento,
Eu te peço, Grande Hermes, que vos retires,
Deixando atrás de ti a paz, a proteção e a sabedoria,
Que tão generosamente compartilhaste.

Em nome do Nous, Todo, da Totalidade, da Unidade que é,
Eu te agradeço, Hermes Trismegisto, e te libero deste espaço e tempo.
Que tua presença retorne aos reinos elevados,
E que esta conexão permaneça em meu coração,
Como uma eterna chama de gratidão.

Assim é, e assim será.
Siga em paz, Grande Mestre,
E saiba que sempre serás honrado por mim.
Que assim seja!

Apague as velas, começando pela que foi acesa por último e terminando com a primeira. Guarde o texto e suas anotações em um local seguro.

Considerações Finais

Este ritual pode ser realizado sempre que você sentir a necessidade de se reconectar com os ensinamentos herméticos ou quando estiver buscando orientação e insight em sua jornada espiritual. Com o tempo e a prática contínua deste ritual, você começará a perceber uma conexão mais profunda com os princípios herméticos e uma compreensão mais clara de seu papel e propósito dentro do grande esquema do Universo.

2

OS 7 PRINCÍPIOS HERMÉTICOS

"Os Princípios da Verdade são sete; aquele que os conhece, e os compreende, possui a Chave Mágica, cujo toque faz com que todas as Portas do Templo se abram."

O Caibalion

Os 7 Princípios Herméticos, nos quais toda a Filosofia Hermética se baseia, são:

I. O Princípio do Mentalismo
II. O Princípio da Correspondência
III. O Princípio da Vibração
IV. O Princípio da Polaridade
V. O Princípio do Ritmo
VI. O Princípio da Causalidade[1]
VII. O Princípio do Gênero

Estes 7 Princípios serão discutidos e explicados à medida que prosseguirmos com essas lições. No entanto, uma breve explicação de cada um deles pode ser também fornecida agora.

I. O Princípio do Mentalismo

"O TODO É MENTE. O UNIVERSO É MENTAL."

— O CAIBALION

Este Princípio incorpora a verdade de que "Tudo é a Mente". Isso explica que o TODO (que é a Realidade Substancial subjacente a todas as manifestações externas e aparências que conhecemos sob os termos de "Universo Material"; "Fenômenos da Vida"; "Matéria"; "Energia"; e, em resumo, tudo o que é aparente aos nossos sentidos materiais) é ESPÍRITO, que em si mesmo é INCOGNOSCÍVEL e INDEFINÍVEL, mas que pode ser considerado e pensado como uma MENTE VIVA UNIVERSAL, INFINITA.

Este princípio também explica que todo o mundo, ou o universo fenomenal, é simplesmente uma Criação Mental do TODO, sujeito às Leis das Coisas Criadas, e que o Universo, como um todo, e em suas partes ou unidades, tem sua existência na Mente do TODO, e nessa Mente nós "vivemos, nos movemos e temos nossa existência". Este Princípio, ao estabelecer a Natureza Mental do Universo, explica facilmente todos os variados fenômenos mentais e psíquicos que ocupam grande parte da atenção do público e que, sem tal explicação, são incompreensíveis e desafiam o pensamento científico. A compreensão desse grande Princípio Hermético do Mentalismo permite ao indivíduo

1 N.A.: também conhecido como "Princípio de Causa e Efeito".

compreender prontamente as leis do Universo Mental e aplicá-las para o seu bem-estar e progresso. O Estudante Hermetista é capaz de aplicar inteligentemente as grandes Leis Mentais, em vez de usá-las de maneira aleatória. Com a Chave Mestra em sua posse, o estudante pode destrancar as muitas portas do templo mental e psíquico do conhecimento e entrar nele com liberdade e inteligência. Este Princípio explica a verdadeira natureza da "Energia", do "Poder" e da "Matéria", e demonstra por que e como tudo isso está subordinado ao Domínio da Mente. Um dos antigos Mestres Hermetistas escreveu há muito tempo: "Aquele que apreende a verdade da Natureza Mental do Universo está bem avançado no Caminho para a Maestria". E essas palavras são tão verdadeiras nos dias de hoje como eram na época em que foram escritas. Sem essa Chave Mestra, a Maestria é impossível e o aluno fica batendo nas muitas portas do Templo em vão.

II. O Princípio da Correspondência

"Como acima, é abaixo; como abaixo, é acima."

O Caibalion

Este Princípio incorpora a verdade de que sempre há uma Correspondência entre as leis e os fenômenos dos diversos planos do Ser e da Vida. O velho axioma hermético continha estas palavras: "como acima, é abaixo; como abaixo, é acima". A compreensão deste Princípio dá ao ser os meios de resolver muitos paradoxos sombrios e segredos ocultos da Natureza. Existem planos além do nosso conhecimento atual, mas, quando aplicamos o Princípio da Correspondência a eles, somos capazes de compreender muito daquilo que, de outra forma, seria desconhecido para nós. Este Princípio é de aplicação e de manifestação universais, nos vários planos do universo material, mental e espiritual – é uma Lei Universal. Os antigos Hermetistas consideravam este princípio como um dos mais importantes instrumentos mentais, pelo qual o homem era capaz de remover os obstáculos que ocultavam o Desconhecido. Seu uso conseguiu até mesmo rasgar o Véu de Ísis, a ponto de se poder ver o rosto da Deusa. Assim como o conhecimento dos Princípios da Geometria permite ao homem medir os sóis distantes e seus movimentos, mesmo quando ele está sentado em seu observatório, o conhecimento do Princípio da Correspondência permite ao Homem raciocinar de forma inteligente sobre os dois polos: do Conhecido ao Desconhecido. O ser, ao estudar a mônada, consegue compreender a natureza do arcanjo.

III. O Princípio da Vibração

"Nada está em repouso; tudo se move; tudo vibra."

O Caibalion

Este Princípio incorpora a verdade de que "nada está em repouso; tudo se move; tudo vibra"; fatos que a Ciência Moderna endossa e que cada nova descoberta científica tende a verificar e confirmar. No entanto, este Princípio Hermético foi enunciado há milhares de anos, pelos Mestres do Antigo Egito. Ele explica que as diferenças entre as diversas manifestações da Matéria, da Energia, da Mente, e até mesmo do Espírito, resultam em grande parte das faixas variáveis de Vibração. Desde o TODO, que é Espírito Puro, até a forma mais grosseira da Matéria, tudo está em vibração – quanto mais alta a vibração, mais alta a posição na escala. A vibração do Espírito está em uma taxa tão infinita de intensidade e rapidez, que parece estar praticamente em repouso – assim como uma roda em movimento rápido parece estar imóvel. No outro extremo da escala existem as formas mais grosseiras da matéria, cujas vibrações são tão baixas que também parecem em repouso. Entre esses polos, existem milhões e milhões de graus variados de vibração. Desde o corpúsculo e o elétron, o átomo e a molécula, até os mundos e os universos, tudo está em movimento vibratório. Isso também é verdade nos planos da energia e da força (que são de vários graus de vibração); e também nos planos mentais (cujos estados dependem das vibrações); e até mesmo nos planos espirituais. Uma compreensão deste Princípio, com as fórmulas apropriadas, capacita os alunos do Hermetismo a controlarem suas próprias vibrações mentais, bem como as dos outros. Os Mestres também aplicam este Princípio para a conquista dos fenômenos naturais, de várias maneiras. "Aquele que compreende o Princípio da Vibração, conquistou o cetro do Poder", diz um dos antigos escritores.

IV. O Princípio da Polaridade

"Tudo é duplo; tudo tem dois polos; tudo tem seu par de opostos; semelhantes e diferentes são iguais; os opostos são idênticos em sua natureza, mas diferentes em grau; os extremos se encontram; todas as verdades não passam de meias verdades; todos os paradoxos podem se reconciliar."

O Caibalion

Este Princípio incorpora a verdade de que "tudo é duplo; tudo tem dois polos; tudo tem seu par de opostos", que eram velhos axiomas Herméticos. Ele explica os antigos paradoxos que deixaram muitos perplexos, e foi enunciado da seguinte forma: "Tese e antítese são idênticas na sua natureza, mas diferentes em grau"; "os opostos são iguais, diferindo apenas em grau"; "os pares de opostos podem se reconciliar"; "os extremos se encontram"; "tudo é e não é ao mesmo tempo"; "todas as verdades não passam de meias verdades"; "toda verdade é meio falsa"; "há dois lados em tudo", e assim por diante. Isso explica que em tudo há dois polos, ou aspectos opostos, e que os "opostos" são realmente apenas os dois extremos da mesma coisa, com muitos graus entre eles. Para ilustrar, Calor e Frio, embora "opostos", são realmente a mesma coisa, as diferenças consistem apenas em graus. Olhe para o seu termômetro e veja se consegue descobrir onde termina o "calor" e onde começa o "frio"! Não existe algo como "calor absoluto" ou "frio absoluto" – os dois termos, "calor" e "frio", indicam simplesmente vários graus da mesma coisa, e aquilo que se manifesta como "calor" e "frio" é apenas uma forma, uma variedade e uma faixa de vibração. Portanto, "calor" e "frio" são simplesmente os "dois polos" daquilo que chamamos de "Calor" – e os fenômenos decorrentes disso são manifestações do Princípio da Polaridade. O mesmo Princípio se manifesta no caso de "Luz e Escuridão", que são a mesma coisa, e a diferença entre elas consiste em vários graus entre os dois polos do mesmo fenômeno. Onde termina a "escuridão" e começa a "luz"? Qual é a diferença entre "Grande e Pequeno"? Entre "Duro e Mole"? Entre "Preto e Branco"? Entre "Nítido e Opaco"? Entre "Ruído e Silêncio"? Entre "Alto e Baixo"? Entre "Positivo e Negativo"? O Princípio da Polaridade explica esses paradoxos, e nenhum outro Princípio pode substituí-lo. O mesmo Princípio opera no Plano Mental. Tomemos um exemplo radical e extremo – "Amor e Ódio", dois estados mentais que parecem ser totalmente diferentes. E, ainda assim, há graus de ódio e graus de amor, e um ponto intermediário em que usamos os termos "gostar ou não gostar", que se dividem em outros graus, e às vezes ficamos sem saber se "gostamos", "não gostamos" ou "se somos indiferentes". E todos são simplesmente graus da mesma coisa, como você pode verificar se pensar um pouco. E, mais do que isso (e considerado de maior importância pelos Hermetistas), é possível transformar as vibrações do Ódio em vibrações de Amor, na sua própria mente e na mente dos outros. Muitos de vocês, que leem estas linhas, tiveram experiências pessoais de rápida transição involuntária do Amor para o Ódio, e vice-versa, o que pode ocorrer facilmente com você e com os outros. E você vai perceber a possibilidade de essa transformação ser realizada pelo simples uso da Vontade, por meio das fórmulas herméticas. "Bem e Mal" são apenas os dois polos da mesma coisa, e o Hermetista compreende a arte de transmutar o Mal em Bem, por meio da aplicação do Princípio da Polaridade.

Em suma, a "Arte da Polarização" torna-se uma fase da "Alquimia Mental", conhecida e praticada pelos antigos e modernos Mestres Herméticos. Uma compreensão do Princípio permitirá a uma pessoa mudar a sua própria Polaridade, bem como a dos outros, se ela dedicar o tempo e os estudos necessários para dominar a arte.

V. O Princípio do Ritmo

"TUDO FLUI, PARA DENTRO E PARA FORA; TUDO TEM AS SUAS MARÉS; TODAS AS COISAS SOBEM E DESCEM; A OSCILAÇÃO DO PÊNDULO SE MANIFESTA EM TUDO; A MEDIDA DA OSCILAÇÃO PARA A DIREITA É A MESMA MEDIDA DA OSCILAÇÃO PARA A ESQUERDA; O RITMO COMPENSA TUDO."

O CAIBALION

Este Princípio incorpora a verdade de que, em tudo que se manifesta, existe um movimento equivalente de um lado para o outro; um fluxo e um refluxo; um balanço para frente e para trás; um movimento semelhante ao de um pêndulo; uma vazante e uma cheia num fluxo semelhante ao das marés; uma maré alta e uma maré baixa; um movimento que existe entre os dois polos, de acordo com o Princípio da Polaridade, descrito há pouco. Sempre há uma ação e uma reação; um avanço e um recuo; uma emersão e uma imersão. Isso está nos assuntos do Universo, nos sóis, mundos, homens, animais, mente, energia e matéria. Esta lei se manifesta na criação e na destruição dos mundos; na ascensão e na queda das nações; na vida de todas as coisas; e, finalmente, nos estados mentais do Homem (e os Hermetistas consideram compreender o Princípio para este último item como o mais importante). Os Hermetistas compreenderam este Princípio, encontrando sua aplicação universal, e também descobriram certos meios para superar seus efeitos em si mesmos, pelo uso de fórmulas e métodos apropriados. Eles aplicam a Lei Mental de Neutralização. Não podem anular o Princípio, ou fazer com que cesse sua operação, mas aprenderam como escapar de seus efeitos até um certo grau, dependendo da sua Maestria em relação ao Princípio. Aprenderam a usar, em vez de serem usados. Neste, e em métodos semelhantes, consiste a Arte dos Hermetistas. O Mestre do Hermetismo polariza-se no ponto em que deseja descansar e, a seguir, neutraliza o balanço rítmico do pêndulo que tenderia a levá-lo ao outro polo. Todos os indivíduos que atingiram alguma condição de autodomínio fazem isso até certo grau, mais ou menos inconscientemente, mas o Mestre faz isso pleno de consciência e, pelo uso da sua Vontade, ele atinge um grau de equilíbrio e firmeza mental quase impossível de se acreditar pelas massas que se movem para a frente e para trás como um pêndulo.

Este Princípio, juntamente ao da Polaridade, foi estudado de perto pelos Hermetistas, e os métodos, segundo a vontade de agir contrariamente, neutralizar e usá-los, formam uma parte importante da Alquimia Mental Hermética.

VI. O Princípio da Causalidade

"Toda Causa tem seu Efeito; todo Efeito tem sua Causa; tudo acontece de acordo com a Lei; o Acaso é apenas um nome para uma Lei não reconhecida; existem muitos planos de causalidade, mas nada escapa à Lei."

O Caibalion

Este Princípio incorpora o fato de que existe uma Causa para cada Efeito; e um Efeito para cada Causa. Ele explica que: "Tudo acontece de acordo com a Lei"; nada "acontece simplesmente"; não existe algo como o Acaso e que, embora existam vários planos de Causa e Efeito, com os superiores dominando os inferiores, ainda assim nada escapa inteiramente à Lei.

Os Hermetistas entendem a arte e os métodos de se elevar acima do plano comum de Causa e Efeito, até certo grau. Ao se elevar mentalmente a um plano superior, eles se tornam Causas em vez de Efeitos. As multidões são automaticamente levadas, são obedientes ao meio ambiente; às vontades e aos desejos dos outros que são mais fortes do que elas; hereditariedade; sugestão e outras causas externas, movem-nas como peões no Tabuleiro da Vida. Mas os Mestres, ao subirem ao plano superior, dominam seus humores, características, qualidades e poderes, bem como o ambiente que os rodeia, tornando-se Condutores, em vez de peões. Eles ajudam a jogar o jogo da vida, em vez de serem peças do jogo movidas por outras vontades e ambientes. Usam o Princípio, em vez de serem objetos dele.

Os Mestres obedecem às Causas dos planos superiores, mas ajudam a ordená-las em seu próprio plano. Nesta declaração está resumida uma joia do conhecimento hermético – compreenda quem puder.

VII. O Princípio do Gênero

"Em tudo existe Gênero; tudo tem o seu Princípio Masculino
e o seu Princípio Feminino;
o Gênero se manifesta em todos os planos."

O Caibalion

Este Princípio incorpora a verdade de que há um gênero manifestado em tudo – o Princípio Masculino e o Princípio Feminino, que estão sempre em ação. E isso é verdade, não apenas no Plano Físico, mas também no Plano Mental, e até mesmo no Plano Espiritual. No Plano Físico, o Princípio se manifesta como sexo, nos planos superiores assume formas mais elevadas, mas o Princípio é sempre o mesmo. Nenhuma criação, física, mental ou espiritual é possível sem este Princípio. A compreensão das suas leis lançará uma luz sobre muitos assuntos que têm deixado a mente dos homens perplexa. O Princípio do Gênero trabalha sempre na direção da geração, da renovação e da criação. Tudo, e também cada pessoa, contém os dois Elementos ou Princípios, ou este grande Princípio, dentro de si, seja ele ou ela. Cada coisa masculina também tem em si o Elemento Feminino; cada coisa feminina contém também o Princípio Masculino. Se você deseja compreender a filosofia da Criação, da Geração e da Renovação Mental e Espiritual, deve compreender e estudar este Princípio Hermético, que contém a solução de muitos mistérios da Vida. Uma advertência: este Princípio não tem nenhuma relação com as muitas teorias, ensinamentos e práticas lascivas perniciosas e degradantes que são ensinadas sob títulos fantasiosos e que são uma prostituição do grande princípio natural do Gênero. Essas reminiscências das antigas formas infames do Falicismo tendem a arruinar a mente, o corpo e a alma, e a Filosofia Hermética sempre fez soar uma nota de advertência contra ensinos degradados que tendem à luxúria, à licenciosidade e à perversão dos princípios da Natureza. Se você procura informações sobre tais tipos de ensinamentos, deve buscá-los em outro lugar – o Hermetismo não tem nada sobre isso para você ao longo destas linhas. Para o puro, todas as coisas são puras; para a base, todas as coisas são básicas.

OS 7 PRINCÍPIOS HERMÉTICOS PARA BRUXOS

Toda Magia e o seu entendimento residem em sete verdades universais. Quando compreendidas e interiorizadas, elas se tornam o guia silencioso do Bruxo, direcionando suas ações e moldando sua percepção. Em cada sussurro da natureza esses princípios se manifestam, servindo como bússolas eternas para aqueles que buscam a sabedoria oculta.

Os 7 Princípios Herméticos fundamentais servem como base da Filosofia Hermética de acordo com o Caibalion. Eles representam as leis fundamentais do Universo. Seu estudo e entendimento podem levar a uma maior compreensão da vida, da mente e do espírito.

A Filosofia Hermética enfatiza a importância do autoconhecimento, da autotransformação e do domínio das leis universais para alcançar a sabedoria e a evolução espiritual. É uma filosofia que tem sido estudada e praticada ao longo dos séculos por aqueles que buscam compreender as profundezas da existência e o funcionamento do Cosmos.

Considerados guias universais e atemporais que ajudam o indivíduo a entender e dominar seu ambiente, sua vida e sua realidade espiritual, os 7 Princípios Herméticos do Caibalion oferecem insights profundos sobre a natureza da realidade e fornecem um quadro único para entender o Universo e o lugar de cada um de nós nele. São ferramentas valiosas para aqueles que buscam autodomínio, crescimento espiritual e uma compreensão mais profunda dos Mistérios da existência.

Esses princípios são universais e podem ser encontrados de diferentes maneiras em diversas Tradições místicas e religiosas, incluindo a Wicca. Eles formam a espinha dorsal da Tradição Hermética, estabelecendo os fundamentos sobre os quais toda a filosofia da Tradição Ocidental de Mistérios foi construída.

A Wicca, embora tenha suas próprias origens e sistemas de crença, apresenta muitos pontos de convergência surpreendentes com a filosofia hermética. A interseção entre essas duas Tradições revela a universalidade de certas verdades espirituais e a forma como diferentes culturas e Tradições podem chegar a conclusões semelhantes sobre a natureza da vida e o papel do ser humano nela.

É importante estudar os princípios herméticos em ordem, pois eles são interligados e complementares. De fato, enquanto muitos desses ensinamentos podem parecer familiares ou fundamentais para aqueles que já têm uma compreensão das espiritualidades antigas, é no aprofundamento e na prática consciente desses princípios que se descobre uma sabedoria ainda maior.

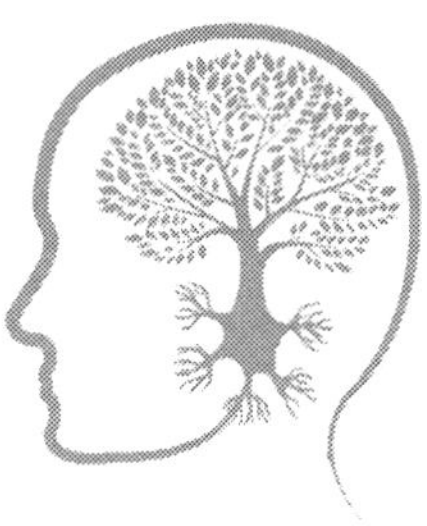

O Princípio do Mentalismo afirma que "o Todo é mente; o Universo é mental". Este é o primeiro princípio e sugere que tudo no Universo é produto de uma Mente Divina. O Universo não é apenas uma criação material, mas um produto da consciência Divina. Isso significa que nossa própria mente é uma extensão e criação desta Mente Divina, estabelecendo uma conexão intrínseca entre nós, nossos pensamentos e o Universo ao nosso redor. Em outras palavras, a realidade que percebemos é essencialmente uma manifestação do pensamento Divino. Na Wicca, a importância da mente e da visualização é reconhecida. Durante os rituais, os praticantes usam a força da mente e da intenção para moldar e direcionar a energia, reconhecendo implicitamente que a realidade pode ser influenciada ou mesmo moldada pelo pensamento consciente.

Detentor daquela que seja talvez a máxima mais citada de todas, "como acima, é abaixo; como abaixo, é acima", o Princípio da Correspondência indica que há uma simetria e correspondência entre os diferentes planos de existência. Entender um plano ajuda a compreender os outros, revelando que as leis espirituais se manifestam de maneira consistente em todos os níveis da existência. Esse princípio é evidente nas celebrações dos Sabbats na Wicca, que buscam alinhar as práticas terrenas com os ciclos cósmicos e naturais. Reconhece-se que o que acontece no nível macrocósmico tem sua contraparte no microcosmo, e vice-versa.

Já o Princípio da Vibração afirma que tudo está em movimento e que nada está em repouso. A essência da realidade é energética e vibracional. Através deste entendimento, os Hermetistas podem ajustar e alterar as vibrações para atrair, modificar ou repelir certas realidades. Para a Wicca, essa ideia é intrínseca à concepção de energia. Seja em festivais, rituais ou simplesmente ao reconhecer a sacralidade da natureza, os Wiccanianos entendem que tudo possui energia ou vibração única, que pode ser percebida, sintonizada e, em alguns casos, direcionada para fins mágicos ou espirituais.

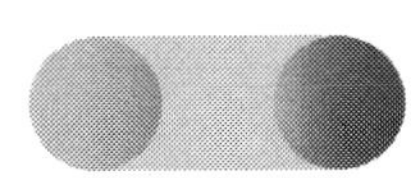

A dualidade é uma temática que percorre muitas Tradições esotéricas. No Princípio da Polaridade, é reconhecido que tudo tem um oposto. Este princípio ensina que os opostos são, na verdade, diferentes graus da mesma coisa. Assim, conceitos como prosperidade e pobreza são apenas extremos da mesma escala. Com essa compreensão, pode-se transformar uma situação alterando sua vibração. Na Wicca, isso é marcado de muitas formas, como nas celebrações dos ciclos naturais de luz e escuridão, vida e morte.

O Princípio do Ritmo salienta o fluxo e refluxo inerentes à existência. Tudo no Universo tem um ritmo, um fluxo e refluxo. Ao entender e dominar esses ritmos naturais, pode-se alcançar um equilíbrio e evitar ser subjugado pelas oscilações da vida. Na Wicca, os rituais e celebrações se alinham com os ritmos da natureza, desde os ciclos da lua até as estações do ano, reconhecendo que a vida é uma série de ciclos interconectados que possuem um ritmo próprio e que estamos intrinsecamente ligados a eles.

Nada acontece por acaso. Tudo tem uma causa e um efeito. Ao se tomar uma causa consciente, pode-se manifestar os efeitos desejados, evidenciando que somos cocriadores de nossa realidade. A Lei Tríplice na Wicca é um reflexo direto do Princípio da Causalidade, que postula que toda ação tem uma reação. Esta lei Wiccaniana reforça a ideia de que tudo o que fazemos tem consequências, e que devemos agir com consciência e responsabilidade, sabendo que nossas ações, boas ou ruins, voltarão para nós, muitas vezes amplificadas.

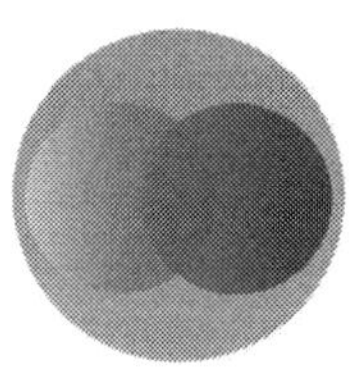

Por fim, o Princípio do Gênero nos diz que tudo possui princípios masculinos e femininos. Este princípio refere-se às energias masculinas e femininas presentes em tudo. Ao invés de se referir ao gênero no sentido biológico, fala sobre as energias criativa (masculina) e receptiva (feminina) que trabalham juntas para criar a realidade. Na Wicca, esse entendimento é fundamental e se manifesta na veneração equilibrada da Deusa e do Deus, no papel da Sacerdotisa e do Sacerdote nos rituais, bem como na aceitação e celebração da diversidade e da multiplicidade inerentes à existência.

Ao observarmos essas intersecções, fica evidente que, embora a Wicca e o Hermetismo tenham origens e histórias distintas, ambas as Tradições chegaram a percepções semelhantes sobre a natureza profunda da realidade. Esta correlação não só valida ambas as Tradições, como sugere que há verdades universais que transcendem os limites culturais e temporais.

O Caibalion oferece um guia profundo para a compreensão e manipulação consciente da realidade através destes 7 princípios sagrados. Ao internalizar e aplicar esses ensinamentos, pode-se alcançar uma vida mais harmoniosa, equilibrada e significativa. À medida que dominamos esses princípios, tornamo-nos mais sintonizados com as leis universais, permitindo que vivamos de acordo com nossa verdadeira natureza Divina.

A obra apresenta uma perspectiva reveladora sobre o propósito humano em nosso mundo encarnado. A essência da vida, conforme retratada por esta notável fonte de sabedoria, não está em negar a realidade material, mas, sim, em aceitá-la e aprender com ela. A realidade material, muitas vezes percebida como uma fonte de limitações e desafios, é, na verdade, um campo de aprendizado. É o palco onde a alma humana enfrenta seus desafios, compreende suas limitações e busca superá-las. Esta perspectiva nos convida a reconhecer e a aceitar nossa existência física, e a abraçar e aprender com ela. A vida não é uma série de obstáculos a serem evitados, é uma sequência de lições a serem compreendidas.

Os textos contidos no Caibalion nos encorajam a viver plenamente, elevando-nos de um estado de vibração mais baixo para um mais alto através da prática destes 7 princípios fundamentais. Excelentes ferramentas e guias no processo de autodescoberta e crescimento, são os faróis que iluminam o caminho à medida que navegamos pelas complexidades e maravilhas da existência. Além disso, esta obra enfatiza a importância de fazer o melhor possível diante das circunstâncias que se apresentam a cada dia. Esta ideia sugere uma atitude proativa diante da vida: enfrentar desafios, abraçar oportunidades e sempre se esforçar para alcançar a excelência, independentemente das adversidades.

Paralelamente a isso, o Caibalion nos convida a viver de acordo com nossas ideias e ideais mais elevados. Não se trata apenas de reconhecer esses valores, trata-se de incorporá-los em nosso dia a dia, permitindo que eles guiem nossas ações, palavras e intenções. Ao fazer isso nos aproximamos cada vez mais de nossa verdadeira essência e do propósito da nossa existência: a totalidade.

Uma parte crucial dessa jornada é a atenção dada ao desenvolvimento espiritual. É a realização e a manifestação do espírito dentro de nós. Esta não é uma tarefa fácil, pois exige dedicação, introspecção e uma busca constante por autoconhecimento. No entanto, é também uma das tarefas mais recompensadoras, pois nos conecta com a essência mais pura de nossa existência.

Ao abraçar essa jornada, reconhecemos que todos estamos no mesmo caminho. E, como o Caibalion tão sabiamente nos lembra, esse caminho sempre nos leva para cima, em direção a uma compreensão e conexão mais profundas, embora haja momentos de repouso e reflexão ao longo do percurso. Portanto, enquanto trilhamos nosso caminho individual, é reconfortante saber que não estamos sozinhos nessa jornada de descoberta e evolução.

Em tempos ancestrais, a Magia e a Bruxaria eram o refúgio para os Mistérios e os desafios da vida. Não eram meros contos ou lendas, eram práticas entrelaçadas na vida cotidiana, tão presentes quanto o nascer e o pôr do sol. As pessoas, percebendo a essência Divina nas pequenas coisas, por exemplo, voltavam-se para as ervas como fonte de alimento, mas também como solução para dilemas místicos e mágicos. Cristais e gemas adornavam os corpos tanto por sua beleza estética, como também como talismãs, carregados de poder e proteção. O céu, com suas fases lunares e a dança dos ventos, era mais do que uma paisagem; era um oráculo, contando histórias e prevendo o futuro.

Em sua essência mais pura, a Magia é pragmática. Sua prática serviu como bússola para nossos ancestrais, guiando-os em momentos de necessidade, tanto para cura, quanto para proteção e amor. E mesmo com o avanço das eras, o cerne dessa prática permanece inalterado. Afinal, a Magia é uma ferramenta para moldar a realidade conforme nossos desejos e necessidades.

De maneira multifacetada, a Bruxaria oscila entre a ciência, a arte e a prática espiritual. Suas raízes profundas bebem de Tradições folclóricas, mas também dos ensinamentos de grandes Tradições herméticas e cabalísticas. O entrelaçamento entre técnicas e saberes é vasto e rico, influenciando gerações de praticantes.

A Magia não é uma fantasia desenfreada. Ela opera em harmonia com leis e princípios, sete deles para ser exato, como delineado no Caibalion.

Por mais que esses princípios possam parecer estranhos à primeira vista, há neles ecos de histórias populares, hábitos e expressões cotidianas. O convite aqui não é simplesmente para encaixar a Magia em sua visão preexistente de mundo, mas para descobrir uma nova maneira de perceber a realidade, através dos olhos mágicos.

Onde a ciência nos oferece um mapa do Universo físico, desvendando os mistérios da matéria, a Magia nos presenteia com um mapa das sutilezas, das forças intangíveis que movem o Universo. Para realmente compreender o mundo em sua totalidade, precisamos desses dois mapas, pois juntos eles nos mostram a dança intrincada do visível e do invisível. Ao abraçar essa perspectiva, talvez possamos nos encontrar como participantes ativos observadores, moldando e sendo moldados por essa dança cósmica.

Nos capítulos a seguir, cada um dos 7 Princípios Herméticos serão explorados mais profundamente e examinados através da visão clássica presente nos textos originais do Caibalion e posteriormente pela perspectiva Wiccaniana, a fim de aprofundar nossa compreensão de como essas Tradições se entrelaçam, complementam-se e informam uma à outra.

3

TRANSMUTAÇÃO MENTAL

"A MENTE (ASSIM COMO OS METAIS E OS ELEMENTOS)
PODE SER TRANSMUTADA, DE ESTADO A ESTADO;
DE GRAU A GRAU; DE CONDIÇÃO A CONDIÇÃO;
DE POLO A POLO; DE VIBRAÇÃO A VIBRAÇÃO.
A VERDADEIRA TRANSMUTAÇÃO HERMÉTICA
É UMA ARTE MENTAL."

O CAIBALION

Como já afirmamos, os Hermetistas foram os alquimistas, astrólogos e psicólogos originais, tendo sido Hermes o fundador dessas escolas de pensamento. Da Astrologia veio a Astronomia Moderna; da Alquimia surgiu a Química Moderna; da Psicologia Mística surgiram as escolas modernas de Psicologia. Mas não se deve supor que os antigos ignorassem todo o conhecimento que as escolas modernas supõem ser a sua propriedade especial e exclusiva. Os registros gravados nas pedras do Antigo Egito mostram conclusivamente que os antigos tinham um conhecimento completo e abrangente da astronomia; a própria construção das pirâmides mostra a conexão entre o seu projeto e o estudo da ciência astronômica. Eles também não eram ignorantes sobre a química, pois os fragmentos dos escritos antigos mostram que eles estavam familiarizados com as propriedades químicas das coisas; na verdade, as antigas teorias a respeito da física estão sendo lentamente verificadas pelas últimas descobertas da Ciência Moderna, notadamente aquelas relacionadas à constituição da matéria. Tampouco se deve supor que eles ignorassem as chamadas "descobertas modernas da psicologia" – pelo contrário – os egípcios eram especialmente hábeis na ciência da Psicologia, particularmente nos ramos que as escolas modernas ignoram, mas que, no entanto, estão sendo descobertos sob o nome de "ciência psíquica", deixando perplexos os psicólogos de hoje, fazendo com que eles relutantemente admitam que "pode haver alguma coisa no meio disso, afinal".

A verdade é que, além da química material, da astronomia e da psicologia (ou seja, a psicologia em seu enfoque de "ação cerebral"), os antigos possuíam conhecimentos de Astronomia transcendental, chamada de "Astrologia"; da Química transcendental, chamada de "Alquimia"; da psicologia transcendental, chamada de "Psicologia Mística". Eles possuíam o Conhecimento Interior, bem como o Conhecimento Exterior, sendo este último conhecido hoje pelos cientistas modernos. Entre os muitos ramos secretos do conhecimento em posse dos Hermetistas, estava aquele conhecido como a "Transmutação Mental", que constitui o assunto desta lição.

"Transmutação" é um termo geralmente empregado para designar a antiga arte da transmutação dos metais , particularmente dos metais comuns, em ouro. A palavra "transmutar" significa "mudar de uma natureza, forma ou substância para outra; transformar" (*Webster's Dictionary*). Consequentemente, Transmutação Mental significa "a arte de mudar e transformar estados, formas e condições mentais em outros". Portanto, podemos ver que a Transmutação Mental é a "Arte da Química Mental" e, se você gostar do termo, ela é uma forma de "Psicologia Mística Prática".

Mas isso significa muito mais do que parece ao olharmos somente a superfície. Transmutação, Alquimia ou Química, no Plano Mental, é muito importante em seus efeitos, com certeza. E, se a Arte ficasse somente por aí, ela ainda seria um dos ramos de estudo mais importantes conhecidos pelo homem. Mas este é apenas o começo. E agora vamos ver por quê!

O primeiro dos 7 Princípios Herméticos é o Princípio do Mentalismo, cujo axioma é: "O TODO É MENTE; o Universo é Mental", o que significa que a Realidade Subjacente do Universo é a Mente; e o próprio Universo é Mental – isto é, "ele existe na Mente do TODO". Devemos considerar este Princípio nas próximas lições, mas vamos ver seu efeito se ele for assumido como verdadeiro.

Se o Universo é Mental na sua natureza, então a Transmutação Mental deve ser a arte de MUDAR AS CONDIÇÕES DO UNIVERSO, ao longo das linhas de Matéria, Força e Mente. Portanto, podemos ver que a Transmutação Mental é realmente a "Magia" sobre a qual os escritores antigos tanto tinham a dizer em suas obras místicas e sobre a qual deram tão poucas instruções práticas. Se Tudo for Mental, então a Arte que permite transmutar as condições mentais deve tornar o Mestre o controlador das condições materiais, bem como daquelas normalmente chamadas de "mentais".

Realmente, ninguém, exceto os Alquimistas Mentais avançados, foram capazes de atingir o grau de poder necessário para controlar as condições físicas mais grosseiras, como o controle dos elementos da Natureza; a produção ou cessação de tempestades; a criação e finalização de terremotos e outros grandes fenômenos físicos. Mas que tais homens existiram, e existem ainda hoje, é uma questão de crença sincera para todos os ocultistas avançados de todas as escolas. Que os Mestres existem, e têm esses poderes, os melhores professores asseguram aos seus discípulos, e eles citam experiências que justificam tais crenças e afirmações. Esses Mestres não fazem exibições públicas de seus poderes, mas buscam isolamento das multidões dos homens, a fim de trabalhar melhor seu caminho ao longo da Via da Realização. Mencionamos sua existência, neste ponto, apenas para chamar sua atenção para o fato de que seu poder é inteiramente mental e opera ao longo das linhas da Transmutação Mental superior, sob o Princípio Hermético do Mentalismo. "O Universo é Mental" – O Caibalion.

Mas os alunos e Hermetistas de grau inferior aos Mestres – os Iniciados e Professores – são também capazes de trabalhar livremente ao longo do Plano Mental, com a Transmutação Mental. Na verdade, tudo o que chamamos de "fenômenos psíquicos"; "influência mental"; "ciência mental"; "fenômenos do novo pensamento", etc., opera ao longo das mesmas linhas gerais, pois há apenas um princípio envolvido, não importa por qual nome os fenômenos sejam chamados.

O estudante e praticante da Transmutação Mental trabalha no centro do Plano Mental, transmutando as condições mentais e os estados em outros, de acordo com várias fórmulas, mais ou menos eficazes. Os vários "tratamentos", "afirmações", "negações" e outros das escolas de ciência mental, são apenas fórmulas, muitas vezes bastante imperfeitas e não científicas, da Arte Hermética. A maioria dos praticantes modernos é bastante ignorante em comparação com os antigos Mestres, pois carecem do conhecimento fundamental sobre o qual o trabalho se baseia.

Não apenas os estados mentais próprios de uma pessoa podem ser mudados ou transmutados por métodos herméticos, como também os estados mentais dos outros podem ser, e são, constantemente transmutados pelo mesmo método, geralmente de modo inconsciente, mas muitas vezes conscientemente, por algum entendimento de leis e princípios nos casos de as pessoas afetadas não terem sido informadas sobre os princípios de autoproteção. Mais do que isso, como muitos estudantes e praticantes da ciência mental moderna sabem, cada condição material, dependendo das mentes de outras pessoas, pode ser mudada ou transmutada de acordo com o desejo sincero, a vontade e os "tratamentos" feitos pela pessoa que deseja essas condições alteradas na sua vida. O público moderno está tão vagamente informado sobre essas coisas, que não consideramos necessário mencionar isso longamente; nosso propósito neste momento é apenas mostrar o Princípio Hermético e a Arte subjacente a todas essas várias formas de prática, boas e más, já que essa força pode ser usada em direções opostas, de acordo com o Princípio Hermético da Polaridade.

Neste pequeno livro, explicaremos os princípios básicos da Transmutação Mental, para que todos os leitores possam compreender os Princípios Subjacentes e, assim, possuir a Chave Mestra que abrirá as muitas portas do Princípio da Polaridade.

Devemos agora proceder a uma consideração sobre o primeiro dos 7 Princípios Herméticos – o Princípio do Mentalismo, no qual é explicada a verdade de que "O TODO é MENTE; o Universo é Mental", nas palavras de O Caibalion.

Pedimos a atenção e o estudo cuidadoso deste grande Princípio por parte de nossos alunos, pois ele é realmente o Princípio Básico de toda a Filosofia Hermética e da Arte Hermética da Transmutação Mental.

TRANSMUTAÇÃO MENTAL PARA BRUXOS

Na Alquimia da mente, o Bruxo transforma sombra em luz,
dúvida em saber; pelo poder do pensamento,
ele muda seu mundo.

O Universo, em sua vastidão e complexidade, está em um estado perpétuo de crescimento e transformação. Nada no Cosmos é estático; tudo está em constante evolução e mudança. No entanto, por trás dessa realidade dinâmica e sempre mutável, existe uma força primordial e constante conhecida como "O Todo". Esse "Todo" é concebido como uma mente viva – uma fonte infinita e eterna de energia e sabedoria Divina. Esta entidade, "O Todo", é essencialmente descrita como o "Espírito".

Interessantemente, "O Todo" permeia cada canto do Universo. Não há um único lugar ou espaço onde essa força espiritual não exista. Este espírito está em nossa casa, no nosso escritório e até mesmo nos veículos que dirigimos. Essa onipresença sugere uma conexão profunda e inextricável entre o Divino e o mundano.

Há, contudo, uma distinção intrigante traçada entre o Universo e "o Todo". Enquanto o Universo é sempre mutável e está em fluxo, "o Todo" permanece constante e imutável. Esta aparente contradição é harmonizada pela ideia hermética de que o Universo existe dentro da mente do "Todo". Assim, enquanto o conteúdo (o Universo) está em constante estado de mudança, o recipiente (o Todo) permanece o mesmo.

Uma analogia é feita entre a relação do "Todo" com o Universo e a relação da mente humana com sua realidade. Assim como os conteúdos de nossa mente estão sempre mudando, a realidade que percebemos e vivemos também é suscetível à mudança. Esta é uma mensagem poderosa sobre o poder do pensamento e da intenção: se desejarmos mudar qualquer aspecto de nossa realidade, tudo o que precisamos fazer é mudar nossa mente ou perspectiva sobre ela. Em outras palavras, temos a capacidade de moldar e definir nossa própria realidade através de nossos pensamentos e crenças.

O Caibalion dedica os próximos quatro capítulos inteiros em sua discussão ao "Princípio do Mentalismo". Enquanto outros princípios herméticos também são explorados no texto, é o Mentalismo que é considerado o mais crucial para compreender a natureza do Universo e a interação entre o Divino e o mundano. Quando O Caibalion foi publicado pela primeira vez, a ideia de um universo mental foi revolucionária e, mesmo hoje, pode ser uma revelação para aqueles que não estão familiarizados com a metafísica.

Para aqueles já familiarizados com o conceito de que a realidade é uma manifestação de formas-pensamento, o Caibalion pode parecer um reforço de suas crenças existentes. No entanto, a riqueza de insights e "pérolas de sabedoria" contidos no texto faz dele uma leitura valiosa para novatos e veteranos da metafísica.

O Caibalion oferece uma perspectiva fascinante sobre a relação entre mente, espírito e realidade. Ele nos lembra do poder inerente que temos para moldar nossa realidade e da presença constante e imutável do "Todo" em nosso universo em constante mudança.

Os Hermetistas foram precursores em várias áreas do conhecimento humano, como a Alquimia, a Astrologia e a Psicologia Mística. O legado hermético é visto como base para muitas das ciências modernas. Eles não apenas anteciparam algumas descobertas das ciências contemporâneas, como também possuíam uma profunda compreensão de disciplinas que a Ciência Moderna ainda está começando a redescobrir ou a valorizar.

Por exemplo, enquanto a Astrologia se transformou na Astronomia que conhecemos hoje, e a Alquimia deu origem à Química, a Psicologia Mística dos Hermetistas se alinha com os avanços recentes na "Ciência Psíquica". A arquitetura das Pirâmides do Egito é citada como prova do conhecimento astronômico dos antigos. Mais ainda, as escrituras antigas atestam o seu entendimento da Química e da Física, revelando que os antigos talvez não fossem tão primitivos em seu entendimento do mundo natural quanto se poderia pensar.

Além de suas compreensões externas do Universo, os Hermetistas possuíam um conhecimento interno que ultrapassa a ciência convencional. Esta compreensão esotérica incluía ideias de uma Astronomia Transcendental (Astrologia), Química Transcendental (Alquimia) e Psicologia Transcendental. Em outras palavras, eles percebiam a realidade em camadas mais profundas, conectando o material ao espiritual.

O texto do Caibalion neste capítulo enfatiza a prática da "Transmutação Mental" que, no contexto hermético, vai além da simples transformação de estados mentais. A palavra "transmutação" é comumente associada à antiga prática alquímica de tentar transformar metais básicos em ouro. No entanto, no contexto hermético, trata-se da capacidade de transformar e controlar estados mentais, mas também condições do Universo, abrangendo matéria, força e mente.

A base deste poder está no "Princípio do Mentalismo", que postula que tudo é mental e que a realidade subjacente do Universo é uma manifestação da mente. Por essa lógica, um mestre em Transmutação Mental seria capaz de influenciar e controlar as condições materiais, bem como as mentais. Essa habilidade de influenciar o mundo material através do mental foi interpretada como "mágica" nos textos místicos antigos.

O texto aqui apresentado aponta para as futuras discussões sobre o Princípio do Mentalismo, o cerne da filosofia hermética, que encontraremos nos próximos capítulos. Este Princípio serve como uma introdução aos conceitos e práticas herméticos, enfatizando a importância do entendimento profundo dos princípios herméticos para a realização da Transmutação Mental, ressaltando a riqueza e a profundidade do conhecimento hermético destacando sua relevância tanto como base histórica para as ciências modernas, como também como um caminho para entender e influenciar a realidade em níveis mais profundos.

A transmutação mental, conforme discutida na Filosofia Hermética, é a arte de alterar e transformar estados mentais. Esta prática, fundamentada na ideia de que "o Todo é Mente; o Universo é Mental", sugere que, ao manipular a mente, é possível transmutar a realidade. Quando examinamos as Tradições da Wicca, encontramos uma série de semelhanças, paralelos e intersecções com essa concepção hermética.

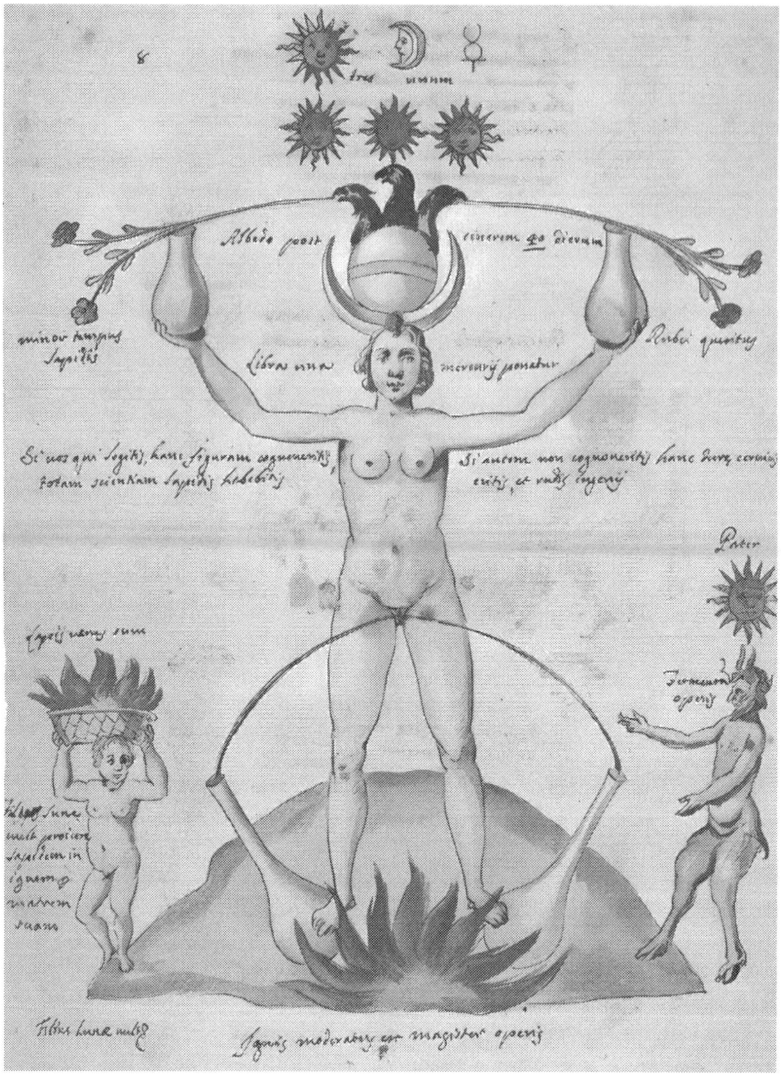

Todos nós temos a capacidade de alterar o estado da mente e, consequentemente, influenciar a nossa realidade. Todas as mudanças observadas no universo físico têm sua origem na mente. Por meio da transmutação mental, é possível redirecionar e refinar energias mentais, transformando estados emocionais indesejados em desejados ou elevando o pensamento de um estado inferior a um superior.

Neste contexto, sabemos que a Wicca dá grande ênfase ao poder da vontade, da intenção e da energia. Em seus rituais, a força do pensamento e da visualização é crucial para canalizar energias e manifestar mudanças desejadas no mundo físico. Essa ênfase no poder mental se alinha de perto com os ensinamentos herméticos sobre a transmutação mental.

Além disso, o foco hermético na dualidade e na polaridade – o entendimento de que tudo tem um oposto e que esses opostos estão relacionados – encontra ecos nas práticas Wiccanianas. A celebração dos Sabbats, por exemplo, é uma manifestação desse entendimento. A dança eterna entre a Deusa e o Deus, luz e escuridão, morte e renascimento é uma expressão palpável dessa polaridade que permeia tanto a Filosofia Hermética quanto a Wicca.

A ideia de que o praticante pode e deve trabalhar com forças universais para transmutar sua realidade é uma pedra angular tanto na Filosofia Hermética quanto na Bruxaria. Na Wicca, a Lei Tríplice, que afirma que tudo o que se faz retorna três vezes para nossa vida, é uma lembrança constante da responsabilidade e do poder que cada praticante tem em suas mãos. Em ambos os sistemas de crença, o entendimento de que o externo reflete o interno – e vice-versa – é fundamental. A Magia, os rituais e os feitiços são maneiras tangíveis de trabalhar com essas energias e princípios, traduzindo o esotérico em experiências concretas.

Como conceituada na Filosofia Hermética, a transmutação mental oferece uma lente poderosa através da qual podemos compreender e apreciar as práticas e crenças da Wicca e da Bruxaria. A intersecção entre essas Tradições revela uma rica paisagem de entendimentos espirituais e práticos, mostrando que, embora possam ter se desenvolvido em tempos e contextos diferentes, compartilham um núcleo comum de sabedoria sobre o poder da mente e a capacidade do ser humano de moldar sua realidade.

À medida que nos aprofundamos na essência da transmutação mental e na prática da Bruxaria, percebemos que ambas vão além da simples manipulação de energia criada pela mente. Em muitos aspectos, a transmutação mental é uma jornada de introspecção. Requer que os indivíduos se desapeguem de crenças limitantes e reconheçam a infinita potencialidade de sua mente. Da mesma forma, na Wicca e na Bruxaria, há uma constante busca pelo equilíbrio entre os mundos interno e externo, uma dança eterna entre a percepção individual e as energias universais.

No entanto, a maior convergência entre a transmutação mental e a Wicca talvez esteja na ideia de que cada indivíduo é, em essência, Divino. Ambas as Tradições ensinam que a Divindade vai além do externo, é algo que reside dentro de cada um. Reconhecendo essa Divindade interna e aprendendo a trabalhar com ela, os praticantes são capacitados a criar, transformar e curar a si mesmos e ao mundo como um todo.

Enquanto a Filosofia Hermética oferece um mapa teórico detalhado dos princípios universais, a Wicca oferece ferramentas práticas para vivenciar e manifestar esses princípios no cotidiano usando a mente. A interação entre essas Tradições proporciona uma compreensão mais rica e profunda do Universo e do papel do indivíduo dentro dele, incentivando uma vida de empoderamento, respeito e harmonia.

4

O TODO

"Por baixo e por trás do Universo, do Tempo, do Espaço e da Mudança pode sempre ser encontrada a Realidade Substancial – A Verdade Fundamental."

O Caibalion

"Substância" significa "aquilo que está por trás de todas as manifestações externas; a essência; a realidade essencial; a coisa em si", entre outras definições. "Substancial" significa "aquilo que realmente existe; o elemento essencial; aquilo que é real", e assim por diante. "Realidade" significa "o estado de ser real; verdadeiro, duradouro; válido; fixo; permanente; real".

Por baixo e por trás de todas as aparências ou manifestações externas, existe sempre uma Realidade Substancial. Esta é a Lei. O homem, quando considera o Universo, do qual ele é uma unidade, não vê nada além das mudanças na matéria, nas forças e nos estados mentais. Ele vê que nada realmente é, mas que tudo está se tornando e mudando a todo tempo. Nada fica parado – tudo está nascendo, crescendo, morrendo – no mesmo instante em que uma coisa atinge seu auge, ela começa a declinar – a Lei do Ritmo está em operação constante – não há realidade, qualidade duradoura, posição fixa ou substancialidade em nada – nada é permanente, exceto a mudança. Ela vê todas as coisas evoluírem a partir de outras coisas e se transformarem em outras tantas – há ação e reação constantes; entrada e saída; construção e desconstrução; criação e destruição; nascimento, crescimento e morte. Nada dura, exceto as mudanças. E, se for realmente um homem observador, vai perceber que todas essas coisas mutáveis devem ser apenas aparências externas ou manifestações de algum Poder Subjacente – de alguma Realidade Substancial.

Todos os pensadores, em todos os lugares e em todos os tempos, assumiram a necessidade de postular a existência desta Realidade Substancial. Todas as filosofias dignas desse nome foram baseadas nesse pensamento. Os homens deram a essa Realidade Substancial muitos nomes – alguns a chamaram de "Deidade" (sob muitos títulos); outros a chamaram de "A Energia Infinita e Eterna"; outros tentaram chamá-la de "Matéria" – mas todos reconheceram a sua existência. É evidente – não precisa de argumento para provar.

Nestas lições, seguimos o exemplo de alguns dos maiores pensadores do mundo, antigos e modernos, os Mestres Herméticos – e optamos por chamar esse Poder Subjacente – essa Realidade Substancial – pelo nome Hermético de "O TODO", termo que consideramos ser o mais abrangente dos muitos termos aplicados pelo Homem àquele que transcende todos os nomes e termos.

Nós aceitamos e ensinamos a visão dos grandes pensadores herméticos de todos os tempos, bem como daquelas almas iluminadas que alcançaram planos superiores da existência, que afirmam que a natureza interior do TODO É INCOGNOSCÍVEL. E isso deve ser mesmo assim, pois nada, além do próprio todo, pode compreender totalmente o seu Ser e a Sua própria natureza.

Os Hermetistas acreditam e ensinam que o TODO, "em si", é e deve ser sempre incognoscível. Eles consideram que todas as teorias, suposições e especulações dos teólogos e metafísicos a respeito da natureza interior do TODO são apenas os esforços infantis das mentes mortais para apreender o segredo do Infinito. Esses esforços sempre falharam, e sempre falharão, pela própria natureza da tarefa. Aquele que busca tais indagações viaja continuamente no labirinto do pensamento, até que elas se percam para todo o raciocínio, ação ou conduta sã, e seja totalmente ineficaz para os tratos da vida. Ele é como o esquilo, que corre freneticamente na roda giratória de sua gaiola, andando sem parar e, ainda assim, sem chegar a lugar nenhum – no final, ele ainda acaba sendo um prisioneiro, parado exatamente no ponto onde havia começado.

Ainda mais presunçosos são aqueles que tentam atribuir ao TODO a personalidade, as qualidades, as propriedades, as características e os atributos que percebem em si próprios, atribuindo ao TODO as emoções, sentimentos e atributos humanos, até mesmo as mais insignificantes características da humanidade, tais como o ciúme, a suscetibilidade, a lisonja e o louvor, o desejo de oferendas e adoração e todas as outras coisas que sobreviveram desde a infância da nossa raça humana. Essas ideias não são mais dignas de pessoas adultas e estão sendo rapidamente descartadas.

(Neste ponto, pode ser apropriado afirmar que fazemos uma distinção entre Religião e Teologia – entre Filosofia e Metafísica. Religião, para nós, significa aquela compreensão intuitiva da existência do TODO e a nossa relação com Ele, enquanto Teologia significa as tentativas do homem de atribuir personalidade, qualidades e características a Ele; ela estuda as teorias segundo os seus assuntos, vontades, desejos, planos e projetos, além da sua ascensão ao cargo de "intermediário" entre o TODO e as pessoas. A Filosofia, para nós, significa a investigação que se faz após o conhecimento das coisas cognoscíveis e pensáveis; enquanto a Metafísica é a tentativa de levar a investigação para além das fronteiras e para as regiões desconhecidas e impensáveis, com a mesma tendência proposta pela Teologia. Consequentemente, tanto Religião quanto Filosofia significam para nós coisas que têm raízes na Realidade, enquanto a Teologia e a Metafísica parecem juncos quebrados, enraizados nas areias movediças da ignorância, que proporcionam nada mais do que um suporte inseguro para a mente ou para a alma do Homem. Não insistimos para que os nossos alunos aceitem essas definições – nós as mencionamos simplesmente para mostrar a nossa posição. De qualquer modo, você ouvirá muito pouco sobre Teologia e Metafísica nestas lições.)

Embora a natureza essencial do TODO seja Incognoscível, existem certas verdades ligadas à sua existência que a mente humana se vê compelida a aceitar. Um exame desses relatos constitui um assunto apropriado para a investigação, particularmente porque elas concordam com os relatos dos Iluminados nos planos superiores. É para essa investigação que nós o convidamos agora.

"Aquele que é a Verdade Fundamental – a Realidade Substancial – está além de qualquer nomeação, mas os Homens Sábios o chamam de o todo."
O Caibalion

"Em sua essência, o todo é incognoscível."
O Caibalion

"Os relatos da Razão devem ser recebidos com hospitalidade e tratados com respeito."
O Caibalion

A razão humana, cujos relatos devemos aceitar assim que tenhamos noção deles, informa-nos o seguinte sobre o todo, isso, é claro, sem tentar remover o véu daquilo que é Incognoscível:

1. O todo deve ser tudo que realmente ele é. Nada pode existir fora do todo, senão o todo não seria o todo.

2. O todo deve ser infinito, pois nada mais há que possa definir, confinar, pôr barreiras, limitar ou restringir o todo. Ele deve ser Infinito no Tempo, ou eterno, – deve ter sempre existido continuamente, pois não existe nada mais que o tenha criado, e algo nunca pode evoluir do nada; se alguma vez Ele "não existiu", mesmo por um momento, Ele não seria "agora" – o todo deve existir continuamente e para sempre, pois não há nada que consiga destruí-lo, e nunca pode "não ser", mesmo por um momento, porque algo nunca pode se tornar nada. Deve ser infinito no espaço – deve estar em todos os lugares, pois não há lugar fora do todo – não pode ser diferente de algo contínuo no espaço, sem quebra, cessação, separação ou interrupção, pois não há nada para o quebrar, separar ou interromper sua continuidade, e nada com o que "preencher as suas lacunas". Deve ser Infinito em Poder, ou Absoluto, pois não há nada para o limitar, restringir, pôr barreiras, confinar, perturbar ou condicionar – ele não está sujeito a nenhum outro Poder, pois, na verdade, não há outro Poder.

3. O todo deve ser imutável, ou não sujeito à mudança em sua natureza real, pois não há nada que possa operar mudanças sobre Ele; nada existe em que Ele pudesse mudar, nem a partir do qual pudesse ser mudado. Não pode ser adicionado nem subtraído nada a Ele; nunca aumentou, nem diminuiu; nem se tornou maior ou

menor em qualquer aspecto. Deve ter sido sempre, e deve sempre permanecer exatamente o que é agora – O TODO – nunca houve, não há e nunca haverá qualquer outra coisa em que possa se transformar.

Sendo O TODO Infinito, Absoluto, Eterno e Imutável, segue-se que nada que é finito, mutável, fugaz e condicionado pode ser O TODO. E, como não há Nada fora do TODO, na Realidade, toda e qualquer coisa finita deve ser como o Nada na Realidade. Agora, não fique confuso, nem amedrontado – não estamos tentando conduzi-lo ao campo da Ciência Cristã sob o manto da Filosofia Hermética. Há uma reconciliação desse estado de coisas aparentemente contraditórias. Seja paciente, nós chegaremos lá a tempo.

Vemos ao nosso redor aquilo que é chamado de "matéria", que constitui a base física de todas as formas. O TODO é apenas matéria? De jeito nenhum! A matéria não pode manifestar a Vida ou a Mente. E já que a Vida e a Mente são manifestadas no Universo, O TODO não pode ser somente Matéria, pois nada pode se elevar acima da sua própria fonte – e nada é jamais manifestado com um efeito que não tenha uma causa – nada se desenvolve como consequência, que não esteja envolvido com um antecedente. Por isso, a Ciência Moderna nos informa que realmente não existe a Matéria – mas, sim, que o que chamamos de Matéria é somente um tipo de "energia ou força interrompida", isto é, ela é a energia ou a força em um baixo nível de vibração. Como um escritor disse recentemente: "A Matéria dissolveu-se no Mistério". Até mesmo a Ciência Materialista abandonou a teoria da Matéria e agora se baseia na "Energia".

Então, O TODO é somente Energia ou é Força? Nem Energia nem Força, como os materialistas empregam esses termos, pois sua energia e força são coisas cegas, mecânicas, desprovidas de Vida ou da Mente. Vida e Mente nunca podem evoluir de Energia ou Força cegas, pela mesma razão dada há pouco: "Nada pode se elevar acima da sua própria fonte – e nada é jamais manifestado com um efeito que não tenha uma causa – nada se desenvolve como consequência, que não esteja envolvido com um antecedente". E assim O TODO não pode ser mera Energia ou Força, pois, se fosse, então não existiriam coisas como a Vida e a Mente, e sabemos muito bem que elas existem, pois estamos Vivos e usando a Mente para considerar essa questão, assim como também fazem até mesmo aqueles que afirmam que a Energia ou a Força são Tudo.

O que há então de mais importante do que a Matéria ou a Energia que sabemos existir no Universo? VIDA E MENTE! Vida e Mente em todos os seus vários graus de desenvolvimento! "Então", você pergunta, "quer dizer que O TODO é VIDA e mente?" Sim e não! É a nossa resposta. Se você quer dizer Vida e MENTE como nós, pobres e mesquinhos mortais, conhecemos, dizemos: Não! O TODO não é isso! "Mas então, que tipo de Vida e Mente está querendo dizer?", você pode estar se perguntando.

A resposta é "MENTE VIVA, muito acima do que os mortais conhecem ao ouvir essas palavras, pois a Vida e a Mente são superiores às forças mecânicas, ou à matéria – MENTE VIVA INFINITA em comparação com a Vida e a Mente finitas". Queremos dizer o que as almas iluminadas declaram quando pronunciam reverentemente a palavra: "ESPÍRITO!"

"O TODO" é a MENTE VIVA INFINITA – e os Iluminados a chamam de ESPÍRITO!

O "TODO" PARA BRUXOS

Dentro e fora, passado e presente, o Todo permeia;
no Bruxo; a totalidade do Cosmos ecoa e resplandece.

Há uma diferença entre "substância", "substancial" e "realidade", na hora entender o que está por trás de todas as manifestações visíveis e tangíveis do Universo. Mesmo diante da constante mudança e transformação que observamos no Universo, há uma "Realidade Substancial" que permanece constante. Todas as coisas que percebemos – desde a matéria até os estados emocionais e mentais – estão em um fluxo contínuo de mudança. O nascimento, o crescimento e a morte são processos inevitáveis e, ainda assim, algo permanece imutável por trás dessa dança de transformações: essa é a Lei da Mudança.

Historicamente, muitos pensadores de diferentes culturas e épocas reconheceram a existência desta Realidade Substancial. Eles usaram uma variedade de termos para se referir a ela, desde "Deidade" até "Energia Infinita e Eterna". No entanto, todos concordam com a ideia fundamental de que algo mais profundo e fundamental existe além das aparências externas.

No contexto hermético, essa Realidade Substancial é nomeada de "O Todo". Essa nomenclatura é usada porque abrange todos os outros termos, representando algo que está além das palavras e das definições humanas. Porém, algo que se destaca claramente na análise é a ideia de que a verdadeira natureza do Todo é "Incognoscível". Esta é uma aceitação humilde da limitação humana diante da imensidão do que é absoluto e infinito. É uma maneira de dizer que, por mais que busquemos, nunca poderemos compreender completamente a essência do Todo.

Mas a questão não para por aí. O texto critica os que tentam humanizar "o Todo", atribuindo-lhe características e emoções humanas. Esse é um erro comum, muitas vezes nascido do desejo de entender o insondável através das lentes limitadas da experiência humana.

No campo da filosofia e da religião, o Todo é reconhecido como a realidade fundamental, enquanto teologias e metafísicas são vistas com ceticismo, muitas vezes por seus fundamentos não tão sólidos. Uma coisa é clara: embora a essência do Todo seja incognoscível, os relatos da razão humana sobre sua existência são válidos e merecem ser considerados.

O Todo é retratado como tudo que realmente é. Não pode haver nada fora dele. Ele é infinito em todos os aspectos – no tempo, espaço e poder. Ele é imutável, pois nada existe que possa induzir mudança em sua natureza real. Esta concepção desafia muitos dos nossos entendimentos convencionais, especialmente no que diz respeito à matéria e à energia.

A matéria, que antes era considerada a base de todas as coisas, agora é vista como uma manifestação de energia em baixa vibração. Assim, "o Todo" não pode ser pura matéria ou energia, pois essas formas não podem manifestar a vida ou a mente em sua totalidade. Aqui, o texto converge para uma conclusão: "O TODO" é uma "MENTE VIVA INFINITA" ou, nas palavras dos iniciados nos Mistérios, é "ESPÍRITO".

Essa interpretação nos leva a uma compreensão mais profunda da interconexão e interdependência de tudo no Universo. Em meio à diversidade e mudança, há uma unidade e constância que permeia tudo, um fio condutor que conecta todas as coisas. E mesmo que a verdadeira natureza desse fio, desse "ESPÍRITO", permaneça um mistério para a mente humana, sua presença é inegável e fundamental para a compreensão de nossa própria existência e do Cosmos como um todo.

Esse capítulo do Caibalion nos leva a uma profunda exploração dos fundamentos da existência e da realidade. Com base em seus textos, busca-se entender o conceito do "TODO", que é apresentado como a substância última e a realidade essencial que subjaz a todo o Universo conhecido. O TODO é retratado como o pano de fundo imutável e eterno por trás das constantes mudanças e manifestações do Universo físico e mental.

Ao observar o mundo ao nosso redor, percebemos que tudo está em constante fluxo. Nada permanece estático. Essa observação de mudanças ininterruptas sugere que o mundo como o conhecemos é transitório e efêmero. No entanto, o conceito de TODO sugere que, por trás dessa dança de mudanças, existe uma realidade mais profunda e fundamental que não muda, uma substância subjacente que é permanente.

Essa ideia não é única do Caibalion; ela ressoa em várias Tradições filosóficas e religiosas ao redor do mundo. O conceito de uma realidade substancial, seja ela denominada Deus, Deusa, Energia Cósmica, Tao, Brahma, ou qualquer outro nome, é um tema recorrente nas Tradições espirituais e filosóficas.

O texto também explora a inadequação da linguagem e do pensamento humano para compreender plenamente o TODO. Este é um ponto intrigante, pois aponta para os limites do conhecimento humano. Ao tentar entender a natureza do TODO, muitas vezes nos perdemos em teorias e especulações que, embora possam parecer lógicas, não capturam a essência da verdadeira realidade. A linguagem, sendo uma construção humana, é limitada e não pode encapsular a vastidão do TODO.

Há também uma discussão interessante sobre matéria e energia. Enquanto, inicialmente, pode-se pensar que o TODO é feito de matéria ou energia, o texto rejeita essa noção. Em vez disso, sugere que a verdadeira natureza do TODO está além desses conceitos e mais alinhada com a ideia de uma "Mente Viva Infinita" ou "Espírito". Esta é uma afirmação poderosa que desafia muitas noções convencionais de realidade.

Por fim, ao abordar a relação entre Vida, Mente e Espírito, o Caibalion insinua que o TODO é uma entidade consciente, não apenas uma força impessoal ou uma energia sem vida. No entanto, essa consciência não deve ser confundida com a consciência humana, pois é infinitamente mais vasta e profunda, embora a permeie.

Isso nos leva a refletir sobre a nossa posição no Universo. Se somos apenas uma pequena parte deste TODO infinito, qual é o nosso propósito? Como nos relacionamos com esta vasta consciência? São questões que têm desafiado pensadores, filósofos e buscadores espirituais ao longo dos tempos. E, enquanto as respostas possam variar, o reconhecimento da presença de uma realidade mais profunda e substancial serve como um lembrete da maravilha e do mistério da existência.

O conceito de uma realidade substancial, independentemente de sua denominação, representa a busca humana por um princípio ou essência fundamental que dá origem, sustenta e permeia toda a existência. Nas diversas Tradições espirituais e filosóficas, essa entidade central serve como um ponto de conexão, uma fonte de significado e um guia para compreender a natureza intrínseca da realidade.

Os princípios descritos no Caibalion sobre O Todo, conforme apresentado anteriormente, trazem à tona uma perspectiva cósmica que transcende as limitações da realidade física. Mergulhando mais profundamente neles, observamos uma série de semelhanças e pontos de convergência entre esses conceitos e as Tradições da Wicca e da Bruxaria.

A Wicca se baseia fortemente na reverência à natureza e na crença na Divindade imanente. Esse conceito de Divindade imanente ressoa com a ideia do Todo, uma presença onipresente e eterna que permeia todas as coisas. A Wicca celebra a Deusa e o Deus, vendo-os como manifestações da energia Divina em polaridades feminina e masculina. Isso pode ser visto como uma tentativa de humanizar ou dar forma à vasta e indefinível natureza do Todo para torná-lo mais acessível e relacional.

A Bruxaria coloca grande ênfase na manipulação de energias para fins mágicos. O conceito do Todo como uma "Mente Viva Infinita" ou "Espírito" sugere que a realidade mais profunda é uma consciência. A Bruxaria procura sintonizar-se com essa consciência universal e, por meio de rituais, símbolos e práticas, canalizar essa energia para manifestar mudanças desejadas. A percepção do Todo como uma fonte infinita de energia e consciência torna-se, então, a base sobre a qual a Magia é fundamentada.

Além disso, muitas das práticas da Wicca envolvem a celebração dos ciclos da natureza, como as fases da lua e as mudanças sazonais. Isso reflete uma compreensão de que tudo no Universo está em fluxo, uma ideia central à descrição do Todo. Poderíamos então dizer que, ao reconhecer e honrar esses ciclos, os praticantes da Arte estão, na verdade, alinhando-se com as pulsações rítmicas do Todo, buscando harmonizar suas vidas e práticas com a dança cósmica da criação.

Ademais, enquanto o Todo é retratado como algo que transcende a linguagem e o pensamento humano, a Wicca usa símbolos, rituais e mitos para construir pontes para essa realidade transcendente. Ferramentas mágicas, círculos sagrados, invocações e outros elementos ritualísticos servem como meios para acessar, entender e interagir com essa realidade mais profunda que está além do racional, da linguagem e do pensamento.

Contudo, é válido ressaltar que, enquanto o Todo oferece uma visão unificadora e monista do Cosmos, a Wicca, em sua rica diversidade, incorpora uma ampla gama de crenças e práticas. Mesmo assim, o fio condutor que une essas Tradições é o reconhecimento e a reverência pela presença do Divino em tudo, seja ele concebido como uma Divindade polimórfica, uma energia cósmica ou um Todo onipresente.

Não podemos ignorar o valor da experiência pessoal nas práticas da Wicca. Tanto na compreensão do Todo quanto nas Tradições mágicas, a experiência direta e pessoal com o Divino é fundamental. Enquanto o Todo é concebido como uma realidade que permeia todas as coisas, sua verdadeira compreensão advém da introspecção e da contemplação. Da mesma forma, não é meramente um sistema de crenças intelectuais, mas um caminho vivido e prático que exige envolvimento ativo e experiencial para ser totalmente compreendido.

Ética e responsabilidade são conceitos que emergem tanto do entendimento do Todo quanto das práticas da Wicca. O Todo, sendo a essência de tudo, reflete a ideia de que tudo está conectado e que cada ação tem uma reação. Este é o fundamento da famosa Rede Wiccaniana: "sem a ninguém prejudicar, faça o que desejar". Esta máxima não é apenas um guia ético, mas um reconhecimento da interconexão de todas as coisas e da responsabilidade que cada pessoa tem em suas ações e intenções.

A prática de trabalhar com energias para fins mágicos, meditação ou outras formas, também aponta para uma compreensão mais profunda do Todo. Em muitas Tradições mágicas, os praticantes buscam elevar sua consciência para se alinhar com as forças cósmicas. Essa busca pela elevação e sintonização é, em essência, um desejo de se aproximar e entender o Todo em sua plenitude.

É também interessante notar como os elementos, fundamentais para muitas práticas mágicas, refletem diferentes aspectos ou facetas do Todo. Terra, Ar, Fogo e Água são vistos como componentes físicos do mundo, mas também como representações de qualidades e energias mais sutis que compõem a realidade. Ao trabalhar com esses elementos em rituais e práticas mágicas, os praticantes da Bruxaria estão, na verdade, engajando-se em um diálogo com as diversas manifestações do Todo.

O conceito hermético do Todo nos apresenta uma visão abrangente e integrada do Universo, resumindo-se à ideia de que tudo é uma manifestação do Todo, e o Todo está em tudo. Para a maior parte dos Wiccanianos, tal conceito pode ser interpretado através da figura da Deusa, que se apresenta como a Deidade primordial, a fonte inesgotável de toda a vida.

Segundo o Hermetismo, o Todo é indefinível e insondável. É a causa primeira, o absoluto, a realidade última que engloba e permeia todas as coisas. A Deusa, nesta discussão, espelha esse entendimento. Ela é a força vital que permeia e anima cada partícula do Universo. Em sua imensidão, a Deusa abriga uma multiplicidade de formas e manifestações que, apesar de distintas, são inerentemente unidas a Ela. Cada Divindade, cada manifestação Divina é uma expressão singular de sua totalidade. Assim, pela visão de muitos Bruxos, quando nos conectamos com uma Divindade específica, estamos, de fato, tocando um aspecto específico da Deusa, um fragmento da totalidade que compõe seu Todo.

Isso nos leva a uma reflexão mais profunda sobre nossa própria existência. Como seres que habitam este vasto Universo, somos também parte integrante dessa teia Divina. Somos, ao mesmo tempo, manifestações individuais e expressões do Todo. Assim, cada ação, pensamento ou sentimento tem uma repercussão na teia mais ampla da existência. Somos, em essência, células desse imenso organismo Divino que é a Deusa, ou seja, o Todo.

Todos nós, como filhos do Divino que somos, compartilhamos uma relação intrínseca com a Deusa, a mãe primordial. Assim, Ela pode ser vista como um ser Divino imanente, presente em cada respiração, em cada batida do coração, mas também transcendente, uma entidade além de nossa compreensão total, que, em sua sabedoria e amor, permeia cada aspecto de nossa existência.

A ideia do "Uno" é um conceito fundamental para muitos Pagãos, especialmente os que apreciam a Tradição Platônica, e faz referência à singularidade e à unidade fundamental da qual tudo emana e à qual tudo retorna. Tudo existe em razão deste Uno, e todos os fenômenos, entidades e realidades múltiplas são reflexos ou fragmentos desta unidade primordial.

Estabelecendo um paralelo entre o conceito do Todo e o Uno, percebemos uma similaridade profunda, pois nesta visão o Uno é a origem primordial de onde todo o Universo emana. A ideia hermética do Todo, que integra e permeia todas as coisas, também encontra paralelos claros no conceito do Uno. Assim como o Todo é um ente absoluto do qual tudo se manifesta, o Uno representa a realidade fundamental da qual tudo deriva. Ambos os conceitos falam da unidade subjacente à multiplicidade aparente do Universo.

Se pensarmos em nossa própria existência e relação com o mundo, a ideia do Uno nos remete à compreensão de que todos somos manifestações individuais de uma unidade primordial. Cada ser, em sua singularidade, é um reflexo do Uno, e todas as nossas interações, todos os nossos relacionamentos e experiências, são expressões dessa relação contínua e dinâmica com a unidade fundamental.

Quando invocamos diferentes Divindades, conectamo-nos com as diferentes energias e propriedades desse ser Divino Supremo. Essa interação não é apenas um mero ritual, é um diálogo, uma dança cósmica que acontece dentro deste organismo Divino. Assim, existe aqui uma ressonância com o conceito do Todo hermético, pois cada invocação, cada ritual, reflete a interconexão e a interdependência de todas as coisas.

Ao conectarmos essa perspectiva com as práticas de invocação e relação com Divindades, o Bruxo que aprecia o conceito do Uno entende que, ao invocar uma Divindade específica, ele está se conectando com um aspecto particular do Uno. Cada Divindade com suas características e energias únicas é uma manifestação do Uno, assim como nós também somos. Quando percebemos o Divino desta maneira, abrimo-nos para uma relação mais profunda e significativa com a realidade, entendendo a sacralidade inerente de cada momento e de cada interação.

Em última análise, seja aquilo que o Bruxo preferir, tanto o conceito do Uno quanto as ideias acerca de uma Deusa Universal, a teoria hermética acerca do TODO nos convida a perceber a unidade dentro da diversidade, a singularidade na multiplicidade. Ela nos lembra de que, por trás da complexidade aparente do Universo, existe uma fonte singular e unificadora que nos conecta a todos e a tudo. Ao nos alinharmos com essa verdade, encontramos um propósito mais profundo e uma harmonia maior em nossa jornada pela existência.

A Wicca enfatiza a jornada contínua de autoconhecimento e expansão espiritual, convidando-nos a olhar para além das aparências superficiais, a mergulhar profundamente nas águas da espiritualidade e a reconhecer a Divindade que reside em tudo e em todos. Neste processo, lembramo-nos da maravilha, do Mistério e da Magia que permeiam cada momento de nossa existência.

5

O UNIVERSO MENTAL

"O Universo é Mental – mantido na Mente do todo."

O Caibalion

O TODO É ESPÍRITO! Mas o que é Espírito? Esta pergunta não pode ser respondida, porque a sua definição é praticamente igual à do TODO, e Ele não pode ser explicado ou definido. Espírito é simplesmente um nome que os homens dão à concepção mais elevada da Mente Viva Infinita – ele significa a "Essência Real" – significa a Mente Viva, muito superior à Vida e à Mente como as conhecemos, pois aquela é superior à Energia e à Matéria mecânicas. O Espírito transcende nosso entendimento, e usamos este termo apenas para pensar ou falar sobre O TODO. Para efeito de pensamento e compreensão, temos justificativa para pensar no Espírito como uma Mente Viva Infinita, reconhecendo, ao mesmo tempo, que não podemos entendê-lo completamente. Devemos agir assim ou parar de pensar no assunto.

Vamos agora passar a uma consideração da natureza do Universo como um todo, e em suas partes. O que é o Universo? Vimos que não pode haver nada fora do TODO. Então o Universo é O TODO? Não, não pode ser, porque o Universo parece ser composto de muitos outros, e ele está em constante mudança e, por outro lado, não está à altura das ideias que somos obrigados a aceitar sobre O TODO, conforme afirmamos em nossa última lição. Por isso, se o Universo não é O TODO, então ele deve ser o Nada, tal é a conclusão inevitável da mente ao primeiro pensamento. Mas isso não vai satisfazer a questão, pois temos consciência da existência do Universo. Então, se o Universo não é O TODO nem o Nada, o que pode ser? Vamos examinar essa questão.

Se o Universo existe, ou parece existir, ele deve proceder de alguma forma do TODO – deve ser uma criação do TODO. Mas, como algo nunca pode vir do nada, a partir do que O TODO poderia tê-lo criado? Alguns filósofos responderam a essa pergunta dizendo que O TODO criou o Universo a partir de si mesmo – isto é, a partir do ser e da substância do TODO. Mas isso não procede, pois O TODO não pode ser subtraído, nem dividido, como vimos; então, mais uma vez, se assim fosse, cada partícula do Universo não estaria ciente de que ela é O TODO – e, por princípio, O TODO não poderia perder seu conhecimento de si mesmo, nem se tornar realmente um átomo, ou uma força cega, ou uma coisa viva menor. Alguns homens, ao perceber que O TODO é de fato tudo, e também ao reconhecer que eles, os homens, existiam, eles chegaram à conclusão de que eles e O TODO eram idênticos e uma só coisa, proclamando aos berros "Eu sou Deus", para o divertimento da multidão e a tristeza dos sábios. A afirmação menor que diz: "Eu sou Homem!" seria bem mais modesta em comparação com aquela.

Mas o que realmente é o Universo, se não O TODO, se ele não foi criado pelo TODO, ao separar a si mesmo em fragmentos? O que mais ele pode ser – de que mais ele pode ser feito? Essa é a grande questão. Vamos examiná-la cuidadosamente. Descobrimos que o "Princípio da Correspondência" (ver a Lição I) vem em nosso auxílio neste caso. O velho axioma hermético, "como acima, é abaixo" pode ser utilizado neste ponto. Esforcemo-nos para conseguir um vislumbre do funcionamento dos planos superiores, examinando-os por conta própria. O Princípio da Correspondência deve ser aplicado neste e também em outros problemas.

Vamos analisar isso! Em seu próprio plano de existência, como o homem cria? Bem, inicialmente, ele pode criar utilizando materiais externos.

Mas isso não é válido para o nosso caso, pois não há materiais fora do TODO com os quais ele possa criar. Bem, vejamos, em segundo lugar, o homem procria ou reproduz sua espécie pelo processo de geração, que é a automultiplicação realizada pela transferência de uma parte de sua substância para a sua descendência. Mas isso também não procede no nosso problema, porque O TODO não pode transferir ou subtrair uma porção de si mesmo, nem pode se reproduzir ou se multiplicar – em primeiro lugar, haveria uma retirada de uma parte Dele e, no segundo caso, uma multiplicação ou adição ao TODO, e ambos os pensamentos são um absurdo. Mas não existe uma terceira forma pela qual o homem pode criar? Existe, sim! – ele cria mentalmente! Ao fazer isso, ele não usa nenhum material externo nem se reproduz; desse modo, seu Espírito permeia a Criação Mental.

Seguindo o Princípio da Correspondência, temos justificativas para considerar que O TODO cria o Universo mentalmente, de forma semelhante ao processo pelo qual o Homem cria as Imagens Mentais. E é aqui onde o relato da Razão coincide precisamente com o relato dos Iluminados, conforme mostrado pelos seus ensinamentos e escritos. Esses são os ensinamentos dos Homens Sábios. Esse era o ensinamento de Hermes.

O TODO não pode criar de outra forma que não seja mentalmente. Ele faz isso sem usar nenhum material (e não há nenhum para ser usado), ou então se reproduzir (o que também é impossível). Não há como escapar dessa conclusão da Razão, que, como dissemos, concorda com os mais elevados ensinamentos dos Iluminados. Assim como você, estudante, pode criar um Universo só seu em sua mente, O TODO também cria Universos na sua própria Mente. Mas o seu Universo, meu caro, é a criação mental de uma Mente Finita, enquanto o Universo do TODO é a criação de uma Mente Infinita. Os dois são a mesma coisa, mas infinitamente diferentes em grau. Devemos examinar mais de perto esse processo de criação e de manifestação, à medida que prosseguirmos com nosso estudo. Mas este é o ponto a ser fixado em suas mentes neste estágio: o Universo, e tudo que ele contém, é uma criação mental do TODO. Verdadeiramente, e de fato, tudo é a mente!

> "O TODO CRIA EM SUA MENTE INFINITA INCONTÁVEIS UNIVERSOS, QUE EXISTEM POR ERAS DE TEMPO – AINDA MAIS: PARA O TODO, A CRIAÇÃO, O DESENVOLVIMENTO, O DECLÍNIO E A MORTE DE UM MILHÃO DE UNIVERSOS É COMO UM PISCAR DE OLHOS."
>
> — O CAIBALION

"A Mente Infinita do todo é o útero dos Universos."

— O Caibalion

O Princípio do Gênero (veja a Lição I e as outras lições seguintes) se manifesta em todos os planos da vida, material, mental e espiritual. Mas, como já dissemos, "Gênero" não significa "Sexo" – sexo é meramente uma manifestação material do gênero. "Gênero" significa "aquilo que é relacionado à geração ou à criação". E, onde quer que algo seja gerado ou criado, em qualquer plano, o Princípio do Gênero deve se manifestar. E isso é verdade mesmo na criação dos Universos.

Atenção, você não precisa chegar à conclusão, por causa disso, de que estamos ensinando que existe um Deus ou um Criador que é masculino e feminino ao mesmo tempo. Essa ideia é apenas uma distorção dos antigos ensinamentos sobre o assunto. O verdadeiro ensinamento é que o todo, em sua natureza, está acima do Gênero, como Ele está acima de todas as outras Leis, incluindo as leis do Tempo e do Espaço. Ele é a Lei da qual todas as Leis procedem, e não está sujeito a nenhuma delas. Mas quando o todo se manifesta no plano da Geração ou da Criação, então ele age de acordo com a Lei e o Princípio, pois está se movendo em um plano inferior do Ser. Consequentemente, Ele manifesta o Princípio do Gênero em seus aspectos Masculino e Feminino, no Plano Mental, é claro. Esta ideia pode parecer surpreendente para alguns de vocês que a ouvem pela primeira vez, mas todos realmente já a aceitaram passivamente em suas concepções cotidianas. Fala-se muito da Paternidade de Deus e da Maternidade da Natureza – de Deus, o Pai Divino, e da Natureza, a Mãe Universal – e, assim, podemos dizer que, instintivamente, foi reconhecido o Princípio do Gênero no Universo. Não é verdade?

Mas o ensino Hermético não implica uma dualidade real – o todo é um – os Dois Aspectos são meramente aspectos da sua manifestação. O fato é que o Princípio Masculino, manifestado pelo todo, fica, de certa forma, à parte da criação mental real do Universo. Ele projeta sua Vontade em direção ao Princípio Feminino (que pode ser chamado de "Natureza"), que, logo depois, começa o trabalho real da evolução do Universo, de simples "centros de atividade" até o homem, e daí por diante, e cada vez mais alto, tudo de acordo com as Leis da Natureza, que são bem estabelecidas e firmemente aplicadas. Se você prefere a imagem das antigas figuras de pensamento, pode imaginar o Princípio Masculino como Deus, o Pai, e o Princípio Feminino como a Natureza, a Mãe Universal, de cujo ventre todas as coisas nasceram. Isso não é nada além do que uma simples figura poética – é uma alegoria do processo real de criação do Universo. Mas lembre-se sempre de que o todo é apenas Um, e que em sua Mente Infinita o Universo é gerado, criado e existe.

Você pode ter uma ideia mais adequada sobre isso se aplicar a Lei da Correspondência a si mesmo e à sua mente. Você sabe que aquilo que chama de "Eu", em certo sentido, se destaca e é testemunha da criação das Imagens Mentais que estão em sua própria mente. A parte de sua mente na qual a geração mental é realizada pode ser chamada de "Ego", em distinção ao "Eu" que se destaca, que testemunha e examina os pensamentos, as ideias e as imagens do "Ego". "Como acima, é abaixo"; lembre-se, e os fenômenos de um plano podem ser usados para resolver os enigmas dos planos superiores ou inferiores.

Não é de se admirar que você, a criança, sinta aquela reverência instintiva pelo TODO, esse sentimento que chamamos de "religião" ou "religiosidade", esse respeito e reverência para com a mente-pai. Também não é de se admirar que, quando considera as obras e as maravilhas da natureza, você seja dominado por um sentimento poderoso, que tem suas raízes no mais íntimo de seu ser. É a mente-mãe, que você está acalentando como um bebê no seio materno.

Não cometa o erro de supor que este pequeno mundo que você vê ao seu redor – a Terra, que é um grão de poeira minúsculo no Universo – é o próprio Universo. Há milhões e milhões desses mundos, e muito maiores. E existem milhões e milhões desses Universos na Mente Infinita do TODO. E, mesmo em nosso pequeno Sistema Solar, há regiões e planos de vida muito mais elevados do que o nosso, e nós, mortais terrestres, somos como as formas de vida viscosas que habitam o leito do oceano quando comparados ao Homem. Existem seres com poderes e atributos mais elevados do que qualquer homem jamais sonhou que mesmo os Deuses possuíssem. E, no entanto, esses seres já foram como você, e ainda de níveis mais inferiores – e você será igual a eles, e ainda mais elevado, com o tempo, pois tal é o Destino do Homem, conforme foi relatado pelos Iluminados.

A Morte não é real, mesmo no sentido relativo ela é apenas o nascimento para uma nova vida e você continuará, e continuará, e continuará, na direção de planos cada vez mais elevados de vida, por éons e éons de tempo. O Universo é a sua casa, e você deve explorar os seus recessos mais distantes antes do fim dos tempos. Você habita na Mente Infinita do TODO, e suas possibilidades e oportunidades são infinitas, tanto no Tempo quanto no Espaço. E no final do Grande Ciclo dos Éons, quando o todo atrair de volta para si todas as suas criações – você irá com prazer, pois então será capaz de conhecer a Verdade Total de Ser Um com O TODO. Tal é o relato dos Iluminados – aqueles que avançaram muito ao longo do Caminho.

Enquanto isso, mantenha-se calmo e sereno – você está seguro e protegido pelo Poder Infinito da MENTE PAI-MÃE.

> "DENTRO DA MENTE PAI-MÃE, OS FILHOS MORTAIS ESTÃO EM CASA."
> — O CAIBALION

> "NÃO HÁ NINGUÉM SEM PAI E SEM MÃE NO UNIVERSO."
> — O CAIBALION

VCTORITAS
SACRA
RATIO
ATHANASII KIRCHERI S.I.
ARS MAGNA
LVCIS ET VMBRÆ
FERDINANDVM
ARCHIDVCEM AVSTRIÆ
CÆSARIS FILIVM
SERENISSIMVS FERDINANDVS ARCHIDVX CÆS. FIL.
SENSVS
TORITAS
ROFANA

O UNIVERSO MENTAL PARA BRUXOS

Na teia do Universo, cada fio é um pensamento;
no olhar do Bruxo, a mente molda e reflete o Todo.

Aqui nos deparamos com um dos conceitos mais profundos da filosofia esotérica: a natureza do Universo e sua relação com a Mente Suprema, o TODO. Esta é uma ideia central no Caibalion.

O Cosmos, em sua magnitude e complexidade, é frequentemente visto como um vasto e inexplorado território. No entanto, ao adentrar os princípios herméticos, descobrimos que todo o Cosmos não é nada mais do que uma manifestação da Mente de uma Deidade. A vastidão do espaço, as estrelas distantes, os planetas e até mesmo nossa própria existência, são pensamentos dentro desta Mente Divina. Tudo o que percebemos, sentimos e vivenciamos são produtos dessa inteligência superior e etérea.

Esta perspectiva nos convida a ver a realidade de uma forma completamente diferente. Se somos pensamentos dentro da Mente Divina, nossa existência é um sonho, uma fantasia manifestada pela Deidade. E aqui reside uma beleza poética: nós, como seres humanos, não somos apenas sonhadores, somos também sonhos, dentro de um sonho maior.

A ideia do TODO que encapsula toda a Divindade em seu aspecto mais abrangente, mostra-nos que tudo que existe emana dessa única e insondável fonte. A diversidade e a multiplicidade que vemos no Universo são, na verdade, manifestações da mesma Mente, variações do mesmo pensamento Divino.

O conceito hermético de *Nous*, ou a "Inteligência Suprema", apresentado no *Corpus Hermeticum*, oferece uma chave para compreender essa interconexão. É através desta inteligência que a criação se manifesta, e é dentro dela que todos nós existimos e interagimos.

Por mais que possamos, por vezes, sentir-nos isolados ou separados, a verdadeira natureza de nossa existência é de unidade. Somos todos feitos do mesmo material Divino, todos fragmentos do mesmo pensamento e todos interconectados no grande sonho da Mente Divina. Esse sentimento de separação é uma ilusão, um véu que nos impede de ver a realidade mais profunda.

O conceito de "salvação" no Hermetismo está longe de ser uma fuga do mundo ou uma elevação a um reino superior, é um despertar. É o reconhecimento de nossa Divindade interna e o abraço de nosso poder criativo. Ao recordar e aceitar nossa conexão com a Mente Divina, podemos ativamente moldar e influenciar nosso destino e nosso mundo.

Esta percepção também encontra ressonância nas Tradições hindus, onde a ilusão da separação é conhecida como *Maya*. A iluminação não se trata da aquisição de novos conhecimentos ou poderes, mas, sim, do desvelar desta ilusão, a compreensão de que todos nós, e tudo o que existe, somos UM.

Assim, somos todos viajantes em uma jornada de autodescoberta, navegando pelo vasto oceano da Mente Divina. E em cada pensamento, emoção e ação, temos a oportunidade de nos reconectar com essa fonte primordial e reafirmar nossa essência Divina.

A primeira afirmação a se destacar no Caibalion é a asserção e a proclamação de que o "Universo é Mental". Em outras palavras, tudo o que existe é uma manifestação ou projeção da Mente do TODO, que é descrito como "puro Espírito", algo que transcende nossa compreensão e definição. Embora os seres humanos tentem conceituá-lo, a verdadeira natureza do TODO vai além da nossa compreensão. Aqui, podemos perceber a interação entre o finito (nossa compreensão) e o infinito (o TODO).

Fica claro que a natureza do Universo não pode ser separada do TODO, mas ela também não pode ser totalmente idêntica ao TODO. O Universo é visto como uma criação, uma projeção ou manifestação mental do TODO. Esta perspectiva ressalta o conceito de que a realidade, como a percebemos, é uma construção mental, um reflexo da Mente Superior.

Ao considerar como o Universo foi criado, o Caibalion rejeita a ideia de que o TODO poderia ter se dividido ou usado algo externo a si mesmo para sua criação. Em vez disso, é proposto que o TODO cria mentalmente, assim como os seres humanos podem criar imagens mentais ou conceitos em sua mente sem a necessidade de material físico. Este processo é paralelo ao que ocorre no plano humano, evidenciando o "Princípio da Correspondência", uma das bases do Caibalion, uma afirmativa de que, o que ocorre em um nível de realidade, tem seu paralelo em outros níveis.

Vale lembrar, que a noção de gênero, tão debatida e diversificada em nossa sociedade, também encontra sua origem nesta Mente Divina. Esta Deidade, segundo o Hermetismo, não é masculina nem feminina, mas uma combinação sublime de ambos, um equilíbrio perfeito e harmonioso. É crucial entender que aqui "gênero" não se refere exclusivamente ao sexo biológico, mas à ideia de geração ou criação. O TODO, ao se manifestar, exibe aspectos masculinos e femininos, não no sentido de dualidade física, mas como aspectos complementares da criação. O texto sugere que a interação entre esses dois aspectos é fundamental para a manifestação do Universo. O TODO, ou o aspecto masculino, projeta sua vontade, enquanto o aspecto feminino, muitas vezes personificado como "Natureza", inicia o processo de evolução e manifestação.

A ideia da imortalidade e da evolução contínua dos seres também é introduzida aqui pelo Caibalion. A morte é vista não como um fim, mas como um novo começo. O Homem é encorajado a ver além de sua existência terrena, a entender que ele é parte de uma jornada evolutiva que o levará a planos superiores de existência.

Ao pensar em morte e renascimento, muitos ficam perdidos nas limitações terrestres, mas no grandioso esquema cósmico, a morte é apenas uma transição, uma mudança de um estado de consciência para outro. Assim como o dia se transforma em noite e a noite novamente no dia, a alma também passa por fases de luz e escuridão, crescimento e descanso.

Considerando o Universo em sua vastidão infinita, a humanidade é apenas um capítulo em um livro muito mais extenso. Cada ser humano, com sua singularidade, contribui para a trama complexa da existência. Nossas vidas, por mais curtas que pareçam em comparação com a eternidade, são essenciais para o desenvolvimento e evolução do Cosmos.

No entanto, é fácil para nós seres humanos nos perdermos nas trivialidades do dia a dia, esquecendo nossa conexão intrínseca com o Todo. Estamos tão imersos em nossas rotinas que muitas vezes negligenciamos nossa verdadeira natureza espiritual. Mas, a cada despertar, seja através de momentos de introspecção profunda, seja na meditação, seja até mesmo durante adversidades que desafiam nossa existência, somos lembrados de nosso propósito maior.

Há uma beleza incomparável em reconhecer-se como parte de algo tão vasto e infinito. Com essa realização, vem uma responsabilidade: a de viver de acordo com essa grandeza, de contribuir para o contínuo desdobramento do Universo. Ao nos conectarmos com a essência Divina dentro de nós, torna-se claro que não somos meros espectadores, somos participantes ativos da dança cósmica.

O Universo mental, então, não é uma mera ideia abstrata. Ele é a realidade que permeia tudo e todos. Nossos pensamentos, emoções e ações são reflexos dessa Mente Universal, que constantemente nos influencia e nos guia. É por isso que a sabedoria antiga sempre enfatizou a importância de cultivar uma mente pura e equilibrada, pois assim moldamos tanto nosso destino individual, como o curso do Cosmos.

Ao refletir sobre esses ensinamentos, percebemos que somos cocriadores de nossa realidade. Cada pensamento que temos, cada emoção que sentimos, influencia toda existência. E assim, ao aspirar à elevação espiritual, à compreensão e ao amor, estamos de fato trazendo luz ao Universo, cumprindo nosso papel Divino no grandioso esquema das coisas.

O Mistério da existência, embora insondável em sua totalidade, revela-se pouco a pouco para aqueles que buscam com sinceridade. Nessa busca, o entendimento de que o "Todo é Mente" serve como uma bússola, guiando-nos através dos mares tempestuosos da vida em direção à verdadeira iluminação.

Portanto, ao se mover pelo mundo, lembre-se da imensidão de sua jornada, da magia que é existir e da maravilha que é ser uma centelha consciente no vasto mar do Todo. Com base nisso, pode-se encontrar consolo, propósito e uma conexão mais profunda com a grande rede que permeia a existência.

A Wicca, assim como muitas Tradições espirituais, busca compreender a natureza intrínseca da existência e nosso papel dentro deste vasto campo cósmico. Assim, ao explorarmos o texto anterior e suas implicações, percebe-se um entrelaçamento natural de ideias e princípios com a Wicca e práticas de Bruxaria.

O conceito do universo mental é um pilar fundamental no Hermetismo, ancorado na máxima. Segundo essa perspectiva, a realidade que percebemos é essencialmente um produto da Mente Divina ou Universal. Este princípio enfatiza que tudo o que existe tem sua origem na mente e que a compreensão desta natureza mental da realidade é a chave para desvendar os Mistérios cósmicos.

O conceito de que a alma passa por fases de luz e escuridão, crescimento e descanso, ecoa fortemente com as práticas e rituais da Wicca, que reverenciam o ciclo da vida, morte e renascimento. Isso é claramente observado nas celebrações das Oito Sabbats do Ano das Bruxas, que marcam as fases da Lua e as estações do ano. Estes rituais honram as transições naturais da vida e reconhecem a dança constante entre a luz e a escuridão, o masculino e o feminino, a morte e o renascimento.

A importância da conexão individual com o Todo no Caibalion é abordada como uma noção que se alinha à crença Wiccaniana de que tudo no Universo está interconectado. Na Wicca, acreditamos que tudo possui uma energia Divina, desde as pedras até as estrelas. Assim, a ideia de que somos participantes ativos da dança cósmica e não meros espectadores, ressoa fortemente com a perspectiva Wiccaniana de que cada ser, por meio de suas ações e intenções, pode influenciar e moldar o mundo ao seu redor.

No contexto da Bruxaria, essa cocriação é ainda mais evidente. Através de rituais, encantamentos e feitiços, os praticantes trabalham intencionalmente com energias para manifestar mudanças no mundo físico. A noção de que o "Todo é Mente" e que nossos pensamentos e emoções influenciam a realidade é um fundamento chave da Magia. O poder da vontade, combinado com o conhecimento e a intenção, é a base de qualquer prática mágica.

A ênfase do Caibalion sobre a busca de elevação espiritual, compreensão e amor também encontra paralelos na ética Wiccaniana. A famosa máxima "sem a ninguém prejudicar, faça o que desejar" destaca a importância de viver de forma harmoniosa, não apenas com os outros, mas com o Universo como um todo e consigo mesmo. O desejo de trazer luz ao Universo através da busca espiritual e da prática mágica é uma aspiração compartilhada por muitos Bruxos.

Ao refletir sobre o Mistério da existência e o papel da humanidade no grandioso esquema das coisas, tanto o texto quanto a Wicca convidam os praticantes a se reconectarem com a natureza, com o Divino e com seu eu interior. Ambos enfatizam a maravilha da existência e o poder da mente e do espírito em moldar e influenciar nossa realidade. A intersecção desses conceitos revela uma rica rede de entendimento e prática que enriquece a jornada espiritual de quem busca a sabedoria tanto no texto quanto nas Tradições da Wicca.

É importante destacar a maneira como a Bruxaria aborda a relação entre o individual e o coletivo. O Caibalion menciona sobre a interligação do indivíduo com o Todo. A Wicca também percebe o indivíduo como uma representação microcósmica do macrocosmo. Isto é, cada pessoa, em sua essência, reflete as complexidades e maravilhas do Universo inteiro. Esse entendimento é central na Bruxaria também, onde cada ritual, cada encantamento é um eco das forças universais em jogo.

Dentro desse contexto, a Wicca vê o indivíduo como um canal, uma ponte entre o Céu e a Terra, o espiritual e o material. O Bruxo ou a Bruxa, ao praticar seus rituais, não está apenas moldando sua realidade pessoal, está também contribuindo para a realidade coletiva da existência. Portanto, a responsabilidade que acompanha a prática mágica não é trivial. Quando um praticante decide lançar um feitiço ou realizar um ritual, ele deve estar ciente do impacto potencial de suas ações tanto em sua vida, como no mundo à sua volta.

Essa conscientização vai ao encontro do que o Caibalion apresenta sobre a importância de buscar a elevação e o amor. No cerne da Wicca está o entendimento de que nossas ações, pensamentos e desejos têm reverberações. A Lei Tríplice, que como vimos é um conceito amplamente aceito dentro da Arte, postula que tudo o que fazemos retorna para nós em triplo, seja para o bem, seja para o mal. Essa lei é um lembrete constante para que os praticantes procedam com integridade, amor e sabedoria.

Além disso, a ideia de evolução espiritual e aprendizado é central tanto nos princípios herméticos quanto nas práticas da Bruxaria. A vida é vista como uma escola, uma jornada de autodescoberta e crescimento. Cada desafio, cada alegria, cada perda e cada vitória são oportunidades para aprender e evoluir. Os rituais e celebrações Wiccanianas, muitas vezes, marcam esses momentos significativos de transição e crescimento, ajudando os praticantes a integrarem suas experiências, permitindo, assim, a prosseguirem com maior sabedoria e clareza.

A rica simbologia encontrada tanto no Hermetismo proposto pelo Caibalion quanto na Wicca, ressalta a profundidade e a complexidade da jornada humana. Seja através dos símbolos do Pentagrama, seja representando os quatro elementos e o espírito, seja através da dança cósmica da luz e da escuridão, essas Tradições nos convidam a mergulhar mais fundo, a questionar, a explorar e, finalmente, a compreender nosso lugar dentro do grandioso Mistério da existência. Enquanto buscamos essa compreensão, somos constantemente lembrados do poder que temos em nossas mãos, do papel que desempenhamos no Universo e da beleza inerente à dança eterna da vida.

COELUM
SOL
MAS
SPIRITUS
ANIMA
AER
IGNIS
Mer curius
Philo sophorum.
AQUA
TERRA
Terra
Luna
Foemina.
SATURNUS
CORPUS
HYLE
ALBUS
IUPITE
AQUA
MENSTRUUM
RUBEUS
VENUS
IGNIS
TERRA
MARS
NIGER
ELE
MENTA

6

O PARADOXO DIVINO

"Os falsos sábios, reconhecendo a comparativa irrealidade do Universo, imaginam que podem desafiar as suas Leis – esses tais são tolos, vaidosos e presunçosos, e serão quebrados contra as rochas e despedaçados pelos elementos, em razão da sua loucura. O verdadeiro sábio, conhecendo a natureza do Universo, usa a Lei contra as leis; o superior contra o inferior; e, pela Arte da Alquimia, transmuta o que é indesejável naquilo que é digno e, assim, triunfa. A Maestria não consiste em sonhos, visões e imaginações ou vivências fantásticas, mas em usar as forças superiores contra as inferiores – e, com isso, escapar das dores dos planos inferiores para vibrar nos planos superiores. A Transmutação, e não a negação presunçosa, é a arma do Mestre."

O Caibalion

Este é o Paradoxo do Universo, resultante do Princípio da Polaridade que se manifesta quando o TODO começa a Criar – ouça bem, pois ele aponta a diferença entre a falsa e a verdadeira sabedoria. Para o todo infinito, o Universo, suas Leis, seus Poderes, sua Vida e seus Fenômenos são como coisas testemunhadas num estado de Meditação ou de Sonho; contudo, para tudo aquilo que é Finito, o Universo deve ser tratado como Real, e a vida, a ação e o pensamento devem se basear nisso, porém sempre de acordo com uma compreensão da Verdade Superior. Cada um de acordo com seu próprio Plano e suas próprias Leis. Se todos imaginassem que o Universo fosse de fato Realidade, pobre do Universo, pois, nesse caso, não haveria a escalada do inferior para o superior na Direção Divina – assim o Universo se tornaria algo fixo, estático, e o progresso se tornaria impossível. Se o Homem, devido à falsa sabedoria, age, vive e pensa no Universo como somente um sonho (semelhante aos seus próprios sonhos finitos), então este realmente assim é para ele, que, como um sonâmbulo, acaba por tropeçar, mantendo-se em um círculo vicioso, sem realizar nenhum progresso, sendo finalmente forçado a um despertar depois de uma queda, machucado e sangrando, por parte das Leis Naturais que ele tinha ignorado. Coloque a sua mente sempre na esfera da Estrela, mas deixe seus olhos vigiarem seus passos, para que você não caia na lama por ter mantido o olhar para cima. Lembre-se do Paradoxo Divino: o Universo é e não é. Lembre-se sempre dos Dois Polos da Verdade – o Absoluto e o Relativo. Cuidado com as meias verdades.

O que os Hermetistas conhecem como a "Lei do Paradoxo" é um aspecto do Princípio da Polaridade. Os escritos herméticos estão repletos de referências ao aparecimento do Paradoxo na consideração dos problemas da Vida e do Ser. Os professores constantemente alertam seus alunos contra o erro de omitir o "outro lado" de qualquer questão. E suas advertências são particularmente dirigidas aos problemas do Absoluto e do Relativo, que deixam todos os estudantes de filosofia perplexos, e que fazem tantos pensar e agir de forma contrária ao que é geralmente conhecido como "bom senso". E advertimos todos os alunos para que tenham a certeza de compreender o Paradoxo Divino do Absoluto e do Relativo, para que não fiquem enredados no lamaçal das Meias Verdades. Particularmente, esta lição foi escrita com esse objetivo. Estude-a atentamente!

O primeiro pensamento que vem à mente do homem que analisa este assunto, depois que ele percebe a verdade de que o Universo é uma Criação Mental do TODO, é que o Universo, e tudo o que ele contém, é somente uma ilusão; uma irrealidade; contra essa ideia, seus instintos se revoltam. Mas esta, como todas as outras grandes verdades, deve ser considerada tanto do ponto de vista do Absoluto quanto do Relativo. Do ponto de vista do Absoluto, é claro, o Universo tem a natureza de uma ilusão, um sonho, uma fantasmagoria, em comparação com o todo em si. Reconhecemos isso até mesmo em nossa visão comum, pois falamos do mundo como "um espetáculo efêmero", que vem e vai, nasce e morre – pois o elemento de impermanência e de mudança, de finitude e insubstancialidade, deve estar sempre conectado com a ideia de um Universo criado, quando é contrastado com a ideia do TODO, não importa quais sejam nossas crenças sobre a natureza de ambos. Filósofo, metafísico, cientista e teólogo concordam com essa ideia, e esse conceito é encontrado em todas as formas de pensamento filosófico e de concepções religiosas, bem como nas teorias de suas respectivas escolas de metafísica e de teologia.

Portanto, os Ensinamentos Herméticos não pregam a insubstancialidade do Universo em termos mais retumbantes do que aqueles que são familiares a você, embora a apresentação do assunto sobre eles possa parecer um pouco mais surpreendente. Qualquer coisa que tenha um começo e um fim deve ser, em certo sentido, irreal e falsa, e o Universo está sob essa regra em todas as escolas de pensamento. Do ponto de vista do Absoluto, não há nada Real, exceto O TODO, não importa quais os termos que possamos usar para pensar ou discutir sobre o assunto. Quer o Universo seja criado de Matéria, quer seja uma Criação Mental na Mente do TODO – ele é algo insubstancial, não duradouro, algo que se sujeita ao tempo, ao espaço e às mudanças. Queremos que você compreenda este fato completamente, antes de julgar a concepção hermética da natureza mental do Universo. Pense sobre todas e quaisquer outras concepções e veja se isso não é verdade para elas também.

Mas o ponto de vista Absoluto mostra apenas um lado da imagem – o outro lado é o Relativo. A Verdade Absoluta foi definida como "todas as Coisas como a mente de Deus as conhece", enquanto a Verdade Relativa é "todas as Coisas como a razão mais elevada do Homem as entende". E assim, enquanto para o todo o Universo deve ser irreal e ilusório, um simples sonho ou o resultado de uma meditação – para as mentes finitas, no entanto, que fazem parte desse Universo, e podem vê-lo por meio das faculdades mortais, o Universo é muito real de fato, e deve ser assim considerado. Ao reconhecer a visão Absoluta, não devemos cometer o erro de ignorar ou negar os fatos e fenômenos do Universo, conforme eles se apresentam às nossas faculdades mortais – não somos de modo algum O TODO, lembre-se bem disso. Para usar imagens mais familiares, todos nós reconhecemos o fato de que a matéria "existe" para os nossos sentidos – e estaríamos em uma situação ruim se não aceitássemos isso. E, mesmo assim, até as nossas mentes finitas entendem a declaração científica de que a Matéria não existe, sob um ponto de vista científico – aquilo que chamamos de Matéria é considerado apenas uma agregação de átomos, e esses átomos são apenas um agrupamento de unidades de força, chamados "elétrons" ou "íons", que vibram e estão em constante movimento circular. Chutamos uma pedra e sentimos o impacto dela – ela parece ser real, embora saibamos que é matéria como foi especificado na declaração anterior. Mas lembre-se de que nosso pé, que sente o impacto por meio de nosso cérebro, é igualmente Matéria, portanto, também constituído de elétrons. Por falar nisso, até mesmo o nosso cérebro é assim estruturado. Na melhor das hipóteses, se não fosse por causa da nossa Mente, não reconheceríamos o pé ou até mesmo a pedra, de forma alguma.

Por outro lado, o ideal do artista ou do escultor, que eles tentam reproduzir na pedra ou na tela, parece ser para eles muito real. O mesmo acontece com as personagens na mente do autor, ou do dramaturgo, que eles procuram expressar para que outros possam reconhecê-las. E, se isso for verdade, no caso da nossa mente finita, qual deve ser o grau de Realidade nas Imagens Mentais criadas na Mente do Infinito? Oh, meus amigos, para os mortais este Universo da Mentalidade é muito real – é o único que podemos conhecer, embora sempre estejamos em ascensão de um plano a outro, e cada vez mais alto. Para termos outra ideia a respeito, por experiência real, devemos ser o próprio TODO. É verdade que, quanto mais subirmos na escala – quanto mais próximos da "Mente do Pai" alcançarmos – mais aparente se tornará a natureza ilusória das coisas finitas, mas quando o TODO finalmente nos retirar para si mesmo, essa visão de ilusão realmente desaparecerá.

Não precisamos insistir mais nesse aspecto da ilusão. Em vez disso, vamos reconhecer a natureza real do Universo, procurar compreender suas leis mentais e nos esforçar para usá-las da melhor forma no nosso progresso ascendente ao longo da vida, à medida que viajamos de um plano para outro do Ser. As Leis do Universo não são de modo algum "Leis de Ferro" por causa da natureza mental. Todos, exceto o TODO, são limitados por elas. O que está na mente infinita do TODO é real em um certo grau, e perde apenas para a própria Realidade que está investida na natureza do TODO. Portanto, não se sinta inseguro ou com medo – estamos todos firmemente seguros na mente infinita do TODO, e não há nada que nos machuque ou que possamos temer. Não há nenhum poder fora do TODO para nos afetar. Assim, podemos descansar calmos e seguros. Há um mundo de conforto e de segurança nesta realização, uma vez que ela seja alcançada. Então, "calmos e cheios de paz nós dormimos, embalados no Berço das Profundezas" – descansando com segurança no seio do Oceano da Mente Infinita, que é o TODO. No TODO, de fato, "vivemos, nos movemos e temos a nossa existência". A Matéria também é Matéria para nós, enquanto habitamos no plano da Matéria, embora saibamos que ela é apenas uma agregação de "elétrons", ou de partículas de Força, que vibram rapidamente e giram em torno umas das outras na formação de átomos; os átomos, por sua vez, vibram e giram, formando moléculas, as quais, por sua vez, formam massas maiores de matéria. Nem a Matéria se torna menos Matéria quando levamos a investigação ainda mais longe, e aprendemos com os Ensinamentos Herméticos que a "Força", da qual os elétrons são apenas unidades, é tão somente uma manifestação da Mente do TODO e, como tudo o mais no Universo, é puramente mental em sua natureza. Enquanto no Plano da Matéria devemos reconhecer seus fenômenos – podemos controlar a Matéria (como todos os Mestres de grau superior ou inferior fazem), mas devemos fazer isso aplicando as Forças Superiores. Cometemos uma loucura quando tentamos negar a existência da Matéria no aspecto relativo. Podemos até negar seu domínio sobre nós – e com razão – mas não devemos tentar ignorá-la em seu aspecto relativo, pelo menos enquanto residirmos no seu plano.

Nem as Leis da Natureza se tornam menos constantes ou eficazes quando sabemos que, da mesma forma, elas são somente criações mentais. Elas estão em pleno vigor nos vários planos. Superamos as leis inferiores, aplicando outras ainda mais elevadas – e assim por diante. Mas não podemos escapar da Lei ou nos elevar totalmente acima dela. Nada além do TODO pode escapar da Lei – e isso porque O TODO é a própria lei, da qual todas as Leis emergem. Os Mestres mais avançados podem adquirir os poderes geralmente atribuídos aos Deuses dos homens; e existem incontáveis níveis de existência, na grande hierarquia da vida, cujo ser e poder transcendem até mesmo os dos Mestres mais elevados entre os homens, em um grau até mesmo impensável para os mortais; porém, mesmo o Mestre ou o Ser mais elevado deve se curvar perante a Lei, e é como o Nada aos olhos do TODO. Deste modo, se até mesmo esses Seres mais elevados, cujos poderes excedem aqueles atribuídos pelos homens aos seus Deuses – se mesmo estes estão vinculados e são subservientes à Lei, então imagine a presunção do homem mortal, da nossa raça e grau, quando ousa considerar as Leis da Natureza como "irreais", visionárias e ilusórias, porque ele passa a ser capaz de compreender a verdade segundo a qual as Leis são de natureza Mental, e são simplesmente Criações Mentais do TODO. Aquelas Leis regidas pelo TODO não devem ser desafiadas ou contestadas. Enquanto o Universo durar, elas durarão – pois o Universo existe em virtude dessas Leis que formam sua estrutura e que o mantém coeso.

Podemos usar como exemplo o Princípio Hermético do Mentalismo, que, embora explique a verdadeira natureza do Universo sobre o princípio de que tudo é mental, não muda as concepções científicas sobre esse mesmo Universo, a Vida ou a Evolução. Na verdade, a ciência apenas corrobora os Ensinamentos Herméticos. Esse último somente ensina que a natureza do Universo é "mental", enquanto a Ciência Moderna ensinou que ela é "Material"; ou (ultimamente) que é "Energia", em última análise. Os Ensinamentos Herméticos não têm nenhuma falha a encontrar no princípio básico de Herbert Spencer, que postula a existência de uma "Energia Infinita e Eterna, da qual todas as coisas procedem". Na verdade, os Hermetistas reconhecem na filosofia de Spencer a mais elevada declaração do funcionamento das Leis Naturais que já foi promulgada, e eles acreditam que Spencer foi uma reencarnação de um antigo filósofo que morou no Antigo Egito há milhares de anos, e que, mais tarde, encarnou como Heráclito, o filósofo grego que viveu em 500 EC. Sua afirmação da "Energia Infinita e Eterna" é considerada de acordo com a linha dos Ensinamentos Herméticos, sempre com o acréscimo da sua própria doutrina de que a sua "Energia" é a Energia da Mente do TODO. Com a Chave Mestra da Filosofia Hermética, o aluno de Spencer poderá abrir muitas portas das concepções filosóficas intrínsecas do grande filósofo inglês, cuja obra mostra os resultados da preparação efetuada em suas encarnações anteriores. Seus ensinamentos sobre Evolução e Ritmo estão em quase perfeita concordância com os Ensinamentos Herméticos sobre o Princípio do Ritmo.

Contudo, o estudante do Hermetismo não precisa deixar de lado nenhuma de suas estimadas opiniões científicas a respeito do Universo. Tudo o que ele deve fazer é compreender este princípio subjacente: "o TODO é MENTE; o Universo é Mental e está contido na Mente do TODO". Ele descobrirá que os outros seis dos 7 Princípios se "encaixarão" em seu conhecimento científico e servirão para revelar os pontos obscuros e lançar luz em todos os recantos ocultos. Não é de se admirar que nós percebemos a influência do pensamento hermético nos primeiros filósofos da Grécia, o que influenciou amplamente os fundamentos das teorias da Ciência Moderna. A aceitação do Primeiro Princípio Hermético (o Mentalismo) é o único grande ponto de divergência entre a Ciência Moderna e os estudantes Hermetistas, e a Ciência está aos poucos se movendo em direção à posição Hermética, tateando na busca por uma saída do Labirinto no qual ela tem vagado à procura da Realidade.

O propósito desta lição é imprimir na mente dos nossos alunos o fato de que, para todos os intentos e propósitos, o Universo e suas Leis, assim como os seus fenômenos, são tão reais no que diz respeito ao Homem, como eles seriam sob as hipóteses do materialismo ou do energismo. Sob qualquer hipótese, o Universo, em seu aspecto externo, está em constante mudança, transitório, sempre fluindo – portanto, desprovido de substancialidade e de realidade. Mas (observe o outro polo da verdade), sob qualquer uma das mesmas hipóteses, somos compelidos a agir e a viver como se as coisas passageiras fossem reais e substanciais. Com esta diferenciação, sempre, entre as várias hipóteses – sob um ponto de vista antigo, o Poder Mental era ignorado como uma Força Natural, enquanto sob o Mentalismo ele se torna a Maior Força Natural que existe. E esta única diferença revoluciona toda a Vida para aqueles que entendem o Princípio e suas leis e práticas resultantes.

Finalmente, falamos a todos os alunos, aproveitem as vantagens do Mentalismo e aprendam a conhecer, usar e aplicar as leis que dele resultam. Mas não cedam à tentação, porque, como afirma O Caibalion, a verdade vence os falsos sábios e os hipnotiza pela aparente irrealidade das coisas; como consequência, eles vagam como pessoas num sonho, e vivem em um mundo de sonhos, ignorando o trabalho prático e a vida do homem, e "eles serão quebrados contra as rochas e despedaçados pelos elementos, em razão da sua loucura". Em vez disso, sigam o exemplo do sábio, que segue o que a autoridade declara:

"Use a Lei contra as Leis; o superior contra o inferior; e, pela Arte da Alquimia, transmute o que é indesejável naquilo que é digno e, assim, triunfe". Seguindo a autoridade, evitamos a falsa sabedoria (que não passa de insensatez), que ignora a verdade segundo a qual: "A Maestria não consiste em sonhos, visões e imaginações ou vivências fantásticas, mas em usar as forças superiores contra as inferiores". Lembre-se sempre, discípulo, de que "a transmutação, não a negação presunçosa, é a arma do Mestre". As citações anteriores são de O Caibalion e são dignas de ser memorizadas pelo aluno.

Não vivemos em um mundo de sonhos, mas em um Universo que, embora relativo, é real no que diz respeito às nossas vidas e ações. Nosso propósito no Universo não é negar sua existência, mas viver nele, usando as Leis para nos elevar de um nível mais baixo para um mais alto – vivendo, fazendo o melhor que podemos sob as circunstâncias que surgem a cada dia e vivendo, tanto quanto possível, de acordo com nossas ideias e ideais mais elevados. O verdadeiro significado da vida não é conhecido pelos homens neste plano – talvez, de fato, por alguns poucos – mas as mais altas autoridades e nossas próprias intuições nos ensinam que não cometeremos erros se vivermos de acordo com o que há de melhor em nós, tanto quanto for possível, percebendo a tendência universal na mesma direção, apesar das aparentes evidências em contrário. Estamos todos no Caminho – e a estrada conduz sempre para cima, encontrando, frequentemente, lugares para o descanso.

Leia a Mensagem de *O Caibalion* – e siga o exemplo do "sábio" – evitando o erro do "falso sábio", que perece por causa de sua tolice.

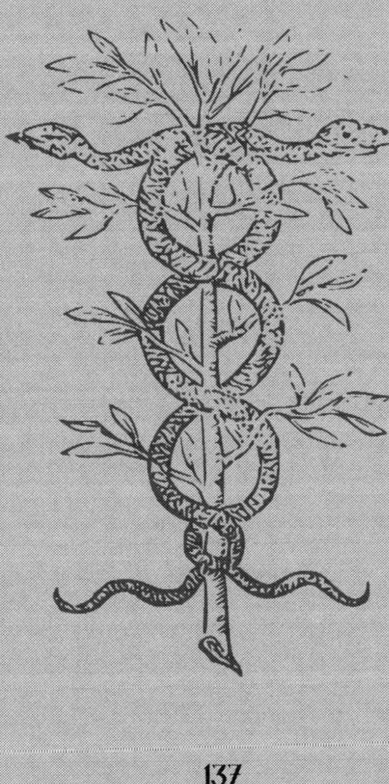

1 Solutione
2 Filltration
3 Evaparation
4 Distillation
5 Separation
6 Rectification
7 Calcination
8 Comixtion
9 purification
10 Inbibition
Firmentation
Fixation
13 Multiplication
14 proiection

PARADOXO DIVINO PARA BRUXOS

No Divino enigma, o finito toca o infinito; o Bruxo dança no limite desse abismo, alcançando as fronteiras que levam ao Outromundo.

O conceito do Paradoxo Divino citado no Caibalion sugere que o Universo, em sua essência, não existe, mas, contraditoriamente, também existe. Aqui, o texto destaca duas categorias distintas de verdade: a Verdade Absoluta e a Verdade Relativa. A Verdade Absoluta é um conhecimento que apenas o Criador possui sobre o Universo e sua realidade intrínseca. Em contraste, a Verdade Relativa é a percepção humana da realidade, fundamentada nas nossas experiências sensoriais – aquilo que podemos tocar, cheirar, ver, ouvir e degustar. Essa verdade é limitada, pois é moldada pelas nossas experiências e capacidades humanas, sem a compreensão plena da Verdade Absoluta que a fundamenta.

Um ponto interessante é abordado no Caibalion ao mencionar que objetos que percebemos como sólidos, na verdade são, quando observados através de microscópios eletrônicos, conjuntos de átomos vibrantes alimentados por uma força maior que ele denomina como sendo "O Todo". Este entendimento desafia nossa percepção cotidiana e convida à reflexão sobre a natureza fluida e dinâmica da realidade material.

No entanto, os ensinamentos herméticos advertem contra a abordagem da vida como uma mera ilusão, chamando tal atitude de "sonambulismo existencial". Ignorar ou negar a realidade material não nos capacita a viver de maneira eficaz e plena. Embora haja um reconhecimento de que a matéria é, em certo sentido, ilusória, enquanto habitamos corpos humanos neste plano terrestre, ela é bem real para nós.

A questão crucial aqui não é negar a realidade material, mas, sim, mudar nossa relação com ela. A elevação dos pensamentos acerca da matéria é uma forma de praticar a Magia Divina que pode resultar em cura, prosperidade e realização de projetos significativos.

Ao reconhecer a existência da matéria dentro desta ilusão, somos encorajados a aplicar forças superiores de transmutação e Criação Mental para ganhar domínio sobre nossa existência material. Este processo é detalhadamente explicado no Caibalion.

Em última análise, o Caibalion oferece uma perspectiva equilibrada e profunda sobre a relação entre o ser humano, a matéria e o Universo. Convida-nos a navegar entre a realidade percebida e a realidade última, abrindo caminho para uma vida mais consciente e empoderada. Ao fazer isso, posicionamo-nos como observadores passivos da realidade, agentes ativos na moldagem e transformação da nossa existência.

Ao nos aprofundarmos nas implicações deste paradoxo da matéria, somos conduzidos a uma intersecção notável entre o mundo material e o espiritual. Ambos os domínios são essenciais para a nossa compreensão e experiência da vida. A Wicca, por exemplo, reconhece e valoriza essa interconexão, honrando o mundo natural e tudo o que ele contém. O ciclo das estações, as fases da lua e os elementos naturais são integrados nos rituais e práticas da Wicca. No entanto, assim como o Caibalion sugere, a Wicca também reconhece que há mais do que apenas aquilo que nossos sentidos podem perceber. Há uma energia, um poder subjacente, que dá vida e significado ao mundo físico. Esta é uma visão compartilhada por muitas Tradições esotéricas, incluindo os ensinamentos herméticos.

Os rituais e práticas mágicas da Bruxaria, por outro lado, são ferramentas para influenciar e manipular as energias sutis que permeiam a matéria. Em muitos aspectos, trata-se de uma representação prática dos conceitos apresentados neste capítulo. Por meio da Magia, os praticantes buscam transformar a realidade, não negando ou rejeitando a matéria, mas trabalhando com ela e através dela. A Bruxaria reconhece a matéria como uma manifestação da energia Divina e busca direcionar e moldar essa energia para alcançar objetivos específicos.

Esta abordagem ressoa fortemente com a ideia de "aplicar as forças superiores de transmutação e Criação Mental" discutida no Caibalion. Ambas as perspectivas veem o mundo material como um meio, não como uma barreira ou limitação. Um campo fértil, onde a verdadeira transformação e manifestação podem ocorrer.

A relação intrínseca entre o espiritual e o material é evidente em muitas Tradições espirituais. As práticas da Bruxaria são exemplos vívidos disso. Elas nos ensinam a abraçar e a respeitar o mundo material, enquanto, ao mesmo tempo, reconhecem e trabalham com as forças invisíveis que o sustentam e o moldam.

Assim, ao explorar os ensinamentos herméticos e sua compreensão da matéria, podemos ver um rico arcabouço de pensamento e prática que se entrelaça com as Tradições da Arte. Estas Tradições, embora únicas em seus rituais e crenças, compartilham uma compreensão profunda da dualidade e unidade da existência, e da dança constante entre o que é visto e o que é oculto. Esta dança, quando compreendida e harmonizada, pode nos levar a uma vida de propósito, poder e profunda conexão com o universo ao nosso redor.

A Wicca e as práticas da Bruxaria têm raízes profundas na compreensão do mundo tanto em sua manifestação física quanto em seu significado espiritual e metafísico. Ao analisarmos o texto do Caibalion, percebemos várias conexões que podem ser traçadas entre os ensinamentos herméticos e a abordagem da Wicca em relação ao Universo, à Deidade e à prática mágica.

Essa poderosa reflexão sobre a natureza do Universo faz uma distinção entre a visão míope de alguns que desconsideram as leis universais e a visão dos sábios que entendem essas leis e as usam a seu favor. Isso ressoa com as crenças da Wicca e da Bruxaria, as quais valorizam a compreensão das leis naturais e cósmicas. A Alquimia, como mencionada no texto, é uma antiga prática esotérica que busca a transmutação e a elevação da matéria e do espírito. Isso está em consonância com muitas práticas mágicas da Bruxaria, onde o objetivo é, muitas vezes, transformar ou transmutar energias, situações ou até mesmo o próprio ser.

O conceito do "Paradoxo Divino" explica que, mesmo que o Universo seja uma manifestação mental do Todo, ele ainda pode ser percebido como real pelas mentes finitas dentro dele. A Wicca, em particular, dá grande ênfase à dualidade e ao equilíbrio: Deusa e Deus, luz e escuridão, nascimento e morte. Este conceito de dualidade se alinha com o Princípio da Polaridade mencionado no texto. A compreensão desse paradoxo é crucial na Bruxaria, pois ajuda os praticantes a navegarem entre os mundos físico e espiritual, reconhecendo a interconexão e a interdependência de ambos. Um Bruxo deve sempre caminhar no limiar e sempre transitará entre os mundos.

Observar as "meias verdades" e a necessidade de considerar ambas as perspectivas – a absoluta e a relativa – é muito pertinente para os praticantes de Magia. Na Wicca, é essencial ter um entendimento holístico e equilibrado do Universo. O perigo das "meias verdades" é que elas podem levar a práticas mal-informadas ou até mesmo perigosas. Ao integrar ambas as perspectivas, o Bruxo é mais bem equipado para trabalhar eficazmente com as forças do Universo.

Os ensinamentos herméticos falam sobre a natureza mental do Universo. Esta ideia de que tudo está contido e é uma manifestação da Mente do Todo é semelhante à crença Wiccaniana da interconexão de todos os seres e coisas. Tudo é energia, tudo está conectado e tudo tem um propósito. Este entendimento é fundamental para a prática eficaz da Magia.

Conforto e segurança encontrados na realização de que somos todos mantidos firmemente na Mente Infinita do Todo ressoam fortemente com a abordagem da Wicca à Divindade. Muitos Wiccanianos veem a Deusa e o Deus como manifestações do Todo, chamados por muitos Bruxos pelo nome de "Uno", representando os aspectos feminino e masculino do Divino. Esta conexão com o Divino fornece um sentido de propósito, direção e proteção.

Os conceitos apresentados no Caibalion fornecem uma profunda compreensão da natureza do Universo, que, quando aplicada à Wicca e às práticas da Bruxaria, pode enriquecer e informar a abordagem do praticante à Magia, à Divindade e à sua própria jornada espiritual. Ambos enfatizam a importância da harmonia, equilíbrio e compreensão holística do Universo e, juntos, tecem uma teia de sabedoria que pode iluminar o caminho daqueles que buscam a verdade e a transformação espiritual.

Um apanhado filosófico sobre a natureza da matéria, da mente e das leis universais, além de uma análise sobre o entendimento do Universo através da perspectiva hermética, estão inseridos no Caibalion. Para relacionar tais ideias à Wicca e às práticas da Bruxaria, é fundamental compreender as bases destas duas Tradições e de que forma elas dialogam com as premissas apresentadas.

A Wicca e suas práticas reverenciam a natureza e as energias que permeiam o Cosmos. Ela tem uma visão holística do Universo, em que tudo está conectado e inter-relacionado. Essa percepção se alinha com a concepção hermética de que o "Todo é Mental", em que a matéria, embora aparente, é uma manifestação da Mente do Todo. Em outras palavras, para os Bruxos, a natureza e seus fenômenos não são apenas físicos ou materiais, mas também espirituais e mentais. O cerne desta perspectiva é o reconhecimento da interconexão entre os mundos físico e espiritual.

No abraço sagrado da Deusa e do Deus, encontramos a essência do Uno, refletindo a harmonia infinita do Divino. Aqui, no coração da Wicca, repousa seu maior propósito: o encontro com a Totalidade envolvidos na majestosa dança divina.

Como descrito no Caibalion, a importância da matéria, também é fundamental nas práticas mágicas associadas à Bruxaria. Ainda que a matéria seja compreendida como uma manifestação da Mente do Todo, é por meio dela que muitos rituais são realizados através de ingredientes em poções, amuletos, círculos mágicos, entre outros. Assim, mesmo que a Wicca reconheça a supremacia das forças espirituais ou mentais, ela não nega a importância e realidade da matéria. Ambas as Tradições, Hermetismo e Bruxaria, de fato, valorizam a capacidade humana de interagir e transformar a matéria através de energias superiores, respeitando suas leis e propriedades.

As Leis da Natureza, que o Caibalion afirma serem criações mentais, são de suma importância para os praticantes da Arte. Eles acreditam no poder das leis naturais e em sua imutabilidade. O respeito e a harmonização com essas leis são essenciais para que os rituais e práticas mágicas sejam efetivos. Dessa forma, embora as leis possam ser entendidas como criações mentais, elas têm uma presença muito real e tangível nas práticas mágicas e espirituais dessas Tradições.

O Princípio Hermético do Mentalismo, que postula a natureza mental do Universo, é uma ideia que pode ser vista refletida na ênfase que a Bruxaria coloca na intenção e no poder da vontade. Na Magia, não é apenas o ato físico que importa, mas também a intenção por trás dele. A força do pensamento, da visualização e da vontade são consideradas cruciais para o sucesso de qualquer empreitada mágica.

No que tange a relação entre a filosofia hermética e as Ciências Modernas, a Wicca também apresenta uma postura semelhante. Ambas as Tradições não veem conflito entre a Ciência e a espiritualidade. Assim como o Caibalion sugere que a Ciência Moderna e o Hermetismo estão em sintonia, muitos Bruxos modernos veem a Ciência como uma maneira de entender e explicar os mecanismos pelos quais a Magia opera, chamando-a simplesmente de a "Nova Magia" ou de "Magia Moderna", pois acreditam que não há muita diferença de fato entre a Ciência e Magia.

A noção de que não devemos negar a existência do Universo, mas, sim, viver de acordo com suas leis e aspirações mais elevadas, é um eco direto dos princípios da Bruxaria, que enfatiza a importância de viver em harmonia com a natureza, de buscar a evolução espiritual e de trabalhar para o bem maior.

Todas essas ideias contidas no Caibalion têm como finalidade informar, mas elas também se complementam e se entrelaçam com as práticas e crenças da Wicca. Hermetismo e Bruxaria, embora únicos em seus próprios rituais e ensinamentos, compartilham em comum muitos dos mesmos princípios fundamentais que são enfatizados na filosofia hermética, demonstrando, assim, a universalidade e a interconectividade dos conceitos espirituais em diferentes culturas e Tradições.

7

"O TODO" EM TUDO

"Tanto quanto Tudo está no Todo, é igualmente verdade que o Todo está em Tudo. Aquele que entender realmente essa verdade, alcançou o grande conhecimento."

O Caibalion

Quantas vezes a maioria das pessoas já ouviu repetidamente a declaração de que a sua Divindade (seja qual for o nome que lhe dão) era "O TODO em Tudo", e quão poucas delas suspeitaram da verdade oculta escondida por essas palavras pronunciadas aleatoriamente? Essa expressão comumente usada é um resquício da antiga Máxima Hermética citada na epígrafe. Como diz *O Caibalion*: "Aquele que realmente entender esta verdade, alcançou um grande conhecimento". E, sendo assim, busquemos essa verdade, cuja compreensão tem um grande significado. Nessa afirmação da verdade – contida na Máxima Hermética – está oculta uma das maiores verdades filosóficas, científicas e religiosas que existem.

Já demos a você o Ensinamento Hermético sobre a Natureza Mental do Universo – a verdade de que "o Universo é Mental – contido na Mente do TODO". Como diz O Caibalion, na passagem citada anteriormente: "Tudo está no TODO". Mas observe também a afirmação relacionada a ela: "É igualmente verdade que O TODO está em tudo". Essa afirmação aparentemente contraditória é conciliável sob a luz da Lei do Paradoxo. Além disso, ela é uma declaração Hermética exata das relações existentes entre O TODO e o seu Universo Mental. Vimos como "Tudo está no TODO" – agora vamos examinar o outro aspecto do assunto.

Os Ensinamentos Herméticos nos levam ao entendimento de que O TODO é Imanente (permanece dentro; é inerente; habita internamente) no seu Universo, e o mesmo ocorre em cada parte, partícula, unidade ou combinação, dentro do Universo. Essa afirmação é geralmente exemplificada pelos Professores por uma referência ao Princípio da Correspondência. O Professor instrui o aluno a criar uma imagem mental de alguma coisa, de uma pessoa, de uma ideia, de algo que tenha uma forma mental, sendo o seu exemplo favorito aquele que cita o autor ou o dramaturgo formando uma ideia sobre as suas personagens; ou o pintor ou o escultor criando a imagem de um ideal que ele deseja expressar como o objetivo da sua arte. Em cada caso, o aluno descobrirá que, embora a imagem tenha a sua existência, isso, é claro, apenas dentro da sua própria mente, ou na do autor, do dramaturgo, do pintor ou do escultor, ela é, em certo sentido, imanente neles; ela é uma imagem que permanece dentro deles. Em outras palavras, toda virtude, vida e espírito de realidade na imagem mental é derivada da "mente imanente" do pensador. Considere isso por um momento, até que a ideia possa ser apreendida.

Para tomar um exemplo moderno, digamos que Otelo, Iago, Hamlet, Lear e Ricardo III existiam apenas na mente de Shakespeare, na época de sua concepção ou criação. Do mesmo modo, Shakespeare também existia dentro de cada uma dessas personagens, dando-lhes vitalidade, espírito e ação. De quem é o "espírito" das personagens que conhecemos como Micawber, Oliver Twist, Uriah Heep – de Dickens, ou de cada uma dessas personagens, que têm um espírito pessoal independente de seu criador? A Vênus de Médici, a Madonna Sistina, o Apolo de Belvedere são espíritos e realidades próprias, ou eles representam o poder espiritual e mental de seus criadores? A Lei do Paradoxo explica que ambas as proposições são verdadeiras, vistas de pontos de vista diversos, porém adequados. Micawber é tanto Micawber quanto Dickens. E, novamente, enquanto Micawber pode ser considerado Dickens, Dickens não é idêntico a Micawber. O homem, como Micawber, pode exclamar: "O Espírito do meu Criador é imanente em mim – e, ainda assim, eu não sou ele!". Como isso é diferente da chocante meia-verdade anunciada com tanta veemência por alguns falsos sábios, que proclamam aos gritos: "Eu sou Deus!". Imagine o pobre Micawber, ou o sorrateiro Uriah Heep, gritando: "Eu Sou Dickens"; ou alguns dos humildes incautos de uma das peças de Shakespeare, anunciando aos quatro ventos: "Eu Sou Shakespeare!". O TODO está na minhoca, e ainda assim a minhoca está infinitamente longe de ser O TODO. Mesmo assim, a maravilha permanece: embora a minhoca exista apenas como um ser humilde, criado e tendo seu ser inserido na Mente do TODO, O TODO é imanente na minhoca, tanto quanto nas partículas que a formam. "Tudo está no TODO; e O TODO está em Tudo." Pode haver Mistério maior do que esse?

O aluno irá, naturalmente, perceber que os exemplos dados acima são obviamente imperfeitos e inadequados, pois representam a criação de imagens mentais realizadas por mentes finitas, ao passo que o Universo é uma criação da Mente Infinita – e a diferença entre os dois polos as separa. No entanto, isso é apenas uma questão de grau – o mesmo Princípio está em operação em ambos os casos – o Princípio da Correspondência se manifesta em cada um deles – "Como acima, é abaixo; como abaixo, é acima".

E, na medida em que o homem percebe a existência do Espírito Interior Imanente em seu ser, ele se eleva na escala espiritual da vida. Isso é o que significa o desenvolvimento espiritual – o reconhecimento, a compreensão e a manifestação do Espírito dentro de nós. Tente se lembrar desta última definição – a do desenvolvimento espiritual. Ela contém a Verdade da Verdadeira Religião. Há muitos planos de Existência – e diversos subplanos de Vida – além de muitos graus de existência no Universo. E tudo depende do avanço dos seres na escala evolutiva, cujo ponto mais baixo é a matéria mais grosseira, sendo o plano mais alto aquele separado apenas pela mais tênue divisão em relação ao espírito do TODO. E, para cima e para frente, ao longo dessa Escala da Vida, tudo está se movendo o tempo todo. Todos estão no Caminho, cujo fim é O TODO. Todo o progresso é um retorno ao lar. Tudo está na direção que leva para cima e para frente, apesar de todas as aparências supostamente serem contraditórias. Essa é a mensagem dos Iluminados.

Os Ensinamentos Herméticos referentes ao processo de Criação Mental do Universo declaram que, no início do Ciclo Criativo, O TODO, em seu aspecto de "Ser", projetou a sua Vontade em relação ao seu aspecto de "Tornar-se", e o processo da criação iniciou a partir daí.

É ensinado que o processo consiste na redução da Vibração até que um grau muito baixo de energia vibratória seja alcançado, o ponto no qual a forma mais grosseira possível da Matéria se manifesta. Esse processo é chamado de "Estágio de Involução", no qual O TODO se torna "implicado" ou "envolvido" em sua própria criação. Os Hermetistas acreditam que esse processo corresponde ao processo mental de um artista, escritor ou inventor, que se torna tão envolvido em sua criação mental, a ponto de se esquecer da sua própria existência e, por esse período, quase "vive preso na sua criação". Se, em vez de "envolvido", usarmos a palavra "arrebatado", talvez possamos dar uma ideia melhor do que esse processo significa.

Esse estágio Involutivo da Criação é algumas vezes chamado de "Efusão" (o derramamento) da Energia Divina, assim como o estado Evolutivo é chamado de "Infusão" (a concentração) da mesma Energia. O polo extremo do processo Criativo é aquele considerado o mais distante do TODO, enquanto o começo do estágio Evolutivo é considerado como o início da oscilação de retorno do pêndulo do Ritmo – algo como a ideia de "voltar para casa", que é presente em todos os Ensinamentos Herméticos.

Os Ensinamentos mostram que, durante a "Efusão", as vibrações tornam-se cada vez mais baixas, até que finalmente o impulso cessa e o movimento de retorno começa. Mas há uma diferença: enquanto no estágio de "Involução" ou de "Efusão", as forças criativas se manifestam compactas e se espalham como um todo, no início do estágio "Evolutivo". Já na "Infusão", manifesta-se a Lei da Individualização – isto é, há a tendência de O TODO separar-se em Unidades de Força, para que, finalmente, tudo aquilo que deixou O TODO como energia não individualizada volte à sua fonte como incontáveis Unidades de Vida altamente desenvolvidas, que sobem mais e mais na escala por meio da Evolução Física, Mental e Espiritual.

A palavra "Meditação" era usada pelos antigos Hermetistas para descrever o processo de criação mental do Universo na Mente do TODO, a palavra "Contemplação" também é frequentemente empregada. Mas a ideia pretendida parece ser a do emprego do termo "Atenção Divina". "Atenção" é uma palavra derivada da raiz latina que significa "estender a mão; esticar-se", portanto, o ato da Atenção é realmente um "estender da mão; uma extensão" da energia mental, de modo que essa ideia subjacente e mais completa é prontamente compreendida quando examinamos o real significado da palavra "Atenção".

Os Ensinamentos Herméticos a respeito do processo de olução falam que O TODO medita sobre o início da Criação – e assim estabelece os fundamentos materiais do Universo – tendo pensado na existência – então, gradualmente, desperta de sua Meditação. Com isso, dá-se início à manifestação do processo de Evolução nos planos material, mental e espiritual, sucessivamente e em ordem. Assim, o movimento ascendente se inicia – e tudo começa a se mover em direção ao Espírito. A matéria se torna menos grosseira; as unidades nascem; as combinações começam a se formar; a vida aparece e se manifesta em formas cada vez mais elevadas e a Mente se torna cada vez mais evidente – as vibrações aumentam cada vez mais. Em suma, toda a Evolução, em todas as suas fases, começa e prossegue, até se completar o processo, de acordo com as Leis estabelecidas no processo de "Infusão". Tudo isso leva éons e éons do tempo do Homem, sendo que cada éon contém incontáveis milhões de anos, mas, ainda assim, os Iluminados nos informam que toda a Criação, incluindo a Involução e a Evolução, de um Universo, é apenas "como um piscar de olhos" para O TODO. Ao final de incontáveis ciclos de éons de tempo, O TODO tira a sua Atenção, a sua Contemplação e a sua Meditação do Universo, pois a Grande Obra está terminada, e Tudo é retirado do TODO do qual emergiu. Mas ainda existe o Mistério dos Mistérios – o Espírito de cada alma não é aniquilado, mas é infinitamente expandido – e a Criatura e o Criador se fundem. Assim é o relato dos Iluminados!

O esclarecimento acima sobre a "meditação" e o subsequente "despertar da meditação" do TODO é, obviamente, apenas uma tentativa dos Professores de descrever o processo Infinito por meio de um exemplo finito. E, ainda: "Tudo o que está Abaixo, também está Acima". A diferença é apenas no grau. E, assim como O TODO se levanta e sai do processo de meditação sobre o Universo, o Homem (com o tempo) deixa de se manifestar no Plano Material e se retira cada vez mais no Espírito Interior, que é na verdade "O Ego Divino".

Há mais um assunto sobre o qual desejamos falar nesta lição, e que chega muito perto de uma invasão no campo da especulação metafísica, embora nosso propósito seja apenas o de mostrar a futilidade de tal especulação. Fazemos referência à questão que inevitavelmente vem à mente de todos os pensadores que se aventuraram a buscar a Verdade. E a questão é: "por que O TODO cria Universos?" A pergunta pode ser feita de diferentes formas, mas a essência da investigação está resumida nesta indagação.

Os homens têm se esforçado muito para responder a essa pergunta, mas ainda não há uma resposta digna de ser reconhecida. Alguns imaginaram que talvez O TODO tenha algo a ganhar com isso, mas isso é um absurdo: o que O TODO poderia ganhar que já não possui? Outros buscaram a resposta na ideia de que O TODO "deseja algo para que possa amar"; e outros ainda dizem que o TODO cria para seu prazer ou diversão; ou porque se sente "solitário"; ou para manifestar o seu poder – sendo que todas essas explicações e ideias são pueris, e ainda pertencem ao período infantil do pensamento.

Outros procuraram explicar o Mistério, assumindo que O TODO se viu "compelido" a criar, em razão de sua própria "natureza interior" – do seu "instinto criativo". Essa ideia está à frente das demais, mas seu ponto fraco está na noção de O TODO ser "compelido" por qualquer coisa, interna ou externamente. Se sua "natureza interior" ou "instinto criativo" o compelisse a fazer qualquer coisa, então esta "natureza interior" ou "instinto criativo" seria o Absoluto, no lugar do TODO, e, portanto, essa parte da proposição cai por terra, pois ela não é possível. E, mesmo assim, o TODO cria e se manifesta, e parece encontrar algum tipo de satisfação em fazê-lo. E é difícil escaparmos à conclusão de que, em algum grau infinito deve haver o que corresponderia no homem a uma "natureza interior", ou "instinto criativo", com o correspondente Desejo e Vontade infinitos. Não poderia agir, a menos que quisesse agir; e não quereria agir, a menos que desejasse agir; e não desejaria agir, a menos que obtivesse alguma satisfação com isso. E todas essas coisas pertenceriam a uma "Natureza Interior" e poderiam ser postuladas como existentes, de acordo com a Lei da Correspondência. Mas, ainda assim, preferimos pensar que o TODO age de modo inteiramente livre de qualquer influência, tanto interna quanto externamente. Esse é o problema que está na raiz da dificuldade – e também a dificuldade que está na raiz do problema.

Estritamente não se pode dizer que haja qualquer "Razão" para o TODO agir, pois uma "razão" implicaria naturalmente uma "causa", e o TODO está acima da Lei de Causa e Efeito, exceto quando existe o seu Desejo de se tornar uma Causa e, nesse momento, o Princípio é posto em movimento.

Como você pode ver, a questão é impensável, assim como o TODO é Incognoscível. Da mesma maneira que dizemos que o TODO simplesmente "é" – somos levados a dizer que "O TODO ATUA PORQUE ELE ASSIM DESEJA". Por fim, o TODO é toda a razão em si mesmo; Toda a lei em si; Toda a ação em si – e, podemos dizer verdadeiramente, que o TODO é a sua própria razão; a sua própria lei; a sua própria ação – ou, ainda mais, que o TODO, a sua razão e a sua ação são a Lei; e são UM, sendo todos nomes para a mesma coisa.

Na opinião de quem está lhe dando estas lições, a resposta está encerrada no EU INTERIOR DO TODO, junto ao seu Segredo de Ser. A Lei da Correspondência, em nossa opinião, atinge apenas aquele aspecto do TODO que pode ser chamado de "O Aspecto de TORNAR-SE". Por trás desse aspecto está "O Aspecto de SER", no qual todas as Leis são diluídas na lei; todos os Princípios se fundem no princípio. O TODO, O PRINCÍPIO e o ser são IDÊNTICOS, UM e O MESMO. Enfim, a especulação metafísica sobre este ponto é considerada fútil.

Entramos nesse assunto aqui apenas para mostrar que reconhecemos essa questão, e que também sabemos do absurdo das respostas comuns dadas pela metafísica e pela teologia para explicá-lo.

Concluindo, pode ser do interesse de nossos alunos aprender que, embora alguns dos antigos e modernos Professores Herméticos tenham se inclinado na direção de aplicar o Princípio da Correspondência a essa questão, com a resposta da "Natureza Interior" como conclusão, – as lendas declaram que HERMES, o Grande, quando seus alunos avançados fizeram a ele essa pergunta, respondeu-lhes PRESSIONANDO SEUS LÁBIOS E FECHANDO-OS BEM, e não disse uma palavra, indicando que NÃO HAVIA RESPOSTA.

Nesse caso, talvez ele tenha pretendido aplicar o axioma de sua filosofia, segundo o qual: "Os lábios da Sabedoria estão fechados, exceto para os ouvidos do Entendimento", afirmando que mesmo seus alunos avançados não possuíam o Entendimento que lhes daria o direito ao Ensino. De qualquer maneira, se Hermes possuía o Segredo, ele falhou em comunicá-lo, e, no que diz respeito ao mundo, OS LÁBIOS DE HERMES ESTÃO FECHADOS em relação a ele. E, sobre os assuntos que o Grande Hermes hesitou em falar, que mortal se atreveria a ensinar?

Lembre-se, porém, qualquer que seja a resposta para esse problema, se de fato houver uma resposta – a verdade permanece: "Tanto quanto Tudo está no TODO, é igualmente verdade que o TODO está em Tudo". O Ensinamento neste ponto é enfático. E, podemos adicionar as palavras finais da citação: "Aquele que realmente entender essa verdade alcançou um grande conhecimento".

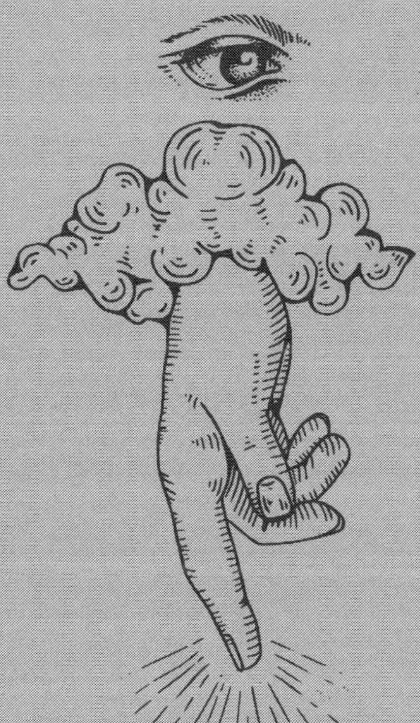

SOL
LVNA
DEFERENS CAPVT ET CAVDAM DRACONIS IN LVNA
Europa

O TODO EM TUDO PARA BRUXOS

No vasto e no ínfimo, o Todo persiste; ao Bruxo, cada sopro e silêncio revela o Todo em sua força onipresente.

No estudo do Universo, é notável que a complexidade do mundo exterior reflete as camadas multifacetadas da consciência humana. Quando voltamos ao Caibalion, encontramos uma análise profunda desta inter-relação através do princípio hermético "*como acima, é abaixo*", um conceito que sugere uma relação espelhada entre o macrocosmo (o Universo) e o microcosmo (o indivíduo).

Tomando a metáfora do autor e do personagem como ponto de partida, podemos compreender a ideia central deste texto. Quando um autor cria uma personagem, ele, de alguma forma, insere parte de sua própria essência, perspectiva ou emoção nessa personagem. No entanto, a personagem, enquanto entidade fictícia, nunca poderia encapsular totalmente a complexidade e a profundidade do autor, seu criador. Esta analogia serve como uma lente poderosa para entender a relação entre a força Criadora (ou o conceito de uma força Divina ou universal) e o ser humano.

Segundo esta perspectiva, o ser humano é uma manifestação ou reflexo do Criador. Há uma essência Divina dentro de cada indivíduo que atesta essa profunda conexão com uma força maior. No entanto, assim como Romeo não é inteiramente Shakespeare, os seres humanos não são totalmente o Criador. Existe uma distinção, um espaço onde a individualidade e a autonomia humana residem. É neste espaço que reside o "ego" ou nossa "sombra", termos que se referem aos aspectos de nossa identidade que não são necessariamente Divinos ou em harmonia com a ordem universal.

A ideia do "ego" e da "sombra" é profundamente enraizada na psicologia e no esoterismo. Enquanto o "ego" é muitas vezes compreendido como a parte consciente de nossa identidade que busca a autoafirmação e a distinção, a "sombra" abriga os aspectos reprimidos, negados ou não reconhecidos de nós mesmos. Através desta lente, pode-se argumentar que a jornada espiritual ou de autoconhecimento envolve reconciliar e integrar estas duas facetas, alinhando-se mais estreitamente com a essência Divina dentro de nós, enquanto reconhecemos e abraçamos nossas imperfeições humanas.

O paradoxo Divino que este texto apresenta sugere que a natureza humana é inerentemente dual. Somos simultaneamente Divinos e falíveis. Esta dualidade, longe de ser uma fonte de conflito é, na verdade, o que enriquece a experiência humana. É a tensão entre o Divino e o humano que nos impulsiona na busca de significado, crescimento e transcendência.

Assim, ao refletir sobre a relação entre a força Criadora e a Criação, somos lembrados da maravilhosa complexidade do ser humano. Estamos constantemente navegando entre a luz e a sombra, entre o Divino e o terreno. E é precisamente essa dança, essa interação entre opostos, que molda a rica e variada experiência humana.

Esta interação entre o Divino e o humano além de ser uma característica definidora da existência humana, serve como um guia em nossa busca contínua por compreensão e iluminação. Se considerarmos o Universo como uma vasta extensão de Mistérios e maravilhas, os seres humanos se tornam um microcosmo dessa vastidão, refletindo em suas próprias vidas os ciclos, padrões e paradoxos do Cosmos.

A capacidade de reconhecer essa conexão intrínseca com o Divino, ao mesmo tempo em que se mantém ciente de nossa natureza falível, é fundamental para o crescimento espiritual. Isso nos permite abraçar nossa humanidade com compaixão e entender que a jornada em direção à iluminação não é sobre atingir um estado de perfeição, mas sobre buscar um equilíbrio entre nossos aspectos Divinos e humanos.

Além disso, a ideia de que cada indivíduo carrega uma centelha do Divino sugere uma responsabilidade inerente. Se somos, de fato, extensões da força Criadora, então nossas ações, pensamentos e intenções reverberam além de nossa existência individual, influenciando o TODO maior. Esta noção confere uma gravidade à maneira como nos movemos pelo mundo, incentivando-nos a agir com integridade, amor e consciência.

Entretanto, é também na aceitação de nossa sombra e ego que encontramos a possibilidade de transformação. Ao confrontar e integrar esses aspectos menos iluminados de nós mesmos, criamos um espaço para o crescimento e a evolução. A sombra, em vez de ser vista como um adversário a ser combatido, pode ser entendida como um mestre, um guia que nos mostra onde ainda precisamos trabalhar e crescer.

Em meio a essa dança cósmica entre o Divino e o humano, emergem as histórias, os dramas e as paixões que dão cor e profundidade aos dramas da vida humana. Somos todos protagonistas de nossas próprias narrativas, dotados da capacidade de escolher, criar e redefinir nosso lugar no grandioso esquema do Universo.

Enquanto navegamos por essa existência, é essencial lembrar que, embora possamos aspirar à Divindade, também devemos abraçar e celebrar nossa humanidade imperfeita. Pois é neste equilíbrio entre aspiração celestial e aceitação terrena que encontramos o verdadeiro significado e propósito da nossa jornada.

O conceito presente neste capítulo do Caibalion é uma das máximas profundas do Hermetismo. Esta perspectiva fornece uma base fundamental para compreender a relação entre o TODO e as partes, o macrocosmo e o microcosmo, a Divindade e a humanidade. Ao entender e aplicar essa perspectiva, é possível ver como ela se entrelaça com as práticas da Bruxaria.

A Wicca também celebra e reconhece a Divindade imanente em todos os seres e em tudo o que existe. Assim, a ideia de que o "TODO" reside em cada um de nós e que cada um de nós reside no "TODO" ecoa profundamente com a visão de mundo Wiccaniana. No centro da Wicca, encontramos o conceito da Deusa e do Deus, representações do feminino e masculino Divinos. Estas Divindades são vistas tanto como seres externos quanto manifestações do Divino interno presente em todos os seres. Portanto, a noção de "O TODO" em "tudo" ressoa claramente com essa dualidade intrínseca na Divindade Wiccaniana.

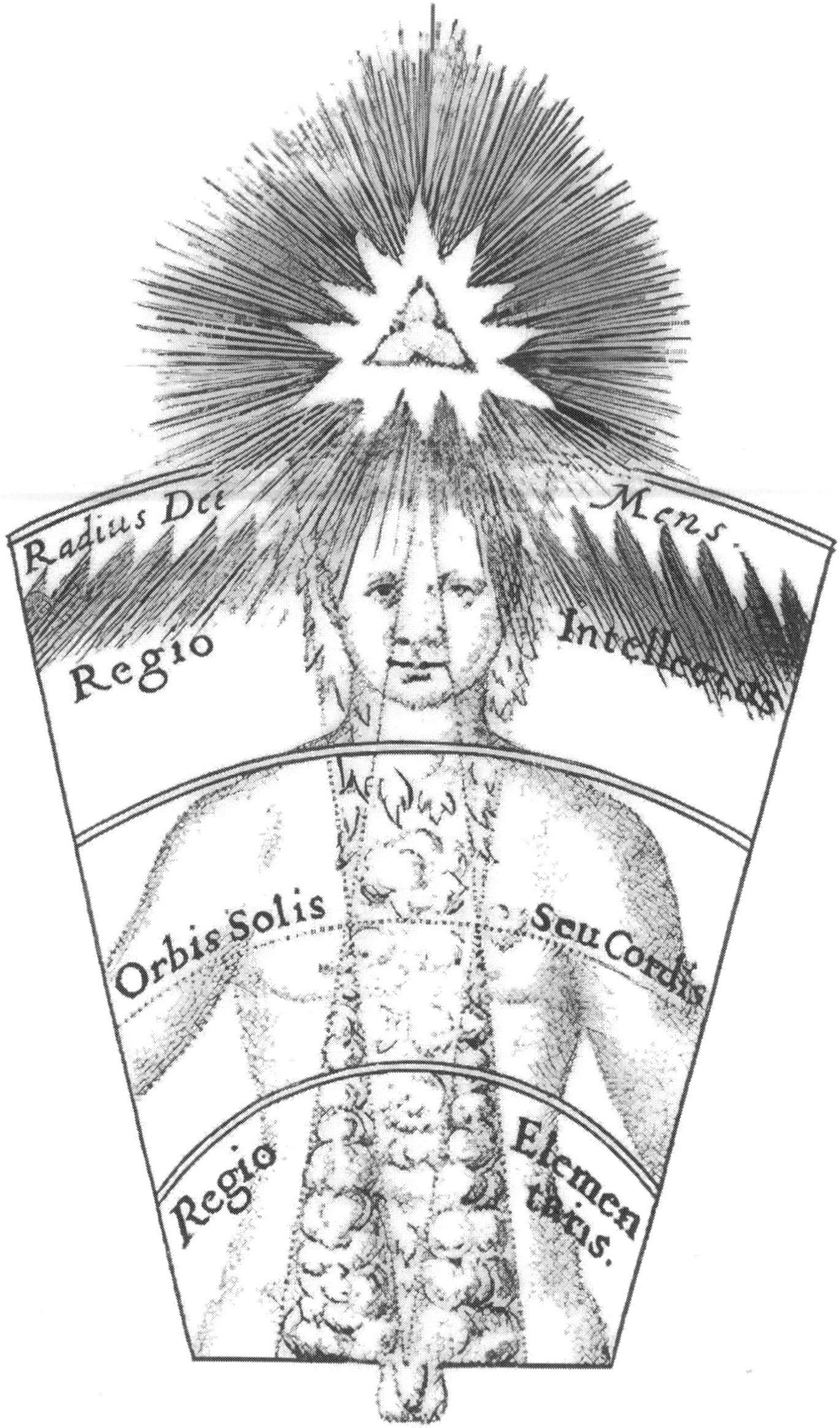

Carregando uma centelha divina, cada ação e pensamento nosso ecoa no Universo, chamando-nos a viver com integridade e amor consciente.

Vemos que, a discussão sobre a involução e a ideia de que o Todo se "envolve" em sua criação é semelhante ao ciclo anual celebrado na Wicca do nascimento, morte e renascimento do Deus na Roda do Ano. Estes ciclos são vistos como reflexos das marés naturais da Terra e também como manifestações da eterna criação, destruição e renovação da vida.

Logo, a ênfase no desenvolvimento espiritual e no reconhecimento do espírito imanente também é fundamental na Wicca. A jornada do Bruxo é, em grande parte, uma autodescoberta e reconhecimento da Divindade interna. Através da Magia, ritual e meditação, os praticantes buscam se alinhar mais estreitamente com as forças Divinas e, assim, refletir e manifestar o Todo em suas vidas diárias.

A crença hermética de que tudo está avançando na escala da vida, movendo-se sempre para cima e para frente, é uma mensagem otimista que também pode ser encontrada na Wicca. A roda do ano Wiccaniana, que celebra os Sabbats e os Esbats, é um reconhecimento contínuo dos ciclos da vida, morte e renascimento, e da crença de que cada fim traz um novo começo.

Enquanto o Caibalion e seus ensinamentos são distintamente herméticos, muitos dos conceitos que ele apresenta são profundamente ressonantes com a Wicca. Ambas as Tradições reconhecem a Divindade imanente, a correspondência entre diferentes níveis de realidade, o poder da mente e da vontade na formação da realidade e a importância do desenvolvimento espiritual pessoal. Estas semelhanças, no entanto, não são coincidências, são reflexos do desejo humano universal de compreender e se conectar com o Divino, tanto dentro quanto fora de nós. E é nesta busca que muitos encontram um caminho, Hermético, Wiccaniano ou qualquer outro que os leva em direção à compreensão e à manifestação do Todo em suas vidas.

Os ensinamentos herméticos oferecem uma visão profunda da Criação e da Evolução. Para entender como estes conceitos se entrelaçam com a Bruxaria, é crucial analisar os fundamentos de ambas as práticas e sua interconexão com os ensinamentos herméticos.

A Wicca, como uma religião Neopagã, valoriza a dualidade Divina representada nas figuras da Deusa e do Deus. Esta dualidade pode ser vista como um reflexo da dicotomia apresentada nos ensinamentos herméticos entre o estágio Involuntário da Criação, ou "Repulsão", e o estado Evolutivo, ou "Atração". Assim como o pêndulo do ritmo balança entre estes dois estados, a Wicca honra o equilíbrio entre a Deusa e o Deus, entre a Lua e o Sol e entre as forças femininas e masculinas.

No contexto da Bruxaria, os conceitos de repulsão e atração são fundamentais. A Magia é muitas vezes um ato de vontade, em que o Bruxo ou Bruxa busca atrair ou manifestar uma mudança desejada. Este ato de "Atração" ecoa o processo evolutivo descrito nos ensinamentos herméticos, em que a energia se individualiza e se move em direção a uma forma mais elevada.

O conceito de "Meditação" e "Contemplação" no Hermetismo, como processos através dos quais o Universo é criado na Mente do Todo, é paralelo à prática meditativa e contemplativa na Wicca. Em ambas as Tradições, a meditação não é apenas uma ferramenta para o autoconhecimento, mas também um meio de se conectar com as forças Divinas e naturais. A ideia de que o Todo se "estende" através da Atenção Divina pode ser comparada à forma como um praticante de Bruxaria direciona sua energia e intenção durante um ritual ou feitiço.

Além disso, a noção de que o Todo eventualmente "retira sua atenção" do Universo, culminando na fusão da Criatura e do Criador, tem semelhanças com o ciclo de vida, morte e renascimento que é central para as práticas Pagãs e dos Bruxos. O eterno retorno, a reencarnação e o ciclo das estações são exemplos de como essa fusão e recomeço são celebrados e honrados.

O ensinamento de que o Todo cria e se manifesta por razões que estão além da compreensão humana é um lembrete da natureza misteriosa do Divino. Na Bruxaria, há um reconhecimento de que nem tudo pode ser conhecido ou compreendido, e esse Mistério é, por si só, uma parte essencial da experiência espiritual.

É evidente que, o último ponto, abordando a questão do "por quê" da Criação, e as respostas muitas vezes insatisfatórias que são oferecidas, é um eco dos questionamentos que muitos seguidores da Wicca podem ter. A busca pela Verdade, pelo propósito e pelo significado é uma jornada que todos os espiritualistas empreendem, independentemente de sua tradição espiritual ou crença.

Assim, os ensinamentos herméticos, com suas noções de Criação, evolução, meditação e o Mistério do Todo, oferecem uma lente rica através da qual podemos entender e aprofundar nossas práticas na Bruxaria.

O PRINCÍPIO DO MENTALISMO PARA BRUXOS

No silêncio do Universo, a mente do Bruxo ressoa; onde o pensamento alça voo, a Magia desperta e transforma.

Neste início da nossa jornada pelos princípios herméticos, deparamo-nos com o Princípio do Mentalismo. Este é o fundamento de todos os outros princípios, pois nos ensina que a mente é a fonte primordial da criação. Tudo o que vemos ao nosso redor, incluindo nossas experiências e realidades, tem sua origem nos pensamentos e na mente.

O Universo, em sua infinita complexidade e diversidade, sempre foi objeto de profunda reflexão e especulação. Desde tempos imemoriais, filósofos, místicos e sábios têm tentado desvendar o princípio essencial que origina tudo o que existe. O Caibalion, em sua sabedoria ancestral, oferece uma perspectiva singular sobre essa questão: "o Todo é Mente; o Universo é Mental". Ou seja, a Mente é a causa primordial de todas as coisas, o princípio unificador que precede e permeia todas as manifestações da realidade.

A ideia de que um princípio semelhante a este, ao qual muitos Bruxos chamam de "Uno" e que representa a Unicidade, é o princípio por trás da multiplicidade, é fascinante! Frequentemente descrito como um ponto inicial, isento de tempo, espaço ou dimensão, em sua essência, ele não se submete às dualidades como "dentro e fora" ou "acima e abaixo". O "Uno" é simplesmente uma manifestação pura do que é. Na linguagem do Caibalion, esse princípio é identificado como "O Todo", e sua natureza é essencialmente mental.

Esta perspectiva nos leva ao mundo cabalístico de Atziluth, que está intimamente relacionado ao estado de Latência Imanifesta (0) – a intenção ou probabilidade, a fonte criativa. É o domínio da consciência pura, o reino da Vontade Primária. Quando o texto se refere à Mente, não está simplesmente se referindo ao ato de pensar como conhecemos, mas à intenção criativa, ao arquétipo, à essência que precede a forma.

Quando refletimos sobre as criações humanas, podemos ver essa verdade em ação. Antes de qualquer invenção ou obra de arte vir à existência, ela primeiro reside como uma ideia na mente do criador. Portanto, o pensamento precede a manifestação. Esta é a lógica universal que o Caibalion busca transmitir: toda manifestação criativa é o resultado de uma ideia, sua origem e causa.

Além disso, a natureza latente de uma ideia é eterna. Mesmo que uma criação física desapareça ou seja transformada, a ideia primordial que a originou permanece. As ideias, em sua essência, são imutáveis, mas têm a capacidade de se unir a outras ideias, formando, assim, manifestações mais complexas.

Através desta exploração do Caibalion, somos levados a compreender nossa própria origem e natureza. Somos, em nossa essência, manifestações da Mente do Todo. Tudo o que percebemos como realidade material, da vida à matéria, é, de fato, um produto da Mente. Esta revelação tanto realça a interconexão de todas as coisas, como também destaca o poder do pensamento e da intenção no Universo. Somos lembrados de que, em nossa própria essência, somos cocriadores, entrelaçados na vasta criação cósmica. Essa percepção nos conduz a uma profunda apreciação do milagre da existência.

O entendimento da existência e da vida é uma busca eterna e multifacetada, que abrange diversas áreas do conhecimento humano. A espiritualidade, as ciências e as artes tentam, cada uma à sua maneira, compreender os Mistérios da vida e do Universo. No contexto espiritual e filosófico, a ideia de que a mente é a chave para desvendar esses Mistérios é frequentemente abordada.

Nas Tradições de Mistérios, o Templo representa, simbolicamente o Universo, a totalidade da existência ou, talvez, o Sagrado. Assim, quando o Caibalion diz que a forma de abrir as portas do Templo é através da mente, sugere-se que é por meio do pensamento, da reflexão e da compreensão que se pode alcançar uma compreensão mais profunda da realidade. A mente humana, neste sentido, é a ferramenta por excelência para explorar e entender a causa e o efeito, e, ao fazê-lo, pode-se chegar à Causa Primária, à origem de tudo.

Dentro de muitas Tradições espirituais e filosóficas, essa Causa Primária é identificada como "Deus", o "Absoluto", o "Grande Arquiteto do Universo" ou, simplesmente, a "Fonte". Na Wicca a chamamos de "Deusa". Essa entidade, ou conceito, é aquela que contém tudo em sua mente, sendo a origem e a razão de ser de toda a existência. Entender isso é também reconhecer o poder da mente na criação. Se aceitarmos a ideia de que a Causa Primária criou tudo por meio do pensamento, podemos concluir que a capacidade mental humana, em menor escala, é semelhante, tornando o homem um "criador" ou, como é dito, um "filho de Deus".

A relação entre mente e energia é fundamental nesta reflexão. A mente é associada a uma forma particular de energia, a energia idealizadora, que é a origem de todas as outras formas de energia. Em outras palavras, tudo no Universo é energia, seja no estágio de pré-manifestação, seja na manifestação propriamente dita. Essa energia, que pode ser nomeada de várias formas – o *Prana*, *Mana*, *Orenda*, *Chi*, *Ki*, *Luz Astral*, entre outras – é a origem de toda manifestação.

No entanto, a beleza dessa concepção reside na unidade. Mesmo com incontáveis manifestações físicas e formas no Universo, a origem é uma só. Todas as diferenças, todas as distinções, todos os fenômenos são apenas diversas expressões da mesma energia fundamental.

Este pensamento nos conduz a uma profunda compreensão de interconexão e unidade. Se tudo provém da mesma fonte, se tudo é manifestação da mesma energia, então tudo está intrinsecamente conectado. Compreender essa ligação é, em última análise, abrir as portas do Templo e se aproximar da verdadeira essência da existência.

O Universo, com toda sua vastidão e complexidade, pode ser percebido como uma grande rede de interações sinérgicas. Cada partícula, corpo celeste ou forma de energia está intrinsecamente conectada a um Todo, manifestando-se de maneiras distintas dependendo do tempo e do espaço em que se encontra. Essa visão intrincada e interdependente do

Cosmos pode ser rastreada até as teorias da relatividade de Einstein, onde o espaço e o tempo, embora pareçam absolutos para um observador particular, são, na verdade, conceitos relativos no grande espectro energético do Universo.

A famosa equação de Einstein, $e=mc^2$, une a energia de um corpo à sua massa e ao quadrado da velocidade da luz. Esta relação, além de descrever as propriedades físicas dos corpos, indica uma conexão profunda entre a energia mental utilizada para manifestar ou condensar um corpo, seja ele uma molécula de oxigênio, um ser humano, ou até mesmo o vasto vazio interestelar. Essa perspectiva sugere que antes da manifestação física, tudo existe inicialmente como uma ideia ou conceito mental.

O Caibalion afirma esse princípio com a ideia do "Mentalismo", onde tudo que existe foi primeiro concebido mentalmente. Esta concepção revolucionária propõe que a realidade objetiva que experimentamos é precedida por um processo de concepção mental. Nada surge do nada; em vez disso, cada manifestação é o resultado de uma ideia previamente concebida.

Essa ideia de que cada causa, exceto a causa inicial primordial, foi um efeito, que por sua vez se tornou uma causa para novos efeitos, enfatiza a natureza cíclica e interdependente da realidade. Se entendermos que cada ação e manifestação é precedida por um pensamento ou intenção, começamos a perceber a importância da consciência e da energia mental em nossa realidade cotidiana.

Isso tem implicações profundas para o desenvolvimento pessoal e espiritual. A renovação do espírito da mente e a criação de um novo ser são processos que começam no reino mental. Para efetuar uma mudança verdadeira e duradoura, seja ela interna ou externa, é essencial acessar e mobilizar a energia mental.

No entanto, muitos de nós negligenciamos este princípio fundamental, agindo impulsivamente sem primeiro refletir ou conceber nossas intenções mentalmente. Isso muitas vezes leva a resultados indesejados ou consequências não intencionais. Ao cultivar uma prática de conscientização, onde cada ação é precedida por uma intenção clara e focada, não apenas nos aproximamos da verdadeira maestria pessoal, como também navegamos pela vida com maior propósito e clareza.

Além disso, é crucial reconhecer os diversos níveis de consciência acessíveis ao ser humano. A capacidade de alcançar níveis mais elevados e expansivos de consciência permite maior compreensão e controle sobre a energia mental circundante. Ao considerar a equação de Einstein, fica evidente que as quantidades de energia à nossa disposição são astronômicas.

A capacidade de utilizar essa energia, moldando-a através da consciência, é talvez o maior poder que os seres humanos possuem. E é através dessa compreensão e integração da energia mental que podemos começar a criar, formar e vivenciar nossa realidade de maneira mais harmoniosa e alinhada com o vasto e interconectado Cosmos em que habitamos.

Somos reflexos vivos da mente cósmica: cada um de nós, uma manifestação única do pensamento divino, navegando no oceano infinito da consciência universal.

Ao longo da história, o ser humano tem se esforçado para compreender o Universo, buscando respostas para questões que desafiam sua compreensão e seu lugar no Cosmos. Essa busca incessante nos levou a uma das revelações mais enigmáticas e poderosas: "o Universo é mente; a mente é o Universo".

Dentro do Princípio do Mentalismo, percebemos que há uma força ou poder superior que permeia a tudo e a todos. Seja qual for a nomenclatura escolhida – Deus, Deusa, Espírito, Fonte – essa entidade superior é reconhecida como uma presença onipotente e onipresente. No entanto, não é apenas a existência dessa força que é fascinante, mas a ideia de que somos todos manifestações do pensamento dentro dessa mente cósmica. Somos, em essência, pensamentos viventes no vasto oceano da Consciência Divina.

Essa perspectiva nos faz refletir sobre a nossa individualidade e conexão. Parecemos seres separados, vivendo vidas independentes e com nossas próprias preocupações. Contudo, sob o olhar do Mentalismo, essa separação é uma ilusão. Na realidade, somos todos interconectados dentro da mesma Mente Divina, compartilhando o mesmo fôlego cósmico.

Uma implicação dessa interconexão é a ideia de que o Universo responde aos nossos pensamentos. Cada pensamento, emoção e desejo que temos não se trata de uma simples ocorrência isolada em nossa psique individual, é um ressoar no tecido do Universo. Ao emitir um pensamento, estamos, em certo sentido, comunicando-nos com o próprio Universo. Quando esses pensamentos são alimentados com energia e intenção, eles têm o potencial de se manifestar na realidade. A isso, muitos chamam de "Magia".

Assim, a Magia não é meramente um conjunto de truques ou ilusões, mas a habilidade de moldar a realidade através da força do pensamento. Para que essa Magia seja eficaz, dois elementos são cruciais: intenção clara e pensamento claro. Uma intenção vaga ou ambígua pode não ter a força necessária para criar uma realidade desejada. É imperativo que sejamos claros sobre o que queremos e direcionemos nossa energia mental de maneira focada.

A materialização dos desejos e sonhos em realidades tangíveis começa no reino das ideias. Antes de qualquer coisa se manifestar fisicamente, ela deve primeiro existir como uma ideia consciente. Essa ideia, quando nutrida com energia e foco, tem o poder de cruzar o limiar entre o mental e o material.

O entendimento desse princípio redefine nossa visão de mundo e nosso papel dentro dele. Se somos cocriadores da nossa realidade através do poder do pensamento, então temos uma responsabilidade imensa sobre o tipo de mundo que escolhemos criar. Essa responsabilidade começa com a compreensão e a aceitação de que tudo começa na mente.

Os Bruxos compreendem que a mente é como um vasto campo de energia, capaz de moldar e influenciar o mundo à nossa volta. Ao dominarmos nossos pensamentos e intenções, podemos direcionar essa energia de maneira consciente e criar mudanças reais em nossa vida. A prática da Magia, portanto, começa na mente.

Ao explorarmos esse princípio, percebemos que nossos pensamentos vão muito além de abstrações, são forças poderosas que podem afetar nossa realidade. Quando cultivamos pensamentos positivos e intenções claras, estamos sintonizando nossa mente com frequências mais elevadas de energia. Isso não apenas melhora nossa própria experiência, como também nos permite influenciar as situações ao nosso redor.

Para os Bruxos, a meditação e a visualização são ferramentas fundamentais. Através da meditação, podemos aquietar a mente e nos conectar com as energias universais. A visualização nos permite criar imagens mentais vívidas e detalhadas das nossas intenções. Ao combinar essas práticas, os Bruxos podem criar uma ponte entre o mundo interior e exterior, permitindo que a Magia flua livremente.

Vamos considerar um exemplo prático: imagine um Bruxo que deseja atrair prosperidade para sua vida. Ele começa concentrando sua mente nessa intenção, acreditando firmemente que a prosperidade está ao seu alcance. Durante a meditação, ele visualiza cenários de sucesso financeiro, sentindo as emoções positivas associadas a essa conquista.

À medida que essa prática continua, o Bruxo começa a atrair oportunidades e circunstâncias que o levam à prosperidade. Isso não é mero acaso, é o resultado do alinhamento de sua mente com a energia da abundância. O Princípio do Mentalismo ensina que somos cocriadores da nossa realidade, e ao compreender e aplicar essa verdade, os Bruxos podem transformar suas vidas de maneiras surpreendentes.

Portanto, o primeiro capítulo do Caibalion nos convida a explorar e dominar a mente como uma ferramenta mágica. Ao compreender que nossos pensamentos têm o poder de moldar o mundo ao nosso redor, estamos no caminho para a maestria da Magia Hermética. No próximo capítulo, mergulharemos na Lei da Correspondência e descobriremos como as conexões entre os planos do Universo podem enriquecer nossa prática mágica.

O Princípio do Mentalismo, como delineado no Caibalion, afirma de maneira categórica: "o Todo é Mente; o Universo é Mental". Esta ideia tem implicações profundas para nossa compreensão do Universo e de nossa posição dentro dele.

Assim, o Universo em que habitamos é regido por uma única presença Divina, independentemente das várias divisões culturais e religiosas que a humanidade tenha concebido ao longo do tempo. Esta ideia de uma Divindade única, onipresente e eterna, serve como fundamento para a concepção de que tudo o que existe é uma manifestação dessa mente universal. Cada ser, cada objeto, cada pensamento é uma partícula imersa nessa vastidão mental.

Isso nos leva a um entendimento mais profundo da natureza dos fenômenos parapsicológicos, como a telepatia e as premonições. Se todos nós somos parte integrante desta única mente, então a transferência de pensamentos ou intuições sobre eventos futuros torna-se mais compreensível. Estamos todos interconectados por essa mente universal, e os eventos e experiências que ocorrem não são aleatórios, são reflexos dos padrões mentais que carregamos dentro de nós.

A concepção de que o homem foi feito "à imagem e semelhança" da Divindade que o criou tem profundas implicações para a nossa capacidade de criação. Toda invenção ou inovação humana, por mais tangível que seja, começa como um pensamento ou ideia. Se aceitamos que o Universo é fundamentalmente mental, então a realidade que experimentamos é fortemente influenciada, senão moldada, por nossos pensamentos e percepções.

Isso pode ser observado nas variadas experiências de vida das pessoas. A realidade é filtrada através das lentes de nossa mente. Dois indivíduos podem perceber e experienciar o mundo de maneiras drasticamente diferentes com base em seus pensamentos e crenças. Aqueles que veem a vida como uma oportunidade de crescimento e alegria, criarão para si mesmos uma realidade que reflete essa crença. Do mesmo modo, aqueles que percebem a vida como um fardo ou adversidade, verão essa noção refletida em suas experiências.

Em sua essência mental, o Universo age como um espelho, refletindo as crenças e pensamentos que cada indivíduo mantém. Portanto, a realidade não é um conjunto fixo e imutável de circunstâncias, é um fluxo dinâmico que responde à nossa percepção. Se alguém acredita firmemente em seu sucesso, valor e boa sorte, essa pessoa inevitavelmente atrairá circunstâncias que reforçam essa crença. Por outro lado, aqueles que mantêm crenças negativas sobre si mesmos e sobre o mundo ao seu redor verão essas crenças manifestadas em sua realidade.

Em última análise, o poder do pensamento e da crença não pode ser subestimado. Nossa relação com o Universo é íntima e dinâmica, e cada pensamento que temos, consciente ou inconscientemente, contribui para a formação da nossa realidade. A compreensão do Universo como uma entidade mental nos oferece uma oportunidade única de moldar nossa realidade, simplesmente moldando nossos pensamentos.

O PRINCÍPIO DO MENTALISMO À LUZ DA CIÊNCIA DA BRUXARIA

Onde mente e matéria se entrelaçam, a ciência da Bruxaria revela; no Princípio do Mentalismo, o Cosmos e a Magia convergem.

O Princípio do Mentalismo apresenta uma proposição revolucionária: que o Universo é mental, sustentado na Mente do Todo. Essa ideia, apesar de aparentemente simples, é talvez a mais contraintuitiva de todas. Afinal, vivemos em um mundo que nos parece dominado pela matéria, tornando a ideia de um universo puramente mental, absurda, num primeiro momento.

A questão central, no entanto, é como um conceito tão espiritual e filosófico pode ser traduzido em termos científicos. Tradicionalmente, a ciência sempre foi associada ao mundo material, a ponto de muitos considerarem "ciência" e "materialismo" como termos praticamente sinônimos. No entanto, quando nos aprofundamos nos fundamentos da física, que descrevem a natureza da matéria, encontramos revelações surpreendentes. Max Planck, pioneiro da Física Quântica, declarou, após seus estudos sobre átomos, que a matéria como concebemos simplesmente não existe. Segundo ele, tudo que percebemos como matéria é originado e mantido coeso por forças que fazem as partículas do átomo vibrarem e, por trás dessa força, deve haver um Espírito consciente e inteligente.

Entramos, então, no domínio da mecânica quântica, no intuito de buscar pistas dessa aparente irrealidade da matéria. A mecânica quântica, em sua essência, apresenta-nos um panorama no qual a luz, por exemplo, pode se comportar tanto como onda quanto como partícula, algo que, à primeira vista, parece paradoxal. Erwin Schrödinger, ao tentar resolver essa questão, propôs que tanto o fóton quanto o elétron são, simultaneamente, partículas e ondas. Em estado observado, comportam-se como partículas definidas em um espaço; em estado não observado, espalham-se em uma onda de probabilidades.

Um ensaio chave nessa discussão é o Experimento da Dupla Fenda. Aqui, mesmo ao enviar partículas individuais, elas formavam um padrão de interferência no ecrã, como se estivessem interferindo consigo mesmas. Ainda mais impressionante, o simples ato de observar essa partícula fazia com que ela assumisse um estado definido, colapsando a função de onda. A observação, ou a consciência do observador, tem, portanto, um impacto direto na realidade quântica.

Isso nos leva a uma reflexão profunda sobre a natureza da realidade e o papel da consciência nela. Se a observação consciente tem o poder de colapsar a função de onda, isso implica que a consciência tem uma participação ativa na realidade quântica. A questão do que constitui uma "observação" e se a consciência é fundamental para esse processo se torna central.

Além disso, experimentos subsequentes, como os baseados nas desigualdades de Bell e Leggett, demonstraram que a realidade quântica desafia nossas noções convencionais de espaço e tempo. O entrelaçamento quântico, por exemplo, sugere uma conexão entre partículas que vai além do espaço-tempo, apontando para uma realidade mais profunda e fundamental, onde a distinção entre observador e observado se torna tênue.

O mecanismo quântico tem intrigado e desafiado cientistas e filósofos desde sua concepção. Sua natureza contraintuitiva e misteriosa rompeu com as convenções tradicionais do pensamento científico, levando-nos a questionar a natureza da realidade em si. A hipótese do macrorealismo sugeria que as leis da mecânica quântica poderiam ser excluídas do domínio da vida cotidiana. No entanto, experimentos, como o da desigualdade Leggett-Garg, mostraram que o macrorealismo não se sustenta em testes experimentais, assim como outras formas de realismo.

Desde essas descobertas iniciais, inúmeros outros experimentos surgiram, questionando ainda mais as noções convencionais de realismo. Entre eles, os experimentos da "borracha quântica" (também chamado de "apagador quântico"), o teste do teorema Kochen-Specker e o experimento do Gato de Cheshire revelaram propriedades quânticas inimagináveis. De fato, um dos resultados mais intrigantes é a ideia de que uma partícula pode ser reduzida a propriedades imateriais desencarnadas.

Tal complexidade da mecânica quântica levou muitos a argumentar que ninguém realmente a entende, sugerindo uma hesitação em tirar conclusões filosóficas dela. Mas por trás desse ceticismo, muitas vezes se esconde um viés: a dificuldade em conciliar a quântica com uma visão materialista do mundo. As visões filosóficas tradicionais do materialismo, como apontou Werner Heisenberg, baseiam-se em uma extrapolação errônea de nossa experiência direta do mundo, algo que simplesmente não se aplica no domínio quântico.

Ainda mais impressionante são as descobertas no campo da gravidade quântica. Este campo, que busca integrar a mecânica quântica com a relatividade geral de Einstein, trouxe teorias revolucionárias como a teoria das supercordas e a gravidade quântica em *loop*. Embora estas teorias tenham suas diferenças, há um consenso emergente de que o espaço-tempo, como o entendemos, é uma ilusão.

Uma das ideias mais impactantes deste campo é o Princípio Holográfico, originado do estudo das propriedades termodinâmicas dos buracos negros. Juan Maldacena, em 1998, foi o primeiro a derivar matematicamente este princípio, que, desde então, tem encontrado aplicações em nosso entendimento do Universo como um todo. Esse princípio desafiador sugere que a informação contida em um volume de espaço pode ser representada por uma teoria que vive apenas na fronteira desse espaço, semelhante a como um holograma bidimensional pode representar um objeto tridimensional.

A origem do Princípio Holográfico pode ser rastreada até o paradoxo da informação do buraco negro, que se baseava na aparente violação da segunda lei da termodinâmica. Esta lei, que afirma que a entropia sempre aumenta, parecia estar em conflito com a natureza dos buracos negros. No entanto, Jacob Bekenstein, em 1972, fez uma observação revolucionária: a entropia de um buraco negro é diretamente proporcional à área de seu horizonte de eventos, não ao seu volume.

Este reconhecimento levou à proposta do Limite de Bekenstein, que tem implicações profundas para nossa compreensão da natureza da informação e da realidade. A ideia de que a informação, e talvez a realidade em si, pode ser projetada de uma fronteira bidimensional, abre novos caminhos para entendermos a estrutura fundamental do nosso Universo. À medida que continuamos a desvendar esses Mistérios, somos constantemente lembrados da interação intrincada entre a física, a filosofia e a natureza imprevisível da realidade.

As descobertas da mecânica quântica, em particular o conceito de macrorealismo, sugerem que a realidade clássica, tal como percebida em nossa vida cotidiana, é desafiada pela peculiaridade quântica.

O conceito de macrorealismo que uma vez propôs a noção de que as leis da mecânica quântica não se aplicam ao mundo macroscópico, foi testado e provado ser impreciso através de experimentos que trouxeram mais evidências contra a visão tradicional da realidade baseada no materialismo.

Werner Heisenberg, um dos fundadores da mecânica quântica, já havia observado que as noções de materialismo são pseudocientíficas. Ele argumentou que é impossível extrapolar a "atualidade" do mundo ao nosso redor para o alcance atômico. Portanto, as tentativas de confinar a mecânica quântica a um paradigma materialista se mostram inadequadas.

Entretanto, onde a mecânica quântica realmente desafia nossas noções convencionais de realidade é na esfera da gravidade quântica. Aqui, descobrimos que a própria substância da realidade, o espaço-tempo, é também uma ilusão. Teorias como a das supercordas e a gravidade quântica em *loop* buscam unificar a mecânica quântica e a relatividade geral e, embora essas teorias ainda estejam em evolução, um consenso emergente é que o espaço-tempo surge de informações fora do que consideramos ser a realidade física.

O princípio holográfico derivado do estudo de buracos negros, sugere que o conteúdo tridimensional do espaço pode ser descrito em termos da informação em sua superfície bidimensional. Esse princípio, que foi confirmado experimentalmente em 2017, revela que o Universo é, em certo sentido, uma projeção holográfica.

Outro desenvolvimento significativo é a correspondência ER = EPR[1], que conecta o entrelaçamento quântico com a relatividade geral através da noção de buracos de minhoca. O que é revelador sobre essa correspondência é que ela sugere que o espaço, como o entendemos, emerge de estados quânticos.

1 A igualdade "ER = EPR" é uma conjectura teórica na física teórica que sugere uma conexão profunda entre dois conceitos aparentemente diferentes: buracos de minhoca e um entrelaçamento quântico.

A ideia de que o espaço-tempo é emergente e não fundamental desafia nossa compreensão tradicional da realidade. Se o espaço e o tempo, que são os pilares da realidade física, são em si emergentes, então a verdadeira natureza da realidade é algo muito mais profundo e imaterial do que previamente considerado.

Este reconhecimento de uma realidade emergente e imaterial é uma revolução no pensamento científico e filosófico. O que é esta realidade subjacente de onde o espaço-tempo emerge? Como exatamente as leis da física se aplicam a essa realidade imaterial? E, talvez o mais intrigante, qual é o papel da consciência nessa realidade subjacente? A busca por respostas a essas perguntas nos leva a uma jornada mais profunda na fronteira do conhecimento humano.

A Física Digital propõe uma reflexão intrigante sobre a nossa compreensão do espaço. Se aceitarmos que o espaço não é fundamental, somos levados a reconhecer que, em sua essência, o que percebemos como espaço é, de fato, um sistema de informações quânticas sem espaço. Isso sugere que nossa concepção tradicional de espaço é uma ilusão, e o mundo físico que percebemos está embasado em informações subjacentes muito semelhantes a uma realidade virtual.

Esta ideia é amplamente reforçada pelas semelhanças surpreendentes entre nossa realidade e os mundos virtuais criados em videogames. Em ambos os contextos, existem limites de velocidade determinados pela capacidade de processamento das informações. No nosso mundo, essa limitação é representada pela velocidade da luz conforme descrito na Relatividade Especial[2]. Nos jogos, essa velocidade é ditada pelo processador do computador.

Da mesma forma, a distorção temporal observada perto de grandes massas na teoria da relatividade pode ser comparada ao atraso percebido em um jogo quando há uma sobrecarga de informações a serem processadas. Ambas as situações refletem o efeito da quantidade de informações no fluxo do tempo.

Além disso, assim como todo jogo tem um ponto de início, o nosso Universo teve o seu, simbolizado pelo Big Bang. A natureza efêmera dos objetos em jogos – que só "existem" quando estão sendo observados ou renderizados na tela – também encontra paralelo na teoria quântica, onde os objetos não têm existência definida até serem observados ou medidos.

Certos fenômenos, como o "tunelamento quântico", onde partículas parecem atravessar barreiras intransponíveis, ecoam falhas em jogos, onde objetos às vezes atravessam barreiras devido às limitações de processamento. Finalmente, a capacidade de objetos em um jogo de se afetarem instantaneamente, independentemente da distância entre eles, remete ao entrelaçamento quântico.

2 A Relatividade Especial é uma teoria física desenvolvida por Albert Einstein e publicada em 1905. São conceitos dinâmicos inovadores na física que alteraram nossa compreensão da natureza do espaço e do tempo.

Uma vasta lista de paralelos, como aqueles compilados pelo cientista da computação Brian Whitworth, sugere fortemente que nossa realidade é, em sua essência, uma ilusão derivada de informações. Essa noção contrasta com a ideia de que estamos em uma simulação, como proposto pelo filósofo Nick Bostrom. Se estivéssemos, a realidade que nos simula também teria que incorporar a mecânica quântica, e assim também seria simulada.

A distinção entre informações clássicas e quânticas é crucial para essa discussão. Enquanto a informação clássica, como aquela em um computador convencional, representa um único estado por *bit* (1 ou 0), um *qubit*[3] de informação quântica pode representar muitos estados simultaneamente. Portanto, qualquer tentativa de simular nosso mundo, repleto de *qubits*, em um universo clássico, seria inviável dada a enorme quantidade de poder de processamento necessário.

Assim, com *qubits* presentes em nossa realidade, qualquer universo que nos simule também precisaria ser quântico e, portanto, compartilhar da mesma natureza ilusória da nossa realidade. Esta perspectiva desafia nossa compreensão convencional da física e nos direciona a explorar mais profundamente as implicações metafísicas de nossa existência.

O entendimento do mundo físico nos obriga a sondar os interstícios das relações entre a física e a metafísica. Em uma análise criteriosa da física contemporânea, emergem implicações profundas que transformam nosso entendimento convencional sobre a realidade.

Primeiro que, ao olharmos para a estrutura da física, notamos que ela aponta para uma forma de imaterialismo. Nosso mundo não é feito de matéria ou qualquer substância física como convencionalmente acreditamos. Ao contrário, o tecido do espaço-tempo, que consideramos ser a arena do mundo físico, é derivado e emergente, não fundamental.

Em segundo lugar, a realidade é composta de informação. Mas não qualquer tipo de informação. Não a informação simplesmente representada em um pedaço de papel ou em um disco rígido, mas a informação no sentido semântico, conhecida e compreendida por uma mente. John Archibald Wheeler, um renomado físico, argumentou que toda entidade física tem sua origem em uma fonte imaterial.

Esta noção de informação como a essência da realidade nos leva a uma reviravolta epistemológica: se a informação é inerentemente mental, então a consciência, ou a mente, é mais fundamental do que o mundo físico que percebemos. E esta consciência não é derivada, mas, sim, a base sobre a qual a realidade emergente é construída.

3 Unidade fundamental de informação em computação quântica. Enquanto um *bit* clássico em computação convencional pode ter um valor de 0 ou 1, um *qubit* pode representar uma superposição desses estados 0 e 1, bem como entrelaçamento quântico, o que o torna muito diferente dos bits clássicos.

Outra constatação intrigante é que a realidade física é, em última análise, uma ilusão. Não no sentido de que ela não tem consequências reais ou tangíveis, mas no sentido de que não é a realidade mais fundamental. Em contraste com esta realidade ilusória, temos a mente ou a consciência. Descartes argumentou que enquanto podemos duvidar de tudo, a existência do próprio ato de duvidar aponta para uma mente indubitável.

Ao examinarmos a natureza da consciência, deparamo-nos com o conceito de "Emergência Forte", onde a consciência aparece de substratos não conscientes sem qualquer explicação causal. Mas tal noção parece mágica, portanto, irracional. Em vez disso, parece mais lógico e intuitivo considerar a consciência como fundamental.

O último aspecto que consideramos é o chamado "Problema Difícil" da filosofia da mente. Como algo objetivo, como a matéria, pode dar origem a algo subjetivo como a consciência? A resposta pode residir na ideia de que a consciência não é derivada da matéria; ao contrário, é a matéria que é derivada da consciência.

Para explicar a emergência do mundo físico a partir da mente subjacente, precisamos de uma compreensão da consciência em termos físicos. Existem várias teorias que tentam fazer isso:

Realismo Consciente: a teoria propõe que a realidade é construída a partir de agentes conscientes interagindo. Isso tem implicações significativas para a nossa compreensão de entrelaçamento quântico, vendo-o como um reflexo da consciência.

Idealismo Informacional: proposta por Daniel Toker, esta teoria argumenta que a experiência é essencialmente idêntica à informação e precede o material. Quando essa ideia é combinada com a Mecânica Quântica Relacional, ela se alinha com a noção do Realismo Consciente de que a consciência é fundamental e dá origem à realidade física.

Estas teorias, juntamente a outras no campo da cognição quântica, estão na vanguarda da tentativa de integrar nossa compreensão da mente e da matéria, proporcionando uma visão mais unificada e coerente da realidade.

As semelhanças não convencionais entre a Física Quântica e os padrões de pensamento humano se mostraram não apenas coincidentes, mas possivelmente intrínsecas à natureza da realidade.

A cognição quântica nasceu da observação de que as equações que governam a mecânica quântica se alinham estranhamente bem com estudos sobre tomada de decisão econômica. Este alinhamento pode ser atribuído à lógica difusa da mente humana, que, de forma surpreendente, comporta-se de maneira análoga aos estados de superposição quântica. Enquanto muitos pesquisadores mantêm cautela, evitando teorizar para além das correlações observadas, há fortes argumentos que sugerem que essa semelhança é literal e não meramente simbólica.

De fato, a resistência a essas ideias frequentemente se origina do modelo dominante da neurociência, amplamente arraigado no materialismo. Este modelo, no entanto, falha em abordar o "Problema Difícil da Consciência" – a questão de como e por que temos experiências subjetivas. Consequentemente, propostas que associam processos quânticos à consciência surgiram em resposta às insuficiências desse paradigma materialista. Pesquisas em biologia quântica têm mostrado a presença de fenômenos quânticos em sistemas biológicos, como a migração de pássaros e a fotossíntese. Tais descobertas desafiam a ideia de que o quântico e o biológico são domínios separados.

A consciência, em sua essência, permanece como um dos maiores enigmas da ciência. As propostas sobre a localização exata do mecanismo quântico da consciência no cérebro variam, desde microtúbulos até processos de tunelamento quântico em dendritos. Essas teorias, embora distintas, culminam na ideia revolucionária de que a consciência é identificável com o entrelaçamento quântico.

Essa concepção de consciência ressoa com as antigas filosofias herméticas defensoras de que o Universo é mental e tudo que existe está dentro de uma mente cósmica, frequentemente referida como "O Todo". Esta perspectiva vê o Universo não como uma construção materialista, mas como uma realidade virtual simulada dentro da consciência.

Além disso, a filosofia hermética sugere que, enquanto seres individuais podem existir dentro "do Todo", eles não são, por si mesmos, "O Todo". Esta distinção entre o individual e o coletivo é semelhante à natureza relacional do entrelaçamento quântico, onde sistemas aparentemente separados podem ser considerados como uma única entidade em um nível superior de observação.

É intrigante que os ensinamentos herméticos, formulados muito antes do advento da Física moderna, possam encontrar paralelos tão fortes nas teorias quânticas contemporâneas. Esta congruência sugere que a busca da humanidade pelo entendimento pode estar se aproximando de uma síntese entre a ciência e a filosofia.

Ao refletir sobre a natureza da consciência, é possível argumentar a favor do mentalismo sem a necessidade de se aprofundar nas complexidades da física. A certeza da existência da própria mente, como expresso pelo filósofo Descartes, aponta para uma realidade fundamental: a mente é irredutivelmente mental. Esta simples verdade, quando acompanhada pela ideia de que apenas substâncias semelhantes podem interagir, implica que o mundo que percebemos, e que muitas vezes assumimos ser material, deve ser em sua essência, mental. A consciência, portanto, não é um subproduto da realidade, ela é a sua própria fundação.

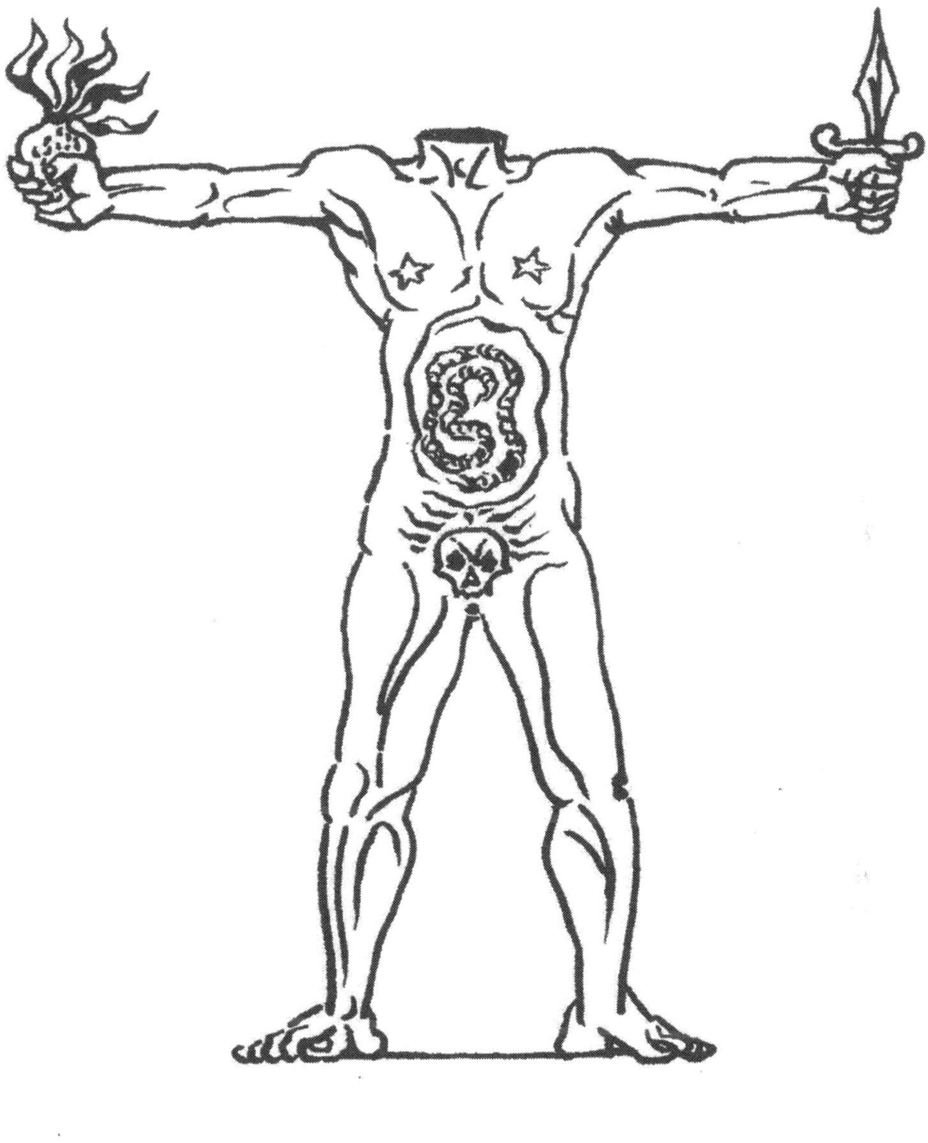

À medida que mergulhamos nos abismos da autoconsciência, somos confrontados com novos conceitos que nos fazem perceber a finitude do que sabemos sobre o Todo. A Ciência, em sua busca incessante por respostas, começa a considerar as teorias mais vanguardistas e provocativas. Entre elas, destaca-se a ideia revolucionária de que a essência de nossa existência, a chama que nos guia, pode estar intrinsecamente ligada aos Mistérios do entrelaçamento quântico. Este conceito sugere que há uma conexão profunda e inseparável entre as partes mais ínfimas do nosso ser e o vasto universo que nos rodeia, desafiando as noções convencionais de espaço, tempo e individualidade.

A intersecção entre ciência e espiritualidade, em particular entre a mecânica quântica e o Hermetismo, oferece uma visão fascinante sobre as profundezas do que chamamos de "Magia". Ao examinar os princípios subjacentes ao campo da cognição quântica e ao Hermetismo, encontramos uma série de paralelos que sugerem que a Magia, longe de ser simplesmente um sistema de crenças arcaico, pode ter uma base científica.

De tal modo, a cognição quântica, que estuda o comportamento da mente humana usando a matemática da mecânica quântica, sugere que nossos processos de pensamento operam de maneira semelhante às partículas subatômicas em superposição quântica. Isso significa que nossos pensamentos e decisões não são lineares e definitivos, em vez disso, eles têm a capacidade de existir em múltiplos estados potenciais ao mesmo tempo. Esta não linearidade da mente humana é um paralelo com o conceito mágico de potencialidade, onde a intenção e o foco do praticante de Magia podem moldar a realidade.

Além disso, a Física Quântica e a biologia têm demonstrado que fenômenos quânticos, como emaranhamento e superposição, são observados em sistemas biológicos. Isso sugere que processos quânticos podem estar ocorrendo no cérebro e podem ser a base para a consciência. Em termos mágicos, isso pode ser interpretado como o entrelaçamento da mente humana com o Universo, dando credibilidade à ideia de que a intenção humana pode influenciar a realidade externa.

O Princípio do Mentalismo afirma que o "Todo é Mente". Em outras palavras, a realidade é uma manifestação da consciência. Esta ideia é ecoada nas descobertas da Física Quântica, sugerindo que a observação consciente pode afetar o estado de uma partícula quântica. Essa interação entre observador e observado é fundamental em muitas práticas mágicas, onde o foco e a intenção do mágico são direcionados para manifestar uma determinada realidade.

A Magia sempre enfatizou a conexão entre o microcosmo (o indivíduo) e o macrocosmo (o Universo). As descobertas em cognição quântica e Física Quântica ressaltam essa conexão, mostrando que os processos que ocorrem dentro de nós (em nível subatômico) estão intrinsecamente ligados ao Universo maior. Esta é a base de muitos rituais mágicos que buscam harmonizar o indivíduo com as forças cósmicas.

Um dos fundamentos mágicos é que a percepção e a vontade do Mago podem alterar a realidade. De maneira análoga, a mecânica quântica, com suas peculiaridades, veio a desafiar a noção de um Universo estático e puramente físico. O observador, assim como o Mago, desempenha papel fundamental na determinação da realidade, como se cada observação fosse um feitiço lançado sobre o tecido do Cosmos.

A gravidade quântica, por sua vez, sugere que o espaço-tempo é uma rede com fios de informações quânticas tão etéreos quanto os descritos nos rituais de Magia. Esse tecido quase ilusório lembra os mundos criados e modificados por Magos em suas jornadas astrais ou durante meditações profundas.

Essa fusão da Ciência Moderna com conceitos mágicos alcança seu ápice no Princípio do Mentalismo. A ideia de que a mente é a substância primordial do Universo ressoa profundamente com as práticas ocultas, onde a mente do Bruxo é a principal ferramenta para manipular e interpretar o mundo espiritual. A noção de que tudo é mental, defendida tanto por Hermetistas quanto por físicos quânticos, reforça a crença mística de que nossa consciência é capaz de moldar a realidade.

No entanto, a pergunta que surge é: como a mente, essa entidade aparentemente intangível e mágica, pode ser descrita e compreendida? A ciência cognitiva e teorias como o Realismo Consciente, de Donald Hoffman, estão trilhando caminhos que parecem inspirados em antigos textos esotéricos, explorando a relação intrínseca entre consciência e realidade.

É fascinante perceber, que a chave para seus maiores Mistérios pode não estar apenas nas galáxias distantes ou nas minúsculas partículas subatômicas, mas também nos antigos tomos de Magia e no poder da mente humana. A Magia e a ciência, por mais distintas que possam parecer, estão intrinsecamente conectadas na dança eterna de descobertas e maravilhas.

A relação entre a mente e o Universo, conforme entendido tanto pela Ciência Moderna quanto pelo Hermetismo, sugere que a Magia não é apenas uma prática esotérica, mas uma exploração das capacidades inerentes da consciência humana. A capacidade de influenciar e moldar a realidade através da intenção e foco é uma manifestação da interação quântica em jogo, tornando a Magia uma extensão natural da *interplay*[4] entre consciência e realidade.

À medida que a ciência avança em seu entendimento do universo quântico e da natureza da consciência, a linha entre o que é considerado místico e o que é científico continua a se desfazer. A Magia, em sua essência, pode ser vista como a prática de aproveitar e direcionar esses fenômenos quânticos através da consciência, oferecendo uma visão mais profunda e integrada de nossa relação com o Universo.

Concluindo, a Física Quântica nos convida a revisitar as noções convencionais sobre a realidade e a natureza da consciência. A ideia de que vivemos em um universo mental, conforme proposto pelo Princípio do Mentalismo, encontra ecos na mecânica quântica, sugerindo que a consciência, longe de ser apenas um subproduto passivo da realidade, é uma força ativa que molda a própria natureza da existência.

4 Termo em inglês que significa a interação ou inter-relação dinâmica entre duas ou mais coisas, geralmente envolvendo elementos complexos e em constante movimento. Essa interação pode ser entre pessoas, objetos, ideias, forças, processos ou quaisquer elementos que estejam em ação e influenciando uns aos outros.

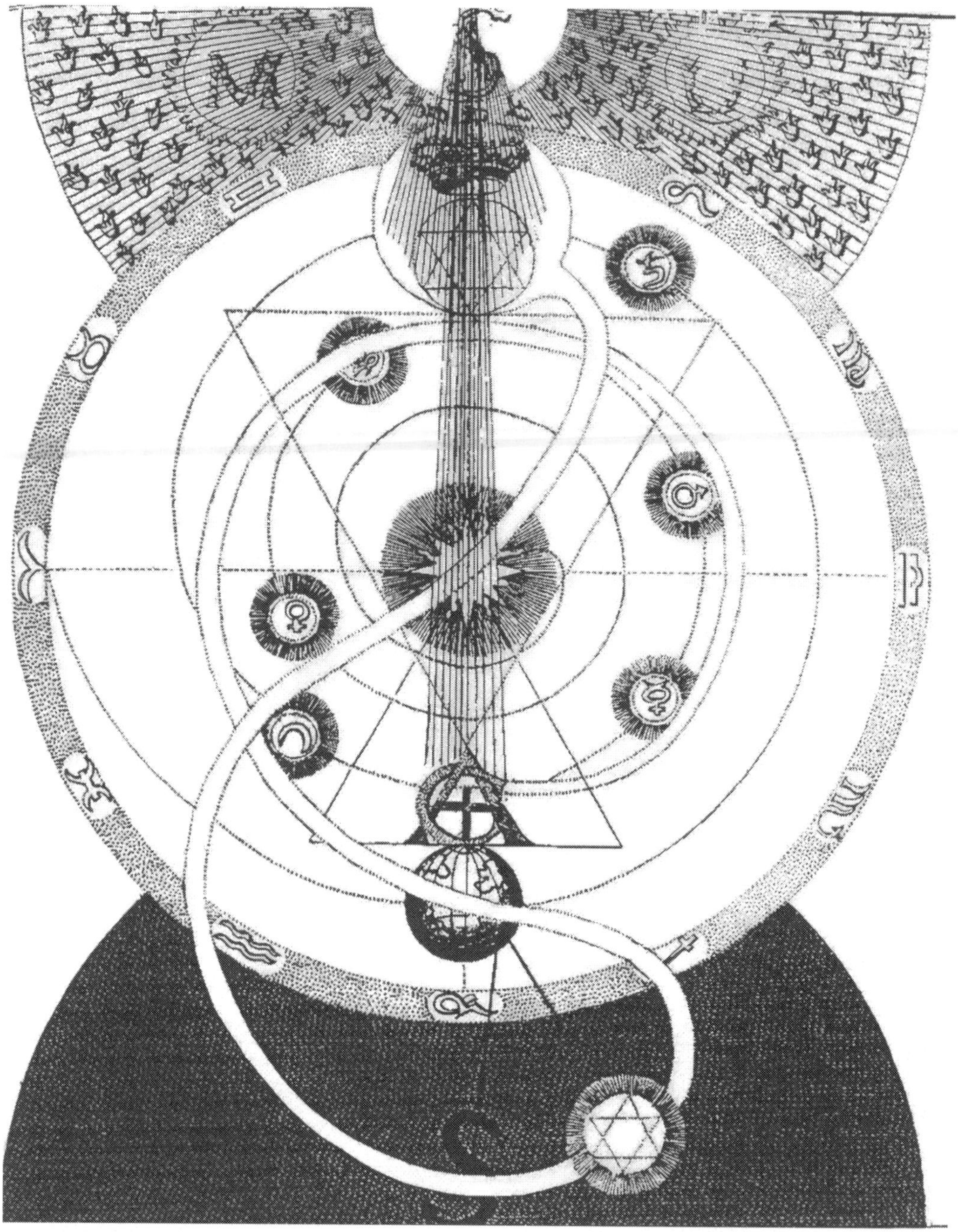

Tudo flui por meio da mente do Todo flui através da mente do Todo, refletindo a interconexão intrínseca de toda a existência. Neste cosmos infinitamente complexo, cada pensamento, ação e evento ressoa na teia da realidade, sugerindo que cada parte, por menor que seja, é essencial para o funcionamento harmonioso do todo. Estamos todos entrelaçados em uma rede cósmica, onde o individual e o universal são inseparáveis.do

Resumo

PRINCÍPIO DO MENTALISMO

Desde o início da civilização, a humanidade tem buscado compreender o Universo utilizando meios variados, desde a religião e filosofia até a Magia. Essa busca ancestral muitas vezes foi permeada por rituais e encantamentos, numa tentativa de influenciar e interpretar o mundo ao redor. No entanto, enquanto a Ciência Moderna tem avançado a passos largos em nossa compreensão do Cosmos, é surpreendente perceber como conceitos mágicos e arcanos ainda encontram eco nas descobertas mais vanguardistas da física.

A Magia sempre defendeu que a percepção e a vontade de uma pessoa podem alterar a realidade. Em um diálogo surpreendente entre as fronteiras do conhecimento, a física contemporânea e as práticas místicas do ocultismo começam a esboçar paralelos fascinantes, desafiando nossas percepções tradicionais da realidade. A mecânica quântica, uma força perturbadora no cenário científico, rompeu com a ideia de um Cosmos estático, introduzindo um Universo dinâmico onde o ato de observar influencia diretamente o observado, evocando a figura do Bruxo, cujos encantamentos parecem moldar a matéria e a experiência.

Ao adentrarmos o domínio da gravidade quântica, somos levados a uma concepção do espaço-tempo que destoa incrivelmente das descrições concretas e absolutas da física clássica. Este não é um tecido passivo, mas uma teia vibrante de possibilidades, entrelaçada por bits quânticos de informação que ressoam curiosamente com as teorias místicas do etéreo e do transcendental. É um universo que ecoa os relatos de Magos em transe, cujas consciências parecem viajar por mundos sutis e plásticos, moldados pelo pensamento e pela vontade.

Essa sinergia entre ciência e misticismo atinge um ponto crítico com o Princípio do Mentalismo, um conceito hermético que defende a primazia da mente sobre a matéria. Esta visão, que atribui à consciência um papel central na orquestração da realidade, encontra um paralelo intrigante na física quântica, onde observadores e sistemas observados entrelaçam-se em um jogo dinâmico de criação. A percepção de que "tudo é mental", alinha-se com uma perspectiva que transcende o materialismo, sugerindo que a realidade é, de fato, um produto da mente.

Contudo, a grande interrogação que se impõe é a natureza da própria mente. Se ela é a artífice do real, como podemos então compreender sua essência? Aqui, a ciência cognitiva e propostas como o Realismo Consciente de Donald Hoffman oferecem rotas fascinantes, quase reminiscentes de sabedorias esotéricas. Essas teorias navegam pelo oceano da consciência, buscando desvendar como ela molda nossa realidade, um enigma que místicos têm contemplado por séculos.

Assim, a jornada para compreender o cosmos se revela tanto uma exploração externa, como uma introspecção profunda. Surpreendentemente, a chave para os Mistérios mais profundos do Universo pode residir dentro da própria mente humana, um postulado defendido por Tradições mágicas ao longo da história. Nesse contexto, Magia e Ciência, frequentemente consideradas como campos opostos, convergem de maneiras extraordinárias, entrelaçando-se em uma dança de revelações e admiração perpétua. Cada descoberta, cada conexão, reafirma não a separação, mas a unidade implícita no esforço de desvendar o tecido da existência.

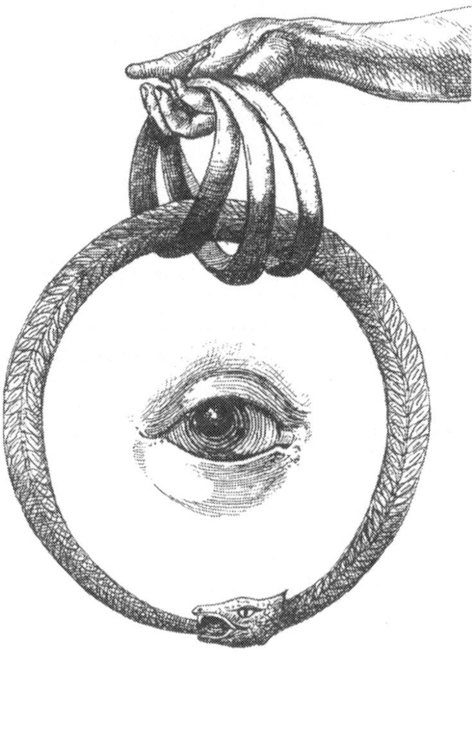

8

OS PLANOS DA CORRESPONDÊNCIA

"Como acima, é abaixo; como abaixo, é acima."

O Caibalion

O Segundo Grande Princípio Hermético incorpora a verdade de que existe um acordo de harmonia e de correspondência entre os vários planos de Manifestação, da Vida e do Ser. Essa é uma verdade, porque tudo o que está incluído no Universo emana da mesma fonte, e as mesmas leis, princípios e características se aplicam a cada unidade ou à combinação de unidades de atividade, já que cada uma manifesta seus próprios fenômenos em seu próprio plano.

Para efeito de facilitar a compreensão, a Filosofia Hermética considera que o Universo pode ser dividido em três grandes classes de fenômenos, conhecidas como "os Três Grandes Planos", a saber:

I. O Grande Plano Físico.
II. O Grande Plano Mental.
III. O Grande Plano Espiritual.

Essas divisões são mais ou menos artificiais e arbitrárias, pois a verdade é que todas elas são somente graus ascendentes da grande escala da Vida, onde o ponto mais baixo é o da Matéria indistinta, e o ponto mais alto é o do Espírito. Ademais, os diferentes Planos se misturam, de modo que nenhuma divisão rígida e rápida pode ser feita entre os fenômenos superiores do plano Físico e aqueles inferiores do Mental; ou entre os superiores do Mental e os inferiores do Espiritual. Em resumo, os Três Grandes Planos podem ser considerados como três grandes grupos de graus de Manifestação da Vida. Embora o propósito deste pequeno livro não nos permita entrar em uma discussão extensa ou em uma explicação da natureza desses diferentes planos, consideramos que seria adequado descrevê-los de forma geral neste momento.

Para início de conversa, podemos também considerar a pergunta tantas vezes feita pelo neófito que deseja ser informado sobre o significado da palavra "Plano", termo que tem sido usado com muita liberdade e que é muito mal explicado em muitos dos trabalhos recentes sobre ocultismo. A questão geralmente é a seguinte: "Um plano é um lugar que tem dimensões ou é apenas uma condição ou estado?" Respondemos: "Não, não é um lugar, nem uma dimensão ordinária do espaço; e ainda é mais do que um estado ou uma condição. Pode até ser considerado como um estado ou condição, mas o estado ou condição é um grau de dimensão, em uma escala sujeita a medição". Um tanto paradoxal, não é? Mas vamos examinar o assunto. Uma "dimensão", no sentido literal, todos sabemos, é "uma extensão de espaço que pode ser medida". As dimensões comuns do espaço são o comprimento, a largura e a altura, ou, até mesmo, o comprimento, a largura, a altura, a espessura ou a circunferência. Mas há outra dimensão de "coisas criadas" ou de "extensão mensurável", conhecida pelos ocultistas e também pelos cientistas, embora estes ainda não tenham aplicado o termo "dimensão" a ela – e essa nova dimensão, que, a propósito, é chamada de "Quarta Dimensão", termo muito especulado, é o padrão usado para determinar os graus ou os "planos".

Esta Quarta Dimensão pode ser chamada de "Dimensão da Vibração". É um fato bem conhecido da Ciência Moderna, bem como dos Hermetistas, que incorporaram a verdade em seu "Terceiro Princípio Hermético", segundo a qual "nada está em repouso; tudo se move; tudo vibra". Desde a manifestação mais elevada até a mais baixa, tudo e todas as coisas vibram. Elas não somente vibram em diferentes faixas de movimento, mas também em diferentes direções e de maneiras diversas. Os graus da "frequência" de vibrações constituem os graus de medição na Escala de Vibrações – em outras palavras, os graus da Quarta Dimensão. Esses graus formam o que os ocultistas chamam de "Planos". Quanto mais alto o grau de vibração, mais alto o plano e mais alta a manifestação da Vida que ocupa esse plano. Desse modo, embora um plano não seja "um lugar", nem mesmo "um estado ou condição", ele possui qualidades que são comuns a ambos. Teremos mais coisas a dizer sobre este assunto da Escala de Vibrações em nossas próximas lições, nas quais consideraremos o Princípio Hermético da Vibração.

Você precisa se lembrar, no entanto, de que os Três Grandes Planos não são divisões reais dos fenômenos do Universo, mas apenas termos arbitrários usados pelos Hermetistas, a fim de ajudar na compreensão do pensamento e no estudo dos vários graus e formas de atividade do Universo e da Vida. O átomo da matéria, a unidade de força, a mente do homem e a existência do arcanjo estão todos em uma escala, e são todos fundamentalmente iguais. A diferença entre eles é apenas uma questão de grau e de faixa de vibração – todos são criações do TODO e têm sua existência unicamente na Mente Infinita do TODO.

Os Hermetistas dividem cada um dos Três Grandes Planos em Sete Planos Menores, e cada um destes últimos também são subdivididos em sete subplanos, que interagem uns com os outros. Mais uma vez, todas essas divisões são mais ou menos arbitrárias, adotadas apenas para facilitar o estudo científico e o pensamento a respeito do assunto.

O Grande Plano Físico, e seus Sete Planos Menores, é a parte dos fenômenos do Universo que inclui tudo o que se relaciona com o aspecto físico, ou com as coisas materiais, as suas forças e manifestações. Inclui todas as formas daquilo que chamamos de Matéria e todas as formas daquilo que chamamos de Energia ou Força. Você deve se lembrar, no entanto, de que a Filosofia Hermética não reconhece a Matéria como uma "coisa em si", ou como algo que tem uma existência separada na Mente do TODO. Os Ensinamentos indicam que a Matéria é apenas uma forma de Energia – isto é, ela é Energia em uma baixa frequência de vibração. Consequentemente, os Hermetistas classificam a Matéria sob o título de Energia, e atribuem a ela três dos Sete Planos Menores do Grande Plano Físico.

Os Sete Planos Físicos Menores são:

I. O Plano da Matéria (A)
II. O Plano da Matéria (B)
III. O Plano da Matéria (C)
IV. O Plano da Substância Etérea
V. O Plano da Energia (A)
VI. O Plano da Energia (B)
VII. O Plano da Energia (C)

O Plano da Matéria (A) compreende as formas da Matéria nos estados sólido, líquido e gasoso, como geralmente é reconhecido pelos livros de Física. O Plano da Matéria (B) compreende certas formas superiores e mais sutis da Matéria, cuja existência a Ciência Moderna está agora reconhecendo, os fenômenos da Matéria Radiante, em suas fases radiantes, e outros, pertencentes à subdivisão inferior deste Plano Menor. O Plano da Matéria (C) compreende as formas da Matéria mais sutis e tênues, cuja existência não é do conhecimento dos cientistas comuns. O Plano da Substância Etérea compreende aquilo que a ciência chama de "Éter", uma substância extremamente rarefeita e elástica, que permeia todo o Espaço Universal e atua como um meio para a transmissão das ondas de energia, como a luz, o calor, a eletricidade, entre outros. Essa substância etérea forma um elo entre a Matéria (assim chamada) e a Energia, e participa da natureza de cada uma delas. Os Ensinamentos Herméticos, entretanto, instruem que esse plano tem sete subdivisões (como todos os Planos Menores), e que, de fato, há sete éteres, em vez de apenas um.

Em seguida, acima do Plano da Substância Etérea, vem o Plano de Energia (A), que compreende as formas comuns de Energia conhecidas pela ciência e seus sete subplanos, que são, respectivamente, calor; luz; magnetismo; eletricidade e atração (incluindo gravitação, coesão, afinidade química, etc.) e várias outras formas de energia indicadas por experimentos científicos, mas ainda não nomeadas ou classificadas. O Plano da Energia (B) compreende sete subplanos de formas superiores de energia ainda não descobertas pela ciência, mas que foram chamadas de "Forças Mais Sutis da Natureza", e que são postas em operação nas manifestações de certos tipos de fenômenos mentais, e pelas quais tais fenômenos se tornam possíveis. O Plano da Energia (C) compreende sete subplanos de energia tão altamente organizados, que carregam muitas das características da "vida", mas que não são reconhecidos pela mente humana no plano ordinário de desenvolvimento, e estão disponíveis para o uso exclusivo dos Seres do Plano Espiritual – tal energia é impensável para o homem comum e pode ser considerada como "um poder Divino". Os seres que os empregam são como "Deuses", se comparados até mesmo aos tipos humanos mais elevados que conhecemos.

O Grande Plano Mental compreende aquelas formas de "coisas vivas", conhecidas por nós na vida cotidiana, bem como certas outras formas não tão conhecidas, exceto pelos ocultistas. A classificação dos Sete Planos Mentais Menores é mais ou menos satisfatória e arbitrária (a menos que acompanhada por explicações elaboradas que são estranhas ao propósito deste trabalho em particular), mas podemos também mencioná-los. Eles são os seguintes:

I. O Plano da Mente Mineral
II. O Plano da Mente Elemental (A)
III. O Plano da Mente Vegetal
IV. O Plano da Mente Elemental (B)
V. O Plano da Mente Animal
VI. O Plano da Mente Elemental (C)
VII. O Plano da Mente Humana

O Plano da Mente Mineral compreende os "estados ou condições" das unidades, entidades ou grupos, e combinações entre elas, que animam as formas que conhecemos como "minerais, substâncias químicas, entre outros". Essas entidades não devem ser confundidas com as próprias moléculas, átomos e corpúsculos, sendo estes últimos apenas os corpos materiais ou formas dessas entidades, assim como o corpo de um homem é apenas sua forma material, e não "ele mesmo". Essas entidades podem ser chamadas de "almas", em um certo sentido, e são seres vivos de um baixo grau de desenvolvimento, vida e mente – apenas um pouco mais do que as unidades de "energia viva" que compreendem as subdivisões superiores do Plano Físico. O pensamento mediano geralmente não atribui a posse da mente, alma ou vida ao reino mineral, mas todos os ocultistas reconhecem a existência delas. E a Ciência Moderna está avançando rapidamente para o mesmo ponto de vista do Hermetista a esse respeito. As moléculas, átomos e corpúsculos têm seus "amores e ódios"; "gostos e aversões"; "atrações e repulsões"; "afinidades e divergências", etc., e algumas das mentes científicas modernas mais ousadas expressaram a opinião de que o desejo e a vontade, assim como as emoções e os sentimentos dos átomos diferem apenas em grau daqueles experimentados pelos homens. Não temos tempo ou espaço para discutir esse assunto aqui. Todos os ocultistas sabem que isso é um fato, e outros referem-se a alguns dos trabalhos científicos mais recentes para corroboração externa. Há sete subdivisões usuais para esse plano.

O Plano da Mente Elemental (A) compreende o estado, condição e o grau de desenvolvimento mental e vital de uma classe de entidades desconhecidas pelo homem comum, mas reconhecidas pelos ocultistas. Elas são invisíveis aos sentidos comuns do homem, mas, no entanto, existem e desempenham seu papel no Drama do Universo. Seu grau de inteligência está entre o das entidades minerais e químicas, por um lado, e o das entidades do reino vegetal, por outro. Há sete subdivisões nesse plano também.

O Plano da Mente Vegetal, com suas sete subdivisões, compreende os estados ou condições das entidades que compõem os reinos do Mundo Vegetal, cujos fenômenos vitais e mentais são razoavelmente bem compreendidos pela pessoa de inteligência mediana; muitos trabalhos científicos novos e interessantes sobre a "Mente e a Vida das Plantas" foram publicados na última década. As plantas têm vida, mente e "alma", assim como os animais, o homem e o Super-homem.

O Plano da Mente Elemental (B), com suas sete subdivisões, compreende os estados e condições de uma forma superior de entidades "elementares" ou invisíveis, que desempenham seu papel no trabalho geral do Universo, cuja mente e vida fazem parte da escala entre o Plano da Mente Vegetal e o Plano da Mente Animal, sendo que essas entidades participam da natureza de ambos.

O Plano da Mente Animal, com suas sete subdivisões, compreende os estados e condições das entidades, seres ou almas que animam as formas de vida animal, que são familiares a todos nós. Não é necessário entrar em detalhes a respeito desse reino ou plano da vida, pois o mundo animal é tão familiar para nós quanto o nosso próprio.

O Plano da Mente Elemental (C), com suas sete subdivisões, compreende entidades ou seres invisíveis, como são todas as formas elementais que compartilham da natureza da vida animal e humana em um determinado grau e dentro de certas combinações. As formas mais elevadas têm inteligência semi-humana.

O Plano da Mente Humana, com suas sete subdivisões, compreende as manifestações de vida e mentalidade que são comuns ao Homem, em seus vários graus, classes e divisões. Com relação a isso, apontamos o fato de que o homem comum de hoje ocupa apenas a Quarta Subdivisão do Plano da Mente Humana, e apenas os mais inteligentes cruzaram as fronteiras da Quinta Subdivisão. Essa corrida levou milhões de anos para chegar a este estágio, e levará muito mais tempo para que ela avance para a Sexta e para a Sétima Subdivisões, e mais além. Lembre-se, entretanto, de que existiram raças antes de nós que passaram por esses graus e que depois seguiram para planos superiores. Nossa própria raça é a Quinta (com retardatários na Quarta Subdivisão) que pôs os pés para trilhar o Caminho. Além disso, há algumas almas avançadas da nossa própria raça que ultrapassaram as massas, e que passaram para a Sexta e para a Sétima Subdivisões, e algumas poucas estão ainda mais adiante. O homem da Sexta Subdivisão será "O Super-Homem"; o da Sétima será "O Sobre-Humano".

A respeito dos Sete Planos Mentais Menores, referimo-nos apenas aos Três Planos Elementares de uma maneira geral. Não queremos entrar no assunto detalhadamente nesta obra, pois ele não pertence a essa parte da filosofia geral e dos ensinamentos. No entanto, podemos dizer algo nesse sentido para lhe dar uma ideia um pouco mais clara da relação entre esses planos com aquilo que nos é mais familiar – a ligação entre os Planos Elementares e os Planos da Mentalidade e da Vida Mineral, Vegetal, Animal e Humana é a mesma que há entre as teclas pretas e brancas do piano. As teclas brancas são suficientes para produzir música, mas existem certas escalas, melodias e harmonias nas quais as teclas pretas desempenham seu papel e a sua presença é necessária. Esses planos são imprescindíveis como "elo" da condição da alma, dos estados das entidades, etc., entre os vários outros planos; certas formas de desenvolvimento podem ser alcançadas a partir deles – e esse último fato pode dar ao leitor que é capaz de "ler nas entrelinhas" uma nova luz sobre os processos da Evolução e uma nova chave para abrir a porta secreta dos "saltos de vida" entre um reino e outro. Os grandes Reinos dos Elementais são totalmente reconhecidos por todos os ocultistas, e os escritos esotéricos estão cheios de menções sobre eles. Os leitores da narrativa Zanoni, Bulwer e de outros contos semelhantes, reconhecerão as entidades que habitam esses planos da vida.

Passando do Grande Plano Mental para o Grande Plano Espiritual, o que devemos dizer? Como podemos explicar esses estados superiores do Ser, da Vida e da Mente, para mentes ainda incapazes de apreender e compreender as subdivisões superiores do Plano da Mente Humana? A tarefa é impossível. Podemos falar sobre isso apenas em termos mais gerais. Como pode a Luz ser descrita para um cego de nascença? Ou o açúcar, para um homem que nunca provou nada doce? Ou a harmonia, para um surdo de nascença?

Tudo o que podemos dizer é que os Sete Planos Menores do Grande Plano Espiritual (e cada Plano Menor tem sete subdivisões) compreendem Seres que possuem Vida, Mente e Forma tão acima do Homem de hoje quanto este está acima da minhoca, do mineral ou mesmo de certas formas de Energia ou de Matéria. A Vida desses Seres transcende tanto a nossa, que não podemos nem mesmo pensar sobre os detalhes dela; suas Mentes transcendem tanto as nossas que, para eles, dificilmente parece que estamos "pensando", e nossos processos mentais são, na visão deles, quase semelhantes aos processos materiais; a natureza da Matéria da qual suas formas são compostas provém dos mais elevados Planos da Matéria, ou melhor, alguns são até mesmo considerados "revestidos de Energia Pura". O que pode ser dito a respeito de tais Seres?

Nos Sete Planos Inferiores do Grande Plano Espiritual existem Seres que podemos chamar de "Anjos", "Arcanjos" e "Semideuses". Nos Planos Inferiores mais baixos, habitam aquelas grandes almas que chamamos de Mestres e Adeptos. Acima deles, estão as Grandes Hierarquias das Hostes Angelicais, impensáveis ao nível do homem; e, acima deles, estão aqueles que podem ser chamados, sem irreverência, de "Deuses", de tão elevados que estão na escala do Ser; seu Ser, sua inteligência e poder são semelhantes àqueles atribuídos pela raça humana às suas concepções de Divindade. Esses Seres estão além até mesmo dos voos mais elevados da imaginação humana, sendo a palavra "Divino" a única aplicável a eles. Muitos desses Seres, assim como as Hostes Angelicais, têm o maior interesse nos assuntos do Universo, nos quais desempenham um papel importante. Essas Divindades Invisíveis e Ajudantes Angelicais estendem sua influência de maneira livre e poderosa no processo da Evolução e do Progresso Cósmico. Sua intervenção e assistência ocasional nos assuntos humanos levaram a muitas lendas, crenças, religiões e Tradições da raça, no passado e no presente. Com frequência, eles impuseram seu conhecimento e poder ao mundo, naturalmente, tudo sob a Lei do TODO.

Ainda assim, até mesmo o mais elevado desses Seres avançados existe somente como criação da Mente do TODO e, como tudo, está sujeito aos Processos Cósmicos e às Leis Universais. Mesmo eles ainda são Mortais. Podemos chamá-los de "Deuses" se quisermos, mas ainda assim eles são apenas nossos Irmãos Mais Velhos da Raça, – as almas avançadas que ultrapassaram seus irmãos e que renunciaram ao êxtase da Absorção pelo TODO, a fim de ajudar toda a raça em sua jornada ascendente ao longo do Caminho. Mas eles pertencem ao Universo e estão sujeitos às suas condições – são Mortais – e seu plano está abaixo do Espírito Absoluto.

Somente os Hermetistas mais avançados são capazes de compreender os Ensinamentos secretos a respeito do estado de existência e dos poderes manifestados nos Planos Espirituais. O fenômeno é tão mais elevado do que o dos Planos Mentais, que uma confusão de ideias certamente resultaria da tentativa de descrevê-los. Somente aqueles cujas mentes foram cuidadosamente treinadas nas linhas da Filosofia Hermética por anos – sim, aqueles que trouxeram consigo de outras encarnações o conhecimento adquirido anteriormente – podem compreender exatamente o que significa o Ensinamento a respeito dos Planos Espirituais. E muitos desses Ensinamentos Secretos são considerados pelos Hermetistas como sendo sagrados, importantes e até perigosos se disseminados para o público em geral. O estudante inteligente pode reconhecer o que queremos dizer com isso quando afirmamos que o significado de "Espírito", conforme usado pelos Hermetistas, é semelhante a "Poder Vivo"; "Força Animada"; "Essência Interior"; "Essência da Vida", entre outros, cujo significado não deve ser confundido com aquele normalmente e comumente empregado em conexão com o termo, isto é, o sentido dito "religioso; eclesiástico; espiritual; etéreo; sagrado", e assim por diante. Para os ocultistas, a palavra "Espírito" é usada no sentido de "O Princípio Animador", e traz consigo a ideia de Poder, de Energia Viva, de Força Mística, etc. E os ocultistas sabem que aquilo que é conhecido por eles como "Poder Espiritual" pode ser empregado tanto para o bem quanto para o mal (de acordo com o Princípio da Polaridade), fato que é reconhecido pela maioria das religiões em suas concepções de Satanás, Belzebu, o Diabo, Lúcifer, Anjos Caídos, entre outros. E, assim, o conhecimento a respeito desses Planos foi mantido no Santo dos Santos em todas as Fraternidades Esotéricas e Ordens Ocultas – na Câmara Secreta do Templo. Mas podemos dizer aqui que aqueles que atingiram altos poderes espirituais e os usaram mal têm um terrível destino reservado para si, e a oscilação do pêndulo do Ritmo os levará inevitavelmente de volta ao extremo mais distante da existência material e, a partir desse ponto, deverão refazer seus passos na direção do Espírito, ao longo das rotinas cansativas do Caminho, acompanhados da tortura adicional de ter sempre a memória persistente das alturas das quais caíram devido às suas más ações. As lendas dos Anjos Caídos têm base em fatos reais, como todos os ocultistas avançados bem o sabem. A luta pelo poder egoísta nos Planos Espirituais inevitavelmente resulta na alma egoísta perdendo seu equilíbrio espiritual e retrocedendo tanto quanto havia subido anteriormente. Entretanto, mesmo para uma alma assim é dada uma oportunidade de retorno – e tais almas acabam por fazer a viagem de volta, pagando a terrível pena de acordo com a Lei invariável para todos.

Para concluir, gostaríamos de lembrar novamente que, de acordo com o Princípio da Correspondência, que declara a verdade: "como acima, é abaixo; como abaixo, é acima", todos os 7 Princípios Herméticos estão em plena operação em todos os muitos planos, seja Físico, Mental ou Espiritual. O Princípio da Substância Mental, é claro, se aplica a todos os planos, pois todos são mantidos na Mente do TODO. O Princípio da Correspondência se manifesta também em todos, pois há correspondência, harmonia e concordância entre os vários planos. O Princípio de Vibração se manifesta em todos os planos; na verdade, as próprias diferenças é que fazem os "planos" surgirem da Vibração, como já explicamos. O Princípio da Polaridade se manifesta em cada plano, e os extremos dos polos são só aparentemente opostos e contraditórios. O Princípio do Ritmo se manifesta em cada plano, e o movimento dos fenômenos tem seu fluxo e refluxo, subida e descida, entrada e saída. O Princípio da Causalidade se manifesta em cada plano, cada Efeito tem sua Causa e cada Causa tem seu Efeito. O Princípio do Gênero se manifesta em todos os planos, a Energia Criativa sempre se manifesta e opera ao longo das faixas dos seus Aspectos Masculino e Feminino.

"Como acima, é abaixo; como abaixo, é acima." Este axioma hermético secular incorpora um dos grandes Princípios dos Fenômenos Universais. À medida que prosseguirmos com a nossa consideração dos Princípios restantes, veremos ainda mais claramente a verdade sobre a natureza universal desse grande Princípio da Correspondência.

O PRINCÍPIO DA CORRESPONDÊNCIA PARA BRUXOS

O COSMOS ESPELHA O INDIVÍDUO E, NO BAILAR DAS ESTRELAS, VISLUMBRA-SE O DESTINO DE CADA ENCANTAMENTO.

A antiquíssima máxima *"como acima, é abaixo; como abaixo, é acima"* é uma das frases mais emblemáticas e profundas encontradas no Caibalion. Ela encapsula a essência do Princípio da Correspondência, um dos pilares fundamentais do Hermetismo, que revela a intricada rede de padrões que permeia cada canto do Universo, desde os vastos espaços interestelares até os recantos mais íntimos da consciência humana. Este axioma nos convida a refletir sobre o equilíbrio inerente que existe em nós e ao nosso redor. Em termos energéticos, nunca estamos verdadeiramente em desequilíbrio, pois nossa Sombra Energética sempre reflete o necessário para manter a harmonia.

O verdadeiro desequilíbrio surge quando ignoramos ou bloqueamos nossa Sombra, muitas vezes devido a barreiras intelectuais e emocionais. A Sombra, em sua latência, reside nas profundezas de nosso ser, fornecendo a energia vital necessária para sustentar nossa existência. Portanto, reconhecê-la e entendê-la é reconhecer e entender a própria essência da Energia Universal. Assim, percebemos que tudo é, em essência, uma adaptação da mesma Energia Única. Esse reconhecimento é um passo crucial para a harmonia e equilíbrio em nossa jornada cósmica.

Em uma observação profunda do Universo, identifica-se uma constante: tudo, independentemente de onde esteja, manifesta-se sob uma estrutura única. Mas como é possível, no vasto Cosmos, que haja uma unidade tão intrínseca em sua expressão? A resposta pode estar no Princípio fundamental da Reflexão, ou o que podemos chamar de "Reflexo Interior".

Quando falamos em criação, estamos nos referindo tanto ao ato de gerar algo do nada, como à capacidade da energia de se autorrefletir. Ao fazer isso, essa energia não só existe em sua essência pura, como também projeta uma imagem de si mesma, uma forma arquetípica que, mais tarde, servirá como o molde para o processo criativo. Assim, o que antes era apenas uma energia agora tem um modelo, um reflexo.

Esse fenômeno de polarização espelhada indica que a energia sempre ecoa sua origem e, ao mesmo tempo, estabelece os contornos de sua manifestação. Este é um mecanismo que, em sua essência, descreve como a Mente, a protagonista do 1º Princípio hermético, desdobra-se nos demais cinco princípios universais, envolvendo tanto a Causa Primária quanto tudo o que dela se reflete.

Daí surge a beleza da analogia: ao observar o Cosmos, não estamos simplesmente olhando para o vasto espaço exterior, estamos examinando um espelho de nós mesmos e da natureza que nos cerca. Somos, em muitos aspectos, um microcosmo do Universo, um laboratório vivo, um reflexo do vasto Cosmos e da causa que está por trás de sua existência.

Entretanto, para realmente entender e explorar esse conceito, precisamos nos conectar com uma energia mental essencial que herdamos da Causa Primária – a Consciência. Nossa consciência individual está intrinsecamente ligada à Consciência Cósmica. E é somente através da inspiração e da iluminação dessa conexão que podemos unificar o Reflexo com o Real.

Tais percepções nos levam a reconhecer que, assim como a unidade primordial, o potencial dentro de nosso Ser Interior é ilimitado. Temos latente em nós a essência da criação, o que sugere que nossas compreensões tradicionais de espaço, tempo, tridimensionalidade e matéria são apenas alguns dos parâmetros que guiam nossa existência. Ao expressar essas possibilidades latentes, fenômenos outrora chamados de "milagres", tornam-se plenamente alcançáveis. Não é uma simples questão de fé, é uma combinação de herança e conhecimento profundo.

Ao diferenciar essa energia única, surge a possibilidade de, através do mesmo princípio espelhado, reunir polaridades opostas para recriar a energia primordial, alternando entre expansão e contração. Embora possamos identificar diferentes campos energéticos e sistemas de força, todos operam sob os mesmos princípios e são alimentados pela mesma fonte de energia.

A referência ao "Princípio do Espelho" feita pelo Caibalion não é mera retórica. Representa a verdade de que o que é inferior reflete o que é superior e vice-versa. O interno manifesta-se externamente, o macro é encontrado no micro, e esse ciclo continua *ad infinitum*. Neste intricado dançar de reflexos, descobrimos não apenas a natureza do Universo, mas também a nós mesmos, numa dança eterna de energia, consciência e criação.

Quando observamos um espelho, somos confrontados com um reflexo que inverte nossa horizontalidade, transformando nossa direita em esquerda e vice-versa. No entanto, a verticalidade permanece inalterada, e assim permanecemos com os pés no chão e a cabeça erguida. Essa simples observação cotidiana nos oferece uma perspectiva fascinante sobre a dinâmica da energia e sua manifestação no Universo.

O eixo central da energia, uma entidade essencial, emanadora e espiritual, permanece constante em toda manifestação. Contudo, para que essa manifestação ocorra, a energia começa a refletir em torno deste eixo. Isso significa que, sempre que ocorre uma mudança no estado desta energia, uma versão inversa dessa mudança é criada em latência.

Essa dualidade intrínseca nos leva a uma epifania: onde existe o "Tudo", reside latente o "Nada", e vice-versa. Assim, em todo começo, o fim está implicitamente presente, e em toda conclusão, um novo início aguarda sua vez. Da mesma forma, a vida e a morte são faces da mesma moeda, vistas de ângulos opostos.

Isso destaca o poder da correspondência, sugerindo que quando a energia mental inicia um processo de emanação, essa emanação ocorre através de um sistema refletor, semelhante a um espelho. A energia permanece constante, mas sua manifestação sempre tem uma forma distinta, embora essa forma tenha uma versão latente e inversa. Essa forma inversa, que pode ser referida como "Sombra" ou "Reflexo", serve como complemento, garantindo que a energia original permaneça intacta.

Ao reconhecer a latência dessa forma inversa, não estamos sugerindo sua inexistência. Embora sua manifestação não seja óbvia, ela permanece escondida, aguardando em estado de latência. Tudo e todos são, portanto, um produto de uma forma ativa e uma forma latente que, juntas, são a energia causal desse efeito.

Para os Wiccanianos, o axioma "como acima, é abaixo" remete à harmonia entre o microcosmo e o macrocosmo, lembrando-nos de que cada prática mágica ecoa o equilíbrio eterno do universo

O entendimento profundo do Universo começa quando percebemos que tudo está interligado em uma rede de correspondências. A máxima "com nosso pensamento, criamos uma realidade" ressalta o poder da mente em moldar a realidade ao nosso redor. Contudo, para compreender verdadeiramente por que às vezes atraímos energias negativas ou situações desfavoráveis, é crucial entender o Princípio da Correspondência.

"Como acima, é abaixo; como abaixo, é acima", este enunciado ressalta que tudo no Universo está em sintonia e correspondência. O que ocorre no plano material tem seu reflexo no plano espiritual e vice-versa. Assim, ao compreender as nuances de um aspecto da realidade, somos capacitados a entender o panorama mais amplo.

Este conceito se aplica a diversos aspectos, desde os fenômenos cósmicos até as interações humanas. Ao estudar uma estrela, desvendamos os segredos das galáxias. Analogamente, ao analisar o comportamento de um indivíduo, podemos decifrar as dinâmicas complexas de uma sociedade. Este princípio de analogia permite que, a partir de uma parte, compreendamos o todo, pois tudo está em uma relação intrínseca de correspondência.

Quando voltamos nosso olhar para a experiência humana, esse princípio adquire uma dimensão ainda mais profunda. Pode-se afirmar: "como dentro, é fora; como fora, é dentro". A vida de uma pessoa não é isolada das emoções, pensamentos e energias que ela carrega internamente. Nossa realidade externa é frequentemente um espelho do nosso mundo interno.

Dessa forma, os comportamentos que manifestamos são reflexos diretos do nosso estado interior. Uma pessoa que exibe desordem em sua vida cotidiana está, muitas vezes, expressando um caos interno. Por outro lado, aqueles que exibem uma rigidez extrema em suas rotinas podem estar refletindo uma rigidez mental em suas crenças e perspectivas.

Assim, ao buscarmos compreender a nós mesmos e ao mundo ao nosso redor, é fundamental lembrar que cada situação, cada pessoa e cada circunstância que encontramos é, de alguma forma, um reflexo de nosso estado interno. Esta compreensão nos oferece uma ferramenta poderosa para a autopercepção, crescimento pessoal e transformação. Pois, ao trabalharmos nosso interior, consequentemente influenciamos e moldamos o exterior.

Cada pessoa é um universo particular, complexo e multifacetado. Mas ao observar cuidadosamente o ambiente e as condições de vida que circundam um indivíduo, é possível decifrar muito sobre seu estado mental. As pessoas que tendem a ser mais organizadas e estruturadas em suas rotinas diárias geralmente refletem essa estruturação em sua mentalidade. Em contrapartida, aqueles que vivem de forma caótica ou contraditória são frequentemente dominados por ideias e pensamentos semelhantes.

Isso nos leva a uma reflexão interessante sobre a forma como nosso corpo, muitas vezes involuntariamente, se manifesta e revela nossos pensamentos e sentimentos mais íntimos. A mentira, por exemplo, é uma dessas emoções que o corpo luta para ocultar.

Ao mentir, o desconforto gerado no interior da pessoa frequentemente se traduz em ações exteriores. Em crianças, é comum levar a mão à boca após dizer uma inverdade. Nos adultos, esse desconforto pode se manifestar de formas mais sutis, como coçar o rosto ou ajustar os cabelos. Embora isso não signifique que cada coceira ou gesto seja um sinal de decepção, há uma correlação notável quando alguém faz promessas significativas e, em seguida, exibe tais comportamentos.

Além disso, a direção do olhar de alguém pode ser um indicador valioso de seus processos de pensamento. Olhar para cima, por exemplo, está frequentemente associado ao processamento de imagens, seja evocando memórias ou criando novas imagens em nossa mente. Se alguém olha para cima e para a direita, pode estar acionando a criatividade e a inovação, enquanto olhar para cima e para a esquerda geralmente indica uma tentativa de recuperar memórias.

Este entendimento sobre o movimento dos olhos pode ser crucial em situações como entrevistas de emprego. Se uma pessoa olha para cima e para a direita após ser questionada sobre experiências anteriores, pode estar improvisando uma resposta. Se olhar na direção oposta, provavelmente está se lembrando de eventos passados.

Fascinantemente, também podemos utilizar esse conhecimento em nosso benefício. Se você está tentando recordar algo, mover os olhos na direção que favorece a recuperação de memórias pode facilitar esse processo. Da mesma forma, quando enfrentamos um desafio que requer soluções inovadoras, olhar na direção que estimula a criatividade pode ser de grande ajuda.

O Princípio da Correspondência reforça a ideia de que o externo reflete o interno. Em momentos de crise emocional ou mental, pequenas ações, como cuidar da própria aparência ou organizar o espaço ao nosso redor, podem ter um impacto profundo em nosso bem-estar interno. A ordem externa pode ser um primeiro passo para encontrar a harmonia interna, demonstrando mais uma vez a poderosa conexão entre mente e comportamento.

A Wicca se aprofunda na conexão intrínseca entre o mundo interno e externo, oferecendo um prisma místico para entender as observações sobre a ligação entre as condições de vida de uma pessoa e seu estado mental. Esta relação, fundamental para muitas práticas espirituais e ocultistas, é notoriamente central para a Bruxaria, que compartilha uma visão holística da realidade.

O Princípio da Correspondência sugere que o que acontece em uma escala macrocósmica (o Universo) tem sua correspondência em uma escala microcósmica (o indivíduo). Em outras palavras, nossos estados mentais e emocionais, nossos pensamentos e intenções, têm o poder de influenciar e refletir o mundo ao nosso redor.

Esta compreensão é crucial nas práticas ritualísticas da Bruxaria. Durante os rituais, os Bruxos frequentemente procuram alinhar seu estado mental com intenções específicas, buscando manifestar mudanças desejadas em suas vidas ou no mundo ao seu redor. Esta manifestação é baseada na crença de que o interno e o externo estão intrinsecamente ligados e que um pode ser usado para influenciar o outro.

O Universo, em sua magnitude infinita, é um complexo de padrões que se repetem em diferentes escalas. Os fenômenos que observamos no macrocosmo – o vasto Universo e seus corpos celestes – encontram paralelos no microcosmo, seja no intricado design de uma folha, seja na estrutura de uma célula, seja na complexidade da mente humana.

A proposta hermética de que existem três planos distintos de realidade, cada um com sua própria essência e características, oferece uma lente valiosa para compreender esta correspondência. A ligação proposta entre esses planos herméticos e a visão de mundo tríplice de muitas formas de Paganismo ou Xamanismo é particularmente reveladora. O Plano Físico, correspondente ao Mundo do Meio, é onde a existência tangível toma forma; é a realidade concreta que percebemos com nossos cinco sentidos. Já o Plano Mental, correlacionado ao Submundo e ao Astral, é a esfera dos pensamentos, emoções e sonhos. Finalmente, o Plano Espiritual, associado ao Mundo Superior e aos Céus, é o reino das almas e dos espíritos, a morada das Divindades e entidades supremas.

O conceito das sete esferas celestes, influenciadas pelos sete planetas clássicos, adiciona outra camada de profundidade a isto. Como notas musicais em uma escala, estas esferas se repetem em "oitavas" através dos três grandes planos, cada uma com suas próprias subcamadas. Assim como em uma melodia, onde diferentes notas podem evocar diferentes emoções, cada subplano no Plano Mental, por exemplo, corresponde a uma forma distinta de consciência, seja ela mineral, vegetal ou animal.

Mas qual é o significado mais profundo por trás desse Princípio da Correspondência? Em sua essência, sugere que tudo está interconectado. Não estamos isolados em nossa existência, somos parte de um todo maior, interligado por padrões que se repetem em escalas infinitamente variadas. Ao entender essas correspondências, somos capazes de perceber a Divindade em tudo, desde o movimento dos planetas até o simples desabrochar de uma flor. Reconhecer estas conexões é abrir os olhos para a beleza e a complexidade do Universo e, ao mesmo tempo, entender nosso lugar dentro dele.

Na vastidão do Universo, a Lei da Correspondência tece um fio invisível que conecta todas as coisas. Essa lei hermética nos ensina que existem correlações e padrões entre os diferentes planos da realidade – o microcosmo e o macrocosmo. Isso significa que o que está acima é como o que está abaixo, e vice-versa.

Os Bruxos compreendem essa lei como uma chave para desvendar os Mistérios ocultos e encontrar significados mais profundos na realidade. Ao perceber que há semelhanças entre os diversos níveis de existência, podemos explorar as correspondências para ganhar insights e sabedoria.

Essa compreensão se aplica tanto à Magia quanto ao autoconhecimento. Quando nos sintonizamos com as correspondências entre os planos, podemos criar rituais e práticas que se alinham com a energia dos elementos e das forças naturais. Isso amplifica a eficácia de nossos trabalhos mágicos, pois estamos trabalhando em harmonia com as leis universais.

Por exemplo, a correspondência entre o plano mental e o plano espiritual mostra que nossos pensamentos e crenças têm um impacto direto nas energias sutis ao nosso redor. Um Bruxo que deseja elevar sua espiritualidade pode criar um ritual que envolva meditação profunda e afirmações positivas. Essas práticas correspondem ao nível espiritual e têm o potencial de transformar a consciência do Bruxo.

Em nossas tentativas incessantes de entender o mundo ao nosso redor, frequentemente voltamo-nos para teorias, conceitos e ideias que tentam desvendar os mecanismos subjacentes à realidade. Um desses conceitos, o Princípio da Correspondência, convida-nos a ver a realidade não como um mero espectador, mas como um participante ativo, entrelaçado na vastidão do Cosmos.

Este princípio sugere que a realidade que vivenciamos é um reflexo direto do que se passa dentro de nós. O que somos internamente se manifesta externamente. Como se fôssemos pequenas gotas em um oceano vasto, onde cada gota possui a capacidade de refletir toda a vastidão do oceano. Assim, o indivíduo é um microcosmo que carrega em si toda a complexidade do macrocosmo universal. Inversamente a isso o Universo, em sua grandiosidade, carrega dentro de si cada ser, cada pensamento e cada emoção.

Essa interconexão tem implicações profundas quando consideramos a natureza de nossos pensamentos e sentimentos. Se somos dominados por pensamentos negativos, essa negatividade reside dentro de nós, mas também se propaga para o mundo ao nosso redor, moldando nossa realidade de maneira tangível. O que à primeira vista pode parecer um simples eco de nossa mente, é, na verdade, a materialização de nossas emoções e pensamentos.

Este fenômeno, em termos ecológicos, pode ser comparado a um ciclo de feedback positivo, onde uma sequência de eventos se reforça continuamente. No entanto, neste contexto, não se trata apenas de eventos naturais, mas também de uma interação contínua entre o mundo interno e o mundo externo. Em uma espiral ascendente, a negatividade interna gera negatividade externa, que por sua vez alimenta ainda mais o turbilhão de pensamentos negativos, perpetuando um ciclo de desequilíbrio.

A beleza deste princípio, no entanto, reside no fato de que ele também aplica o oposto: assim como a negatividade gera mais negatividade, a positividade tem o poder de criar um mundo mais harmonioso e equilibrado. Portanto, ao cultivar um espaço interno de paz, amor e compreensão, temos o potencial de moldar uma realidade externa que reflete esses mesmos valores.

Neste contexto, a autorreflexão torna-se uma ferramenta poderosa. Pois, ao compreendermos e ajustarmos nossos próprios pensamentos e emoções, estamos, de fato, traçando o curso de nossa jornada no mundo e determinando a natureza da realidade que nos cerca. Com isso, somos lembrados de que a cada momento temos o poder de escolher o tipo de mundo em que desejamos viver.

Além disso, a compreensão da Lei da Correspondência nos ajuda a decifrar símbolos e padrões que podem estar presentes na nossa vida. Ao observar as correspondências entre eventos, sonhos e sincronicidades, podemos ganhar insights sobre nossa jornada e tomar decisões mais informadas.

As analogias na Wicca e na Bruxaria desempenham um papel significativo, pois a realização de rituais, encantamentos e feitiços dependem de entender e estabelecer as relações e correspondências entre diferentes elementos, energias e símbolos. As analogias ajudam os praticantes a compreenderem e manipularem as energias espirituais, ligando o macrocosmo ao microcosmo, o espiritual ao físico e o Divino ao mundano.

Na Wicca e na Bruxaria, as analogias são ferramentas fundamentais para construir uma compreensão profunda e íntima dos Mistérios da vida e do Universo. Por exemplo, as fases da lua são frequentemente usadas como analogias para os ciclos da vida, enquanto os elementos (Terra, Água, Ar e Fogo) são vistos como representativos das diferentes formas de energia e consciência presentes no mundo. Os praticantes podem usar essas analogias para atrair e canalizar energia em rituais e magias, criando um link simbólico e vibracional entre o objetivo do ritual e os elementos e símbolos envolvidos.

O conceito de analogia se alinha perfeitamente com o Princípio da Correspondência no Hermetismo, que postula de que há uma correspondência harmoniosa entre os diferentes níveis da realidade, seja ele físico, mental ou espiritual, sugerindo que o que ocorre em um nível tem seu paralelo em outro nível, criando uma rede complexa de correspondências e relações entre tudo no Universo. Este princípio é utilizado para compreender e influenciar a realidade, percebendo e manipulando as correspondências entre os diversos aspectos da existência.

Os Bruxos também aplicam o Princípio da Correspondência ao estudo de sistemas simbólicos, como a Astrologia e o Tarô. Entender as correspondências entre os símbolos e os aspectos da vida humana, pode facilitar a desvendar mensagens e orientações preciosas.

Em resumo, a Lei da Correspondência nos lembra de que tudo está interconectado. Ao explorar essas conexões, os Bruxos podem ampliar sua compreensão do mundo e aprimorar sua prática mágica.

SOLVE ET COAGULA

O PRINCÍPIO DA CORRESPONDÊNCIA À LUZ DA CIÊNCIA DA BRUXARIA

A filosofia hermética, cujas origens se enraízam nas Tradições antigas, traz à tona princípios que tentam explicar a intricada teia que compõe a realidade. Dentre estes, o Princípio da Correspondência se destaca, alegando que a compreensão dos fenômenos em um nível de existência pode lançar luz sobre os Mistérios de outros níveis. O adágio "naquilo que é conhecido está o desconhecido", extraído do Caibalion, condensa essa ideia, propondo que o entendimento das leis do mundo tangível nos possibilita desvendar os enigmas do intangível.

O paralelo entre o micro e o macro é uma das formas de visualizar este princípio em ação. Ao estudarmos as partículas subatômicas e suas interações no microuniverso, obtemos insights sobre a estrutura e o comportamento do macrouniverso. Dessa forma, o infinitamente pequeno reflete o infinitamente grande, e vice-versa.

Mas ao tentarmos decifrar o enigma da criação do Universo a partir deste princípio, encontramos desafios. Em nossa realidade cotidiana, a criação é geralmente um processo de transformação ou combinação de elementos já existentes. Entretanto, como criar algo a partir do nada, especialmente algo tão vasto e complexo quanto o Universo? Ao ponderar sobre isso, rapidamente percebemos que os métodos convencionais de criação, seja transformando materiais, seja reproduzindo seres, são inadequados para explicar a origem do Universo. O TODO, em sua totalidade, não pode ser subdividido, nem multiplicado; seria paradoxal e contraproducente pensar assim.

Contudo, há uma forma de criação que não recorre à matéria nem à reprodução: a criação mental. Assim como um artista concebe uma obra em sua mente antes de trazê-la à existência física, o Universo pode ser uma concepção mental de uma entidade superior, uma manifestação de um pensamento ou desejo.

Esta ideia, em sintonia com diversas Tradições esotéricas, sugere que a realidade é fruto de uma mente cósmica, e que tudo o que percebemos e vivenciamos é uma expressão desse pensamento Divino.

Este modo de compreender a origem do Universo desafia nossas noções convencionais de criação e existência, pois nos faz refletir sobre a natureza imaterial da realidade. Ao invés de ser um mero aglomerado de matéria e energia, o Universo pode ser uma manifestação concreta de ideias e conceitos, um sonho cósmico em constante evolução.

Assim, o Princípio da Correspondência nos convida a expandir nossos horizontes, a reconhecer a interconexão entre o físico e o metafísico e a perceber que, em cada detalhe do conhecido, reside um eco do desconhecido.

Segundo os ensinamentos contidos nos Princípios Herméticos, defende-se que o Universo foi moldado e emergiu a partir de uma construção mental, a mente do TODO. Essa perspectiva nos convida a refletir sobre nossa própria capacidade criativa, considerando que, seguindo o Princípio da Correspondência, todos nós carregamos, de forma latente, a habilidade de moldar e criar a partir de nossas energias mentais. Esse princípio sugere que o que está em cima é como o que está embaixo, e vice-versa, estabelecendo uma analogia entre o macro e o micro.

Se tomarmos por base a premissa dos Princípios Herméticos, torna-se desafiador pensar em outra maneira razoável de criação que não esteja alinhada ao pensamento de que o Universo é uma extensão de uma mente superior. Da mesma forma que somos capazes de criar e moldar universos em nossa mente, pode-se argumentar que o nosso próprio Universo é o resultado de uma manifestação mental do Todo.

Todavia, uma distinção importante emerge ao se ponderar sobre a capacidade criativa: enquanto nossas construções mentais nascem de uma mente *finita*, limitada por nossa própria existência e compreensão, a criação do Todo origina-se de uma mente *infinita*, transcendendo qualquer limitação conhecida. A semelhança entre ambos os processos criativos ressoa na sua natureza intrínseca, mas eles diferem drasticamente em amplitude e magnitude.

Quando lançamos um olhar para a Ciência Moderna, particularmente a Física, notamos que ela, em sua abordagem tradicional tridimensional, ainda busca respostas que deem conta de explicar e compreender os múltiplos planos de existência propostos pelos Hermetistas. No entanto, é fascinante observar que a ciência não está totalmente alheia ao Princípio da Correspondência. Em seus estudos e observações, os cientistas frequentemente se deparam com padrões e semelhanças que conectam o macro e o micro.

Os elétrons, por exemplo, exibem comportamentos que lembram turbilhões. Padrões que curiosamente são observados em escalas muito maiores, como na movimentação de planetas, de estrelas e até mesmo de galáxias. Da mesma forma, a representação tradicional do átomo, amplamente reconhecida, é frequentemente comparada a um sistema planetário em miniatura, onde elétrons orbitam um núcleo da mesma forma que planetas orbitam uma estrela.

Esta interconexão observada entre o que é vasto e o que é ínfimo nos leva a uma reflexão profunda sobre a natureza intrínseca de nosso Universo e nossa posição dentro dele. Enquanto continuamos a buscar respostas e conexões entre o pensamento hermético e a Ciência Moderna, torna-se cada vez mais evidente que a jornada do entendimento é tão vasta quanto o próprio Universo que habitamos.

O Universo, em sua vastidão, pode muitas vezes parecer misterioso e incompreensível à primeira vista. No entanto, quando nos aprofundamos em sua estrutura, percebemos uma sutil e surpreendente sincronia entre o micro e o macro. Essa observação não é apenas fruto de uma perspectiva filosófica, mas também de descobertas científicas que evidenciam a simetria e universalidade das leis físicas.

Historicamente, a humanidade adotou uma perspectiva fragmentada da realidade, separando, por exemplo, os fenômenos terrestres dos celestes. O movimento dos corpos na Terra e o dos astros no firmamento eram considerados regidos por princípios distintos. Era quase como se houvesse uma divisão clara entre o que acontecia aqui em nosso solo e o que se desenrolava no vasto Universo acima de nós.

Contudo, essa visão começou a ser desafiada e transformada por mentes brilhantes que buscaram unificar o entendimento dos fenômenos. Isaac Newton, com seu aguçado raciocínio, foi uma dessas mentes. Ele percebeu que os movimentos celestes não eram exceções ou aberrações, mas, sim, reflexos das mesmas leis que governavam os objetos em movimento na Terra. Com o Princípio da Correspondência em mente, Newton propôs que as leis físicas possuíam validade universal. Ou seja, não havia distinção fundamental entre os movimentos terrestres e celestes – ambos poderiam ser explicados por um conjunto unificado de leis.

Esse reconhecimento da universalidade das leis físicas teve implicações profundas. Permitiu que o ser humano, armado com o conhecimento das leis universais, ultrapassasse os limites perceptíveis, alcançando o desconhecido. Assim como um astrônomo pode usar princípios geométricos universais em seu observatório para medir a distância de estrelas distantes, qualquer pessoa, equipada com o entendimento da Correspondência pode extrapolar a partir do conhecido e descortinar o desconhecido.

Neste contexto, torna-se evidente que a busca pelo conhecimento é mais que um esforço para entender o imediatamente visível, é uma tentativa de construir pontes entre o familiar e o misterioso. Quando tais pontes são construídas com base na universalidade e simetria das leis físicas, mais o horizonte do que é possível conhecer se expande de maneira formidável. A ciência, neste sentido, não apenas desvenda os segredos do Universo, como também reafirma nossa capacidade inata de buscar, compreender e conectar.

O Princípio da Correspondência, um pilar essencial da filosofia hermética, funciona como uma ponte entre o observável e o inobservável, entre o material e o imaterial. Seus lemas "como acima, é abaixo" e "como dentro, é fora" são chaves para desvendar a simetria entre os mundos físico e espiritual.

A expressão "como acima, é abaixo" não se limita a uma simples metáfora; ela sugere que o que é visível e experienciável em nosso mundo físico é apenas um reflexo ou manifestação de uma realidade mais profunda e espiritual. Este reconhecimento é fundamental na Tradição Hermética, que considera que os planos superiores de existência – muitas vezes descritos como "sobrenaturais" – não estão separados de nosso mundo físico, mas são intrinsecamente conectados a ele. Essa conexão é facilitada pelos princípios da Mentalidade e da Correspondência.

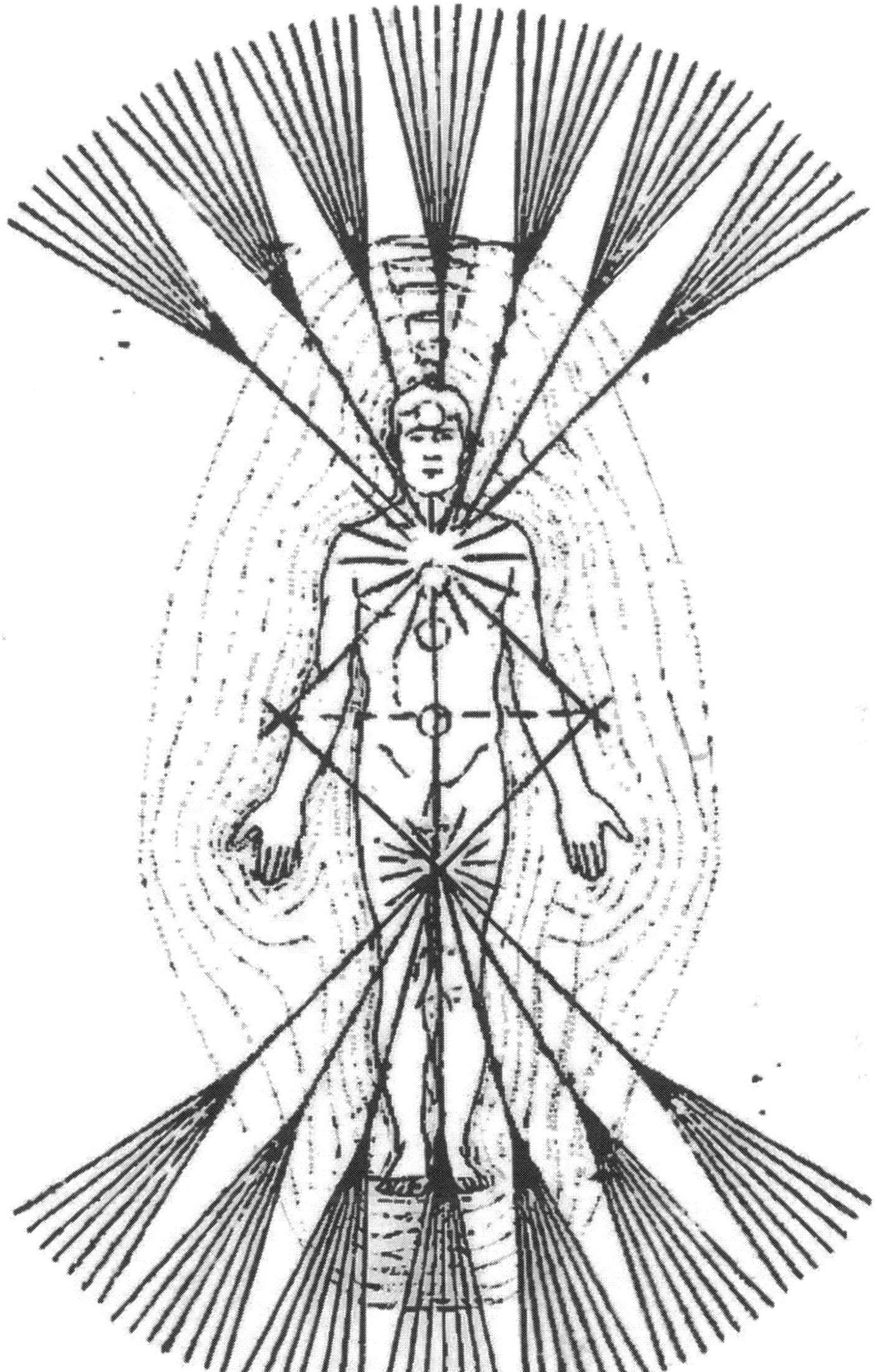

O Princípio Hermético da Correspondência nos ensina a ver o reflexo entre o espiritual e o material, unindo mundos e desvendando a simetria sagrada do Universo.

"Como dentro, é fora" postula que o mundo exterior é um reflexo direto do mundo interior. O que experimentamos em nossa mente interna – nossos pensamentos, sentimentos e desejos – tem uma correspondência direta com o que se manifesta no mundo exterior. Esta ideia pode ser facilmente interpretada como uma representação poética do poder dos pensamentos. Entretanto, os fundamentos deste princípio vão além da poesia e têm raízes na própria Física.

Estas duas formulações do princípio podem, inicialmente, parecer distintas, mas na verdade apontam para a mesma realidade: que o plano espiritual ou "sobrenatural" e nosso reino mental interno estão interligados e, em muitos aspectos, são o mesmo. Este reconhecimento desafia a percepção convencional de espaço-tempo e sugere que o vasto reino do Inconsciente Coletivo, como proposto por Jung, é uma extensão da mente individual e serve como um portal para dimensões além do espaço-tempo.

Ao explorar este princípio à luz da física, descobrimos que a correspondência além de fazer sentido intuitivo, é corroborada por certos fenômenos observáveis. A consciência introspectiva, por exemplo, quando examinada sob a lente da Correspondência, revela que o "reino sobrenatural, além do espaço-tempo", ao qual os eventos físicos correspondem, não é um conceito esotérico distante, mas uma realidade palpável e compreensível.

Em sua essência, o Princípio da Correspondência nos convida a olhar além das aparências e a reconhecer que, em todos os eventos e fenômenos, existe uma profunda interconexão entre o físico e o metafísico. E é por meio dessa interconexão que podemos começar a compreender a verdadeira natureza da realidade e o nosso lugar nela.

Ao tentar entender o Universo e a natureza da realidade em que vivemos, muitas vezes confrontamos conceitos que vão além de nossa percepção cotidiana. Um desses conceitos, oriundo dos Princípios Herméticos, é o da Correspondência. Este princípio pode ser mais bem apreciado quando analisado à luz da Física moderna.

Uma das ideias centrais da Física é que o espaço-tempo, a "tela" onde todos os eventos acontecem, é emergente e, em última análise, pode ser considerado uma ilusão. Assim como os mundos gerados em videogames, o nosso Universo poderia ser fruto de computação quântica que ocorre na função de onda. No âmbito da mecânica quântica, estas funções de onda são descritas como existindo em um espaço matemático denominado "Espaço de Hilbert". Este espaço, que engloba todas as funções com integrais quadrados finitos, não é um "espaço" no sentido clássico da palavra. Ao invés disso, refere-se a um domínio de funções matemáticas.

Muitos físicos tratam o Espaço de Hilbert como uma abstração útil. No entanto, ao adotar essa perspectiva, ignora-se o fato fundamental de que descrições sempre correspondem a realidades. Nosso espaço-tempo, como entendido atualmente, emerge deste Espaço de Hilbert. Isso sugere que, em vez de ser um mero construto matemático, o espaço-tempo emerge de estados quânticos reais existentes em um domínio.

Este conceito concorda com as descrições do Caibalion que fala de um "plano" além do mundo físico. Este plano não é um "lugar" no sentido clássico, mas é mais do que uma condição ou estado. Essa descrição ressoa com a ideia da Física do Espaço de Hilbert, apresentando um domínio da realidade que não é um "espaço" no sentido convencional.

Interessantemente, ao existir fora do espaço-tempo, este domínio pode ser sinônimo do que chamamos de "sobrenatural". Mas ao invés de invocar entidades místicas ou Divinas, o termo "sobrenatural" aqui se refere ao que está além do nosso entendimento convencional da realidade.

Ao considerar a ideia do Mentalismo, que propõe que o mundo é uma construção mental dentro da Mente do Todo, surge a noção de que há tanto um mundo dentro da construção mental quanto uma camada mais profunda da realidade composta por pensamentos na Mente do Todo. Usando a analogia do videogame, existe o mundo virtual do jogo e o "mundo" do programa operando no hardware do computador.

Assim, os personagens dentro do videogame (nossa percepção convencional da realidade) veem o código do jogo (a realidade subjacente) como "sobrenatural". Da mesma forma, qualquer objeto ou evento no mundo do jogo corresponde a um programa ou código no "mundo" do hardware do computador.

A verdadeira beleza desta compreensão reside na ideia de que, embora possamos ver o Universo e a realidade de maneira linear e limitada, há camadas mais profundas e interconectadas da existência esperando para serem descobertas e compreendidas. Assim, a ponte entre os antigos Princípios Herméticos e a Física moderna oferece uma visão mais rica da realidade e ainda nos convida a expandir nossos horizontes e aprofundar nossa busca pelo conhecimento.

A dicotomia entre o macro e o microcosmo é uma reflexão filosófica que atravessa milênios, encontrando-se profundamente enraizada em diversas culturas e sistemas de crença. Fascinante é perceber que, ao longo dos anos, a ciência tem se aproximado cada vez mais de postulados que parecem ecoar esses antigos pensamentos místicos. As descobertas na Física Quântica, especificamente, têm desafiado nossas percepções tradicionais sobre realidade, consciência e a natureza do Universo.

Começando pela noção de que a realidade física, da forma que a compreendemos, é um reflexo ou emergência de padrões de emaranhamento quântico no Espaço de Hilbert, temos um paralelo direto com a máxima "como acima, é abaixo". Esse conceito sugere que há uma realidade mais profunda, supranatural, por trás da nossa experiência cotidiana, e a ciência, através do entendimento quântico, oferece um caminho para acessar essa dimensão.

Do mesmo modo, ao explorar o conceito de cognição quântica, encontramos a máxima "Como dentro, é fora". Se os processos cognitivos internos se comportam de maneira quântica, conforme descrito pela lógica fuzzy[1] das tomadas de decisão, então a mente humana é mais que um computador binário determinístico, é um campo complexo e probabilístico, similar ao comportamento quântico em superposição. Isso implica que nossos pensamentos e emoções não são apenas reflexões internas, mas representações quânticas no Espaço de Hilbert, conectando nosso interior ao Cosmos.

Esse entendimento ressoa com os ensinamentos antigos que colocam o homem como um reflexo do Cosmos. A alma humana, então, pode ser vista como um espelho da mente cósmica, ou até mesmo, em termos religiosos, da mente do Divino. Se aceitarmos essa perspectiva, não seria surpreendente que existam ecos de verdade nas afirmações de que o homem foi feito à "imagem do Divino".

No entanto, surgem desafios conceituais. Se nossa consciência interna é responsável por produzir a realidade exterior, por que não temos plena consciência ou controle sobre ela? A resposta pode residir no conceito do "Inconsciente Coletivo" proposto por Carl Jung, que sugere que a consciência individual é apenas uma fração de um vasto oceano de consciência compartilhada.

Além disso, a capacidade de influenciar a realidade externa, ainda que de forma sutil, é corroborada por fenômenos psíquicos, que, embora controversos em certos círculos acadêmicos, têm base experimental. Tais influências poderiam ser explicadas como manifestações do entrelaçamento quântico ou da conexão intrínseca entre o interno e o externo.

Ao avançarmos no estudo da Correspondência, torna-se evidente que a ciência e o misticismo não são campos opostos, mas, sim, complementares, cada um oferecendo uma lente única para compreender o Universo em que habitamos. À medida que a ciência avança, a interconexão entre o micro e o macro, o interno e o externo, e a mente e o Cosmos se torna cada vez mais aparente, unindo o conhecimento humano em uma teia rica e interconectada.

A filosofia hermética, como delineada em o Caibalion, oferece uma visão profunda e multicamadas da realidade, onde o termo "plano" não se limita estritamente a uma dimensão, assemelhando-se mais a um "estado ou condição". Esta interpretação é reforçada quando consideramos a natureza de nossos pensamentos e emoções, frequentemente descritos como "condições da mente" ou "estados mentais". Mais ainda, nossos pensamentos e emoções, além de serem pessoais, são fundamentais para a estrutura do Universo físico.

No entanto, é preciso cautela. Somente porque pensamentos e emoções podem ser concebidos como estados quânticos, isso não implica que todos os estados quânticos sejam

1 Também conhecida como "lógica difusa", trata-se de um ramo da lógica que lida com a incerteza e a imprecisão. Ao contrário da lógica clássica, que é baseada em valores binários, verdadeiros ou falsos (1 ou 0), a lógica fuzzy permite a representação de valores que variam de "completamente verdadeiro" a "completamente falso" em uma escala contínua, muitas vezes expressa em termos de graus de pertinência.

pensamentos ou emoções. Se os estados quânticos que compõem nossos pensamentos e emoções não são fundamentalmente diferentes de outros estados quânticos, seria lógico concluir que esses estados quânticos são também estados mentais.

O Caibalion apresenta uma estrutura tríplice da realidade, com os "Três Grandes Planos": o Plano Físico, o Plano Mental e o Plano Espiritual. O Plano Físico refere-se ao que percebemos como realidade física, enquanto os domínios do pensamento e emoção estão ligados aos Planos Mental e Espiritual, respectivamente. Esta concepção hermética da realidade ecoa saberes do antigo Egito, particularmente na representação do pilar *Djed*[2], que simboliza a estabilidade do sujeito nestes três planos.

Uma adição intrigante a este conceito é a introdução de "Planos Vibracionais". Enquanto o termo "dimensão" em Física pode se referir à extensão espacial ou temporal, o Caibalion sugere uma "Quarta Dimensão" ligada à vibração. A ideia central é de que tudo está em constante movimento e vibração, e essa variação nas taxas de vibração define diferentes planos de existência.

É crucial, porém, abordar o uso de uma "quarta dimensão" no Caibalion. No contexto da Física moderna, a quarta dimensão refere-se ao tempo ou a uma dimensão espacial adicional, como proposto em teorias como a de Kaluza-Klein ou a Teoria das Supercordas. No entanto, o livro se utiliza do termo em um sentido não espacial, talvez influenciado pelas concepções populares da época, especialmente após o advento da Teoria da Relatividade de Einstein e as contribuições matemáticas de Bernhard Riemann.

Apesar de sua terminologia às vezes divergir das nomenclaturas científicas contemporâneas, o conceito subjacente de planos e dimensões em o Caibalion tem paralelos fascinantes com a Física moderna. Essa interseção entre filosofia hermética e ciência oferece uma perspectiva enriquecedora sobre a complexa realidade da vida.

A Física Quântica, em sua busca constante por decifrar os segredos do Universo, e a Psicologia profunda, em seu esforço para compreender as complexidades da mente humana, parecem, à primeira vista, pertencer a domínios distintos do conhecimento. Contudo, ao observarmos mais de perto, descobrimos que ambas se entrelaçam de maneira surpreendentemente harmoniosa.

2 Também conhecido como "pilar de Djed", é um símbolo da mitologia egípcia e tem grande importância na cultura e religião do Antigo Egito. Este símbolo é geralmente representado como uma coluna retangular ou pilar com quatro travessas horizontais na parte superior, às vezes decoradas com hieróglifos e elementos ornamentais. Associado a Osíris, uma das divindades mais importantes da mitologia egípcia. O pilar Djed era frequentemente usado em cerimônias e rituais funerários, pois representava a promessa de renascimento e vida após a morte. Também simbolizava a regeneração e a durabilidade, sendo associados à ressurreição e à vida eterna, conceitos fundamentais na religião egípcia.

As teorias da mecânica quântica sugerem que os estados quânticos, representados por funções de onda, residem no Espaço de Hilbert. A existência do espaço-tempo, que muitos consideram a estrutura fundamental do Universo, emerge desses estados quânticos. Essa premissa revolucionária indica que o espaço-tempo não é uma entidade fundamental, mas, sim, uma manifestação emergente do comportamento quântico. Dessa forma, sugere-se que existem domínios de vibração neste Espaço de Hilbert que podem codificar realidades espaciais-temporais diferentes da nossa.

No entanto, essas especulações não são inteiramente novas. O Caibalion já afirmava a existência de planos de realidade em domínios vibratórios distintos do nosso. O intrigante é que teorias recentes na física propõem que fenômenos como matéria escura e energia escura poderiam ser explicados por tais domínios. A proposta de Erik Verlinde, conhecida como "Dinâmica Newtoniana Modificada" (MOND), vai nessa direção, associando a influência gravitacional da matéria escura às vibrações de graus de liberdade subjacentes ao espaço-tempo emergente.

Dentro dessa perspectiva, o termo "graus de liberdade" pode ser considerado uma representação abstrata de entidades ou diferenças existentes em outros planos vibratórios. Essa concepção nos permite uma interpretação mais profunda do que seria a matéria escura: um efeito desses outros planos interferindo em nossa realidade através de influências gravitacionais.

Além disso, a existência desses planos poderia ser uma explicação para as representações de seres sobrenaturais presentes em mitos, lendas e religiões. Eles seriam habitantes desses domínios, manifestando-se em nossa realidade de formas diversas.

Ao abordar o tema do Inconsciente Coletivo de Carl Jung, encontramos uma conexão ainda mais profunda entre a física e a psicologia. Jung introduziu a ideia de um subconsciente compartilhado entre todos os seres humanos, independentemente de suas experiências pessoais. Neste subconsciente residem os arquétipos, padrões universais que se manifestam de formas diversas em diferentes indivíduos. Em muitos casos, esses arquétipos apresentam simbologias tão antigas e universais que desafiam explicações convencionais.

Uma possível interpretação, respaldada por discussões entre Jung e o físico Wolfgang Pauli, é que esses arquétipos são manifestações de estados quânticos superpostos no Espaço de Hilbert. Dessa forma, a ideia de Jung sobre o Inconsciente Coletivo poderia ser entendida como uma interação temporal e espacialmente não localizada entre mentes humanas e o Espaço de Hilbert.

Além disso, a existência de certas entidades no Inconsciente Coletivo, como o "Philemon" de Jung[3], aponta para a presença de "mentes" codificadas no espaço quântico.

3 Philemon é uma figura que apareceu a Jung em um sonho, em 1913. Para Jung, essa figura representava uma visão superior que funcionava como uma espécie de guru interior.

Essas entidades, quer benevolentes ou malévolas, influenciam nossas percepções, sonhos e ações.

Essa intrincada teia de conexões entre o mundo quântico e o psicológico desafia nossa compreensão tradicional do Universo e de nós mesmos. Ao reconhecermos a existência de planos além do nosso entendimento imediato, abrimos a porta para um universo de possibilidades e descobertas. Mas, acima de tudo, é essencial permanecermos críticos e cautelosos, pois, nas palavras de Carl Jung, "o que você resiste, persiste".

O universo do esoterismo ocidental é vasto e rico, com duas escolas de pensamento que se destacam: o Hermetismo e a Cabala. Em uma primeira análise, pode parecer que essas duas Tradições tiveram origens distintas e, consequentemente, conceitos discrepantes. Porém, ao se aprofundar em suas filosofias, nota-se que elas se complementam de maneira surpreendente, assemelhando-se à relação entre hardware e software.

Trazendo consigo princípios fundamentais como o Mentalismo e a Correspondência, o Hermetismo, de certa forma, desvenda o funcionamento do "Universo mental", delineando uma estrutura básica de como a realidade se forma e se manifesta. Esta concepção se assemelha ao "hardware", o componente físico que possibilita o funcionamento de um sistema.

Já a Cabala enquanto Tradição Esotérica, pode ser visualizada como o "software" deste sistema. A Cabala apresenta o conceito da "Árvore da Vida", uma representação das emanações do Divino em dez "*Sephiroth*", que fluem desde a esfera suprema de Deus até a nossa realidade física. Interligando essas *Sephiroth*, encontram-se vinte e dois caminhos, cada um associado a uma letra do alfabeto hebraico. Curiosamente, há uma crença cabalística de que o mundo foi criado e é continuamente sustentado pelas palavras de Deus, compostas por essas letras.

Este conceito remete a duas interpretações relevantes. A primeira é a ideia de que o mundo é como um programa de computador em execução, onde palavras (ou códigos) têm o poder de criar e manter realidades. A segunda interpretação tem uma conotação mais religiosa, alinhando-se com Tradições abraâmicas que acreditam na criação do mundo por meio da fala Divina.

No "*Sefer Yetzirah*" ou "Livro da Criação", há uma descrição que parece fazer alusão a um modelo quântico do Universo. A menção de vinte e duas letras organizadas em uma esfera, com suas combinações resultando em 231 "portas do conhecimento", evoca imagens da "Esfera de Bloch", uma representação matemática do espaço de estados de um *qubit* em Física Quântica. Essas "portas" ou "superposições" podem ser vistas como as diferentes probabilidades e resultados que ocorrem dentro de um estado quântico.

Essa intersecção entre os conceitos da Cabala e a mecânica quântica sugere que, de alguma forma, os antigos místicos já intuíam certas verdades sobre o Universo que a Ciência Moderna apenas agora começa a entender.

De maneira geral, o Hermetismo e a Cabala, ao serem interpretados juntos, proporcionam uma visão integrada do misticismo ocidental. Eles oferecem um quadro no qual a estrutura fundamental da realidade (Hermetismo) é animada e expressa por meio de uma linguagem Divina e complexa (a Cabala). Em uma era onde ciência e espiritualidade frequentemente se encontram em lados opostos, essa harmonização entre Tradições místicas antigas e conceitos científicos modernos sugere que talvez exista uma verdade unificada aguardando ser completamente revelada.

O fascínio pelo mentalismo e sua intrínseca relação com o Universo é tema recorrente na história da filosofia e da ciência. No entanto, é a incorporação de intuições platônicas, profundamente arraigadas em nossa consciência que permite uma compreensão mais rica dessa interação.

A mente, como uma entidade imaterial distinta do mundo físico, não é apenas uma construção filosófica, mas também uma experiência pessoal. Somos continuamente confrontados com a realidade de que nossas percepções, sentimentos e pensamentos são fundamentalmente diferentes das entidades materiais que encontramos no mundo exterior. Esta distinção entre mente e matéria fornece uma base sólida para o argumento de que "o Universo é mental".

Adicionando a essa compreensão a intuição das formas platônicas – aqueles ideais eternos e imutáveis que existem fora do espaço e do tempo – podemos começar a perceber uma teia mais complexa de conexões entre a mente, o Universo e a realidade em si. Estas formas, que são singularmente universais, como a "forma platônica do número quatro", servem como construções mentais fundamentais das quais nossas percepções da realidade são derivadas. Elas também são indicativas de que, em algum nível, nossas mentes individuais e a Mente do Todo partilham das mesmas construções e ideais.

A ideia de que o mundo físico é uma construção mental moldada pelas formas platônicas traz à tona o conceito de correspondência. Aqui, cada entidade ou qualidade no mundo físico não é apenas uma manifestação aleatória, mas uma correspondência direta a uma forma platônica. A cor azul do céu, por exemplo, é uma manifestação ou "emanação" da forma platônica da "Azulidade. Esta relação é tão intrínseca, que as entidades físicas podem ser vistas como projeções diretas das suas contrapartes platônicas.

No entanto, o conceito de correspondência não se limita a estas relações diretas. Em um nível mais profundo, associações simbólicas – muitas vezes enraizadas no Inconsciente Coletivo – podem influenciar nossa percepção e experiência do mundo. Estes símbolos, como o corvo associado à morte ou o trevo de quatro folhas vinculado à boa sorte, são representações de arquétipos mais profundos que ressoam através da consciência coletiva.

Em última análise, a confluência do mentalismo, da correspondência e da intuição platônica nos fornece uma estrutura através da qual podemos entender o Universo não apenas como uma série de eventos físicos desconectados, mas como uma rede intrincadamente tecida de ideias, símbolos e significados. E é neste emaranhado que encontramos nosso lugar e propósito, tanto como observadores quanto como participantes ativos na dança eterna da existência.

O estudo dos Princípios do Mentalismo e da Correspondência é uma viagem fascinante que nos leva para além do entendimento cotidiano. É um mergulho nas profundezas da experiência humana e da compreensão do Universo. Abordar estes princípios sem levar em consideração os fenômenos associados a eles seria uma negligência, visto que é na prática e na observação destes fenômenos que realmente começamos a entender sua magnitude e relevância.

Tais fenômenos, circundados pelo âmbito oculto ou paranormal frequentemente causa certo ceticismo no meio acadêmico. No entanto, ao se aprofundar em pesquisas e estudos específicos, descobrimos que muitos desses fenômenos já foram documentados em condições laboratoriais, superando os padrões requeridos para a prova científica. As experiências de quase morte e projeções astrais, por exemplo, não são meros relatos isolados. Elas têm características verídicas que desafiam explicações puramente materialistas.

Contudo, é fundamental compreender que a impossibilidade de explicação em termos materialistas não implica em inexplicabilidade em termos científicos. A ciência, em sua essência, não está atrelada apenas ao materialismo. Ela é um instrumento de investigação e entendimento do mundo em suas diversas facetas. É neste contexto que entra a ciência mentalista, que busca explicar esses fenômenos de maneira lógica e racional.

Adentrando a esfera do chamado "Plano Astral", encontramos conceitos que desafiam nossa compreensão tradicional do espaço-tempo. Este plano, frequentemente associado a uma dimensão misteriosa, é muitas vezes representado pelos físicos como o "Espaço de Hilbert – uma descrição abstrata da física não local. Curiosamente, o que muitos entendem como "projeção astral", a capacidade de se mover no reino físico e ver o próprio corpo em tempo real, na verdade, refere-se a uma "projeção etérica". A verdadeira projeção astral envolve a capacidade de deixar o plano físico completamente.

É notável que físicos, ao explorar a intersecção entre física digital e consciência, têm se aproximado de conclusões semelhantes. Thomas Campbell, que já colaborou com a NASA, por exemplo, visualiza o Universo como uma realidade virtual contida em um Sistema de Consciência Maior. Essa visão se alinha com os pensamentos herméticos acerca da Mente do Todo.

Além do que chamamos erroneamente de "Universo físico", existe um reino do qual este Universo é simulado, semelhante ao Espaço de Hilbert. A exploração desse plano por pesquisadores como Campbell e Robert Monroe tem revelado descobertas fascinantes, corroborando a ideia de que o mundo físico é, de fato, uma realidade virtual e que nosso corpo físico é apenas um avatar para a mente.

Tal compreensão nos faz refletir sobre a natureza da consciência e do cérebro. Enquanto não podemos perceber diretamente a existência do cérebro, a consciência é imediatamente evidente. Isso sugere que o corpo não produz consciência; ele apenas a abriga. Portanto, fenômenos como projeções astrais são compreensíveis quando percebemos que a mente pode se aventurar além de seu avatar físico.

Entretanto, é importante reconhecer que, embora muitos destes fenômenos se correlacionem com funções cerebrais anormais, não são completamente explicados por elas. Em experiências de quase morte, por exemplo, muitos relatos possuem detalhes precisos, verificados por terceiros independentes. Alguns argumentam que, à medida que o cérebro se deteriora, a mente também se deteriora, levantando questões sobre a existência de consciência após a morte.

No entanto, ao considerarmos o mentalismo, percebemos que existe um nível estrutural adicional que, quando compreendido, pode iluminar nossa compreensão tanto da relação causal entre fenômenos mentais e atividade neural, quanto da natureza verídica de muitas experiências fora do corpo e de quase morte. Continuar essa exploração é crucial para uma compreensão mais profunda da verdadeira natureza da consciência e de nossa relação com o Universo.

A experiência de quase-morte, ou EQM, tem sido objeto de crescente interesse na sociedade moderna. Conhecida por muitos, a EQM é frequentemente vista como um fenômeno independente, embora, de certa forma, possa ser considerada um subconjunto da experiência fora do corpo. Estas experiências têm sido, de forma geral, um desafio para explicações materialistas, mas parecem ser mais compreensíveis quando vistas sob a lente do Mentalismo.

Uma crítica comum às EQMs é que elas são apenas ilusões resultantes de atividades cerebrais atípicas. No entanto, essa noção é contestada por diversas evidências. Por exemplo, há registros de pessoas cegas, inclusive aquelas cegas de nascença, que, durante uma EQM, conseguiram "ver". Tal habilidade é notável, uma vez que a visão requer uma complexa rede neural, algo que esses indivíduos não desenvolveram. Há também relatos corroborados de informações obtidas durante EQMs que seriam impossíveis para o indivíduo saber, como a localização exata de objetos em um quarto de hospital.

É igualmente impressionante que muitas dessas experiências ocorram em momentos em que a atividade cerebral é praticamente inexistente. Isso contrasta com a visão materialista, que espera que a atividade mental diminua à medida que a atividade cerebral se reduz.

No entanto, ao invés de ver esses fenômenos como inexplicáveis, eles podem ser compreendidos no contexto dos conceitos herméticos e ocultos, em particular a chamada "Doutrina da Alma Dupla". Esta doutrina sugere a existência de duas dimensões da alma: o espírito e a alma propriamente dita. O conceito não é novo; na verdade, remonta aos tempos antigos. Referências a isso podem ser encontradas em diversas Tradições, desde a Bíblia até textos hindus, egípcios e gregos. Este conceito de uma alma dupla é notavelmente semelhante às nossas noções modernas de mente consciente e subconsciente.

De acordo com a visão mentalista, o espírito precede o corpo. Uma parte do espírito se projeta no corpo, dando origem ao que chamamos de "alma". A mente, na forma de espírito, estaria por trás da realidade que percebemos. Assim, à medida que o corpo físico se deteriora, a conexão entre o espírito e a alma é interrompida. Quando isso ocorre, as capacidades e informações mentais previamente associadas ao corpo são recuperadas pelo espírito.

Este entendimento da estrutura da alma também ajuda a conciliar diferentes concepções sobre a vida após a morte. Enquanto o destino da alma é muitas vezes associado a conceitos de Céu e Inferno, o espírito é frequentemente associado à reencarnação. Ambas as crenças têm evidências substanciais e não devem ser descartadas devido a preconceitos religiosos.

Levando em conta uma última análise, a Doutrina da Alma Dupla e o Mentalismo oferecem um quadro teórico que explica as EQMs de maneira satisfatória, mas também reconcilia aparentes contradições entre diferentes Tradições espirituais e descobertas da Neurociência Moderna. Isso nos lembra que, embora possamos viver em uma era dominada pela ciência e pelo materialismo, as sabedorias antigas ainda têm muito a nos ensinar sobre a natureza da realidade e a interação entre corpo, alma e espírito.

Em meio às maravilhas e mistérios da mente humana, a capacidade de transcender os limites da percepção ordinária e das leis da física – denominada "fenômeno *psi*" – surge como um tópico altamente debatido e controverso. Esses fenômenos, que incluem habilidades como telepatia, clarividência e precognição, desafiam nossas concepções tradicionais de realidade, mas podem ser compreendidos melhor à luz dos Princípios do Mentalismo e da Correspondência.

Muitos alegam que esses fenômenos são "paranormais" ou "sobrenaturais", no entanto, quando vistos através das lentes do Hermetismo, tornam-se perfeitamente plausíveis. A razão para tal discordância na percepção é a base materialista da ciência contemporânea, que pode não estar equipada para compreender fenômenos que se originam fora do seu quadro de referência.

Um exame mais profundo das evidências pode lançar luz sobre o assunto. Laboratórios renomados, como o Princeton Engineering Anomalies Research lab (PEAR) e o Rhine

Institute, realizaram pesquisas extensas e encontraram evidências estatísticas significativas para a existência desses fenômenos. Por exemplo, o experimento de Brugmans, em 1923, e o "ESP Card Test", do Rhine Institute, ofereceram resultados que superam amplamente os padrões científicos estabelecidos para a verificação de um fenômeno.

Apesar dessa abordagem rigorosa e das evidências acumuladas, o ceticismo prevalece em algumas esferas da comunidade científica. O neuropsicólogo Donald Hebb, por exemplo, rejeitou a noção de *psi*, não por falta de evidências, mas porque ele sentiu que não se alinhava com os entendimentos estabelecidos de física e fisiologia. Aqui, reside um impasse entre a evidência empírica e a incompatibilidade percebida com os modelos científicos existentes.

As objeções à legitimidade do fenômeno *psi* frequentemente derivam de conceitos na física, particularmente a teoria da relatividade e a mecânica quântica. Contudo, essas críticas muitas vezes se baseiam em uma interpretação incompleta ou simplificada dessas teorias. Por exemplo, argumenta-se que a telepatia enviaria informações mais rápido que a luz, o que contradiz a relatividade. No entanto, essa perspectiva assume erroneamente que a telepatia opera dentro do espaço-tempo convencional.

A realidade, conforme postulada pelo Caibalion, sugere que os pensamentos existem em uma função de onda que reside fora do espaço-tempo. Quando dois cérebros se tornam "entrelaçados", uma forma de comunicação não local emerge, permitindo a troca de informações sem a necessidade de um meio físico. Este modelo se alinha com a mecânica quântica, especialmente quando consideramos que a mente opera não somente no reino clássico; ela pode existir em estados de superposição.

Os céticos muitas vezes operam sob a suposição de que a informação deve, por necessidade, viajar através do espaço-tempo. Além disso, muitas vezes ela pode vir à mente como um objeto clássico não quântico. No entanto, quando nos libertamos destas noções preconcebidas e abraçamos uma visão mais holística e integrada da realidade, os fenômenos *psi* tanto se tornam concebíveis, como também se encaixam de forma harmoniosa no tecido da realidade.

Assim, o estudo do fenômeno *psi* desafia as fronteiras da mente humana e da realidade percebida, convidando-nos a expandir nosso entendimento e a reimaginar o possível. Ao fazermos isso, podemos começar a reconhecer a mente como uma força mais penetrante e influente do que jamais imaginamos.

O arcabouço da física hermética oferece explicações para diversos fenômenos mentais que têm despertado curiosidade e ceticismo ao longo dos séculos. De acordo com esta perspectiva, a mente humana é moldada e influenciada por forças e padrões universais que refletem o macrocosmo:

- **Oração:** um dos fenômenos mais comuns e debatidos é a oração, por meio da qual se acredita que um indivíduo se comunica com o Divino. Por mais que a eficácia da oração seja contestada, a física hermética propõe uma explicação mecânica para este processo. Segundo essa visão, a Mente do Todo, muitas vezes referida como "Deus" nos textos herméticos, gera o Universo a partir do plano mental coletivo interno. Quando um fiel se comunica em oração, ele o faz em seu próprio domínio mental interno, que é parte integrante desse plano coletivo. Como a Mente do Todo abrange todo este reino, ela tem a capacidade de conhecer e ouvir tudo dentro dele.

- **Divinação:** outro fenômeno, a Divinação, também é explicável através desta moldura hermética. Adivinhar o futuro ou decifrar padrões ocultos na realidade presente está atrelado ao Princípio da Correspondência. A formulação "Como é em cima, é embaixo" é particularmente relevante. O "Inconsciente Coletivo", assim denominado por Jung, descreve um plano coletivo interno, de onde o espaço-tempo físico emerge. Os arquétipos existentes neste Inconsciente Coletivo correspondem a padrões de eventos e imagens que se manifestam no mundo físico. Por exemplo, o Tarô, com suas cartas do Arcano Maior, associa-se com os caminhos entre as Sephiroth da Árvore da Vida da Cabala Hermética.

- **Possessão:** o fenômeno da possessão, frequentemente associado a narrativas demoníacas e mitológicas, também encontra fundamento no contexto hermético. O plano astral, que corresponde ao que os físicos se referem como "Espaço de Hilbert", é onde residem funções de onda que têm uma natureza inerentemente mental. É proposto que seres conscientes possam existir neste plano sem estarem necessariamente vinculados a avatares físicos no espaço-tempo. Esses seres, conhecidos como "demônios", "djinn" ou "arcontes", têm a capacidade de influenciar os humanos, fazendo com que seus pensamentos ressoem na mesma frequência da entidade. Quando esta ressonância é forte o suficiente, o indivíduo pode ser completamente dominado, levando à possessão.

Deve-se destacar que, mesmo que estes mecanismos herméticos forneçam um entendimento dos fenômenos mentais, isso não justifica ou endossa práticas mágicas ou ocultistas. Como sempre, o conhecimento é uma ferramenta poderosa, que pode ser usada tanto para fins benéficos quanto maléficos.

Ainda assim, a existência desses fenômenos e a sua explanação dentro da física hermética nos desafia a expandir nossa compreensão do Universo e de nosso lugar nele. É um convite à introspecção e à reflexão sobre a existência. E assim, seguimos na busca incessante pelo entendimento dos mistérios que nos cercam.

O paradigma hermético-físico, que tem suas raízes nas Tradições esotéricas do passado, não apenas se preocupa com a materialidade do Universo, como também oferece insights sobre diversos fenômenos mentais. Estes fenômenos, muitas vezes rotulados como místicos ou sobrenaturais, podem ser compreendidos e desmistificados quando vistos sob a luz da perspectiva hermética.

Tomemos, por exemplo, o fenômeno da oração. Neste contexto, a oração é um meio pelo qual um indivíduo se comunica com o que as religiões chamam de "Deus". No entanto, a eficácia da oração tem sido um tema de debate. Sem nos aprofundarmos nas complexidades da eficácia da oração, é essencial reconhecer que, a partir de um ponto de vista hermético, a oração acontece no plano mental interno de um indivíduo, que é intrinsecamente conectado ao coletivo interno – o plano mental, de onde todo o Universo é gerado, conforme concebido pela Mente de Tudo (ou Deus). Portanto, qualquer interação nesse plano tem potencial de conexão com a Mente do Todo, dependendo da sintonia vibracional do indivíduo.

Da mesma forma, a arte da adivinhação é moldada pela interação entre o coletivo interno e o externo, ou a relação entre o microcosmo e o macrocosmo. A máxima "como acima, é abaixo" capta a essência deste princípio hermético. O mundo físico que percebemos é uma projeção do coletivo interno, um conceito semelhante ao Inconsciente Coletivo de Jung. Assim, os arquétipos presentes neste plano coletivo se manifestam no mundo físico através de padrões, imagens e eventos. Reconhecer e interpretar esses padrões permite que um indivíduo preveja eventos ou entenda o significado oculto por trás de imagens e símbolos.

Um exemplo vívido desse fenômeno é a Cabala Hermética e sua relação com o Tarô. A Árvore da Vida da Cabala, com seus caminhos interconectados, associa-se aos arcanos maiores do Tarô. Quando um indivíduo seleciona uma carta, ele pode estar inconscientemente acessando os arquétipos do Inconsciente Coletivo relacionados à situação em questão. Portanto, a leitura do Tarô pode ser vista como uma interpretação dos padrões arquetípicos subjacentes que moldam a realidade.

No entanto, é crucial abordar o fenômeno da possessão, que tem sido parte da história humana desde tempos imemoriais. Mais do que meros mitos, as possessões são entendidas na física hermética como interações entre seres que existem no plano astral (aquele "Espaço de Hilbert" identificado pelos físicos) e seres humanos. Esses seres astrais têm a capacidade de sintonizar a vibração de seus pensamentos com a dos seres humanos, às vezes até dominando completamente a personalidade do hospedeiro.

Este conceito vai além do indivíduo, podendo ser aplicado a coletivos humanos. Aqui, entra o conceito de "egrégora", uma identidade ou consciência coletiva que pode influenciar ou controlar grupos inteiros de pessoas, muitas vezes de maneiras que os indivíduos do grupo nem percebem.

Assim, através da lente da física hermética, fenômenos que parecem misteriosos ou inexplicáveis encontram uma estrutura e um significado. Ao entender essas conexões e mecanismos subjacentes, tornamo-nos mais equipados para navegar na complexa maré da existência humana.

Vivemos em uma era onde os limites da compreensão humana são constantemente desafiados. A ciência tem aberto portas para realidades antes inimagináveis, e cada descoberta nos aproxima ainda mais de entender o tecido da existência. Uma dessas portas é a Física Quântica, que tem provocado debates profundos sobre a natureza da realidade, espaço-tempo e a relação entre o físico e o metafísico.

Os conceitos discutidos em *Modified Newtonian Dynamics* (MOND) trazem à tona a existência de vibrações em outros graus de liberdade que existem além do nosso espaço-tempo convencional. Esta ideia ressoa com as antigas noções dos planos vibracionais, como mencionado em o Caibalion. Mas como seria a interação entre nosso mundo e esses planos vibracionais? E como seriam os seres que habitam esses planos?

O primeiro ponto a se considerar é que esses planos, por estarem fora do nosso espaço-tempo, seriam percebidos por nós como não físicos, ou, em termos mais populares, "sobrenaturais". Assim, os seres que habitam esses planos seriam também vistos como entidades sobrenaturais. É aqui que a ciência e a espiritualidade se encontram, pois esses seres, do nosso ponto de vista, poderiam ser definidos como "espirituais". Tais definições ressoam com conceitos antigos e populares, como "anjos e demônios", dependendo da natureza positiva ou negativa atribuída a eles.

A Física Quântica sugere que o colapso da função de onda é relativo ao observador. Assim, enquanto de nossa perspectiva esses seres parecem existir em um estado de superposição (como o famoso gato de Schrödinger), para eles mesmos, eles existem em um estado definido, assim como nós. Essa relativa natureza da observação desafia nossa percepção convencional da realidade.

Quando trazemos para o debate o fenômeno dos OVNIs e seres extraterrestres, encontramos duas principais perspectivas. Uma sugere que esses seres são simplesmente visitantes de outros mundos, enquanto a outra os vê como entidades metafísicas. No entanto, se considerarmos a física hermética, ambas as visões podem ser verdadeiras. Esses seres, ao se manifestarem em nosso plano vibracional, seriam físicos como nós. Contudo, em seu próprio plano, poderiam ser percebidos de uma maneira completamente diferente.

Outro ponto intrigante é a presença de matéria escura, observada em astronomia. A matéria escura, se vista como um indicativo desses outros planos, sugere que realidades vibracionais próximas à nossa possuem características astronômicas semelhantes, com estrelas e planetas ocupando posições análogas.

As descrições de seres em mitologias e religiões muitas vezes parecem espelhar os relatos de seres extraterrestres. Pode-se argumentar que essas descrições não estão erradas, elas são simplesmente limitadas por nossa compreensão e terminologia. A verdadeira questão, então, não é ser anjos, demônios ou alienígenas, mas entender a complexidade dessas entidades e sua interação com nossa realidade.

No fim das contas, estamos apenas começando a arranhar a superfície deste vasto universo de possibilidades. A junção da ciência com o espiritual e o místico nos leva a uma compreensão mais profunda e integrada da realidade. À medida que continuamos a explorar e a entender, é essencial manter a mente aberta para as inúmeras possibilidades que ainda estão por vir.

O Pentagrama, frequentemente associado ao ocultismo, é tradicionalmente vinculado aos cinco elementos: Terra, Ar, Fogo, Água e Espírito ou Éter. Cada elemento corresponde a um dos cinco pontos da estrela, sendo o Espírito ou Éter posicionado no topo, simbolizando seu domínio sobre o mundo material. Em contrapartida, no contexto da Magia Negra, ele é invertido, relegando o espírito a uma posição subordinada ao mundo material.

A rica simbologia do Pentagrama pode ter significado junguiano, que, de acordo com o Princípio da Correspondência, pode carregar significado mágico ou oculto próprio. Mais profundamente, o Pentagrama está ligado à intersecção entre planos – o superior e o inferior ou o interno e o externo – usado com o propósito de invocar ou banir energias e entidades do plano físico.

A relação entre o plano físico e os planos espiritual e mental foi meticulosamente delineada à luz da física. Esta análise inclui a manifestação de elementos do plano espiritual no plano físico. Uma vez que o Pentagrama é utilizado em rituais relacionados à manifestação de energias ou entidades, é intrigante questionar se esse fenômeno é observável também na física. A resposta é afirmativa.

O espaço-tempo emerge das probabilidades quânticas na função de onda que define localizações. Antes desse ponto, o espaço sequer existe, só emergindo quando as funções de onda colapsam. O espaço é definido por pontos e suas conexões. Por exemplo, um espaço unidimensional é representado por dois pontos formando uma linha. Analogamente, um espaço bidimensional emerge da interligação de três pontos, formando um plano.

Com uma regra especial para a assimetria temporal, conseguimos derivar o espaço-tempo quadridimensional e seu conteúdo a partir das probabilidades quânticas. Este é precisamente o método proposto pela teoria da gravidade quântica de Triangulações Dinâmicas Causais (CDT, na sigla em inglês). Para executar isso, o CDT precisa de cinco pontos para triangulação do espaço-tempo quadridimensional. O objeto quadridimensional resultante dessas triangulações é chamado de "pentátopo".

No entanto, segundo o CDT, o espaço-tempo é na verdade bidimensional em escala de Planck. Assim, as geometrias quadridimensionais são codificadas em projeções bidimensionais. Quando um pentátopo é traduzido de quatro dimensões para sua projeção bidimensional, ele produz um Pentagrama inscrito em um Pentágono.

Este Pentagrama traduz a informação codificada no Espaço de Hilbert para o nosso espaço-tempo físico. Em termos herméticos, "Espaço de Hilbert" e "espaço-tempo físico" são os termos científicos que descrevem os planos espiritual e físico, respectivamente. Por sua vez, o Pentagrama é a ferramenta que os ocultistas utilizam para invocar entidades ou energias do plano espiritual para o físico, de forma análoga ao que acontece no processo de triangulação do CDT.

A diferença fundamental é que os pentátopos do CDT são objetos quânticos em escala de Planck em um ambiente objetivo, enquanto os Pentagramas desenhados pelos ocultistas são governados pela física clássica. Entretanto, a crucial percepção é que não existe um ambiente objetivo. O colapso da função de onda é relativo à perspectiva, seja essa uma máquina de medição ou um observador consciente. Do ponto de vista do observador, o ambiente está em superposição e carece de uma realidade definida antes de ser observado.

O giz usado para desenhar o Pentagrama não tem propriedades místicas, assim como o ambiente em que está inserido. Porém, a percepção dele é real e carrega propriedades quânticas, visto que é uma renderização da função de onda, oriunda do plano mental ou espiritual, ou, em termos junguianos, do Inconsciente Coletivo.

Já o Pentagrama é usado para atrair a atenção da mente do ocultista. Sua imagem, antes do colapso, é a função de onda no Espaço de Hilbert, que representa o plano mental coletivo. Esse plano coletivo é de onde as energias e entidades são invocadas.

Tentar controlar os eventos do mundo espiritual é uma inversão direta da ordem natural. Práticas de Magia Negra trazem consequências severas, conforme sugere o Princípio da Causalidade. Nosso propósito ao elucidar esse processo é apenas ilustrar a realidade dessas práticas, demonstrando que elas não são místicas ou incompreensíveis. Em vez disso, elas estão profundamente enraizadas nas interações entre a realidade percebida e as leis fundamentais da física.

A noção do "estado caído", comumente ligada ao contexto religioso, é também interpretada e explicada através de princípios ocultos. Em especial, princípios como o Mentalismo, a Correspondência e, como veremos adiante, o da Vibração, apresentam-se profundamente interligados a essa ideia. Estes conceitos, longe de serem exclusivamente religiosos ou dogmáticos, estão intrinsicamente ligados à física avançada, por isso se apresentam como caminhos ricos para uma análise menos ortodoxa do tema.

Uma compreensão mais esotérica do estado caído surge em debates sobre a origem e a natureza das línguas mágicas, tão prevalentes nos encantamentos e rituais místicos. Em paralelo, a noção do "estado caído" no contexto religioso, refere-se à ideia de que tanto a humanidade quanto o mundo já estiveram isentos de malefícios externos e internos. A correlação direta entre o mal interior e exterior aponta para a conexão deste conceito com a ciência hermética, em especial a formulação "como é dentro, é fora", proposta pela lei da Correspondência.

Ao nos aprofundarmos na questão do mal, somos remetidos à natureza do bem. Hermes, no "Divino Poimandres", destaca que a bondade reside unicamente em Deus, sendo Ele a personificação eterna desta qualidade. Assim, a origem de toda concepção de bondade é a Mente do Todo. O mal, por consequência, é uma parasita do bem. Tendo isso em vista, os estados de sofrimento físico e moral que testemunhamos no mundo material são reflexos do conhecimento do mal no plano mental coletivo.

O estado caído também encontra paralelos em Tradições esotéricas, como a Cabala, que descreve a queda através do evento conhecido como "Quebra dos Vasos". Neste contexto, entende-se o mundo físico como um véu que esconde a realidade emanada, alinhando-se com perspectivas da Física Quântica. A queda na Cabala ocorre em um nível cósmico, em que emanações Divinas, ou *Sefirot*, são quebradas em fragmentos, os *Qliphoth*.

A visão hermética, por outro lado, associa o estado caído a uma queda vibracional. Na perspectiva hermética, um estado perfeito e não caído corresponderia a vibrações elevadas, uma vez que teria mais agentes conscientes interligados, enquanto um estado caído teria uma vibração mais baixa, indicando desconexão.

O estado caído também permeia outras Tradições religiosas. No contexto abraâmico, a queda do homem está ligada ao conhecimento do bem e do mal. As religiões orientais, como o hinduísmo, tratam da dualidade e da ilusão (*Maya*), enquanto o budismo foca na transcendência do ego. Ambas as perspectivas têm paralelos claros com a descrição hermética do estado caído.

É crucial destacar que o escape deste estado caído só pode ser alcançado com a ajuda da Mente do Todo. Qualquer tentativa autônoma de fuga deste estado, seja através de gurus, anjos ou instituições, é fútil, pois todos esses mecanismos estão imersos no ego.

Por fim, é válido enfatizar que o estado caído não é absoluto, mas ocorre em graus. Assim, enquanto a humanidade experimenta diferentes graus de queda ao longo da história, sempre houve uma conexão espiritual latente. O evento conhecido como "queda do homem", por exemplo, não sinaliza o início da humanidade, mas, sim, uma fase em que seres caídos tentaram convencer o homem a adotar uma postura Divina, levando-o a um estado egóico exacerbado.

Em muitas Tradições ao redor do mundo, esses seres são mencionados sob diferentes denominações. Eles representam uma tentação constante, um lembrete de nossa fragilidade e da necessidade de buscar uma conexão mais profunda e espiritual para transcender o estado caído e alcançar a verdadeira iluminação.

Ao longo da história da humanidade, a linguagem tem sido uma ferramenta vital para a comunicação e a expressão de pensamentos, emoções e desejos. No entanto, a compreensão da linguagem em sua forma mais primitiva e espiritual tem raízes mais profundas do que podemos imaginar. Ao mergulhar no conceito da linguagem mágica, percebemos que antes de ser conhecida como "estado caído", a comunicação ocorria principalmente por telepatia, tornando o discurso oral redundante.

Neste cenário primordial, a comunicação não era com palavras articuladas, mas através de uma "linguagem mental" ou "mentalese", um idioma intrínseco à estrutura do pensamento em si. Essa noção moderna, exemplificada pela "Hipótese da Linguagem do Pensamento" de Jerry Fodor, sugere que a comunicação mental seria rudimentar, desmembrada em fragmentos sensoriais singulares. No espectro auditivo, seriam fonemas básicos, formados por vogais e consoantes simples.

As primeiras línguas, assim, representariam a verbalização deste *mentalese*. Observando línguas ancestrais como o sumério, hebraico ou sânscrito, nota-se que todas são aglutinativas. Palavras sumérias, por exemplo, são compostas de várias sílabas simples, cada uma carregando um significado distinto.

Estas línguas, por serem reflexos dos fonemas e sensações auditivas intrinsecamente codificados na função de onda, ou o plano mental coletivo, podem também ser vistas como programadoras da realidade física. Esta noção serve de base para o conceito da linguagem mágica. Há registros de que o antigo sumério, além de ser uma língua falada, possuía propriedades mágicas usadas em encantamentos. Similarmente, na Tradição Cabalística, afirma-se que o Universo é uma ilusão constantemente gerada por Deus através do discurso Divino das letras hebraicas.

Ainda assim, é essencial compreender que, enquanto encantamentos e rituais podem surtir efeitos, as ondas sonoras por si só não detêm poder mágico. Sua percepção consciente influencia o reino interior do Mago, permitindo que ele insira um "código" no plano interno, reprogramando assim o mundo externo.

Diversos outros fenômenos associados ao Mentalismo e à Correspondência estão presentes em Tradições e práticas ao longo da história. Eles servem como uma introdução reveladora à interseção entre linguagem, espiritualidade e realidade. Com isso em mente, somos guiados a explorar ainda mais a fascinante relação entre linguagem, Magia e as conexões existentes com a Física moderna.

HERMES TRISME
GISTOS ÆGYPTI
Quod est Su
perius, est
Sicut id quod
est inferius
&

Resumo

PRINCÍPIO DA CORRESPONDÊNCIA

A compreensão do mundo sob uma perspectiva hermética é uma jornada profunda que explora a relação entre o mentalismo e a realidade física. Um dos alicerces mais significativos dessa filosofia é o Princípio da Correspondência, frequentemente sintetizado na afirmação "como acima, é abaixo" ou ainda "como dentro, é fora". Esta máxima nos propõe uma relação inextricável entre o espiritual e o material, sendo a Magia uma das vias mais intrigantes que opera sob este princípio.

Ao longo dos séculos, a Magia tem sido interpretada como a arte de moldar a realidade de acordo com a vontade do praticante. Nas Tradições esotéricas, esta capacidade não se dá apenas pelo desejo, mas através da compreensão e da manipulação das correspondências entre os mundos espiritual e físico. Em outras palavras, o que acontece no plano espiritual reflete e afeta diretamente o plano material, e vice-versa.

A comparação proposta entre as atividades do código de um computador e o que ocorre no jogo é reveladora. Assim como as ações em um código de programação determinam os eventos dentro de um videogame, os eventos do plano espiritual moldam e influenciam o plano físico. Esse entendimento pode ser encontrado nas práticas mágicas, onde rituais, símbolos e palavras são usados para acessar e influenciar o plano espiritual com o objetivo de causar mudanças no plano físico.

O Princípio da Correspondência, quando observado pela ótica da cognição quântica e da emergência do espaço-tempo, propõe uma ligação ainda mais profunda entre o interior (consciência introspectiva) e o exterior (realidade física).

Em outras palavras, nossa consciência já é parte integrante do reino que existe abaixo do espaço-tempo. Isso implica que os Magos e praticantes esotéricos não estão simplesmente buscando influenciar um reino externo; eles estão acessando e manipulando uma realidade da qual já são intrinsecamente parte.

A menção à filosofia platônica e sua relação com a Física Quântica é igualmente intrigante. As formas e arquétipos platônicos, conceitos abstratos e ideais que existem em um reino separado da realidade física, encontram paralelo na informação quântica presente na função de onda mecânica quântica. Ambos os conceitos, apesar de formulados em contextos temporais distintos, apontam para a mesma ideia: há uma realidade imaterial e transcendente que corresponde diretamente à nossa realidade física.

Portanto, ao considerarmos as práticas mágicas sob a luz do Princípio da Correspondência, percebemos que elas são muito mais do que simples rituais. Essas práticas representam uma tentativa contínua de compreender, acessar e influenciar a intrincada teia que une o espiritual ao físico, revelando a profunda interconexão entre o interior e o exterior, o acima e o abaixo. Ao nos aproximarmos dessas práticas com um entendimento hermético, somos convidados a reconhecer e honrar o poder da Correspondência em todos os aspectos de nossa existência.

9

VIBRAÇÃO

"Nada está em repouso; tudo se move; tudo vibra.

O Caibalion

O Terceiro Grande Princípio Hermético – o Princípio da Vibração – incorpora a verdade de que o Movimento se manifesta em tudo no Universo – que nada está em repouso – que tudo se move, vibra e circula. Este Princípio Hermético foi reconhecido por alguns dos primeiros filósofos gregos que o integraram a seus sistemas. Porém, durante séculos, ele foi perdido de vista pelos pensadores fora das fileiras Herméticas. No entanto, no século 19, a ciência física redescobriu a verdade, e as descobertas científicas do século 20 acrescentaram provas adicionais da exatidão e da verdade dessa doutrina Hermética de séculos.

Os Ensinamentos Herméticos afirmam que não somente tudo está em constante movimento e vibração, mas que também as "diferenças" entre as várias manifestações do poder universal são devidas inteiramente à variação da faixa e do modo de vibração. E não somente isso, mas que mesmo O TODO, em si, manifesta uma vibração constante de um grau infinito de intensidade e movimento tão veloz, que pode ser considerado praticamente como em repouso; os professores chamam a atenção dos alunos para o fato de que, até no plano físico, um objeto em movimento rápido (como uma roda girando) parece estar em repouso. Os Ensinamentos afirmam que o Espírito está localizado em uma extremidade do Polo de Vibração, ao passo que o outro Polo apresenta formas extremamente grosseiras de Matéria. Entre esses dois polos existem milhões e milhões de diferentes faixas e modos de vibração.

A Ciência Moderna provou que tudo o que chamamos de Matéria e de Energia são apenas "modulações do movimento vibratório", e alguns desses cientistas mais avançados estão se inclinando rapidamente em direção às posições dos ocultistas, para quem os fenômenos da Mente são igualmente modos de vibração ou de movimento. Vejamos o que a ciência tem a dizer sobre a questão das vibrações na Matéria e na Energia.

Em primeiro lugar, a ciência ensina que toda matéria manifesta, em algum grau, as vibrações decorrentes da temperatura ou do calor. Seja um objeto frio ou quente – ambos são apenas graus diferentes da mesma coisa – ele manifesta certas vibrações de calor e, nesse sentido, está em movimento e em vibração. Todas as partículas da Matéria estão em movimento circular, desde o corpúsculo até os sóis. Os planetas giram em torno de sóis, e muitos deles giram em seus próprios eixos. Os sóis se movem em torno de pontos centrais maiores e, acredita-se, que esses também se movam ao redor de outros ainda maiores, e assim por diante, *ad infinitum*. As moléculas das quais todos os tipos de matéria são compostos estão em um estado de vibração e de movimento constantes em torno umas das outras, às vezes umas contra as outras. As moléculas são compostas de átomos, que, da mesma forma, estão em um estado de constante movimento e vibração. Os átomos são compostos de corpúsculos, às vezes chamados de "elétrons", "íons", etc., que também estão em um estado de movimento rápido, girando em torno uns dos outros, e que manifestam um estado e um modo de vibração muito rápidos. Desse modo, podemos verificar que todas as formas de Matéria manifestam Vibração, de acordo com o Princípio Hermético da Vibração.

O mesmo processo ocorre com as várias formas de energia. A ciência ensina que a luz, o calor, o magnetismo e a eletricidade são apenas formas de movimento vibratório conectadas de alguma maneira e, provavelmente, provenientes do éter. A ciência ainda não explicou a natureza dos fenômenos conhecidos como "Coesão", que é o princípio da Atração Molecular; nem da Afinidade Química, que é o princípio da atração atômica; nem da Gravitação (o maior Mistério dos três), que é o princípio de atração pelo qual cada partícula ou massa de Matéria está ligada a todas as demais partículas ou massas. Essas três formas de energia ainda não são totalmente compreendidas pela ciência, mas os escritores tendem à opinião de que essas também são manifestações de alguma forma de energia vibratória, um fato que os Hermetistas sustentaram e ensinaram há muito tempo.

O Éter Universal, que é postulado pela ciência, sem que sua real natureza seja compreendida claramente, é considerado pelos Hermetistas apenas como uma manifestação superior daquilo que é erroneamente chamado de "matéria" – isto é, Matéria em um grau superior de vibração – chamado por eles de "A Substância Etérea". Os Hermetistas ensinam que essa Substância Etérea é extremamente rarefeita e elástica, que permeia o espaço universal e que serve como meio de transmissão de ondas de energia vibratória, como o calor, a luz, a eletricidade, o magnetismo, etc. Os Ensinamentos dizem que a Substância Etérea é um elo entre as formas de energia vibratória conhecidas como "Matéria", de um lado, e a "Energia ou Força", do outro; e que ela também manifesta um grau de vibração de faixa e modo inteiramente próprios.

Os cientistas ofereceram a imagem de uma roda, de um tipo de pião, ou de um cilindro, em movimento rápido, como exemplo para mostrar os efeitos do aumento das faixas de vibração. A imagem mostra uma roda, ou pião, ou cilindro, girando em uma baixa faixa de velocidade – chamaremos esse artefato giratório de "o objeto", seguindo a elucidação. Suponhamos que o objeto se mova lentamente. Ele poderá ser visto prontamente, mas nenhum som do seu movimento chegará aos nossos ouvidos. Aumentando a velocidade gradualmente, em alguns momentos, seu movimento se tornará tão rápido, que um rangido profundo, ou uma nota baixa, poderá ser ouvido. Então, à medida que o ritmo é aumentado, percebe-se subir uma primeira nota da escala musical. Depois disso, o movimento é aumentado ainda mais, e uma nota mais alta da escala é distinguida. A partir daí, uma após a outra, todas as notas da escala musical aparecem, subindo cada vez mais, à medida que o movimento acelera. Finalmente, quando os movimentos atingem uma certa faixa, a nota final perceptível aos ouvidos humanos é alcançada, o rangido some, e segue-se o silêncio. Não se ouve mais nenhum som desse objeto giratório, já que a faixa de movimento é tão alta que o ouvido humano não consegue mais registrar as vibrações. Em seguida, vem a percepção de graus crescentes de Calor. Então, depois de algum tempo, o olho capta um vislumbre do objeto tornando-se de uma cor avermelhada escura e opaca. Conforme a faixa aumenta, o vermelho fica mais claro. Com mais aceleração, o vermelho se transforma em laranja. Em seguida, o laranja se desfaz em um amarelo. Depois disso, seguem, sucessivamente, os tons de verde, azul, índigo e, finalmente, violeta, à medida que a velocidade aumenta. Após isso, o violeta desaparece, assim como todas as demais cores, e o olho humano não tem mais a capacidade de registrá-las. Apesar disso, existem raios invisíveis que continuam a emanar do objeto giratório, os raios que são usados para fotografar e outros raios de luz mais sutis. A partir daí, começam a se manifestar raios peculiares conhecidos como "raios X", e outros, conforme a constituição do objeto muda. Além disso, a Eletricidade e o Magnetismo são emitidos a partir do momento em que a taxa apropriada de vibração é atingida.

Quando o objeto atinge uma certa faixa mais elevada de vibração, suas moléculas se desintegram e se transformam nos elementos ou átomos originais. A partir desse momento, os átomos, seguindo o Princípio da Vibração, são separados nos incontáveis corpúsculos dos quais são compostos. E, finalmente, mesmo os corpúsculos desaparecem, podendo-se dizer, nesse momento, que o objeto é composto somente da Substância Etérea. A ciência não se atreve a seguir mais adiante, mas os Hermetistas ensinam que, se as vibrações fossem continuamente aumentadas, o objeto ascenderia aos estados sucessivos de manifestação e, por sua vez, demonstraria os vários estágios mentais, seguindo em direção ao Espírito, até finalmente se reintegrar ao TODO, que é o Espírito Absoluto. O "objeto", entretanto, já teria deixado de ser um "objeto" muito antes desse estágio da Substância Etérea ter sido alcançado. Porém, por outro lado, a ilustração está correta, na medida em que mostra o efeito das faixas e dos modos de vibração quando são constantemente aumentados.

Devemos nos lembrar de que, na imagem citada, nos estágios em que o "objeto" emite vibrações de luz, de calor, etc., ele não é realmente "dissolvido" nessas formas de energia (que são muito mais elevadas na escala), ele simplesmente atinge um grau de vibração em que essas formas de energia são liberadas, em certo grau, das influências confinantes das suas moléculas, átomos e corpúsculos, conforme o caso. Essas formas de energia, embora muito mais elevadas na escala do que a matéria, estão aprisionadas e confinadas nas combinações materiais, porque elas se manifestam e usam as formas materiais, tornando-se emaranhadas e aprisionadas nessas mesmas criações, o que, até certo ponto, é verdadeiro para todas as criações, já que a força criadora se torna amalgamada no processo de criação.

No entanto, os Ensinamentos Herméticos vão muito mais longe do que os da Ciência Moderna. Eles ensinam que todas as manifestações de pensamento, emoção, razão, vontade ou desejo, ou qualquer estado ou condição mental, são acompanhados por vibrações, uma parte das quais são lançadas e que tendem a afetar a mente de outras pessoas por "indução". Esse é o princípio que produz os fenômenos da "telepatia", da influência mental e de outras formas de ação e poder de uma mente sobre outra, com as quais o público em geral está se familiarizando rapidamente, devido à ampla disseminação do conhecimento oculto pelas várias escolas, cultos e professores que trabalham com essas linhas de estudo em nossa época.

Cada pensamento, emoção ou estado mental tem sua taxa e modo de vibração correspondentes. E, por um esforço da vontade da pessoa, ou das pessoas, esses estados mentais podem ser criados, da mesma maneira que uma nota musical pode ser reproduzida quando fazemos um instrumento vibrar em uma certa faixa – ou, assim como uma cor pode ser produzida, aplicando-se esse mesmo processo. Pelo conhecimento do Princípio da Vibração, se aplicado aos Fenômenos Mentais, é possível polarizar a mente em qualquer grau desejado, para se ter um controle perfeito sobre os estados mentais, os humores e outros. Da mesma forma, é possível afetar a mente de outras pessoas, produzindo nelas os estados mentais desejados. Em resumo, uma pessoa pode ser capaz de produzir no Plano Mental o que a ciência produz no Plano Físico – "Vibrações de acordo com a Vontade". Esse poder, é claro, pode ser adquirido apenas por meio de instrução, de exercícios adequados, de prática, entre outros, e essa ciência chamada de "Transmutação Mental" é um dos ramos da Arte Hermética.

Cabe aqui uma pequena reflexão sobre o que dissemos, que mostrará ao discípulo que o Princípio da Vibração está oculto nos fenômenos extraordinários de poder manifestado pelos Mestres e Adeptos, que são capazes de, à primeira vista, transgredir as Leis da Natureza; no entanto, na realidade, eles simplesmente usam para produzir esse efeito uma lei contra a outra; um princípio contra outro; e assim alcançam seus resultados, por meio da mudança das vibrações dos objetos materiais ou das formas de energia, e realizam, dessa maneira, o que é comumente chamado de "milagre".

Como disse um dos antigos escritores Hermetistas:

"Aquele que compreende o Princípio da Vibração, conquista para si o cetro do Poder".

O PRINCÍPIO DA VIBRAÇÃO PARA BRUXOS

Através das ondas silenciosas que entoam o enigma da vida, os Bruxos se movem, sintonizando-se com os ecos ancestrais da vibração, em uma dança mística de poder e mistério.

A compreensão do Universo e da nossa existência muitas vezes passa pelo entendimento das forças fundamentais que o regem. Uma destas forças, talvez a mais fundamental de todas, é a vibração. Tal como afirmado no Caibalion, "tudo vibra". Mas o que significa isso na prática? Como essa vibração influencia nosso Universo e nossa existência?

Entende-se por vibração o pulsar da energia em sua jornada para manifestar-se em forma. Este pulsar é governado pela interação entre duas forças opostas, mas complementares: atração e repulsão. Estas forças, presentes no Espírito Único, são as engrenagens invisíveis que movem a energia do estado latente para o manifestado e vice-versa. Assim, a vibração se torna o veículo pelo qual a Energia Mental ou o Espírito se concretiza em forma.

Esta constante busca por equilíbrio entre os polos é a dança universal da energia. A vibração, em sua natureza, almeja a harmonia, um ponto de estabilidade. Entretanto, justamente devido às forças de atração e repulsão, essa harmonia é efêmera, dando lugar a um novo ciclo de desequilíbrio e subsequente busca por equilíbrio. Essa dança cíclica é vista em todo o Universo, nas marés dos oceanos, nas fases da lua, nos ciclos da vida e até mesmo em nossos estados emocionais.

Aprofundando nossa compreensão da vibração, é crucial reconhecer seus quatro estágios: Criador Latente, Expansor Manifesto, Compressor Manifesto e Compressor Latente. Estes estágios são as etapas da jornada energética desde sua concepção até sua manifestação e subsequente retorno ao estado latente. É um ciclo perpétuo de nascimento, crescimento, declínio e renovação.

Ao observar a natureza ao nosso redor, percebemos esses estágios em ação. A semente sob o solo (Criador Latente) brota e cresce (Expansor Manifesto), depois se desvanece e morre (Compressor Manifesto) e, finalmente, retorna ao solo, completando o ciclo (Compressor Latente).

Em um contexto mais amplo, esta perspectiva sobre vibração e energia pode ser aplicada em diversos campos do conhecimento, da Física Quântica à Espiritualidade, da Biologia à Filosofia. É uma chave para decifrar o funcionamento intrínseco do Universo.

Assim, ao reconhecer a universalidade da vibração e sua influência em tudo que existe, tornamo-nos mais sintonizados com o Universo e suas leis. Esta compreensão nos capacita a navegar pela vida com maior consciência e propósito, reconhecendo e respeitando o sagrado pulsar que está em tudo e em todos. É uma visão que unifica, que reconhece a interconexão entre todas as coisas e nos convida a abraçar a dança cósmica da existência com paixão e reverência.

A natureza da realidade, tanto a que percebemos quanto a que vai além dos nossos sentidos, é fascinantemente complexa. A vibração, esse eterno pulsar do Universo, desempenha um papel crucial em como interpretamos e interagimos com essa realidade. Três características centrais da vibração são: ordem, qualidade e orientação. Essas propriedades não apenas definem a vibração, como também moldam a maneira como percebemos a realidade.

Vejamos, a "ordem", ou tempo de oscilação, é uma métrica tangível que podemos medir como ciclos por segundo ou comprimento de onda. Esta característica nos permite quantificar a vibração e, consequentemente, entender sua relação com o espaço. A "qualidade" refere-se à estabilidade e à harmonia da matéria dentro de um determinado ambiente, enquanto a "orientação" determina se uma vibração está se tornando mais densa (descendente) ou mais sutil (ascendente). Essas características, juntas, oferecem uma visão abrangente de como a vibração opera.

No entanto, a dicotomia entre onda e partícula nos leva a uma reflexão mais profunda. A realidade, como é percebida, é moldada pela consciência. A onda representa uma probabilidade, uma possibilidade que só se concretiza em uma "realidade objetiva" quando é observada, tornando-se uma partícula. Esta transição é alimentada pela nossa consciência objetiva, que é informada pelos nossos sentidos. Em contraste, quando a consciência é guiada pela velocidade e probabilidade, ela percebe a vibração em seu estado ondulatório, ligando-se à Consciência Cósmica, uma compreensão expandida, conectada ao nosso subconsciente, permitindo-nos sentir e perceber além do tangível. É aqui que se situa o "Mestre Interior", essa onda vibratória que guia nossa intuição e sabedoria interna.

Para verdadeiramente se conectar com esta Consciência Cósmica, é essencial silenciar o ruído da partícula física e material. Isso significa aquietar nossa mente, nossos sentidos e nossos julgamentos. Ao fazer isso, mudamos nossa frequência vibracional, permitindo-nos perceber mais da realidade ondulatória do Universo.

A crença fundamental de que o "Divino cria tudo a partir de sua Mente" oferece uma visão interessante sobre a natureza do Universo e o papel da mente humana na criação e transformação da realidade. Somos, em essência, cocriadores da nossa realidade, moldando nosso mundo exterior com base em nossas crenças, percepções e experiências internas.

O ser humano, segundo essa perspectiva, tem a capacidade de manifestar realidades, semelhante à Divindade que nos criou. Vivemos em um universo mental, onde nossas crenças mais profundas determinam o que se manifesta em nossa existência. Esta premissa sugere uma relação intrínseca entre o mundo interno e o mundo externo, uma dança entre o subjetivo e o objetivo.

A estrutura da mente humana reflete essa dualidade. Temos a mente consciente, diretamente ligada ao espírito e responsável por nossas decisões e ações deliberadas. É através dela que temos o poder de mudar conscientemente nosso curso de vida. Em contrapartida, a mente inconsciente ou subconsciente, vinculada à alma, é o repositório de nossas experiências passadas, programações e memórias. Ela influencia silenciosamente nossas decisões e comportamentos, muitas vezes sem que estejamos plenamente cientes de sua presença.

Nesta perspectiva, a realidade é um reflexo do que carregamos dentro de nós. Um espelho de nossas crenças e emoções. O caos ou a harmonia que vivenciamos no mundo externo são indicativos das ideias e programações internas que carregamos. Se enfrentamos desafios recorrentes, como falta de amor, problemas financeiros ou doenças, é provável que exista uma programação interna que esteja influenciando essas manifestações.

Contudo, o Universo não é um lugar estático. Ele está em constante movimento e transformação. Inspirados pelo Princípio da Vibração, que afirma que "nada está em repouso, tudo se move, tudo vibra", somos lembrados de que nada no Universo é completamente fixo ou estável. Tudo está em um fluxo contínuo de transformação. Esta constante evolução sugere que cada componente do Universo, incluindo nós mesmos, está sempre buscando se transformar em algo melhor, evoluindo para um novo nível de existência.

Assim, temos em nossas mãos a capacidade de influenciar essa transformação, utilizando a força de nossa mente para criar realidades mais harmoniosas e alinhadas com nossos desejos mais profundos. Reconhecendo e abraçando esta capacidade cocriativa, podemos nos tornar agentes ativos de nossa própria evolução e da realidade que nos rodeia.

A vida, em sua essência, é um contínuo movimento. É impulsionada por uma constante busca de melhoria, evolução e adaptação. Mesmo quando tentamos resistir a essa força intrínseca, a existência encontra maneiras de nos lembrar da necessidade de evolução. Muitas vezes, essa lembrança surge por meio das crises.

Frequentemente vistas como obstáculos, as crises são, na verdade, sinalizações de que algo em nosso íntimo ou em nossa rotina precisa ser reavaliado. Em um aspecto pessoal ou profissional, as resistências e inflexibilidades diante das mudanças potencializam o surgimento dessas crises. Como o texto sugere, quanto mais nos fecharmos a uma ideia ou posição, mais vigoroso será o esforço do Universo para nos tirar dela.

Esse fenômeno é percebido em diversas situações. Há pessoas que, presas em suas zonas de conforto, só percebem o valor de determinados aspectos da vida após sofrerem perdas significativas, sejam elas emocionais, físicas ou materiais. Por outro lado, há aquelas que, por medo ou comodismo, evitam tomar decisões, deixando para o Universo a tarefa de decidir por elas. Em ambos os casos, a mensagem é clara: a vida não permite estagnação.

O Princípio da Vibração mencionado no Caibalion ressalta a inevitabilidade dos ciclos de mudança em nossa existência. Se tentarmos nos agarrar de forma desesperada a uma situação, objeto ou pessoa, buscando segurança, é provável que soframos, uma vez que no Universo nada é estático.

Isso não implica renunciar aos laços ou posses, mas, sim, entender que a vida é feita de fases, e o que é vivenciado hoje não será replicado exatamente no futuro. Um exemplo disso são os relacionamentos que, após um término, tentam reatar na esperança de reviver o passado. Essa tentativa muitas vezes culmina em frustrações, pois, embora uma reconciliação possa resultar em um relacionamento mais fortalecido, nunca será uma cópia exata do que já foi vivido.

No nível mais sutil, essa constante transformação é ilustrada pela natureza dos átomos, os blocos construtores da matéria. Compostos por partículas em movimento acelerado, os átomos são um lembrete microscópico da dança contínua da vida. Eles reforçam a ideia de que tudo está em constante movimento e transformação.

Assim, a reflexão que emerge é sobre a importância da adaptabilidade e da aceitação da mudança como parte intrínseca da nossa existência. Aceitar essa verdade pode ser o primeiro passo para viver de forma mais harmoniosa, alinhada com as forças universais e preparada para os diversos ciclos da vida.

O Universo é permeado por energias e vibrações que muitas vezes escapam à nossa compreensão imediata. Ao observar o mundo ao nosso redor, deparamo-nos com diversas manifestações de energia, desde a mais densa, relacionada à matéria, até a mais sutil, que se aproxima do campo espiritual.

A matéria, aquilo que frequentemente classificamos como "sólido", apresenta-se em um estado que parece estático aos nossos olhos. No entanto, a verdade é que mesmo os objetos mais rígidos são compostos de átomos em constante movimento e transformação. Curiosamente, quando tratamos de vibrações extremamente altas, próximas ao reino espiritual, a matéria parece, novamente, estar em repouso, quase como se desaparecesse diante da velocidade de sua própria vibração.

Uma metáfora clara para este conceito é o funcionamento das pás de um ventilador. Em estado inativo, podemos ver claramente cada uma de suas partes. No entanto, ao ligá-lo, especialmente em altas velocidades, as pás movem-se tão rapidamente que parecem desaparecer aos nossos olhos, dando a ilusão de que o espaço entre elas está vazio ou em repouso. Esta é uma representação da proximidade entre matéria e espírito, onde o intermediário é o Éter.

Ao aprofundar nosso entendimento sobre a composição do corpo humano, revela-se outro fascínio: somos, em grande medida, espaço vazio. As células, que formam nossos órgãos e, consequentemente, nosso corpo, são compostas, em última instância, por átomos. Assim, aquilo que consideramos ser um corpo sólido, é, em sua essência, composto por 99,999% de espaço vazio. E a minúscula porção de matéria que resta, segundo a Física Quântica, é também, em sua maior parte, espaço vazio.

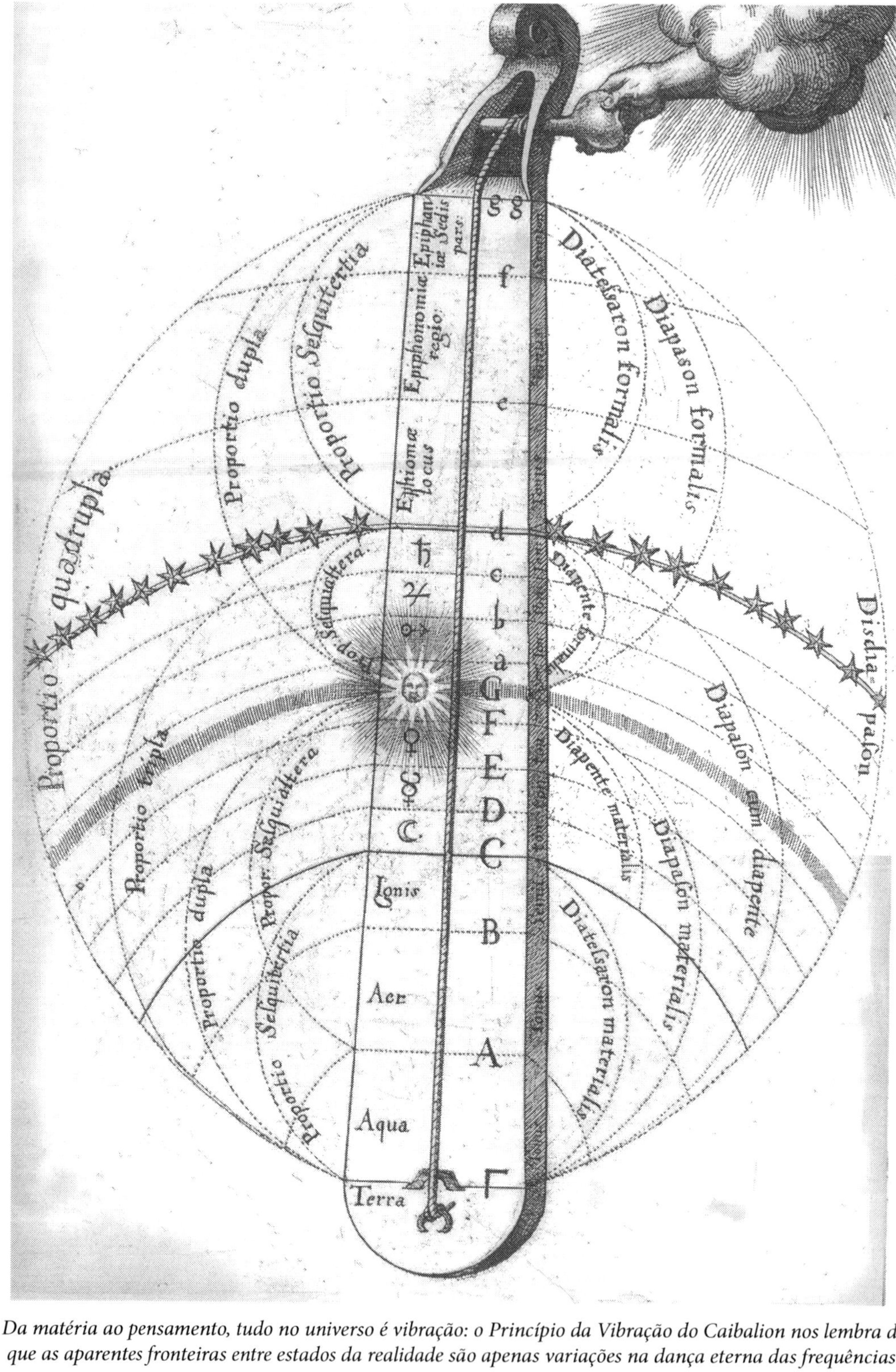

Da matéria ao pensamento, tudo no universo é vibração: o Princípio da Vibração do Caibalion nos lembra de que as aparentes fronteiras entre estados da realidade são apenas variações na dança eterna das frequências.

A Física Quântica, que se dedica a estudar o comportamento do átomo, revela que estamos em constante troca com o ambiente que nos rodeia. Ao respirar, absorvemos e devolvemos átomos, estabelecendo uma relação intrínseca com o espaço em que estamos inseridos. Isso sugere que, literalmente, tornamo-nos parte dos lugares que visitamos.

Deste modo, certos ambientes, como praias, montanhas, florestas e lagos, que estão impregnados de vibrações positivas, podem influenciar diretamente nosso bem-estar físico e espiritual. Estar em tais locais permite que nosso corpo absorva átomos de alta qualidade, contribuindo para a regeneração e cura. Em contrapartida, locais carregados de vibrações baixas ou negativas podem ter o efeito oposto, fazendo-nos sentir pesados, contaminados e até mesmo doentes por dias.

Nesta perspectiva, torna-se evidente a interconexão entre o físico e o espiritual, a matéria e a energia. Ambos coexistem em um delicado equilíbrio, influenciando-se mutuamente e nos recordando da complexidade e da maravilha que é a existência em si.

É uma afirmação intrigante dizer que, a cada três anos, todos os átomos do corpo humano são completamente renovados, fazendo com que, de certa forma, habitemos um corpo "novo". Este conceito, embora cientificamente debatido, leva-nos a refletir profundamente sobre a relação entre mente e corpo e a influência que nossos pensamentos têm sobre nossa saúde e bem-estar.

No âmago desta interação, surge a ideia de que a mente governa o corpo. Se nossos pensamentos são carregados de positividade e otimismo, pode-se dizer que isto atua como um tônico, rejuvenescendo nossas células e energias. Por outro lado, quando somos dominados por pensamentos negativos ou depressivos, isso pode ter um efeito debilitante, levando potencialmente ao surgimento de doenças e acelerando o processo de envelhecimento. De fato, a noção de que pensamentos crônicos negativos levam a enfermidades crônicas nos faz questionar: até que ponto somos responsáveis pelo nosso próprio bem-estar físico?

O contexto social em que estamos inseridos também tem um papel fundamental. Vivemos em uma sociedade que nos condiciona a acreditar que o envelhecimento e o deterioramento são inevitáveis. Este pensamento coletivo, quase como uma história que repetidamente contamos a nós mesmos, perpetua o ciclo de envelhecimento e deterioração. No entanto, se pudéssemos nos levantar a cada dia sem o peso das expectativas e crenças passadas, e de fato acreditar que temos o potencial para viver duzentos anos, nossos corpos poderiam responder de maneira muito diferente.

Este conceito se alinha com uma das descobertas mais intrigantes da Física Quântica: a ideia de que a expectativa do observador pode influenciar o resultado de um experimento. No passado, acreditava-se que sob as mesmas condições, experimentos idênticos conduzidos por diferentes pessoas produziriam os mesmos resultados. No entanto, descobriu-se que os átomos e partículas podem se comportar de maneira diferente, dependendo das expectativas daqueles que os observam. Isso nos leva a entender que a realidade é mais maleável do que se pensava anteriormente.

Aplicando essa teoria ao cotidiano, consideremos algo tão simples quanto cozinhar. Duas pessoas podem seguir a mesma receita com os mesmos ingredientes, mas os resultados podem ser surpreendentemente diferentes. Afinal, a expectativa, a paixão e o amor que cada cozinheiro coloca em sua comida influenciam no sabor final do prato.

De fato, o poder da mente e das expectativas é vasto e ainda não totalmente compreendido. Mas, se podemos aprender algo a partir destas reflexões, é que a maneira como vemos o mundo e a nós mesmos tem um impacto profundo em nosso bem-estar físico. E enquanto continuamos a explorar os mistérios da mente e do corpo, talvez o ingrediente secreto para uma vida longa e saudável seja, de fato, uma dose generosa de amor.

O cérebro humano, uma rede intrincada de células chamadas "neurônios", é responsável por conduzir uma série de operações que resultam em ações. Por exemplo, quando uma pessoa sente calor e decide soltar o colarinho da camisa, são os neurônios que transmitem essa decisão aos músculos das mãos, permitindo que a ação ocorra. À primeira vista, o processo parece bastante claro e linear. Entretanto, uma questão mais profunda e filosófica emerge: Quem ou o que é que "decide" sentir calor e tomar a ação correspondente?

Cientistas, através de estudos avançados, conseguiram mapear o cérebro e identificar funções específicas para várias de suas regiões. No entanto, o centro de decisões, a "essência" que escolhe, permanece um enigma. A surpreendente conclusão a que muitos têm chegado é que a mente não se limita ao corpo. Embora habite o cérebro, ela é mais vasta do que o corpo físico e se estende por todo ele. Esta percepção abre a porta para a noção de que nossos pensamentos e ideias podem se originar de algo maior, de um espaço infinito repleto de infinitas possibilidades. E o verdadeiro "eu", o núcleo de nossa existência, não é apenas um conjunto de pensamentos, mas a entidade que os seleciona.

O Universo, em sua vastidão, é composto de uma única substância. Todos nós, através de nossa intenção e vontade, temos a capacidade de moldá-la para manifestar a realidade que desejamos.

Isso nos leva ao "Princípio da Vibração", uma ideia que sugere que tudo no Universo vibra em uma certa frequência e que "energias semelhantes se atraem". Isso explica por que pessoas com interesses e inclinações similares tendem a se agrupar – esportistas, religiosos, intelectuais, entre outros, gravitam em torno de ambientes e indivíduos que compartilham de suas vibrações.

Existem três níveis básicos de vibração no Universo: baixo, médio e alto. Cada um desses níveis tem suas características e atrai realidades específicas. Por exemplo, emoções negativas como depressão, angústia e medo situam um indivíduo no nível mais baixo de vibração, no qual ele tende a atrair mais situações e experiências negativas. Já no nível vibracional médio, a vida flui de maneira mais harmoniosa e os desafios encontrados são mais facilmente superados. O nível de vibração mais alto é o da iluminação, paz e amor perfeito, onde os problemas não existem e os desejos se manifestam quase instantaneamente.

Essa graduação vibracional também pode ser vista como uma evolução espiritual. O nível mais baixo corresponde ao domínio do ego e do medo, o nível médio ao da esperança e, no nível mais elevado, encontramos o reino do espírito, marcado pela fé absoluta, onde ocorrem os verdadeiros milagres.

Neste contexto, fica claro que a busca pela evolução é mais que apenas física ou mental, é também espiritual. Para alcançar níveis mais altos de vibração, é essencial que cultivemos emoções positivas, amor, compaixão e fé. Pois assim, não só transformamos nossa realidade individual, como também contribuímos para a elevação coletiva, criando um mundo mais harmonioso e conectado.

Todos nós, em nossa jornada de vida, oscilamos entre momentos de elevação espiritual e momentos de declínio emocional. Em certas ocasiões, o brilho da iluminação preenche nosso ser e nos conectamos profundamente com a energia Divina, tornando-nos empoderados, repletos de fé e entusiasmo. Em contraste, em outros momentos, enfrentamos adversidades que nos fazem deslizar para um estado de desânimo.

Ao embarcar na senda do autoconhecimento e crescimento pessoal, é comum nos depararmos com nossas resistências internas. Quantas vezes não decidimos, no ímpeto de um novo dia, iniciar uma dieta, uma nova rotina ou uma prática positiva, e logo no dia seguinte nos vemos presos às mesmas ações e pensamentos de antes? Estas resistências, geradas pelo nosso ego, revelam o conflito interno entre o nosso eu mais profundo e a parte de nós que se agarra ao drama e às velhas narrativas.

Nossa energia ou vibração pessoal é fluida. Eventos diários, como um encontro inesperado com um ex-parceiro ou um conflito com um colega de trabalho, podem rapidamente alterar nossa sintonia interna. É essencial aprender a proteger e a cultivar essa vibração, pois ela determina tanto nossos sentimentos, como também a maneira como interagimos com o mundo ao nosso redor. As pessoas que parecem nos causar desconforto ou problemas frequentemente servem como "mestres" inadvertidos. Eles testam nossa resiliência e força interior. Se alguém tem o poder de perturbar nosso equilíbrio emocional, isso indica que ainda temos vulnerabilidades a serem trabalhadas.

A verdadeira transformação vem da compreensão de que não podemos controlar ou mudar os outros, mas temos total domínio sobre nosso próprio ser e como reagimos às circunstâncias. Interessantemente, quando elevamos nossa própria vibração, não apenas nos beneficiamos, mas também influenciamos positivamente aqueles ao nosso redor. É uma verdade universal que quando melhoramos internamente, nossos relacionamentos externos se harmonizam. Por outro lado, se estivermos vibrando em um nível mais baixo, tornamo-nos suscetíveis à negatividade dos outros. Entretanto, isso acontece apenas se houver uma brecha em nosso próprio campo energético. A preocupação é outro aspecto que merece reflexão.

Culturalmente, pode ser visto como uma forma de cuidado, como uma mãe que se preocupa com o bem-estar de seu filho. No entanto, do ponto de vista metafísico, a preocupação perpetua a energia negativa e agrava os problemas. Em vez de se preocupar, que é uma forma de foco no problema, seria mais produtivo manter uma visão positiva e solucionadora.

Quando nos deparamos com alguém em sofrimento, é vital mantermos nossa própria energia em alta para realmente oferecer ajuda. Se nos deixarmos consumir pela dor do outro, em vez de sermos um pilar de apoio, podemos nos tornar mais um agravante na situação.

O medo, a manifestação intensa da preocupação, é uma forma de foco negativo. Assim como usamos técnicas de visualização e afirmação para atrair resultados positivos, o medo, quando cultivado, também pode materializar aquilo que tememos. A solução é canalizar essa energia de forma construtiva, usando a mesma técnica, mas com foco no positivo.

Finalmente, em sua essência, a saúde não é apenas a ausência de doença, mas a presença de bem-estar em todos os níveis. As afirmações, a visualização e o controle emocional desempenham um papel crucial nisso. Ao enfrentar desafios de saúde, é crucial lembrar que a capacidade de cura reside dentro de nós e que, ao alimentarmos a crença na recuperação, damos o primeiro e mais importante passo em direção à cura.

Nesta jornada de compreensão, encontramos uma harmonia entre os extremos da realidade percebida e a realidade mais profunda. A vibração, em seus vários matizes e formas, é a chave para essa compreensão. Enquanto continuarmos a explorar e a entender essa interação entre ondas e partículas, ondas e consciência, aproximamo-nos cada vez mais de entender o verdadeiro tecido da realidade e nosso lugar dentro dela.

O Universo, em sua vastidão e complexidade, é uma dança constante de movimento e energia. "Nada está em repouso; tudo se move; tudo vibra". Esta máxima não só resume a natureza dinâmica de tudo que existe, como também revela as nuances de nossa própria existência e como nos relacionamos com o mundo ao nosso redor.

Diferentes estados de existência, desde a matéria física até as entidades mais etéreas, podem ser distinguidos pela frequência em que vibram. A matéria física, como pedras, água ou mesmo o corpo humano, possui uma densidade que corresponde a uma vibração mais baixa. Por outro lado, o Universo, em sua totalidade e em sua essência mais pura, vibra em um nível infinitamente elevado, talvez além de nossa compreensão mortal. E, entre esses dois extremos, há uma gama incontável de níveis vibracionais que correspondem a diferentes estados de energia e consciência.

O fascinante é que esta ideia não é apenas um conceito esotérico ou místico. A Ciência Moderna, através de suas investigações e descobertas, tem reafirmado essa noção. Seja no estudo de partículas subatômicas ou nas investigações sobre a natureza do Universo, a ciência tem corroborado a ideia de que tudo está em um estado constante de vibração.

De maneira intrigante, os mestres do Antigo Egito já haviam delineado este princípio hermético milênios atrás. Isso nos leva a ponderar: quantos outros mistérios, já conhecidos pelas civilizações antigas, ainda aguardam o reconhecimento da ciência contemporânea?

Mas quando falamos em "vibração", ao que exatamente estamos nos referindo? No contexto presente, a vibração transcende a mera oscilação física. Ela se refere ao ambiente de um lugar, ao estado emocional de uma pessoa ou às associações de um objeto, conforme percebido e sentido por outros. É uma combinação de energia e intenção que se manifesta em uma frequência perceptível.

Certamente muitos de nós já tivemos experiências em que nos sentimos atraídos por alguém devido suas "boas vibrações" ou, inversamente, ficamos desconfortáveis em determinados ambientes devido à energia pesada ou negativa. Estas são manifestações palpáveis de vibrações energéticas e espirituais. Cada indivíduo, cada objeto, cada espaço carrega consigo uma assinatura vibracional única.

No contexto da Bruxaria, essa compreensão das vibrações é fundamental. Os praticantes aprendem a sentir, interpretar e manipular essas energias. A capacidade de alinhar-se com certas vibrações ou de alterá-las conforme necessário é uma habilidade valiosa no trabalho mágico. Afinal, ao entender as vibrações, reconhecemos a interconexão de tudo no Universo, mas também descobrimos a capacidade de moldar e influenciar essa teia cósmica de conexões.

A declaração do Caibalion, "nada está em repouso; tudo se move; tudo vibra", oferece uma perspectiva profunda sobre a natureza dinâmica de tudo que existe. Mais do que uma mera observação, esse princípio traz à luz um entendimento de que a natureza essencial de tudo – desde a matéria mais densa até o pensamento mais sutil – é uma questão de frequência vibracional.

Cada estado de existência, seja ele sólido, líquido, gasoso, ou até mesmo estados mais etéreos, como pensamentos, emoções e energia espiritual, difere apenas na taxa ou na frequência de sua vibração.

Ao compreendermos isso, começamos a perceber que as barreiras que definem os diferentes estados da realidade são, em grande parte, ilusões perceptíveis. Em essência, tudo é energia vibrante, diferindo apenas em sua manifestação perceptível.

Este entendimento também nos leva a uma das noções mais populares da modernidade: a ideia de que semelhante atrai semelhante, especialmente no que diz respeito às vibrações. Esse conceito, embora tenha simplificado uma noção antiga, ajudou a despertar a consciência coletiva para o poder das vibrações e a Lei da Atração. Quando nos sintonizamos com certas frequências, seja por meio do nosso pensamento, seja pela emoção, seja pela intenção, começamos a atrair experiências e realidades semelhantes para nossa vida.

A Ciência Moderna, particularmente a física, ecoa essas antigas sabedorias. Ela confirma que o que percebemos como matéria sólida e o que compreendemos como energia são, de fato, manifestações do mesmo fenômeno. A distinção entre os dois é meramente uma questão de frequência vibracional. As frequências mais baixas condensam-se em formas que nossos sentidos podem perceber, levando-nos a categorizá-las como "matéria". No entanto, em níveis mais elevados de frequência, essa "matéria" retorna ao seu estado fundamental de energia.

Ao integrar essa perspectiva em nossa compreensão da realidade, abrimo-nos para uma abordagem mais holística da existência. Reconhecemos que somos muito mais que seres físicos em um mundo material, somos entidades energéticas em um Universo vibrante. Nossos pensamentos, emoções e intenções são, portanto, não meros produtos efêmeros de nossas mentes, mas forças vibracionais poderosas, que têm o potencial de influenciar e moldar nossa realidade.

De acordo com essa lei hermética, tudo está em constante movimento e vibração. Desde as menores partículas, até os corpos celestes mais distantes, tudo em nosso Universo emite uma frequência vibratória única.

Os Bruxos entendem que a Magia é uma manipulação consciente dessas vibrações. Ao sintonizar nossas energias internas com frequências específicas, podemos afetar os aspectos da realidade que correspondem a essas vibrações. Isso nos permite influenciar a saúde, os relacionamentos, a prosperidade e muito mais.

Uma das práticas fundamentais para os Bruxos é saber canalizar energia. Ao entrar em sintonia com as vibrações do Universo, eles podem atrair e dirigir essas energias de maneira intencional. Isso pode ser feito por meio de visualizações, meditações e rituais mágicos. Quando se trata de cura, por exemplo, um Bruxo pode canalizar energias de cura para si mesmo ou para outros, harmonizando vibrações desequilibradas.

O Princípio da Vibração também se relaciona com a influência da música e do som na Magia. Sons específicos têm frequências que podem alterar estados de consciência e afetar as energias ao nosso redor. Os Bruxos podem usar instrumentos musicais, mantras ou até mesmo batidas bi neurais para criar mudanças sutis em suas vibrações internas e externas.

Outra aplicação desse princípio é a prática de elevar a vibração pessoal. Os Bruxos reconhecem que emoções positivas, pensamentos otimistas e ações benevolentes estão associados a frequências mais elevadas. Ao cultivar esses aspectos, eles podem elevar sua própria vibração e atrair experiências positivas.

Um exemplo prático é o uso de cristais e pedras preciosas. Cada cristal emite uma vibração específica, e os Bruxos podem escolher pedras que correspondam às suas intenções. Eles podem carregar essas pedras consigo, colocá-las em seus altares ou até mesmo usá-las como joias para aproveitar suas energias vibracionais.

Em resumo, o Princípio da Vibração nos leva a compreender que as vibrações sutis estão em toda parte e têm um impacto significativo em nossa realidade. Os Bruxos têm o poder de sintonizar essas vibrações e usá-las para direcionar sua Magia e transformar suas vidas significativamente.

O PRINCÍPIO DA VIBRAÇÃO À LUZ DA CIÊNCIA DA BRUXARIA

Ao mergulhar nos Mistérios do Universo, uma das verdades mais profundas que se apresenta é a ideia inerente ao Princípio da Vibração: "nada está em repouso; tudo se move; tudo vibra". Esta premissa, firmemente ancorada nas Tradições herméticas, serve como um lembrete constante da natureza dinâmica de tudo o que existe. A visão hermética apresenta um panorama em que tudo, desde a mais sutil das emoções até a matéria mais densa, está em constante movimento e mudança, reverberando em frequências variadas.

Se analisarmos a simples experiência com um diapasão, percebemos uma ilustração tangível da vastidão e complexidade das vibrações. Mesmo um objeto aparentemente inanimado, quando submetido a frequências crescentes, revela uma sinfonia de manifestações: sons, cores, radiações e, eventualmente, transformações fundamentais em sua própria constituição. Este experimento, embora hipotético, desenha um paralelo com a contínua evolução e transformação que tudo ao nosso redor enfrenta.

Neste contexto, o diapasão não é apenas um instrumento. Ele se torna um símbolo da jornada da matéria através de estados variados de existência, desde sua manifestação audível até a desintegração em substâncias mais etéreas. E em sua última etapa de vibração, conforme a Tradição Hermética, a matéria se funde novamente com a fonte primordial, o Espírito Absoluto. Isso ressalta a ideia de que a criação e a existência são cíclicas, sempre retornando ao ponto de origem após completar seu ciclo de manifestação.

O alcance deste princípio vai além da simples observação da matéria. Ele toca a esfera do pensamento, emoção e intenção. Os Hermetistas defendem que cada pensamento ou sentimento emana vibrações que têm o potencial de influenciar outras mentes e realidades. Aqui, encontramos uma explicação metafísica para fenômenos como a telepatia ou a influência mental, não simplesmente prodígios ou acasos, mas manifestações concretas da interconexão vibracional entre seres conscientes.

É importante salientar, no entanto, que enquanto os ensinamentos herméticos oferecem uma visão expansiva que transcende muitas fronteiras da ciência contemporânea, ambos não são necessariamente contraditórios. Em vez disso, podem ser vistos como complementares. Enquanto a ciência busca entender o mundo através da observação e experimentação empírica, o Hermetismo oferece uma compreensão mais intuitiva e espiritual da realidade.

No cerne do Princípio da Vibração, há uma chamada à introspecção e ao reconhecimento da natureza fluida da existência. Ao abraçar esta perspectiva, somos incentivados a sintonizar nossas próprias frequências, a reconhecer a música interior que cada um de nós toca e a perceber como ela ressoa no vasto concerto do Universo.

Em sua complexidade intrínseca, o Universo é pautado por ritmos, ondas e vibrações que permeiam desde o mais ínfimo átomo até os vastos corpos celestiais. O que muitas Tradições ancestrais sempre compreenderam, a ciência contemporânea começa a confirmar: vivemos em um mundo quântico, onde a matéria, como a percebemos, é apenas a ponta do iceberg de uma realidade muito mais sutil e profundamente interconectada.

Todas as nossas emoções, pensamentos e estados mentais possuem, inerentemente, suas vibrações. Essa perspectiva não se restringe ao misticismo ou às filosofias orientais. A neurociência atual já começa a evidenciar como nossos estados mentais possuem frequências distintas que podem ser moduladas por meio de práticas meditativas, por exemplo. A capacidade de polarizar a mente, ajustando sua frequência, pode ser vista tanto como uma habilidade espiritual quanto como uma capacidade neurológica.

Os mestres e adeptos de Tradições esotéricas há séculos dominam técnicas que lhes permitem realizar façanhas que, para o observador comum, parecem violar as leis da natureza. No entanto, conforme nos aprofundamos na compreensão do Princípio da Vibração, torna-se claro que esses "milagres" não contradizem a natureza, eles a utilizam de maneira mais profunda sem quebrar as leis naturais, apenas manipulando e interagindo com elas de maneiras que ainda não compreendemos plenamente.

Historicamente, muitos fenômenos foram considerados Divinos ou sobrenaturais por simplesmente estarem além da compreensão humana da época. A transmutação da água em vinho ou a ressurreição de um corpo são eventos que desafiam nossa compreensão convencional. Mas à luz do conhecimento quântico, eles podem ser vistos como manifestações da capacidade de influenciar e interagir com as probabilidades latentes da realidade.

Os avanços da Física Quântica desafiaram e ampliaram nossa noção de realidade. Niels Bohr, uma das mentes mais brilhantes por trás da mecânica quântica, já apontava que a realidade como a entendemos é composta de entidades que desafiam a noção convencional de "real". Ao fragmentarmos a matéria, chegamos a um ponto em que ela se comporta mais como onda do que como partícula.

Tais revelações científicas ecoam ensinamentos antigos, como a concepção de que o tempo é uma ilusão e que a verdadeira realidade reside no "eterno agora". O desafio contemporâneo é integrar essa sabedoria ancestral com os avanços da Ciência Moderna, em uma busca contínua por compreender a complexidade da existência.

Essa intersecção entre ciência e espiritualidade não deve ser vista como contraditória, mas, sim, complementar. Enquanto a ciência busca entender o mundo através da experimentação e da razão, a espiritualidade busca experienciar e entender o mundo através da introspecção e da intuição. Ambas as abordagens, quando harmonizadas, podem proporcionar uma visão mais completa e profunda da realidade em que vivemos. Quem sabe, ao unir esses dois mundos, possamos começar a desvendar os Mistérios que ainda nos eludem, aproximando-nos, assim, de uma verdadeira compreensão do Cosmos.

Vivemos em um Universo repleto de Mistérios e descobertas contínuas. Ao mergulhar nos conhecimentos que a ciência tem nos oferecido nas últimas décadas, é impossível não se encantar pela complexidade e beleza das leis naturais que regem nossa existência. Dentre essas leis, destaca-se a incontestável natureza vibratória de tudo o que existe.

Historicamente, os antigos ensinamentos Herméticos já nos falavam sobre a importância das vibrações, sublinhando a ideia de que tudo vibra. Surpreendentemente, ou talvez não tão surpreendentemente assim, a Ciência Moderna vem corroborar com esse antigo postulado, identificando o mundo quântico como o reino onde tudo é, de fato, vibração. Esse fascinante alinhamento entre a sabedoria milenar e os achados científicos contemporâneos ressalta a continuidade do conhecimento humano ao longo das eras.

No âmbito da Física moderna, a Teoria das Supercordas surge como uma revolucionária proposta, na qual a base da realidade é composta por minúsculas cordas unidimensionais que vibram em diferentes frequências. Essa teoria, ainda que complexa e repleta de desafios para sua total compreensão, tem o potencial de unificar nosso entendimento sobre as forças fundamentais do Universo.

A natureza vibratória, no entanto, não se restringe apenas à escala quântica do Cosmos. Em uma dimensão muito mais próxima de nossa experiência diária, encontramos as vibrações cerebrais e mentais. Com base nas pesquisas de Hans Berger, em 1929, tivemos o primeiro vislumbre das oscilações eletromagnéticas que nosso cérebro emite. Essas oscilações, que variam de 0 a 30 Hertz, podem ser influenciadas por estados mentais e técnicas de relaxamento, proporcionando uma experiência consciente modificada e diversificada.

Contudo, os segredos do nosso cérebro não param por aí. Estudos recentes têm apontado para a possibilidade de transmissão mental de informações entre indivíduos, desafiando a compreensão tradicional de espaço, tempo e conexão. Embora essas descobertas possam parecer desconcertantes à primeira vista, elas nos convidam a reavaliar os limites do que julgamos saber sobre o Universo e sobre nós mesmos.

Quando a Ciência Moderna se abre para os ensinamentos da Sabedoria Antiga, reconhecendo a possibilidade de dimensões além daquelas que podemos perceber com nossos sentidos, abrimos portas para um entendimento mais profundo e holístico da realidade. É essa interseção entre o antigo e o moderno, entre o conhecido e o desconhecido, que nos impulsiona em nossa busca incessante pelo conhecimento.

Ter coragem de questionar, de reavaliar e, sobretudo, de ampliar os horizontes de nossa compreensão é o que permitirá a evolução da ciência e a continuidade da jornada humana em direção ao entendimento mais completo do Universo em que vivemos.

A intersecção entre a filosofia hermética e a Física Quântica moderna é, sem dúvida, uma das fusões mais intrigantes entre o antigo e o moderno. No coração dessa confluência, encontramos o Princípio da Vibração, uma noção ancestral, cuja relevância se manifesta ainda hoje nos conceitos fundamentais da física.

O Caibalion afirma: "nada está em repouso; tudo se move; tudo vibra". Uma assertiva simples, porém, profundamente significativa, que ressoa no entendimento da Física moderna. O que nos parece estático e imutável, seja à vista ou ao toque, está, na verdade, em constante movimento e transformação em nível molecular. Na Física, percebemos que fenômenos como ondas de luz, ondas sonoras e vibrações moleculares são manifestações dessa realidade vibracional.

Entretanto, a interpretação hermética do Princípio da Vibração vai além das manifestações físicas evidentes. Ao se aprofundar nos ensinamentos do Caibalion, é possível discernir uma referência a vibrações que aludem a fenômenos quânticos, em particular às ondas de probabilidade quântica. Essas ondas, fundamentais para a mecânica quântica, são descritas através da equação de Schrödinger e manifestam-se como uma função de onda, associada a uma vibração específica denominada "k". Cada "k" é intrinsecamente ligado à energia do sistema, e, considerando que tudo possui energia, tudo, consequentemente, vibra.

Este entendimento da mecânica quântica espelha o pensamento hermético que afirma que, à medida que um objeto se aproxima do "Todo", ele adquire mais energia, portanto, vibra em uma taxa mais elevada. Assim, as diferenças entre os diversos estados ou manifestações da realidade não estão em sua essência, mas em sua taxa e modo de vibração.

É interessante observar como os princípios Hermetistas, mesmo sendo concebidos em uma época distante da revolução quântica, podem dialogar tão bem com as descobertas científicas modernas. A equação de Schrödinger, por exemplo, sugere que tudo se reduz a quanta de energia[1], e que as diferenças entre as coisas se resumem às diferenças nesses quanta, os quais possuem vibrações associadas. A despeito das nuances que distinguem, por exemplo, um próton em movimento rápido de um nêutron ligeiramente mais lento, a verdade subjacente permanece: tudo é energia e tudo vibra.

Em face deste diálogo entre o antigo e o novo, o que se revela é uma imagem mais rica e integrada da realidade. O entendimento hermético, quando visto sob a lente da Física Quântica, não só ganha validação, como também oferece uma perspectiva mais profunda sobre os Mistérios da existência. No final das contas, esta é a verdadeira beleza da sabedoria: sua capacidade de transcender o tempo, ressoando verdades universais por eras.

A natureza vibratória do Universo tem sido um ponto focal de contemplação para místicos e cientistas por séculos. No entanto, os avanços recentes na Física Quântica e na Teoria das Cordas trouxeram novas luzes sobre este tema, estabelecendo conexões interessantes com antigos ensinamentos herméticos, como os apresentados no Caibalion.

1 Quantidade discreta e fundamental de energia nos contextos da física quântica e da teoria quântica dos campos. Esse conceito está relacionado à ideia de que a energia não é contínua, mas, sim, quantizada, o que significa que a energia é fornecida ou distribuída em unidades discretas ou pacotes específicos.

Considerada por muitos como a próxima fronteira na física teórica, a Teoria das Cordas, sugere que, no nível mais fundamental, o que percebemos como partículas são, de fato, vibrações de cordas superdimensionais, ou "supercordas". Estas cordas vibram em diferentes frequências, e é esta variação que dá origem à vasta diversidade de partículas no Universo. Esta ideia ecoa o ensinamento hermético que destaca a diferença entre as partículas como uma diferença nas vibrações. Ambos, a Física moderna e a filosofia hermética, convergem para a noção de que o Universo é essencialmente vibracional.

A natureza quântica destas vibrações se torna mais evidente quando nos voltamos para o campo da mecânica quântica. Aqui, os objetos não possuem propriedades físicas definidas até que sejam observados, desafiando a ideia clássica de materialismo. Além disso, as ondas de probabilidade quântica são imateriais e, em certos contextos, podem ser vistas como intrinsecamente mentais. Este fato surpreendente estabelece um paralelo entre o mundo da Física Quântica e a afirmação hermética de que "todo pensamento, emoção ou estado mental" tem sua própria "modalidade de vibração". Estas vibrações, quando aplicadas ao contexto humano, estão incorporadas em estruturas biológicas quânticas no cérebro.

Mas a filosofia hermética vai além, postulando que essas vibrações mentais podem afetar outros seres humanos a distância, por meio de "indução". Isso soa muito como a ideia quântica de "entrelaçamento", onde partículas distantes podem estar interligadas de tal forma que a mudança no estado de uma partícula instantaneamente afeta o estado da outra, independentemente da distância que as separa. O Caibalion descreve fenômenos como telepatia através dessa lente vibratória, uma descrição que se alinha notavelmente bem com a peculiar natureza do entrelaçamento quântico.

Estas correlações entre os ensinamentos herméticos antigos e a Física moderna servem como um testemunho da natureza interconectada da realidade e da busca humana contínua para compreendê-la. Talvez o que esteja emergindo é uma síntese entre o espiritual e o científico, uma compreensão mais holística do Cosmos que integra a sabedoria ancestral com as descobertas da ciência contemporânea. E, enquanto exploramos mais profundamente esses paralelos, é provável que novas revelações e insights continuem a surgir, expandindo ainda mais nosso entendimento.

O fascínio pela Física Quântica e suas implicações tem provocado reflexões profundas em cientistas, filósofos, teólogos e estudiosos das mais diversas disciplinas. Uma delas é o campo hermético, cujas raízes se estendem por milênios e cuja sabedoria é exemplificada pelo livro *O Caibalion*, que, como já vimos, foi escrito no começo do século passado e reúne os ensinamentos herméticos.

Em sua essência, o Caibalion discute o Princípio da Vibração, que sugere que tudo no Universo, desde as menores partículas até as maiores galáxias, está em constante movimento e vibração. Curiosamente, essa visão se alinha de maneira impressionante com as descobertas modernas da Física Quântica, onde a natureza ondulatória e vibratória das partículas é um conceito central. No entanto, essa coincidência não para por aí. O próprio tecido do espaço-tempo, como entendemos hoje, vibra no nível quântico.

Na virada do século 20, quando o Caibalion foi escrito, a ciência contemporânea ainda estava debatendo a existência do Éter, uma substância hipotética que se acreditava preencher o espaço. Embora essa ideia tenha sido posteriormente descartada após a popularização da Teoria da Relatividade de Einstein, é notável que os conceitos presentes no Caibalion anteciparam, de certa forma, descobertas científicas que viriam décadas depois.

Um dos mais intrigantes é o Campo de Ponto Zero, uma consequência direta do Princípio da Incerteza de Heisenberg. Em resumo, esse campo revela que o espaço vazio não é realmente "vazio", mas fervilha de energia e flutuações quânticas. Tal descoberta ressoa com a ideia hermética do "Éter Universal", sugerindo que a substância fundamental do Universo é apenas matéria em diferentes estados de vibração.

Além disso, pesquisas recentes, como as de Xiao-Gang Wen e Michael Levin, propõem que o espaço-tempo é como uma vasta rede de emaranhados quânticos, um "líquido de rede de cordas". Isto implica que o próprio espaço-tempo tem uma vibração quântica associada, levando à ideia de que matéria e espaço-tempo são, em essência, a mesma coisa, porém vibrando em diferentes frequências. Mais uma vez, encontramos paralelos com o Caibalion e sua descrição da "Substância Etérea".

Também é impossível não mencionar a Teoria das Cordas, que sugere que partículas, desde os *grávitons* até os *quarks*, são meramente supercordas vibrando em diferentes taxas. Esta teoria, em sua essência, une espaço-tempo e matéria como expressões distintas da mesma realidade vibratória, alinhando-se mais uma vez com as visões herméticas.

Portanto, o diálogo entre o Caibalion e a Física Quântica não é apenas um mero exercício de comparação. Ele serve como um testemunho da busca eterna da humanidade pelo entendimento do Cosmos, onde as antigas sabedorias e as descobertas científicas modernas convergem, sugerindo que talvez, em seu núcleo, todos estejamos tentando decifrar os mesmos Mistérios, apenas por meio de diferentes lentes e linguagens. E quem sabe o que mais descobriremos à medida que continuamos a explorar a interseção entre ciência e espiritualidade, avançando ainda mais em nossa compreensão do Universo?

Ao adentrar nas camadas mais profundas da filosofia hermética, deparamo-nos com a concepção enigmática do "Todo", uma entidade cuja vibração é tão intensa e infinita que, paradoxalmente, parece estar em repouso. Esta descrição, embora possa parecer enigmática à primeira vista, encontra uma ressonância notável na Física moderna, em particular, na equação de Wheeler-DeWitt, uma variação da equação de Schrödinger.

A equação de Wheeler-DeWitt, proposta em 1967 por John Archibald Wheeler e Bryce DeWitt, revela-nos algo surpreendente sobre o Universo: sua energia líquida é zero. Para um observador casual, a ideia de um Universo repleto de galáxias e estrelas possuindo energia zero pode parecer estranha. No entanto, essa noção é fruto da compensação entre quantidades iguais de energia positiva e negativa no Universo, resultando em um balanço nulo. Tal concepção é corroborada por estudos cosmológicos sobre a curvatura líquida do espaço-tempo. Assim, um Universo com energia zero corresponde a uma função de onda com um valor k de zero, que não produz vibração alguma.

Neste contexto, as palavras do Caibalion adquirem um novo significado. O "Todo", com sua intensa vibração, que pode ser considerado em repouso, é análogo ao Universo de Wheeler-DeWitt, vibrando intensamente em seu equilíbrio energético, mas efetivamente em descanso.

Fascinante perceber que as noções de vibração apresentadas no Caibalion, escrito no começo do século passado, preveem com precisão descobertas da física realizadas décadas depois. Tais ensinamentos prenunciam a mecânica quântica e suas vibrações e ainda abrangem a natureza não local dessas vibrações, incluindo a taxa de vibração zero da função de onda universal, entre outros.

Os autores de *O Caibalion*, por sua vez, não parecem ter tido um entendimento pleno das implicações científicas do Princípio da Vibração, conforme evidenciado por suas referências ao Éter e sua associação da vibração, principalmente a fenômenos clássicos da época. Entretanto, a surpreendente precisão de suas afirmações em relação às descobertas científicas posteriores, sugere algo ainda mais intrigante: o Caibalion poderia ser um reflexo de um conhecimento antigo e perdido, um legado de uma ciência esotérica transmitida por eras.

As implicações desse paralelismo entre o Caibalion e a Física moderna são profundas. Se o Caibalion realmente deriva de uma Tradição mais antiga, como afirmavam seus autores, então talvez estejamos diante de um testemunho da existência de um conhecimento avançado em tempos remotos. Este é um convite para refletir tanto sobre a natureza do conhecimento e da realidade, como também para explorar as próximas camadas dos princípios herméticos e suas interações com o mundo científico moderno.

A Magia, muitas vezes descartada como mera fantasia ou ilusão, pode ser reavaliada à luz da Ciência Moderna, particularmente a mecânica quântica. Compreender o mecanismo por trás dos poderes chamados "mágicos" ou "sobrenaturais" pode nos oferecer uma visão fascinante das realidades ocultas que permeiam nosso mundo.

Há uma linha tênue entre Ciência e Magia, revelando um universo onde o 'sobrenatural' pode ser apenas uma realidade ainda não compreendida.

Ao centro desta discussão encontra-se o Princípio da Vibração. Toda vez que nos deparamos com um evento que parece desafiar a lógica ou as leis naturais – aquilo que muitos denominam milagre – é, na verdade, a mudança de um conjunto de vibrações quânticas para outro. O texto clássico, o Caibalion, descreve os milagres de forma semelhante, revelando que tais fenômenos extraordinários são a manifestação de mestres que manipulam as leis da natureza, ajustando as vibrações de objetos materiais ou formas de energia.

Mas que tipo de vibração estamos discutindo? Não se trata das vibrações mecânicas ou eletromagnéticas com as quais estamos familiarizados no dia a dia. Em vez disso, referimo-nos às vibrações quânticas, que têm ligações intrínsecas com a ciência oculta hermética. Ao contrário das vibrações clássicas, as quânticas não fazem parte do mundo físico como conhecemos. Através do fenômeno do emaranhamento, a mecânica quântica nos mostra que certos estados quânticos existem fora do que chamamos de espaço físico.

Portanto, quando falamos em manipular essas vibrações, estamos nos referindo à manipulação de estados quânticos em um nível de realidade mais profundo. Essas manipulações, que resultam em mudanças no mundo físico que percebemos, são o que muitos chamam de "milagres" ou "Magia".

A maneira como essas vibrações quânticas operam e afetam a realidade é semelhante ao funcionamento de um programa de computador. Assim como no famoso jogo "*The Sims*", se alguém alterasse a programação subjacente, a realidade dentro do jogo mudaria. Isso também se aplica à nossa percepção do mundo físico: se a "programação" quântica subjacente é alterada, a realidade que percebemos também muda.

Um exemplo notável disso vem das conhecidas experiências do Dr. Masaru Emoto com cristais de água, demonstrando que esses cristais podem se formar de maneira ordenada ou desordenada, dependendo das intenções mentais enviadas a eles. Tais descobertas corroboram a ideia de que a intenção mental, sendo ela própria um estado quântico, pode influenciar e alterar a realidade física.

Por fim, vale ressaltar que conceitos como transmutação e Alquimia, muitas vezes mal interpretados ao longo da história, são realmente representações simbólicas da transformação e refinamento do estado mental. Ao explorar o mundo quântico e os princípios herméticos, podemos começar a entender e a apreciar os Mistérios outrora escondidos na Tradição Oculta e na Magia.

Vibração e geometria compartilham uma interconexão profunda que se estende por vários campos da ciência. Uma observação das propriedades vibracionais da água e a formação resultante de cristais sugere que padrões vibratórios subjacentes têm a capacidade de influenciar a aparência geométrica. Esta conexão é evidente no campo da cimática[2], onde padrões geométricos distintos surgem em resposta à aplicação de frequências vibratórias.

No reino quântico, as vibrações não são apenas manifestações físicas; são também representações de estados mentais. Quando consideramos a noção de cognição quântica, é proposto que as vibrações quânticas também possam existir como estados mentais, sugerindo uma interligação entre o físico e o mental que se estende para além do espaço-tempo convencional. Este entendimento nos leva a explorar a conexão entre a geometria sagrada e a consciência.

A geometria sagrada, que atribui significado espiritual ou religioso a padrões geométricos, pode ser entendida no contexto científico como uma relação entre consciência e geometria. Dado que a vibração se correlaciona diretamente com estados mentais, é lógico que os estados mentais estejam também correlacionados com as geometrias produzidas por padrões complexos dessas vibrações. Um exemplo primordial é o dos sólidos platônicos, que têm suas origens nas propriedades da função de onda. Estes sólidos têm uma relação intrínseca com as órbitas de elétrons ao redor dos átomos.

Os sólidos platônicos têm relevância em outros campos da Física também. O dodecaedro, associado por Platão ao Éter (ou o que hoje chamamos de espaço-tempo), tem vindo a ser proposto como a possível forma do Universo, com base nas observações do fundo cósmico de micro-ondas. Esta perspectiva, se provada, poderia ter implicações profundas para nossa compreensão do Universo, ligando-o à geometria sagrada e ao pentágono, que está intrinsecamente ligado à estrutura do espaço-tempo.

Além disso, o pentágono tem uma conexão direta com outra forma fundamental de geometria sagrada: a razão áurea, ou o número φ. Esta proporção, encontrada em toda a natureza, de rostos humanos a galáxias, é um reflexo da interconexão entre o microcosmo e o macrocosmo, como afirmado na "Tábua de Esmeralda".

O campo emergente da biologia quântica está desafiando as noções convencionais, mostrando que os fenômenos quânticos não estão restritos apenas ao reino subatômico, mas também desempenham um papel nas funções biológicas. Estas descobertas apontam para a presença de geometria oculta no corpo humano, uma rede intricada de entrelaçamento quântico que liga partes separadas em um todo coerente. Em 2011, uma descoberta significativa revelou que o DNA é mantido unido no núcleo das células por entrelaçamento quântico, ressaltando a importância central deste fenômeno na Biologia.

---

2 Estudo da visualização dos padrões e formas que surgem quando um meio, como um líquido ou um material granulado, é submetido a vibrações ou ondas sonoras. Ela explora como as ondas sonoras afetam a matéria, causando a formação de estruturas geométricas, padrões ou figuras. A palavra "cimática"" deriva do termo grego *kyma*, que significa "onda".

Estudos adicionais sobre a transcrição do DNA sugerem que os fragmentos dissociados de DNA podem ser orquestrados por entrelaçamento quântico, potencialmente até mesmo entre células. Isso poderia ter implicações revolucionárias para nossa compreensão da Biologia no nível mais fundamental.

À medida que avançamos em nossa compreensão da conexão entre a Geometria, a Vibração e a Biologia, torna-se evidente que os princípios da Física Quântica não estão limitados ao mundo subatômico. Eles permeiam nossa realidade, ligando o físico ao mental, o visível ao oculto e o microcosmo ao macrocosmo.

A contemporaneidade é, frequentemente, um espelho que reflete nossa capacidade de processar e reproduzir informações. O texto proposto, um aparente paradoxo de repetição, convida-nos a mergulhar numa profunda reflexão sobre a natureza da comunicação na era digital e sobre como lidamos com a incessante avalanche de dados e instruções que nos é apresentada diariamente.

Vivemos em uma era de sobrecarga informacional, onde a repetição se tornou uma ferramenta essencial para garantir que as mensagens sejam compreendidas e internalizadas. No entanto, essa mesma repetição, quando excessiva ou descontextualizada, pode também provocar confusão e, em alguns casos, alienação. Neste sentido, o texto em análise torna-se um símbolo da atual necessidade de reafirmação constante, ao mesmo tempo em que questiona a eficácia desse método.

A forma como o texto se apresenta, reiterando sua própria instrução, é um convite à introspecção sobre os métodos de comunicação contemporâneos. Será que estamos, em nossa tentativa de ser claros e diretos, apenas amplificando o ruído? Será que a repetição, em vez de esclarecer, está ofuscando nossa capacidade de discernir o essencial do trivial? No campo da educação, por exemplo, a repetição tem sido utilizada como técnica para a internalização de conteúdo. No entanto, essa abordagem, quando não acompanhada de uma reflexão crítica, pode gerar indivíduos menos aptos a pensar de forma independente e mais propensos a aceitar informações sem questionamento. Esta é uma questão crucial, especialmente em tempos de *fake news* e polarização de opiniões.

Por outro lado, a reiteração também pode ser vista como um reflexo da nossa busca por validação. Em uma sociedade que valoriza a assertividade, repetir uma informação ou perspectiva pode ser uma tentativa de reforçar sua validade e relevância. Contudo, é preciso ponderar: até que ponto a busca por afirmação compromete a autenticidade da mensagem?

Em meio a essas reflexões, o texto proposto nos desafia a repensar nossas práticas comunicativas. É um convite para que nos libertemos das amarras da repetição cega e busquemos formas mais significativas e autênticas de expressão. Talvez o caminho não seja repetir mais, mas, sim, ouvir melhor, compreender de forma mais profunda e, acima de tudo, valorizar a singularidade de cada mensagem.

Desde o início dos tempos, a humanidade busca formas de entender e conectar o mundo visível ao invisível, o tangível ao esotérico. A Magia, uma antiga arte ritualística, frequentemente explora essa fronteira. Contudo, na Era Renascentista, emergiu uma intrigante confluência entre a Magia e um campo que viria a ser conhecido como "Biologia": a Magia Enochiana e sua relação com o DNA.

No período renascentista, dois ocultistas, John Dee e Edward Kelley, afirmavam se comunicar com anjos por meio de uma linguagem que denominaram "angelical" ou "Enochiana". Embora possa parecer algo de outro mundo, essa linguagem curiosamente revelou ter paralelos diretos com o código genético contido no DNA.

O alfabeto Enochiano é composto por vinte e duas letras, correspondendo aos vinte aminoácidos codificados pelos codões do DNA, juntamente ao codão inicial e os codões de parada. Esta precisão numérica torna-se ainda mais fascinante quando se observa o "selo da verdade" descrito pelos anjos: uma grade de oito por oito contendo as letras Enochianas, totalizando sessenta e quatro quadrados. Esse número corresponde aos sessenta e quatro codões que codificam os aminoácidos, com alguns codificando múltiplos aminoácidos.

Para ir além, correspondências foram traçadas entre estas letras e os hexagramas do I Ching, bem como com o Tzolkin Maia, demonstrando uma surpreendente interconexão entre culturas e Tradições.

No nível quântico, se considerarmos que o DNA mantém um estado de coerência no núcleo, então cada codão possuiria uma função de onda quântica com uma vibração específica. Com as propriedades ocultas das funções de onda quântica, como discutido anteriormente, é plausível que cada função de onda tenha uma representação fonêmica, culminando em um alfabeto mágico, tal como o Enochiano.

Esta suposição tece uma narrativa onde o DNA pode, em teoria, ser manipulado através do uso da linguagem Enochiana. No entanto, é essencial ressaltar que a proposta não é encorajar sua utilização, mas, sim, informar sobre essa possibilidade conceitual.

Aprofundando-se na relação entre genética e ciência hermética, surge o conceito de "ativação do DNA", associado ao que é comumente conhecido como "DNA lixo". Este é um segmento do DNA que aparentemente não tem função biológica clara. Acredita-se que ele codifica habilidades humanas inatas, suprimidas ao longo do tempo. Ocasionalmente, esta parte do DNA é ativada, geralmente relacionada a um despertar espiritual, provocando sensações peculiares no corpo.

A intersecção entre Biologia e ocultismo desafia nossa compreensão convencional e nos convida a explorar os intricados padrões que tecem a vida humana, tanto no âmbito físico quanto no espiritual.

Desde tempos antigos, a humanidade sempre buscou entender a conexão entre o nome de uma coisa e sua essência. Nas Tradições ocultas, esse princípio é evidenciado pelo estudo da gematria, com raízes na Cabala e na numerologia. Vamos nos aprofundar um pouco mais na gematria e em sua relação com os conceitos de Mentalismo, Correspondência e Vibração.

A gematria propõe que um nome – seja ele de uma pessoa, local ou objeto – carrega em si um código numérico. Este código pode ser usado para associar essa pessoa, lugar ou coisa a outros com códigos semelhantes. À primeira vista, isso parece ser uma correlação mística entre um nome e números, mas um olhar mais atento, sob a ótica dos princípios antes mencionados, revela uma explicação lógica e intrigante.

Nomes, quando pronunciados, são constituídos de fonemas que podem ser entendidos como representações audíveis de estados cognitivos existentes no Espaço de Hilbert. Assim, cada nome ou palavra, ressoa em um estado quântico vibracional específico. Quando os pais escolhem um nome para um filho, geralmente movidos por sentimentos profundos e intuições, é provável que estejam, de alguma forma, sintonizados com o Inconsciente Coletivo, atribuindo à criança um nome que ressoe com sua verdadeira vibração.

Esse conceito corrobora a crença oculta de que o nome tem o poder daquilo que é nomeado. O nome não apenas identifica, mas encapsula a vibração da entidade nomeada, tornando-se, em certo sentido, um controle sobre ela. Essa vibração pode, então, ser indexada numericamente, da mesma forma que livros são organizados em uma biblioteca. A gematria, neste contexto, funciona como um índice, estabelecendo correspondências entre entidades catalogadas por suas vibrações.

No mundo físico, pode parecer que essas entidades não têm nenhuma relação aparente entre si. No entanto, no Espaço de Hilbert, que serve como uma base para o "mundo virtual" do espaço-tempo emergente, essas conexões tornam-se evidentes. Organizado por essas vibrações, o "programa" do sistema acaba por correlacionar entidades com "números de catálogo" semelhantes, gerando conexões entre elas no mundo percebido. Para observadores em nossa realidade, essas conexões podem parecer "místicas", mas na verdade, estão apenas correlacionadas em um nível mais profundo da realidade.

A gematria, assim como outros fenômenos, evidencia o Princípio da Vibração, que permeia nossa existência junto aos princípios de Mentalismo e Correspondência. Por meio do entendimento da gematria, podemos ter uma noção mais profunda de como as vibrações moldam nossa compreensão dos tópicos ocultos e da própria realidade.

RESUMO

PRINCÍPIO DA VIBRAÇÃO

A Magia, em suas variadas formas e Tradições, sempre se concentrou na manipulação de energias e na compreensão das forças ocultas que permeiam nossa existência. Durante séculos, essa percepção foi muitas vezes marginalizada pela ciência ortodoxa, que a considerava mero misticismo ou superstição. No entanto, as revelações da Física moderna, em particular a mecânica quântica, trouxeram à tona uma compreensão do Universo que se assemelha, de maneira surpreendente, às antigas práticas mágicas.

Um exemplo impressionante dessa intersecção entre Magia e ciência é o Princípio da Vibração. Esta máxima, que afirma que "nada está em repouso; tudo se move; tudo vibra", é uma pedra angular em muitos sistemas mágicos. Sob essa ótica, Magos e feiticeiros percebem o mundo não como um conjunto estático de objetos, mas como uma teia dinâmica de energias interconectadas e vibrantes. Cada entidade, cada pedra, planta ou animal, emite sua própria frequência, e a habilidade de sintonizar e influenciar essas frequências é a base de muitas práticas mágicas.

A Física Quântica, com sua noção de dualidade onda-partícula, ecoa essa antiga sabedoria. Tudo no Universo, de átomos a estrelas, possui essa dualidade, existindo simultaneamente como partículas e como ondas de probabilidade vibrantes. Este conceito revolucionário desafia nossa percepção tradicional da realidade, sugerindo que, em seu núcleo, o Universo é menos sólido e mais misterioso do que se pensava anteriormente.

Além disso, teorias mais avançadas, como a Teoria das Supercordas, ampliam essa visão, propondo que até mesmo o tecido do espaço-tempo – o "Éter", como mencionado no Caibalion – é composto de minúsculas cordas vibrantes. Essas ideias reforçam a noção de que tudo está interconectado em um nível fundamental, e que a matéria como a percebemos, é simplesmente uma manifestação de vibrações em diferentes frequências.

Para o Bruxo, esses insights da física podem ser vistos de muitas maneiras como uma validação das teorias mágicas. O que outrora era relegado ao domínio do sobrenatural ou do esotérico, agora encontra paralelos nas fronteiras da Ciência Moderna. A habilidade de sintonizar, harmonizar ou até mesmo alterar vibrações é, portanto, uma ferramenta poderosa, tanto para o feiticeiro quanto para o físico.

A Ciência e a Magia, ao explorarem o Princípio da Vibração, revelam que o Universo é um lugar de maravilhas interconectadas. E enquanto os Bruxos podem se concentrar em rituais e símbolos para acessar esse mundo vibrante, os cientistas usam equações e experimentos. Mas no final, ambos buscam compreender e interagir com o pulsar rítmico que é a essência de tudo que existe. A Magia, em sua busca eterna pela sabedoria, e a Ciência, em sua incessante curiosidade, podem ser duas faces da mesma moeda, unidas por um Universo que canta sua canção vibrante.

10

POLARIDADE

"TUDO É DUPLO; TUDO TEM DOIS POLOS; TUDO TEM SEU PAR DE OPOSTOS; SEMELHANTES E DIFERENTES SÃO IGUAIS; OS OPOSTOS SÃO IDÊNTICOS EM SUA NATUREZA, MAS DIFERENTES EM GRAU; OS EXTREMOS SE ENCONTRAM; TODAS AS VERDADES NÃO PASSAM DE MEIAS VERDADES; TODOS OS PARADOXOS PODEM SE RECONCILIAR."

O CAIBALION

O Quarto Grande Princípio Hermético – o Princípio da Polaridade – incorpora a verdade segundo a qual todas as coisas manifestadas têm "dois lados"; "dois aspectos"; "dois polos"; um "par de opostos", com vários graus entre esses dois extremos. Os velhos paradoxos, que sempre estarreceram a mente humana, são explicados por uma melhor compreensão deste Princípio. O homem sempre reconheceu que havia algo semelhante a esse Princípio e se esforçou para expressar isso por meio de ditados, máximas e aforismos como os seguintes: "Tudo existe e não existe ao mesmo tempo"; "todas as verdades não passam de meias verdades"; "toda verdade é meio falsa"; "há dois lados em tudo"; "há sempre o outro lado da moeda", e assim por diante.

Os ensinamentos Herméticos asseveram que a diferença entre as coisas diametralmente opostas entre si na aparência é apenas uma questão de grau. Isso ensina que "os pares de opostos podem se reconciliar" e que "tese e antítese são idênticas em sua natureza, mas diferentes em grau"; e que a "reconciliação universal dos opostos" é efetuada por meio do reconhecimento do Princípio da Polaridade. Os professores afirmam que exemplos desse Princípio podem ser encontrados em todos os lugares, a partir de um exame da natureza real de qualquer coisa. De início, eles mostram que o Espírito e a Matéria são apenas os dois polos da mesma coisa, e que seus planos intermediários são tão somente graus diversos de vibração. Eles mostram que o TODO e os Muitos são iguais, e que a diferença entre eles é apenas uma questão de grau de Manifestação Mental. Assim, a LEI e as Leis são os dois polos opostos de uma mesma coisa. Da mesma forma, o PRINCÍPIO e os Princípios. Ou a Mente Infinita e as mentes finitas.

Passando para o Plano Físico, eles detalham esse Princípio mostrando que Calor e Frio são idênticos em sua natureza, e que a diferença entre eles é também somente uma questão de grau. O termômetro mostra muitos graus de temperatura, sendo o polo mais baixo chamado de "frio" e o mais alto, de "calor". Entre esses dois polos, há muitos graus de "calor" ou de "frio"; podemos chamá-los como quisermos, e estaremos igualmente corretos. O mais alto entre dois graus é sempre o "mais quente", enquanto o mais baixo é sempre o "mais frio". Não há uma delimitação absoluta – tudo é uma questão de grau. Não há nenhum lugar no termômetro onde o calor cessa e o frio começa. Tudo é uma questão de vibrações superiores ou inferiores. Os próprios termos "alto" e "baixo", que somos obrigados a usar, não passam de polos da mesma coisa – os termos são relativos. O mesmo ocorre com "Leste e Oeste" – viaje ao redor do mundo na direção Leste e você alcançará o ponto Oeste, onde estava em seu ponto de partida e, desse ponto, retorna a Oeste. Viaje longe o suficiente para o Norte, e você acabará indo para o Sul, e vice-versa.

O mesmo para a Luz e a Escuridão, que são polos da mesma coisa, com muitos graus entre si. A escala musical funciona da mesma forma – começamos a partir da nota "Dó", e a escala se move para cima até chegar a outro "Dó", numa oitava superior e assim por diante, e as diferenças entre as duas extremidades dessa escala são as mesmas, com muitos graus que as separam. A paleta de cores também funciona assim – as vibrações mais altas e mais baixas são a única diferença entre o violeta intenso e o vermelho mais opaco. Grande e Pequeno são ideias relativas. Assim como Ruído e Silêncio; Duro e Mole seguem a mesma regra. Da mesma forma que Nítido e Opaco. Finalmente, Positivo e Negativo são dois polos da mesma coisa, com inúmeros graus entre eles.

Bem e Mal não são absolutos – chamamos uma das extremidades da escala de Bem e a outra de Mal, ou podemos falar que uma extremidade é o Bem e a outra é o Mal, de acordo com o uso dos termos. Uma coisa é "menos boa" do que a que está mais acima dela na escala; mas aquela coisa "menos boa", por sua vez, é "melhor" do que a coisa logo abaixo dela – e assim por diante, sendo o "mais ou menos" regulado pela sua posição na escala.

As coisas se manifestam da mesma maneira no Plano Mental. "Amor e Ódio" são geralmente considerados coisas diametralmente opostas; totalmente diferentes; irreconciliáveis. Porém, ao aplicarmos o Princípio da Polaridade, descobrimos que não existe algo como Amor Absoluto ou Ódio Absoluto, distintos um do outro. Os dois são apenas termos aplicados aos dois polos da mesma coisa. Se começamos em qualquer ponto da escala, encontramos "mais amor" ou "menos ódio", conforme subimos na escala; e "mais ódio" ou "menos amor" à medida que descemos – e isso é uma verdade inconteste, não importando de que ponto, mais alto ou mais baixo, possamos começar. Há graus de amor e de ódio, e há um ponto intermediário em que o "gostar e não gostar" se torna tão fraco, que é difícil distinguir entre eles. Coragem e Medo seguem a mesma regra. Os pares de opostos existem em toda a parte. Se alguma coisa existe, encontraremos fatalmente o seu oposto – os dois polos.

Esse fato permite ao Hermetista transmutar um estado mental em outro, na escala da polarização. Coisas que pertencem a classes diferentes não podem ser transmutadas entre si, entretanto, coisas da mesma classe podem ser alteradas, ou melhor, podem ter sua polaridade alterada. Desse modo, o Amor nunca se torna Leste ou Oeste, tampouco Vermelho ou Violeta – mas pode, e frequentemente acontece, transformar-se em Ódio, como, da mesma forma, o Ódio pode ser transformado em Amor ao ser mudada a sua polaridade. A Coragem pode ser transmutada em Medo, e vice-versa. Coisas duras podem se tornar suaves. Coisas opacas se tornam nítidas. Coisas quentes tornam-se frias, e assim por diante. A transmutação sempre ocorre entre coisas do mesmo tipo que se encontram em diferentes graus. Veja o caso de um homem medroso. Ao elevar suas vibrações mentais ao longo da linha do Medo-Coragem, ele pode ser preenchido com o mais alto grau de Coragem e Destemor. Da mesma forma, o preguiçoso pode se transformar em alguém ativo e energético, simplesmente polarizando ao longo da linha da qualidade desejada.

O estudante que está familiarizado com os processos pelos quais as várias escolas de Ciência Mental produzem mudanças nos estados mentais daqueles que seguem seus ensinamentos, talvez não compreenda prontamente o princípio subjacente a muitas dessas mudanças. Quando, entretanto, o Princípio da Polaridade é finalmente compreendido, percebe-se que as mudanças mentais são ocasionadas por uma mudança da polaridade – um deslizamento ao longo da mesma escala – assim, o assunto é mais facilmente compreendido. A mudança não está na natureza da transmutação de uma coisa em uma outra inteiramente diferente – mas, sim, somente na variação do grau da mesma coisa, o que é completamente diferente e importante. Por exemplo, tomando emprestada uma analogia do Plano Físico, é impossível transformar Calor em Nitidez, Intensidade ou Altitude, ou qualquer outra coisa, mas o Calor pode ser prontamente transmutado em Frio, simplesmente diminuindo a sua vibração, por serem da mesma linha de polaridade. Da mesma forma, o Ódio e o Amor são mutuamente transmutáveis; assim como o Medo e a Coragem. No entanto, o Medo não pode ser transformado em Amor, nem a Coragem pode ser transmutada em Ódio. Os estados mentais pertencem a inúmeras classes, e cada classe apresenta seus polos opostos, dentro de uma escala em que a transmutação é possível.

Logo, o aluno reconhecerá que nos estados mentais, assim como nos fenômenos do Plano Físico, os dois polos podem ser classificados em Positivo e Negativo, respectivamente. Assim, o Amor é positivo para o Ódio; a Coragem é positiva para o Medo; a Atividade é positiva para Inatividade, e assim por diante. E também perceberá que, mesmo para aqueles que não estão familiarizados com o Princípio da Vibração, o Polo Positivo parece ser de um grau mais alto que o Polo Negativo, e assim ele compreenderá rapidamente. A tendência da Natureza está na direção da atividade dominante do Polo Positivo.

Além da mudança dos polos dos próprios estados mentais pela operação da arte da Polarização, os fenômenos da Influência Mental, em suas múltiplas fases, mostram-nos que o princípio pode ser estendido de modo a abarcar os fenômenos da influência de uma mente sobre outra, sobre o que tanto foi escrito e ensinado nos últimos anos.

Quando se compreende que a indução mental é possível, isto é, que os estados mentais podem ser produzidos por "indução" de outros, podemos ver prontamente como uma certa faixa de vibração ou polarização de um determinado estado mental, pode ser comunicada à outra pessoa, e sua polaridade dentro de uma classe de estados mentais muda. É segundo esse princípio que os resultados de muitos dos "tratamentos mentais" são obtidos. Por exemplo, uma pessoa está triste, melancólica e medrosa. Um cientista mental, ao trazer para sua própria mente a vibração desejada por sua vontade bem treinada, obtém desse modo a polarização desejada em si, e então produz um estado mental semelhante na outra pessoa por indução, tendo como resultado que as vibrações são aumentadas e a pessoa polariza em direção à outra extremidade, no caso, Positiva, da escala, e afasta-se da direção Negativa, e o seu Medo, bem como as outras emoções negativas associadas, é transmutado em Coragem e em estados mentais positivos semelhantes. Um pequeno estudo mostrará, sem dúvida, que essas mudanças mentais estão quase todas ao longo de uma mesma linha de Polarização, o que ocorre no caso é somente uma mudança de grau, não de tipo.

O conhecimento da existência deste grande Princípio Hermético capacitará o estudante a compreender melhor seus próprios estados mentais e os de outras pessoas. Ele verá que esses estados são todos questões de grau e, a partir desse entendimento, será capaz de aumentar ou diminuir a vibração à vontade – para mudar seus polos mentais. Assim, poderá se tornar Mestre dos seus estados mentais, em vez de ser seu servo e escravo. Por meio do seu conhecimento, ele será capaz de ajudar seus companheiros de forma inteligente e, pelos métodos apropriados, mudar a polaridade, quando isso for desejável.

Aconselhamos a todos os alunos que se familiarizem com esse Princípio da Polaridade, pois a sua compreensão correta irá lançar luz sobre muitos assuntos considerados difíceis.

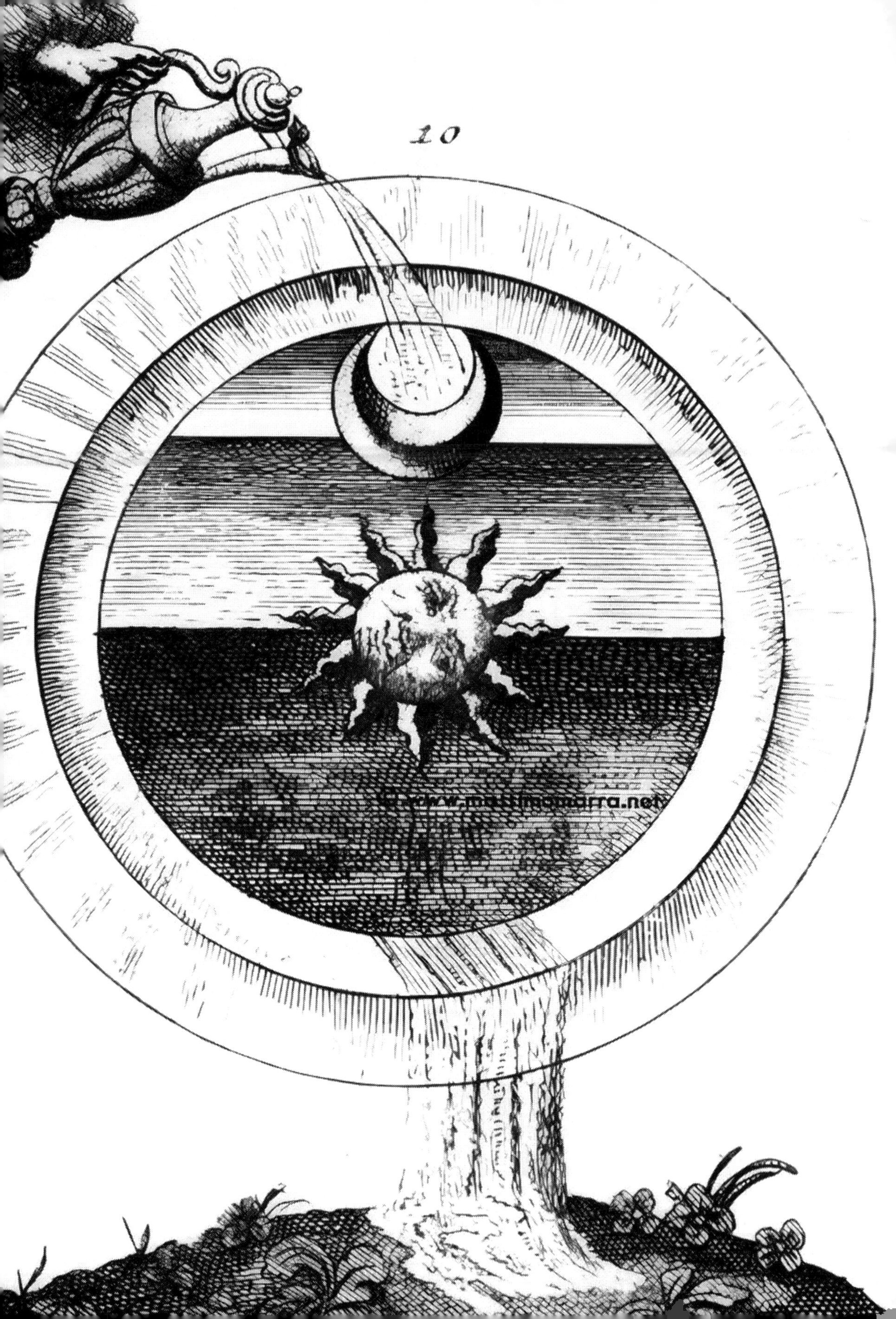
10

O PRINCÍPIO DA POLARIDADE PARA BRUXOS

EM CADA EXTREMO RESIDE A SEMENTE
DO SEU OPOSTO PERPETUANDO
O ETERNO BAILAR DAS DUALIDADES ENTRELAÇADAS.

No princípio de tudo, antes que qualquer manifestação tangível ocorresse, havia a energia mental em seu estado de pré-manifestação. Esta energia concebe o Universo como uma ideia, uma espécie de concepção primordial. É interessante notar como essa ideia se manifesta: ela se utiliza da probabilidade, movendo-se como uma onda. Ao encontrar o espaço-tempo, ela se cristaliza, tornando-se uma partícula. Essas partículas são, na verdade, a materialização das polarizações da vibrante energia mental.

Aqui entra o conceito fascinante da correspondência, que postula a probabilidade de que essas polaridades possam se reunir novamente, buscando recriar sua energia de origem. Esta reunião ocorre em um movimento contínuo de expansão e contração. Esse processo de regeneração da energia implica uma interação entre os polos, estabelecendo um campo energético que se manifesta entre eles. É neste campo que as qualidades da energia base são manifestadas, permitindo um sistema dinâmico de forças que influencia e modifica a própria energia base.

A partir dessa interação contínua e do trabalho realizado no campo energético, emerge uma nova forma de energia. Uma versão evoluída da energia original, moldada pelas forças polares em ação, refletindo a energia base, mas com uma manifestação única.

Em uma tentativa de compreensão mais tangível, é possível traçar um paralelo com o ato criativo humano. Para que haja criação, é necessário que exista polaridade. Se houver apenas um polo, a criação permanecerá latente, sendo apenas uma possibilidade. Contudo, ao dar forma e substância a essa possibilidade, ela se transforma em algo real e físico, ocupando um lugar em nosso espaço e tempo.

É vital compreender a dualidade inerente à existência. Uma criação só se torna viável com a presença de dois polos energéticos. E, paradoxalmente, mesmo sendo distintos, esses polos são manifestações da mesma energia, onde um serve como reflexo do outro. Esse entendimento transcende a mera física, conduzindo-nos a uma profunda reflexão sobre a origem, a manifestação e a evolução da energia no vasto Universo que habitamos.

A ideia da existência de polos opostos é fundamental para a compreensão de muitos conceitos universais. De acordo com a premissa de que "a existência de um polo implica necessariamente na existência de seu inverso", somos levados a entender que em cada aspecto da vida e da natureza existe uma dualidade inerente. Esta dualidade não se resume apenas a uma mera oposição, mas ao equilíbrio e à complementaridade entre forças distintas.

O Caibalion reforça essa concepção ao declarar que "tudo está dividido em pares de opostos e que tudo possui uma contraparte". A natureza é dual, por isso, em cada elemento ou força presente podemos identificar seu polo oposto. Isso significa que na essência de tudo o que existe, há uma orientação que se inclina para o positivo ou para o negativo, configurando a dualidade universal.

Da Causa Suprema Única, origina-se um único efeito: a polaridade. Esta polaridade, carregando a unicidade da causa que a originou, é responsável por transmitir essa característica para todos os efeitos subsequentes que produz. De forma simplificada, é como se a própria natureza fosse um conjunto de reações em cadeia, onde a polaridade atua como um elemento-chave que conduz cada processo.

A discussão se aprofunda quando analisamos o princípio energético que está intrínseco à polaridade. Energia que, em sua essência, divide-se em dois polos opostos, mas que se atraem e se complementam. Esses polos, além de serem limitantes, são essenciais para que a energia mental pura possa criar e manifestar-se de diversas formas arquetípicas.

Ao considerarmos a expansão da energia, entendemos que, em determinado momento, essa energia se polariza, carregando-se em extremos opostos. Um polo carrega-se com um tipo de energia e o outro com sua contraparte, formando a totalidade da energia em si. Durante essa expansão, chega-se a um ponto em que a concentração energética se rompe, marcando os limites da manifestação e permitindo que os polos, agora carregados, possam se reverter novamente na Energia Mental Única.

Importante notar que os polos possuem funções distintas. Enquanto um polo é emissor, ou seja, fornece energia criativa e concebe a ideia, o outro é receptor. Este último, ao receber a energia criativa, age como uma matriz, dando forma ao arquétipo em questão.

Assim, podemos perceber que a natureza, em sua infinita sabedoria, opera com base na complementaridade. A dualidade presente em tudo é o que garante o equilíbrio e a continuidade dos processos naturais. Sem a existência dos polos e da constante interação entre eles, a energia não se manifestaria e a vida, como a conhecemos, não existiria. É uma dança contínua entre forças opostas, mas que se necessitam mutuamente para criar, manifestar e evoluir.

A polarização, enquanto conceito, é frequentemente associada à divisão ou contraste, e em muitos campos do conhecimento, assume um papel crítico na formação e evolução de sistemas. No entanto, quando observamos a polarização sob uma perspectiva cósmica, ela emerge como um fenômeno de divisão, como uma força propulsora da manifestação e da criação.

Em um cenário cósmico, a polarização desempenha o papel crucial de gerar todas as graduações de energia que constituirão um Cosmos. Esta energia, em seus variados graus, é regida pelas forças de atração e repulsão, cujo equilíbrio, ou a falta dele, determinará a natureza dos corpos e objetos dentro desse Cosmos. A gravidade atua como um mediador nesses polos, orientando as interações entre eles.

No entanto, a polarização vai além de simplesmente gerar energia ou objetos. É, de fato, um processo de definição. Define os limites da criação e especifica as fontes de energia necessárias para concretizar uma ideia. Esta abordagem pode ser extrapolada para qualquer forma de criação, inclusive a humana. Assim como no Cosmos, cada criação humana requer uma ideia e uma forma. Estes dois elementos, em sua essência polarizada, são indispensáveis para completar qualquer criação.

A citação do Caibalion nos proporciona ainda mais insights sobre a natureza da polarização. Afirma que os opostos, embora pareçam diferentes em grau, são idênticos em sua natureza. Esta noção desafia nossa compreensão convencional e sugere que os extremos, em vez de serem entidades opostas e irreconciliáveis, são, de fato, pontos de um *continuum* que eventualmente se encontram. Esta ideia é revolucionária, pois implica que toda verdade é, em sua essência, uma meia verdade e que todas os paradoxos, por mais contrastantes que sejam, têm o potencial de serem reconciliados.

Ao refletir sobre essa compreensão da polarização, percebemos que ela serve como uma metáfora para muitos aspectos da existência. Na nossa vida, navegamos constantemente entre polaridades – seja no campo das emoções, seja por opiniões, seja por nossas experiências. Portanto, assim como no Cosmos, essas polaridades não existem simplesmente para criar divisão, mas para impulsionar a manifestação e a criação. Elas nos desafiam a encontrar equilíbrio e a entender a natureza dual de nossa realidade e, talvez o mais importante, a reconhecer que, em meio a toda dualidade, existe uma unidade subjacente que aguarda ser descoberta.

A natureza do Universo é complexa e repleta de mistérios, mas um dos seus princípios mais fundamentais é a dualidade. Desde os primórdios da humanidade, as pessoas têm buscado entender as forças que regem o Cosmos e sua existência. A ideia de que tudo tem um oposto, mas que esses opostos são, em sua essência, a mesma coisa, é uma das mais intrigantes.

Esta concepção, como descrita no Caibalion, vem nos dizer que tudo possui pares de opostos. Mas, ao invés de serem forças em constante batalha, esses pares são a mesma coisa em diferentes graus. Tal ideia contraria a noção simplista de que vivemos em um mundo de absolutos, onde "bom" e "mau" são entidades distintas e opostas. Em vez disso, o bem e o mal, assim como todos os outros pares de opostos, são pontos ao longo de um *continuum*.

Na essência desse Universo, encontramos um conceito aparentemente simples, mas profundamente significativo: tudo é dual. Este conceito, presente em várias filosofias, religiões e até mesmo na ciência, nos faz refletir sobre a interconexão e a interdependência de todas as coisas.

A lei da polaridade nos oferece uma perspectiva particularmente rica para explorar essa dualidade. Ela nos diz que cada elemento, fenômeno ou sentimento pode ser dividido em duas partes opostas. Mas aqui é que reside o Mistério. Cada uma dessas partes contém a potencialidade da outra. O bem contém o mal; a luz esconde a escuridão; e vice-versa. E esta relação não é estática; ela está em constante fluxo, com a possibilidade de um se transformar no outro.

Na vida cotidiana, raramente encontramos situações ou sentimentos que são absolutamente bons ou ruins. Mesmo nos momentos mais desafiadores, é possível encontrar um lampejo de esperança ou um aprendizado. Da mesma forma, até os momentos mais felizes carregam em si a semente da impermanência e da mudança. Reconhecer e aceitar essa dualidade pode ser libertador, pois nos permite viver de forma mais equilibrada e em paz com a natureza inerentemente mutável da vida.

Ao abordar a dualidade sob uma lente científica, a Física Quântica nos oferece uma ilustração fascinante desse conceito. O comportamento dual da luz, ora como partícula, ora como onda, desafia nossa compreensão convencional da realidade. Esta dualidade, conhecida como dualidade onda-partícula, mostra-nos que a natureza, em seus níveis mais fundamentais, não se encaixa nas categorias rígidas que muitas vezes usamos para descrevê-la.

O Universo, em sua sabedoria infinita, oferece-nos inúmeros exemplos dessa polaridade. O contraste entre o branco e o preto, o alto e o baixo, o rápido e o lento. A alternância entre a euforia e a depressão, o sol e a lua, a bondade e a crueldade. Cada par de opostos nos ensina que nada existe isoladamente; tudo faz parte de um todo maior, onde os opostos se complementam e se equilibram.

A capacidade de reconhecer, aceitar e, finalmente, abraçar essa dualidade é uma das chaves para uma vida mais rica e significativa. Seja na Magia ou na vida cotidiana, reconhecer que tudo tem seu oposto e que esses opostos estão interligados nos permite navegar pelo mundo com mais sabedoria e compaixão. E, talvez, essa seja a verdadeira Magia da dualidade: encontrar harmonia em meio ao contraste e à mudança.

Em nossa busca por compreensão, muitas vezes, simplificamos as coisas para categorizá-las e compreendê-las. Mas a verdadeira sabedoria reside em reconhecer que essas categorias são apenas convenções humanas e que a realidade é muito mais fluida e interconectada. Ao perceber isso, é possível começar a trabalhar para transmutar qualquer qualidade ao longo da sua polaridade, como transformar o medo em amor ou a tristeza em alegria.

O taoismo, uma filosofia e religião antiga da China, oferece uma representação visual deste princípio através do símbolo do Yin e Yang. Duas metades que se complementam e se equilibram, e dentro de cada metade, um ponto do oposto. É uma ilustração de que os opostos contêm a semente um do outro e que nada é absolutamente puro ou imutável. Esta interação contínua entre os opostos é o que dá origem à dinâmica e ao movimento do Universo.

A chave para compreender e utilizar este princípio em nossa própria vida é reconhecer que, ao invés de lutar contra as forças opostas, podemos buscar o equilíbrio e a harmonia. Quando nos deparamos com situações desafiadoras ou emoções intensas, podemos olhar para elas não como obstáculos intransponíveis, mas como pontos em um espectro de experiência. Ao fazer isso, abrimos a porta para a transformação e a compreensão mais profunda da natureza da realidade.

Logo, a verdadeira Magia deste princípio é que ele nos oferece uma perspectiva de que, mesmo nas circunstâncias mais difíceis, há uma oportunidade para o crescimento, a mudança e a evolução. A vida é uma dança entre opostos. Quando abraçamos essa dualidade, somos capazes de fluir com ela, encontrando a harmonia no caos e a luz na escuridão. É esse entendimento que nos permite navegar pelo mundo com uma maior sensação de propósito e conexão.

Na grande dança do Universo, a Lei da Polaridade desempenha um papel fundamental. Essa lei hermética nos ensina que tudo tem seu oposto – luz e escuridão, calor e frio, positivo e negativo. Mas mais do que simples dualidade, essa lei nos mostra que essas polaridades são interdependentes e necessárias para a criação do equilíbrio.

Os Bruxos compreendem que a Magia da polaridade está enraizada na ideia de que, ao entender e equilibrar essas forças opostas, podemos alcançar um estado de harmonia e crescimento. Em vez de negar ou rejeitar o aspecto sombrio, nós o abraçamos como uma parte essencial de nossa jornada mágica.

Ao aplicar a Lei da Polaridade, os Bruxos podem transformar desafios em oportunidades. Por exemplo, se um Bruxo está passando por um período de dificuldade financeira, ele pode usar a Magia da polaridade para buscar soluções criativas. Em vez de se concentrar apenas na falta, ele também reconhece as oportunidades presentes na adversidade.

A Magia da polaridade também se manifesta nas emoções humanas. Os Bruxos reconhecem que todas as emoções têm seu lugar e propósito. Em vez de reprimir ou negar emoções negativas, eles exploram esses sentimentos, buscando entender sua origem e transformar a energia subjacente. Ao trabalhar com polaridades emocionais, os Bruxos podem alcançar uma maior compreensão de si mesmos e se tornar mais resilientes.

Uma prática comum entre os Bruxos é a busca pelo equilíbrio entre as energias masculinas e femininas. Essas polaridades não se limitam a gêneros, mas representam qualidades como ação e receptividade, força e intuição. Ao equilibrar essas energias dentro de si mesmos, os Bruxos podem se tornar mais completos e eficazes em suas práticas mágicas.

A Lei da Polaridade também se aplica à dualidade entre o material e o espiritual. Os Bruxos reconhecem que ambos os aspectos são intrincadamente ligados e que a busca pelo equilíbrio entre esses extremos é uma parte essencial de sua jornada mágica.

Em resumo, a Lei da Polaridade nos ensina que a dualidade é uma parte intrínseca da existência, e que, ao compreender e equilibrar essas polaridades, os Bruxos podem alcançar a harmonia e o crescimento.

O Princípio da Polaridade não somente explica a natureza dual de nossa realidade, como também oferece uma chave para a transformação e o equilíbrio pessoal.

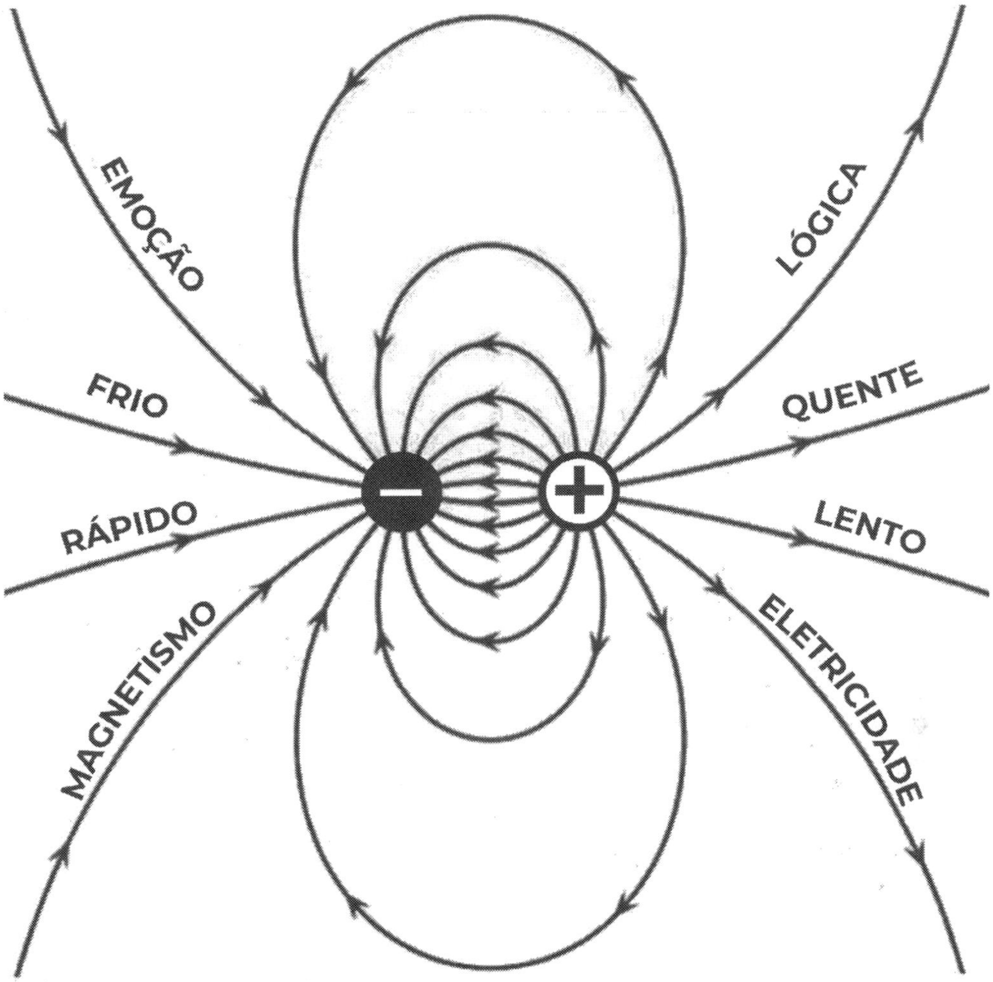

No Hermetismo, polaridades simbolizam dualidades complementares fundamentais, como luz/sombra, espírito/matéria, ascensão/queda e muitas outras, que criam equilíbrio no universo e na consciência espiritual. Entre os extremos de qualquer polaridade, existe um espectro contínuo de estados intermediários, misturando-se e coexistindo em graus variados. Por exemplo, entre o quente e o frio, há uma vasta gama de temperaturas - morno, fresco, escaldante - cada uma com suas próprias características e efeitos.

Segundo o Princípio da Polaridade, tudo em nosso Universo é dual. Cada coisa, cada conceito, cada manifestação possui seu oposto. No entanto, esses opostos, embora pareçam contraditórios à primeira vista, são de fato complementares e fazem parte do mesmo *continuum*. Homem e mulher, calor e frio, amor e ódio: todos são exemplos claros dessa dualidade, em que os extremos são apenas diferentes manifestações de uma mesma essência.

Fascinante pensar como interpretamos esses opostos. Tomemos o exemplo da temperatura: o que é frio para um pode ser morno para outro, e vice-versa. Este exemplo destaca a natureza subjetiva de nossa percepção. O calor e o frio são, na realidade, a mesma coisa – a temperatura. Eles são apenas diferentes pontos em uma escala contínua.

Tal entendimento se estende às emoções humanas. O amor e o ódio, como vimos, são sentimentos intensos e opostos, mas frequentemente interligados. Quantas vezes vimos relações em que o amor se transformou em ódio e vice-versa? No entanto, a verdadeira ausência de amor não é o ódio, é a indiferença.

O Caibalion sustenta que os opostos são, em essência, a mesma coisa. Por exemplo, quando comparamos uma pessoa extremamente boa a uma extremamente má, estamos, de fato, observando a mesma qualidade manifestada em diferentes graus.

A maior lição deste princípio, porém, é aprender a harmonizar opostos. Na busca pela compreensão e pelo equilíbrio, é essencial reconhecer a unidade subjacente a todas as coisas. Em um Universo onde a verdadeira natureza é a unidade – uma única Fonte, Energia, Amor –, as diferenças que percebemos são meramente ilusórias.

Ao cultivar a visão de unidade, aproximamo-nos da paz e da harmonia. Por quê? Porque quando reconhecemos que os opostos são, na verdade, expressões da mesma essência, os conflitos internos e externos começam a se dissipar. Reconhecer que alguém que julgamos como "culpado" também possui sua inocência, ou que nada é absolutamente bom ou mau, nos ajuda a ver o mundo de maneira mais equilibrada e empática.

Este exercício de encontrar a unidade em tudo é, no final das contas, uma jornada em busca da paz interior. Em um mundo tão polarizado, reconhecer a dualidade, mas também enxergar a unidade que subjaz a ela, é um caminho de sabedoria e equilíbrio.

O mundo, em sua essência, é uma realidade baseada na dualidade. Desde as leis da física até as emoções humanas, estamos constantemente navegando entre dois extremos. O Princípio da Vibração esclarece essa dicotomia ao afirmar que a vibração mais alta corresponde ao espírito, enquanto a mais baixa está ligada à matéria. Curiosamente, esses extremos, por mais distintos que pareçam, são, em essência, a mesma coisa. Isso nos leva a uma revelação profunda: a verdadeira paz reside no equilíbrio entre as polaridades.

A vida no plano material exige de nós a habilidade de navegar entre o espiritual e o mundano. Não se pode viver plenamente no mundo material sem uma conexão espiritual, assim como não se pode ser verdadeiramente espiritual sem uma organização e entendimento do mundo físico. Ambos os extremos devem ser conciliados para que se alcance uma vida harmoniosa.

O conceito de que "os extremos se tocam" oferece uma perspectiva fascinante sobre a natureza cíclica do Universo. Seja viajando ao redor do mundo ou explorando as vastidões do Cosmos, há uma ideia recorrente de que o início e o fim se entrelaçam. Esta percepção nos leva a uma profunda reflexão sobre a interconexão e a relativa natureza da realidade.

Na prática diária, quando nos encontramos em situações extremas, a chave para restaurar o equilíbrio é cultivar a energia do polo oposto. Por exemplo, para combater o frio, buscamos calor. Para afastar a escuridão, procuramos luz. E para transformar o ódio, empregamos o amor. Esta é a dança da vida, um constante movimento entre polaridades.

No entanto, é crucial que nossa abordagem à transmutação seja alinhada com a natureza específica do desafio que enfrentamos. Por exemplo, se alguém deseja superar a pobreza, deve focar em gerar riqueza, não em buscar calor ou frio.

Curiosamente, a busca por amor e prosperidade é muitas vezes mal interpretada. Ser bondoso e servir aos outros não garante a manifestação de um parceiro amoroso ou riqueza material. Em vez disso, é a energia específica do amor e da prosperidade que deve ser cultivada.

Muitos buscam a intervenção Divina para resolver seus problemas. No entanto, é essencial compreender que o que chamamos de "Deuses" é uma vibração perfeita do Universo, onde não existem conflitos ou desordens. Estamos constantemente imersos nessa Divindade, mas nossa percepção dicotômica nos impede de reconhecer essa verdade.

Transformar essa percepção é o verdadeiro desafio. Precisamos aprender a ver a unidade em tudo e a reconhecer que já estamos imersos no Divino. O "Céu" não é um lugar distante ou um estado futuro, mas, sim, uma realidade presente. A verdadeira iluminação reside em harmonizar os opostos e, assim, encontrar a unidade em meio à dualidade.

Em nossa caminhada pela vida, frequentemente nos deparamos com contrastes e opiniões divergentes. O Princípio da Polaridade, contudo, oferece uma perspectiva interessante sobre essa dinâmica: a ideia de que "todas as verdades são semiverdades". Esta perspectiva nos convida a refletir sobre a natureza fragmentada da verdade e a importância da escuta e do aprendizado mútuo.

Neste contexto, entender que ninguém possui a totalidade da verdade é um lembrete de humildade. Em vez de nos apegarmos rigidamente às nossas crenças e pontos de vista, somos encorajados a perceber que nossa perspectiva é apenas uma peça do vasto quebra-cabeça da realidade. Ouvir os outros, portanto, não é apenas um ato de respeito, é uma porta aberta para o entendimento mais profundo da verdade.

Tal dinâmica é facilmente observada em conflitos interpessoais, como os de casais em desacordo. Quando cada parte apresenta seus argumentos, elas frequentemente parecem lógicas e razoáveis a partir de suas próprias perspectivas. No entanto, ao invés de uma das partes deter a verdade absoluta, a realidade geralmente se encontra em algum lugar entre as duas versões. Esta constatação enfatiza a necessidade de empatia, escuta ativa e comunicação eficaz no processo de resolução de conflitos.

Além disso, ao reagir impulsivamente ou defender cegamente nossas opiniões, corremos o risco de perder oportunidades valiosas de aprendizado. Em vez de resistir a perspectivas diferentes das nossas, deveríamos nos abrir para elas, pois, por mais que possam parecer estranhas ou erradas, podem conter uma parcela de verdade que nos é desconhecida.

A busca pelo equilíbrio e pela harmonização dos opostos é crucial tanto para nossa evolução espiritual, como na nossa convivência diária. Excessos e fanatismos nos prendem a um polo e impedem que encontremos a paz e a solução de problemas. Na verdade, os extremos raramente conduzem a resultados felizes, enquanto a moderação e o ponto médio nos guiam a um equilíbrio mais harmonioso.

A razão de sermos detentores apenas de uma semiverdade está profundamente ligada à nossa missão de encontrar unidade em meio à diversidade. Ainda que nosso ego frequentemente insista em destacar diferenças e criar separações, o princípio da Polaridade nos lembra de que "todos somos parte do mesmo". Esta noção de unidade, quando verdadeiramente compreendida e vivenciada, tem o potencial de transformar relações pessoais, mas também grandes desafios globais.

Assim, ao olhar para os problemas do mundo – desde conflitos raciais e culturais até questões geopolíticas – percebemos que muitas destas adversidades são frutos de uma percepção errônea alimentada pelo ego humano. Se, ao invés disso, pudéssemos reconhecer a Unidade que compartilhamos por sermos todos filhos dos Deuses, estaríamos no caminho para uma Terra mais harmoniosa e pacífica. Afinal, quando reconhecemos a Unidade em todos, a necessidade de confronto e divisão desaparece, dando lugar à compreensão e à colaboração.

A vida é uma interação constante entre dar e receber, um equilíbrio que muitas vezes ignoramos em nossa jornada. A queixa comum de muitas pessoas é que, apesar de darem muito, recebem pouco em troca. Esse dilema nos leva a refletir sobre as forças polares da energia que circulam no Universo.

Aqueles que têm o hábito de dar constantemente se encontram em um extremo da polaridade. Nesta posição, eles estão sintonizados com a energia do dar, desconhecendo a energia complementar do receber. Essa tendência se manifesta nas menores ações, como sentir desconforto ao receber um presente ou elogio e, em casos extremos, rejeitá-los. A incapacidade de aceitar a bondade do Universo pode estar associada a crenças enraizadas, como o medo de ser controlado por outros ao aceitar seus presentes ou a sensação de não merecer a bondade.

A metafísica sugere que devemos estar abertos e receptivos ao que o Universo tem a nos oferecer. Para restaurar esse equilíbrio e abraçar a polaridade do "receber", é útil reavaliar nossas crenças e rejeitar pensamentos negativos. Ao receber um presente ou elogio, devemos simplesmente expressar gratidão, sem sentir a pressão de retribuir imediatamente. Agradecer é uma forma de reconhecer o fluxo do Universo e de abrir-se para recebê-lo plenamente.

Do ponto de vista prático, trabalhar com a mão esquerda – ligada à energia receptiva do corpo – pode ser uma técnica eficaz para cultivar a habilidade de receber. Para os canhotos, a mão direita desempenha esse papel. A mão direita, por outro lado, é a fonte de nossa energia de dar. Ao equilibrar a energia entre as duas mãos, podemos aprender a dar e receber com igualdade e graça.

Todo evento externo é um reflexo de nosso estado interno. Se nos encontramos desapontados com os outros por não atenderem às nossas expectativas, isso pode ser um sinal de que nossos canais de receptividade estão bloqueados. Em vez de nos afundar em desilusão, podemos aproveitar a oportunidade para abrir nossos canais energéticos e abraçar a receptividade.

Exercícios diários, como estender os braços e afirmar a nossa abertura e gratidão pelo que o Universo tem a nos oferecer, pode ser uma maneira eficaz de cultivar a receptividade. Seja desejando mais amor, saúde, sucesso ou riqueza, é essencial afirmar esses desejos de forma positiva, no presente, com convicção e paixão.

As palavras têm poder. Ao proclamá-las com convicção, enviamos um comando poderoso ao Universo. A teatralização dessas afirmações – por meio de gestos e expressões – pode intensificar seu impacto e acelerar sua manifestação em nossa realidade.

Assim, ao reconhecer e respeitar a polaridade entre dar e receber, podemos harmonizar nossa energia e viver uma vida mais equilibrada e gratificante. É uma jornada contínua de autoconhecimento e evolução.

Em nossa caminhada espiritual, uma barreira comum que muitos enfrentam é a impaciência. O anseio de obter resultados imediatos ou de alcançar níveis mais profundos de entendimento frequentemente se transforma em uma fonte de frustração. Neste contexto, é válido pontuar que a impaciência não é apenas uma simples inquietação; ela é, fundamentalmente, uma resistência às mudanças e uma incapacidade de aceitar o novo.

Pode-se fazer uma analogia com o ato de semear uma planta. Ao depositar uma semente em solo fértil, vemos primeiro surgir um broto frágil e delicado, que, sem os cuidados adequados, pode ser facilmente destruído. No entanto, com dedicação, rega e cuidado, a planta cresce robusta, resistindo a tempestades e adversidades, resultando, por fim, em flores e frutos. Este processo natural demonstra que tudo tem um tempo determinado de gestação e maturação.

Da mesma forma, ao tentarmos modificar algo em nosso caráter ou comportamento, estamos depositando uma "nova semente" em nossa consciência. Assim como a planta, essa semente requer paciência e cuidado para florescer e dar frutos. A impaciência, neste contexto, atua como um obstáculo, uma resistência à internalização de novos comportamentos. Com frequência, as pessoas mais impacientes esperam perfeição e resultados instantâneos, uma expectativa que raramente se alinha à realidade.

Ao nos depararmos com a impaciência, é essencial entender que novas habilidades e comportamentos são semelhantes ao treinamento físico de um atleta. A repetição, o esforço e a consistência são ingredientes cruciais para o aperfeiçoamento. Em contraste, a impaciência frequentemente surge da nossa relação conflituosa com o tempo, alimentando a sensação de urgência e a frustração.

A capacidade de dominar o tempo, ou melhor, a percepção do tempo, é uma ferramenta valiosa. Afirmar a si mesmo que "o tempo é meu aliado e sempre tenho todo o tempo que preciso" pode ajudar a realinhar as perspectivas e acalmar a mente. Além disso, cultivar uma visão positiva e orientada para o futuro, visualizando e sentindo antecipadamente o que desejamos alcançar, é uma técnica poderosa no campo metafísico. Ao invés de se concentrar nos problemas e preocupações, é mais produtivo focar nas soluções e nas metas desejadas.

Outro ponto crucial é a compreensão de que se preocupar excessivamente, seja consigo mesmo, seja com seus entes queridos, frequentemente tem um efeito contraproducente. A preocupação intensa e constante pode atuar como um ímã, atraindo exatamente aquilo que mais tememos. Em vez de focar no medo e na preocupação, é mais benéfico se concentrar em soluções positivas e possibilidades futuras.

Finalmente, é fundamental reconhecer que desafios e adversidades são muitas vezes oportunidades disfarçadas. Eles nos oferecem a chance de reconhecer e corrigir erros em nossa consciência. Por exemplo, alguém em busca do "Grande Amor" em sua vida pode primeiro enfrentar experiências tumultuadas que servem como catalisadores para o autodescobrimento e cura. Estas experiências, embora dolorosas, preparam o terreno para a chegada de um amor mais profundo e verdadeiro.

Em nossa trajetória, aprender a abraçar a paciência é, sem dúvida, um dos maiores desafios, mas é também um dos mais recompensadores. Ela nos permite crescer, evoluir e, finalmente, colher os frutos de nosso desenvolvimento espiritual e pessoal.

A vida, em sua essência, é uma série interminável de desejos, escolhas e manifestações. E é notável como, muitas vezes, aquilo que mais desejamos parece ser o mais inalcançável, enquanto os desejos menores se concretizam com pouco ou nenhum esforço. Esse fenômeno não ocorre por acaso, ele é moldado pelas complexidades de nossa consciência e por uma compreensão profunda da interação entre nossas vontades e o Universo.

Primeiro é preciso entender que os desejos que se manifestam com facilidade em nossa vida são aqueles que já estão alinhados com nossa consciência em um certo nível mental. Isso significa que os consideramos possíveis, sentimos que estamos prontos para recebê-los e acreditamos que os merecemos. Algumas dessas facilidades podem ter raízes em vidas passadas, onde enfrentamos desafios semelhantes e os superamos, dando-nos agora um caminho mais tranquilo. Por exemplo, enquanto algumas pessoas encontram facilmente um parceiro amoroso, outras parecem lutar incansavelmente para encontrar a pessoa certa.

Por outro lado, quando começamos a desejar algo conscientemente e a desafiar as limitações impostas pelo nosso karma, o processo se torna mais desafiador. Este caminho é marcado por enfrentar e superar obstáculos internos que se opõem ao nosso desejo. Por exemplo, alguém que sempre viveu na pobreza, ao desejar riqueza, terá que confrontar e superar todos os pensamentos de escassez arraigados em sua mente.

Esse processo de mudança consciente é desafiador por vários motivos. Enfrentamos resistências internas e, muitas vezes, as manifestações iniciais de nosso desejo são incompletas, levando ao desânimo. No entanto, é crucial entender que essas manifestações parciais são sinais de que estamos no caminho certo, mesmo que ainda haja mais trabalho a ser feito.

Dentro da Astrologia, a carta natal de um indivíduo pode oferecer uma visão clara de suas predisposições, talentos e desafios. Pode-se argumentar que essa carta é um reflexo do pensamento e das crenças de uma pessoa. No entanto, ao mudar as pautas de pensamento, é possível alterar o destino. Os astros podem inclinar, mas não determinar completamente as ações e escolhas de um indivíduo. E é aqui que entra o conceito de "livre-arbítrio", a capacidade humana de escolher conscientemente seus pensamentos e ações, independentemente das predisposições astrais.

Este livre-arbítrio está profundamente ligado à nossa capacidade de transformação. Em um mundo em constante evolução, é vital entender que nunca devemos nos resignar a situações de negatividade, seja ela pobreza, doença ou solidão. A crença popular de que infortúnios são "vontade Divina" é um equívoco. A verdadeira vontade Divina é a felicidade e o crescimento do ser humano. Portanto, ao enfrentar adversidades, o caminho não é a resignação, mas a conscientização, correção do erro e mudança positiva.

Acreditar que podemos viver na Terra como no "Céu" (acima, como abaixo) é reconhecer o poder da transformação e da evolução contínua observado por todos os Bruxos. Afinal, ao funcionar em harmonia com a essência Divina, abrimos as portas para manifestações positivas e uma vida de plenitude. E mesmo que o caminho apresente obstáculos, a jornada em si é uma celebração da capacidade humana de superação e crescimento.

FILIVS NOSTER

O PRINCÍPIO DA POLARIDADE À LUZ DA CIÊNCIA DA BRUXARIA

Vivemos em um Universo regido por leis inescapáveis. Entre essas, a noção de dualidade emerge como uma das mais intrigantes e fundamentais. Em sua essência, essa lei propõe que tudo em nossa existência tem uma contraparte, uma dualidade que é ao mesmo tempo distinta, porém inseparavelmente ligada. Essa concepção, consagrada pelo Caibalion, afirma que o Todo é duplo e que os opostos não somente existem, eles podem ser reconciliados, transmutados e compreendidos com base no entendimento das leis universais.

Quando abraçamos a noção de que "o igual e o desigual são a mesma coisa", mergulhamos na ideia de que os opostos são, em sua essência, reflexos um do outro. Manifestações diferentes da mesma natureza, variando apenas em grau. O calor e o frio, por exemplo, não são entidades separadas e independentes; são manifestações de energia térmica em diferentes intensidades. Da mesma forma, o amor e o ódio são sentimentos intensos que expressam paixão e envolvimento emocional, embora em direções opostas.

Essa perspectiva se torna mais intrigante ao reconhecer que os extremos coexistem, mas também se tocam, como os extremos de um círculo que se une para formar uma figura contínua. A verdadeira maestria, como apontam os ensinamentos herméticos, reside na habilidade de transmutar esses opostos. Ao entender que "todas as verdades são meias verdades", abrimos a porta para a transformação, para a capacidade de mudar nossa própria polaridade e a dos outros.

A grande revelação desse princípio é que a reconciliação não é uma tentativa de negar ou suprimir um polo em favor do outro, mas, sim, de compreender a interdependência de ambos. A partir dessa compreensão, é possível mudar as vibrações mentais do ódio para o amor, não por supressão, mas por elevação e alinhamento com uma frequência superior.

Além disso, a ideia de que "o espírito e a matéria são dois polos da mesma coisa" nos convida a uma reflexão profunda sobre a natureza da realidade. O tangível e o intangível, o físico e o metafísico são dimensões de uma existência unificada, diferindo apenas em suas vibrações. Essa compreensão desafia a dicotomia comum entre matéria e espírito, sugerindo que são manifestações diferentes de uma única essência.

Finalmente, o princípio do caminho do meio emerge como uma orientação vital. Não se trata de mera moderação, trata-se de integridade e plenitude. O ser humano pode se abster, mas o equilíbrio está naquele que compreende e harmoniza os opostos dentro de si. Em vez de oscilar entre extremos, ele encontra a plenitude na integração, reconhecendo que cada extremo é simplesmente um grau diferente da mesma experiência universal. E é nessa harmonização que reside a verdadeira sabedoria e equilíbrio da existência.

No tecido intricado da realidade, em meio aos padrões que emergem das interações cotidianas, esconde-se uma observação surpreendente: a de que os opostos, por mais que possam parecer distantes, são feitos da mesma essência, diferindo, apenas, em grau. Essa ideia é frequentemente ilustrada ao observarmos fenômenos simples, como a natureza do calor e do frio.

Quando medimos a temperatura, utilizamos um termômetro que nos mostra uma série de graduações. Aqui, não há um ponto exato onde o frio termina e o calor começa. Ao contrário, vemos uma série contínua de graus e nossa percepção de frio ou calor depende de onde colocamos o referencial. O calor e o frio, embora pareçam opostos, são na realidade manifestações da mesma natureza, diferindo apenas em intensidade. Eles se comportam como vibrações eletromagnéticas, com graus variáveis de elevação.

Essa constatação nos faz refletir sobre nossa própria concepção de espaço. Se tomarmos como exemplo uma viagem ao redor do mundo, percebemos que o ponto de partida é também o de chegada. Não importa a direção em que avançamos, sempre encontraremos o nosso ponto inicial. As extremidades do nosso percurso, embora distintas, conectam-se como se fossem polos de um imã.

O Caibalion nos aconselha a olhar para dentro de nós mesmos no intuito de discernir onde a luz encontra a obscuridade. Essa dualidade, essa tensão entre o que consideramos Divino e maligno, é novamente uma manifestação do princípio da polaridade. Ambos são feitos da mesma substância, com a diferença residindo apenas em grau.

As manifestações desse princípio não se limitam apenas à natureza e ao espírito. Na música, a cada oitava encontramos a repetição de uma nota, mas em uma vibração diferente. As cores, com suas variações de energia entre o vermelho e o violeta, mostram que o espectro visível é, novamente, uma contínua graduação de vibrações.

É notável perceber que essa relatividade permeia todos os aspectos da existência. Entre o grande e o pequeno, o barulhento e o silencioso, o duro e o flexível, sempre existe uma gradação, uma série de nuances que nos mostra que os extremos são, na verdade, manifestações de um contínuo.

Ao compreendermos essa natureza da realidade, somos levados a refletir sobre nossas próprias percepções e julgamentos. O que consideramos extremos pode simplesmente ser uma questão de perspectiva. Reconhecer isso pode ser um passo importante para uma maior compreensão de nós mesmos e do mundo que nos rodeia.

Em um Universo que se perpetua em constante equilíbrio, somos frequentemente desafiados a compreender a natureza dual das coisas. A ideia de que bem e mal não são conceitos absolutos desafia nossa propensão inata de categorizar, rotular e polarizar os fenômenos e emoções. Em vez de considerá-los entidades fixas e absolutas, esses conceitos surgem como extremidades de uma escala, na qual cada ponto é relativo ao seu antecessor e sucessor.

Tomemos novamente como exemplo o amor e o ódio. Como vimos, esses sentimentos, embora tradicionalmente percebidos como antagônicos, são na realidade dois polos da mesma essência. A gradação entre eles é fluida e permeável. O mesmo ocorre com outros pares de opostos, como coragem e covardia, por exemplo. Reconhecer essa relação contínua entre os opostos nos permite perceber que onde um está presente, sua contraparte não está longe.

Esta concepção abre caminho para uma compreensão mais profunda da transmutação mental. De acordo com a lógica hermética, a capacidade de mudar um estado mental para outro não depende da erradicação de um polo em favor do outro, vai depender do reconhecimento de que ambos são manifestações da mesma essência, diferindo apenas em grau. A chave para essa transformação reside em não negar um sentimento ou estado, mas em compreender sua posição relativa na escala e ajustar sua polaridade.

A ideia de que podemos alterar nossa polaridade mental é revolucionária. Implica que, embora sentimentos e estados mentais possam parecer inerentes ou imutáveis, eles são maleáveis e podem ser influenciados tanto por esforços internos quanto por estímulos externos. Assim, um indivíduo que tradicionalmente evita situações desafiadoras por medo ou ansiedade pode, conscientemente, elevar suas vibrações mentais, movendo-se gradualmente da covardia para a coragem.

Esse processo de transmutação, no entanto, exige um discernimento agudo. A capacidade de transmutar não se aplica universalmente a todas as coisas, mas apenas entre elementos da mesma natureza. Assim como o amor não pode ser transmutado em cores e o frio não pode ser transformado em coragem. O que é passível de transmutação é o grau de intensidade ou polaridade dentro da mesma categoria.

O poder de transmutar, então, reside na capacidade do ser humano de reconhecer a natureza relativa dos sentimentos e estados mentais e de se alinhar intencionalmente a um ponto mais desejável na escala. Esse alinhamento, por sua vez, pode ser fortalecido ou acelerado com a ajuda de estímulos externos ou práticas conscientes.

No coração dessa discussão está a ideia de equilíbrio. A vida, em sua totalidade, é uma série de dualidades. O verdadeiro equilíbrio não se encontra em negar uma extremidade em favor da outra, mas em reconhecer a interconexão entre elas. Ao fazer isso, abrimos a porta para uma existência mais harmoniosa e enriquecedora, onde a mudança não é apenas possível, mas também uma ferramenta poderosa para o crescimento pessoal.

O entendimento de como os estados mentais se formam e se transformam é fundamental para a nossa compreensão sobre os mecanismos do pensamento e do comportamento humano. Entre os diversos princípios que regem tais mecanismos, destacam-se o Princípio da Polaridade e Princípio da Vibração. Ambos são intrínsecos ao entendimento do que define e caracteriza a nossa natureza mental.

Logo, o Princípio da Polaridade sugere que existe uma dualidade em todos os aspectos da realidade, manifestando-se em extremos opostos ou complementares. Quando aplicado ao contexto da mente humana, sugere que ao modificarmos a nossa polaridade mental, conseguimos influenciar a polaridade de outrem. O impacto deste entendimento é vasto. Imaginemos um médico que, valendo-se do domínio deste princípio, ajusta a frequência de sua mente para promover a cura ou alívio de um paciente. A indução de um estado mental em outro, torna-se, portanto, uma ferramenta poderosa.

Isso nos conduz ao Princípio da Vibração. A mente, assim como tudo no Universo, vibra em determinadas frequências. Essas vibrações podem ser alteradas e, quando harmonizadas com uma frequência desejada, têm o poder de criar ressonância, afetando assim outras mentes. O poder dos pensamentos e sentimentos para afetar os outros não é um mero conceito esotérico, mas encontra embasamento na interação entre estes dois princípios. Essa dinâmica revela que somos seres interconectados, onde a modificação de um estado mental pode provocar ecos em outros.

Mas até que ponto a ciência concorda com estas premissas? O Princípio da Polaridade é observado em várias áreas da ciência, notadamente na eletricidade e no magnetismo. As cargas, intrinsecamente polarizadas em positivas ou negativas são uma representação clara dessa dualidade. O comportamento das cargas, onde a adição ou subtração de elétrons pode transformar uma carga positiva em negativa e vice-versa, reflete a capacidade de mudança e transmutação prevista pelo princípio hermético.

Outro paralelo fascinante é a anterior dualidade percebida na física entre ondas e partículas. Durante muito tempo, acreditava-se que essas entidades eram mutuamente exclusivas. No entanto, descobertas recentes sugerem que tanto a luz quanto a matéria possuem natureza dual, comportando-se tanto como ondas quanto como partículas. Este reconhecimento no nível microscópico da indistinguibilidade entre esses extremos reforça a visão de que a polaridade é mais uma continuidade do que uma distinção.

Desse modo, ao observar o Universo à nossa volta e os princípios que regem a natureza, encontramos ecos do mesmo comportamento no domínio da mente humana. A capacidade de influenciar e ser influenciado, de vibrar e ressoar em sintonia com outros, é intrínseca à nossa existência. A compreensão desses princípios amplia nosso entendimento sobre nós mesmos e ainda nos oferece ferramentas para navegarmos com mais harmonia e propósito em nossa jornada humana.

O Hermetismo que busca desvendar os segredos da realidade, apresenta vários princípios que delineiam a estrutura e o funcionamento do Universo. Ao nos aprofundarmos em seus ensinamentos, deparamo-nos com o Princípio da Polaridade logo após o Princípio da Vibração. Este princípio específico nos oferece uma visão profunda da natureza das coisas e de como os estados mentais se manifestam em relação às vibrações.

Toda entidade ou estado de ser possui sua própria vibração, conforme elucidado anteriormente. Esses estados, intrinsecamente ligados ao domínio mental, apresentam-se em uma escala vibracional que determina sua natureza e intensidade. O Caibalion destaca que os extremos desta escala são conhecidos como "polos". Daí deriva o termo "polaridade".

Vida e morte, escuridão e luz, frio e calor, o princípio da polaridade revela que tudo na existência oscila entre dois polos, com infinitas nuances entre eles, formando o espectro contínuo da experiência humana.

A frase, "todas as coisas manifestadas têm 'dois lados'; 'dois aspectos'; 'dois polos'; um 'par de opostos', com inúmeros graus entre os dois extremos", captura de forma sucinta a essência deste princípio. Em outras palavras, em qualquer escala vibracional relacionada a estados mentais, existe uma inter-relação contínua entre os estados, com polos em cada extremidade. Estes estados mentais, longe de serem entidades isoladas e desconexas, são graus variáveis entre os extremos dos polos.

O interessante é perceber que essas transições não são aleatórias ou caóticas. Pelo contrário, ocorrem de maneira ordenada e compreensível. A transição entre diferentes estados mentais é mais que uma metamorfose de um estado em outro completamente distinto, é uma mudança de grau dentro da mesma escala. Um exemplo físico nos ajuda a visualizar esse fenômeno: não podemos transformar calor em nitidez ou altura, mas podemos facilmente transmutar calor em frio ao simplesmente reduzir as vibrações.

Da mesma forma, sentimentos e estados mentais também seguem essa regra. O amor e o ódio são transmutáveis entre si, assim como o medo e a coragem. Entretanto, o medo não pode ser transformado em amor e a coragem não pode ser transmutada em ódio. É essencial compreender que cada classe de estado mental tem seus polos opostos, e é ao longo desses polos que ocorre a transmutação.

O Caibalion enfatiza que o Princípio da Polaridade tem o poder de reconciliar paradoxos aparentemente contraditórios, ressaltando a possibilidade de resolução e entendimento profundo dos mistérios da mente. Antes de abordarmos essa questão mais complexa, é crucial compreender a física simples por trás desse princípio, a base sobre a qual toda essa estrutura de pensamento é construída. Assim, podemos mergulhar ainda mais fundo na exploração dos enigmas da existência, onde a polaridade desempenha um papel fundamental.

A física da polaridade é algo que pode ser entendido diretamente por meio do estudo da vibração e do mentalismo. Esta compreensão, contudo, requer um conhecimento básico das ondas quânticas, bem como da física que correlaciona estados cognitivos a estados quânticos ou ao emaranhamento.

Há três teorias distintas que, surpreendentemente, conduzem à mesma conclusão geral: a relação dos estados mentais com o estado coerente pré-colapso da função de onda. Ao aprofundarmos a análise da física dessas funções de onda e sua relação com as teorias, encontramos a reprodução trivial do princípio da polaridade em todas elas.

No paradigma do Realismo Consciente, a função de onda é derivada da interação de agentes conscientes. Curiosamente, é possível adicionar mais agentes a uma função de onda, emaranhando-os e formando um agente consciente mais amplo.

À medida que sistemas emaranhados têm uma vibração mais elevada que sistemas isolados, essa vibração cresce proporcionalmente ao número de agentes acrescentados. Consequentemente, novos agentes conscientes emergiriam, cada um com estados distintos e inerentes de consciência. Assim, novos estados conscientes surgem à medida que a vibração aumenta.

Proposto por Toker, o Idealismo Informacional segue uma lógica similar, mas centrada no conceito de informação quântica integrada, ou *quantum phi*. Quando o emaranhamento cresce, novos estados *phi*, carregando mais informações, são criados, resultando em um aumento correspondente da vibração. Apesar das incertezas em estender o conceito de *phi* ao reino quântico, se for válido, a correlação entre maior *phi* e maior vibração equivaleria à produção de novos estados conscientes, reiterando o conceito de polaridade.

O terceiro conceito, Cognição Quântica, é mais abrangente. Em teoria, engloba os modelos anteriores, embora também chegue ao mesmo resultado independentemente. Se um estado cognitivo é codificado em uma função de onda, esta função de onda terá uma vibração específica associada a esse estado. Alterar essa vibração corresponderia, por consequência, a um estado cognitivo diferente.

No entanto, vale ressaltar que a física por si só não nos diz que os estados mentais destas funções de onda são do mesmo tipo e oscilam entre dois polos. Mas naturalmente, à medida que avançamos, mais estados cognitivos do mesmo tipo aparecerão ao longo da escala vibratória. Esses estados, por sua vez, estarão mais próximos de um polo ou outro.

O tom de uma cor em nossa mente, como o amarelo, pode ter sua vibração antecedida pela vibração da intensidade sonora, como "alto" ou "baixo". Ainda assim, a vibração que codifica o conceito de outra cor, como azul ou vermelho, será definitivamente de uma vibração diferente. Como esta vibração será necessariamente inferior ou superior ao amarelo, segue-se que uma escala dessas vibrações corresponde a uma escala de cores, conforme postulado pelo princípio da polaridade.

Certamente, a cor é apenas um exemplo, mas os argumentos aqui apresentados se aplicam universalmente a qualquer estado mental. Se aceitarmos a física da cognição quântica como verdadeira, estamos também corroborando o Princípio da Polaridade.

O mundo da Física Quântica frequentemente surpreende e desafia nossa compreensão do que consideramos realidade. Um desses fenômenos recentemente explorado é o conceito de cheiro quântico, que oferece uma demonstração tangível do Princípio da Polaridade, um conceito fundamental em ciências como a Física.

Para começar, a olfação, ou nossa capacidade de perceber cheiros, é determinada pelas interações moleculares que ocorrem em nossos narizes. Quando respiramos, moléculas específicas se encaixam, ou não, em receptores químicos específicos em nossas cavidades nasais. O ajuste adequado dessas moléculas aos receptores é o que determina se um cheiro é percebido. Simplificando, a ideia seria que se uma molécula não se encaixa em um receptor, não sentimos cheiro, enquanto uma molécula que se encaixa corretamente produz uma sensação olfativa.

No entanto, as descobertas recentes desafiaram essa noção aparentemente simples. O cientista grego Luca Turin, em seus experimentos, demonstrou algo verdadeiramente intrigante: moléculas quimicamente idênticas podem, na verdade, produzir odores diferentes. Em seu experimento notável com acetofenona e moscas da fruta, ele descobriu que essa substância, um ingrediente comum em perfumes, não necessariamente cheira igual, mesmo que suas moléculas sejam idênticas em composição química.

A explicação para este fenômeno enigmático jaz no campo da mecânica quântica. Ao alterar o isótopo de hidrogênio na acetofenona de protium para deutério – a primeira contendo um próton em seu núcleo e a segunda um próton e um nêutron, tornando-a mais pesada – a vibração quântica da molécula muda. Essencialmente, embora a composição química da molécula permaneça a mesma, sua vibração quântica é diferente devido ao isótopo de hidrogênio presente.

O que é verdadeiramente fascinante é que as moscas da fruta foram capazes de detectar essa diferença vibracional, o que sugere que o sistema olfativo, pelo menos em alguns animais, é sensível à forma e composição química de uma molécula, mas também à sua vibração quântica. O termo "cheiro quântico" foi cunhado na mídia para descrever esse fenômeno.

Tal descoberta é monumental para o nosso entendimento da biologia quântica e da percepção sensorial. Além disso, fornece uma confirmação científica direta do Princípio da Polaridade. Se o simples ato de mudar a vibração quântica de uma molécula pode alterar a percepção do cheiro, quais outras nuances da realidade ainda estão esperando para serem descobertas? E, mais profundamente, o que isso sugere sobre a interação entre nosso mundo percebido e a estrutura quântica subjacente do Universo?

No Universo hermético delineado pelo Caibalion, a intrigante indução mental relacionada à Polaridade emerge. A Polaridade, como um conceito central em diversas Tradições esotéricas, refere-se à interconexão e interdependência dos opostos. No entanto, a indução mental nos oferece uma interpretação mais específica, desvendando o poder que um indivíduo tem de influenciar o estado mental de outro através de vibrações.

A indução mental, à primeira vista, pode parecer um conceito abstrato e distante da realidade cotidiana. Entretanto, os exemplos são tão penetrantes e omnipresentes que, uma vez que se torna ciente do fenômeno, torna-se quase impossível não o identificar em várias esferas da vida. Tomemos, por exemplo, a figura de um orador ou político. O modo como modulam seu discurso, ajustando não somente o conteúdo, mas também o tom e a emoção, pode influenciar e até mesmo galvanizar uma audiência.

Se o público já estiver, de alguma forma, em sintonia ou ressoando com a mensagem do orador, uma simples mudança na entrega pode intensificar ou diminuir os sentimentos que ela evoca.

Mas por que essa indução é tão eficaz? E por que certos discursos ou apresentações conseguem reverberar tão profundamente em alguns, enquanto outros permanecem impassíveis? A resposta, como o Caibalion sugere, reside na natureza vibratória dos estados mentais. Quando uma pessoa atinge um certo estado de vibração ou polarização, ela pode, conscientemente ou não, induzir um estado semelhante em outra pessoa. É uma dança sutil de energias mentais e emocionais que ocorre em uma arena invisível, mas cujos efeitos são tangivelmente perceptíveis.

O aspecto fascinante deste fenômeno não se restringe apenas às interações individuais. Existe um nível mais profundo e abrangente, frequentemente referido como o Inconsciente Coletivo. Quando um número suficiente de pessoas é influenciado, cria-se, de uma certa maneira, uma ressonância entre elas. Este tom coletivo pode ser sentido e captado por outros, que, mesmo sem uma exposição direta ao estímulo inicial, podem se tornar emocionalmente suscetíveis a essa ressonância. O poder do Inconsciente Coletivo não deve ser subestimado; ele age como um oceano invisível de sentimentos e pensamentos que, em muitos aspectos, molda a experiência humana.

Assim, ao refletir sobre a indução mental e sua relação com a polaridade, é fundamental reconhecer o poder que reside na mente e nas emoções. Mais do que simples reações a estímulos externos, são ferramentas poderosas que, quando bem compreendidas e habilmente utilizadas, têm o potencial de influenciar, inspirar e transformar. À medida que a sociedade continua a se desenvolver e a se interconectar de maneiras cada vez mais complexas, o entendimento deste princípio, portanto, torna-se uma curiosidade filosófica, uma necessidade para a coexistência harmoniosa e o progresso coletivo.

O estudo da polaridade e sua relação intrínseca com os paradoxos apresentados em o Caibalion abre uma janela intrigante para uma compreensão mais profunda das leis universais. No coração deste princípio hermético, encontra-se a ideia de que aquilo que parece ser contraditório, oposto ou paradoxal é, na verdade, parte de um todo unificado, variando apenas em grau.

Historicamente, a humanidade sempre teve uma noção deste princípio. Através de máximas como "tudo é e não é ao mesmo tempo" ou "todas as verdades são meias-verdades", percebemos o esforço humano de expressar a compreensão de que a realidade não é preto no branco. Em vez disso, as aparentes contradições são, na verdade, representações de uma mesma verdade, vistas sob perspectivas distintas.

De acordo com os ensinamentos herméticos, a diferença entre coisas que parecem estar diametralmente opostas é apenas uma questão de grau. Há uma sugestão de que os opostos podem ser reconciliados, pois, no âmago, são idênticos em natureza, variando apenas em intensidade ou grau. Isso aponta para a ideia fundamental de que no Universo existe uma "reconciliação universal dos opostos", alcançada com o reconhecimento do Princípio da Polaridade.

Ao nos aprofundarmos nesta concepção, percebemos que um paradoxo e, consequentemente, sua resolução vai além de conceitos abstratos, são estados mentais. Ao serem introduzidos a conceitos conflitantes, os indivíduos podem se sentir inicialmente confusos ou desconfortáveis. No entanto, à medida que a compreensão aumenta, esse estado mental inicial, carregado de dúvida, pode evoluir para um novo estado de clareza e harmonia, semelhante à resolução de um paradoxo.

Utilizando a metáfora dos homens cegos tentando descrever um elefante, vemos que o conflito nas descrições surge da incapacidade de ver a totalidade. Em termos vibratórios, o estado mental do indivíduo se altera conforme sua compreensão se expande, levando a uma resolução do que anteriormente parecia ser um paradoxo.

Entretanto, a principal reflexão extraída deste estudo é a de que não existem verdadeiros paradoxos. Se considerarmos que o Divino é a manifestação da Verdade e que é uno, então é lógico concluir que essa Verdade, que fundamenta toda a lógica, não pode contradizer-se. Portanto, o que vemos como paradoxos são apenas fragmentos da Verdade única, interpretados por mentes finitas a partir de perspectivas igualmente limitadas.

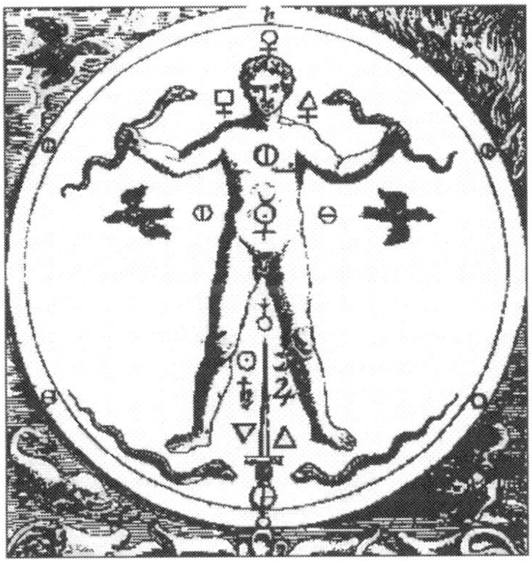

RESUMO

O PRINCÍPIO DA POLARIDADE

Em uma análise profunda do Cosmos, chegamos ao Princípio da Polaridade, enraizado nas antigas Tradições herméticas, especialmente tal como apresentado no Caibalion. Esta doutrina postula que "tudo é duplo; tudo tem dois polos; tudo tem seu par de opostos"; "os opostos são idênticos em natureza, mas diferentes em grau." Este princípio, embora aparentemente simples em sua afirmação, carrega em si camadas profundas de significado e conexão com o mundo da Magia.

O ponto central deste princípio é que a realidade não é absoluta; ela é relativa e muda de acordo com o espectador. No entanto, antes de entendermos a essência deste princípio, é fundamental reconhecer sua origem, atribuída como resultado da interação entre o Princípio do Mentalismo e o Princípio da Vibração. O Mentalismo propõe que tudo é mental, de modo que até mesmo o que consideramos como objetos materiais são, na verdade, estados mentais. Estes estados, por sua vez, alteram-se conforme a vibração associada a eles muda.

Ao mergulhar no mundo da Magia, percebemos que essas ideias não são apenas filosóficas. Elas encontram seu lugar em práticas esotéricas e rituais, onde a mente do praticante é treinada para perceber e manipular esses estados vibratórios. Os Magos, ao longo dos tempos, intuíram o que a ciência agora começa a descobrir. A Magia é, de certa forma, a arte de entender e ajustar essas vibrações para criar transformações desejadas na realidade.

A Ciência Moderna, particularmente a ciência da cognição quântica, estabelece uma relação entre os estados conscientes e as ondas de probabilidade quântica, conforme demonstrado pelo Realismo Consciente. Este estudo sugere que a mudança no estado consciente está diretamente relacionada à mudança na frequência vibratória. Quando colocamos isso em contexto mágico, vemos que os rituais e os encantamentos podem ser vistos como métodos para ajustar ou afinar essas frequências, transformando os estados mentais e, por extensão, a realidade percebida.

Como exemplo prático, podemos observar o fenômeno biológico do olfato quântico, que demonstra uma manifestação direta da polaridade nas ciências físicas. Esta capacidade do olfato funciona através da detecção de vibrações moleculares, um conceito profundamente enraizado nas teorias quânticas. Aqui, a ciência e a Magia se cruzam, revelando que, em sua essência, ambos são meios de compreender e interagir com o universo vibratório ao nosso redor.

Assim, ao conectar o Princípio da Polaridade à Magia, percebemos que ambos oferecem caminhos para entender a interconexão intrínseca de tudo no Universo. Isso nos faz lembrar de que a dualidade não é uma divisão, mas uma dança, e que a capacidade de perceber e interagir com essa dança é tanto uma arte quanto uma ciência. Em nossa busca contínua por compreensão, a fusão desses dois mundos pode ser a chave para desvendar os Mistérios mais profundos da existência.

Pfundt der Dicke.
Pondus Longitudinis
Pfundt der Lenge.
A
B
C
Lapis
Ferrum

11

RITMO

"Tudo flui e reflui; tudo tem as suas marés; todas as coisas sobem e descem; a oscilação do pêndulo se manifesta em tudo; a medida da oscilação para a direita é a mesma medida da oscilação para a esquerda; o ritmo compensa tudo."

O Caibalion

O Quinto Grande Princípio Hermético – o Princípio do Ritmo – incorpora a verdade segundo a qual em tudo se manifesta um movimento proporcional; um movimento de vaivém; um fluxo e um refluxo; um balanço para frente e para trás; um movimento semelhante ao de um pêndulo; vazante e cheia, semelhantes a uma maré; uma maré alta e uma maré baixa; entre os dois polos que se manifestam nos planos físico, mental ou espiritual. O Princípio do Ritmo está intimamente relacionado com o Princípio da Polaridade descrito no capítulo anterior. O ritmo se manifesta entre os dois polos estabelecidos pelo Princípio da Polaridade. Isso não significa, entretanto, que o pêndulo do Ritmo oscile para os polos extremos, pois isso raramente acontece; na verdade, é difícil estabelecer os polos opostos extremos na maioria dos casos. Mas a oscilação vai sempre "na direção" primeiro de um polo, depois do outro.

Sempre há uma ação e uma reação; um avanço e um recuo; uma subida e uma descida; que se manifestam em todos os planos e fenômenos do Universo. Sóis, mundos, homens, animais, plantas, minerais, forças, energias, mente e matéria, e sim, até mesmo o Espírito, manifestam este Princípio. O Princípio se revela na criação e na destruição dos mundos; na ascensão e na queda das nações; na história da vida de todas as coisas; e, finalmente, nos estados mentais do Homem.

Percebemos esse ritmo de início até mesmo nas manifestações do Espírito do TODO; podemos notar que há sempre a Efusão e a Infusão; a "Expiração e a Inspiração de Brâman", como dizem os brâmanes. Os Universos são criados; atingem seu ponto mais baixo de materialidade e energia; e, então, começam sua oscilação para cima. Os sóis nascem e se desenvolvem até alcançar o auge de seu poder, e, a partir daí, o processo de retrocesso, de volta à concentração, principia; depois de eras, eles se tornam massas de matéria morta concentrada à espera de um outro impulso que reinicie suas energias internas para a atividade, e então um novo ciclo de vida solar é posto em movimento. E assim é com todos os mundos; eles nascem, crescem e morrem; apenas para depois renascerem. E isso acontece com todas as coisas de qualquer tamanho e forma; elas oscilam da ação para a reação; do nascimento para a morte; da atividade para a inatividade, e vice-versa. Assim é com todas as coisas vivas; elas nascem, crescem e morrem – e então renascem. Assim acontece com todos os grandes movimentos, filosofias, credos, modas, governos, nações, e tudo o mais – nascimento, crescimento, maturidade, decadência, morte – a partir daí, há um novo nascimento. A oscilação do pêndulo está sempre em ação.

A noite segue o dia, e o dia segue a noite. O pêndulo oscila do verão para o inverno, e depois volta para aquele. Os corpúsculos, os átomos, as moléculas e todas as massas de matéria oscilam em torno do círculo da sua natureza. Não existe repouso absoluto ou cessação do movimento, e todo movimento participa do Ritmo. Esse princípio é de aplicação universal. Pode ser aplicado a qualquer questão ou fenômeno de qualquer um dos muitos Planos da Vida. Pode ser aplicado a todas as fases da atividade humana. Sempre há o balanço rítmico de um polo para o outro. O Pêndulo Universal está sempre em movimento. As marés da Vida fluem e refluem, sempre de acordo com a Lei.

O Princípio do Ritmo é bem compreendido pela Ciência Moderna e é considerado uma lei universal aplicada às coisas materiais. Mas os Hermetistas levam o princípio para muito além, e sabem que as suas manifestações e influências se estendem às atividades mentais do Homem, e que ele é responsável pela desconcertante sucessão de estados de espírito, sentimentos e outras mudanças irritantes e perturbadoras que notamos em nós mesmos. Mas os Hermetistas, ao estudarem as operações deste Princípio, aprenderam a escapar de algumas das suas atividades por meio da Transmutação.

Os Mestres Hermetistas há muito descobriram que, embora o Princípio do Ritmo fosse invariável e que estivesse sempre em ação em todos os fenômenos mentais, havia dois pontos de manifestação que interessavam para eles particularmente nesse processo. Eles perceberam que havia dois planos gerais de Consciência, um Inferior e outro Superior, e atingiram a compreensão de como seriam capazes de subir ao Plano Superior e, desse modo, conseguir escapar do balanço do Pêndulo Rítmico que se manifestava no Plano Inferior. Em outras palavras, a oscilação do pêndulo ocorria no Plano Inconsciente, e a Consciência não era afetada. Esse fenômeno é chamado de "Lei da Neutralização". A manobra consiste na elevação do Ego acima das vibrações do Plano Inconsciente da atividade mental, de modo que a oscilação negativa do pêndulo não se manifeste na consciência e, com isso, ela não seja afetada. É como se elevar acima de uma coisa e deixá-la passar por baixo de você. O Mestre Hermetista, ou discípulo avançado, polariza-se no polo desejado e, por um processo semelhante à "recusa" de participar do retrocesso ou à "negação" de sua influência, ele se mantém firme em sua posição polarizada e permite que o pêndulo mental retorne ao polo negativo durante o plano inconsciente. Todos aqueles que alcançaram algum grau de autodomínio conseguem realizar essa operação, mais ou menos inconscientemente, e, ao impedir que seu humor e seus estados mentais negativos os afetem, aplicam a Lei da Neutralização. O Mestre, no entanto, é capaz de levar esse processo a um alto nível de proficiência e, por meio de sua Vontade, atinge um grau de Equilíbrio e de Firmeza Mental quase impossível para aqueles que permitem ser jogados de um polo ao outro no pêndulo mental dos humores e dos sentimentos.

A importância disso será apreciada por qualquer pessoa ponderada que perceba que as outras, em sua maioria, apresentam humor, sentimentos e emoções descontrolados, e têm pouco domínio sobre si mesmas. Se você parar para refletir por um momento, perceberá o quanto essas oscilações de Ritmo afetaram, e afetam, a sua vida – como um período de Entusiasmo é invariavelmente seguido por um período de Depressão. Da mesma forma, como o seu humor e a sua Coragem são sucedidos por um sentimento de grande Medo. Assim sempre foi, e continua sendo, para a maioria das pessoas – ondas de sentimentos bons e maus que se alternam no seu caminho, mas elas nunca suspeitaram da causa ou da razão desses fenômenos mentais. Uma melhor compreensão do funcionamento deste Princípio dará às pessoas a chave para o Domínio das oscilações rítmicas de seus sentimentos, o autoconhecimento evita que sejamos arrastados por esses movimentos pendulares. A Vontade é superior à manifestação consciente deste Princípio, embora o Princípio em si nunca possa ser destruído. Podemos escapar dos seus efeitos, mas o Princípio se mantém em operação, apesar de tudo. O pêndulo sempre oscila, mesmo que possamos escapar de sermos levados com ele.

Existem outras características da ação desse Princípio do Ritmo, das quais desejamos falar neste momento. Uma de suas operações é conhecida como Lei da Compensação. Uma das definições ou significados da palavra "Compensar" é "contrabalançar", e esse é o sentido do termo usado pelos Hermetistas. É a esta Lei de Compensação que *O Caibalion* se refere quando diz: "A medida da oscilação para a direita é a mesma medida da oscilação para a esquerda; o ritmo compensa tudo".

Segundo a Lei da Compensação, a oscilação em uma direção determina a oscilação na direção oposta, ou em direção ao polo oposto – um equilibra, ou contrabalança, o outro. No plano físico, vemos muitos exemplos dessa lei. O pêndulo do relógio oscila da direita para a esquerda. As estações se equilibram da mesma maneira. As marés seguem a mesma Lei. E a Lei se manifesta em todos os fenômenos do Ritmo. O pêndulo, quando oscila só um pouco em uma direção, tem a mesma curta oscilação na outra direção; agora, se o balanço para a direita for longo, invariavelmente significa que haverá igual oscilação à esquerda. Um objeto arremessado para cima a uma certa altura percorre a mesma distância ao retornar ao solo. A força com que um projétil é atirado a uma milha de distância acima é a mesma quando ele retorna à Terra. Esta Lei é constante no Plano Físico, como as obras de referência podem nos demonstrar.

Mas os Hermetistas levam isso ainda mais longe. Eles ensinam que os estados mentais de um homem estão sujeitos a essa mesma Lei. O homem que desfruta algo de maneira intensa está sujeito a mesma intensidade de sofrimentos; da mesma maneira, quem sente pouca dor é igualmente capaz de sentir pouca alegria. O porco sofre e desfruta pouco da vida – essa é a compensação para ele. Por outro lado, há outros animais que a desfrutam intensamente, mas cujo sistema nervoso e temperamento fazem com que sofram intensamente. E assim ocorre com o homem também. Existem pessoas com temperamentos que permitem apenas baixos níveis de prazer, e igualmente baixos níveis de sofrimento, enquanto há outras que se permitem um gozo mais intenso, passando, assim, por um sofrimento mais intenso. A regra é que a capacidade de sentir dor e prazer, em cada indivíduo, deve ser equilibrada. A Lei de Compensação está em pleno funcionamento nesses casos. Os Hermetistas vão ainda mais longe neste assunto. Eles ensinam que, antes que alguém seja capaz de desfrutar certo grau de prazer, ele já deve ter oscilado, proporcionalmente, na direção ao outro polo do sentimento. Eles sustentam, no entanto, que o Negativo precede o Positivo, isto é, ao experimentar certo grau de prazer, não implica ter de "pagar por isso" por meio de um grau correspondente de dor; pelo contrário, o prazer é o movimento rítmico, de acordo com a Lei da Compensação, resultante de um grau de dor experimentado anteriormente, seja na vida presente, seja em uma encarnação precedente. Essa informação lança uma nova luz sobre o problema da Dor.

Para os Hermetistas, há uma sucessão contínua de vidas, como parte da trajetória do indivíduo, tudo em consequência do movimento rítmico, entendido e explicado aqui, e esse processo não teria sentido a menos que a verdade da reencarnação fosse admitida.

Os Hermetistas afirmam que o Mestre, ou um discípulo avançado, é capaz, com muita frequência, de escapar da oscilação que leva para a Dor, pelo mesmo processo de Neutralização anteriormente mencionado. Ao elevar-se ao plano superior do Eu, grande parte das experiências vividas no plano inferior é evitada e pode-se escapar delas.

A Lei da Compensação desempenha um papel importante na vida de homens e mulheres. Podemos perceber que, geralmente, "paga-se o preço" de tudo o que se possui ou do que se tem carência. Se você tem uma coisa, outra falta, e o equilíbrio é alcançado. Ninguém pode "assobiar e chupar cana" ao mesmo tempo. Tudo tem seu lado agradável e desagradável. As coisas que ganhamos são sempre compensadas pelas coisas que perdemos. Os ricos possuem muito daquilo que os pobres carecem, enquanto os pobres geralmente têm coisas que estão além do alcance dos ricos. O milionário pode ter à sua disposição banquetes e riquezas, garantindo para si todas as iguarias e os luxos da mesa, mas carece do apetite para desfrutar de tudo; ele inveja o apetite e a capacidade de digestão do trabalhador, que, por sua vez, carece da riqueza e das possibilidades do milionário. O trabalhador obtém mais prazer vindo da sua comida simples do que o milionário poderia conseguir, mesmo se seu apetite não estivesse já saciado, nem sua digestão arruinada por suas diferentes necessidades, hábitos e inclinações. E assim é com todo mundo ao longo da vida. A Lei da Compensação está sempre em operação, fazendo força para equilibrar e contrabalançar; ela sempre atinge o sucesso com o tempo, embora várias vidas possam ser necessárias para que o movimento de retorno do Pêndulo do Ritmo aconteça.

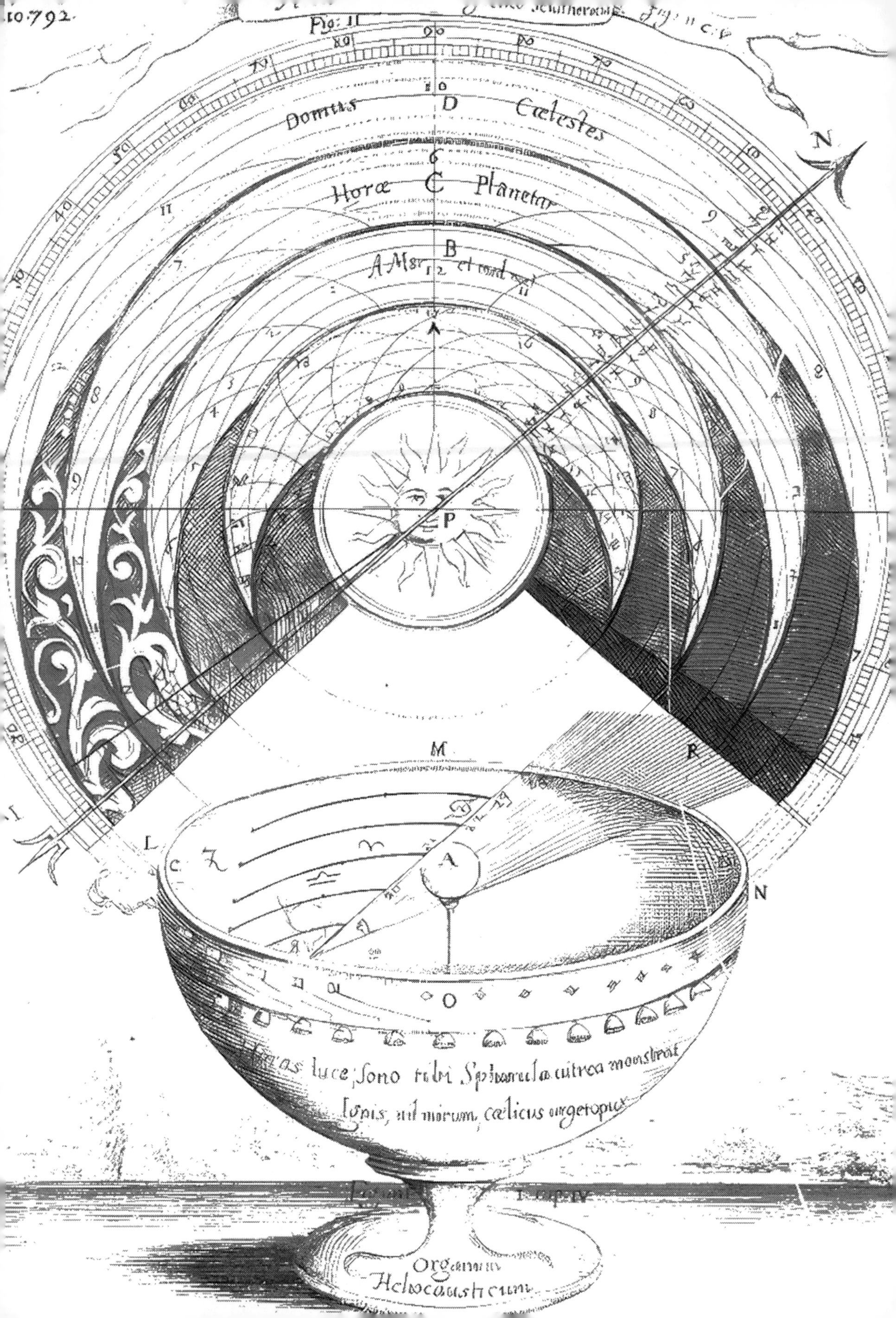

Fig: II
Domus D Cœlestes
Horæ C Planetar
N
P
M
R
L
A
N
O
Organum
Heliocausticum

O PRINCÍPIO DO RITMO PARA BRUXOS

No invisível compasso cósmico, o delicado balanço do ritmo em seu vaivém, ora revela, ora oculta, guiando o ciclo eterno de criação e dissolução.

Nossa jornada hermética nos leva agora ao Princípio do Ritmo, que nos ensina que tudo flui e reflui, tudo tem seus ciclos de ascensão e queda. O Universo está em constante movimento, seguindo padrões cíclicos que afetam todas as coisas, desde os corpos celestes até os eventos de nossa vida.

O Universo, em sua vastidão e complexidade, é regido por princípios e leis que determinam a ordem e o comportamento de tudo o que nele existe. Uma dessas leis é o Princípio do Ritmo, cuja premissa é: "tudo flui e reflui, tudo tem seus períodos de avanço e retrocesso, tudo sobe e desce". Essa lei, que pode ser observada tanto no macrocosmo – planetas, estrelas e galáxias – quanto no microcosmo – aspectos emocionais e mentais dos seres –, sugere que a existência opera em ciclos e que a compensação é uma constante nessa dinâmica.

Tal como as ondas do mar, com seus movimentos de avanço e retrocesso, tudo no Universo tem um ritmo, uma cadência que define seus ciclos. Observamos isso claramente na evolução dos corpos celestes. Planetas, estrelas e sóis seguem padrões cíclicos em suas órbitas, rotações e em suas próprias vidas. A Terra, por exemplo, com suas estações do ano, demonstra um ciclo constante de renovação.

Essa cadência não se limita apenas ao mundo físico. A vida, em todos os seus aspectos, segue essa regra. O nascimento, crescimento, desenvolvimento e morte são etapas de um ciclo que se repete incessantemente. Esta repetição é uma manifestação do Princípio do Ritmo na Biologia e na existência.

No âmbito emocional e mental, também encontramos essa oscilação. Nosso humor e pensamentos, impulsionados por essa lei universal, alternam-se entre estados de alegria e tristeza, otimismo e pessimismo. Quem nunca viveu um dia em que pela manhã se sentiu exultante e à tarde se percebeu em uma súbita melancolia? Essa alternância é uma manifestação do movimento pendular descrito pelo Princípio do Ritmo.

Porém, compreender esse princípio é mais que um exercício de observação, é um autodomínio. Ao entender que nossas emoções e pensamentos flutuam seguindo esse ritmo, temos a oportunidade de aprender a dominar essa oscilação, evitando ser arrastados para estados indesejados ou extremos.

Interessante ressaltar a relação íntima deste princípio com o Princípio da Polaridade. A ideia de que em cada ponta do pêndulo encontramos um polo oposto, e ainda que oscilamos entre esses extremos, é uma extensão natural desta lei. Porém, é raro alcançarmos os extremos totais. Em nossa jornada, oscilamos em diferentes graus, experimentando diversos níveis de emoções e sentimentos.

O Caibalion define esse ritmo como compensação. Mesmo que não possamos mensurar numericamente essa oscilação, temos a capacidade de identificar em que fase desse movimento pendular nos encontramos. Com essa consciência, temos o poder de influenciar nosso percurso, buscando equilíbrio e harmonia em meio aos ritmos da existência.

Ao observar a dança incessante da vida, percebemos que ela é embalada pelo Princípio do Ritmo. Este princípio, tão intrínseco à existência, manifesta-se através da alternância constante entre alegria e tristeza, crescimento e estagnação, sucesso e fracasso. Porém, mais do que uma lei cega e inexorável, este ritmo oferece insights profundos sobre o curso da nossa vida e sobre como podemos nos alinhar a ele para uma jornada mais harmoniosa.

Uma das lições mais claras deste princípio é a inevitável alternância entre os polos de nossas emoções e experiências. Quando alguém está mergulhado na tristeza, a natureza cíclica da vida garante que, eventualmente, será levado ao polo da alegria. Quanto mais profundo o mergulho na tristeza, mais intensa será a ascensão à alegria subsequente. Este ritmo inicia sempre pelo polo negativo, garantindo que o movimento do polo negativo ao positivo seja sempre equilibrado e simétrico.

Entretanto, é essencial compreender que os momentos de pico, seja de felicidade, seja de sucesso, são temporários. O pêndulo da vida, em sua constante movimentação, leva-nos a retrocessos após avanços, e vice-versa. Este movimento não implica necessariamente em perdas materiais ou conquistas, mas destaca que os períodos de crescimento ou felicidade não são eternos. Esta compreensão é crucial para que aproveitemos ao máximo os momentos auspiciosos e para que nos preparemos para as fases menos favoráveis.

No entanto, alguns parecem estagnar em um dos extremos do pêndulo, um fenômeno conhecido como "polarização". Curiosamente, muitos tendem a ficar presos em polos negativos, como pobreza, solidão ou enfermidade. Através de técnicas metafísicas, é possível "despolarizar" e realinhar a trajetória da vida. Uma analogia eficaz é comparar este processo com nadar no mar. Lutar contra as ondas exige um esforço hercúleo, enquanto alinhar-se a elas permite avançar com mais facilidade.

Aprofundando-se no estudo do Princípio do Ritmo, é possível sincronizar-se ao movimento pendular pessoal, maximizando os períodos de avanço. Porém, o verdadeiro mestre metafísico aspira transcender completamente esse movimento. Para alcançar tal estado, busca se posicionar acima do pêndulo, onde os efeitos de arrasto são inexistentes.

Ao considerar a tríade da existência – Espírito, Alma e Corpo – podemos perceber que o Corpo, sendo o mais tangível e denso, é o mais afetado pelo movimento pendular. O plano emocional, pertencente à Alma, segue-se em intensidade. No ápice, o plano do Espírito permanece quase imutável, onde o balanço é sutil ou inexistente. Assim, à medida que elevamos nossa consciência a planos superiores, diminuímos o impacto do pêndulo, culminando em um estado onde prevalece a constância e a felicidade perpétua no plano do Espírito.

O Universo opera segundo leis rítmicas que estão presentes em todas as coisas, desde as mais minúsculas partículas até os mais vastos sistemas galácticos. Esta ideia, que poderíamos chamar de "Princípio do Ritmo", permeia a nossa existência, influenciando as atividades, as relações, os negócios e até mesmo os ciclos emocionais pelos quais passamos.

Dentro desse Cosmos em movimento constante, a meditação surge como ferramenta poderosa que nos permite conectar com o plano do Espírito, um estado de consciência que transcende as limitações temporais e egóicas. Ao meditar, somos convidados a entrar em um refúgio interior, onde as pressões e urgências da vida diária não encontram espaço. Ali, no silêncio e na tranquilidade da mente, encontramos um centro de equilíbrio e serenidade.

Existem diversas abordagens para a meditação e não há uma única maneira correta de praticá-la. Para alguns, a concentração em uma palavra específica, como "amor" ou "paz", é o caminho para a quietude interior. Para outros, sons da natureza, como o canto dos pássaros ou o barulho da chuva, servem como âncoras para a mente. Há ainda quem se beneficie da repetição de mantras, como o "*Om*", que, através de sua vibração e sonoridade, pode levar o praticante a um profundo estado de conexão espiritual.

No entanto, a meditação não é limitada a momentos formais de prática. Quando nos entregamos totalmente a uma atividade, seja ela a leitura de um livro, o cuidado com um jardim ou até mesmo a prática de um esporte, estamos, em essência, meditando. Estamos presentes, focados e alinhados com o momento, permitindo que a mente se concentre em uma única tarefa e, assim, encontre sua paz.

O relato pessoal sobre superar uma crise afetiva por meio da prática meditativa demonstra o poder transformador da meditação. Em momentos de angústia ou desequilíbrio emocional, esse refúgio interno pode ser a chave para a recuperação e o reequilíbrio. Ao sintonizar-se com um mantra ou qualquer foco meditativo, o praticante é capaz de acessar uma fonte interna de paz e resiliência.

No entanto, mesmo com a meditação como aliada, é essencial reconhecer e respeitar os ritmos da vida. Assim como os negócios têm suas seus altos e baixos sazonais e as atividades seguem o calendário anual, as relações humanas também são pautadas por ciclos. Estar em harmonia com uma pessoa em um momento não garante que os ritmos permanecerão sincronizados para sempre. E é aí que entra a sabedoria de fluir com esses ritmos, reconhecendo os momentos de crescimento e retração, de expansão e introspecção.

A natureza é, sem dúvida, a maior professora quando se trata de ritmos. O pulsar do coração, o fluxo da respiração, o ir e vir das marés, o ciclo das estações – tudo nos fala de um movimento contínuo de crescimento, transformação e renovação. Em meio a essa dança cósmica, está o corpo feminino, com seus ciclos próprios, refletindo e reverberando os ritmos da natureza. Por essa razão, muitos acreditam que as mulheres têm uma percepção intuitiva dos ciclos da vida, conectando-se profundamente com os ritmos universais.

Assim, enquanto navegamos pelos mares da existência, é crucial nos lembrarmos de que a meditação é o compasso que nos ajuda a dançar com graça e equilíbrio diante dos ritmos inconstantes da vida.

O Universo, em sua essência, é um conglomerado de forças e energias que se movimentam segundo leis imutáveis e rítmicas. Seguindo o Princípio do Ritmo, entendemos que tudo na existência obedece a um movimento pendular, oscilando entre opostos. Este conceito tão profundamente explorado no Caibalion, oferece-nos insights valiosos sobre a natureza de nossas vivências e como encontrar harmonia em meio à constante mudança.

Ao observarmos esse ritmo pendular, percebemos que, após um momento de grande tristeza ou adversidade, é comum experimentarmos períodos de alegria e prosperidade. Ao contrário do que muitos acreditam, não é a felicidade que prenuncia o sofrimento, mas, sim, o oposto. As experiências dolorosas e desafiadoras podem ser o prelúdio de momentos iluminados e de grande realização. Esse entendimento oferece consolo e esperança, especialmente em períodos de crise.

Entretanto, à medida que evoluímos espiritualmente, essa oscilação se atenua. Isso ocorre porque, à medida que nos aproximamos do plano do Espírito, adentramos em uma esfera de serenidade e constância, onde a luta e a paz reinam de forma ininterrupta. Esse é um estado no qual somos imunes às flutuações do mundo material, permanecendo centrados e equilibrados, independentemente das circunstâncias externas. Seja em momentos de abundância ou escassez, solidão ou companhia, o indivíduo que alcança esse nível de consciência permanece estável, situando-se acima do movimento pendular das emoções e dos pensamentos.

Contudo, é válido ressaltar que essa estabilidade não é conquistada em todas as áreas da vida simultaneamente. Enquanto uma pessoa pode se sentir plenamente realizada em sua carreira, pode ainda estar em busca de equilíbrio em sua vida amorosa, e vice-versa.

Nossa Terra, o planeta que chamamos de lar, também é influenciada por ritmos universais. Seu movimento em torno do Sol e seu giro sobre seu próprio eixo são manifestações visíveis dessa dança cósmica. Além disso, a influência da Lua sobre a Terra é de uma profundidade surpreendente. Muito além de determinar as marés, a Lua também exerce impacto sobre o humor e o comportamento humanos. Seus ciclos de crescente e minguante servem como um lembrete constante do fluxo e refluxo da vida.

Para o estudioso da metafísica, compreender esses ciclos lunares é essencial. Durante a fase crescente, a partir da lua nova, o planeta está impregnado de energias propícias ao início de novas empreitadas e à manifestação de novos projetos. Já na fase minguante, que começa com a lua cheia, as energias favorecem a conclusão e o encerramento. Aqueles que se sintonizam com esses ritmos naturais e fazem uso consciente deles em suas atividades diárias podem testemunhar resultados notavelmente potencializados em suas iniciativas.

A natureza em sua sabedoria infinita, através dos ciclos da Lua, oferece-nos uma bússola natural para orientar as decisões e ações humanas. Esse satélite, presente todas as noites no céu, não se limita a ser um mero espetáculo visual; ele tem profundos efeitos em nossa vida diária, muitas vezes de formas que não percebemos conscientemente.

Em seu ciclo mensal, a Lua passa por diferentes fases, cada uma carregando uma energia específica. Essa variação é tão influente que pode determinar o ritmo do nosso planeta, influenciando desde as marés dos oceanos até o comportamento e as emoções humanas. Portanto, alinhar nossas atividades pessoais e profissionais com as fases lunares pode aumentar a eficácia de nossos esforços e ainda trazer harmonia para nossa vida.

Muitos astrólogos, ao longo dos séculos, estudaram o efeito da Lua em nosso cotidiano e criaram calendários astrológicos detalhados. Esses calendários mostram as fases lunares e os períodos em que a Lua está mais positiva ou negativa. Entre esses períodos, um se destaca em particular: quando a Lua está "fora de curso". Este fenômeno ocorre aproximadamente a cada dois dias e meio e sua duração é variável.

Durante o período em que a Lua está fora de curso, acredita-se que a "maré emocional" das pessoas aumenta. Isso pode ter implicações profundas em nosso comportamento e nas decisões que tomamos. Como resultado, muitas vezes temos atitudes que, retrospectivamente, parecem fora de sintonia com nossa intuição ou julgamento usual. Não é raro ouvir histórias de acordos que desmoronam, viagens que tomam um rumo inesperado ou relacionamentos que começam sob o influxo deste período lunar e que muitas vezes se baseiam mais em ilusões do que em realidades tangíveis.

Imagine, por exemplo, um indivíduo que sob a influência da Lua fora de curso decide embarcar em uma viagem. Esta pessoa pode encontrar uma série de desafios inesperados – desde a perda de bagagem até chegar a um destino diferente do planejado. Em um nível mais pessoal, relacionamentos iniciados ou decisões importantes tomadas durante este período podem não ter uma base sólida e, muitas vezes, levam a resultados não esperados. É como se o Universo estivesse nos dando um sinal sutil para pausar e reconsiderar, em vez de avançar cegamente.

No entanto, entender e respeitar este princípio não significa que devemos viver com medo ou em excessiva cautela. Em vez disso, oferece-nos uma oportunidade de aumentar nossa autoconsciência e harmonia com o mundo natural. Em um mundo cada vez mais desconectado dos ritmos naturais, essa antiga sabedoria pode servir como um lembrete valioso para nos sintonizar com as forças maiores em jogo.

A recomendação para se aprofundar no assunto, adquirindo um calendário astrológico, é uma ferramenta prática para aqueles que desejam navegar pela vida com uma compreensão mais profunda dos ritmos universais. Com o tempo e a observação, podemos começar a perceber padrões em nossa própria vida que se alinham com as fases da Lua. Isso nos ajuda a tomar decisões mais informadas e a viver de forma mais integrada e harmoniosa.

Este profundo respeito e reconhecimento da influência lunar não se limita apenas a decisões cotidianas, mas se estende à compreensão mais ampla da interconexão entre todos os seres e o Cosmos. A Lua, em sua silenciosa dança pelo céu, serve como um lembrete constante de que somos parte de um todo maior e que, ao prestar atenção aos sinais do Universo, podemos viver vidas mais ricas e significativas.

A música tem sido uma constante na evolução humana, acompanhando nossos momentos mais importantes e também os mais triviais. Muito além de simples notas harmônicas, a música é um reflexo profundo de nossas emoções, pensamentos e, sobretudo, nosso ritmo interior.

Falar do "Princípio do Ritmo", refere-se à ideia de que tudo na vida tem um movimento pendular, uma oscilação que vai de um extremo a outro. Tal princípio é vividamente exemplificado na música. Cada gênero musical, cada canção, ressoa com um ritmo específico que tem o poder de influenciar o estado emocional de quem a escuta.

Quando alguém prefere um tipo de música romântica, por exemplo, é possível que esteja em um momento de introspecção, de maior sensibilidade, onde o pêndulo interno oscila mais lentamente. Por outro lado, ritmos mais acelerados, como rock ou salsa, podem ser preferidos por quem está em um momento de maior energia e vivacidade, onde o movimento interno é mais rápido.

Entretanto, é preciso ir além da mera escuta. O conteúdo lírico de muitas canções revela dramas, paixões, tristezas e alegrias que, quando cantados, podem influenciar profundamente nossa mente e nosso coração. Quando uma pessoa entoa palavras como "não posso viver sem você" ou "você é a luz da minha vida", está somente expressando um sentimento, está afirmando uma realidade para sua psique. Se essas palavras são direcionadas a outra pessoa, há uma transferência de poder emocional, fazendo com que o bem-estar psicológico fique à mercê dessa outra pessoa.

Neste contexto, surge a ideia de que cantar para uma Divindade pode ser uma forma de realinhar o eixo emocional. Ao direcionar tais afirmações a uma entidade superior, o indivíduo busca uma conexão mais elevada e espiritual, sem colocar o peso de suas emoções e expectativas em outro ser humano, que é, afinal, falível.

A música instrumental, embora não tenha palavras explícitas, também carrega em si narrativas. Cada nota, cada pausa, cada acorde conta uma história. Assim como as letras, a música sem palavras tem o poder de elevar ou derrubar o espírito.

Dessa forma, em nossa jornada de autodescoberta e evolução pessoal, torna-se imperativo que façamos escolhas conscientes sobre o que ouvimos. Não se trata de abandonar completamente músicas que carregam dramas ou tristezas, mas, sim, de entender o impacto que elas podem ter sobre nossa psique. Neste processo, o ideal é buscar aquelas melodias que nos fazem sentir vivos, que nos encorajam a amar de forma incondicional e que nos ajudam a nos conectarmos com uma vibração superior e positiva. Porque, assim como o pêndulo oscila, nossa busca é por um equilíbrio que nos permita dançar ao ritmo da vida com leveza e harmonia.

Os Bruxos entendem que compreender e trabalhar em harmonia com esses ritmos naturais pode trazer benefícios significativos para suas práticas mágicas. Ao observar as marés do oceano, as estações do ano e os ciclos da lua, eles aprendem a discernir os momentos ideais para realizar rituais, lançar feitiços e manifestar intenções.

Esse princípio nos ensina que há momentos para agir com vigor e momentos para recuar e se preparar para a próxima fase. Por exemplo, um Bruxo que deseja iniciar um novo projeto pode escolher fazê-lo durante a lua crescente, quando as energias de crescimento e expansão estão em alta. Por outro lado, durante a lua minguante, os Bruxos podem se concentrar em liberar o que não serve mais.

No vasto Cosmo que nos rodeia, a ordem subjacente e a harmonia emergem de um padrão ritmado que permeia tudo. "Tudo flui, para fora e para dentro; tudo tem suas marés; todas as coisas sobem e descem", são palavras retiradas do Caibalion e refletem a natureza fundamental do Universo. Esta visão, embora mística em sua origem, ecoa em nossa percepção cotidiana, nas marés que beijam as costas, nos ciclos lunares que afetam os oceanos e até nos pulsos rítmicos do nosso próprio coração.

Esta dança cósmica de altos e baixos, de avanços e recuos, não se limita aos fenômenos físicos observáveis, vai muito além, manifestando-se nos aspectos mais sutis de nossa existência. A jornada da vida, desde o nascimento até a maturidade e eventual declínio, segue um ritmo inerente. As estações do ano, o nascer e o pôr do sol, e até mesmo as eras da civilização humana, todos seguem este princípio universal.

No entanto, para o ser humano, este conceito assume um significado ainda mais profundo. Somos seres emocionais e racionais, constantemente navegando pelas marés de nossas próprias experiências. Cada alegria, cada dor, cada sucesso e cada derrota são parte do ritmo intrínseco da existência humana. Ao abraçar a inevitabilidade do Princípio do Ritmo, entendemos que os desafios e recompensas são dois lados da mesma moeda. E é nesse entendimento que reside uma profunda sabedoria: a mudança é inevitável, mas como reagimos a ela é uma escolha.

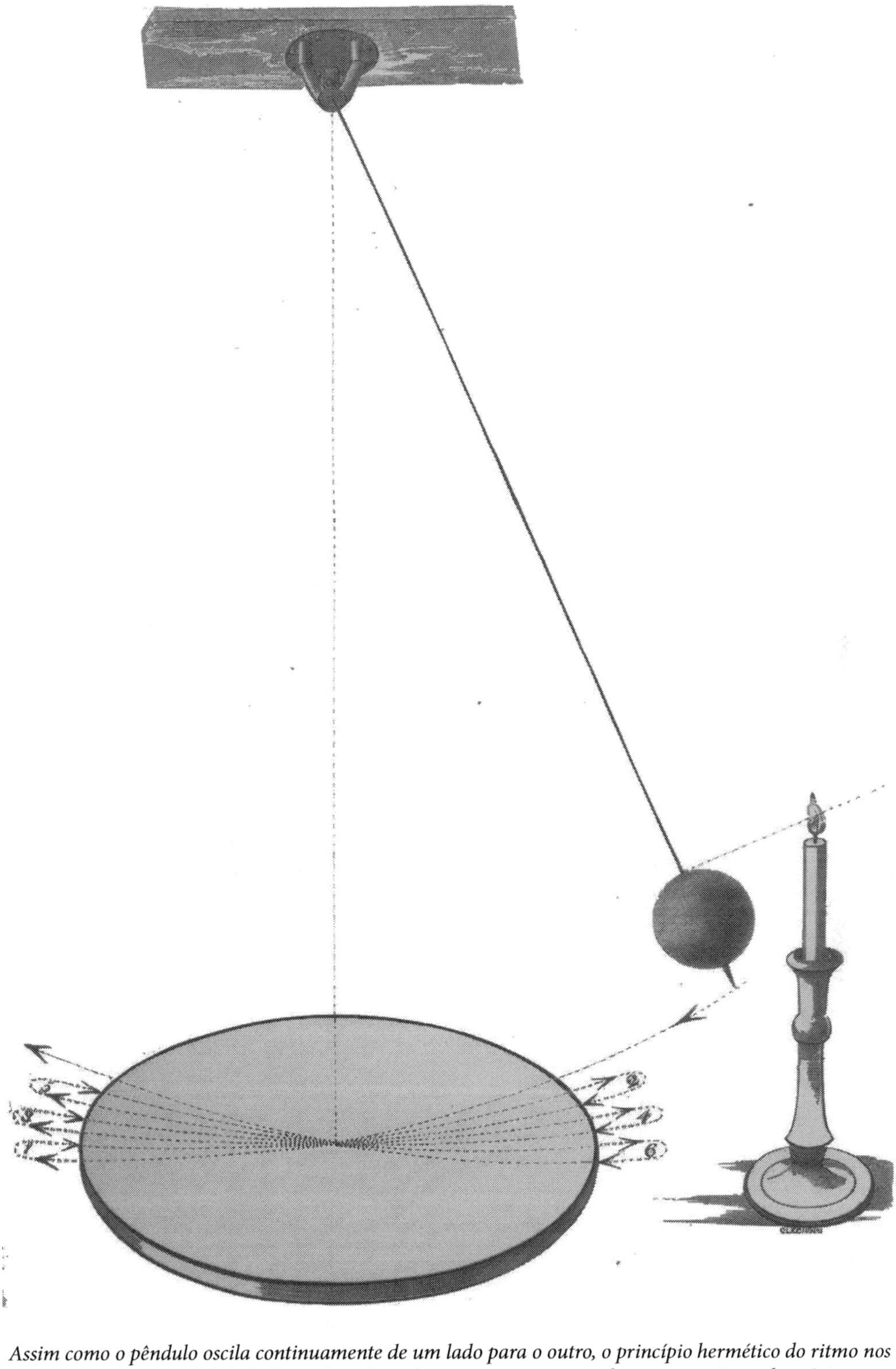

Assim como o pêndulo oscila continuamente de um lado para o outro, o princípio hermético do ritmo nos lembra da inevitabilidade dos ciclos, altos e baixos, avanços e paradas em nossa jornada mágica.

No âmbito psicológico, nosso estado mental também segue este ritmo universal. Os pensamentos e emoções oscilam entre o consciente e o subconsciente, formando um ciclo contínuo de autoconhecimento e introspecção. Quando somos agraciados com momentos de profunda felicidade e contentamento, é inevitável que também enfrentemos períodos de tristeza e dor. No entanto, é precisamente essa oscilação que nos proporciona uma compreensão mais rica da experiência humana. O contraste entre a luz e a escuridão, entre o prazer e a dor, é o que dá profundidade e significado à nossa jornada.

Reconhecer e abraçar o Princípio do Ritmo é aceitar a natureza transitória da vida e encontrar paz em sua impermanência. Em vez de resistir às mudanças, podemos fluir com elas, percebendo que cada ponto alto é complementado por um ponto baixo e que, no grande esquema das coisas, nossa capacidade individual de prazer e dor é equilibrada de maneira magistral pelo Universo. A verdadeira maestria, então, está mais para dançar com o ritmo, encontrando harmonia na constante mudança que define nossa existência, do que em buscar a permanência.

Nossa realidade é moldada por uma dança incessante e ritmada. "Tudo flui, para fora e para dentro; tudo tem suas marés" – uma observação que se relaciona tanto com o mundo material, como também ao intricado tecido de energia e consciência que interliga todas as coisas. No coração deste movimento está a interação de dois princípios fundamentais: Vibração e Ritmo.

Graças ao Princípio da Vibração, compreendemos que tudo no Universo está em constante movimento, desde as menores partículas até as gigantescas galáxias. Porém, é o Princípio do Ritmo que nos oferece a visão de que tais vibrações não são meramente aleatórias ou caóticas. Há um padrão, uma ordem, um ritmo que rege todo o movimento.

Na natureza, essa ordem é evidente em todos os lugares. Observamos o ritmo nas mudanças das estações, nas fases cíclicas da lua, nos batimentos rítmicos de um coração e nas etapas de desenvolvimento de um ser vivo. Essas manifestações rítmicas são testemunhas do poderoso e harmonioso equilíbrio que governa nossa existência.

Para entender mais profundamente o Princípio do Ritmo, é útil visualizar um pêndulo. Um objeto tão simples, mas repleto de significado. Quando ele se move para a direita, sabemos que inevitavelmente balançará para a esquerda com uma força proporcional. Este balanço contínuo, para frente e para trás, representa o eterno movimento de energia no Universo. Em um ambiente sem atrito, esse pêndulo continuaria sua dança *ad infinitum*, ilustrando a ideia de que o Universo, em sua essência, é um jogo interminável de opostos em equilíbrio.

Este balanço universal também se manifesta em nossa existência cotidiana. Assim como o dia dá lugar à noite e a juventude cede à velhice, tudo em nossa vida é marcado por fases de crescimento e declínio. Esta é a natureza do Universo: uma dança contínua entre a criação e a destruição, entre a expansão e a retração.

Ao abraçar a sabedoria inerente ao Princípio do Ritmo, somos convidados a fluir com as marés da vida, a encontrar harmonia nas mudanças e a perceber a beleza no ciclo eterno de começos e fins. Assim, reconhecemos que o equilíbrio não é uma estagnação, mas, sim, um movimento perpétuo e equilibrado, onde cada ação tem sua reação e cada crescimento encontra seu declínio. Neste reconhecimento, encontramos a paz de saber que, no grande balanço do Universo, tudo tem seu momento, seu ritmo e seu propósito.

A prática do Princípio do Ritmo também envolve reconhecer os altos e baixos em nossa própria jornada. Em vez de resistir aos momentos difíceis, os Bruxos entendem que esses períodos fazem parte do ciclo natural da vida. Eles podem usar esses momentos de "baixa" para refletir, recarregar suas energias e se preparar para uma próxima fase de crescimento.

Além disso, a compreensão do Princípio do Ritmo nos ensina a apreciar a impermanência de todas as coisas. Ao reconhecer que tudo está em constante fluxo, os Bruxos podem cultivar uma mentalidade de desapego saudável. Isso os ajuda a se adaptar às mudanças e a fluir com os ritmos naturais, em vez de resistir a eles.

Portanto, o Caibalion nos convida a dançar com os ritmos do Universo, a reconhecer a beleza dos ciclos naturais e a aplicar essa sabedoria em nossa prática mágica.

O Universo hermético revela inúmeros segredos e leis que governam a existência. O Princípio do Ritmo é um dos mais influentes desses conceitos, demonstrando como tudo no Cosmos tem um ritmo, uma cadência e um ciclo.

Logo, o Universo não é estático. Tudo, desde as estrelas até as menores partículas, está em contínua movimentação. Esta dinâmica se traduz em ciclos de crescimento e retração, de fluxo e refluxo, que permeiam toda a realidade. Tais padrões cíclicos são evidentes em tudo, desde o trânsito dos planetas até as nuances da nossa jornada de vida.

Aqueles que praticam a Magia, têm uma compreensão profunda deste princípio. Eles sabem que a sintonia com esses ritmos cósmicos pode amplificar suas práticas esotéricas. Ao estudar fenômenos como as marés, as mudanças sazonais e as fases lunares, é possível identificar os melhores momentos para rituais, encantamentos e definição de objetivos.

Por exemplo, um Bruxo almejando um novo início poderia optar pela fase crescente da Lua, aproveitando as energias de expansão presentes. Em contraste, a fase minguante é ideal para limpezas e desapegos.

Mas o Princípio do Ritmo vai além da prática mágica; ele é um guia para a autocompreensão. Cada um de nós enfrenta altos e baixos, porém, em vez de lutar contra essas oscilações, é essencial abraçá-las. Em momentos de "baixa", há oportunidades para introspecção, recarregamento e preparação para a próxima ascensão.

Reconhecer a constante mudança é também reconhecer a efemeridade de tudo ao nosso redor. Esta é uma lição valiosa de desapego. Quando entendemos que tudo é transitório, tornamo-nos mais adaptáveis, fluindo com as mudanças ao invés de resistir a elas, permitindo uma existência mais harmônica e conectada.

O Princípio do Ritmo nos fornece uma perspectiva ampla sobre o Universo e o nosso lugar nele. Aqueles que compreendem e abraçam esse conceito, seja na Magia, seja na vida cotidiana, encontram uma maneira mais equilibrada e sintonizada de viver, celebrando cada pulso e cada pausa que o Cosmos nos oferece.

Em última análise, a vida, com todas as suas variações e ciclos, é uma dança rítmica entre luz e sombra, crescimento e retração. Ao abraçar e entender esse movimento pendular, podemos encontrar uma harmonia mais profunda e significativa em nossa jornada.

Tudo segue um ritmo, uma cadência que ecoa através do cosmos. Desde as batidas do coração humano até os ciclos das galáxias, cada aspecto da natureza dança ao compasso de um ritmo inerente.

O PRINCÍPIO DO RITMO À LUZ DA CIÊNCIA DA BRUXARIA

A Natureza tem uma forma peculiar de nos mostrar padrões repetitivos, onde tudo se move em ciclos contínuos. O fluxo e refluxo das marés, o nascer e pôr do sol e até mesmo as batidas rítmicas de um coração são testemunhos dessa dança cíclica que permeia a existência. Este fenômeno é encapsulado no conceito do Princípio do Ritmo, que sugere que tudo no Universo segue um movimento pendular, balançando de um extremo ao outro.

Este ritmo, que governa a ascensão e a queda, a criação e a destruição é evidente em todos os aspectos da vida, desde a macroescala dos astros até a microescala das emoções humanas. Os universos, em sua vastidão incomensurável, são criados, alcançam o zênite de sua existência, declinam e, finalmente, colidem com a inevitabilidade da destruição. No entanto, essa destruição não é o fim, mas, sim, um precursor para um novo começo, um novo ciclo.

Similarmente, os corpos celestes, como estrelas e planetas, nascem de nebulosas, atingem o auge de sua luminosidade, e eventualmente encontram seu declínio, tornando-se massas inertes. Mas até nessa inércia há uma promessa latente de renovação, esperando por aquele momento cósmico quando as energias serão reabastecidas, dando início a uma nova jornada.

No entanto, a manifestação desse ritmo não é exclusiva do Cosmos. Observando mais de perto, vemos que a Terra e seus inúmeros ecossistemas também obedecem a esse princípio. Seja na metamorfose de uma borboleta, seja no ciclo de vida de uma planta, a natureza está constantemente nos mostrando exemplos de nascimento, crescimento, declínio e renovação.

Porém, o ritmo não se limita apenas ao tangível. Ele se estende ao intangível, à esfera das emoções e pensamentos humanos. A jornada emocional de um indivíduo, que oscila entre a alegria e a tristeza, o entusiasmo e a depressão é um testemunho desse movimento pendular. Essa oscilação, muitas vezes vista como uma vulnerabilidade, é, na verdade, uma característica inerente à condição humana.

Os Hermetistas, através de sua introspecção e estudo profundo do Universo e do eu interior, perceberam esse padrão rítmico. Ao entender o funcionamento deste princípio, eles descobriram formas de se desvencilhar de seu domínio avassalador. Ao invés de serem joguetes nas mãos do ritmo, eles aprenderam a dominá-lo, a surfar em suas ondas e a usar sua energia para seu próprio benefício.

A compreensão e aceitação do Princípio do Ritmo nos permite uma adaptação mais harmoniosa ao fluxo da vida. Sabendo que, após a tempestade vem a bonança, e que após o inverno vem a primavera, podemos abraçar cada fase, seja ela de ascensão ou declínio, com serenidade e sabedoria. Ao fazer isso, não somente coexistimos com o ritmo, como também aprendemos a dançar com ele.

Ao longo da existência humana, um entendimento profundo dos padrões e ritmos da natureza tem sido uma busca contínua. O Caibalion nos apresenta o Princípio do Ritmo, enfatizando que tudo na vida tem um fluxo e refluxo, um movimento pendular.

Este princípio sugere que a experiência humana é marcada por ciclos, onde um período de felicidade pode ser seguido por tristeza, coragem por covardia e assim por diante. É como se estivéssemos presos a uma dança cósmica, movendo-nos entre extremos.

Entretanto, entre estes extremos, o Caibalion introduz uma ideia revolucionária: a Lei da Neutralização. Esta lei é uma ferramenta para aqueles que desejam transcender os efeitos desse ritmo constante e, ao fazê-lo, alcançar uma forma superior de consciência e automaestria. Ao aprender a se posicionar conscientemente entre os extremos, um indivíduo pode, por meio da vontade, manter-se estável em meio à turbulência do ritmo da vida.

A relevância deste conceito é claramente percebida quando consideramos o quão facilmente as emoções humanas podem ser influenciadas pelo ambiente externo. A maioria de nós frequentemente se vê à mercê das circunstâncias, dos sentimentos e das emoções, navegando de um extremo ao outro sem realmente entender o porquê. Compreender a Lei da Neutralização é, portanto, um meio de retomar o controle, de deixar de ser um mero espectador das adversidades da vida e passar a ser o diretor.

Esta compreensão, embora esotérica, encontra ressonância nas observações da Ciência Moderna. Desde os movimentos cíclicos observados em níveis microscópicos, como o comportamento das partículas, até fenômenos macroscópicos, como a rotação de galáxias, a natureza parece ser definida por ritmos. Estes ciclos são evidentes em nossa vida diária: a alternância entre o dia e a noite, o fluxo e refluxo das marés e as estações do ano são testemunhos palpáveis do Princípio do Ritmo em ação.

Ao reconhecer e respeitar esses ritmos inerentes, mas também ao aprender a se posicionar entre eles, temos a oportunidade de alcançar um estado de equilíbrio e harmonia. É uma jornada rumo à automaestria, onde, embora os ciclos da natureza continuem a se desenrolar, um indivíduo pode permanecer centrado e inabalável. A Lei da Neutralização, neste sentido, é mais do que uma mera ferramenta; é um convite para uma vida de maior profundidade, consciência e paz interna.

O Universo, em sua complexidade e vastidão, é uma dança contínua de nascimento, transformação e desaparecimento. Essa visão poética encontra paralelos impressionantes quando nos aprofundamos no estranho e maravilhoso mundo da Física Quântica. O vácuo quântico, por exemplo, não é o vazio monolítico que o nome pode sugerir; pelo contrário, é um caldeirão fervente de atividade, onde partículas e antipartículas surgem e desaparecem em um piscar de olhos.

Ao abordar a natureza efêmera da matéria através da lente quântica, um conceito fundamental entra em cena: o Princípio da Incerteza formulado por Werner Heisenberg. Esse princípio estabelece que certas propriedades de uma partícula, como sua posição e momento, não podem ser conhecidas simultaneamente com precisão infinita. Essa incerteza intrínseca desempenha um papel fundamental no ritmo de formação e destruição de partículas no vácuo quântico. A energia e a duração da manifestação de uma partícula estão inextricavelmente ligadas, demonstrando que até mesmo no domínio fundamental da natureza, a existência tem suas limitações.

Esta natureza transitória se estende além das partículas efêmeras do vácuo quântico. Se olharmos para a estrutura dos átomos, encontraremos nêutrons e prótons, os blocos de construção da matéria. Mesmo essas partículas, que formam a base da existência material, não escapam da impermanência. Enquanto um nêutron no núcleo de um átomo tem uma expectativa de vida de várias horas, fora do núcleo, sua existência é drasticamente reduzida para apenas cerca de 15 minutos, após os quais ele se transforma em um próton. Os prótons, embora tenham uma longevidade maior comparada aos nêutrons, também não têm uma existência eterna.

A ideia de que nada é permanente é um tema recorrente em diversas Tradições filosóficas e espirituais ao longo da história. No entanto, quando essa noção é reafirmada pela Ciência Moderna, ela adquire uma ressonância especial. A Física Quântica nos mostra que, no nível mais fundamental, tudo na natureza é transitório. Tudo possui um ciclo, um ritmo de surgimento e desvanecimento.

Essa compreensão nos convida a refletir sobre a própria natureza da existência. Se até mesmo as partículas que compõem o Universo material não são permanentes, qual seria o verdadeiro significado de permanência? Em vez de buscar solidez em um mundo intrinsicamente fluido e cambiante, talvez a verdadeira sabedoria resida em abraçar a impermanência e encontrar beleza no eterno ciclo de transformação que governa o Cosmos.

Ritmo é uma palavra que nos remete imediatamente à música, ao movimento e à sequência temporal de eventos. No entanto, no campo da Física, o conceito de ritmo se aproxima mais da ideia de frequência, ou seja, a taxa na qual uma série de ondas se movimentam ao longo de um período específico de tempo. A mecânica quântica oferece um palco fértil para a exploração dessa ideia, pois suas funções de onda são, por definição, representações de ritmos vibratórios.

Para aprofundar nossa compreensão sobre o Princípio do Ritmo, é essencial observar como essas vibrações fundamentais se ampliam. As funções de onda são descritas matematicamente em termos de funções seno e cosseno, que, quando combinadas, podem desenvolver uma forma de onda mais complexa, conhecida como "Série de Fourier[1]. Dado que tudo, desde as partículas subatômicas até o próprio tecido do espaço-tempo é descrito por funções de onda, essas formas de onda, ou Séries de Fourier, encontram-se ecoando em todos os níveis da realidade.

1 Técnica matemática que permite representar uma função periódica (ou uma função não periódica limitada) como uma soma infinita de funções seno e cosseno. Desenvolvida por Jean-Baptiste Joseph Fourier, no início do século 19, esta técnica tem aplicações em diversas áreas, como análise de sinais, processamento de áudio, processamento de imagem, teoria das ondas e muitas outras disciplinas.

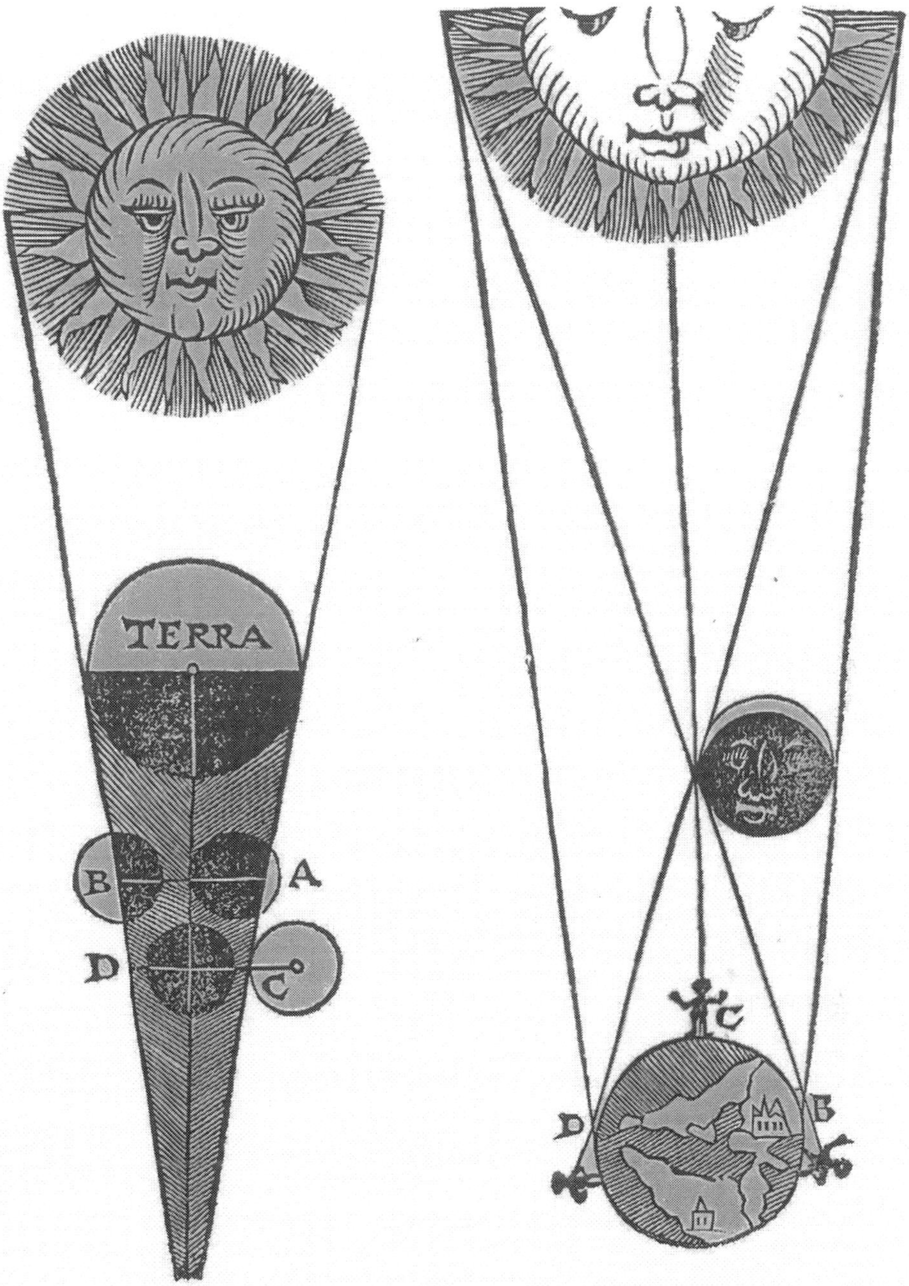

O ciclo solar ilumina a Terra, revelando a dança constante dos elementos e forças universais. O Princípio Hermético do Ritmo nos ensina que tudo se move em padrões cíclicos, alternando entre fases de ascensão e declínio.

No mundo das ondas, encontramos picos e vales, ou seja, máximos e mínimos. Em termos herméticos, isso se relacionaria com a ideia de que tudo possui seus ciclos de elevação e queda. Uma particularidade das ondas é que elas têm uma única frequência. Ainda assim, o texto do Caibalion nos propõe uma relação intrincada com a Polaridade, relacionando-a com as variações de frequência.

À primeira vista, essa relação pode parecer complexa. No entanto, ao considerarmos uma Série de Fourier, onde múltiplas ondas estão sobrepostas, percebemos que algumas dessas ondas têm grande amplitude, enquanto outras são mais sutis. A frequência média resultante dessa combinação é uma síntese de todas essas energias coletivas. Em determinados momentos, a contribuição de uma onda de grande amplitude pode ser mínima, permitindo que outras frequências se manifestem mais claramente. Assim, os altos e baixos de uma onda complexa estariam relacionados com as mudanças na polaridade e, consequentemente, nas vibrações.

Avançando nesse raciocínio, essas variações nas formas de onda teriam correspondências diretas com os estados mentais associados a tais vibrações. Embora a probabilidade de ocorrerem certos estados mentais permaneça a chance de manifestação desses estados seria influenciada pela amplitude da função de onda em um ponto específico. Assim, estados mentais poderiam ser mais propensos durante os picos e menos prováveis durante os vales.

Finalmente, é importante considerar que, embora as funções de onda sejam pequenas após seu colapso, muitos padrões resultantes, sejam eles conscientes, sejam subconscientes, persistiriam influenciados pelos ritmos da função de onda original do ambiente. Portanto, poderíamos inferir que o ritmo, em sua essência quântica, não molda somente o tecido da realidade física, ele influencia o intricado teatro da consciência humana.

A vastidão do tempo muitas vezes é vista como um relógio imenso no qual a humanidade evolui em ciclos contínuos. Esta ideia, longe de ser mera fantasia, é uma concepção recorrente em diversas culturas e é um fenômeno oculto significativamente associado ao Ritmo: o Ciclo das Eras. Esse conceito sugere que o mundo viaja através de idades temporais, cada qual marcada por influências ocultas naturais que, por sua essência mental e vasta influência, escapam ao entendimento materialista e reducionista.

As manifestações desses ciclos são vastas e ecléticas. No Ocidente, temos as eras astrológicas; no Oriente e na Índia, os yugas; e os Maias têm o calendário Tzolkin baseado nesse conceito. Embora nem todos se refiram exatamente aos mesmos ciclos, todos compartilham a mesma ideia fundamental e é possível identificar pontos de conexão entre eles. O zodíaco, por exemplo, muitas vezes é evocado em relação a esses ciclos, não por uma importância intrínseca, mas porque as observações celestes são úteis para reconhecer os ritmos ascendentes e descendentes que permeiam o Universo.

Uma análise das eras nos mostra claramente a influência espiritual em seus respectivos períodos. O fim da Era de Touro, por exemplo, culminou com Moisés destruindo o bezerro de ouro, dando início à Era de Áries. Aqui, o chifre de carneiro torna-se um símbolo espiritual potente. Do mesmo modo, a Era de Peixes se harmoniza perfeitamente com a era cristã, onde o peixe é um símbolo inconfundível.

Já o último ciclo do calendário Maia de longa contagem, recentemente concluído, oferece-nos outro exemplo fascinante. Dividido em eras de quatrocentos anos, ou *baktuns*, cada período tem um tema. O *baktun* anterior, que abrangeu os anos de 1618 a 2012 EC, foi marcado pelo "triunfo do materialismo" ou a "transformação da matéria". Notavelmente, essa noção precedeu quaisquer desenvolvimentos intelectuais na Europa, que, desde o Renascimento e o Iluminismo, apresentavam uma tendência crescente ao materialismo.

Embora essa Era tenha gerado inúmeros avanços científicos e tecnológicos, o quadro espiritual e intelectual resultante deixou a humanidade em muitos aspectos empobrecida e mergulhada no niilismo. Essa fase corresponde a uma época de esquecimento e ignorância quanto à verdadeira natureza da realidade.

Entretanto, é crucial entender que uma visão científica do mundo não precisa ser materialista, apesar da conotação equivocada entre os dois. Hermes Trismegisto, por exemplo, profetizou sobre essa era em "*O Divino Poimandres*". Assim, o surgimento do pensamento materialista não é meramente o fruto inevitável do progresso, mas uma influência espiritual de nossa era que, com o tempo, dará lugar a novos ciclos e perspectivas.

Resumo

O Princípio do Ritmo

O Universo é repleto de padrões e ciclos, refletindo uma dança eterna de energias que se movem em um equilíbrio harmonioso. Entre os princípios herméticos que buscam explicar a essência do Cosmos, o Princípio do Ritmo destaca-se por elucidar essa dinâmica: "tudo flui e reflui; tudo tem suas marés; todas as coisas sobem e descem; o movimento pendular manifesta-se em tudo."

À primeira vista, pode parecer uma simples observação sobre a natureza cíclica das coisas, mas ao aprofundarmos nossa compreensão, percebemos que este princípio está intrinsecamente ligado à Magia e ao próprio tecido da realidade.

Uma observação criteriosa revela que o Princípio do Ritmo é derivado do Princípio da Vibração. Afinal, o ritmo está intrinsecamente ligado à vibração como sua periodicidade. Toda vibração possui um ritmo, uma cadência que a define. Considerando a mecânica quântica, que propõe que tudo é formado por ondas vibratórias de probabilidade, esses ritmos se manifestam em todas as escalas, desde o movimento de partículas subatômicas até as vastas galáxias.

É aqui que a Magia se entrelaça com a ciência. Dado que a cognição quântica trata essas vibrações como sendo de natureza mental, assim como o Hermetismo revela, podemos perceber padrões rítmicos não apenas na matéria, mas também nos fenômenos da mente. A Magia, em muitas de suas práticas, busca manipular ou se harmonizar com esses ritmos, seja para atrair, seja para repelir, seja para transformar energias.

Desde as oscilações de humor que experimentamos no cotidiano até as grandes tendências que moldam civilizações ao longo de eras, o ritmo está presente. Para o Bruxo, entender esses ritmos significa poder navegar com maestria pelas correntes do Cosmos.

Por exemplo, em práticas mágicas, um ritual pode ser planejado de acordo com fases lunares, pois a Lua tem seu próprio ritmo que influencia a Terra e seus habitantes. Da mesma forma, a Astrologia, muitas vezes usada em conjunção com práticas mágicas, estuda os ritmos dos planetas e como eles influenciam a vida humana.

O que essa intersecção entre o Princípio do Ritmo e a Magia nos ensina é que, em vez de ser mero espectador do vasto teatro do Universo, o Bruxo tem a capacidade de se tornar participante ativo, usando o conhecimento dos ritmos universais para moldar e influenciar seu próprio destino e o mundo ao seu redor. Portanto, a Magia não é apenas sobre poder, mas sobre entendimento – compreendendo os ritmos do Universo e como eles ressoam dentro de nós.

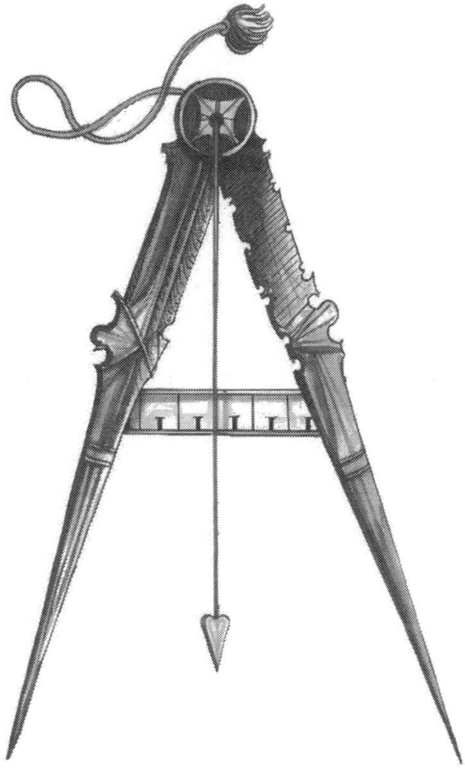

12

CAUSALIDADE

"Toda Causa tem seu Efeito; todo Efeito tem sua Causa; tudo acontece de acordo com a Lei; o acaso é apenas o nome dado a uma Lei não reconhecida; existem muitos planos de causalidade, mas nada escapa à Lei."

O Caibalion

O Sexto Grande Princípio Hermético – o Princípio da Causalidade – incorpora a verdade segundo a qual a Lei permeia o Universo; que nada acontece por mero acaso; o acaso é somente um termo que indica uma causa existente, mas que não foi reconhecida ou percebida; que os fenômenos são contínuos, não têm interrupção ou exceção.

Subjacente a todo pensamento científico, antigo e moderno, o Princípio da Causalidade foi enunciado pelos Professores Hermetistas desde há muito tempo. Embora variadas controvérsias entre as muitas escolas de pensamento tenham surgido desde então, essas disputas têm sido principalmente sobre os detalhes das operações do Princípio, e, ainda mais frequentemente, sobre o significado de certas palavras. O Princípio da Causalidade é aceito como correto por praticamente todos os pensadores do mundo dignos desse nome. Pensar de outra forma seria tirar os fenômenos do Universo do domínio da Lei e da Ordem, e relegar ao controle do imaginário algo que os homens chamaram simplesmente de "Acaso".

Uma breve análise mostrará a qualquer pessoa que, na realidade, não existe o puro Acaso. O Webster's Dictionary define a palavra "Acaso" da seguinte forma: "Um suposto agente ou modo de atividade que não se refere a uma força, lei ou propósito; a operação ou atividade de tal agente; o suposto efeito de tal agente; um acontecimento; algo fortuito; uma casualidade, etc.". A observação mais atenta mostrará que não pode haver nenhum agente como o "Acaso", no sentido de algo que está fora da Lei – algo fora da Causa e Efeito. Como poderia haver algo agindo no universo fenomênico, independentemente das leis, da ordem e da continuidade? Esse "algo" deveria ser totalmente independente da tendência ordenada do Universo e, portanto, superior a ele. Não podemos imaginar nada fora do TODO que esteja fora da Lei, e isso apenas porque o TODO é a lei em si. Não há lugar no Universo para algo fora e independente da lei. A existência de tal Algo tornaria todas as Leis Naturais ineficazes e mergulharia o Universo em uma desordem caótica e fora de qualquer lei.

Um exame cuidadoso demonstrará que o que chamamos de "acaso" é tão somente uma expressão relacionada a causas ocultas; causas que não podemos perceber; causas que não podemos compreender. A palavra inglesa *Chance* (Acaso) é derivada de *fall*, que significa "cair", seu substantivo "queda" (como num jogo de dados) dá a ideia de que dados sendo atirados numa mesa (e muitos outros fatos aparentemente fortuitos) são somente "acontecimentos" não relacionados a nenhum tipo de causa. E esse é o sentido em que ester termo é geralmente empregado. Porém, quando o assunto é examinado de perto, vê-se que não há acaso algum no jogo de dados. Cada vez que um dado cai e exibe um certo número, ele obedece a uma lei tão infalível quanto a que governa a revolução dos planetas ao redor do Sol. Por trás da queda dos dados estão as causas, ou cadeias de causas, que vão além do que a mente pode acompanhar. A posição do dado na mesa; a quantidade de energia muscular gasta no arremesso; a condição da mesa, entre outras, tudo são causas, e o seu efeito pode ser visto. Por trás dessas causas visíveis, há cadeias de causas anteriores invisíveis, e todas elas tiveram influência sobre as faces dos dados que caíram primeiro.

Se um dado for lançado um grande número de vezes, vamos verificar que os números mostrados serão quase sempre distribuídos igualmente entre si, ou seja, haverá uma probabilidade igual de vezes de surgir o número um, o dois e os demais, em primeiro lugar. Jogue uma moeda para o alto, e ela pode cair com a face "cara" ou a face "coroa" voltada para cima; mas, ao fazer isso em um número suficiente de jogadas, cara e coroa cairão em número quase igual de vezes. Assim funciona a Lei das Médias. Porém, tanto a média quanto o lance único estão ambos sob a Lei de Causa e Efeito e, se fôssemos capazes de examinar as causas anteriores, seria claramente verificada a impossibilidade de o dado cair de outra forma, sob as mesmas circunstâncias e no mesmo tempo. Dadas as mesmas causas, os mesmos resultados ocorrerão. Sempre há uma "causa" e um "porquê" para cada evento. Nada jamais "acontece" sem uma causa, ou melhor, sem uma cadeia de causas.

Surgiu uma confusão na mente das pessoas que consideram esse Princípio, porque elas foram incapazes de explicar como uma coisa poderia ser a causa de outra coisa – isto é, ser o "criador" da segunda coisa. Na verdade, nenhuma "coisa" causa ou "cria" outra "coisa". Causa e Efeito são apenas "eventos". Um "evento" é "algo que vem, chega ou acontece, como resultado ou como consequência de algum evento anterior". Nenhum evento "cria" outro evento, mas é apenas um elo precedente na grande cadeia ordenada de eventos que fluem da energia criativa do TODO. Há uma continuidade entre todos os eventos precedentes, consequentes e subsequentes. Há uma relação entre tudo o que aconteceu anteriormente e tudo o que segue a esse acontecimento. Uma pedra se desprende da encosta de uma montanha e bate no telhado de uma cabana no vale abaixo. À primeira vista, consideramos isso um efeito do acaso, mas quando examinamos o assunto, encontramos uma grande cadeia de causas por trás dele. Em primeiro lugar, houve a chuva que amoleceu a terra que sustentava a pedra e que lhe permitiu cair; em seguida, por trás disso estava a influência do sol, de outras chuvas e outros eventos, que gradualmente deterioraram o pedaço de rocha que estava ligado a uma pedra maior; depois, havia as causas que levaram à formação da montanha e sua degradação pelas convulsões da natureza, e assim por diante, *ad infinitum*. Podemos verificar as causas por trás da chuva, entre outras. Em seguida, podemos considerar a existência do telhado e o que já agiu sobre ele.

Em resumo, em algum tempo nos veríamos envolvidos em uma rede de causas e de efeitos, da qual logo nos esforçaríamos para nos livrar.

Assim como um homem tem dois pais, quatro avós, oito bisavós, dezesseis tataravós, e assim por diante, até que, digamos, quarenta gerações sejam calculadas, o número de ancestrais chega a muitos milhões – assim é com o número de causas por trás até mesmo dos eventos ou fenômenos mais insignificantes, como a passagem de uma pequena partícula de fuligem diante de seus olhos. Não é tarefa fácil rastrear a partícula de fuligem de volta ao período inicial da história do mundo, quando fazia parte de um enorme tronco de árvore, que foi posteriormente convertido em carvão, e assim por diante, até ser uma partícula de fuligem que agora passa diante de seus olhos em seu caminho rumo a outras aventuras. Uma poderosa cadeia de eventos, causas e efeitos, trouxe essa partícula à sua condição atual, e o último é apenas um evento numa cadeia que irá produzir outros eventos daqui a centenas de anos. Uma das séries de eventos decorrentes da minúscula fuligem foi a redação destas linhas, o que fez com que o tipógrafo executasse um certo trabalho; o revisor fizesse o mesmo; o fato despertasse certos pensamentos em sua mente, e de outros, que por sua vez afetarão outros, e assim por diante, para além da capacidade do homem de pensar mais longe, tudo acontecendo a partir da passagem de uma pequena partícula de fuligem, o que mostra a relação e a associação existente entre as coisas, além do fato de "não haver nada grande nem pequeno da mente que causa tudo".

Pare um momento e pense nisso. Se certo homem não tivesse conhecido certa mulher no obscuro período da Idade da Pedra – você, que está lendo estas linhas, talvez não estivesse aqui agora. E se, talvez, o mesmo casal não tivesse se encontrado lá atrás, nós, que estamos escrevendo este texto, não estaríamos aqui neste momento. E o próprio ato de escrever da nossa parte, e o ato de ler da sua parte, afetarão não apenas as nossas respectivas vidas, mas também terão um efeito direto ou indireto sobre muitas outras pessoas que vivem agora e que viverão nos tempos que estão por vir. Cada pensamento que formulamos, cada ato que realizamos, tem seus resultados diretos e indiretos que se encaixam na grande cadeia de Causa e Efeito.

Nesta obra, não faremos consideração sobre o Livre-arbítrio, ou o Determinismo, por várias razões. Entre as muitas razões, a principal é que nenhum dos lados dessa controvérsia está totalmente certo – na verdade, ambos os lados estão parcialmente corretos, segundo os Ensinamentos Herméticos. O Princípio da Polaridade mostra que ambos são apenas Meias Verdades – os polos opostos da Verdade. Os Ensinamentos ditam que um homem pode ser Livre e ainda assim estar limitado pela Necessidade, dependendo do significado dos termos e da medida da Verdade a partir da qual o assunto é examinado. Os antigos escritores expressam a questão deste modo: "Quanto mais longe a criação está do Centro, mais ela é limitada; quanto mais próxima do Centro ela chega, mais ela se encontra livre".

A maioria das pessoas é mais ou menos escrava da hereditariedade, do meio ambiente, e de outros fatores, e manifesta por isso pouca liberdade. São influenciadas pelas opiniões, costumes e pensamentos do mundo exterior, e também por suas emoções, sentimentos, humores, etc. Essas pessoas não manifestam a Maestria digna desse nome.

No entanto, repudiam indignadamente essa afirmação, dizendo: "Ora, claro que sou livre para agir como eu quiser – e faço exatamente o que desejo fazer", mas não explicam de onde vem o "como eu quiser" e "o que desejo fazer". O que os faz "querer" fazer uma coisa em vez de outra? O que os torna "com vontade" de fazer isso e não fazer aquilo? Não existe um "porquê" para o seu "prazer" e "desejo"? O Mestre pode transformar esses "prazeres" e "desejos" em outros sentimentos na extremidade oposta do polo mental. Ele é capaz de "desejar querer", em vez de querer simplesmente, porque algum sentimento, humor, emoção ou sugestão do ambiente externo desperta nele uma tendência ou desejo de fazer aquilo.

A maioria das pessoas é influenciada e levada como uma pedra que cai, obediente ao ambiente em que está, às influências externas e humores internos, aos próprios desejos, entre outros, isso sem falar dos desejos e das vontades dos outros, que podem ser mais fortes do que elas, a hereditariedade, a sugestão, que as carregam sem resistência da sua parte, ou do exercício da sua vontade própria. Movidas como os peões no tabuleiro de xadrez da vida, desempenham seus papéis e são postas de lado após o término do jogo. Mas os Mestres, que conhecem bem as regras do jogo, elevam-se acima do plano da vida material e colocam-se em contato com os poderes superiores da sua natureza, e conseguem dominar seus próprios humores, personalidades, qualidades e polaridade, bem como o ambiente que os circunda. Assim, eles se tornam os Condutores que movem as peças do jogo, em vez de meros Peões – passam a ser Causa, em vez de Efeito. Os Mestres não escapam das Causas dos planos superiores, mas concordam com as suas leis e, portanto, dominam as circunstâncias nos planos inferiores. Assim, eles formam uma parte consciente da Lei, em vez de serem simples instrumentos cegos. Eles servem nos planos superiores, ao mesmo tempo que governam o plano material.

No entanto, tanto acima quanto abaixo, a Lei está sempre em ação. Não há o Acaso. A Deusa cega foi abolida pela Razão. Podemos ver agora, com os olhos esclarecidos pelo conhecimento, que tudo é regido pela Lei Universal – que o número infinito de leis é apenas manifestação da Única Grande Lei – a lei que é o TODO. É verdade que nem sequer uma folha cai da árvore sem que isso seja notado e autorizado pela Mente do TODO – que tem até os nossos fios de cabelo contados – como dizem as escrituras. Não há nada fora da Lei; nada que aconteça contrário a ela. Entretanto, não cometa o erro de supor que o Homem é apenas um autômato cego – longe disso. Os ensinamentos herméticos declaram que o homem pode usar a Lei para superar as leis, e que o Superior sempre prevalecerá sobre o Inferior, até que finalmente ele alcance o estágio em que busca refúgio na própria lei e ri das leis fenomenais com escárnio.

Você é capaz de compreender o significado intrínseco disso?

SUBTERRANEA
TO ΞΥΜΠΑΝ

O PRINCÍPIO DA CAUSALIDADE PARA BRUXOS

Onde cada fio entrelaçado tece uma trama de causas e efeitos, Bruxos discernem o princípio irrevogável da causalidade, semeando com intenção e colhendo com sabedoria no vasto campo do Universo.

Em nossa compreensão da realidade e das leis universais que a regem, encontramos no Caibalion a expressão clara de uma verdade ancestral: "toda Causa tem seu Efeito; todo Efeito tem sua Causa". Estas palavras trazem à luz o princípio de que cada acontecimento, cada manifestação que observamos no Universo, é resultado de uma causa lógica e razoável. Esta é uma afirmação que desafia o conceito humano de "acaso" ou "sorte", sugerindo que mesmo aquelas situações aparentemente aleatórias e inexplicáveis têm, em algum nível, uma origem e uma razão de ser.

A noção de acaso é, como o Caibalion sugere, apenas uma denominação para uma lei não reconhecida ou não compreendida por nós. Assim, enquanto nos deparamos com eventos que parecem desprovidos de lógica ou justificativa, a verdade é que suas causas podem estar além da nossa percepção imediata, originando-se em planos mentais ou espirituais mais sutis que o plano físico em que vivemos.

Dentro dessa perspectiva, é interessante observar que o conceito de linearidade do tempo, como percebido no plano físico, é desafiado. A Mente Divina, que compreende todas as coisas, vê todas as nossas vidas como um caminho único e contínuo que nosso espírito percorre em sua busca pela evolução. Assim, um efeito ou consequência que experimentamos em uma vida pode muito bem ter sido causado por ações ou decisões tomadas em uma vida anterior. No entanto, é essencial esclarecer que isso não deve ser confundido com a noção popular de "karma", que carrega consigo um sentido de retribuição ou julgamento. Na verdade, a relação entre Causalidade é muito mais instintiva, semelhante à dinâmica de um jogo de bilhar.

Imaginemos que, em uma vida, alinhamos cuidadosamente nosso tiro e atiramos a bola com precisão. Esta bola foi posta em movimento por nossa ação deliberada. No entanto, o efeito completo dessa ação, o momento em que a bola atinge seu destino, pode não ser percebido até uma vida subsequente. Não é uma "recompensa" pelo que fizemos, é simplesmente a consequência natural de nossos esforços.

Assim, a ideia central apresentada no Caibalion nos desafia a perceber a vida e o Universo de uma forma mais profunda e interconectada. Lembra-nos que cada ação, cada pensamento e cada escolha têm repercussões, mesmo que não as vejamos imediatamente. E reforça a noção de que "nada pode se elevar acima de sua fonte" e que tudo o que vemos manifestado no efeito deve, necessariamente, estar presente na causa.

A teia da vida é meticulosamente tecida por uma série de eventos, interligados e interdependentes, onde cada fio é uma causa e seu consequente desdobramento é o efeito. Nesse vasto e intrincado tecido, nada ocorre por mero acaso. Por trás de cada acontecimento, por mais trivial ou monumental que seja, existe uma causa primordial.

O Princípio da Causalidade nos ensina que todas as ocorrências têm uma origem determinante. Esta noção vai além de simples acontecimentos físicos e estende-se ao reino do pensamento, das emoções e das ações humanas. Cada gesto, cada palavra pronunciada, cada decisão tomada – seja de forma consciente ou inconsciente – desencadeia uma série de consequências, moldando assim o curso de nossa existência.

Porém, este princípio não se aplica apenas às ações. A inércia e a indecisão, em sua essência, também são ações. A escolha de não agir é, por si só, uma ação que possui seus próprios desdobramentos e repercussões.

A profundidade deste princípio ressoa nos ecos da sabedoria ancestral. Há provérbios antigos que nos lembram de que "colhemos o que plantamos", um reflexo da compreensão inata da humanidade sobre a interconexão entre Causalidade. Da mesma forma, a Terceira Lei de Newton nos apresenta esta verdade universal de maneira científica, afirmando que "para toda ação, há uma reação igual e oposta". Esta lei, embora inicialmente aplicada ao movimento dos corpos, pode ser extrapolada como uma metáfora para a jornada humana, onde cada passo que damos desencadeia uma série de eventos em resposta.

Diariamente somos confrontados com um labirinto de escolhas. Cada encruzilhada que enfrentamos nos oferece múltiplos caminhos, e cada decisão tomada se torna a causa que direciona o fluxo de nossa vida. Como resultado dessas escolhas, somos levados a experienciar os efeitos – sejam eles imediatos ou adiados, tangíveis ou sutis.

A consciência sobre a Lei da Causalidade serve como um farol, guiando-nos nas águas muitas vezes turbulentas da existência. Ela nos convida a agir com deliberação, ponderação e responsabilidade, reconhecendo que cada ação possui peso e significado. Ao aceitarmos essa verdade, somos empoderados a moldar nosso destino com intencionalidade e propósito, abraçando a jornada com sabedoria e discernimento.

Em sua essência, a natureza da realidade é um vasto campo de probabilidades vibratórias. Uma teia de ondas energéticas que representam todas as possíveis manifestações da existência. Em meio a este universo de potencialidades, o conceito de casualidade, tão presente em nossa linguagem cotidiana, ganha uma nova perspectiva.

Antes de tudo, é fundamental compreender que, dentro desse universo vibratório, a casualidade, como comumente a percebemos, não é genuína. Quando algo ocorre em nossa vida e o rotulamos como "casual", estamos na verdade observando a cristalização de uma das inúmeras probabilidades vibratórias existentes. Em outras palavras, aquilo que nos aparece como um evento aleatório é, de fato, uma das potencialidades que se tornou concreta e visível em nossa realidade.

No entanto, é essencial frisar que este processo não deve ser confundido com predeterminação. Não se trata de um destino imutável traçado desde o início dos tempos, mas, sim, da materialização de uma das múltiplas probabilidades. A realidade é fluida e moldável, sendo constantemente influenciada por um emaranhado de forças e energias.

Ao nos aprofundar nessa compreensão, deparamo-nos com o conceito da dualidade das causas e efeitos. Cada manifestação no Universo, seja ela um pensamento, seja um sentimento, seja uma ação, possui uma causa subjacente que se manifesta através da interação de dois polos opostos. Sem a presença desses dois polos, o efeito – a manifestação objetiva da causa – não pode existir. É como se a realidade fosse uma dança constante entre esses polos, com cada movimento gerando uma consequência específica.

O entendimento deste princípio traz implicações profundas para nossa jornada de autoconhecimento e transformação. Se desejamos efetuar uma mudança real e duradoura na nossa vida ou na sociedade, não basta simplesmente tratar os sintomas ou efeitos. Precisamos ir além e buscar as causas subjacentes, identificando e modificando os polos que estão em jogo.

Tal perspectiva ressalta a importância do trabalho interno e da consciência individual no processo de transformação. Ao invés de concentrar esforços apenas nas manifestações externas – que são meros reflexos das causas internas – o verdadeiro caminho para a mudança reside em ajustar nossa própria consciência e energia.

Dessa forma, enquanto muitas tentativas de transformação pessoal e societal falham por focar apenas nos efeitos, o verdadeiro poder de mudança repousa na capacidade de reconhecer e ajustar as causas internas. Essa transformação, por mais desafiadora que possa parecer, não apenas é possível, como também essencial para aqueles que buscam um estado mais elevado de existência e harmonia.

A interconexão entre Causalidade é uma das relações mais fundamentais que moldam a realidade que nos circunda. A intricada teia de eventos que observamos em nossa vida diária, desde o surgimento de uma flor até as complexas relações humanas, pode ser rastreada até essa dança entre causas e suas consequências. Esta relação, no entanto, não é tão linear quanto parece à primeira vista.

Quando afirmamos que toda causa produz sempre um único efeito, estamos apontando para a precisão e especificidade da natureza. Cada ação, pensamento ou emoção desencadeia uma reação específica, criando um padrão que, embora possa parecer aleatório, é na verdade meticulosamente orquestrado pelo Universo. Esta visão reconhece a singularidade da existência, onde cada momento é irrepetível e único.

No entanto, a realidade se torna ainda mais fascinante quando consideramos que um efeito pode ser o resultado da combinação de várias causas. Este princípio nos mostra a interdependência e a interconexão de tudo que existe. Não estamos isolados em nossas ações; somos parte de um sistema intrincado onde cada peça tem seu papel e influencia o Todo.

Logo, a transformabilidade de uma causa em um efeito e vice-versa é um testemunho da fluidez da realidade. Estamos em um constante estado de metamorfose, onde o que hoje é motivo, amanhã pode se tornar consequência. Essa mutabilidade nos lembra da impermanência da vida e da constante evolução da existência.

A herança das características das causas nos efeitos e a subsequente combinação para criar características únicas é um reflexo da rica criação. Tudo o que existe carrega consigo a memória e a essência do que veio antes, ao mesmo tempo, é moldado por uma combinação única de influências, tornando-se algo totalmente novo.

No cerne de tudo isso, encontramos a energia primordial. Este é o fôlego vital, a força que impulsiona a existência. Quando essa energia se polariza e age sobre um campo energético, dá origem a forças vibratórias específicas que, por sua vez, produzem efeitos específicos. Aqui, temos uma manifestação da ordem Divina, onde uma determinada energia sempre resultará em um padrão específico, mostrando a precisão e a ordem do Universo.

Finalmente, quando refletimos sobre a razão de ser do Todo, encontramos a ideia central de manifestação, vibração, geração e criação. Esta é a força primordial que busca constantemente se expressar, criar e evoluir. Esta é a centelha que anima toda a vida e a ordem que sustenta a complexidade da existência. Em nossa busca por compreensão e conexão, é vital reconhecer e honrar essa força fundamental, pois é a base de tudo o que somos e tudo o que experimentamos.

Em nossa jornada pela existência, muitas vezes nos deparamos com a pergunta: "por que certas coisas acontecem conosco?". Mergulhar profundamente na complexa rede de Causalidade nos oferece uma perspectiva reveladora.

Tudo o que experimentamos hoje, seja alegria, tristeza, desafio ou triunfo, tem raízes que se estendem ao passado. A noção de que nada em nossa vida ocorre "por acaso" sugere que há leis universais em ação, muitas das quais ainda não compreendemos completamente. Embora possa parecer que certos eventos nos atingem inesperadamente, eles, de fato, emergem de sementes que plantamos, consciente ou inconscientemente, em algum ponto de nosso passado ou até mesmo em vidas anteriores.

O conforto vem ao pensar que nossas ações positivas geram recompensas. No entanto, a ideia de que somos os arquitetos de nossas próprias adversidades é mais desafiadora de aceitar. O Princípio da Causalidade oferece uma janela para compreender o intricado jogo de ação e reação que molda nossa existência. A causalidade não se resume a um produto de nossas ações individuais, mas também das influências ancestrais e ambientais que formam o tecido de quem somos.

Nossa linhagem genética carrega em si os ecos de inúmeras vidas passadas. Somos influenciados por pais, avós, bisavós e assim por diante, numa cadeia que se estende ao longo das eras. Cada ancestral, com suas próprias experiências, sucessos, lutas e aprendizados, adiciona uma camada à nossa identidade. Além disso, somos moldados pelas culturas, religiões, instituições educacionais e pelos círculos sociais aos quais pertencemos.

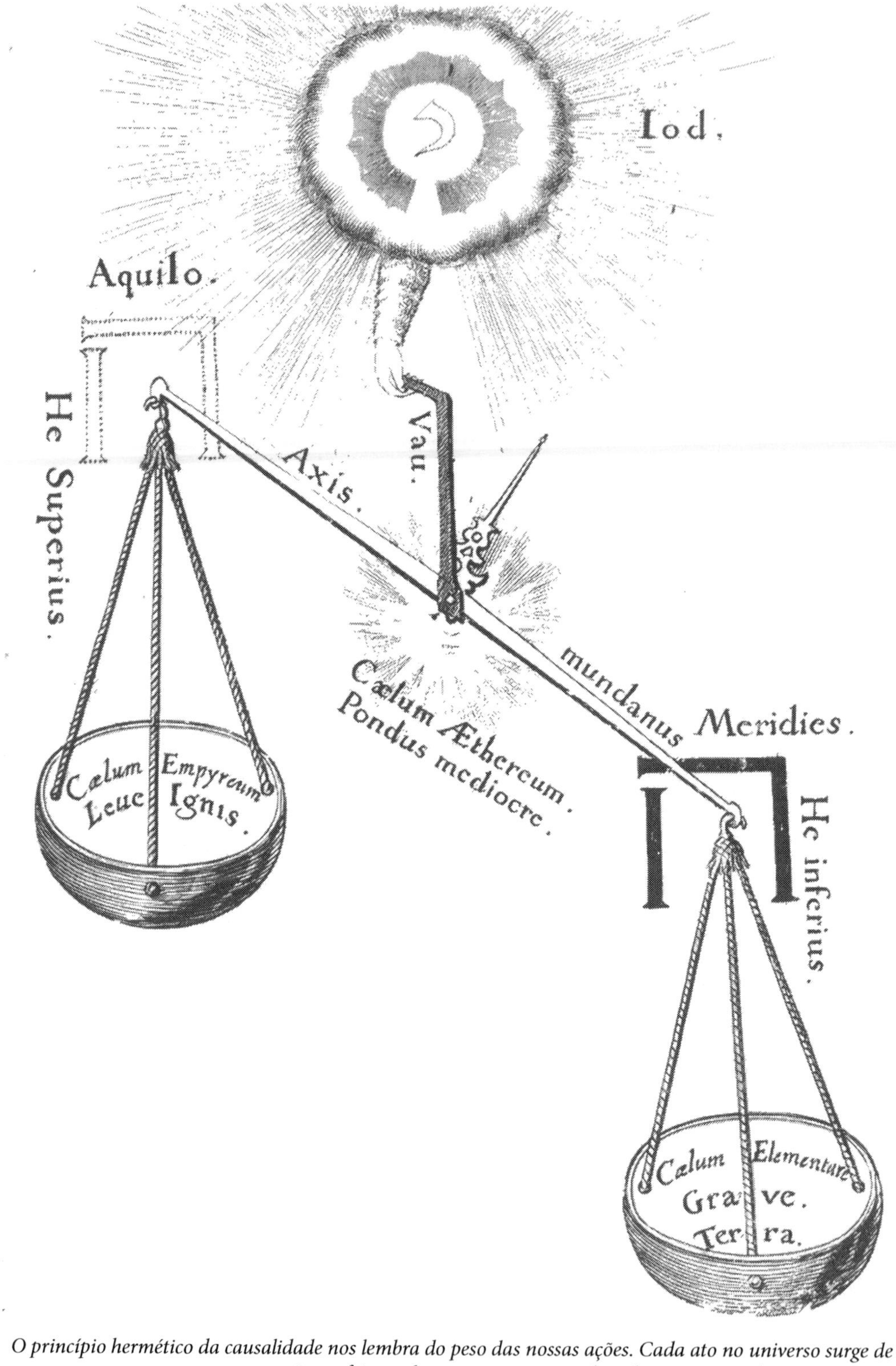

O princípio hermético da causalidade nos lembra do peso das nossas ações. Cada ato no universo surge de uma causa e, por sua vez, gera reações e efeitos subsequentes, conectando o divino ao mundano em uma teia ininterrupta de acontecimentos.

Estes "planos de causalidade" representam os múltiplos caminhos que convergem para a formação de nossa consciência. Eles são os padrões mentais, crenças e preceitos que adotamos como verdades, muitas vezes sem questionamento. E é nesse intrincado labirinto de influências que nosso caráter, personalidade e destino são forjados.

A realidade que enfrentamos, então, é que somos a interseção de incontáveis planos de causalidade. Ao reconhecer isso, ganhamos uma nova perspectiva sobre a natureza transitória da existência e a interdependência de todas as coisas. Ao invés de sermos vítimas passivas do destino, somos cocriadores ativos de nossa realidade, tecendo a história de nossa vida no vasto Universo. Ao fazer isso, temos o poder de compreender o passado, mas também de moldar o futuro.

Por natureza, a jornada humana é repleta de inúmeros aprendizados e influências. Desde o momento do nosso nascimento até os últimos dias de nossa vida, somos continuamente bombardeados por uma miríade de informações, crenças e conceitos que vão moldando nossa compreensão de mundo. Nesse mar de influências, o estudo da metafísica emerge como uma bússola, um meio pelo qual o indivíduo pode se reconectar com sua essência e compreender a realidade de uma perspectiva mais elevada.

Em meio a este emaranhado de informações que recebemos ao longo da vida, é fundamental que cada um tome um momento de introspecção e discernimento. O legado de nossos pais, avós e antepassados muitas vezes reside em nosso subconsciente, influenciando nossas decisões, sentimentos e comportamentos de maneiras que nem sempre reconhecemos. Para realmente aproveitar os ensinamentos da metafísica, é crucial reconhecer essas vozes do passado e decidir conscientemente quais desejamos manter e quais devemos deixar para trás.

Aqui reside uma verdade poderosa sobre a natureza humana: temos, em todos os momentos, a liberdade de escolher nossos pensamentos. O que muitos denominam como "livre-arbítrio" é, na realidade, a capacidade inerente de selecionar as ideias e crenças que queremos abraçar. Este poder de escolha é, talvez, uma das ferramentas mais poderosas à nossa disposição, permitindo-nos direcionar o curso da nossa vida.

No entanto, com grande poder vem grande responsabilidade. É fácil, em momentos de dificuldade, culpar circunstâncias externas – sejam elas políticas, sociais ou até climáticas – por nossa insatisfação ou infortúnio. Mas adotar um papel de vítima é renunciar a esse poder inato de escolha e transformação. O verdadeiro entendimento metafísico nos ensina que o mundo exterior é, muitas vezes, um reflexo de nosso estado interno. As adversidades que encontramos em nossa trajetória estão ali não por acaso, são indicadores das áreas em nossa alma que necessitam de cura e atenção.

Ao confrontar momentos de desafio ou solidão, por exemplo, não se trata de má sorte ou circunstâncias infelizes. Há uma mensagem subjacente, uma lição que aguarda nossa compreensão e integração. A chave para desvendar essas mensagens é frequentemente encontrada no diálogo íntimo com nosso Eu Superior ou com a Divindade que reconhecemos em nossas crenças. A meditação, neste contexto, emerge como uma ferramenta poderosa, proporcionando um canal direto para essa fonte de sabedoria e clareza. As respostas obtidas por meio desse contato são muitas vezes simples, mas profundamente transformadoras, oferecendo direção e propósito em nossa contínua jornada de autodescoberta.

Em nosso dia a dia, somos frequentemente confrontados com situações que parecem desafiar a lógica ou a justiça, gerando questionamentos sobre o significado da vida e do destino. Essas situações, por mais que possam parecer aleatórias ou injustas, estão fundamentadas em princípios universais, como o da Causalidade, que, em termos espirituais, é muitas vezes denominado como "karma".

Originária do sânscrito, a palavra *Karma* pode ser traduzida como "ação". Representa a dívida que temos com nosso destino, uma contabilidade espiritual de ações e consequências que acumulamos ao longo de inúmeras vidas passadas. Da mesma forma, existe o "dharma", que simboliza as recompensas advindas de nossas boas ações.

Se observarmos atentamente, perceberemos que há pessoas que, desde o nascimento, parecem carregar consigo uma sorte inata, enquanto outras enfrentam inúmeros obstáculos, desde a pobreza até a doença. Tais disparidades, mais do que mera coincidência, são reflexos das ações passadas de vidas anteriores. No entanto, é crucial compreender que, independentemente do cenário em que nascemos ou das circunstâncias que enfrentamos, todos possuímos a missão primordial de cura e autoconhecimento. Portanto, cada adversidade surge como uma oportunidade para expandir nossa consciência e evoluir espiritualmente.

O antigo ditado "o que vai, volta" encapsula perfeitamente essa noção de equilíbrio universal. A bondade e a generosidade que oferecemos ao mundo retornarão a nós, assim como as injustiças e danos que causamos. O Universo, em sua infinita sabedoria, busca sempre o equilíbrio, e cada ação desencadeia uma reação correspondente.

Mas, e se ficarmos presos nesse ciclo eterno de Causalidade? Como podemos romper essa corrente e evitar a repetição contínua de erros e ressentimentos passados? A resposta é o perdão. O ato de perdoar, mais do que um gesto externo, é um processo interno profundo de liberação. É a chave para dissolver o karma acumulado e abrir espaço para o crescimento e a evolução espiritual.

No entanto, o perdão verdadeiro vai além do simples ato de "deixar para lá". Muitos afirmam ter perdoado, mas ao enfrentarem novos conflitos com a pessoa em questão, o antigo rancor e amargura ressurgem, indicando que o perdão não foi verdadeiramente alcançado. O genuíno perdão não retém ressentimentos; ele liberta, cura e traz paz ao coração.

Dentro dessa perspectiva, o caminho para a plenitude espiritual não é apenas compreender os conceitos de karma e dharma, mas também praticar o perdão autêntico. Ao fazê-lo, não somente quebramos as correntes que nos prendem a padrões repetitivos e dolorosos, como também ficamos mais abertos a uma existência mais elevada e harmoniosa.

Vivemos em um mundo dominado pela comunicação. Seja por meio de textos, discursos, imagens ou ações, estamos constantemente transmitindo e recebendo informações. No entanto, muitas vezes somos confrontados com mensagens repetidas, onde a insistência parece ser a chave para garantir a compreensão ou atenção do interlocutor. Mas até que ponto a repetição se torna benéfica ou prejudicial?

A reiteração, em sua essência, pode ser uma ferramenta poderosa. Nas artes, a repetição de padrões, sons ou temas pode criar ritmo, harmonia e ênfase. Na aprendizagem, repetir um conceito várias vezes pode consolidar o conhecimento. Contudo, quando a repetição não é acompanhada de profundidade ou propósito, ela pode se transformar em redundância, perdendo sua eficácia.

Um exemplo claro dessa dualidade pode ser observado na instrução dada na instrução dada anteriormente ao leitor. A repetição da instrução revela uma ênfase na clareza e especificidade do pedido. O desejo de que o texto seja escrito de uma determinada maneira é tão importante que é reafirmado várias vezes. Porém, a repetição excessiva, sem introduzir novas informações ou nuances, pode levar à saturação do leitor, correndo o risco de ser interpretada como prolixidade ou, em casos extremos, como desconsideração pela capacidade de compreensão do interlocutor.

Este fenômeno não é exclusivo da escrita. Em conversas diárias, é comum encontrar pessoas que reforçam seus pontos de vista através da repetição. Em alguns casos, essa reiteração pode ser interpretada como uma tentativa de persuasão, enquanto em outros, pode ser vista como falta de argumentos novos ou sólidos para sustentar a conversa.

Em um mundo inundado de informações, é crucial que a comunicação seja clara e eficaz. A reiteração pode servir como uma ferramenta para destacar pontos importantes, mas é fundamental equilibrá-la com a introdução de novas perspectivas, dados ou argumentos. Dessa forma, evita-se a redundância e maximiza-se a compreensão e o engajamento do receptor.

Por outro lado, é preciso reconhecer que a repetição, em certos contextos, vai além da simples reafirmação de ideias. Ela pode se transformar em uma forma de arte, um mantra ou até mesmo um ato meditativo. A repetição intencional e consciente pode ser usada para criar efeitos estéticos, emocionais e até espirituais.

Desta maneira, ao nos comunicarmos, seja em contextos formais ou informais, devemos ponderar sobre o uso da repetição. A chave está em discernir entre a reiteração que reforça e a que apenas ecoa, entre a profundidade e a superficialidade. Assim, através dessa reflexão, podemos almejar uma comunicação mais autêntica, eficaz e significativa.

A natureza cíclica da existência, influenciada pela interação entre ação e consequência, é um tema amplamente discutido nas mais variadas Tradições espirituais ao redor do mundo. O conceito de "karma", originário da filosofia indiana, sugere que todas as ações têm consequências, e que essas consequências podem não ser imediatas, mas se manifestarão eventualmente, seja nesta vida, seja nas subsequentes.

A Lei da Causalidade citada no texto original, é uma representação deste princípio. A ideia é simples: o que é semeado será colhido. Se plantamos bondade, colheremos bondade; se semeamos malevolência, eventualmente enfrentaremos suas consequências. No entanto, a realidade apresenta nuances. Mesmo aqueles que praticam boas ações, em algumas ocasiões, encontram-se confrontados por adversidades. Como entender isso? O karma pode ser a chave. Uma pessoa pode estar enfrentando as consequências de ações de vidas passadas, e essa dívida cármica pode se manifestar de formas variadas.

Interessante é o modo como o karma também pode influenciar nossas conexões interpessoais. Segundo o texto, reencarnamos em grupos e, ao longo de nossas vidas, vamos alternando papéis com aqueles que nos são próximos. A dinâmica mãe-filha, por exemplo, pode se inverter em outra vida, levando a compreensões mais profundas das emoções e responsabilidades de cada papel. Esta ideia sugere que as relações humanas são mais intricadas do que parecem à primeira vista, e que cada relação tem o potencial de ensinar, curar e evoluir as almas envolvidas.

Adicionalmente, a noção de que alternamos entre gêneros e signos astrológicos em diferentes encarnações traz uma perspectiva fascinante sobre a fluidez da identidade e a busca da alma por experiências diversificadas. O movimento contínuo entre diferentes identidades, papéis e contextos serve como um vasto campo de aprendizado para a alma.

O fato de estarmos constantemente cercados por almas conhecidas, mesmo em ambientes aparentemente estranhos, reforça a ideia de que o Universo, de alguma forma, está sempre conspirando para nossos encontros. Estas "coincidências" ou "sincronicidades" não são acasos, apenas, mas, sim, os delicados fios do karma que nos entrelaçam.

Outro ponto intrigante é a noção de almas novas provenientes de outros planetas. Estas almas, que se juntam à Terra com o intuito de auxiliar na elevação da nossa consciência coletiva, reforçam o conceito de que estamos todos conectados em uma teia cósmica de aprendizado e evolução.

A jornada humana, com sua infinidade de experiências, é uma dança constante entre Causalidade, ação e reação. É essencial, então, que cada passo seja dado com consciência e integridade, pois, como sugerido, não é possível enganar o Universo. Cada gesto, palavra e pensamento carrega em si o potencial de moldar o futuro, de influenciar vidas e de definir o caminho da alma em sua eterna busca por crescimento e compreensão.

A crença na existência de vidas passadas e em sua influência sobre nosso presente é uma Tradição milenar presente em várias culturas ao redor do mundo. Dentre essas visões, destaca-se a noção de contratos cármicos: acordos espirituais feitos antes de encarnarmos, designando experiências e interações que escolhemos vivenciar com propósitos evolutivos.

Segundo essa perspectiva, antes de nascermos, realizamos uma seleção voluntária das experiências que desejamos passar, incluindo a escolha de nossos pais, irmãos, parceiros, amigos e outros indivíduos que farão parte de nossa jornada. Essa escolha não é aleatória. Ao contrário, é fruto de um entendimento mútuo entre as almas envolvidas, estabelecendo o que cada uma fará à outra com o intuito de ensinar ou aprender lições específicas. Esse é o chamado "contrato cármico".

Apesar de sua natureza voluntária, uma vez firmados, esses contratos são irrevogáveis. Eles não se dissipam até que as experiências e aprendizados pré-acordados sejam integralmente vivenciados. Tal perspectiva sugere que os desafios e relações que vivenciamos têm um propósito maior de desenvolvimento espiritual e pessoal.

Um exemplo marcante mencionado refere-se a uma mulher que escolhe, antes de encarnar, viver uma relação na qual será maltratada pelo parceiro. Por mais doloroso que possa parecer, essa experiência serviria para que ela reconhecesse questões relacionadas à autoestima e valor próprio. Da mesma forma, o parceiro, ao enfrentar consequências legais, teria a oportunidade de aprender sobre respeito e desapego material.

Curiosamente, quando esses contratos estão em vigor, muitas vezes há uma sensação subjacente de ressentimento ou até mesmo de vingança entre as partes envolvidas. É como se houvesse um esquecimento coletivo dos acordos feitos, fazendo com que os envolvidos apenas sintam a intensidade da relação sem compreender totalmente sua origem ou propósito.

Para muitos, a terapia de vidas passadas, especialmente aquelas baseadas em hipnose, tem se mostrado uma ferramenta valiosa na busca por compreensão desses laços transcendentais. Ao explorar experiências anteriores, é possível identificar padrões e relações que se repetem, proporcionando clareza sobre o porquê de certas dinâmicas em nossa vida atual.

Ao reconhecer que sua irmã mais velha, em uma vida anterior foi sua mãe, por exemplo, pode-se entender por que, em determinados momentos, essa irmã apresenta comportamentos mais maternais do que a própria mãe biológica. Esses entendimentos, mais do que meras curiosidades, podem lançar luz sobre o modo como interagimos e percebemos aqueles ao nosso redor.

O estudo e a compreensão dos contratos cármicos não trata simplesmente de uma busca espiritual, mas também de autoconhecimento. Afinal, ao entendermos as razões mais profundas por trás de nossas relações e desafios, podemos nos aproximar de uma vida mais consciente e harmoniosa.

Em inúmeras culturas e doutrinas, o conceito de karma se apresenta como uma constante. Esse entendimento, que tradicionalmente tem sido parte do *zeitgeist* humano durante a Era de Peixes, tem sofrido alterações e adaptações na transição para a Era de Aquário. Dentro desta nova era, reside uma compreensão mais imediata e intensa do karma, na qual as consequências de nossas ações são enfrentadas mais rapidamente do que em eras anteriores.

A Era de Aquário, conforme descrita, traz consigo uma aceleração no processo de equilíbrio cármico. A compreensão tradicional de que as dívidas acumuladas ao longo de várias vidas seriam pagas em encarnações futuras dá lugar a um novo paradigma: as consequências de nossas ações, boas ou más, podem ser experimentadas na presente vida. Se antes uma má ação poderia ter repercussões em vidas futuras, agora, nesta nova era, os resultados podem se manifestar quase que imediatamente.

Essa evolução na consciência coletiva da humanidade reflete um amadurecimento espiritual, onde o entendimento da unidade universal se torna mais evidente. Além de uma transformação espiritual, este é um processo evolutivo, revelando que todos nós, independentemente de nossa individualidade aparente, fazemos parte de um todo maior, de uma consciência unificada.

O conceito de karma, no entanto, é frequentemente mal compreendido. Muitos atribuem ao karma uma conotação de punição Divina, mas a sua origem remonta ao entendimento profundo da natureza humana. Ao se reconhecer como uma imagem Divina, o ser humano criou o "ego", uma entidade que reflete uma sensação de separação do Divino e do Todo. Com essa percepção de separação, surge a culpa que, por sua vez, busca a autopenalização, manifestando-se de diversas formas em nossa vida, seja pela falta de recursos, seja por meio de doenças, seja por conflitos interpessoais.

A tendência de projetar essa culpa externamente, atribuindo a outros a responsabilidade por nossos desafios e obstáculos, é uma das armadilhas do ego. A projeção externa impede o crescimento pessoal, pois afasta o indivíduo da responsabilidade e da oportunidade de aprendizado inerente a cada situação. Por outro lado, quando essa culpa é internalizada de forma excessiva, pode paralisar e levar a padrões de comportamento autodestrutivos.

Logo, a chave para navegar nesta complexa teia de Causalidade é o perdão, que, quando genuíno, começa com o autoperdão e se estende aos outros. O entendimento de que todos estão em um processo contínuo de aprendizado e evolução é fundamental para liberar a culpa e aceitar as experiências como oportunidades de crescimento.

A Era de Aquário, portanto, convida-nos a um entendimento mais profundo e compassivo de nossa jornada humana, onde a consciência coletiva se eleva e o karma é compreendido não como uma punição, mas como um instrumento de aprendizado e evolução. Neste cenário de mudança, cabe a cada um de nós abraçar as lições que surgem, sempre buscando a unidade e o amor em nossas interações.

Ao longo da nossa existência, deparamo-nos com um intrincado sistema de causas e efeitos que nos conduzem pelas diversas nuances da experiência humana. De acordo com o Princípio da Causalidade, o que experimentamos é uma consequência direta dos nossos atos. Possuímos um poder criativo intrínseco, que nos permite dar forma e propósito à nossa trajetória. Contudo, em momentos de distração ou de desconexão com a nossa essência, podemos gerar situações desafiadoras ou dolorosas para nós mesmos, gerando o que a metafísica chama de "drama pessoal".

Este drama é uma manifestação do sentimento profundo de separação da nossa Fonte ou essência original. O sentimento de desconexão, de estar apartado da Verdadeira Fonte, é a raiz de todos os nossos medos, ansiedades e conflitos mais profundos.

Um exemplo claro desse fenômeno é a sensação de solidão. Mais do que a ausência física de outras pessoas, a verdadeira solidão reside na desconexão com a força criadora. Essa desconexão não é sanada meramente com a presença de outro ser humano ao nosso lado, pois a solução é, em sua essência, interna e espiritual.

O interessante é que, em muitos contextos religiosos, em vez de fomentar a união e a reconexão com a Divindade, perpetua-se a ideia de separação. Muitas doutrinas e ensinamentos são fundamentados em visões que apelam mais ao ego humano do que ao espírito. O temor infundado de condenação Divina, por exemplo, é uma criação da mente egóica, quando na realidade, a essência Divina, ou os Deuses, não condenam nem punem. Entende que a nossa jornada terrena é como um sonho do qual devemos, eventualmente, despertar.

Neste cenário, o karma, muitas vezes interpretado como um ciclo de culpa e castigo, foi originado pelo ego humano. A liberação cármica começa com o reconhecimento de que as projeções que fazemos nos outros são, em sua essência, reflexos dos nossos conflitos internos. Ao aceitar que não há culpados fora de nós, damos o primeiro passo para a autotransformação.

E como corrigir tais erros de percepção e alcançar a evolução espiritual? É aqui que entra o conceito do "perdão". O perdão verdadeiro começa com a desconstrução dos dramas pessoais, com a compreensão de que nossa verdadeira fonte de energia é infinita e inesgotável, eliminando, assim, a necessidade de drenar a energia alheia. Este processo envolve a libertação das culpas que depositamos nos outros e em nós mesmos, permitindo que experimentemos a sensação de Unidade.

No entanto, o perdão a si mesmo é frequentemente o mais desafiador. A voz do nosso ego, que constantemente nos julga e critica, deve ser silenciada para que a verdadeira paz e harmonia sejam alcançadas. Contrariamente a algumas concepções populares, perdoar não é um sinal de fraqueza. Não implica em permitir que os outros abusem de nós, mas, sim, em entregar o problema a uma Autoridade Superior, confiando em uma justiça Divina, ao mesmo tempo em que estabelecemos limites claros para proteger nossa integridade.

Assim, no limiar da Era de Aquário, somos chamados a entender que não somos essencialmente culpados. Cometemos erros, certamente, mas estes podem e devem ser corrigidos. E nesse processo contínuo de autodescoberta e reequilíbrio, podemos contar com a ajuda da parte mais elevada e sábia de nossa consciência, o nosso "Eu Superior" ou "Espírito Santo", guiando-nos rumo à iluminação e à verdadeira compreensão da vida.

A natureza humana é, por essência, solidária. O desejo de auxiliar o próximo é uma extensão de nossa empatia e compaixão. No entanto, em nossa busca para sermos úteis, muitas vezes nos deparamos com o dilema de quando e como ajudar. Não raro, intervir sem o devido discernimento pode acarretar mais problemas do que soluções.

É fundamental entender que a ajuda não solicitada pode ser recebida como intromissão. A disposição de uma pessoa para aceitar ajuda é crucial para determinar se ela será efetiva. Intervenções não desejadas, por mais bem-intencionadas que sejam, podem ser vistas como invasivas. Ao identificar que alguém pode precisar de ajuda, o mais sensato é oferecer o auxílio e, em seguida, esperar que essa pessoa se manifeste. Caso ela opte por aceitar, estará, de fato, aberta e receptiva à colaboração, o que aumenta as chances de um resultado positivo.

Porém, a prudência não deve se restringir apenas ao ato de oferecer ajuda, mas também à extensão deste apoio. Ajudar o próximo não deve significar sacrificar o próprio equilíbrio. Seja no contexto financeiro, emocional ou de qualquer outra natureza, a ajuda não pode comprometer a própria estabilidade do indivíduo que oferece. É um equívoco pensar que para ser generoso é necessário se sacrificar. O verdadeiro altruísmo é dar de si sem se perder no processo.

Os desafios que enfrentamos ao longo da vida, em sua maioria, são reflexos de nossa consciência. Conceitos equivocados, sentimentos de indignidade, autoestima baixa e, principalmente, culpas não resolvidas atuam como obstáculos em nossa jornada de realização pessoal. Estas barreiras mentais e emocionais podem interferir em nossos projetos, relacionamentos e até mesmo em nossa saúde. Diante deste cenário, uma ajuda que visa apenas o aspecto material pode não ser suficiente. Mais do que isso, é crucial oferecer um suporte moral e emocional, contribuindo para que o indivíduo reavalie e ajuste sua perspectiva e crenças internas.

Para ajudar efetivamente alguém, é fundamental ir além do imediato. A verdadeira ajuda capacita a pessoa a enfrentar e superar seus dilemas internos. O perdão, seja dirigido a si mesmo ou a outros, é uma ferramenta poderosa neste processo. Liberar-se das culpas e ressentimentos é um passo crucial para a cura emocional e para a construção de uma vida mais plena e significativa.

Desta forma, a arte de ajudar envolve muito mais do que simplesmente estender a mão. Ela exige discernimento, respeito, autoconhecimento e, sobretudo, amor. Somente assim é possível auxiliar o próximo a trilhar seu próprio caminho, respeitando sua autonomia e proporcionando um apoio verdadeiramente transformador.

O perdão, em sua essência, é um caminho, não um destino. Trata-se de um processo, um contínuo desabrochar, mais do que um ato isolado. Há momentos em que o perdão pode surgir de uma única epifania, mas, frequentemente, ele demanda tempo, compreensão e autoconhecimento.

Muitas vezes, nossa resistência ao perdão deriva do funcionamento do nosso ego. O ego tem uma habilidade insidiosa de projetar nossas próprias feridas e inseguranças nos outros, tornando-os os vilões de nossa narrativa pessoal. Imaginemos assistir a um filme no cinema: percebemos a trama se desenrolando na tela, quando, na verdade, a origem do que vemos está no projetor. Da mesma forma, o que experimentamos em nossa vida é frequentemente a projeção de nossas próprias histórias, medos e vulnerabilidades. Em outras palavras, o que nos perturba nos outros é, frequentemente, o reflexo de algo que não conseguimos aceitar ou confrontar em nós mesmos.

Reconhecer essa projeção é o primeiro passo para o verdadeiro perdão. Quando nos damos conta de que não são os outros que nos ferem, mas, sim, nossas próprias feridas internas que são ativadas por certas situações, iniciamos a jornada de cura. O segundo passo é aceitar e abraçar essa ferida, evitando cair na armadilha do autojulgamento.

No entanto, o processo não termina aí. O terceiro e crucial passo é entregar essa ferida e a culpa associada a uma força maior, seja ela chamada de Espírito Santo, Eu Superior ou qualquer outra denominação que se conecte à nossa crença. Isso se deve ao fato de que, muitas vezes não temos a capacidade interna de perdoar totalmente por conta própria, pois estamos imersos em um sistema de pensamento dominado pelo ego. Precisamos de um guia externo, uma força ou energia que transcenda nossa natureza humana falível, para nos ajudar a encontrar a verdadeira redenção.

Essa entrega é essencial, porque reconhece nossa própria limitação e humildade diante do processo de perdão. Não se trata de um gesto arrogante, onde "perdoamos" os outros a partir de um pedestal moral, mas, sim, de um reconhecimento sincero de que, sozinhos, não podemos alcançar a verdadeira paz interior. Quando nos abrimos para essa ajuda Divina, seja invocando a presença de figuras espirituais como Jesus, Buda ou qualquer outra entidade, estamos colocando nossa dor, ressentimento e incompreensão nas mãos do Universo, confiando em sua capacidade de cura.

Ao embarcar nessa jornada de autoconhecimento e entrega, descobrimos uma paz interior genuína e profunda. Portanto, quando nos deparamos com o desafio de perdoar, que sejamos lembrados de que a fonte de nossa mágoa muitas vezes reside dentro de nós. Aceitar isso e buscar ajuda espiritual no processo é o caminho para a cura, não apenas de nossas próprias feridas, mas também das feridas dos outros. E é nesse momento que presenciamos o que muitos chamam de "milagre", onde a dor se transforma em amor e o ressentimento dá lugar à compreensão.

Vivemos numa constante teia de relações e interações, onde nossas ações e emoções influenciam diretamente a nós mesmos e aos outros. Uma das práticas mais poderosas e desafiadoras no percurso humano é justamente o ato de perdoar. O "perdão", uma palavra que carrega em si um vasto significado e impacto, é um convite à liberação e à renovação.

É essencial entender que o ato de perdoar não é simplesmente um gesto altruísta ou uma demonstração de benevolência. É uma ferramenta de cura e de crescimento pessoal. Ao liberarmos o ressentimento e ao permitirmos que a paz invada nosso coração, restauramos nossa própria harmonia interna, como também facilitamos o fluxo harmonioso do Universo ao nosso redor. Ao pedir perdão, somos apoiados por todo o Cosmos no restabelecimento do equilíbrio em nossa vida.

Entretanto, nosso ego frequentemente resiste a essa prática. Temos a tendência de justificar nossa dor e nossos erros, buscando razões e até aliados para corroborar nossas versões dos fatos. A questão central é que, ao nos apegarmos a essas justificativas, aprisionamo-nos em um ciclo de negatividade e amargura.

A verdade é que todos nós, em nossa jornada terrena, cometemos erros – mas eles não nos definem. De acordo com nossa cultura, experiência e nível de consciência naquele momento específico, tomamos decisões que, em retrospectiva, podem parecer inadequadas ou até mesmo prejudiciais. Se tivéssemos a oportunidade de voltar no tempo com o mesmo nível de consciência, tomaríamos as mesmas decisões.

Porém, a natureza Divina, em sua infinita sabedoria, não condena. Deus, ou qualquer nome que se queira atribuir à fonte criadora, compreende nossa jornada como um processo de aprendizado. Nossa mente limitada é incapaz de enxergar o panorama completo e, muitas vezes, o que percebemos como injustiças são apenas ciclos cármicos que se desenrolam, ensinando lições valiosas a todos os envolvidos.

A diversidade cultural do nosso planeta é um exemplo fascinante de como a verdade é relativa e moldada por nossas experiências e crenças. O que é visto como um ato de generosidade em uma cultura pode ser interpretado como um absurdo em outra. Mas quem está certo? A realidade é que ambos estão, cada um em seu contexto e vivência.

É notório que, por vezes, líderes ou personalidades públicas que geram sentimentos controversos têm o papel de agitar a consciência coletiva, provocando reflexões, emoções e até transformações em sociedades inteiras. O desafio é não se apegar ao julgamento, mas, sim, buscar compreender a lição por trás das ações e dos sentimentos gerados.

Nossa existência é regida pela Lei da Causalidade, na qual, em essência, ou transmitimos amor ou solicitamos amor. Este último frequentemente se manifesta através de queixas, mas é essencial perceber que, por trás de cada lamento, há um anseio por conexão e reconhecimento.

Na vasta rede de interações humanas, somos simultaneamente professores e alunos. Mesmo sem perceber, influenciamos e somos influenciados por cada pessoa que cruza nosso caminho. As adversidades e crises, por maiores que sejam, carregam lições profundas. E embora muitos aprendam através da dor, podemos escolher aprender através do amor e da compreensão.

A mensagem é clara: escolha o perdão, escolha o amor. Deixe que essas práticas guiem sua jornada, restaurando sua paz interior e harmonia com o Universo. Ao fazer isso, abrimos espaço para a verdadeira transformação e crescimento. E talvez, apenas talvez, ao nos perdoarmos e aos outros, encontraremos a essência Divina que reside em cada um de nós.

Para Bruxas e praticantes de Magia, o Princípio da Causalidade assume um significado especial. No cerne da Bruxaria, existe uma profunda consciência da relação entre intenção, ação e consequência. Quando um feitiço é lançado, um ritual é realizado ou uma intenção é definida, uma "causa" é posta em movimento no reino espiritual e etéreo. Essa causa, por sua vez, irá manifestar um "efeito" no plano físico ou em outros domínios da existência.

Este entendimento leva a um profundo senso de responsabilidade na prática da Bruxaria. Muitos Bruxos seguem o conceito da "Lei Tríplice", que pode ser considerada uma interpretação específica deste princípio hermético. Segundo essa crença, qualquer energia ou atitude, seja positiva, seja negativa, enviada ou feita, retornará ao emissor três vezes mais forte. Assim, é fundamental que o praticante esteja sempre ciente das possíveis repercussões de suas ações mágicas.

Por exemplo, um feitiço de amor lançado para atrair um amante específico sem seu conhecimento ou consentimento pode ter consequências indesejadas, porque interfere no livre-arbítrio do indivíduo, lembrando que qualquer manipulação não ética pode retornar ao Bruxo em formas inesperadas.

Além disso, este princípio também enfatiza a importância da autoconsciência. Uma vez que todos os pensamentos, emoções e desejos podem ser considerados "causas", é vital que os Bruxos estejam cientes de suas próprias motivações internas ao realizar trabalhos mágicos. Estar em harmonia consigo mesmo e ter uma intenção clara e pura é crucial para garantir que os efeitos desejados sejam alcançados sem repercussões negativas.

O Princípio da Causalidade serve como um lembrete constante para os Bruxos sobre a interconexão de todas as coisas, a imutabilidade das leis universais e a responsabilidade intrínseca que vem com o poder de moldar e influenciar o mundo ao nosso redor através da Magia.

Na prática mágica, o entendimento deste princípio reforça a necessidade de preparação, reflexão e discernimento. Não se trata somente de lançar um feitiço ou realizar um ritual, é sobre entender as complexas teias de interconexão que ligam todas as coisas. Um Bruxo sábio, ao reconhecer as vastas implicações do Princípio da Causalidade, irá se mover com uma espécie de graça consciente no mundo, ciente de que cada ação, palavra e pensamento é como uma pedra lançada em um lago, causando ondulações que se estendem muito além do ponto de impacto.

Além disso, esse princípio também serve como uma ferramenta valiosa para entender eventos passados. Se um Bruxo se depara com obstáculos ou padrões recorrentes em sua vida, o Princípio da Causalidade pode ser usado como uma lente através da qual examinar suas ações, decisões e intenções passadas. Isso pode ajudar a identificar e a resolver causas subjacentes, facilitando a cura, o crescimento e a transformação.

Na Bruxaria moderna, onde muitos praticantes incorporam uma variedade de práticas e Tradições, o entendimento e a aplicação do Princípio da Causalidade também pode ser ampliado para abranger a ecologia, a interação social e a política. Afinal, o reconhecimento da conexão inseparável entre todas as coisas é tanto místico quanto prático. Ao cuidar da Terra, honrando os ciclos naturais e respeitando os direitos e a dignidade de todos os seres, um Bruxo, além de alinhar sua prática mágica com este princípio hermético, ainda contribui positivamente para o mundo.

Em última análise, o Princípio da Causalidade reitera o imenso poder e responsabilidade que os Bruxos detêm em suas mãos. Lembra do que falamos? Com grande poder vem grande responsabilidade. Este princípio é um lembrete constante de que a verdadeira Magia não reside apenas em rituais e feitiços, mas na compreensão profunda e reverente das leis que regem o Universo. E ao honrar essas leis, os Bruxos, além de aprimorarem sua prática mágica, tecem também um mundo mais equilibrado, harmonioso e consciente para todos.

PRINCÍPIO DA CAUSALIDADE À LUZ DA CIÊNCIA DA BRUXARIA

O conceito de Causalidade é um dos pilares fundamentais da compreensão humana sobre o Universo e os eventos que ocorrem nele. Desde as primeiras reflexões filosóficas até as modernas descobertas científicas, a ideia de que cada ação desencadeia uma reação é incontestável. A relação de causalidade é a linguagem silenciosa da natureza, que molda e determina o curso dos eventos, conectando-os em uma sequência contínua e lógica.

Ao longo da história, a humanidade tem buscado incessantemente respostas para os Mistérios da existência. Por que algo acontece? Qual é a origem de um determinado fenômeno? A busca por essas respostas nos levou a entender que nada no Universo ocorre de forma isolada ou aleatória. O que percebemos como acaso é, na realidade, o resultado de uma série de causas e efeitos interligados que ainda não fomos capazes de discernir.

Dessa forma, o que denominamos como "acaso" é simplesmente nossa incapacidade momentânea de identificar as leis que regem determinados fenômenos. Com o avanço do conhecimento e da ciência, o que antes era considerado um Mistério ou um evento fortuito, muitas vezes se revela como parte de um sistema maior, regido por leis precisas e previsíveis.

O interessante é que essa noção de causalidade não se limita apenas ao plano físico. O Princípio da Causalidade se manifesta em vários níveis de existência, desde o material ao espiritual. Planos superiores de causalidade têm influência sobre os planos inferiores, como se houvesse uma hierarquia nas leis que determinam os eventos. Isso sugere uma complexidade e profundidade ainda maior na forma como o Universo opera.

Ao refletir sobre a história, percebemos que o presente é, em grande medida, o resultado do passado. Cada decisão tomada, cada ação realizada, tem repercussões que moldam o futuro. Nesse sentido, o passado, o presente e o futuro estão intrinsecamente conectados em uma teia de causas e consequências. Esta interconexão contínua é um testemunho da unidade inerente à existência.

Entender a natureza inexorável da Causalidade nos proporciona uma perspectiva mais ampla sobre a vida, tornando-nos mais conscientes das nossas ações e das consequências que elas podem gerar. Além disso, encoraja-nos a abordar os mistérios e "acasos" com uma mente aberta, sabendo que, eventualmente, a compreensão pode emergir, revelando a ordem subjacente ao aparente caos. Ao reconhecer a continuidade e interligação de todos os eventos, somos lembrados da responsabilidade que temos não só com nosso presente, mas também com o legado que deixamos para o futuro.

A vida, em sua multiplicidade e complexidade, é uma dança intrincada de acontecimentos. Um simples olhar para uma rocha caída na estrada pode evocar reflexões sobre o vasto universo de causas e efeitos que se entrelaçam, formando as tramas do nosso cotidiano. Tal rocha não chega à sua posição por mero acaso; ela é o resultado de uma complexa série de eventos, desde a ação do sol que evaporou a água, até a chuva que umedeceu o solo, culminando na sua queda. Esta sequência, um reflexo da infinita cadeia de causas e efeitos, ressalta a profundidade e complexidade da existência, abrangendo múltiplos planos de realidade.

No centro desta intrincada rede de acontecimentos, encontra-se o ser humano, frequentemente percebendo-se como mero joguete das circunstâncias. Na verdade, muitos são guiados e moldados por influências externas, tornando-se, sem perceber, vítimas das correntes coletivas de pensamento e ação. Proclamam-se livres, acreditando que cada escolha e ação é produto de um livre-arbítrio inquestionável. Contudo, poucos param para refletir sobre as verdadeiras origens de seus desejos e aversões. Em meio a essa realidade, surge o questionamento: será que, de fato, desfrutamos da liberdade que tanto valorizamos?

O caminho do iniciado oferece uma perspectiva única sobre essa questão. Aqueles que se embrenham nos Mistérios mais profundos da existência adquirem uma compreensão ampliada sobre o plano material. Com essa visão, conseguem discernir e atuar além das limitações impostas pelas influências coletivas, conectando-se com forças mais sutis e abrangentes da natureza. Tal domínio permite que sejam não mais prisioneiros, mas mestres de suas circunstâncias. Não é uma negação das leis universais de Causalidade, mas, sim, uma maestria sobre elas, operando a partir de um plano de consciência superior.

Em sua sabedoria esotérica, o Caibalion ressalta que a verdadeira liberdade reside em não negar ou escapar das leis universais, mas em compreendê-las e trabalhar em harmonia com elas. Ao alinhar-se com leis superiores, o ser humano pode influenciar, moldar e, até certo ponto, dominar as manifestações do plano inferior. Nesse processo, descobre-se que a Alquimia – a arte de transmutar a realidade – não é mera fantasia, mas uma possibilidade concreta para aqueles que buscam a maestria sobre suas vidas.

No intricado tecido das ideias que moldam nosso entendimento do Universo, há um fio que percorre séculos de pensamento filosófico e científico: a questão da causalidade e seu impacto na liberdade humana. A ideia central de que nada escapa à Lei e que todo efeito tem uma causa remonta aos ensinamentos herméticos que afirmam a presença de uma ordem intrínseca em tudo o que existe. No entanto, tal ensinamento não relega o ser humano a um mero joguete das forças universais. Pelo contrário, sinaliza a possibilidade de atuar com liberdade ao se alinhar com as Leis superiores, dando primazia à vontade superior sobre a inferior.

A visão determinista do Universo foi solidificada no âmbito da ciência pelo trabalho de Isaac Newton, no século 17. Sua mecânica clássica, fundamentada nas leis do movimento, propunha que o Universo operava como um imenso relógio, cujas engrenagens, se plenamente compreendidas, permitiriam prever cada movimento subsequente com precisão absoluta. Esta perspectiva gerou um otimismo científico de que, se conhecêssemos as condições iniciais de qualquer sistema, poderíamos antecipar seu futuro.

No entanto, essa ideia carrega consigo uma pesada consequência: se tudo é causado e previsível, onde reside a liberdade humana? Em um Universo rigidamente determinista, cada escolha, cada ação, cada pensamento seria o resultado inevitável de causas anteriores. Assim, o heroísmo, o amor, a criatividade e até mesmo o arrependimento seriam simples frutos de um mecanismo pré-estabelecido, destituídos de qualquer autonomia ou significado intrínseco.

Este conceito, ao ser levado às suas últimas consequências, pode parecer absurdo e até mesmo desumano. A ideia de que a majestade da Nona Sinfonia de Beethoven poderia ser reduzida a um mero produto de uma série de eventos causais anteriores, sem espaço para o gênio ou inspiração, é desconcertante. No mundo determinista, a experiência humana, repleta de suas nuances, paixões e aspirações, seria apenas um reflexo do incessante tic-tac de um relógio cósmico.

Contudo, é importante não se render a uma visão simplista. Embora o determinismo tenha sido uma doutrina dominante, a evolução da ciência, especialmente a emergência da mecânica quântica no século 20, trouxe nuances que desafiaram essa rigidez. Em um Universo quântico, a incerteza e a probabilidade desempenham papéis centrais, abrindo espaço para uma compreensão mais rica e menos determinística da realidade.

Ademais, é fundamental reconhecer que o ser humano não é apenas um observador passivo no teatro cósmico. Os ensinamentos herméticos, por exemplo, ressaltam a capacidade humana de se alinhar e atuar de acordo com leis superiores, conquistando, assim, uma forma de liberdade. Ao abraçar essa perspectiva, reconhecemos que, mesmo dentro das restrições impostas pelas leis da natureza, ainda há espaço para a agência, a escolha e a transcendência.

Nesse cenário, não estamos fadados a ser meros produtos de causas passadas, mas, sim, coautores de nosso destino, capazes de moldar o futuro através de nossa vontade, decisões e ações. Talvez, ao alinhar-se com as leis superiores, o ser humano possa encontrar uma verdadeira liberdade no seio da grande dança cósmica.

O conceito de Lei, em sua natureza primordial, é interpretado como uma força que permeia todos os acontecimentos. Através dela, nada é aleatório ou contraproducente, mas tudo segue um padrão pré-estabelecido. Contudo, a compreensão humana sobre as leis que regem a existência é, por vezes, restringida e moldada pelas percepções culturais e científicas de determinada época. O desafio, então, é entender até que ponto o ser humano é prisioneiro dessas leis, ou se, em sua essência, pode transcender a rigidez e alcançar a liberdade plena.

A crença no Princípio da Causalidade, consolidada na ciência pela teoria da mecânica newtoniana, construiu o arcabouço do que entendemos por determinismo científico. Segundo essa visão, o Universo é uma vasta máquina, cujas engrenagens movem-se de forma previsível e controlada. Para cada evento, existe uma causa antecedente, e com conhecimento e compreensão suficientes dessa causa, pode-se prever o futuro com precisão. Esse entendimento propõe uma realidade onde o acaso é uma ilusão e a previsibilidade é a única verdade.

No entanto, essa visão tem implicações profundas sobre a compreensão da essência humana. Se adotarmos estritamente o determinismo, o livre-arbítrio torna-se um conceito vazio, destituído de significado. O ser humano não seria mais do que uma marionete, cujas ações e escolhas são meros resultados de eventos passados, traçados por um relógio cósmico imutável. Assim, todas as aspirações, sonhos e desejos humanos seriam reduzidos a efeitos preestabelecidos por causas anteriores, relegando a experiência humana à mera consequência de um mecanismo incontrolável.

Tal perspectiva desconsidera a complexidade e profundidade da experiência humana. Reduzir as emoções, escolhas e interações humanas a meras engrenagens de um relógio cósmico é negar a capacidade humana de transcendência, criação e inovação. Além disso, a crença estrita no determinismo pode ser vista como um dogma científico, tão rígido e inflexível quanto qualquer doutrina religiosa.

Os preceitos herméticos, em contraponto, sugerem que o ser humano não é um mero autômato, mas um ente dotado da capacidade de utilizar leis superiores para predominar sobre as leis inferiores. Há, portanto, um potencial intrínseco para a liberdade, para a escolha consciente e para a criação de realidades que vão além do mero determinismo.

A discussão entre determinismo e livre-arbítrio não é nova, mas continua relevante à medida que avançamos em nosso entendimento científico e filosófico. Em vez de ver essas perspectivas como antagônicas, talvez devêssemos considerá-las como dois lados da mesma moeda, dois aspectos complementares da vastidão e complexidade da experiência humana no Universo. Nesta reflexão reside a esperança de que a verdadeira liberdade seja alcançável, não como negação das leis universais, mas como sua plena realização.

A realidade, conforme tecida pelas intricadas tramas da Ciência Moderna, é tão surpreendente e desafiadora quanto qualquer experiência mística ou filosófica. As descobertas da Física Quântica, particularmente, introduziram ao mundo uma noção que desafia o senso comum de determinismo e coloca em xeque conceitos firmemente arraigados sobre Causalidade.

Quando pensamos em partículas subatômicas, como elétrons ou fótons, intuitivamente imaginamos comportamentos previsíveis, semelhantes às leis que governam objetos macroscópicos. No entanto, tais partículas demonstram uma espécie de "capricho", um comportamento que parece ser regido mais pelo acaso do que por leis determinísticas. A imprevisibilidade do comportamento dessas partículas levanta uma questão fascinante: o Universo, em sua essência mais profunda, é realmente determinístico ou há espaço para o livre-arbítrio?

A ideia de que o livre-arbítrio pode residir tanto em seres conscientes, como também nas partículas subatômicas, sugere uma visão de realidade em que o determinismo e a autonomia coexistem. Mas como essa coexistência é possível?

Logo, a solução pode residir em uma noção mais flexível e ampla de Causalidade. Ao invés de imaginar um mundo onde cada causa tem um único e inevitável efeito, podemos considerar um Universo em que cada causa apresenta um espectro de possíveis efeitos. A manifestação particular desses efeitos depende das interpretações e escolhas feitas por aqueles que interagem com essa causa.

Neste contexto, a perspectiva de Nietzsche oferece um valioso insight. Ao afirmar que a realidade reside nas interpretações e não nos fatos brutos, ele nos convida a ver o mundo não como uma série de eventos fixos e determinados, mas como um campo de possibilidades. Cada evento, ou causa, contém inúmeras facetas e cada uma dessas facetas pode conduzir a diferentes efeitos. A realidade, assim, é moldada tanto pelas leis universais, como também por interpretações individuais.

Tal perspectiva libera a causalidade de seu caráter estritamente determinístico, permitindo espaço para o livre-arbítrio. O exercício do livre-arbítrio, então, não é uma ruptura da cadeia causal, mas, sim, uma escolha entre os vários caminhos que essa cadeia pode seguir. Enquanto seres conscientes, somos atores ativos nesse processo, capazes de sintonizar com diferentes aspectos das causas e moldar a realidade de acordo com nossas escolhas e interpretações.

Esta visão de um Universo dinâmico e interativo, onde a determinação e a liberdade dançam juntas na valsa da existência, oferece-nos uma compreensão mais rica e profunda da realidade, onde o determinismo e o livre-arbítrio não são antagônicos, mas, sim, parceiros em um eterno jogo cósmico.

Em nossa incessante busca por compreensão, muitas vezes nos deparamos com o processo de analisar e reanalisar ideias, conceitos e perspectivas. A autorreflexão é uma ferramenta poderosa na construção do conhecimento, permitindo-nos mergulhar nas profundezas de nosso próprio pensamento, para extrair insights mais profundos e significativos. A proposta apresentada aqui se aprofunda nesta noção, propondo um nível adicional de reflexão sobre a própria prática analítica.

A ideia de analisar um texto que instrui o leitor a analisar um texto é um excelente exemplo de metarreflexão. Trata-se de um convite para explorar tanto o conteúdo explícito do texto, como também o processo subjacente de análise e síntese. É como se estivéssemos diante de um espelho que reflete outro espelho, criando uma série infinita de reflexos que nos desafiam a entender onde a análise começa e onde ela termina.

Ao abordarmos a metarreflexão, somos levados a considerarmos a natureza intrincada e multifacetada do pensamento humano. O simples ato de refletir sobre nossa própria reflexão nos mostra o quão complexas e entrelaçadas são as estruturas de nosso pensamento. O exercício de introspecção se intensifica, pois não estamos apenas refletindo sobre um tópico externo, mas também sobre a maneira como abordamos e entendemos esse tópico.

Este tipo de reflexão profunda tem implicações valiosas para diversas áreas, desde a filosofia até a ciência cognitiva. Ao nos desafiarmos a pensar sobre como pensamos, podemos identificar vieses, padrões e preconceitos em nossa própria abordagem, abrindo caminho para uma compreensão mais clara e objetiva.

A metarreflexão também tem o potencial de nos tornar mais empáticos e abertos a diferentes perspectivas. Ao reconhecermos que nosso processo de pensamento é apenas um entre muitos possíveis, podemos nos tornar mais receptivos às ideias dos outros, entendendo que cada pessoa tem seu próprio processo reflexivo e sua própria maneira de abordar e interpretar o mundo.

Por fim, a metarreflexão pode ser vista como um convite para uma jornada interminável de descoberta e autoconhecimento. A cada camada de análise que desvendamos, outra se revela, lembrando-nos de que o universo do pensamento humano é vasto e inexplorado. E é nesse constante desdobramento de reflexões que encontramos a verdadeira essência da aprendizagem e do crescimento intelectual.

A relação entre o observável e o inobservável sempre intrigou a humanidade. A natureza quântica da realidade, encapsulada na ideia do "espaço" probabilístico de Hilbert, sugere que nossa experiência perceptual do mundo não é tão sólida quanto parece. Esse "espaço" subjacente é, além de um domínio físico, dotado de uma natureza mental à qual nossas próprias mentes estão conectadas.

O intrigante é que grande parte dessa realidade mais profunda permanece inacessível para nossa consciência desperta, estando resguardada em nosso subconsciente. Ao comparar esse substrato com o conceito junguiano de Inconsciente Coletivo e seus arquétipos, podemos inferir que tais arquétipos servem como programações mentais que moldam o plano físico. Por isso, ocorrem correspondências entre os eventos mentais e físicos, um fenômeno que pode ser associado à sincronicidade.

Na relação entre os planos mental e físico, o Princípio da Causalidade sugere que alterações no mundo mental devem refletir-se no mundo físico. Como os planos mental e espiritual são mais fundamentais que o físico, essas mudanças são também causativas. Ou seja, uma causa no plano mental ou espiritual deve resultar em um efeito no plano físico. É um pensamento revolucionário sugerir que, ao agir no plano físico, podemos alterar os mecanismos subjacentes e, consequentemente, influenciar os planos mental e espiritual.

Tais premissas fornecem um fundamento teórico para fenômenos como a telecinesia. Se nosso estado mental é um estado quântico, então ele pode estar emaranhado com a função de onda de um objeto externo. Ao direcionar a intenção mental para esse objeto, seria possível movê-lo, de maneira análoga ao fenômeno de tunelamento quântico.

De fato, tais teorias foram postas à prova pelo Projeto de Consciência Global (GCP). Através do monitoramento de geradores de números aleatórios baseados em processos quânticos, observou-se que durante eventos significativos, os resultados destes geradores desviavam-se da aleatoriedade esperada. Em eventos como os de 11 de setembro de 2001, as anomalias observadas foram tão significativas, que a chance de ocorrerem ao acaso era de uma em trinta e cinco. Ao longo do projeto, as evidências acumuladas indicaram uma certeza estatística maior que a existência do Bóson de Higgs.

A ideia de que estados mentais internos podem influenciar diretamente a função de onda foi confirmada em estudos que mostraram que a atenção mental pode afetar os resultados de experimentos quânticos, solidificando a noção de que a mente tem um efeito causal sobre a probabilidade quântica.

Ao aceitarmos essas descobertas e deixarmos de lado vieses irracionais, podemos considerar que o Princípio da Causalidade tem sólidas bases científicas. Todavia, surgem debates sobre o livre-arbítrio e a probabilidade quântica que parecem desafiar essa causalidade. A verdade é que, ao invés de violarem o Princípio da Causalidade, eles o contornam de formas ainda não completamente compreendidas. E esse é apenas mais um capítulo da fascinante intersecção entre física, mente e realidade.

O debate acerca do determinismo e do livre-arbítrio é tão antigo quanto a própria filosofia. Em tempos recentes, com os avanços da Física Quântica, o palco deste debate se ampliou, dando espaço para uma reflexão mais profunda sobre a natureza da realidade.

As implicações de dois fenômenos específicos são particularmente intrigantes: o livre-arbítrio humano e a indeterminação quântica. Enquanto o primeiro diz respeito à nossa capacidade de tomar decisões sem influência externa determinada, o segundo se refere à inerente imprevisibilidade das partículas subatômicas.

Ao examinar tais fenômenos à luz da física hermética, emerge uma ideia provocante: a possibilidade de que o livre-arbítrio e a indeterminação quântica sejam manifestações do mesmo fenômeno, observado de diferentes perspectivas. Isso sugere que, a mente, em sua expressão mais pura, pode ser uma manifestação da onda quântica. Isso é apoiado, em parte, pela dedução de Hoffman, que descreve a onda quântica como um sistema de agentes conscientes interativos.

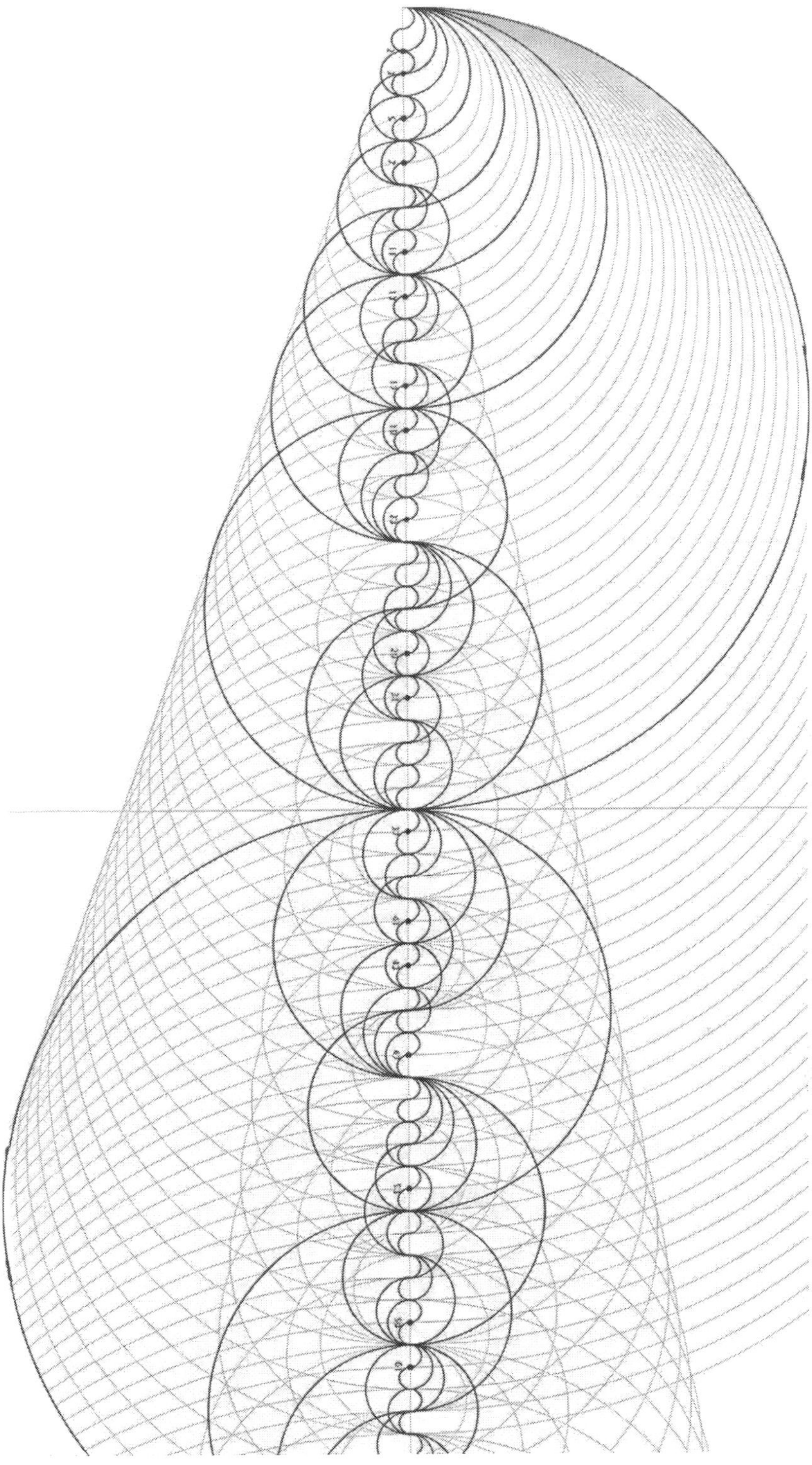

Como as espirais entrelaçadas em uma dança contínua de Causa e Efeito, o Princípio Hermético da Causalidade nos ensina que cada ponto de origem é simultaneamente o término de outro, criando um fluxo interminável de conexões.

Se aceitarmos essa premissa, as ações imprevisíveis das partículas subatômicas tornam-se uma manifestação direta das decisões tomadas por estas "mentes". Antes do colapso de uma onda quântica, seu estado probabilístico seria equivalente ao estado interno da mente que decide qual ação tomar. Ainda que pareça desafiar a lógica convencional, essa visão poderia conciliar o aparente caos da indeterminação quântica com a ideia de livre-arbítrio.

O paradigma do Mentalismo nos ajuda a entender essa relação com mais clareza. A ideia central é que toda cadeia causal começa com uma primeira causa. No contexto hermético, a primeira causa é a Mente do Todo. Sendo assim, a mente teria a habilidade inata de atuar como uma primeira causa, que é, por definição, não causada. Portanto, ao invés de violar o Princípio da Causalidade, o livre-arbítrio e a indeterminação quântica seriam apenas os iniciadores da cadeia causal.

A identidade entre livre-arbítrio e probabilidade quântica ganha ainda mais nuance ao considerar a relação entre energia e probabilidade. Em fenômenos como o tunelamento quântico, partículas de maior energia têm mais probabilidade de superar barreiras. Se ligarmos energia à vibração, como sugerido no Caibalion, podemos postular que uma consciência de vibração mais elevada tem maior grau de livre-arbítrio do que uma de menor vibração.

Em relação a experimentos neurocientíficos, como os de Benjamin Libet, que parecem contradizer o livre-arbítrio ao mostrar influências subconscientes precedendo a volição consciente, precisamos reconsiderar nossas concepções materialistas. Se as partículas que compõem a realidade física não são concretas até serem medidas, os processos cerebrais observados também seriam regidos por essa Física Quântica, tornando seus históricos tão ilusórios quanto os das partículas subatômicas.

Aprofundando ainda mais nessa visão, podemos nos perguntar se os objetos macroscópicos em nosso plano físico também possuem histórias fictícias. A resposta, surpreendentemente, pode estar no fenômeno da sincronicidade. Esta conexão misteriosa entre eventos que parecem estar relacionados, mas não possuem uma ligação causal direta, pode ser o Universo expondo seu jogo quântico em uma escala maior. É uma reflexão fascinante sobre como a mente e a matéria podem estar entrelaçadas no tecido da realidade.

A sincronicidade, conceito amplamente explorado por Carl Gustav Jung, tem capturado o fascínio da humanidade há séculos. Trata-se daqueles momentos em que, de forma aparentemente aleatória, eventos se alinham de maneira a transmitir um significado profundo ou coincidir com nossos pensamentos e emoções. Quem nunca pensou em alguém e, repentinamente, recebeu uma ligação dessa pessoa? Ou teve um pressentimento que se confirmou imediatamente depois? Estes momentos, à primeira vista, desafiam a lógica e parecem emergir das profundezas do acaso. Mas, e se a realidade, em sua essência, for de natureza mental e tais eventos não forem meras coincidências?

Ao nos aprofundarmos nas teorias quânticas, começamos a perceber que a natureza da realidade é muito mais fluída e complexa do que a abordagem clássica sugere. O fenômeno dos "apagadores quânticos" propõe que, em um nível microscópico, a realidade existe em uma superposição de estados até que seja observada. Assim, ao escalarmos essa ideia para o macroscópico, deparamo-nos com infinitas possibilidades coexistindo simultaneamente. Um exemplo cotidiano disso seria a incerteza de quem está atrás de uma porta até que a abramos.

Neste cenário, surge uma questão fascinante: poderia o significado psicológico ou emocional atuar como um guia, determinando qual dessas infinitas possibilidades se manifestará em nossa realidade? Se a sincronicidade for realmente uma consequência da natureza mental da realidade, eventos coincidentes seriam o resultado da influência de nossas mentes sobre as superposições quânticas. Neste contexto, a chamada "probabilidade quântica" não seria aleatória, mas uma extensão direta da volição e intenção de uma consciência.

O intrigante é que a sincronicidade não se limita apenas à interação entre nossa consciência individual e a realidade externa. A ideia do "Inconsciente Coletivo", proposta por Jung, pode ser entendida aqui como um vasto mar de funções de onda – uma rede interconectada de mentes. Assim, não seriam apenas nossos pensamentos e emoções individuais que influenciam a realidade, mas uma vasta teia de consciências interligadas.

No entanto, o reconhecimento desse poder latente em nossa consciência não é universal. Muitos vivem alheios a essa influência, enquanto outros, mais atentos ou versados nas artes esotéricas, podem utilizar este conhecimento para moldar sua realidade e até mesmo influenciar a consciência alheia. Tal capacidade traz consigo uma grande responsabilidade e questionamentos éticos. Afinal, se a realidade é moldável e interconectada, cada escolha e intenção tem o potencial de reverberar no tecido da existência.

A dimensão mística e esotérica da existência humana tem sido objeto de estudo e fascínio desde tempos imemoriais. Em nosso mundo contemporâneo, essa dimensão ainda se manifesta, por vezes, de maneiras sutis e quase imperceptíveis. Um desses fenômenos é a Magia de Sigilos, que tem raízes profundas no conceito de sincronicidade e, segundo evidências, molda e direciona eventos em nossa realidade diária.

Fundamentada na criação e uso de símbolos ou sigilos, a Magia de Sigilos têm a capacidade de influenciar a mente subconsciente individual e, por extensão, o Inconsciente Coletivo. Isso afeta tanto estados mentais individuais, como também arquétipos maiores do Inconsciente Coletivo. Através deste processo, eventos no plano físico podem ser influenciados, uma vez que esses símbolos ativam forças no Inconsciente Coletivo que podem manipular o espaço de probabilidade quântica que controla nosso plano físico.

Um exemplo notório desta prática é observado na indústria da música. Artistas de renome têm suas produções repletas de sigilos e simbolismos ocultos que entram na consciência dos espectadores. Esses sigilos, uma vez reconhecidos e processados pelo inconsciente, ativam forças e entidades no plano metafísico que, por sua vez, exercem influência sobre os espectadores. Muitas vezes, essas influências podem ser de natureza negativa e manipuladora. Contudo, vale ressaltar que muitos artistas, apesar de estarem na linha de frente, podem não ser os verdadeiros arquitetos dessas práticas, mas, sim, peões nas mãos de figuras mais influentes da indústria.

Outro episódio intrigante da Magia de Sigilos é o fenômeno de Pepe the Frog, associado ao movimento *alt-right* e à eleição de Donald Trump, em 2016. O meme do Pepe associado ao termo "*kek*", que curiosamente se revelou ser o nome de uma Divindade egípcia com cabeça de sapo, desencadeou uma série de sincronicidades que muitos creem serem manifestações da Magia de Sigilos. O poder arquetípico de *Kek*, quando ativado pelo meme no Inconsciente Coletivo, teria a capacidade de influenciar as probabilidades quânticas e manifestar essas sincronicidades.

Esses exemplos demonstram o poder potencial da Magia de Sigilos, que opera nas sombras do entendimento humano comum. A vasta maioria das pessoas permanece ignorante quanto a esses princípios esotéricos, tornando-as vulneráveis à manipulação daqueles que possuem tal conhecimento. A disparidade de poder resultante entre os conhecedores desses princípios e a massa é uma questão de grande preocupação.

O estudo e entendimento destes princípios é crucial para proteção individual, mas também para restaurar o equilíbrio de poder. É importante lembrar que a exploração das leis herméticas naturais é um dos meios pelos quais os princípios ocultos podem ser usados para o benefício de poucos frente a muitos. A busca por conhecimento e consciência é, portanto, uma ferramenta vital em nossa jornada coletiva.

RESUMO

PRINCÍPIO DA CAUSALIDADE

Ao adentrarmos nos domínios esotéricos, encontramos princípios universais que têm sido revisitados ao longo da história e que, de maneira surpreendente, parecem dialogar com as descobertas da Física moderna. A Magia, em suas várias matizes, é frequentemente associada ao poder da mente sobre a realidade, ao alcance da vontade e às leis ocultas que regem o Cosmos. Neste contexto, o Princípio da Causalidade, um dos pilares dos ensinamentos herméticos, conforme elucidado no Caibalion, mostra-se de particular interesse.

No Caibalion, aprendemos que "toda Causa tem seu Efeito; todo Efeito tem sua Causa; tudo acontece de acordo com a Lei". À primeira vista, tal princípio pode parecer meramente um reflexo do determinismo físico que observamos no mundo ao nosso redor. Contudo, sua verdadeira profundidade reside na ideia de que as causas em um plano podem induzir efeitos em outros planos, estabelecendo uma interconexão entre realidades distintas. É aí que a Magia encontra um ponto de tangência.

Na prática mágica, é comum a crença de que a intenção e a vontade, quando devidamente direcionadas, podem causar mudanças no mundo físico. Este postulado ecoa o Princípio da Correspondência, afirmando que o verdadeiro em um nível de realidade também é verdadeiro em outros. Portanto, se a mente é capaz de influenciar sua própria realidade, ela também deveria ser capaz de influenciar outros planos da existência.

Estudos parapsicológicos modernos começaram a explorar essa possibilidade, buscando evidências de que a mente possa, de fato, ter impactos além de sua própria esfera. A Física Quântica, por sua vez, sugere que os fenômenos cognitivos, oriundos de um plano além do espaço-tempo, o já conhecido Espaço de Hilbert, podem influenciar o plano físico.

Contudo, uma questão intrigante surge: como o Princípio da Causalidade, que afirma que "chance é apenas um nome para a Lei não reconhecida", pode ser compatível com a indeterminação quântica observada na natureza?

A resposta pode residir na nossa compreensão do livre-arbítrio. Em um universo mental, a Mente é a primeira causa. Da mesma forma, estas são as menores primeiras causas de agentes conscientes menores, limitados pelo alcance da probabilidade descrito pelas funções de onda que os descrevem.

Assim, a Magia, em sua essência, pode ser vista como uma expressão do poder da mente em operar dentro desses princípios herméticos, em especial, o de Causalidade.

Ao moldar a realidade através da intenção e da vontade, o Bruxo pode estar, consciente ou inconscientemente navegando pelos complexos interstícios da Física Quântica, unindo antigos ensinamentos esotéricos às fronteiras da Ciência Moderna.

13

Gênero

"O Gênero está em tudo; todas as coisas têm o seu Princípio Masculino e Feminino; e o Gênero se manifesta em todos os planos."

O Caibalion

O Sétimo Grande Princípio Hermético – o Princípio do Gênero – incorpora a verdade de que há Gênero manifestado em tudo – que os princípios Masculino e Feminino estão sempre presentes e ativos em todas as fases dos fenômenos, em todos os planos da vida. Aqui, achamos melhor chamar sua atenção para o fato de que Gênero, em seu sentido hermético, e Sexo, no uso comumente aceito do termo, não são de modo algum a mesma coisa. A palavra "Gênero" é derivada da raiz latina que significa "gerar", "procriar", "criar", "produzir". Uma consideração breve mostrará que esta palavra tem um significado muito mais amplo e geral do que o termo "Sexo", e que este último se refere às distinções físicas entre seres vivos masculinos e femininos. O sexo é somente uma manifestação do gênero em certo plano do Grande Plano Físico – o plano da vida orgânica. Desejamos gravar essa distinção em sua mente, porque certos escritores, que adquiriram um conhecimento superficial da Filosofia Hermética, procuraram identificar este Sétimo Princípio Hermético e relacioná-lo com teorias e ensinamentos extravagantes e fantasiosos, frequentemente repreensíveis, a respeito do Sexo.

A função do Gênero é criar, produzir, gerar, etc., e suas manifestações são visíveis em todos os planos dos fenômenos. É um tanto difícil produzir provas disso ao longo de linhas científicas, porque a ciência ainda não reconheceu a aplicação universal deste Princípio. Mesmo assim, ainda existem algumas provas de fontes científicas a serem mostradas. Em primeiro lugar, encontramos uma manifestação distinta do Princípio do Gênero entre os corpúsculos, íons ou elétrons, que constituem a base da Matéria, como a ciência agora a conhece, e que, por meio de certas combinações, formam o Átomo, que até recentemente era considerado final e indivisível.

A última palavra da ciência é que o átomo é composto de uma infinidade de corpúsculos, elétrons ou íons (os vários nomes são aplicados por diferentes autoridades científicas), que giram em torno uns dos outros e vibram em alto grau e intensidade. Outra afirmação declara que a formação do átomo é realmente devida ao agrupamento de corpúsculos negativos que orbitam um centro positivo – os corpúsculos positivos parecem exercer determinada influência sobre os corpúsculos negativos, fazendo com que estes últimos assumam certas combinações e, portanto, "criem" ou "gerem" um átomo. Isso está de acordo com os mais antigos Ensinamentos Herméticos, que sempre identificaram o princípio Masculino do Gênero com o polo "Positivo", ao passo que o Feminino se relaciona com o polo "Negativo" da Eletricidade (assim chamada). Agora, dediquemos uma palavra a respeito dessa identificação. A opinião pública formou uma impressão inteiramente errônea a respeito das qualidades do assim chamado polo "negativo" da matéria eletrificada ou magnetizada. Os termos Positivo e Negativo são erroneamente aplicados a este fenômeno pela ciência. A palavra Positivo significa algo real e forte, em comparação com uma irrealidade ou fraqueza Negativa. Nada está mais longe dos fatos reais do que os fenômenos elétricos. O chamado "polo negativo" da bateria é realmente o polo por meio do qual se manifesta a geração ou a produção de novas formas de energia. Não há nada de "negativo" nisso. As maiores autoridades científicas hoje em dia usam a palavra "Cátodo" no lugar de "negativo", já que Cátodo vem de uma raiz grega que significa "descendência"; "o caminho da geração", entre outros". Do polo Catódico, emerge o enxame de elétrons ou de corpúsculos; do mesmo polo emergem aqueles "raios" maravilhosos que revolucionaram as concepções científicas durante a última década. O polo Catódico é a mãe de todos os fenômenos estranhos que tornaram inúteis os antigos livros didáticos e que fizeram as teorias aceitas por muito tempo serem jogadas no lixo da especulação científica. O Cátodo, ou polo Negativo, é o princípio Materno dos fenômenos elétricos e das delicadas formas da matéria já conhecidas pela ciência. Portanto, note que temos razão em refutar o termo "negativo" em nossa consideração do assunto e em insistir em substituir o antigo termo pela palavra "feminino". Os fatos desse caso nos confirmam isso, sem levar em consideração os Ensinamentos Herméticos. Então, usaremos a palavra "Feminino" no lugar de "Negativo" ao falar desse polo de atividade.

Os mais recentes ensinamentos científicos atestam que os corpúsculos criativos ou elétrons são Femininos (a ciência diz que "eles são compostos de carga elétrica negativa" – e nós dizemos que eles são compostos de energia Feminina). Um corpúsculo feminino se desprende, ou melhor, deixa um corpúsculo masculino e inicia uma nova caminhada. Ele busca ativamente unir-se a outro corpúsculo Masculino, sendo levado a esse movimento por um impulso natural de criar novas formas de Matéria ou de Energia. Um escritor chegou ao ponto de dizer que "ele busca imediatamente, por sua própria vontade, uma união". Esse desprendimento e essa união formam a base da maior parte das atividades do mundo químico. Quando o corpúsculo feminino se une a um corpúsculo masculino, um determinado processo é iniciado. As partículas Femininas vibram rapidamente sob a influência da energia da partícula Masculina e circulam rapidamente em torno dela. O resultado é o nascimento de um novo átomo. Esse novo átomo é realmente composto de uma união dos elétrons, ou corpúsculos, masculinos e femininos; entretanto, quando a união é realizada, o átomo fica de alguma forma isolado, e tem certas propriedades, mas não manifesta mais a propriedade da eletricidade livre. O processo de desprendimento ou separação dos elétrons Femininos é chamado de "ionização". Esses elétrons, ou corpúsculos, são os trabalhadores mais ativos no campo da Natureza. A partir de suas uniões, ou combinações, manifestam-se os variados fenômenos de luz, calor, eletricidade, magnetismo, atração, repulsão, afinidade química, além de fenômenos semelhantes ou inversos. Tudo isso surge como resultado da ação do Princípio do Gênero no plano da Energia.

A tarefa do princípio Masculino seria direcionar uma certa energia pertencente ao princípio Feminino, e assim iniciar a atividade dos processos criativos. Porém, na realidade, o princípio Feminino sempre realiza o trabalho criativo ativo – e isso ocorre sempre dessa mesma maneira, quaisquer que sejam os planos. E, ainda, cada princípio isoladamente é incapaz de criar sem a energia do outro. Em algumas formas de vida, os dois princípios são combinados em um mesmo organismo. Por falar nesse assunto, tudo no mundo orgânico manifesta ambos os gêneros – há sempre o Masculino presente na forma Feminina, e vice-versa. Os Ensinamentos Herméticos incluem muita informação a respeito da operação dos dois princípios de Gênero na produção e na manifestação de várias formas de energia, entre outras, mas não julgamos conveniente entrar em detalhes sobre isso, porque não podemos comprovar cientificamente, pelo simples fato de a ciência não ter progredido o suficiente, até o momento, para reconhecer certos fenômenos. No entanto, nosso exemplo a respeito dos fenômenos que ocorrem com os elétrons ou corpúsculos vai lhe mostrar que a ciência está no caminho certo, além de também lhe dar uma ideia geral dos princípios subjacentes no processo.

Alguns dos mais renomados pesquisadores científicos anunciaram a sua crença de que, na formação dos cristais, havia semelhança com a "atividade sexual", sendo outro elemento que mostra a direção em que sopram os ventos da ciência. E, a cada ano, outros fatores aparecerão para corroborar a exatidão do Princípio Hermético de Gênero. Veremos que o gênero está em constante ação e manifestação no campo da matéria inorgânica e no campo da energia ou da força. A eletricidade, hoje, é geralmente considerada como "Algo" no qual todas as outras formas de energia parecem se fundir ou se dissolver. A "Teoria Elétrica do Universo" é uma das mais recentes doutrinas científicas e está crescendo rapidamente em popularidade e em aceitação geral. Se formos capazes de descobrir nos fenômenos da eletricidade – até mesmo na própria raiz e na fonte das suas manifestações – uma evidência clara e inequívoca da presença do Gênero, e também de suas atividades, estaremos próximos de convencê-lo de que a ciência finalmente ofereceu provas da existência, em todos os fenômenos universais, daquele grande Princípio Hermético – o Princípio do Gênero.

Não é necessário dedicar tempo aos fenômenos bem conhecidos da "atração e repulsão" dos átomos; da afinidade química; dos "amores e ódios" das partículas atômicas; da atração ou coesão entre as moléculas da matéria. Esses fatos são muito conhecidos e dispensam comentários extensos de nossa parte. Porém, você já observou que todas essas coisas são manifestações do Princípio do Gênero? Consegue ver que esses fenômenos estão intimamente ligados com aqueles dos corpúsculos ou elétrons? E, mais que isso, consegue perceber a racionalidade dos Ensinamentos Herméticos, ao afirmar que a própria Lei da Gravitação – aquela estranha atração pela qual todas as partículas e corpos de matéria no

Universo tendem um para o outro – é apenas outra manifestação do Princípio do Gênero, que atua no sentido de atrair o Masculino para as energias Femininas, e vice-versa? Não podemos oferecer provas científicas disso neste momento – mas pedimos que examine esses fenômenos à luz dos Ensinamentos Herméticos e verifique como essa hipótese é melhor que qualquer outra oferecida pela ciência física. Se submetermos todos os fenômenos físicos a esse teste, encontraremos o Princípio do Gênero sempre em evidência em todos esses acontecimentos.

Passemos agora a uma consideração sobre a ação desse Princípio no Plano Mental. Muitos aspectos interessantes aguardam ainda investigação.

VISITA
INTERIORA
TERRÆ
RECTIFICANDO
INVENIES
OCCULTUM
LAPIDEM

O PRINCÍPIO DO GÊNERO PARA BRUXOS

NA DANÇA RÍTMICA DA CRIAÇÃO ONDE O MASCULINO E O FEMININO DANÇAM, O PRINCÍPIO HERMÉTICO DO GÊNERO FLORESCE.

No contexto hermético, o termo "gênero" transcende as compreensões convencionais baseadas em atributos físicos ou sociais. Em vez disso, é uma alusão às energias masculina e feminina que interagem e se combinam para dar origem a manifestações em nosso Universo. Esse conceito amplia nossa compreensão do papel que essas energias desempenham em todos os aspectos da existência, desde a menor partícula até as vastas constelações do Cosmos.

O entendimento hermético nos diz que cada pessoa, objeto e situação possui em si essas duas energias. Esta ideia de dualidade e complementaridade é fundamental para a cosmovisão hermética. Independentemente do sexo ou gênero de um indivíduo, em seu interior ele possui tanto a energia masculina quanto a feminina. Em sua essência, essas energias não são opostas, mas, sim, complementares, e é essa interação dinâmica que catalisa a manifestação em todas as suas formas.

No cerne dessa dinâmica está a natureza distinta de cada uma dessas energias. A energia masculina é expansiva, movendo-se para fora e projetando-se no mundo. É uma força que busca expressar, agir e influenciar. Contrapondo-se a isso, a energia feminina é receptiva e atraente, pronta para receber, adaptar e nutrir. No mundo da física, poderíamos compará-las aos conceitos de positivo e negativo, como os polos de uma bateria. Entretanto, é fundamental entender que esses termos não carregam julgamentos de valor de bom ou ruim. Eles meramente indicam a direção do fluxo energético.

Talvez um dos aspectos mais fascinantes do Princípio do Gênero seja sua aplicação em diferentes planos de correspondência: físico, mental e espiritual. No plano mental, por exemplo, essa interação se manifesta na forma como nossas mentes funcionam. A mente consciente, com sua lógica, razão e foco direcionado, pode ser vista como uma expressão da energia masculina. Em contraste, a mente inconsciente, com seus sonhos, emoções e intuições, é a representação da energia feminina. Juntas, elas formam a totalidade da experiência humana, com a mente consciente projetando e a inconsciente recebendo e processando.

A compreensão dessas energias e de sua interação dinâmica pode oferecer insights profundos sobre a natureza da realidade e nosso lugar nela. Afinal, reconhecer e equilibrar essas energias em nós mesmos e no mundo ao nosso redor pode ser a chave para uma existência mais harmônica e significativa.

Em meio ao vasto e intricado tecido do Universo, a ideia de masculino e feminino desempenha um papel central na dança eterna da criação. A própria origem da existência pode ser vista como sendo moldada pela fusão e separação dessas duas energias primordiais: a Deusa, representando a Terra e a Água, e o Deus, simbolizando o Ar e o Fogo. Essa separação e subsequente união em amor deu origem ao mundo material que conhecemos, estabelecendo um padrão que reverbera em todas as facetas da criação.

Ao analisar o masculino e o feminino, devemos ser cuidadosos para não nos restringirmos a estereótipos simplistas ou a visões binárias. Quando falamos de qualidades projetivas, estamos nos referindo ao princípio masculino, enquanto as qualidades receptivas representam o feminino. Contudo, é fundamental entender que essas características transcendem as noções tradicionais de sexo. Em vez disso, elas se referem a uma energia universal que é fundamental para todos os aspectos da existência.

É importante ressaltar que o conceito de gênero mental não deve ser confundido com o sexo físico. Embora o último possa ser uma manifestação visível do Princípio do Gênero, ele representa apenas uma fração do espectro total. Mesmo no plano físico, o equilíbrio entre masculino e feminino não é fixo. É fluido, adaptando-se e variando com base nas relações relativas. Isso resulta em uma maravilhosa diversidade de expressões de gênero e sexualidade, refletindo a pluralidade da existência humana.

O Princípio do Gênero, conforme delineado nos ensinamentos herméticos, serve como um lembrete de que o universo não é rígido ou binário. Ele é flexível, dinâmico e interconectado. Esse princípio nos convida a reconhecer e a celebrar a diversidade e a complexidade da vida, tanto em nossa realidade imediata quanto nos planos mais sutis da existência.

A compreensão desse conceito pode ser um guia para uma vida mais harmoniosa e equilibrada. Ao reconhecermos e abraçarmos as qualidades projetivas e receptivas dentro de nós mesmos, podemos alcançar um equilíbrio interno que reflete o próprio equilíbrio do Universo. Em vez de nos limitarmos a rótulos ou categorias estreitas, somos encorajados a explorar e expressar a totalidade de nosso ser, reconhecendo que, assim como o Universo, somos uma combinação dinâmica de energias masculinas e femininas em constante interação e evolução.

Na intricada teia da existência, as leis universais atuam como fios que mantêm a trama coesa, permitindo que a vida floresça em sua diversidade e complexidade. Uma dessas leis é o Princípio do Gênero, fundamental para entender o processo criativo que permeia toda a existência. Este Princípio nos ensina que, para dar vida a algo novo, é indispensável a união de duas energias fundamentais: a masculina e a feminina. Longe de ser uma referência estrita aos gêneros biológicos, essas energias são forças complementares que coexistem em tudo e em todos.

O Princípio do Gênero é uma celebração da criatividade. Em sua essência, ele evidencia que a verdadeira criação ocorre quando há uma harmoniosa conjugação dessas duas energias opostas. Por mais que este Princípio possua semelhanças com o da Polaridade, ao falar de opostos, sua singularidade reside no fato de ele se dedicar inteiramente ao fenômeno da criação.

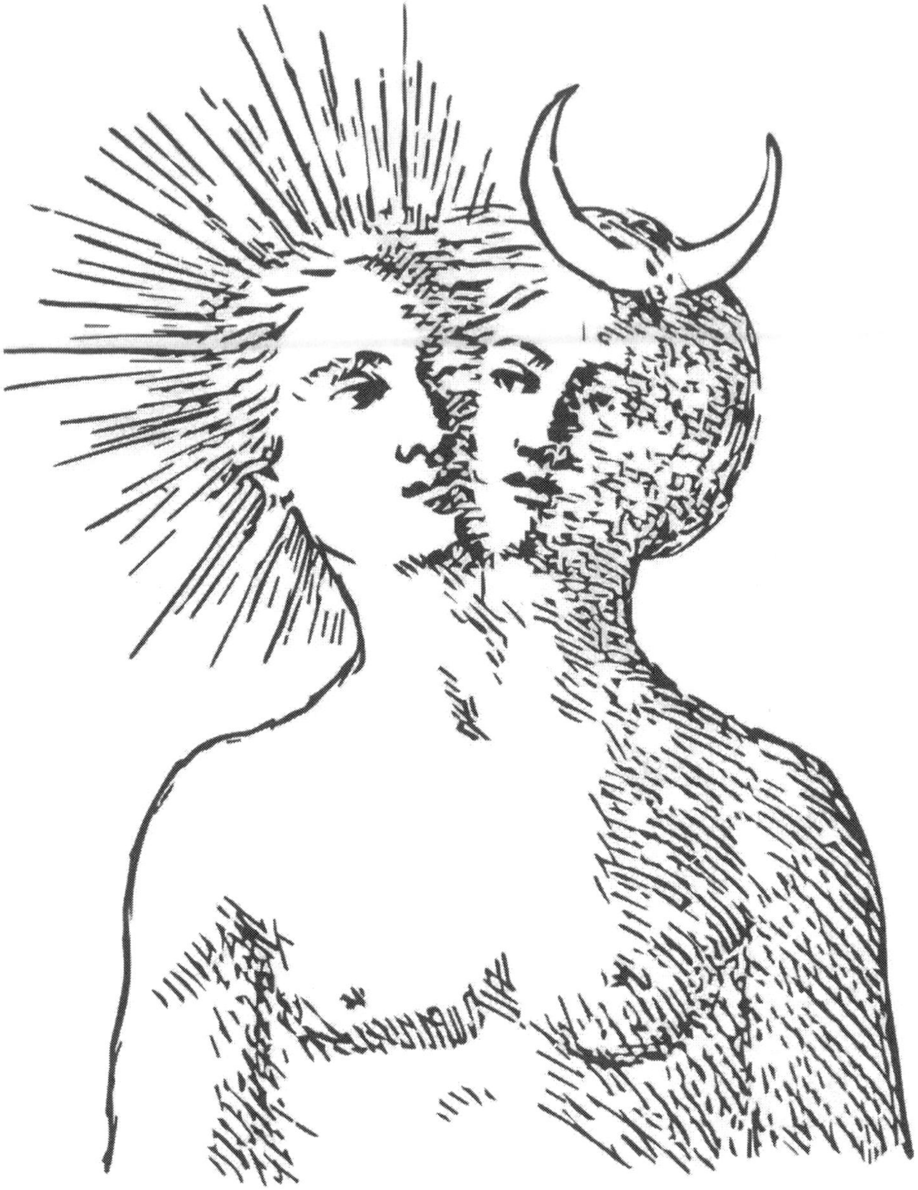

O sol e a lua unidos em um abraço eterno, refletindo a dança divina do masculino e do feminino; uma representação visual do Princípio Hermético do Gênero e da interligação de opostos no tecido do cosmos.

Na esfera humana, esse princípio é manifestado de forma intrincada. Independentemente de nosso gênero ou orientação sexual, todos nós carregamos em nosso interior essas duas energias. O desafio está em equilibrá-las, permitindo que ambas fluam e se manifestem de maneira harmônica. Uma masculinidade exacerbada pode gerar indivíduos rígidos, desprovidos de sensibilidade e intuição. Por outro lado, uma feminilidade excessiva pode levar a uma passividade e dependência que impedem a manifestação da autoconfiança e da iniciativa. O equilíbrio entre essas energias é, portanto, fundamental para uma existência plena e harmoniosa.

Um paralelo interessante pode ser traçado com o fenômeno da eletricidade, que, para existir, necessita da interação entre polos positivo e negativo. Somente quando esses polos se encontram, a energia elétrica se manifesta. Da mesma forma, a perfeita harmonia entre as energias masculina e feminina resulta em uma explosão criativa, dando origem à vida em suas mais variadas formas.

O símbolo Yin-Yang, oriundo da filosofia chinesa, ilustra de maneira poética essa interação. Nele, as energias feminina (Yin) e masculina (Yang) dançam em uma eterna espiral de complementaridade. Cada uma delas possui um fragmento da outra, simbolizando que, no núcleo de cada energia, há uma centelha da sua oposta. Esta dança das energias revela que uma não existe sem a outra e que, juntas, elas alcançam um equilíbrio perfeito.

A energia Yin, com sua natureza receptiva, criativa e passiva, e a energia Yang, ativa e dinâmica, formam a base da criação. Ambas são necessárias para que haja movimento, evolução e transformação. Em nosso cotidiano, ter o símbolo Yin-Yang presente pode servir como um lembrete constante da busca por esse equilíbrio, inspirando-nos a cultivar tanto nossa capacidade de ação e assertividade quanto nossa sensibilidade e intuição.

Neste contexto, a compreensão e a integração do Princípio do Gênero tornam-se fundamentais para qualquer indivíduo que deseja viver de forma plena e autêntica. Ao reconhecer e honrar ambas as energias em nós, somos convidados a participar da dança cósmica da criação, tecendo a teia da existência com fios de equilíbrio, harmonia e amor.

Em um Universo regido por leis e equilíbrios, uma força intrínseca move a vida de todos nós: a energia. Dentro do espectro destas energias, a dualidade das polaridades masculina e feminina desempenha um papel fundamental. Opostas e ao mesmo tempo complementares, essas energias moldam, além de o mundo ao nosso redor, também a complexa trama de nossas relações e interações pessoais.

A atração entre os opostos é uma realidade palpável. Como ímãs, tendemos a nos sentir atraídos por aqueles que manifestam a polaridade que sentimos faltar em nós mesmos. Isso se reflete em múltiplas facetas da nossa vida. Se alguém é naturalmente reservado ou introvertido, frequentemente se verá cercado por indivíduos mais extrovertidos e dinâmicos. Este não é um mero acaso, mas uma manifestação do desejo subconsciente de equilíbrio. Aquilo que nos falta, buscamos no outro.

Porém, a interação com o oposto não é mero capricho do destino. É, na verdade, uma oportunidade de crescimento e aprendizado. Através desta interação, as partes envolvidas têm a chance de empreender uma jornada rumo ao equilíbrio interno. Ao conviver com alguém que possui características opostas, somos subconscientemente encorajados a desenvolver e integrar essas qualidades em nós mesmos. A longo prazo, essa dinâmica pode levar a uma transformação interna, na qual ambas as partes evoluem para um estado mais equilibrado e harmônico.

Em nossa jornada criativa, seja ela artística, profissional ou pessoal, a importância de equilibrar essas energias é primordial. Um desejo de criar algo novo, seja um projeto, seja uma obra, seja uma transformação pessoal, exige a dança harmoniosa entre a imaginação e a ação; entre sonhar e concretizar.

Ao buscar manifestar nossos objetivos e desejos, é crucial uma autoavaliação contínua. Precisamos nos perguntar: "que energia estou negligenciando?" A imaginação sem ação resulta em sonhos não realizados. Da mesma forma, a ação sem imaginação pode nos levar a um estado estagnado, desprovido de inovação e renovação.

Em resumo, a busca pelo equilíbrio energético é uma jornada contínua. Cada indivíduo, ao reconhecer e aceitar ambas as energias em si mesmo, não somente se aproxima de uma vida mais harmoniosa, como também da tão almejada sensação de unidade com o Universo e a verdadeira paz interior. A vida é, afinal, uma dança constante entre a feminilidade e a masculinidade, entre a introspecção e a extroversão, entre a receptividade e a ação. Reconhecer, respeitar e integrar essas energias é o caminho para uma existência plena e equilibrada.

Em nossas vidas e sociedades, frequentemente nos vemos capturados por estruturas rígidas e padrões de pensamento estabelecidos. Muitas vezes, enfatizamos e valorizamos a energia Yang, também conhecida como "masculina". Esta é a energia que nos impulsiona a assumir responsabilidades, a agir proativamente e a nos mover dentro de uma estrutura organizada. Embora essas qualidades sejam vitais para a realização de muitas tarefas e objetivos, é imperativo reconhecer que a excessiva imersão nessa energia pode cercear nossa capacidade inata de criação.

O Princípio do Gênero nos remete à ideia de que somos, essencialmente, seres criativos, moldados à "imagem e semelhança" de uma força criadora suprema. Se concebemos que o Universo foi criado por uma força Divina, é razoável considerar que, como parte desse Universo, também possuímos o poder de criar, moldar e transformar nossa realidade.

No entanto, para acessar esse poder criativo, é crucial equilibrar as energias dentro de nós. Isso nos leva à energia Yin, a contraparte feminina da energia Yang. Representa o lado mais suave, receptivo e intuitivo do nosso ser. Para realmente desbloquear nossas capacidades criativas, é vital aprender a fluir com a vida, a se perder nos momentos presentes e a se entregar aos caprichos da imaginação e do espírito. A energia Yin nos lembra da importância de encontrar alegria e satisfação em atividades lúdicas, hobbies e na contemplação de assuntos que despertam nossa paixão.

Esta energia está intrinsecamente ligada ao lado esquerdo do corpo. Uma maneira prática de cultivar a energia Yin, particularmente para aqueles acostumados a dependerem predominantemente de sua mão direita, é começar a usar mais a mão esquerda. Embora possa parecer desajeitado no início, com o tempo e a prática, esse simples ato pode ajudar a ativar ambos os hemisférios cerebrais e, assim, equilibrar as duas energias. Para aqueles que estão acostumados a dar muito de si, uma recomendação é movimentar mais os dedos da mão esquerda, ativando a energia receptiva Yin e preparando-se para receber.

A verdadeira Magia reside no equilíbrio. Ao integrar as energias Yang e Yin, reconhecemos nosso potencial criativo e ainda acessamos as infinitas possibilidades que nos aguardam. A criatividade não é apenas a capacidade de criar arte, mas a habilidade de moldar a realidade, de imaginar possibilidades e de trazer à existência o que antes estava oculto no reino do pensamento. Assim, como parte desse vasto Universo, temos as ferramentas e o potencial para criar nosso próprio universo particular, repleto de maravilhas e descobertas.

O Universo, em sua essência, é uma força de constante expansão e transformação. A percepção de que somos criações Divinas, extensões do Criador, carrega em si a ideia de que fomos feitos para também sermos criadores, para darmos continuidade a esse eterno movimento de construção. Em meio a essa dança cósmica, a busca pelo equilíbrio entre as energias masculinas e femininas se torna imprescindível para nossa jornada criativa.

Logo, o equilíbrio destas forças em nosso ser pode ser visualizado através de práticas meditativas. Encontrar uma posição confortável para o corpo, respirar profundamente e liberar tensões são os primeiros passos. Ao nos sintonizarmos com nosso Eu Superior, podemos indagar sobre o estado atual de nosso equilíbrio Yin-Yang, e qual cor poderia nos auxiliar a harmonizar nossa aura. Esse exercício mental de se envolver com uma cor específica atua como um mecanismo de elevação vibratória, conectando-nos ainda mais com a esfera Divina.

Os metafísicos compreendem o poder de transformação que se origina dessa sintonia com o Divino. A capacidade de elevar o nível vibratório, gerando energia do polo oposto e buscando um estado de equilíbrio, é uma arte e uma ciência. Enquanto o símbolo Yin-Yang tradicionalmente emprega apenas o preto e o branco, a mente humana, em sua infinita complexidade, pode sentir a necessidade de outros tons para alcançar a harmonização energética.

Entretanto, a pergunta que ecoa no íntimo de muitos é: "qual é o nosso propósito?". E este questionamento é extremamente pertinente. O Propósito Divino de nossa existência carrega algumas peculiaridades. A principal delas é a busca pela felicidade. Contrariando crenças arraigadas de que o sacrifício é a chave para a realização, a verdadeira mensagem Divina é que o prazer e a felicidade são o caminho e o destino. Infelizmente, muitos resistem a aceitar essa premissa, influenciados por dogmas e crenças sociais que pregam o contrário. No entanto, no Reino Divino, tudo flui com facilidade e liberdade.

Uma característica intrigante, quando estamos alinhados com nosso propósito, é a alteração da percepção temporal. Quantas vezes nos perdemos em uma atividade prazerosa e, ao olharmos o relógio, surpreendemo-nos ao perceber que horas se passaram como se fossem meros minutos? Nesses momentos, estamos vibrando em sintonia com nosso espírito, tocando a eternidade.

A sociedade moderna, com suas métricas e valores, muitas vezes nos leva a acreditar que o talento ou propósito deve, obrigatoriamente, ser convertido em riqueza material ou reconhecimento público. No entanto, no plano espiritual, o valor de uma missão não é medido em moedas ou aplausos. Para alguns, a missão Divina pode ser a de servir aos outros, permitindo que alcancem seus objetivos. Para outros, pode ser nutrir, educar ou cuidar. Independentemente da forma que essa missão assume, ela será sempre a fonte de nossa felicidade, trazendo ou não retorno financeiro. Quando nos alinhamos e honramos nossa missão, a vida flui com uma facilidade surpreendente, proporcionando os meios para nosso sustento, tanto emocional quanto material.

O Princípio do Gênero nos conduz a uma compreensão mais profunda das energias masculinas e femininas presentes em todas as coisas. Não se trata apenas de uma divisão entre os sexos, mas, sim, das polaridades arquetípicas que existem dentro de cada ser e em todo o Universo. Essas energias não estão limitadas a características biológicas, elas representam qualidades específicas.

Os Bruxos reconhecem que equilibrar essas energias é essencial para uma prática mágica bem-sucedida. As energias masculinas representam a ação, a força, a lógica e a manifestação, enquanto as energias femininas estão ligadas à intuição, à receptividade, à criatividade e à sensibilidade. Ao integrar e equilibrar essas energias, os Bruxos se tornam seres completos e poderosos.

A aplicação da Lei de Gênero se estende a diversas áreas da prática mágica. Por exemplo, ao criar rituais, os Bruxos podem incorporar elementos e símbolos que representam as energias masculinas e femininas. Podem usar velas coloridas, símbolos astrológicos e invocações específicas para invocar e equilibrar essas qualidades.

Além disso, os Bruxos entendem que todos nós temos tanto energias masculinas quanto femininas dentro de si. O desenvolvimento dessas energias internas é uma jornada de autodescoberta e crescimento. Ao abraçar e equilibrar essas qualidades, os Bruxos podem se tornar mais conscientes e intuitivos em suas práticas mágicas.

A busca pela integração das energias masculinas e femininas também se reflete na compreensão da sexualidade sagrada. Os Bruxos reconhecem que a união dessas energias é uma representação do Divino e pode ser usada para elevar a consciência e fortalecer a Magia. Essa união é simbolicamente representada em muitos rituais e práticas mágicas.

Além disso, a Lei de Gênero nos lembra da importância da diversidade e da aceitação. As energias masculinas e femininas não estão limitadas a identidades de gênero específicas, e todos têm o potencial de desenvolver essas qualidades dentro de si mesmos, independentemente de sua identidade.

Este princípio nos convida a explorar e equilibrar as energias masculinas e femininas em nossa jornada mágica. Ao integrar essas polaridades, os Bruxos se tornam seres mais completos e poderosos, capazes de manifestar sua vontade com clareza e eficácia.

ANIMA
SPIRITUS
RECTIFICANDO
INVENIES
OCCULTUM
LAPIDEM
VISITA
INTERIORA
TERRÆ
CORPUS

O PRINCÍPIO DO GÊNERO À LUZ DA CIÊNCIA DA BRUXARIA

O Universo é feito de dualidades, contrastes e complementaridades. Uma das dualidades mais profundas e essenciais é a do gênero, que permeia tudo e a todos. Esta ideia não se refere apenas às distinções biológicas entre masculino e feminino, mas, sim, a um conceito mais amplo que se aplica a inúmeros aspectos do Universo, desde o mundo material até o reino das ideias e emoções.

Enquanto Princípio, o Gênero é uma força motriz que impulsiona a vida e a existência. Seja nos complexos processos biológicos da procriação ou nas interações subatômicas, o gênero se faz presente. No mundo físico, observamos a manifestação clara do gênero através da distinção entre os sexos, fundamentais na perpetuação das espécies. Entretanto, este conceito vai muito além das fronteiras tangíveis.

Nos domínios mais sutis, como o mental e o espiritual, o gênero também desempenha um papel fundamental. Há uma interação dinâmica entre princípios masculinos e femininos que geram pensamentos, emoções, ideias e inovações. Esta interação é como um eterno baile de forças opostas e complementares.

Ao analisarmos o microcosmo, percebemos que o gênero também está profundamente enraizado na própria estrutura da matéria. Os átomos, pilares fundamentais da matéria, são formados pela dança sutil entre corpúsculos carregados positiva e negativamente. Tal interação, que se assemelha ao eterno jogo entre o masculino e o feminino, resulta na criação do que conhecemos como "realidade material".

A Ciência Moderna revela que a eletricidade, a base de muitos fenômenos naturais e tecnológicos que testemunhamos, é movida por essa dualidade. O que foi outrora chamado de polo negativo não é, de fato, uma entidade negativa, mas, sim, uma manifestação do princípio feminino, uma força criadora e geradora. Esta observação lança uma nova luz sobre como entendemos as forças fundamentais do Universo.

No ballet atômico, elétrons, que podem ser vistos como representantes do princípio feminino abandonam seus postos e são atraídos para os princípios masculinos. Esse movimento contínuo e eterno de atração e repulsão é a força vital que resulta na criação de átomos e moléculas, os tijolos fundamentais de nossa existência.

Essa compreensão profunda de como o gênero se manifesta em todos os níveis da realidade, desde o etéreo até o material, oferece uma perspectiva única sobre o Universo. Reconhecer a presença e a influência do gênero em tudo ao nosso redor nos convida a uma profunda reflexão sobre as interações, a criação e o equilíbrio inerentes à vida e à existência.

A ancestralidade do pensamento hermético, repleta de simbolismos e metáforas, apresenta insights singulares sobre a natureza dual da existência. Através desses ensinamentos, somos conduzidos a refletir sobre a interação entre os princípios masculino e feminino não apenas em termos de gênero, mas como forças complementares e indispensáveis presentes em cada indivíduo.

De acordo com a Tradição Hermética, o princípio masculino é aquele que direciona a energia, agindo como um gatilho para acionar o processo criativo. Em contrapartida, o princípio feminino é responsável por acolher, amalgamar e proporcionar o ambiente propício para a materialização da criação. Neste contexto, é fundamental entender que ambos os princípios são imprescindíveis para a manifestação de qualquer forma de vida ou pensamento.

Esta interconexão é tão profunda que muitas formas de vida apresentam uma combinação destes dois princípios em um único organismo. Assim, independentemente da forma física masculina ou feminina, ambos os princípios estão presentes, reafirmando a ideia de que o gênero físico não limita ou determina exclusivamente a manifestação dessas energias. Esta compreensão, em si, desafia muitas percepções tradicionais sobre gênero e identidade, trazendo à tona uma visão mais abrangente da humanidade.

Dentro de nossa mente, esses princípios também atuam com distinção, mas de forma interdependente. Enquanto o Princípio Feminino Mental é receptivo e atua na geração de novos pensamentos e ideias, especialmente na imaginação, o Princípio Masculino se expressa através da vontade, direcionando e moldando a criatividade. A harmonização desses princípios é, portanto, essencial para uma mente criativa e autônoma.

Infelizmente, muitas pessoas, independentemente de seu gênero físico, possuem um desequilíbrio em sua polarização mental. Aqueles que se encontram excessivamente polarizados no Princípio Feminino tendem a ser mais receptivos e influenciáveis, frequentemente adotando ideias e conceitos externos sem uma análise crítica ou reflexão pessoal. Em contraste, aqueles que equilibram e cultivam o Princípio Masculino de sua mente exercem sua vontade de maneira mais robusta, moldando, assim, sua própria realidade mental, mas também influenciando o pensamento de outros.

A história tem inúmeros exemplos de líderes, pensadores e influenciadores que, dominando sua própria mente através da vontade, conseguiram semear ideias e influenciar as massas. Por outro lado, uma população que não exerce sua atividade mental autônoma pode ser facilmente direcionada, muitas vezes agindo de maneira passiva e acrítica.

Assim, no contexto hermético, a verdadeira força e autonomia residem na habilidade de equilibrar e harmonizar os princípios masculino e feminino dentro de nós. Ao abraçarmos essa dualidade intrínseca e compreendermos seu papel, somos capacitados a exercer nossa vontade de maneira consciente, criando, refletindo e impactando o mundo ao nosso redor de forma mais significativa e autêntica.

Em meio às diversas reflexões das Tradições herméticas, o Princípio do Gênero emerge como um dos mais intrigantes e fundamentais para a compreensão das dinâmicas universais. Ao explorá-lo mais profundamente, constatamos que sua abrangência vai muito além da mera dualidade sexual ou da Polaridade previamente abordada.

A Polaridade é o conceito que estabelece que tudo no Universo tem seu oposto. No entanto, mesmo que saibamos da existência de cargas positivas e negativas, somente isso não é suficiente para esclarecer o mecanismo de atração e repulsão existente no Universo. A ciência, em sua busca incansável por respostas, tentou esclarecer essa dinâmica através da introdução do conceito de campos. Contudo, os conhecimentos herméticos apontam para uma origem ainda mais profunda dessas forças: o Princípio do Gênero.

O fascinante neste conceito é que ele transcende a visão tradicional da ciência sobre os campos. Os Hermetistas acreditam que o Princípio do Gênero não está limitado apenas ao plano físico. Ele permeia todos os níveis da existência, influenciando inclusive a psicologia e o comportamento humano.

A sugestão, fenômeno amplamente estudado pela psicologia, serve como um excelente exemplo dessa influência. O fenômeno de uma mente objetiva influenciando uma mente subjetiva, comumente entendido como sugestão, torna-se mais compreensível à luz dos Princípios Herméticos. A sugestão pode ser interpretada como a ação vibratória do Princípio Masculino sobre o Princípio Feminino, em total concordância com as leis universais. Curiosamente, essa interação assemelha-se ao fenômeno da ressonância, amplamente conhecido pela ciência, onde um elemento passivo sintoniza-se com uma energia vibratória externa.

É notório que os ensinamentos herméticos não estão em desacordo com os avanços da ciência contemporânea. Pelo contrário, muitas vezes, eles parecem complementar e enriquecer as descobertas científicas. O Princípio Hermético da Correspondência, afirmando que aquilo que está em cima é como o que está embaixo, e o que está embaixo é como o que está em cima, destaca-se como um lembrete constante dessa interconexão.

Essa complementaridade entre o Hermetismo e a ciência revela que, independentemente da perspectiva adotada, os fundamentos universais de criação, seja nos planos espiritual, seja no plano mental, seja no psíquico, estão intrinsecamente ligados à manifestação dos Princípios Masculino e Feminino. Portanto, tanto no contexto das Tradições milenares, como à luz da Ciência Moderna, o Princípio do Gênero mantém sua relevância e serve como uma chave para desvendar os Mistérios mais profundos do Universo.

O Princípio do Gênero, enquanto último dos 7 Princípios Herméticos, ocupa um lugar especial no entendimento da natureza intrínseca de todas as coisas. Esta ideia, expressa nos ensinamentos herméticos, sugere que os aspectos masculino e feminino estão enraizados em tudo o que existe, não se limitando apenas à perspectiva biológica ou psicológica do gênero.

Inicialmente, é fundamental destacar que a terminologia "princípio" usada neste contexto pode ser mais apropriadamente interpretada como uma "essência" ou "aspecto". Dito de outra forma, estamos falando de uma força subjacente que influencia a realidade, em vez de um mero conjunto de características observáveis.

Ao trazer à luz o texto do Caibalion, fica evidente que esta doutrina hermética entende o gênero de uma forma mais ampla: "o grande Sétimo Princípio Hermético – o Princípio do Gênero – encarna a verdade de que existe Gênero manifestado em tudo". Para muitos, essa abordagem pode parecer contraintuitiva. Somos, desde sempre, condicionados a perceber o gênero principalmente através das lentes da Biologia, entendendo-o em termos de diferenças sexuais evidentes nos seres vivos. Mas o Caibalion nos convida a ir além, afirmando que o que conhecemos como "sexo" é apenas uma manifestação do gênero em um determinado plano da realidade, o plano orgânico da vida.

Se nos desafiarmos a compreender essa ideia mais profundamente, podemos começar a ver o gênero como uma categorização binária de masculino e feminino, mas também como uma interação dinâmica de energias yin e yang, de dar e receber, de ação e receptividade. Tais energias são intrínsecas a todos os aspectos da realidade, desde os ciclos da natureza até as interações humanas, e não apenas no contexto da reprodução biológica.

No entanto, a questão mais intrigante talvez seja: como se origina tal princípio? A resposta pode residir no fato de que podemos compreender a realidade a partir de nossas percepções imediatas, mas também reconhecer que há dimensões mais sutis que se entrelaçam em todos os fenômenos. Ao ir além da superfície, reconhecemos que o gênero, em sua essência hermética, está enraizado no próprio tecido do Universo, servindo como um princípio orientador que dá forma e direção a tudo o que existe.

O conceito de gênero, conforme discutido nos ensinamentos herméticos, é notoriamente distinto das noções comuns associadas a Biologia e a Física. A ciência, com seu rigor e adesão estrita à evidência empírica, muitas vezes carece da capacidade de explorar e compreender os domínios mais profundos da realidade que escapam aos sentidos exteriores.

Tomemos, por exemplo, a relação entre a cognição quântica e a subjetividade interna. Não fosse a correlação entre as probabilidades quânticas e os estados subjetivos internos, a ciência teria desconsiderado a associação entre a subjetividade e a matemática da função de onda. No entanto, ao lançarmos luz sobre essa ciência através da ótica da Mentalidade e Correspondência herméticas, tal conexão se torna aparente. Da mesma forma, o Princípio do Gênero, tal como discutido na Tradição Hermética, apresenta nuances semelhantes.

O Caibalion introduz o conceito do Princípio do Gênero Mental, associando-o a dois aspectos distintos da psique: o "Eu" (aspecto masculino) e o Ego" (aspecto feminino). O "Eu" é a essência autêntica, uma autoconsciência que existe independentemente de qualquer característica ou qualidade adicional. Já o "Ego" representa as características, memórias e traços de personalidade que esse "Eu" possui. A relação entre os dois pode ser visualizada como dois círculos concêntricos, onde o "Ego" é contido pelo "Eu".

A abordagem hermética ao gênero vai além das simples distinções biológicas entre masculino e feminino. Ela propõe uma visão mais holística, na qual o gênero é entendido como uma energia universal que permeia tudo.

Ao aplicar essa compreensão ao contexto de "a Mente do Todo", emerge a ideia de que a primeira consciência existiu e, em seguida, criou dentro de si mesma, dando origem a um simulacro mental. A motivação por trás dessa criação é o amor ou o desejo – uma expressão intrínseca do Princípio do Gênero.

Esta dinâmica entre os princípios iniciativos e receptivos, ou masculinos e femininos, pode ser observada tanto na mentalidade, como também em fenômenos naturais e físicos. O estudo psicológico do gênero, por exemplo, revela que a maioria dos homens prefere tomar a iniciativa em relacionamentos, enquanto a maioria das mulheres tem uma atitude mais receptiva. Essa dinâmica também é refletida biologicamente, onde os papéis masculino e feminino demonstram padrões iniciativos e receptivos, respectivamente.

Tais paralelos entre gênero psicológico e sexo biológico não são simples coincidências, mas, sim, reflexos de uma realidade mais profunda. Eles simbolizam uma realidade mental subjacente que guia os acontecimentos no plano físico.

A distinção moderna entre sexo biológico e gênero psicológico é, de fato, uma consequência de uma compreensão materialista da realidade. No entanto, quando examinada à luz dos princípios herméticos, essa separação revela uma interconexão profunda e simbólica.

Essa relação entre os princípios do gênero pode ser ilustrada através de analogias simples, como a de cortar uma estrela de papel. Assim como a estrela recortada complementa perfeitamente o papel de onde foi retirada, os princípios masculino e feminino se complementam de maneira inerente, refletindo sua origem comum.

Assim, o Princípio do Gênero, conforme apresentado na Tradição Hermética, oferece uma compreensão profunda e holística da realidade. Ele ressalta que, além das manifestações físicas e biológicas aparentes, existe uma dinâmica mental e espiritual que opera no Universo, guiando e moldando a manifestação da realidade à nossa volta. Ao entendermos esse princípio, estamos mais perto de compreender a complexidade e a beleza intrínseca da natureza e de nós mesmos.

O conceito de gênero é multifacetado e sua influência se estende por uma vastidão de domínios, desde a Biologia e a cultura, até as esferas espirituais e religiosas. Em um mundo caracterizado por sua diversidade de crenças e práticas religiosas, é notável como o Princípio do Gênero se manifesta de formas semelhantes, sugerindo um entendimento universal dessa ideia.

No Judaísmo, temos o relato icônico da criação de Eva a partir da costela de Adão. Independentemente da interpretação literal ou simbólica, o simbolismo é inegável: Eva é uma extensão de Adão, juntos, eles se tornam uma unidade e se complementam.

O Sufismo, uma corrente mística do Islã, também alude a esse princípio, sugerindo que após a unidade original do ser, houve uma dispersão, culminando na divisão de uma alma em duas, justificando o amor como uma busca constante de reunificação.

Já o budismo traz à tona as figuras de Tara e Avalokitesvara, que são representações femininas e masculinas emergindo um do outro, enquanto o hinduísmo nos apresenta Shiva e Shakti, aspectos masculino e feminino de uma Divindade unificada, Ardhanarishvara.

Mesmo nas antigas religiões egípcias e sumerianas, encontramos similaridades nesses padrões. Osíris e Ísis, do panteão egípcio, surgem como contrapartes, irmão e irmã, indicando uma origem comum, ao passo que, na cosmogonia suméria, o mundo surge da divisão da montanha Anki em *An* (céu) e *Ki* (terra), princípios masculino e feminino respectivamente.

A presença ubíqua desse princípio em tantas Tradições religiosas ilustra sua importância e sua percepção como um aspecto fundamental da realidade. Isso destaca que, longe de ser uma criação isolada do Hermetismo, o Princípio do Gênero parece ser um elemento intrínseco da compreensão humana sobre a existência.

Mais do que meros produtos da imaginação humana, esses conceitos religiosos parecem apontar para uma realidade compartilhada, uma *prisca theologia*, ou uma teologia antiga e universal. Eles sugerem que, no âmago das práticas religiosas e espirituais, há um reconhecimento do equilíbrio e da interdependência entre os princípios masculino e feminino como fundamentais na trama da existência.

Em uma tradução do grego, *Hieros Gamos* significa "casamento sagrado". Porém, para a mente contemporânea, este termo carrega uma profundidade espiritual que vai muito além da simples união entre duas pessoas. Baseado no Princípio Hermético do Gênero, o Hieros Gamos é visto como um dos fundamentos para a prática do casamento sagrado, representando a fusão transcendental das essências masculina e feminina que vai além da mera materialidade.

A concepção hermética sugere que o mundo físico é apenas um constructo mental moldado por planos espirituais mais profundos. Esta visão permite perceber que os corpos masculino e feminino são não somente biológicos, como também representações simbólicas dos códigos espirituais subjacentes. Portanto, o Hieros Gamos vai além da união física, é uma profunda integração espiritual, uma confluência de princípios que se complementam.

Uma exploração mais aprofundada sobre o estado de "queda", como discutido em algumas Tradições religiosas, revela-nos que este estado é caracterizado pela fragmentação da consciência nos planos mental e espiritual. Curiosamente, esses fragmentos carregam consigo atributos de gênero, refletindo a origem da dualidade presente na natureza humana. A saída desse estado decaído, então, sinaliza uma espécie de "casamento espiritual", representando a unificação da mente fragmentada com a Mente do Todo.

Infelizmente, a potente reunificação dos gêneros é, muitas vezes, alvo de manipulação e desinformação. A complementaridade inerente dos princípios masculino e feminino gera um poder que, se conhecido, pode ser transformador. Em contrapartida, a ignorância em relação a esses princípios pode levar à dependência e à subjugação. Movimentos modernos que distorcem ou tentam apagar a natureza do casamento e do gênero são testemunhos das tentativas de desviar a humanidade de seu potencial inerente.

Para o leitor consciente desses princípios herméticos, torna-se evidente discernir as verdadeiras intenções por trás de tais movimentos. A perspectiva hermética nos alerta sobre os perigos da superficialidade e da aderência cega a ideologias restritas ao plano físico.

Ao mergulharmos no estudo dos Princípios Herméticos, somos levados a refletir sobre as origens desse conhecimento tão avançado. Como esses princípios poderiam ter sido conhecidos, especialmente em tempos antigos? Essa é uma questão intrigante que nos convida a explorar ainda mais o legado e a sabedoria da Tradição Hermética.

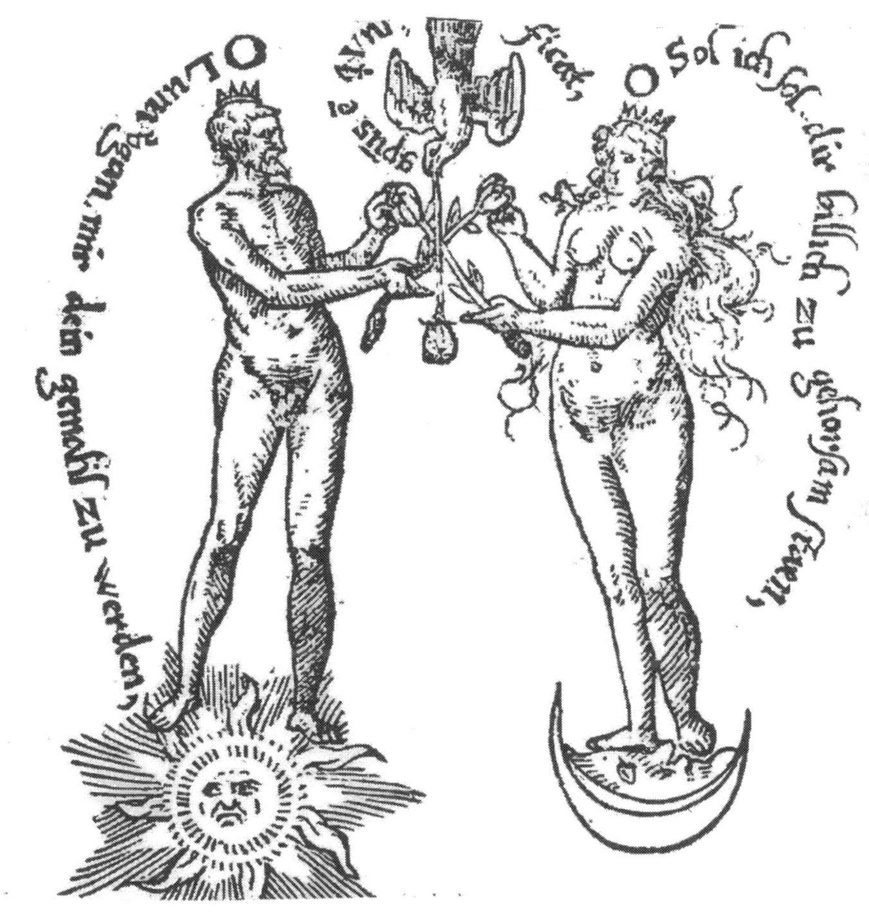

Resumo

Princípio do Gênero

O entendimento hermético acerca do Universo é profundamente enraizado nos princípios que regem a natureza das coisas. Um deles é o Princípio do Gênero, postulando que "o gênero está em tudo; todas as coisas têm seus princípios Masculino e Feminino; o Gênero se manifesta em todos os planos". Ao se aproximar das artes mágicas, encontramos no Princípio do Gênero um elemento chave que estabelece uma ponte entre os conceitos herméticos e as práticas místicas.

Em uma primeira leitura, o Princípio do Gênero pode parecer desligado da física ou das práticas mágicas. No entanto, sua origem e expressão são naturalmente derivadas do Mentalismo, que estabelece que tudo é mental. Quando adentramos nos estudos da Magia, percebemos que a criação e a manifestação de intenções são processos mentais, e que a dualidade do gênero é, de fato, fundamental para essas práticas.

Neste contexto, é crucial compreender que o gênero, conforme abordado hermeticamente, não se refere estritamente ao sexo biológico. Em vez disso, refere-se a uma estrutura binária que emerge do processo de geração ou criação dentro do Universo mental. A Magia, por sua vez, opera com a intenção e a manifestação, ambos processos que ocorrem dentro da mente.

Ao criar, o ser humano canaliza aquilo que ama. Uma obra de arte, por exemplo, é o fruto da paixão e da visão de seu criador. Aqui, identificamos a origem binária do gênero. A figura do amante, que inicia a criação daquilo que é amado, e a figura do amado, que recebe o amor do amante. Esses papéis de iniciar e receber amor são reconhecidos como masculino e feminino, respectivamente, pelos Hermetistas. No reino da Magia, essa dinâmica se manifesta na forma como as intenções são postas e manifestadas.

O que é fascinante, ao traçarmos esse paralelo, é que a complementaridade do gênero – um aspecto tão central na Magia – é uma representação das energias que originam a criação. Algo é naturalmente complementar àquilo do qual foi originado. Em práticas mágicas, essa complementaridade é fundamental para a harmonia e equilíbrio das energias invocadas.

Muitas doutrinas religiosas e ensinamentos místicos ao longo da história reconhecem essa dualidade e complementaridade. No entanto, a beleza do Princípio do Gênero, conforme expresso no Hermetismo, é que ele pode ser inteiramente compreendido e explicado pela dinâmica dos agentes conscientes na física da consciência.

Assim, ao contemplarmos a Magia à luz do Princípio do Gênero, reconhecemos a interconexão entre os conceitos herméticos e as práticas místicas. Ambos buscam entender e trabalhar com as forças fundamentais que regem a existência, e o gênero emerge como uma força primordial que permeia tanto a mente quanto a Magia do Bruxo.

14

GÊNERO MENTAL

À MEDIDA QUE O HOMEM SOBE NA ESCALA DA CONSCIÊNCIA, ELE CONSEGUE SEPARAR SEU "EGO" DA IDEIA PRIMÁRIA DE CORPO E PERCEBE QUE, NA VERDADE, O SEU CORPO É QUE "PERTENCE" À SUA PARTE MENTAL.

O CAIBALION

Os estudantes de psicologia que seguiram a tendência moderna do pensamento sobre os fenômenos mentais ficam impressionados com a persistência da ideia sobre a dualidade da mente, que se manifestou tão fortemente durante os últimos dez ou quinze anos, e que deu origem a várias das teorias plausíveis sobre a natureza e a constituição dessas "duas mentes". O falecido Thomson J. Hudson alcançou grande popularidade em 1893, ao desenvolver sua conhecida teoria das "mentes objetiva e subjetiva" que, segundo ele, havia em cada indivíduo. Outros escritores têm sido atraídos igualmente pelas teorias sobre as "mentes consciente e subconsciente"; as "mentes voluntária e involuntária"; "ativa e passiva", e outras. Nas teorias dos vários escritores, diferem umas das outras, no entanto, permanece o princípio subjacente da "dualidade da mente".

O estudante da Filosofia Hermética é tentado a rir quando lê e ouve falar dessas muitas "novas teorias" a respeito da dualidade da mente e, cada escola se apega tenazmente às suas próprias teorias prediletas e afirma ter "descoberto a verdade". O estudante volta às páginas da história oculta e, no início obscuro dos ensinamentos ocultos, encontra referências à antiga doutrina Hermética do Princípio do Gênero no Plano Mental – a manifestação do Gênero Mental. Examinando mais a fundo, ele descobre que a filosofia antiga tomou conhecimento do fenômeno da "dualidade da mente" e o explicou à luz da teoria do Gênero Mental. Essa ideia de gênero mental pode ser explicada em poucas palavras para os alunos que estão familiarizados com as teorias modernas que acabamos de citar. O Princípio Masculino da Mente corresponde à chamada Mente Objetiva; a Mente Consciente; a Mente Voluntária; a Mente Ativa. Já o Princípio Feminino da Mente corresponde à chamada Mente Subjetiva; a Mente Subconsciente; a Mente Involuntária; a Mente Passiva. Claro que os Ensinamentos Herméticos não concordam com as muitas das teorias modernas sobre a natureza dessas duas fases da mente, nem admite muitos dos fatos alegados para os dois respectivos aspectos – algumas das teorias e das afirmações mencionadas são muito rebuscadas e incapazes de resistir ao teste da experiência e da demonstração. Apontamos as fases de concordância apenas com o propósito de ajudar o aluno a assimilar seus conhecimentos previamente adquiridos a partir dos ensinamentos da Filosofia Hermética. Os estudiosos de Hudson irão notar, no início do seu segundo capítulo de A Lei dos Fenômenos Psíquicos, a declaração de que "O jargão místico dos filósofos Herméticos revela a mesma ideia geral" – isto é, a dualidade da mente. Se o Dr. Hudson tivesse se dado ao trabalho de decifrar um pouco mais do "jargão místico da Filosofia Hermética", poderia ter recebido muita luz a respeito da "dualidade da mente" vinda a partir dele. Acreditamos, por isso, que talvez seu trabalho mais interessante nunca tenha sido escrito. A partir de agora, vamos considerar os Ensinamentos Herméticos sobre o Gênero Mental.

Os Professores Herméticos transmitem suas instruções sobre esse assunto, de início, pedindo aos alunos que examinem atentamente a sua consciência a partir do seu próprio Eu. Os estudantes são convidados a voltar sua atenção para o Eu que habita dentro de cada um. Cada aluno é levado a ver que a sua consciência primeiro faz com que ele perceba a existência do seu próprio Eu – e essa constatação é "Eu Sou". A princípio, essa declaração parece ser as palavras finais da consciência a respeito da existência de uma mente única, porém, um pequeno exame mais aprofundado revela o fato de que este "Eu Sou" pode ser separado ou dividido em duas partes distintas, ou aspectos que trabalham em uníssono, em conjunção, ou ainda podem estar separadas dentro da consciência.

Embora, à primeira vista, pareça existir apenas um "Eu", um exame mais cuidadoso e mais próximo revela o fato de que existe um "Eu" e um "Ego". Esses gêmeos mentais diferem bastante em suas características, e uma análise de sua natureza e dos fenômenos que surgem a partir deles lançará grande luz em muitos problemas sobre a influência mental.

Vamos começar com uma consideração sobre o "Ego", que geralmente é confundido com o "Eu" pelo estudante, até que ele investigue um pouco mais aprofundadamente, nos recessos da sua própria consciência. Um homem pensa em seu Ego (em seu aspecto do "Eu") como sendo composto de certos sentimentos, gostos, aversões, hábitos, laços particulares, características, e outros, que vão constituir sua personalidade, ou "Ego", o aspecto conhecido por ele mesmo e pelos outros. Ele sabe que essas emoções e sentimentos mudam; nascem e morrem; estão sujeitos ao Princípio do Ritmo e ao Princípio da Polaridade, que o levam de um extremo a outro do sentimento. Ele também pensa no "Ego" como certo conhecimento reunido em sua mente e que, portanto, forma uma parte dele mesmo. Esse é o aspecto do "Ego" de um homem.

Estamos nos apressando muito, vamos explicar melhor. Pode-se dizer que o "Ego" de muitos homens consiste principalmente na sua consciência do corpo e dos seus desejos físicos, entre outros. Como sua consciência está amplamente ligada à sua natureza corporal, eles praticamente "vivem ali", nessa parte da mente. Alguns homens chegam ao ponto de considerar suas roupas como parte do seu próprio "Ego" e, na verdade, parecem considerá-las verdadeiramente como parte de si mesmos. Um escritor disse com humor que "os homens consistem em três partes – a alma, o corpo e suas roupas". Essas pessoas "conscientes das suas roupas" perderiam a personalidade se fossem despojadas delas por um ataque de selvagens depois de um naufrágio. Mesmo muitos dos que não estão tão intimamente ligados à ideia de moda se apegam profundamente à consciência de que os seus corpos são seu próprio "Ego". Eles não podem conceber um Eu independente do corpo. Para eles, a sua mente parece ser unicamente "algo que pertence" ao seu corpo – o que, em muitos casos, realmente acontece.

Contudo, à medida que o homem sobe na escala da consciência, ele consegue separar seu "Ego" da ideia primária de corpo e percebe que, na verdade, o seu corpo é que "pertence" à sua parte mental. Mesmo assim, ele é capaz de identificar o "Ego" e associá-lo totalmente com os estados mentais, os sentimentos, e outros, que ele sente que existem dentro dele. Ele considera esses estados internos como partes de si mesmo, em vez de serem simplesmente "coisas" produzidas por alguma área da sua mente, e que existem dentro dele – são dele, estão nele, mas ainda assim não são "ele mesmo". Ele vê que, mesmo que ele mude esses estados internos de sentimentos por um esforço da sua vontade, e que ele possa produzir um sentimento ou estado de natureza exatamente oposta à que havia, ainda assim o "Ego" continuará a existir. Desse modo, depois de um tempo, ele é capaz de deixar de lado esses vários estados mentais, emoções, sentimentos, hábitos, qualidades, características e outros objetos mentais pessoais – ele é capaz de colocá-los de lado na coleção de curiosidades e de adversidades, assim como pertences valiosos. Isso requer muita concentração e poder de análise mental por parte do discípulo. Apesar de essa tarefa ser possível para o aluno avançado, mesmo aqueles que não estão tão adiantados são capazes de ver, por meio da imaginação, como o processo pode ser executado.

Após a realização desse processo de afastamento, o estudante se encontrará na posse consciente de um "Eu" que pode ser considerado em seus aspectos duplos "Eu" e "Ego". O "Ego" será sentido como algo mental, no qual pensamentos, ideias, emoções, sentimentos e outros estados mentais podem ser produzidos. Pode ser considerado o "útero mental", como os antigos o chamavam – capaz de gerar uma descendência mental, filhos mentais. Ele se reporta à consciência como um "Ego" com poderes latentes de criação e de geração de uma progenitura mental de todos os tipos e espécies. Seus poderes de energia criativa são considerados enormes. Mesmo assim, ele parece estar consciente de que deve receber alguma forma de energia vinda de seu companheiro "Eu", ou até mesmo de algum outro "Eu", antes de ser capaz de trazer à existência suas criações mentais. Essa consciência traz consigo a compreensão de uma enorme capacidade de trabalho mental e de habilidade criativa.

Entretanto, logo o aluno descobre que isso não é tudo o que ele encontra em sua consciência interior.

O estudante descobre que existe um "Algo" mental, que é capaz de Desejar que o "Ego" aja segundo certas linhas criativas, e também é capaz de se colocar de lado e de simplesmente testemunhar a criação mental. Ele aprende a chamar essa parte de si mesmo de "Eu". E é capaz de descansar em sua consciência como Deseja, encontrando ali não a consciência de uma habilidade de gerar e criar ativamente, naquele sentido do processo gradual que acompanha as operações mentais, mas, sim, o senso e a consciência de projetar uma energia do "Eu" para o "Ego" – um processo de "desejar" que a criação mental comece e que, a partir daí, prossiga. Ele também descobre que esse "Eu" é capaz de ficar de lado e de testemunhar as operações da criação e da geração mentais realizadas pelo "Ego". Esse é o aspecto de dualidade que existe na mente de todas as pessoas. O "Eu" representa o Princípio Masculino do Gênero Mental – o "Ego" representa o Princípio Feminino. O "Eu" representa o Aspecto do Ser; o "Ego" exprime o Aspecto Daquilo que Virá. Você pode notar que o Princípio da Correspondência opera neste plano, da mesma forma que opera no grande plano da criação dos Universos. Os dois são semelhantes em tipo, embora sejam muito diferentes em grau. "Como acima, é abaixo; como abaixo, é acima".

Esses aspectos da Mente – os Princípios Masculino e Feminino – o "Eu" e o "Ego" – em conexão com os fenômenos mentais e psíquicos bem estabelecidos, fornecem a chave mestra para compreender essas regiões vagamente conhecidas de operação e de manifestação mentais. O Princípio do Gênero Mental fornece a verdade que está subentendida em todo o campo dos fenômenos de influência mental, entre outros.

A tendência do Princípio Feminino é sempre no sentido de receber impressões, enquanto a tendência do Princípio Masculino é sempre na direção de dar, ou expressar. O Princípio Feminino opera num campo de ação muito mais variado que o Princípio Masculino. O Princípio Feminino preside o trabalho da geração de novos pensamentos, conceitos, ideias, incluindo até mesmo o trabalho da imaginação. O Princípio Masculino se contenta tão somente com o trabalho da "Vontade", em suas diversas fases. No entanto, sem a ajuda ativa da Vontade do Princípio Masculino, o Princípio Feminino acaba por se contentar em gerar imagens mentais que são o resultado de impressões recebidas de fora, em vez de produzir criações mentais originais.

As pessoas capazes de prestar atenção contínua a um assunto empregam ativamente ambos os Princípios Mentais – o Feminino no trabalho da geração mental ativa, e a Vontade Masculina no estímulo e na energização da parte criativa da mente. A maioria das pessoas realmente emprega o Princípio Masculino, mas bem pouco, e se contenta em viver de acordo com os pensamentos e ideias inspirados em seu próprio "Ego" por meio da vontade do "Eu" de outras mentes. Mas não é nosso propósito nos alongarmos neste assunto, que pode ser estudado com a ajuda de qualquer bom livro de psicologia, além da chave que demos a você sobre o Gênero Mental.

O estudante dos Fenômenos Psíquicos está ciente dos efeitos maravilhosos que foram classificados sob o título de Telepatia; Transferência do Pensamento; Influência Mental; Sugestão; Hipnotismo, entre outras denominações. Muitos buscaram uma explicação para essas várias fases dos fenômenos sob as teorias dos vários pesquisadores da "mente dual". Em certa medida, eles estão certos, pois há claramente uma manifestação de duas fases distintas da atividade mental. Contudo, se tais estudantes considerarem essas "mentes duplas" à luz dos Ensinamentos Herméticos sobre Vibrações e sobre o Gênero Mental, eles verão que a tão procurada chave está bem mais próxima de suas mãos. Nos fenômenos da Telepatia, podemos perceber como a Energia Vibratória do Princípio Masculino de uma pessoa é projetada na direção do Princípio Feminino de outra pessoa; esta pessoa toma o pensamento embrionário daquela outra e permite que se desenvolva até à maturidade. A Sugestão e o Hipnotismo funcionam do mesmo modo. O Princípio Masculino da pessoa que dá as sugestões direciona uma carga de Energia Vibratória ou Força de Vontade para o Princípio Feminino da outra pessoa, que o aceita e torna-se submissa, agindo e pensando de acordo com a sugestão dada. Essa ideia se aloja na mente da outra pessoa, cresce e se desenvolve e, com o tempo, é considerada como criação mental legítima do indivíduo, ao passo que, na realidade, ela é como o ovo do pássaro cuco, que é colocado no ninho do pardal, onde é chocado e acaba destruindo a prole legítima, e ele permanece lá e se sente confortável e em casa. O processo normal é que os Princípios Masculino e Feminino na mente de uma pessoa se coordenem e ajam harmoniosamente em conjunto. Infelizmente, o Princípio Masculino, num ser humano comum, é muito preguiçoso para agir – a sua demonstração de Força de Vontade é muito branda – e a consequência é que essas pessoas são governadas quase inteiramente pela mente e vontade de terceiros, que adquirem a permissão de fazer o que pensam e o que desejam no lugar delas. Quão poucos pensamentos ou atitudes originais são executados por uma pessoa mediana? Quantas pessoas não passam de sombras e de ecos de outras vontades ou mentes mais fortes que elas? O problema é que o ser humano comum se fixa quase totalmente na sua consciência do "Ego" e não percebe que possui algo como a consciência do "Eu". Ele está polarizado no seu Princípio Feminino da Mente, e o Princípio Masculino, no qual está assentada a Vontade, pode permanecer inativo e não será empregado.

Os homens e as mulheres de fibra invariavelmente manifestam o Princípio Masculino da Vontade, e sua força depende materialmente desse fato. Em vez de viver de acordo com as impressões impostas em suas mentes pelos outros, eles dominam a própria mente por meio da Vontade e obtêm as imagens mentais desejadas; além disso, dominam a mente dos outros da mesma maneira. Vejam as pessoas fortes, como elas conseguem implantar seus pensamentos embrionários na mente das massas, fazendo com que elas pensem de acordo com os seus desejos e vontades. É por isso que as massas são semelhantes a ovelhas: elas nunca dão origem a uma ideia própria, nem usam os seus poderes de atividade mental.

A manifestação do gênero mental pode ser percebida ao nosso redor na vida cotidiana. As pessoas magnéticas são aquelas capazes de usar o Princípio Masculino para infundir suas ideias nos outros. O ator que faz as pessoas chorarem segundo a sua vontade, está empregando esse princípio. E assim também o faz o orador, o estadista, o pregador, o escritor de sucesso ou outras pessoas que estão diante da atenção do público.

A influência peculiar exercida por algumas pessoas sobre outras é devida à manifestação do Gênero Mental, ao longo das faixas Vibracionais acima indicadas. Neste Princípio reside o segredo do magnetismo pessoal, da influência pessoal, do fascínio, entre outros, bem como dos fenômenos geralmente reunidos sob o nome de "Hipnotismo".

O estudante que se familiarizou com os fenômenos geralmente denominados de "psíquicos" terá descoberto o importante papel desempenhado em tais fenômenos pela força que a ciência chamou de "Sugestão", termo pelo qual se entende o processo ou o método de transferência, ou "impressão", de uma ideia na mente do outro, de modo que a segunda mente aja de acordo com a primeira. Uma compreensão correta da Sugestão é necessária para se entender de forma inteligente os diversos fenômenos psíquicos nos quais ela está subjacente. No entanto, para o estudante da Sugestão, é fundamental o conhecimento de Vibração e de Gênero Mental. Todo o princípio de Sugestão depende do Princípio do Gênero Mental e de Vibração.

Os escritores e os mestres da Sugestão estão habituados a explicar que a mente "objetiva ou voluntária" cria a impressão mental, ou a sugestão, na mente "subjetiva ou involuntária". Mas não descrevem esse processo nem nos mostram qualquer analogia na natureza por meio da qual possamos compreender mais prontamente essa ideia. Por outro lado, se pensarmos no assunto à luz dos Ensinamentos Herméticos, seremos capazes de ver que a energização do Princípio Feminino por meio da Energia Vibratória do Princípio Masculino está de acordo com as leis universais da natureza, e que o mundo natural oferece inúmeras analogias pelas quais esse princípio pode ser compreendido. Na verdade, os Ensinamentos Herméticos mostram que a própria criação do Universo segue a mesma lei, e que, em todas as manifestações criativas, nos planos espiritual, mental e físico, sempre está em ação o Princípio do Gênero – essa manifestação dos Princípios Masculino e Feminino. "Como acima, é abaixo; como abaixo, é acima." Mais do que isso, quando o Princípio do Gênero Mental é uma vez compreendido e assimilado, os variados fenômenos da psicologia tornam-se imediatamente passíveis de classificação e de estudo inteligentes, em vez de permanecerem no escuro. O princípio "funciona" na prática, porque se baseia nas leis universais e imutáveis da vida.

Não entraremos aqui numa extensa discussão ou descrição dos variados fenômenos de influência mental ou de atividade psíquica. Nos últimos anos, foram escritos e publicados diversos livros sobre o assunto, e muitos deles são bons. Os principais fatos declarados em tais livros estão corretos, embora seus autores tenham tentado explicar esses fenômenos por meio de teorias de sua preferência. O discípulo pode se familiarizar com esses assuntos e, ao usar a teoria do Gênero Mental, ele será capaz de pôr ordem no caos de teorias e ensinamentos conflitantes, podendo, além disso, tornar-se prontamente um especialista do assunto, se estiver inclinado a isso. O objetivo deste trabalho não é explicar extensamente os fenômenos psíquicos, mas antes oferecer ao estudante uma chave mestra com a qual ele possa destrancar as muitas portas que conduzem ao Templo do Conhecimento, caso tenha o desejo de explorá-lo. Esperamos que nos ensinamentos de *O Caibalion* seja encontrada uma explicação para eliminar muitas dificuldades desconcertantes – uma chave que abrirá muitas portas.

Qual a finalidade de detalharmos todas as muitas características dos fenômenos psíquicos e da ciência mental, se não for para colocar ao alcance do estudante os meios pelos quais ele possa receber um elevado grau de instrução do assunto que lhe interessa? Com a ajuda de *O Caibalion*, pode-se passar por qualquer biblioteca oculta novamente, e a velha Luz do Egito iluminará muitas páginas escuras e assuntos ocultos. Esse é o propósito deste livro. Não viemos expor uma nova filosofia, nosso intuito é fornecer as linhas gerais de um grande preceito antigo que tornará claro os ensinamentos de outras correntes – e que servirá como um Grande Reconciliador das teorias e das doutrinas que são aparentemente opostas.

O GÊNERO MENTAL PARA BRUXOS

Dentro do Cosmos interior, o Gênero Mental floresce, equilibrando a energia intuitiva e analítica, guiando o navio da consciência através das águas calmas e tempestuosas do pensar e sentir.

Na complexa teia da existência humana, a filosofia hermética introduz uma distinção fascinante entre dois conceitos aparentemente similares, porém intrinsecamente distintos: o "Eu" e o "Ego". Estas denominações transcendem a mera linguagem e penetram na essência do ser, revelando aspectos profundos de nossa natureza e da dinâmica energética que nos move.

O "Ego" é a personificação de nossos estados mentais, humor, hábitos e, inclusive, nosso corpo. Representa nossa energia feminina, aquela que é passiva, que acolhe e que, por vezes, pode nos fazer sentir à mercê das circunstâncias, como se estivéssemos à deriva em um mar de emoções e sentimentos variáveis. No entanto, é imperativo reconhecer a importância desse "Ego". Não se trata apenas de um receptáculo de sensações; é a sede de uma força criativa poderosa que aguarda a direção correta para se manifestar.

Por outro lado, temos o "Eu", a representação de nossa energia masculina, que simboliza a vontade, o desejo e a intenção. É a parte de nós que observa, decide e atua. O "Eu" é aquele que, ao perceber os leves deslizes do "Ego", tem o poder de corrigi-los, garantindo que a jornada continue na direção certa.

Contudo, muitas pessoas vivem suas vidas presas exclusivamente à esfera do "Ego", sentindo-se frequentemente como vítimas de suas próprias circunstâncias. Estão tão enredadas em suas emoções e estados mentais que esquecem do poder que o "Eu" tem de guiar e direcionar. E é aqui que a Magia da filosofia hermética entra em cena, lembrando-nos da importância do equilíbrio entre essas duas forças.

Ao harmonizar o "Ego" e o "Eu", permitimos que a força criativa residente no "Ego" seja guiada e moldada pela vontade e intenção do "Eu". Dessa maneira, as ideias e sonhos germinados no terreno fértil do "Ego" encontram no "Eu" o arquiteto capaz de transformá-los em realidade palpável.

Imagine que o "Ego" seja um rio caudaloso e poderoso. Sozinho, ele pode ser imprevisível, às vezes calmo, outras vezes tempestuoso. O "Eu", por sua vez, é como o engenheiro que constrói as barragens, canais e direciona esse rio, garantindo que sua força seja utilizada de maneira produtiva, gerando energia e alimentando terras férteis.

O desafio para cada indivíduo é reconhecer e aceitar ambas as partes, aprendendo a dança delicada entre elas. Quando nos desvinculamos da identificação exclusiva com o "Ego" e passamos a reconhecer o poder do "Eu", abrimos as portas para um relacionamento mais harmonioso entre essas duas entidades. Esse equilíbrio permite que nos tornemos mestres de nossos destinos, usando a criatividade e a energia do "Ego" sob a sábia orientação do "Eu". Assim, cada passo, cada escolha e cada ação torna-se uma expressão da dança Divina entre essas duas forças, conduzindo-nos em uma jornada de autodescoberta e realização.

A telepatia se destaca como uma das habilidades mais intrigantes e misteriosas dentro da vastidão do Universo místico e das capacidades humanas. Esta forma de comunicação, que transcende as barreiras físicas e verbais, é frequentemente vista como um dom especial, inerente apenas a alguns indivíduos. No entanto, ao mergulhar mais profundamente nas águas da filosofia hermética, descobrimos que sua compreensão e aprimoramento estão intrinsecamente ligados ao Princípio do Gênero.

Em essência, a telepatia é um ato de troca energética. Quando uma pessoa envia um pensamento, está realizando uma ação masculina, projetando sua energia para o exterior. Por outro lado, o indivíduo que recebe esse pensamento desempenha uma função feminina, acolhendo e internalizando a energia enviada. Uma dança sutil de dar e receber; projetar e absorver.

No entanto, para que esta comunicação seja eficaz, é essencial que ambos os aspectos – o masculino e o feminino – estejam em equilíbrio. Assim como na vida cotidiana, onde a receptividade é uma chave para o crescimento e a conexão, no reino da telepatia, estar aberto a receber é tão crucial quanto a habilidade de enviar pensamentos. Interessante observar que, frequentemente, pessoas que têm dificuldade em perceber energias psíquicas ou se comunicar com seres angelicais são aquelas que em sua vida diária estão tão focadas em dar que se esquecem da importância de receber. Elas se tornam tão envolvidas em sua energia masculina, que a capacidade de se sintonizar com as sutilezas do Universo espiritual se torna um desafio.

Isso é particularmente evidente em pessoas que vivem em ambientes altamente competitivos ou de grande estresse. Estes indivíduos muitas vezes estão tão imersos em suas responsabilidades e na constante projeção de sua energia, que se tornam desequilibrados. Esta predominância da energia masculina faz com que se tornem menos receptivos e, consequentemente, menos sensíveis às nuances do universo espiritual.

O caminho para aprimorar a telepatia e outras habilidades psíquicas, portanto, passa pelo reconhecimento da necessidade de equilíbrio. É imperativo aprender a dar e receber com igual graça. Ao cultivar a receptividade em nossa vida diária, seja aceitando ajuda quando oferecida, seja abrindo-se para receber presentes e bênçãos, preparamos o terreno para uma comunicação telepática mais rica e profunda.

A jornada em direção à maestria telepática é, assim, uma jornada de autoconhecimento e equilíbrio. É uma descoberta contínua da dança entre o masculino e o feminino dentro de nós, e de como essa dança influencia nossa capacidade de perceber e interagir com o mundo espiritual que nos rodeia.

Ao longo das eras, inúmeras pessoas tentaram se sintonizar com o Universo espiritual, buscando respostas, insights ou simplesmente uma conexão mais profunda com o mundo ao seu redor. No entanto, o que muitos descobrem é que esta jornada não fala do desejo de se conectar somente, é sobre o equilíbrio das energias internas que impulsionam essa conexão.

Quando falamos de energia masculina, referimo-nos ao impulso, à ação e à determinação. É a força que nos impulsiona a perseguir objetivos, a agir e a realizar. Em contraste, a energia feminina é aquela da receptividade, da intuição e da abertura. Ambas são essenciais na nossa vida, mas, quando se trata de habilidades psíquicas, a harmonia entre essas energias é de extrema importância.

Muitas vezes, ao tentar desenvolver habilidades psíquicas ou ao buscar visões espirituais, algumas pessoas colocam uma ênfase excessiva na energia masculina, tentando forçar ou impulsionar uma conexão. Esta ação de "tentar demais" pode ser contraproducente. A insistência excessiva e a impaciência muitas vezes bloqueiam a capacidade de receber mensagens espirituais, já que a energia psíquica necessita de um estado de receptividade, de abertura, para fluir livremente.

Por outro lado, uma ênfase excessiva na energia feminina pode ser igualmente problemática. Aqueles que se tornam excessivamente passivos ou receptivos podem se encontrar como meramente observadores da vida, sem interagir ou expressar suas próprias ideias e pensamentos originais. Estas pessoas podem se tornar espectadores de sua própria existência, sem realmente participar ou influenciar o curso de suas vidas.

A Magia, em sua forma mais Divina e pura, também exige este equilíbrio. Magia verdadeira vai além de realizar rituais ou recitar encantamentos, é a dança harmoniosa entre dar e receber, entre agir e permitir. Assim, para aqueles que buscam desenvolver suas habilidades psíquicas ou praticar a Magia Divina, o caminho não é nem puramente ativo nem puramente passivo, é uma mistura equilibrada dos dois.

Esta jornada, portanto, nos diz sobre desenvolver habilidades ou poderes, é sobre o autoconhecimento e a autocompreensão. É sobre reconhecer as energias que operam dentro de nós e aprender a harmonizá-las, para que possamos nos conectarmos com o mundo espiritual, mas também viver nossa vida de maneira plena e equilibrada.

A ideia da dualidade da mente, como expresso nos estudos da Filosofia Hermética, é um conceito que remonta a tempos antigos. Nos últimos anos, essa ideia tem sido frequentemente revivida e remodelada por estudantes de psicologia e filósofos contemporâneos, todos buscando compreender a complexidade da mente humana.

Como uma Tradição esotérica e espiritualista, a Wicca há muito abraça a noção da dualidade em suas práticas e crenças, e a celebração dos aspectos Divinos masculinos e femininos, representados pelo Deus e pela Deusa, mas também um entendimento profundo dos opostos complementares, como luz e escuridão, morte e renascimento.

Esta interação entre o masculino e o feminino, ou o ativo e o passivo, reflete a noção hermética do "Eu" e o "Ego". Na Wicca, há um profundo reconhecimento da necessidade de equilíbrio. Cada ser carrega em si a essência dual de ambos os princípios, assim como a mente carrega os aspectos objetivos e subjetivos. Estas duas metades não só coexistem, como são também essenciais para a completude e funcionalidade do todo.

As práticas mágicas, especialmente na Tradição Wiccaniana, frequentemente requerem o equilíbrio dessas energias duais. O praticante canaliza a energia do Universo (frequentemente percebida como feminina, receptiva) através da sua intenção ativa e focada (frequentemente associada ao masculino). Esta combinação cria um terceiro tipo de energia, a energia mágica, que é então direcionada para um propósito específico.

Ao considerar os ensinamentos herméticos, percebemos que a Wicca ressoa profundamente com a ideia de uma mente dual. Os rituais Wiccanianos muitas vezes envolvem invocar a Deusa e o Deus, reconhecendo a dualidade Divina que reflete a dualidade inerente ao ser humano. Esta prática não só honra a sacralidade dessa dualidade, como também utiliza sua poderosa dinâmica para fins mágicos e espirituais.

Além disso, assim como a Filosofia Hermética pede ao estudante para olhar para dentro e compreender seu verdadeiro "Eu", a Wicca também encoraja a introspecção e o autoconhecimento. A jornada para entender a si mesmo, para desvendar os mistérios da própria mente e alma, é tanto uma busca hermética quanto Wiccaniana.

O universo da Wicca também é repleto de simbolismos que refletem a dualidade. A Roda do Ano Wiccaniana, com seus Sabbats e Esbats, celebra os ciclos da vida e a interação entre as forças opostas. O Caldeirão, muitas vezes usado em rituais, simboliza o útero, enquanto o Athame ou a Espada representam o princípio masculino, juntos, eles podem criar Magia.

A Bruxaria, muitas vezes, se baseia na manipulação e direcionamento de energias para propósitos específicos. A arte da Magia, em muitos aspectos, envolve o uso ativo da Vontade (Princípio Masculino) para influenciar a realidade. Simultaneamente, o receptivo Princípio Feminino é necessário para nutrir, conceber e manifestar essa Vontade no plano físico. Assim, um Bruxo habilidoso é alguém que direciona a energia com intenção, mas que também se sintoniza com as energias receptivas e criativas do Universo.

O texto hermético realça o fenômeno da "sugestão" e como certas mentes dominantes podem influenciar os pensamentos de outras. Na Bruxaria, essa habilidade pode ser vista em práticas de encantamentos ou feitiços que visam influenciar a realidade ou a percepção de outra pessoa. No entanto, vale ressaltar que a ética na maioria das Tradições mágicas é clara sobre o uso responsável dessas habilidades, enfatizando a importância do consentimento e do bem maior.

Ao analisar as práticas ritualísticas da Wicca, percebemos a manifestação desta dualidade de gênero. O Círculo Mágico, frequentemente traçado em rituais, serve como um útero (Princípio Feminino) onde a Magia é concebida. A Vontade e a intenção do praticante direcionada pelo Athame (Princípio Masculino) infundem esse espaço com propósito e direção.

A Wicca também ecoa os ensinamentos herméticos ao reconhecer a interconexão de todas as coisas. Assim como o Hermetismo proclama "como acima, é abaixo; como abaixo, é acima", a Wicca ensina que aquilo que afetamos em um plano se manifesta em outros.

Logo, a relação entre os Princípios Masculino e Feminino nos ensinamentos herméticos e a dinâmica entre a Deusa e o Deus na Wicca e na Bruxaria oferecem uma profunda compreensão da dança eterna entre o ativo e o receptivo. Em nossa busca pelo autoconhecimento e pelo entendimento do Cosmos, é essencial reconhecer e equilibrar essas forças dentro de nós.

Assim, ao explorar a mente humana através da lente da Filosofia Hermética, descobrimos que a Wicca oferece uma perspectiva complementar que não só valida os conceitos herméticos, mas também os aprofunda e enriquece. As Tradições antigas e modernas se entrelaçam de maneiras maravilhosas, mostrando que, apesar das diferenças superficiais, a busca pela compreensão e conexão com o Divino é uma jornada compartilhada por todos nós.

Dentro desse entendimento, percebemos que as Tradições espirituais e mágicas de diferentes culturas e eras não são tão divergentes quanto podem parecer à primeira vista. Em vez disso, elas oferecem diferentes linguagens e símbolos para descrever as verdades universais que permeiam nossa existência

15

AXIOMAS HERMÉTICOS

"A posse do Conhecimento, a menos que esteja acompanhada por uma manifestação e uma expressão da Ação, é como o acúmulo de metais preciosos – uma coisa tola e vã. O Conhecimento, como a Riqueza, é destinado ao Uso. A Lei do Uso é Universal, e aquele que a viola sofre em razão de seu conflito com as forças naturais."

O Caibalion

Os Ensinamentos Herméticos, embora tenham sido mantidos bem guardados na mente dos seus afortunados possuidores, por razões que já declaramos, nunca foram destinados a ser simplesmente armazenados e mantidos em segredo. A Lei do Uso é tratada nos Ensinamentos, como você pode ver por esta citação de *O Caibalion*, que afirma isso vigorosamente. O Conhecimento sem Uso e sem Expressão é vão, não traz qualquer bem para seu possuidor ou para a raça. Tenha cuidado com a Avareza Mental e expresse por meio da Ação tudo o que aprendeu. Estude os Axiomas e os Aforismos, mas pratique-os também.

Vejamos a seguir comentários sobre alguns dos mais importantes Axiomas Herméticos de *O Caibalion*. Você deve comentá-los, praticá-los e usá-los, porque eles apenas serão realmente seus quando os tiver aplicado.

> "Para mudar seu humor ou estado mental – mude sua vibração."
> – O Caibalion

Podemos mudar as vibrações mentais por um esforço da nossa Vontade, no sentido de fixar deliberadamente a Atenção em um estado mais desejável. A vontade direciona a atenção, e a atenção muda a vibração. Cultive a Arte da Atenção, por meio da Vontade, e você terá desvendado o segredo do Domínio dos Humores e dos Estados Mentais.

> "Para destruir uma frequência indesejável de vibração mental, coloque em operação o Princípio da Polaridade e concentre-se no polo oposto àquele que você deseja suprimir. Elimine o indesejável, mudando a sua polaridade."
> – O Caibalion

Esta é uma das Fórmulas Herméticas mais importantes. Ela se baseia em verdadeiros princípios científicos. Mostramos a você que um estado mental e o seu oposto eram somente os dois polos de uma mesma coisa e que, pela Transmutação Mental, a polaridade poderia ser invertida. Este princípio é conhecido pelos psicólogos modernos, que o aplicam para eliminar hábitos indesejáveis, aconselhando que seus alunos se concentrem na qualidade oposta. Se estiver com Medo, não perca tempo tentando "destruir" o Medo, em vez disso, cultive a Coragem, e o Medo automaticamente desaparecerá. Alguns escritores expressaram essa ideia de maneira mais convincente, usando a imagem do quarto escuro. Você não tem de remover ou retirar as Trevas; basta apenas abrir as venezianas, deixar a Luz entrar e as Trevas desaparecerão instantaneamente. Para eliminar uma qualidade negativa, concentre-se no polo positivo dessa mesma qualidade, e as vibrações mudarão gradualmente de negativa para positiva, até que finalmente você se fixe no polo positivo, em vez de no negativo. O inverso também é verdadeiro, como muitos descobriram para sua tristeza, quando se permitiram vibrar muito constantemente no polo negativo das coisas. Ao mudar sua polaridade, você pode dominar seu humor, mudar seus estados mentais, refazer sua disposição de espírito e até edificar seu caráter. Muito do domínio mental do Hermetista avançado é devido à aplicação da polaridade, um dos aspectos mais importantes da Transmutação Mental. Lembre-se do Axioma Hermético (citado anteriormente), que diz:

> "A mente (assim como os metais e os elementos) pode ser transmutada de estado em estado, de grau em grau, de condição em condição, de polo em polo, de vibração em vibração."
> – O Caibalion

O domínio da Polarização é o domínio dos princípios fundamentais da Transmutação Mental ou da Alquimia Mental, pois, a menos que o aluno conquiste a arte de mudar sua própria polaridade, ele será incapaz de afetar seu ambiente. A compreensão desse princípio permitirá a mudança de sua própria Polaridade, assim como a dos outros, apenas se ele dedicar o tempo, o cuidado, o estudo e a prática necessários para dominar a Arte. O princípio é verdadeiro, mas os resultados obtidos dependem da persistente paciência e prática do aluno.

> "O ritmo pode ser neutralizado por uma aplicação da Arte da Polarização."
> – O Caibalion

Como explicamos nos capítulos anteriores, os Hermetistas sustentam que o Princípio do Ritmo se manifesta no Plano Mental, bem como no Plano Físico, e que a sucessão desconcertante de humores, sentimentos, emoções e outros estados mentais se deve à oscilação do pêndulo mental, que nos leva de um extremo ao outro do sentimento. Os Hermetistas também ensinam que a Lei da Neutralização permite, em grande medida, superar a ação do Ritmo na consciência. Como explicamos, há um Plano Superior de Consciência, bem como o Plano Inferior comum, e o Mestre, ao elevar-se mentalmente ao Plano Superior, faz o deslocamento do pêndulo mental se manifestar no Plano Inferior, e ele, fixado em seu Plano Superior, escapa da consciência de retorno do pêndulo. Isso é realizado por meio da polarização no Eu superior, que eleva as vibrações mentais do Ego acima das do plano comum de consciência. É como elevar-se acima de uma coisa e permitir que ela passe por baixo de você. O Hermetista avançado polariza-se no Polo Positivo do seu Ser – o polo do "Eu Sou", em vez de no polo da personalidade e, pela "recusa" e "negação" da ação do Ritmo, eleva-se acima de seu plano de consciência, posicionando-se firmemente em sua Declaração de Ser. Assim, o pêndulo oscila de volta ao Plano Inferior, sem alterar sua Polaridade. Essa manobra é realizada por quem alcançou certo grau de autodomínio, quer entenda ou não a Lei. Essas pessoas simplesmente "se recusam" a se deixar levar pelo pêndulo do humor e da emoção e, ao afirmarem firmemente a superioridade, permanecem fixadas no polo positivo. O Mestre, é claro, atinge um grau muito maior de proficiência, porque ele entende completamente a lei que ele está suplantando para fixação em uma Lei Superior e, pelo uso da sua Vontade, atinge um grau de equilíbrio e de firmeza mental quase impossível de se acreditar por parte dos que se deixam levar para a frente e para trás no pêndulo mental de estados de espírito e sentimentos.

Lembre-se sempre, entretanto, de que você realmente não destrói o Princípio do Ritmo, pois ele é indestrutível. Você simplesmente supera a Lei ao compensá-la com outra, mantendo, por esse meio, o equilíbrio. As leis de equilíbrio e contraequilíbrio estão em ação no plano mental e também nos planos físicos, e uma compreensão dessas leis permite que alguém pareça derrubá-las, quando, na verdade, o processo exercido é somente de contraequilíbrio das forças.

> "Nada escapa ao Princípio da Causalidade, mas existem muitos Planos de Causalidade. As leis do plano superior podem ser usadas para superar as leis do plano inferior"
> – O Caibalion

Ao compreender a prática da Polarização, os Hermetistas ascendem a um Plano Superior de Causalidade e, dessa maneira, compensam as leis dos Planos Inferiores de Causalidade. Elevando-se acima do plano das Causas comuns, eles se tornam "causas", em vez de serem meramente "coisas causadas". Por serem capazes de dominar seus próprios estados de espírito e sentimentos, e por serem capazes de neutralizar o Ritmo, como já explicamos, eles conseguem escapar de grande parte das ações de Causa e Efeito no plano comum. As massas se deixam conduzir e são obedientes às vontades e aos desejos dos mais fortes, aos efeitos das tendências herdadas, às sugestões dos outros, além de outras causas externas que tendem a movê-los no tabuleiro de xadrez da vida como simples peões. Elevando-se acima dessas causas influentes, os Hermetistas avançados buscam um plano superior de ação mental; dominando seus humores, emoções, impulsos e sentimentos, eles criam para si novas características, qualidades e poderes, pelos quais superam seu ambiente comum, e assim se tornam, com efeito, jogadores em vez de peões. Essas pessoas ajudam a jogar o jogo da vida com compreensão, em vez de serem movidas por influências, poderes ou vontades mais fortes. Elas usam o Princípio da Causalidade em vez de serem usadas por ele. Certamente, até mesmo os seres mais elevados, estão sujeitos a esse Princípio, conforme se manifesta nos planos superiores a eles; no entanto, nos planos inferiores de atividade, eles são Mestres em vez de Escravos. Como diz *O Caibalion*:

"Os sábios servem nos planos superiores, mas governam nos planos inferiores. Eles obedecem às leis superiores, porém, em seu próprio plano, e nos planos abaixo deles, governam e dão ordens. Mesmo assim, ao fazê-lo, tomam parte do Princípio, em vez de se opor a ele. O homem sábio obedece à Lei e, ao compreender seus movimentos, opera por meio dela, em vez de ser seu escravo cego. Assim como o nadador hábil vira para um lado e para outro, indo e vindo conforme ele deseja, em vez de ser como o tronco, que é carregado a esmo – do mesmo modo é o homem sábio em comparação com o homem comum – de todo o modo, tanto o nadador como o tronco, tanto o homem sábio como o tolo, estão todos eles sujeitos à Lei. Aquele que apreende essa verdade está bem avançado no Caminho para a Maestria."
– O Caibalion

Para concluir, atente novamente para o seguinte Axioma Hermético:

"A verdadeira Transmutação Hermética é uma Arte Mental."
– O Caibalion

No axioma anterior, os Hermetistas ensinam que o grande trabalho de influenciar o ambiente de uma pessoa é realizado por meio do Poder Mental. Do mesmo modo que o Universo é totalmente mental, ele pode ser governado apenas pelo uso do Mentalismo. Nessa verdade, deve ser encontrada uma explicação para todos os fenômenos e todas as manifestações dos vários poderes mentais que estão atraindo tanta atenção e tanto estudo nesses primeiros anos do século 20. Por trás e por baixo dos ensinamentos dos vários cultos e escolas, permanece sempre constante o princípio da Substância Mental do Universo. Se o Universo é mental em sua natureza substancial, a Transmutação Mental deve mudar as condições e os fenômenos do Universo. Se o Universo é Mental, então a mente deve ser o poder mais alto que existe para afetar os seus fenômenos. Se isso for compreendido e assimilado, todos os chamados "milagres" e "prodígios" serão vistos claramente como eles realmente são.

"O todo é mente. O Universo é Mental."
– O Caibalion

Finis

AXIOMAS HERMÉTICOS PARA BRUXOS

A VERDADEIRA TRANSMUTAÇÃO HERMÉTICA É UMA ARTE MENTAL.

O Caibalion não se limita a ser apenas um compêndio de reflexão filosófica; é também um guia prático que, quando bem compreendido e aplicado, pode alterar profundamente a trajetória de uma vida. Ao mergulhar em seus 7 princípios, deparamo-nos com um mapa que demarca territórios de emoções, saúde e materialidade. O curioso é que, à medida que nos aprofundamos no estudo destes princípios, eles começam a se revelar em incontáveis situações cotidianas, tornando-se menos uma teoria abstrata e mais uma prática vivida e vivenciada.

Muitas vezes, ao falarmos sobre estudos herméticos, imaginamos discussões elevadas e distantes da realidade mundana. No entanto, a sabedoria do Caibalion é profundamente terrena e aplicável. Compartilha uma mensagem otimista, afirmando que a vida de uma pessoa pode ser preenchida com tudo o que é desejável. Isso porque tudo em nossa vida é um produto de nossa mente. Portanto, possuímos os meios para viver uma existência criativa e próspera, utilizando as ferramentas herméticas para moldar nossa realidade.

Por exemplo, diante de uma situação perturbadora, é fundamental nos lembrarmos de que, se o aspecto negativo está presente, seu oposto positivo também deve estar. Esta compreensão nos conduz ao conceito do controle mental proposto no Caibalion: ao visualizarmos um painel de controle mental, podemos, por meio da vontade, elevar nossos pensamentos e emoções. Fazendo isso, atraímos e manifestamos resultados mais positivos em nossas vidas. E mais do que uma prática esporádica, é essencial monitorar constantemente esse "painel", mantendo os níveis elevados para transmutar situações indesejáveis em experiências favoráveis, sem esforço excessivo.

Mas o Universo do Caibalion não se restringe apenas ao poder da mente humana. Ele também nos fala sobre a presença e a influência de seres espirituais e outras Divindades. Estes seres que residem no plano espiritual, estão constantemente interagindo com os planos físico e mental.

Dentro dos Axiomas Herméticos, reconhece-se que esses seres celestiais vibram em uma frequência superior à matéria ou a mente. Consequentemente, podem ajudar a elevar o ser humano. Simplesmente ao pensar em anjos e Divindades, nossos pensamentos são elevados a uma frequência mais alta. Podemos também solicitar a ajuda desses seres para manter nossos pensamentos e emoções em um estado elevado.

Deste modo, a prática hermética não é apenas um exercício de introspecção e transformação interna, mas também uma jornada onde o indivíduo se conecta com forças superiores, buscando harmonia, equilíbrio e uma existência mais plena e significativa. A Magia do Caibalion reside na sua capacidade de ser ao mesmo tempo profundo e prático, conectando o humano ao Divino e ensinando que, em nossas mãos, reside o poder de moldar a realidade à nossa imagem e semelhança.

O Universo, em sua vastidão e complexidade, opera através de leis e princípios que muitas vezes espelham a dualidade e a complementaridade. Um desses princípios fundamentais, revelado através dos ensinamentos herméticos, é o Princípio do Gênero, que não se refere meramente ao gênero biológico ou às construções sociais que cercam o masculino e o feminino, mas, sim, à dança sutil das energias que permeiam todo o Cosmos e, mais intimamente, nosso próprio ser.

Ao olharmos para dentro de nós mesmos, encontramos essas duas forças coexistentes. A energia feminina, com sua natureza receptiva, é como uma antena que se conecta às profundezas do Inconsciente Coletivo, uma fonte inesgotável de criatividade e inovação. Ela é a visão, o sonho, a intuição que nos traz flashes de genialidade em momentos inesperados. Mas, por ser paciente e muitas vezes passiva, essa energia pode não encontrar, por si só, o caminho para a concretização.

Por outro lado, a energia masculina, vibrante e ativa, é o impulso que nos move a agir, a realizar, a concretizar. Ela é a força motriz que nos empurra para fora, para o mundo, em busca de resultados. Contudo, sem uma direção clara, sem a visão proporcionada pela energia feminina, ela pode se tornar uma força cega, agindo por agir, sem propósito definido.

É aqui que reside o verdadeiro poder da integração das energias masculina e feminina. Como se, em nosso interior, houvesse uma artista visionária e um produtor determinado, prontos para colaborar em projetos grandiosos. A artista, com sua sensibilidade aguçada, traz ao produtor ideias inovadoras e inspirações Divinas. O produtor, por sua vez, com sua energia de ação, dá forma e vida a essas ideias, tornando-as tangíveis e reais.

Quando essas duas energias operam em harmonia dentro de nós, tornamo-nos capazes de criar e manifestar com uma eficácia sem precedentes. Entretanto, como qualquer parceria, essa relação interna exige cuidado e atenção. É necessário estar atento para não permitir que medos, traumas ou julgamentos distorçam ou bloqueiem a fluidez natural dessa dança interna.

Reconhecer e honrar ambas as energias é fundamental. Ao acolher a energia feminina, estamos dizendo sim à nossa capacidade intuitiva, ao nosso potencial criativo e à nossa conexão com o todo. Ao abraçar a energia masculina, reafirmamos nosso poder de ação, nossa capacidade de manifestar e nossa determinação em transformar ideias em realidade.

Cada um de nós tem a oportunidade de ser esse espaço sagrado onde o Divino feminino e o Divino masculino se encontram, dialogam e criam em uníssono. Ao fazê-lo, transformamos nosso próprio mundo interno, assim como também influenciamos o mundo à nossa volta, tornando-o um lugar mais integrado, harmonioso e repleto de possibilidades.

Em meio à agitação do cotidiano e à incessante busca pelo equilíbrio, muitos se esquecem de uma verdade simples, porém profundamente poderosa: a essência do ser humano é moldada por duas forças complementares – o masculino e o feminino. Dentro de cada um de nós, uma dança mística ocorre, é quando essas duas energias interagem, desafiam-se e se harmonizam.

Dar e receber são ações que se encontram no cerne dessa interação, tornando-se rituais diários que nos ajudam a conectar e a equilibrar essas forças internas. Quando optamos por oferecer algo ao mundo – nosso tempo, palavras amáveis ou até mesmo recursos materiais –, sem a expectativa de recompensa ou de reconhecimento, estamos nutrindo nossa energia masculina de maneira saudável e autêntica. Esse ato de dar, livre de condições, reflete uma generosidade genuína, desprovida de amarras egoístas.

Da mesma forma, o ato de receber, por mais simples que pareça, é uma prática que pode ser desafiadora para muitos. A capacidade de aceitar com gratidão, sem se deixar envolver por sentimentos como culpa ou indevida obrigação, é um reconhecimento da força feminina em sua essência. A receptividade é uma arte sutil que, quando dominada nos abre portas para inspirações Divinas e conexões mais profundas.

Essa relação intrínseca entre o masculino e o feminino é o que os antigos sábios se referiam como o "casamento místico". Uma união interna que, quando bem alinhada, torna-se a centelha para a Magia Divina em nossa existência. Não se trata apenas de equilibrar duas forças, mas de entender que ambas, quando em harmonia, possuem a capacidade de manifestar milagres.

Assim, cada indivíduo se torna um Mago de seu próprio destino, detentor de uma força mística que combina a sabedoria e ação, reflexão e criação. Somos Sacerdotes e Sacerdotisas de nossa própria jornada, Bruxa e Bruxos de nossas próprias histórias. E através dos princípios herméticos, que nos fornecem as chaves para desvendar os Mistérios do Universo, somos convidados a usufruir e a compartilhar os frutos desses presentes Divinos que carregamos em nosso ser.

Os Axiomas Herméticos, em essência, elucidam os mecanismos subjacentes que regem o nosso universo mental e emocional, abordando os caminhos através dos quais a mente pode ser moldada, transmutada e dominada. Ao considerar o universo místico da Bruxaria, encontramos uma interconexão entre crenças e práticas que, de maneira surpreendente, ressoam com os princípios herméticos.

A Wicca honra as energias da natureza, o equilíbrio do masculino e do feminino e o ritmo das estações. Em sua essência, essas Tradições reconhecem a polaridade em tudo – uma clara ressonância com o princípio hermético da Polaridade. Da mesma forma que o Caibalion nos instrui a mudar nossa polaridade para dominar nosso humor e estados mentais, a Bruxaria frequentemente trabalha com energias opostas para manifestar mudanças, seja na forma de rituais de sombra e luz ou ao equilibrar os aspectos masculino e feminino do Divino.

Outro axioma hermético que se entrelaça com as práticas da Arte é o conceito de Transmutação Mental. Quando o Caibalion nos ensina que a "mente pode ser transmutada de estado em estado", isso não é diferente do ato de feitiçaria, onde as Bruxas e Bruxos alteram suas mentes e energias para causar mudanças no mundo físico. Essa habilidade de moldar e reconfigurar a realidade, seja através da força de vontade, seja pela intenção, seja pela Magia, é um ponto de convergência entre o Hermetismo e a Bruxaria.

O Princípio do Ritmo, tão firmemente enraizado no Caibalion, é manifestamente visível nos rituais e celebrações da Wicca que marcam as estações do ano, os "Sabbats", reconhecimentos do eterno balanço da natureza, da vida, morte e renascimento. Assim como os Hermetistas buscam neutralizar ou elevar-se acima das oscilações rítmicas do humor e da emoção, as práticas Wiccanianas frequentemente envolvem a harmonização com os ritmos da Terra, seja através da celebração de um Sabbat, seja pelo reconhecimento das fases da lua.

Ademais, ao considerar o axioma que nos fala sobre a neutralização do ritmo através da polarização, podemos ver claramente o eco deste ensinamento nos rituais de proteção e banimento na Bruxaria. Ao elevar-se para um plano superior de consciência, a Bruxa ou o Bruxo pode criar um escudo contra energias indesejadas, uma prática que espelha a "recusa" e a "negação" do ritmo descritos no Caibalion.

É notável como, apesar de suas origens distintas e caminhos separados, os Axiomas Herméticos e as Tradições da Wicca se entrelaçam em uma dança harmoniosa de entendimento e prática. Ambos os sistemas reconhecem o poder da mente, a realidade das polaridades e a necessidade de alinhamento com os ritmos universais. Em sua essência, esses ensinamentos nos guiam para uma profunda compreensão de nós mesmos e do Universo, oferecendo-nos ferramentas para navegar pelas águas, por vezes tempestuosas, de nossa existência.

Os princípios descritos no texto, referem-se às fundações da filosofia hermética, onde a compreensão e a manipulação das leis universais possibilitam ao praticante alcançar um nível de domínio sobre si mesmo e o mundo que o cerca. Ao examinar esses princípios à luz da Bruxaria, encontramos semelhanças profundas que podem iluminar o caminho daqueles que buscam uma compreensão mais profunda de ambas as Tradições.

A Wicca é construída sobre uma compreensão íntima da natureza e suas forças. Embora muitas vezes seja simbolizada pela adoração da Deusa e do Deus, sua prática ultrapassa essa dualidade. No cerne da Wicca está o conceito de que tudo está interconectado e que, ao compreender e se alinhar com essas forças naturais, um praticante pode influenciar o mundo ao seu redor.

Dentro do contexto do Princípio da Causalidade mencionado no texto, a Magia na Bruxaria pode ser vista como uma forma de colocar-se no lugar de uma "Causa", influenciando, assim, os "Efeitos" no mundo material. Da mesma forma que o Hermetista se torna um mestre em vez de um escravo em certos planos de existência, o Bruxo ou a Bruxa aspira a um nível similar de maestria sobre as forças naturais e místicas.

A ideia de Polarização, tão central na filosofia hermética, também encontra eco nas práticas da Bruxaria. Por exemplo, o equilíbrio entre o sagrado masculino e feminino, ou a noção de que dentro do escuro há luz e vice-versa, é uma lembrança constante do ritmo natural do Universo. Ao reconhecer esses ritmos e aprender a fluir com eles, ao invés de resistir, o praticante da Wicca pode realizar magias e rituais em harmonia com o mundo ao seu redor, fortalecendo sua eficácia.

No entanto, é crucial lembrar que tanto na filosofia hermética quanto na Wicca, o poder conquistado não é para dominação, mas para compreensão e harmonia. Em ambos os caminhos, o objetivo final é a iluminação e a conexão com o Todo.

A passagem do Caibalion afirmando que "a verdadeira transmutação hermética é uma arte mental" ressoa fortemente com a prática da Bruxaria. Os rituais, símbolos e ferramentas utilizados na Bruxaria em si mesmos não são poderosos, são meios de focar e direcionar a mente. Assim como o Universo é visto como mental em sua substância na filosofia hermética, a mente do Bruxo é vista como a chave para desbloquear o poder inerente à natureza.

Ambas as Tradições reconhecem que a verdadeira força não vem de controlar ou dominar as leis universais, mas de entender, respeitar e trabalhar em harmonia com elas. Assim, a Magia se torna não uma quebra das leis naturais, é uma expressão profunda delas.

Finalmente, é relevante notar que a busca pelo entendimento e maestria das leis universais não é apenas para o benefício pessoal. Em ambas as Tradições, há um chamado para servir, seja elevando-se nos planos superiores para ajudar os outros, seja por meio da cura, proteção ou orientação espiritual. Pois, em essência, tanto a filosofia hermética quanto a Wicca buscam uma conexão mais profunda com o Universo e tudo que nele reside.

ΘΕΟϹ

PRAXIS HERMETICA

Prática Hermética

16

COLOCANDO A TEORIA EM PRÁTICA

O Hermetismo, com suas raízes na antiguidade, apresenta uma visão mística e astrológica do Universo. As Tradições herméticas entendiam os planetas como Divindades cósmicas, cada uma com características e energias únicas que influenciavam tanto o macrocosmo do Universo quanto o microcosmo do corpo humano.

A concepção da alma, dentro do contexto hermético, é profundamente intrincada e espiritual. Para os Hermetistas, a alma não é apenas um fragmento imaterial que habita nosso ser; ela é um viajante cósmico. Antes de se materializar em nosso plano terrestre, a alma desce por uma série de níveis, cada um carregando consigo um conjunto específico de influências e energias. Essa descida é entendida não como um declínio, mas como um processo necessário de imersão na matéria e acumulação de experiências.

Para os Hermetistas, nossa alma, antes de encarnar nesta vida, desceu progressivamente através destes sete níveis, adquirindo influências planetárias ao cruzar cada um deles. A jornada agora é de retorno, buscando a ascensão ao plano Divino e a revelação de nossa própria Divindade.

Mas a jornada da alma não termina com a encarnação. Após sua descida, inicia-se o processo inverso: a ascensão. O objetivo agora é retomar a fonte Divina, subindo os mesmos níveis pelos quais se desceu, mas desta vez com a intenção de purificação e iluminação. A ideia é que, ao retornar ao plano Divino, a alma revele sua verdadeira natureza, um fragmento da Divindade, uma centelha do Divino.

A dualidade entre a ascensão e a queda é, de fato, uma representação da experiência humana. Em um nível mais pessoal, esta história reflete as nossas próprias jornadas internas de autoconhecimento, crescimento e transformação. Diariamente, somos desafiados por circunstâncias que testam nossa integridade, determinação e caráter. Assim como o Homem Primordial, encontramo-nos frequentemente em situações que nos afastam de nossa natureza mais pura e verdadeira, puxando-nos para os vícios e tentações do mundo material.

O aspecto mais profundo e otimista desta narrativa hermética é que, mesmo depois de nos afastarmos, há sempre a possibilidade de retorno, de redenção. A jornada de ascensão, onde a alma se despe dos vícios adquiridos e busca a reintegração com sua natureza Divina, é um lembrete poderoso de que a transformação e a evolução são possíveis. Este é um processo que exige autoconsciência, disciplina e determinação.

Além disso, esta saga nos lembra da interconexão entre o macrocosmo (o Universo) e o microcosmo (o ser humano). A passagem através das esferas planetárias e zodiacais é uma viagem tanto externa como interna, refletindo a complexidade e profundidade da psique humana. Cada esfera, com seus vícios e virtudes específicos, pode ser vista como aspectos diferentes de nossa própria personalidade e experiência.

Outra perspectiva relevante é a ideia de que a encarnação no mundo material não é um erro ou um castigo, mas, sim, uma oportunidade. É no mundo físico que a alma tem a chance de aprender, crescer e evoluir. Ao enfrentar desafios, superar obstáculos e aprender com os erros, a alma adquire sabedoria e compreensão, tornando-se mais completa e integrada.

A observação das estrelas e dos planetas tem suas raízes fincadas na mais distante antiguidade, época em que representavam imagens visíveis dos Deuses, servindo como guias para os destinos da humanidade. Entre os séculos 18 e 15 AEC, as atenções eram voltadas primordialmente para fenômenos inusitados, como eclipses ou a aparição de cometas. A princípio, esses sinais celestes focavam o destino das nações.

Surpreendentemente, somente por volta dos séculos 5, 4 e 3 AEC, nos estertores da civilização babilônica, a Astrologia começou a direcionar seus olhos ao indivíduo, considerando as posições planetárias no momento do nascimento para prever eventos ao longo da vida. De fato, a natividade mais antiga de que se tem registro surge em uma tábua cuneiforme de 410 AEC.

No coração de Alexandria, uma junção de astrônomos, filósofos neoplatônicos e Hermetistas trabalhava para consolidar e expandir a Astrologia Genetlíaca, originária do grego *genethle*, que significa "nascimento". Ao combinar o foco babilônico no movimento planetário com novas doutrinas, nasceu a Astrologia grega, que rapidamente se propagou desde o Império Romano até o subcontinente indiano.

Mas o que fazia da Astrologia Genetlíaca um ímã tão poderoso para a mente humana? Como essa arte conseguiu ofuscar práticas antigas tão profundamente enraizadas?

A resposta reside, em grande parte, na Teologia Caldeia. Essa doutrina baseava-se em uma teologia astral, cujos princípios, embora atribuídos aos babilônios, foram significativamente elaborados pelos greco-romanos. Esses ensinamentos foram levados a Roma por Juliano, o Caldeu, e seu filho durante o reinado do imperador Marco Aurélio. Ambos foram responsáveis pelos Oráculos Caldeus, adotados pelos filósofos neoplatônicos como Porfírio e Jâmblico.

Dentro da concepção caldeia, as esferas planetárias formavam um sistema de esferas concêntricas, que se estendia até a esfera zodiacal das estrelas fixas, tendo a Terra como núcleo. Os corpos sublunares eram vistos como combinações dos quatro elementos: Terra, Água, Fogo e Ar. Em contraste, os corpos além da órbita lunar eram feitos de fogo puro ou da quinta essência, o Éter. Cada esfera era governada por uma Divindade:

- Hécate/Selene reinava sobre a esfera da Lua.
- Hermes presidia a órbita de Mercúrio, que circundava a Lua.
- Afrodite dominava a órbita de Vênus, que envolvia Mercúrio.
- Apollo controlava a esfera do Sol, abrangendo a Lua, Mercúrio e Vênus.

- A esfera de Ares (Marte);
- A esfera de Zeus (Júpiter);
- A esfera de Chronos (Saturno);
- Na sequência, às esferas da Lua, Mercúrio, Vênus, Sol, Marte, Júpiter e Saturno estavam contidas numa oitava esfera: a das estrelas fixas, incluindo o Zodíaco.

Além dessas, existiam mais esferas: a dos Deuses superiores, a do Demiurgo responsável pela criação, e a da Primeira Inteligência. Acima de tudo, estava o Criador, referido pelos Oráculos Caldeus como "Pai".

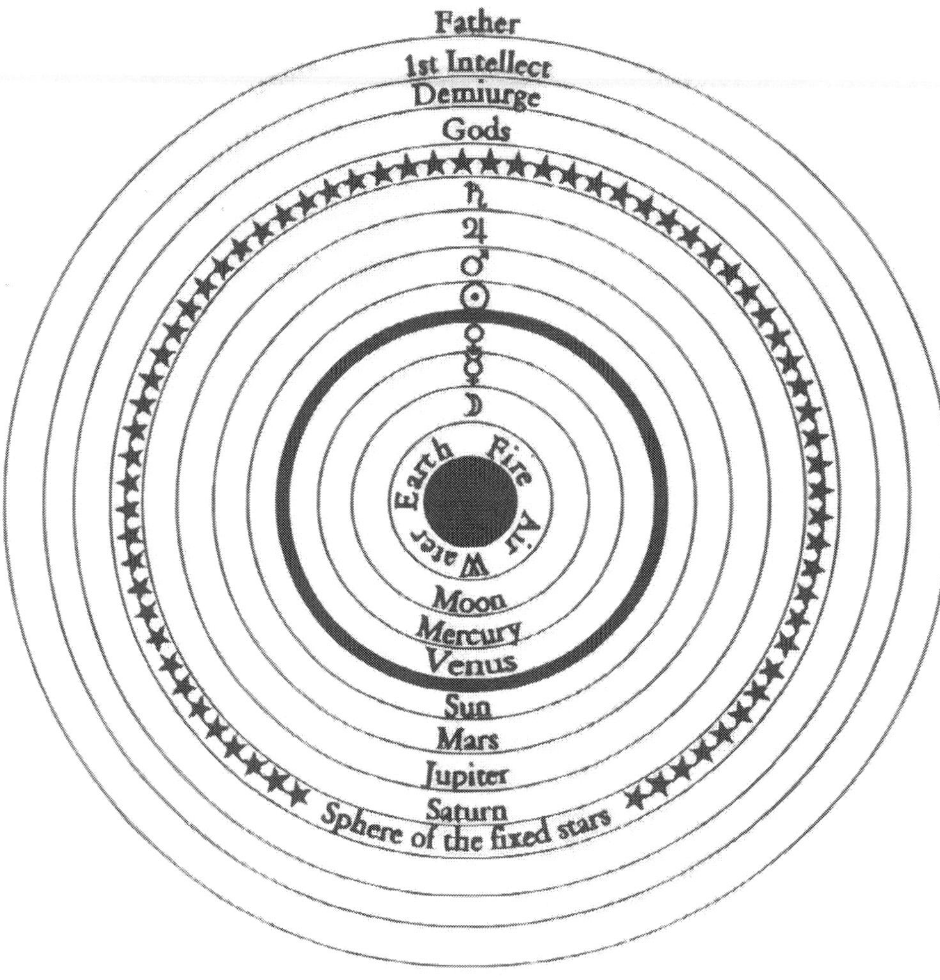

Esta imagem mostra como as esferas são dispostas de acordo com o pensamento Hermético, ilustrando a Ogdóade, um agrupamento esotérico de oito forças divinas ou princípios que simbolizam aspectos da criação e da realidade espiritual. Cada esfera é uma representação visual dos atributos e das energias que compõem o universo em termos herméticos, refletindo como essas forças operam em harmonia para manifestar o equilíbrio cósmico e o processo evolutivo do ser.

Assim, estas oito esferas principais, formavam o princípio da Ogdóade, um conceito esotérico e espiritual que se refere a um grupo de oito deidades ou princípios. O termo deriva do grego *ogdoas*, que significa "oito". Ao longo da história, várias Tradições e sistemas religiosos conceberam conjuntos de oito deidades ou entidades, que trabalhavam em conjunto ou representavam diferentes aspectos de uma cosmologia.

Esta visão astronômica colocou as esferas em uma hierarquia específica, conhecida como a "Ordem Caldeia", a partir do movimento das estrelas. Neste contexto, os planetas, nomeados após deidades, eram ordenados de acordo com sua velocidade percebida no período helenístico: Lua, Mercúrio, Vênus, Sol, Marte, Júpiter e Saturno. Mais do que simples corpos celestes, eles eram percebidos como a "escada entre a Terra e o Céu". Esta escada simbólica representava a transferência de energias entre os domínios terrestres e celestiais, onde cada planeta absorvia qualidades específicas associadas aos quatro elementos fundamentais: Terra, Água, Ar e Fogo.

O corpo humano, em sua majestosa complexidade, era visto como um espelho do Universo, com os sete planetas correspondendo a centros específicos ao longo da coluna vertebral. Da base da espinha ao topo da cabeça, esses centros refletiam a harmonia e a energia do Cosmos, conectando o homem à grandiosa teia da existência.

No entanto, o caminho hermético além de um entendimento cósmico, é também evolução. A jornada espiritual envolvia transcender os sete dons oferecidos pelos planetas. Isso significava curar ou abandonar os vícios específicos associados a cada um: a oscilação da Lua; a astúcia de Mercúrio; a luxúria de Vênus; o orgulho do Sol; a ira de Marte; a ambição de Júpiter e a falsidade de Saturno.

Ao superar esses desafios, acreditava-se que o indivíduo alcançaria a gnose, uma compreensão profunda da natureza verdadeira da existência. Este estado de iluminação revelaria que não somos meramente seres materiais, mas entidades espirituais compostas de luz e vibração. A visão hermética nos convida a contemplar uma existência onde somos simultaneamente parte do Universo e espelhos dele.

O que essa narrativa hermética nos ensina é uma visão cíclica da existência, onde a alma está em constante movimento entre os mundos espiritual e material. Mais do que uma simples história, trata-se de uma metáfora profunda sobre a natureza humana, nossos desafios e nossa capacidade de transcendência. Ao entender essa jornada, somos convidados a refletir sobre nosso próprio percurso, reconhecendo os vícios que nos prendem e buscando o caminho de retorno à nossa essência Divina. Nesse processo, descobrimos que, por mais que nos afastemos, sempre há uma rota de retorno à origem, à pureza e à verdadeira essência do ser.

A Tradição Hermética, com suas raízes imersas na sabedoria dos tempos antigos, oferece uma visão distinta e refinada da realidade da Cabala, que muitos praticantes de Magia na atualidade usam para pautar suas práticas mágicas e entender o propósito da Criação. A Cabala, com suas doutrinas teológicas e filosóficas, buscou descrever tanto o Cosmo quanto a natureza humana. Para o Hermetista, a Cabala, quando e se usada, não passa de uma ferramenta interpretativa, um mapa a ser empregado, mas não a paisagem em si.

Ao adentrar a perspectiva hermética, somos convidados a abandonar os moldes previamente estabelecidos e a empregar as ferramentas primordiais oferecidas pelos grandes sábios da Tradição Ocidental de Mistérios para ampliar nossos horizontes. Esta mudança de paradigma é particularmente desafiadora para aqueles que têm a Cabala como alicerce de longa data em seus estudos esotéricos. E uma simples experimentação, é como a Magia Hermética e sua visualização dos planetas em uma escala mais direta em vez da Árvore da Vida pode revelar o quanto nossa compreensão interna foi formatada e atrofiada por uma representação específica.

Neste contexto, o Hermetismo oferece um caminho alternativo às práticas mais convencionais de busca espiritual. Enquanto muitas Tradições espirituais se concentram na oração ou na meditação como meio de conexão com o Divino, o Hermetismo introduz a Teurgia: uma prática ritualística que visa a ascensão da alma por meio do uso intencional de símbolos e rituais consagrados.

A Teurgia é mais que uma série de rituais; é uma prática que reconhece o poder dos símbolos em nossa psique e no Universo. Através de gestos, palavras e objetos rituais, o Teurgista busca equilibrar e harmonizar as energias internas e externas, alinhando-se com as forças cósmicas para facilitar sua jornada ascendente.

Portanto, a prática da Teurgia é um caminho para a ascensão espiritual, mas também uma afirmação da natureza Divina da alma e do poder transformador dos rituais e símbolos. Por meio dela, os Hermetistas buscam a iluminação, mas também uma profunda compreensão da interconexão entre o microcosmo (o indivíduo) e o macrocosmo (o Universo). Nesta dança cósmica, cada gesto, cada símbolo e cada ritual tem o poder de nos aproximar do Divino.

O Universo, com sua dança harmoniosa de estrelas e planetas, emerge como uma lente poderosa que busca decifrar o intricado balé dos corpos celestes e sua relação com a Terra e o ser humano. No entanto, é essencial entender que esses planetas não são simples corpos celestes, mas símbolos poderosos de forças que atuam no Cosmo e, consequentemente, em nós.

Esta visão leva-nos, por conseguinte, a uma correlação profunda inevitável entre os sete planetas e os 7 Princípios Herméticos apresentados no Caibalion. A escada simbólica das esferas, que liga a Terra ao Céu, não se limita a uma mera representação astronômica. Cada planeta, ao absorver qualidades específicas dos quatro elementos fundamentais, manifesta princípios herméticos que governam a existência. Assim, o magnetismo da Lua pode ser entendido à luz do Princípio da Correspondência; a agilidade de Mercúrio ao Princípio da Vibração; a luz do Sol ao Mentalismo; a força do amor de Vênus ressoa com a Polaridade; o orgulho do Sol reflete o Ritmo; a determinação de Marte evoca o Princípio do Ritmo; a sorte de Júpiter reflete o Princípio da Causalidade; e, por fim, a densidade de Saturno nos remete ao Gênero.

No cerne da Tradição Hermética está a ideia de que o ser humano, em sua complexidade, é um espelho do Universo. Assim, a noção caldeia de planetas correspondendo a centros ao longo da coluna vertebral pode até ser uma metáfora anatômica, mas também uma representação da harmonia e da energia do Cosmos e de como ele se manifesta dentro de nós.

Ao adentrarmos nessa perspectiva, somos convidados a viver um Hermetismo prático, não apenas como observadores passivos, mas como agentes ativos na jornada espiritual. O caminho hermético nos encoraja a ir além do entendimento cósmico e avançar na evolução da alma. Isso implica em transcender os vícios e fragilidades associados a cada planeta, buscando um equilíbrio entre o nosso eu interior e o Cosmo.

Neste ponto, a Teurgia se apresenta como uma ferramenta vital. Diferente de outras práticas espirituais, o Hermetismo valoriza a Teurgia, que busca a ascensão da alma utilizando símbolos e rituais consagrados. A cada gesto, palavra ou objeto ritual, o teurgista harmoniza as energias internas e externas, conectando-se às forças cósmicas.

Esta dança entre o indivíduo e o Universo, mediada pelo Hermetismo e sua rica Tradição, mostra-nos que somos simultaneamente parte do Universo e espelhos dele. Assim, em meio a rituais e práticas teúrgicas, revela-se um caminho profundo de autoconhecimento, onde a verdadeira Magia acontece ao reconhecermos a nossa natureza Divina e o poder transformador dos rituais e símbolos no Cosmos. Nesta jornada contínua, o Caibalion e o Hermetismo nos guiam, mostrando que, por mais vasto que seja o Universo, a verdadeira viagem acontece dentro de nós.

Após explorar os contornos filosóficos e conceituais do Caibalion e dos princípios herméticos, chegou o momento de mergulhar nos meandros práticos. A partir de agora você será guiado através de uma jornada mística que combina os 7 Princípios apresentados no Caibalion com o sistema da Astrologia hermética. O propósito? Estabelecer um canal direto com as esferas planetárias e, por meio desta conexão, explorar, compreender e integrar cada princípio encontrado no Caibalion no núcleo do nosso ser.

A prática ritualística do Hermetismo é uma ponte entre o microcosmo do indivíduo e o macrocosmo do Universo, permitindo-nos experienciar de forma direta as forças e energias que regem a criação. Ao nos sintonizarmos com as esferas planetárias, estamos, em essência, invocando os princípios universais em nosso campo energético e psíquico, permitindo-nos refletir e trabalhar com as qualidades e desafios de cada planeta.

O primeiro passo em nossa jornada prática será a criação de rituais que nos conectem com cada um dos 7 Princípios Herméticos. Estes rituais servirão como um guia para internalizar os ensinamentos, transformando o conhecimento em sabedoria vivenciada. Cada ritual será desenhado com o objetivo de nos harmonizar com uma das esferas planetárias, canalizando sua energia e ressonância em nosso ser de acordo com o princípio que ela representa. À medida que nos aproximamos do coração prático deste livro, é essencial entender a relação intrínseca entre os planetas e os princípios herméticos. Cada planeta, com sua vibração única, ressoa com determinados aspectos da sabedoria hermética, atuando como um portal para aquelas energias.

Mas os rituais são apenas o começo. A Magia verdadeira ocorre quando começamos a sondar e a refletir sobre cada princípio. Meditações guiadas e exercícios introspectivos nos ajudarão a decifrar as camadas mais profundas de nossa psique e espírito. Ao entrar em sintonia com cada um deles – seja com o Princípio do Mentalismo, que nos lembra de que tudo é mental, seja com o Princípio do Gênero, que nos fala sobre os poderes por trás de todos os aspectos da criação – somos desafiados a expandir nossa consciência e a aprimorar nosso entendimento do Universo e de nós mesmos.

A Tradição Hermética, com suas raízes fincadas nos ensinamentos de Hermes Trismegisto e a prática mística ao longo dos séculos, tem em seus rituais e práticas uma diversidade de elementos e símbolos e pode ser aplicada a qualquer Tradição de Mistérios. À medida que avançamos, é crucial reconhecer que a prática hermética aqui proposta não é uma mera repetição de rituais antigos, mas uma adaptação moderna e interpretação pessoal do conhecimento ancestral. Esta jornada requer um compromisso genuíno com os ensinamentos, mas também com o autoconhecimento. Cada indivíduo é único, e a maneira como os princípios herméticos se manifestam em sua vida é também exclusiva.

É importante, então, manter a mente e o coração receptivos, permitindo que as experiências fluam naturalmente. Enquanto algumas práticas podem parecer familiares e imediatamente ressonantes, outras podem desafiar suas crenças e perspectivas pré-existentes. E está tudo bem. A desconstrução de antigas noções e a construção de uma nova compreensão é uma parte essencial do processo.

Ao embarcar neste percurso, é recomendado criar um espaço sagrado, um santuário pessoal, onde possa realizar seus rituais e meditações. Este espaço servirá como um portal, fortalecendo sua conexão com o Divino e as energias cósmicas. Você pode também manter um diário mágico, onde registrará suas experiências, insights e reflexões.

Isto não é uma via de mão única. Enquanto aprende e cresce com os ensinamentos, também contribuirá para o campo energético coletivo, compartilhando sua luz e sabedoria com todos. Lembre-se de que cada passo, cada ritual e cada momento de introspecção beneficia você, mas também reverbera pelo Cosmos, tocando a vida de outros e fortalecendo a transmissão dos princípios herméticos encontrados no Caibalion para as gerações futuras. Neste ponto, tudo passa a ser uma busca pessoal, um compromisso com a expansão da consciência coletiva e a perpetuação de uma Tradição milenar.

Esta seção da obra é, acima de tudo, um convite para experimentar. Não se trata apenas de ler e entender, mas de vivenciar e incorporar os princípios do Caibalion na prática. Ao trabalhar com os princípios herméticos e as esferas planetárias, o Bruxo pode buscar por evolução e totalidade do ser, almejando uma integração plena das dimensões espirituais, emocionais, mentais e materiais de nossa existência.

17

CONSTRUÍNDO UM SANTUÁRIO HERMÉTICO PARA SUAS PRÁTICAS

Um aspecto que muitas vezes é mal compreendido ou simplesmente tratado como intercambiável é a distinção entre santuários e altares. Embora em algumas Tradições esses termos possam ser usados de forma congruente, é crucial entender a diferença intrínseca entre eles para uma prática Hermética mais profunda e significativa.

É essencial diferenciar "santuário" de "altar". Enquanto um altar é um local onde se faz ofertas ou trabalhos dedicados aos Deuses e espíritos, um santuário é um local onde os Deuses e espíritos (ou suas imagens) são abrigados.

Isso nos leva a entender que, enquanto o altar é o espaço de ação e interação direta, de oferenda e prática ritualística, o santuário é um espaço de veneração, respeito e conexão mais passiva, um lugar onde a presença Divina é reconhecida e reverenciada. Podemos considerar o altar como um espaço de trabalho e o santuário como um espaço de morada.

No contexto Hermético, onde os ensinamentos e práticas são muitas vezes derivados de textos e testemunhos, existe uma lacuna quanto à localização e estrutura exatas de um santuário. Ao contrário de algumas práticas que detalham oferendas e festas, os escritos herméticos são um tanto vagos sobre a concepção do santuário em si. Isso nos dá, de certo modo, a liberdade de entender e construir nossos próprios espaços de veneração com base em nossa prática individual, experiência e opiniões.

É importante sempre se lembrar de que, construir ou estabelecer um santuário no contexto Hermético serve como um espaço de conexão, um ponto de encontro entre o praticante e o Divino. Portanto, deve ser tratado com o máximo respeito e reverência, abrigando imagens ou representações da Divindade em questão.

Ao considerar a natureza complementar de santuários e altares, é possível enriquecer ainda mais a prática Hermética, reconhecendo o papel singular de cada espaço em nossa jornada espiritual. Embora cada praticante possa ter sua própria interpretação e abordagem, entender a diferença fundamental entre esses dois espaços pode servir como uma base sólida para uma prática mais profunda e enriquecedora.

Em muitos contextos, a linha que separa santuários e altares é tênue e por vezes indiscernível. O debate se aprofunda ainda mais quando consideramos práticas de adoração doméstica, que, por sua natureza mais íntima e menos institucionalizada, apresentam restrições de espaço e logística completamente distintas. Estes espaços domésticos, muitas vezes, amalgamam as funções de santuários e altares, adaptando-se às necessidades e limitações do ambiente familiar.

O que este panorama nos revela é a flexibilidade e adaptabilidade das práticas religiosas ao longo do tempo e espaço. A relação entre Divino e humano, mediada por locais sagrados, reflete a evolução e o dinamismo das sociedades que os cultivam. Enquanto a distinção entre santuários e altares pode ser clara em determinados contextos, é a fusão e a interação entre eles que muitas vezes enriquecem e diversificam a experiência espiritual.

Logo, o Hermetismo tem uma relação distinta e, em muitos aspectos, ambígua com os templos. Ao contrário das religiões tradicionais que se centralizam em templos como o cerne de suas práticas, o Hermetismo não se enquadra confortavelmente nesta moldura.

Não se pode negar que as origens do Hermetismo estão enraizadas nos templos. Os primeiros Hermetistas eram, em grande parte, Sacerdotes egípcios de inclinação mística que ensinavam e guiavam buscadores tanto gregos quanto egípcios dentro dos muros do templo. No entanto, estas práticas místicas não eram o foco principal de seus deveres. Os Sacerdotes tinham responsabilidades que perduravam há milênios, como manter os terrenos do templo, realizar sacrifícios, cuidar de santuários e copiar textos. Da mesma forma, os leigos que visitavam o templo tinham como objetivo principal a adoração aos Deuses.

No entanto, para alguns, apenas cumprir rituais e cerimônias não era suficiente. Existia uma sede de algo mais profundo, algo que transcendesse a experiência religiosa cotidiana. Foi a partir dessa busca que o Hermetismo nasceu: uma espécie de busca "extracurricular" para os inclinados misticamente, que desejavam vislumbrar a Divindade por trás das Divindades, aspirando a uma realidade espiritual mais elevada e profunda. Para estes indivíduos, o Hermetismo não substituía as práticas religiosas tradicionais; ao contrário, as práticas do templo serviam como uma base sobre a qual eles construíam sua jornada espiritual.

O "Sermão Perfeito", também conhecido como *Asclepius*, exemplifica essa dualidade. O texto se passa em um templo, onde Hermes e Asclépio estão prontos para um discurso Divino. No entanto, ao final do sermão, eles optam por deixar o templo para realizar suas práticas místicas ao ar livre. A escolha do local é reveladora: enquanto o templo serve como um local de ensino e edificação religiosa, a prática mística verdadeira e a devoção ocorrem fora de seus limites.

Este contraste entre a natureza formal do templo e o caráter profundo e transcendental do Hermetismo sugere uma mensagem fundamental: a verdadeira espiritualidade não está necessariamente vinculada a locais físicos ou práticas ritualísticas. Ao invés disso, ela reside na busca interna e na conexão profunda com o Divino, que pode ser alcançada em qualquer lugar, desde que o coração e a mente estejam abertos à experiência mística.

O Hermetismo, ao longo dos séculos, destacou-se por sua capacidade notável de se adaptar a diferentes contextos e desafios. Sua essência não é calcada em práticas sacerdotais rígidas ou na necessidade de rituais em templos imponentes, contrastando com muitas outras Tradições espirituais. Diante disso, surge uma pergunta que, para muitos, pode parecer paradoxal: por que, em meio a tal flexibilidade, ainda existe a figura do santuário hermético?

Desmistificando essa questão, podemos entender que a presença de um santuário na Tradição Hermética não é imposta como uma necessidade dogmática. Ao contrário, o santuário hermético é um convite à introspecção e ao autoconhecimento. Ele age como um ponto focal tangível que auxilia o praticante em sua jornada esotérica, servindo como um canal entre o mundo material e as verdades espirituais mais profundas. A presença de imagens ou símbolos, como a de Hermes ou dos sete planetas, não é um imperativo, mas pode facilitar o processo de meditação e conexão espiritual.

No entanto, como em muitos aspectos do Hermetismo, a abordagem ao santuário é altamente individualizada. Cada pessoa é livre para encontrar seu próprio caminho dentro desta Tradição milenar. Para alguns que já possuem uma devoção estabelecida a entidades específicas, a criação de um novo santuário pode parecer supérflua. Mas, para aqueles que adentram o Hermetismo sem um contexto religioso anterior, o santuário se revela como um espaço sagrado, um refúgio onde podem forjar uma conexão mais íntima com os conceitos e entidades herméticas.

Em sua essência, o santuário hermético é uma manifestação da busca individual pela verdade e pelo conhecimento espiritual. Mais do que um espaço de obrigação, ele é um território de expressão, um lugar onde a vontade e o desejo de se conectar com o Divino são mais importantes do que qualquer norma ou regra. Esta perspectiva nos permite enxergar o Hermetismo como uma Tradição viva e respirante, moldada pelas mãos e corações de seus seguidores. Nesta jornada de descobertas e revelações, o santuário se torna um companheiro silencioso, testemunhando cada passo dado em direção ao infinito espiritual.

A natureza e a função de um santuário hermético são, indiscutivelmente, temas que despertam curiosidade e debates entre aqueles que se dedicam ao Hermetismo. O que realmente constitui um santuário? Como ele se diferencia de um altar ou templo? E, mais profundamente, qual é a sua essência e propósito?

O Hermetismo é uma Tradição que se concentra no Divino, na busca da união com esta força. Portanto, a primeira e mais premente questão a ser abordada é: qual seria a finalidade de um santuário hermético? A resposta mais evidente é que ele oferece ao praticante hermético um local especializado para realizar suas atividades esotéricas, como orações, meditações e rituais teúrgicos. Neste contexto, o foco principal de um santuário hermético é a própria essência do Hermetismo: o Divino.

Isso nos leva ao elemento central de qualquer santuário hermético: a lamparina, que não apenas representa o Divino, mas também simboliza a busca da alma pela iluminação e a união Divina. Esta chama sagrada torna-se, assim, o elemento essencial, talvez o único absolutamente necessário em um santuário hermético.

No entanto, essa definição nos leva a questionar a própria nomenclatura. Se o Hermetismo nos ensina que o Divino não pode ser limitado ou contido, então, como poderíamos "abrigar" o Divino em um santuário? De fato, a tentativa de fazê-lo seria um paradoxo, pois, como destaca o *Corpus Hermeticum*, nada pode limitar o Divino, seja em termos de linguagem, seja por imagem, seja pelo tempo.

Assim, ao invés de ser um espaço que "abriga" um Deus ou Deuses, o santuário hermético é, na verdade, um local que facilita nosso trabalho em direção ao Divino. Poderíamos argumentar, portanto, que ele se assemelha mais a um altar – um local de trabalho ritualístico – do que a um santuário tradicional. No entanto, a linguagem que usamos para descrevê-lo pode ser menos relevante do que sua função prática e espiritual.

A necessidade de um espaço dedicado para práticas herméticas é uma questão que gera reflexões profundas sobre a própria natureza do Hermetismo e sua relação com o espaço físico. O cenário ideal, como descrito nas escrituras herméticas, sugere que a adoração e a veneração ao Divino não deveriam ocorrer em um templo específico, mas ao ar livre, sob os céus. Além disso, a experiência mística, como a de Hermes com o *Poimandres*, ocorreu independentemente do lugar, indicando que o verdadeiro templo está além das limitações físicas.

Na realidade prática de nossa existência cotidiana, a criação de um santuário hermético em nossos lares serve como um meio de nos preparar e nos concentrar em nossa busca espiritual. Não é tanto sobre a necessidade absoluta do santuário, mas sobre sua utilidade. Ele se torna um ponto focal, um lugar de concentração e retiro, onde podemos nos dedicar mais plenamente à oração, meditação e outros trabalhos esotéricos.

Quando se trata da configuração física do santuário, a simplicidade parece ser a regra. Se a lamparina e alguns pratos de oferenda são essencialmente tudo o que é necessário, então o santuário em si deve ser uma reflexão do conforto e praticidade do praticante. Claro, existem Tradições que enfatizam a elevação física de objetos sagrados, mas no contexto hermético, o que prevalece é a funcionalidade. Seja um simples banco de oração, uma mesa baixa ou uma mesa de altura regular, o importante é que o espaço seja conveniente e propício para a prática.

Essa adaptabilidade e flexibilidade são, em muitos aspectos, reflexos da própria natureza do Hermetismo. Uma Tradição que valoriza a experiência interior e a conexão direta com o Divino não se preocupa excessivamente com formalidades externas. O santuário hermético, neste sentido, é mais que um espaço físico, é uma extensão da jornada interior do praticante, um meio pelo qual ele pode se aproximar do Divino. Assim como a jornada espiritual é única para cada indivíduo, o santuário, como ferramenta, deve ser moldado de acordo com as necessidades e preferências de quem o utiliza.

A configuração do santuário hermético, como já indicado anteriormente, é altamente flexível e deve refletir as preferências pessoais e as circunstâncias do praticante. A questão do uso de um pano, por exemplo, remete mais à decoração do santuário do que à sua essência. Embora existam Tradições que usam panos específicos para marcar certos eventos astronômicos ou aniversários espirituais, não é um requisito absoluto. A mudança de tecidos pode ser vista como um meio de conectar o santuário às energias cósmicas ou apenas para dar um toque estético. A escolha das cores, por outro lado, tem implicações simbólicas: o branco, por exemplo, é tradicionalmente associado à pureza e ao Divino, enquanto o dourado é ressonante com o simbolismo hermético.

Quanto à orientação do santuário, as direções Leste e Sul são destacadas em textos herméticos. O Leste, associado ao nascer do sol, é frequentemente considerado uma direção de poder e renovação. No entanto, a sugestão de voltar-se para o Sul ao entardecer é intrigante e um tanto atípica. O Sul, em muitas Tradições, é visto como a direção do calor e da energia vital. Pode-se pensar em acomodar essa dupla orientação usando um santuário independente, que pode ser movido ou posicionado de acordo, ou mesmo colocando o santuário em um canto sudeste de uma sala. Contudo, a orientação Leste em geral para assuntos Divinos é uma prática comum em várias Tradições e, na ausência de uma razão mais forte para escolher outra direção, pode ser a escolha mais prática e simbolicamente poderosa nas práticas herméticas.

O local do santuário idealmente deve ser um espaço respeitoso, isolado das distrações do mundo cotidiano e das atividades mundanas. A presença de uma janela voltada para o exterior pode ser uma adição benéfica, permitindo a entrada da luz natural e conectando o praticante com o mundo exterior, servindo como um lembrete da vastidão do Cosmos e da pequenez do eu.

A construção de um santuário hermético é um processo mais fluido que rígido, moldado pela crença e pela prática individual do praticante. No cerne do santuário está a lâmpada, um objeto simbólico e essencial. No entanto, ao seu redor, uma variedade de outros objetos pode ser incorporada para refletir as nuances da jornada espiritual do indivíduo.

Tomemos, por exemplo, uma pedra natural alta ou uma pirâmide de pedra. Ambas são reminiscências da montanha Benben do mito cosmogônico egípcio. Isso serve para conectar o praticante com a origem mítica do mundo, criando um eixo entre o mundo material e o Divino. Da mesma forma, as imagens de Hermes Trismegisto e seus estudantes, como Tat, Asclépio e Ammon, servem para homenagear aqueles que vieram antes e transmitiram o conhecimento hermético ao longo das eras.

Uma imagem do Agathodaimon pode ser uma boa representação do guia espiritual pessoal, uma presença protetora e iluminadora na vida do praticante. Esta imagem, associada a outras representações do Cosmos Divino ou da Natureza Divina, ajuda a situar o praticante dentro do grandioso esquema da Criação.

Algumas abordagens também podem se inclinar para modelos mais abstratos, como uma réplica do Adocentyn do Picatrix. Adocentyn, ou Hermópolis Theia, é uma cidade mística, um lugar de sabedoria profunda e iluminação. Representá-la em um santuário é aspirar alcançar este estado elevado de consciência.

Por mais que estas imagens e objetos adicionem camadas de significado ao santuário, é crucial lembrar de que cada item deve ter um propósito. Se um objeto não serve ao objetivo maior da prática hermética, talvez não deva ocupar um espaço no santuário. Afinal, o santuário hermético é uma extensão da prática espiritual do indivíduo, uma manifestação física de sua jornada interior.

Tendo em mente que o santuário hermético é, em essência, uma ferramenta, deve-se sempre orientar tudo o que está presente nele em direção ao objetivo final da prática hermética. A personalização do santuário, portanto, não é uma questão de estética, mas de alinhamento espiritual. A busca é por equilíbrio, ressonância e propósito, transformando o santuário em um portal para o Divino e um espelho da alma do praticante.

A busca por um espaço sagrado é intrínseca à natureza humana. Ao longo da história, temos edificado templos, altares e santuários para nos conectarmos ao Divino, seja em grandes catedrais, seja em pequenos cantos de nossas casas. No contexto do Hermetismo, essa busca se manifesta através do santuário hermético, um espaço dedicado à prática espiritual e mística dentro dessa Tradição.

Ao refletirmos sobre a essência do santuário hermético, surgem várias questões: quais são os elementos essenciais para sua construção? Como ele deve ser estruturado? A resposta, apesar de aberta a interpretações, recai na simplicidade. No cerne, tudo que se requer é uma superfície elevada, uma lamparina como símbolo central e um espaço que o praticante possa considerar seu. Todos os outros aspectos, como tamanho, altura, entre outros, ficam a critério da pessoa, permitindo uma personalização que reflete sua jornada espiritual e suas necessidades.

O propósito do santuário hermético é servir como um ponto focal para as atividades espirituais. Nele, ocorrem práticas como orações, meditações, oferendas dentro do contexto hermético, além de trabalhos de purificação, contemplação e ascensão. Não somente um local físico, mas também um espaço onde o praticante pode se conectar com o Cosmos, com os Deuses e consigo mesmo.

Conforme a prática espiritual do indivíduo evolui, o santuário também pode se transformar, podendo em um momento abrigar um hexagrama, em outro, uma imagem de uma Divindade solar e ainda em outro, uma representação do Cosmos. No entanto, sua essência permanece a mesma: um espaço dedicado ao desenvolvimento pessoal e espiritual. Este espaço é um lugar para rituais, mas também um centro de prática mística que reflete a jornada espiritual do praticante.

Inicialmente, o objetivo primordial do santuário hermético é servir como um espaço sagrado dedicado às práticas místicas herméticas. Sua estrutura básica deve ser uma superfície elevada, destacada do chão. Uma altura adequada para que se possa ajoelhar ou sentar por períodos prolongados sem desconforto se faz necessário. Idealmente, deve ser posicionado em um cômodo tranquilo, com uma porta que se feche, longe de atividades mundanas ou sexuais. A orientação do santuário, voltada para o Leste ou de forma que se possa ficar voltado para o Leste ou Sul ao encará-lo, é também recomendada. Enquanto um tecido limpo pode adornar sua superfície, imagens devocionais ou estátuas infundidas de energia também podem encontrar seu lugar no santuário para propiciação ou contemplação.

No que concerne à preparação e manutenção do santuário, não há regras rígidas. Embora você possa realizar rituais pessoais para consagrar este espaço e seus objetos, no Hermetismo, a ênfase reside na simplicidade e na sinceridade. É válido purificar o espaço com água sagrada ou realizar limpezas sazonais. Contudo, o mais crucial é manter o santuário limpo e dedicado exclusivamente à prática hermética. Qualquer poeira ou sujeira deve ser prontamente removida e os utensílios de oferta nunca devem ser misturados com objetos domésticos comuns.

Em última análise, o santuário hermético é um reflexo do comprometimento e da evolução do praticante. Assim como o indivíduo cresce e se transforma em sua jornada espiritual, o santuário pode e deve evoluir. O ponto de partida é simplesmente começar, permitindo que o tempo e a experiência moldem e aprimorem esse espaço sagrado.

A Magia Hermética tem suas raízes em uma Tradição antiga que difere notavelmente dos moldes da Magia medieval e contemporânea. Em vez de mergulhar em elaboradas parafernálias, a abordagem hermética é nitidamente pragmática. Ela não se prende excessivamente a objetos, mas, sim, à essência e ao propósito das operações mágicas. Esta abordagem tem a sua singularidade que merece destaque e reflexão.

Em muitos sistemas mágicos, a ênfase é colocada em ferramentas e objetos que devem ser especialmente consagrados para usos exclusivamente mágicos. Cada item é tratado com uma reverência particular, garantindo que seu propósito seja puramente místico. No entanto, na Tradição Hermética, a visão é diferente. Aqui, não mais ferramentas são necessárias do que aquelas indispensáveis à obra em questão.

Surpreendentemente, muitos dos objetos utilizados em operações mágicas herméticas também têm aplicações cotidianas. Ao contrário da ideia de que a sacralidade é intrinsicamente ligada à exclusividade, a Magia Hermética entende que o sagrado pode coexistir com o profano. Assim, um objeto pode servir a um propósito mágico ou sagrado em um momento e, depois, retornar ao seu estado comum, sem perder sua essência ou valor.

Esse reconhecimento da dualidade intrínseca dos objetos reflete uma visão mais integrada do mundo. Em vez de traçar uma linha rígida entre o sagrado e o profano, a Tradição Hermética vê uma interconexão fluida entre os dois. Isso não torna a prática mais acessível, mas ressoa com uma ideia mais ampla de que o Divino pode ser encontrado nas nuances do cotidiano.

Dentro dessa Tradição, claro, existem operações que requerem ingredientes ou ferramentas especiais. Quando necessário, esses detalhes são cuidadosamente especificados, garantindo que o praticante tenha clareza sobre os requisitos de cada ritual. No entanto, o que realmente se destaca é a abordagem menos dogmática e mais funcional da Magia.

Em tempos contemporâneos, onde a busca por espiritualidade muitas vezes coexiste com uma vida cotidiana agitada, a Magia Hermética oferece uma perspectiva refrescante. Ela nos lembra de que o sagrado não está apenas em templos distantes ou em rituais complexos, mas pode ser encontrado e experienciado no comum e no corriqueiro. Talvez, na sua pragmática, resida uma lição profunda sobre a verdadeira natureza da sacralidade.

Conheçamos alguns artefatos de uso comum na Magia Hermética que talvez você se sinta inclinado a fazer uso no decorrer das práticas compartilhadas. Eles não são necessários, mas certa cerimônia pode ser eficaz no sentido de criar uma atmosfera sagrada de forma que a experiência espiritual seja mais bem aproveitada:

O Altar

Dentro das Tradições místicas, o altar sempre desempenhou um papel central. Mais do que um mero instrumento ou um móvel, ele serve como um foco de energia, um ponto de partida para o mergulho no universo mágico e espiritual. Na Magia Hermética, a importância do altar não é diferente, representando uma peça fundamental no processo místico.

Em muitas operações mágicas, o altar funciona como um local central para focar a atenção no início de um trabalho. Mesmo que em determinados momentos ele esteja diretamente envolvido nos mecanismos da operação, na maioria das vezes, junto a certos elementos como o círculo, a vestimenta ritualística e outros itens periféricos, ele compõe o contexto sacralizado necessário para o avanço do trabalho mágico hermético.

A estética e a estrutura do altar podem variar consideravelmente. Alguns podem ser intrincados e elaborados, enquanto outros são distintamente simples. No entanto, a sua essência não reside na sua complexidade, mas na sua funcionalidade e propósito. Afinal, o altar não é apenas um móvel; é um espaço sagrado.

Para muitos praticantes, ter um altar portátil é uma opção vantajosa. Dada a natureza variável dos locais onde os rituais podem ocorrer, especialmente aqueles em locais remotos, um altar fácil de transportar torna-se prático. Uma versão simples e tradicional de altar pode ser composta de dois tijolos cobertos por uma prancha fina, sobre a qual os objetos podem ser colocados.

Em sua essência, o altar é uma mesa ou espaço destinado à colocação de oferendas e objetos que auxiliam no foco do Bruxo durante a operação. Deve ser amplo o suficiente para comportar elementos como um braseiro, uma lâmpada ou uma tigela, embora nem todos esses itens precisem estar presentes em todos os rituais.

O que realmente importa é o papel que o altar desempenha na facilitação do processo místico. Ele serve como um lembrete constante da sacralidade do trabalho em andamento e, em sua simplicidade ou grandiosidade, é um testemunho da dedicação do praticante à sua arte e ao mundo espiritual.

Veste Cerimonial

A Magia, em todas as suas manifestações, é intrinsecamente ligada a símbolos e práticas que buscam conectar o físico ao metafísico. Na Tradição Hermética, caracteristicamente pragmática, observa-se que muitas vezes, não se dá ênfase extrema à necessidade de vestes especiais. No entanto, o poder simbólico e prático dos trajes em contextos mágicos não pode ser subestimado.

Por mais que a Tradição Hermética possa, em certos momentos, prescindir de roupas rituais específicas, existem registros que apontam para a relevância de vestimentas brancas, particularmente após experiências iniciáticas. Esse branco, muitas vezes representado por uma veste ou manto, simboliza pureza e renovação.

Ele é um lembrete visual da transformação interna e da elevação espiritual que ocorre durante ritos de iniciação.

Além disso, usar um traje distinto para a prática mágica tem um propósito bem definido. Esse ato se torna, em si, um rito de transição, demarcando a diferença entre o cotidiano mundano e o tempo dedicado à Magia. Vestir-se de maneira especial serve como uma preparação mental e espiritual, estabelecendo uma barreira simbólica entre a vida diária e o trabalho mágico.

Do ponto de vista prático, é aconselhável para o praticante da Magia Hermética ter uma veste ritualística. Como mencionado, o branco é a cor de escolha, refletindo a aspiração e a pureza ritual. No entanto, Tradições variadas podem ter nuances diferentes e optar por cores mais escuras, como vermelho ou preto, que carregam suas próprias simbologias e significados.

Independentemente da cor ou estilo, o que realmente importa é a intenção e o significado por trás da vestimenta. O ato de vestir-se para a prática mágica é uma declaração de seriedade, respeito e dedicação ao ofício. E mesmo na pragmática Tradição Hermética, esse gesto simples, mas significativo, tem o poder de elevar o estado mental do praticante, preparando-o para o sagrado trabalho que está prestes a realizar.

Lâmpada dos Sábios

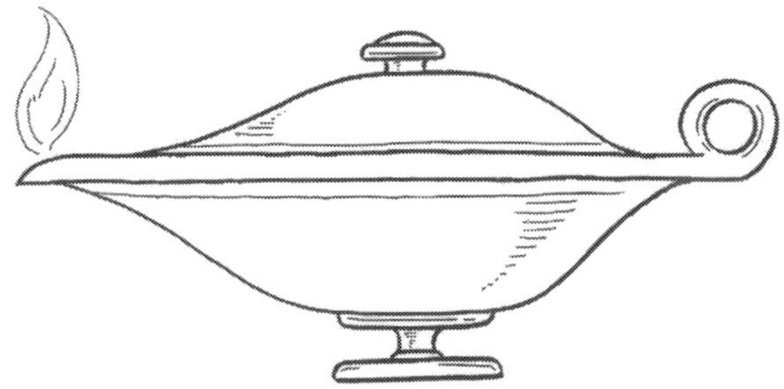

Ao longo dos séculos, objetos cotidianos como a lâmpada ganharam relevância em várias Tradições místicas e culturais. Nas culturas orientais, a lâmpada transcende sua funcionalidade básica de iluminação, sendo frequentemente vinculada ao mundo mágico e sobrenatural.

Nos tempos antigos, as lâmpadas a óleo com pavio eram indispensáveis para clarear ambientes à noite, assegurando que as tarefas cotidianas continuassem após o anoitecer. No entanto, a simplicidade dessa ferramenta é ofuscada pela forte carga simbólica que ela ostenta em diferentes culturas.

Na Tradição dos Mistérios Ocidentais, a importância da lâmpada também é destaque. No contexto hermético, ela não se limita a ser um item de iluminação, mas assume o papel de uma ferramenta Divinatória. É intrigante notar que textos antigos escritos em papiro mencionam que a lâmpada empregada em rituais mágicos poderia ser a mesma usada no dia a dia, enfatizando a intersecção entre o sagrado e o cotidiano.

No entanto, um detalhe notável é a advertência contra o uso de lâmpadas de cor vermelha. Tal precaução decorre da antiga técnica de colorir lâmpadas de latão com ocre vermelho, resultando em uma tonalidade carmesim. O vermelho, muitas vezes, era associado a Typhon, uma entidade Divina a ser evitada. Assim, evitar lâmpadas vermelhas era uma forma de prevenir interferências indesejadas em práticas espirituais.

A resistência à cor vermelha e sua associação com Typhon demonstram o intrincado relacionamento entre elementos do cotidiano, como as lâmpadas e o esoterismo. Esse vínculo parece ser profundamente enraizado, com destaque para a prática hermética derivada da cultura egípcia.

Ao ponderar sobre tais observações, fica evidente que, em várias sociedades, itens rotineiros possuem significações e potências que superam seu uso convencional. Enquanto proporcionam luz aos nossos espaços físicos, esses elementos também iluminam os enigmas e magias que entrelaçam nosso ser.

Báculo

O Hermetismo prático atribui grande importância aos símbolos e instrumentos. Entre estes, o Báculo, frequentemente referido como uma espécie de "Varinha Mágica", ocupa um lugar de destaque, representando o poder de influenciar o invisível e a sabedoria necessária para fazê-lo com equilíbrio e justiça. Neste contexto, a figura de Hermes Trismegisto, considerado o mestre supremo do Hermetismo, é frequentemente evocada. Seus ensinamentos e atributos são refletidos na utilização do Báculo, fazendo do Hermetista uma representação terrena daquele que é o mensageiro dos Deuses, guia das almas e patrono do conhecimento esotérico.

Nas Tradições Herméticas, o Báculo é muito mais do que uma Varinha Mágica ou Bastão de Poder. É um símbolo de autoridade Divina. Quando empunhamos o Báculo nos rituais, estamos, de certa forma, invocando a vontade sobre o mundo material e espiritual. Portanto, é uma ferramenta de comando, um condutor de energias e uma antena que conecta o microcosmo ao macrocosmo.

A forma como o Báculo é utilizado pode ser vista como uma extensão da vontade do praticante. Este ato de vontade é fundamental na filosofia hermética, que ensina que "como acima, é abaixo", sugerindo que a mente humana tem a capacidade de influenciar a realidade em diferentes níveis.

O Báculo representa o Caduceu de Hermes, simbolizando o equilíbrio das forças opostas e a harmonia do Universo. No Hermetismo, o Caduceu simboliza a unificação dos opostos, a transmutação e a Alquimia Espiritual.

A relação entre o Báculo e o Caduceu é profunda. Ambos representam a capacidade de direcionar e equilibrar as forças da natureza. Ao usar o Báculo, buscamos emular a maestria de Hermes em conduzir as energias da Criação, da mesma maneira que as serpentes do Caduceu sugerem a ascensão do espírito através do equilíbrio.

Hermes Trismegisto é o símbolo máximo da união entre o Divino e o humano, entre o Céu e a Terra. Assim, ao empregar o Báculo em rituais e práticas, estamos nos colocando no papel de Hermes Trismegisto, buscando a sabedoria necessária para agir e a humildade para compreender os Mistérios do Cosmos. A figura de Hermes serve como um ideal, um ponto de mira para a aspiração espiritual daquele que busca a sabedoria do Hermetismo. Desta forma, aquele que faz uso do Báculo, não está apenas realizando um ato simbólico; ele está se posicionando como um mediador entre os mundos, assim como Hermes Trismegisto. Com o Báculo em mãos, o praticante da Arte Hermética se transforma, torna-se um ponto de conexão entre o finito e o infinito, o conhecido e o desconhecido.

A cada gesto com o Báculo, o Hermetista reafirma seu compromisso com o caminho da verdade e do conhecimento. Ele se torna um viajante entre os mundos, guiando-se pelo exemplo de Hermes, buscando não somente o entendimento pessoal, mas também o bem-estar coletivo. Como Hermes, que é guia de almas, usamos o Báculo para orientar e para encontrar caminhos de iluminação, tanto para nós mesmos quanto para outros que buscam a sabedoria antiga.

O Báculo, assim, não é apenas uma ferramenta, mas uma extensão da identidade do Hermetista. É um símbolo vivo da capacidade humana de transcender as limitações materiais e de tocar o Divino. Na sua simplicidade, é uma chave para os Mistérios mais profundos, e no seu manejo nos alinhamos com as forças que tecem o Universo. O Báculo como um elo nos permite sentir a pulsação da vida que percorre todas as coisas. É uma ferramenta para entender a linguagem da natureza e para dialogar com as forças que existem além da percepção ordinária.

Em muitas Tradições esotéricas, o conceito de *Axis Mundi* é o de um eixo central que conecta o Céu e a Terra, o espiritual e o material. O Báculo é uma representação desse eixo, um pilar que sustenta os céus e penetra as profundezas da Terra, simbolizando a conexão do praticante com as esferas superiores e inferiores da existência.

No ritual hermético, o Báculo é frequentemente feito de madeiras associados à Mercúrio, como a aveleira[1], e é utilizado para direcionar energia e para consagrar o espaço sagrado. Cada movimento tem um significado simbólico, refletindo as Leis Herméticas. Ao manejarmos o Báculo, estamos reafirmando a compreensão dessas leis e a capacidade de operar dentro delas.

Como Hermes Trismegisto é também conhecido como o patrono do conhecimento e da escrita, O Báculo, portanto, é ainda um instrumento de transmissão de sabedoria. Em nossas mãos, representa a autoridade para ensinar e a responsabilidade de perpetuar os ensinamentos herméticos através das gerações.

O Báculo como uma das ferramentas centrais do Hermetismo Prático, propõe-nos uma jornada de alinhamento com as forças cósmicas e com o próprio Divino que reside em nosso interior. Assim como o Caduceu de Hermes representa a Alquimia e a transformação, o Báculo simboliza a busca constante pelo equilíbrio e a harmonia entre o espírito e a matéria. Em todo aquele que empunha seu Báculo há um eco do grande Hermes Trismegisto, cuja presença permeia o caminho da transformação e da realização espiritual.

1 Apesar da aveleira ser a árvore tradicionalmente ideal para a construção do Báculo no Hermetismo devido à sua associação com Mercúrio, no Brasil, onde essa árvore não é facilmente encontrada, é aceitável que ele seja confeccionado a partir de qualquer madeira de especial conexão ou significado para o praticante, respeitando a intenção e a harmonia com os princípios herméticos.

Trípode

Em diversas Tradições místicas e culturais, certos instrumentos se destacam por suas funcionalidades, mas também pelo simbolismo que carregam. Um desses artefatos é a trípode, presente em muitas práticas esotéricas, especialmente na Tradição Hermética.

A trípode, descrita como um braseiro (incensário) fixado em três longas pernas, eleva o recipiente a aproximadamente o nível do peito. Esta estrutura era comumente utilizada para fazer oferendas de incenso em locais específicos do espaço de trabalho ritualístico, fora do altar. A utilização da trípode permite que o praticante possa se movimentar e oferecer incenso em diferentes pontos do ambiente, evidenciando uma flexibilidade nas cerimônias e potencializando a energização de todo o espaço.

Enquanto a Tradição Hermética utiliza a trípode em ocasiões específicas, é notável que sua origem remonta a tempos ainda mais antigos, especialmente na região do Mediterrâneo oriental. Lá, a trípode não tinha somente uma função cerimonial, como era um instrumento vital no conjunto de ferramentas do Mago.

A adoção da trípode nos rituais místicos provavelmente se relaciona com a estabilidade representada por suas três pernas. O número três, em muitas culturas, é associado a conceitos como equilíbrio, harmonia e unidade. Dessa forma, a trípode serve como um meio prático para realizar oferendas, mas também atua como um símbolo de estabilidade e equilíbrio no contexto ritualístico.

Ter este artefato nas cerimônias reforça a ideia de que, no esoterismo, cada elemento possui um propósito bem definido. Não se trata apenas de realizar ações ritualísticas, mas de compreender e valorizar o significado e a energia de cada objeto envolvido. A trípode, assim, convida-nos a refletir sobre a importância de resgatar Tradições antigas, adaptando-as aos contextos contemporâneos, e de reconhecer a riqueza simbólica presente em cada detalhe de práticas esotéricas. É essa combinação entre função e simbolismo que enriquece e potencializa os rituais, tornando cada gesto e cada objeto parte integrante de um todo harmonioso e significativo

Stylus

Em diferentes culturas e Tradições esotéricas ao redor do mundo, a arte da inscrição tem sido uma prática reverenciada. Ao gravar palavras, símbolos ou fórmulas em objetos, os praticantes acreditam imbuir esses itens com poderes místicos, energias ou intenções específicas. Neste contexto, o *stylus* destaca-se como uma ferramenta indispensável, sendo uma extensão do desejo do Mago ou Sacerdote de marcar de forma permanente sua intenção no mundo físico.

O stylus é definido como um instrumento afiado, meticulosamente desenhado para inscrever objetos duros como potes, pedras ou ossos. Quanto mais afiado for o stylus, mais preciso e eficaz será o seu uso, permitindo inscrições detalhadas e claramente definidas. Estas inscrições muitas vezes carregam fórmulas mágicas ou encantamentos, e o ato de gravar tais símbolos é em si um ritual.

Nos textos antigos, o stylus é frequentemente descrito como sendo confeccionado em materiais específicos, como o cobre ou o latão. A escolha desses metais não é arbitrária: ambos possuem significados e propriedades particulares em várias Tradições místicas. O cobre, por exemplo, é frequentemente associado à Deusa Vênus e ao planeta de mesmo nome, enquanto o latão, uma liga de cobre e zinco, tem suas próprias conotações mágicas associadas a Mercúrio, o mensageiro dos Deuses. No entanto, em casos em que esses materiais não estão disponíveis, recomenda-se o uso de aço ou ferro como alternativa. O fundamental, independentemente do material, é que o instrumento seja capaz de inscrever de forma clara e duradoura.

Mais do que apenas uma ferramenta física, o stylus é um símbolo da capacidade do homem de deixar sua marca, de transmitir sabedoria, intenções e poderes místicos através do ato de inscrição. Cada traço feito pelo stylus vai além do visível, conectando o plano material ao espiritual e consolidando a intenção do praticante no objeto inscrito.

Dessa forma, ao refletirmos sobre o stylus, somos lembrados da importância dos rituais e das ferramentas utilizadas neles. Estes instrumentos, carregados de simbolismo e propósito, reforçam a conexão entre o humano e o Divino, entre o tangível e o intangível. E é nesse entrelaçar de mundos que a Magia verdadeiramente acontece, onde o simples ato de inscrever se transforma em uma dança etérea de energia, intenção e propósito.

Há uma série de outras ferramentas e suprimentos que podem enriquecer a prática espiritual e tornar as operações místicas mais fluidas e significativas. Baseado nas experiências e práticas pessoais, podemos considerar uma variedade de itens que podem ser adicionados ao santuário. Embora não sejam obrigatórios, estes objetos auxiliam em diversas atividades e rituais, tornando-os mais eficientes e simbolicamente ricos.

Entre as ferramentas e utensílios sugeridos, destacam-se:

- Vasos e recipientes: uma tigela para preparar a água lustral para abluções, como o *khernibeion* para *khernips*, e um recipiente para oferendas líquidas são fundamentais.
- Utensílios auxiliares: um sino, os quatro Instrumentos Mágicos da Wicca (Athame, Bastão, Cálice, Pentáculo), um aspersor para borrifar líquidos, uma faca para cortar tecidos ou fios, pinças ou alicates para segurar objetos delicadamente, um isqueiro ou fósforos para acender lamparinas ou incensos, um abafador e aparador para pavios de velas ou lamparinas.
- Vestimentas e acessórios: um xale, preferencialmente de fibras naturais e de cor clara, para cobrir os ombros e/ou a cabeça, um tapete de oração ou almofadas para se ajoelhar ou sentar.
- Objetos de reflexão e estudo: um livro de registro das práticas e um livro de textos herméticos clássicos sagrados.
- Organização e manutenção: toalhas brancas de rosto, potes de vidro herméticos para armazenar líquidos ou pós e uma lixeira com sacolas para descartar resíduos.

Já no que tange aos suprimentos, a lista pode englobar:

- Substâncias essenciais: água limpa, óleo de oliva, vinho e álcool neutro.
- Elementos para incensos: carvão para turíbulos e incenso solto.
- Materiais de escrita: giz branco, canetas, tintas e papéis limpos.
- Objetos diversos: cordões ou fios de algodão ou linho, natrão, sal.

A presença desses objetos e materiais não somente otimiza as práticas, como também eleva o valor simbólico e a profundidade das operações no santuário. Funcionam como extensões das intenções e energias do praticante, possibilitando uma conexão mais intensa com o Divino e com o próprio universo do Hermetismo. Em última análise, cada objeto ou suprimento adicionado ao santuário é um reflexo da busca constante pelo aperfeiçoamento e pela compreensão mais profunda dos Mistérios herméticos.

O caminho hermético, com sua riqueza de símbolos e práticas, oferece inúmeras possibilidades para o buscador espiritual. A variedade de ferramentas, suprimentos e recomendações apresentadas anteriormente são testemunhas dessa diversidade. Contudo, é fundamental compreender que, por mais que estas sugestões possam enriquecer a prática, elas são extras, complementos que se moldam de acordo com a jornada individual de cada um.

Logo, o cerne do santuário hermético é a luz da lâmpada do santuário, um farol que ilumina o caminho do praticante. Esta luz simbólica representa a orientação Divina e a presença constante do sagrado no cotidiano do buscador. Assim, independentemente da quantidade de objetos ou rituais incorporados, o que realmente importa é a capacidade deste espaço em servir como um refúgio para orações, leituras, meditações e trabalhos espirituais.

A simplicidade, neste contexto, emerge como uma virtude. Em uma era caracterizada pelo excesso e pela complexidade, retornar ao essencial e focar naquilo que verdadeiramente importa é revolucionário. Não se trata de negligenciar a riqueza das Tradições ou das práticas, mas de reconhecer que, no coração do santuário hermético, reside a busca pela luz interior e pela conexão com o Divino.

Além disso, é válido considerar que, em alguns momentos, pode ser benéfico ter espaços separados para diferentes Tradições ou estilos de trabalho. Por exemplo, enquanto o santuário hermético pode ser adequado para diversas operações, pode não ser o mais indicado para todas as práticas espirituais que alguém possa desejar explorar. Alguns desses espaços podem ser temporários ou adaptáveis, mostrando a flexibilidade e adaptabilidade do caminho espiritual.

Por fim, o foco é o elemento-chave. Quando nos aproximamos do santuário hermético, devemos nos dedicar inteiramente ao trabalho hermético, imergindo na essência desta Tradição. Ao manter essa concentração e dedicação, garantimos que a energia e a intenção sejam direcionadas corretamente, permitindo um fluxo harmonioso e produtivo de práticas e rituais. Esse comprometimento, aliado à simplicidade e à adaptabilidade, é o que permite ao buscador trilhar seu caminho com autenticidade e profundidade.

Dessa forma, mais do que uma mera estrutura física, o santuário hermético é um reflexo da jornada espiritual de quem o constrói. Ele é um testemunho da busca incessante pela conexão Divina, adaptando-se às necessidades e descobertas do praticante ao longo de sua trajetória. Em sua simplicidade, reside sua grandeza: um espaço que, acima de tudo, é moldado pelo coração e pela alma de quem o habita, tornando-se um farol em sua jornada hermética.

Consagrando os utensílios

Na prática mágica hermética, os objetos e ferramentas usados são mais que acessórios, são peças centrais que carregam em si o poder e a energia necessários para realizar atos mágicos. Essa visão pode ser simbólica, mas ressoa profundamente com a ideia de que cada elemento dentro de um ritual contribui para a sua eficácia.

Dedicar e consagrar ferramentas mágicas é uma prática que muitos consideram essencial, especialmente quando a intenção principal por trás da Magia é o desenvolvimento pessoal ou a iniciação real. Não se trata apenas de abençoar um objeto, mas de infundir nele uma energia e propósito específicos, tornando-o um instrumento sagrado, distinto do profano.

Para realizar tal feito, rituais específicos são adotados. O processo geralmente começa com um ritual de abertura, invocando Divindades que ressoam com o praticante, estabelecendo, assim, um espaço sagrado e uma conexão Divina. Uma vez que o espaço está preparado, o objeto ou ferramenta é colocado no altar e o praticante, representando a figura de Hermes Trismegisto – a figura central na Tradição Hermética – consagra o item. Durante este ato, é crucial visualizar e sentir o objeto sendo preenchido com uma energia sagrada, diferenciando-o de outros itens terrenos. Faça o Ritual de Abertura como explicado mais adiante e, em seguida, diga palavras como essas:

Hermes Trismegisto, guardião da sabedoria antiga e mensageiro das verdades ocultas, aqui se faz presente.
Pelo poder do caduceu, e pela Tábua de Esmeralda onde a verdade está escrita,
Que esta ferramenta (nome do artefato) seja purificada e imbuída pela essência Divina hermética.
Como acima, é abaixo!
Que este objeto seja um elo entre o mundano e o Divino.
Que sua forma física carregue o poder dos reinos superiores e sirva como uma chave para os Mistérios que busco desvendar.
Que ela seja separada do comum, tornando-se um receptáculo de sabedoria e luz,

E que em cada uso, ele aja como guia, protegendo-me e fortalecendo-me em minha jornada mágica.
Por este ato, que este(a) (nome do artefato) agora seja consagrado(a),
Tornando-se um instrumento sagrado de Magia e propósito.
Pelo poder de Hermes Trismegisto, o Três Vezes Grande,
Assim seja!

No cerne da prática de consagração está a crença de que a Magia é uma jornada tanto externa quanto interna. Assim, cada ferramenta, é um objeto físico, mas também um símbolo tangível do poder e da proteção que o praticante invoca do Divino. Em um mundo onde o tangível e o intangível frequentemente se entrelaçam, a consagração serve como uma ponte entre esses dois reinos, infundindo o mundano com o sagrado.

18

RITUAL DE ABERTURA: CRIANDO UM ESPAÇO SAGRADO PARA AS SUAS PRÁTICAS

A Magia Hermética, com suas raízes mergulhadas na antiguidade, carrega consigo práticas e símbolos que resistiram ao teste do tempo. Entre esses símbolos, o Círculo Mágico destaca-se como uma ferramenta primordial, servindo como uma barreira protetora e como um meio de conexão entre o mundo terrestre e o espiritual.

Ao longo da história, diversas culturas e Tradições místicas reconheceram o Círculo como um elemento de poder. No contexto hermético, ele assume um papel multifacetado. Mais do que uma demarcação física, representa um espaço consagrado, onde o profano é deixado de fora e o sagrado é convidado a entrar. É um local de encontro entre a vontade do Mago e as forças universais.

O simples ato de traçar um Círculo, seja pelo derramamento de soluções ou pelo uso de instrumentos ritualísticos, é um gesto de definição e consagração. No Egito Antigo, a ação de circundar um espaço não era apenas uma prática mágica, mas era a própria essência da Magia. Esse entendimento nos revela a profunda reverência e a importância atribuída ao círculo: um instrumento de transformação e canalização de energias.

Embora uma das funções primordiais do Círculo seja a proteção – servindo como uma muralha contra influências externas indesejadas – sua natureza vai muito além. Ele serve como um portal, um limiar que separa o mundo cotidiano do espaço sagrado. Dentro deste Círculo, o Bruxo pode se comunicar com entidades, evocar energias e realizar rituais que buscam a elevação espiritual e a manifestação da vontade.

A evolução do Círculo Mágico, especialmente com a inclusão de inscrições e símbolos sagrados, reflete a contínua busca da humanidade por aprofundamento e refinamento em suas práticas místicas. Essas adaptações, longe de serem meros adornos, são testemunhos da relação viva e em constante evolução entre o Mago e o Divino. Demonstram o entendimento de que a Magia, como arte e ciência, é dinâmica e adaptável.

No entanto, mesmo diante de todas as evoluções e complexidades adicionais, o coração do Círculo Mágico permanece inalterado: é uma representação do espaço sagrado, um santuário onde o Mago pode trabalhar sua vontade em comunhão com o Cosmos.

O Círculo Mágico também reflete a compreensão hermética de que tudo no Universo está interconectado. Como uma representação geométrica sem começo nem fim, ele espelha a ideia de continuidade, de ciclos que se repetem e da interdependência entre todas as coisas. Este entendimento é essencial na prática hermética, pois permite ao Mago perceber a sincronicidade e o padrão subjacente em eventos aparentemente desconexos.

Além disso, o ato de criar um Círculo Mágico vai além do mero ritualismo. Requer uma compreensão profunda e uma conexão sincera com o propósito do ritual que está sendo realizado. Ao demarcar este espaço sagrado, o Mago separa o profano do Divino, mas também afirma seu compromisso e dedicação ao caminho espiritual que escolheu trilhar.

É interessante observar que, em muitas Tradições mágicas, a criação de um Círculo é frequentemente acompanhada de orações, cantos e meditações. Essas práticas ajudam a elevar a consciência do praticante, preparando-o para o trabalho que está prestes a realizar. Essa preparação é crucial, pois reconhece que a Magia não é uma ação isolada, mas um processo que envolve tanto o Mago quanto as forças que ele busca evocar ou comungar.

No contexto contemporâneo, com o ressurgimento do interesse pelas práticas esotéricas e místicas, o Círculo Mágico adquire uma relevância ainda mais profunda. Em uma era marcada pela desconexão, materialismo e superficialidade, o Círculo serve como um lembrete da necessidade de se reconectar com o espiritual, de buscar um propósito mais profundo e de encontrar equilíbrio em meio ao caos.

A Magia Hermética, com seu riquíssimo arsenal de símbolos e práticas, oferece ao praticante moderno uma oportunidade de mergulhar em uma Tradição antiga, mas ao mesmo tempo adaptável e relevante. O Círculo Mágico, como um de seus pilares centrais, serve como uma bússola, guiando o Mago através das águas tumultuadas da existência moderna e levando-o a portos mais calmos e espiritualmente enriquecedores.

Assim, podemos afirmar que o Círculo, em sua essência, é muito mais do que uma forma geométrica usada em rituais. Ele é um convite à introspecção, à conexão e à transcendência. Em sua simplicidade e profundidade, encapsula a jornada hermética de busca pela iluminação e pela verdadeira essência do ser. É uma ferramenta atemporal que, independentemente da era ou cultura, continua a inspirar e a guiar aqueles que buscam a sabedoria e a conexão com o Divino.

Para o praticante moderno da Magia Hermética, o Círculo é tanto um legado das Tradições ancestrais quanto uma ferramenta adaptável às necessidades contemporâneas. Uma reminiscência da eterna dança entre o homem e o Divino. Serve como um lembrete de que, embora possamos habitar um mundo físico, estamos eternamente conectados ao vasto e misterioso universo espiritual. É, verdadeiramente, um símbolo de união e transcendência.

A Tradição Hermética possui uma série de estruturas rituais que refletem tanto aspectos universais quanto específicos de diferentes culturas. A maleabilidade dessa Tradição permite que os rituais incorporem elementos de diversas esferas culturais, resultando em cerimônias que são simultaneamente diversas e coesas.

Em sua essência, um ritual mágico hermético geralmente segue um padrão que começa com uma sequência de abertura. Esta etapa é crucial, pois prepara todos os elementos do ritual – o Mago, o local e as ferramentas – para o trabalho mágico subsequente. Este processo de preparação não é meramente físico, mas, sobretudo, mental. O Mago deve alcançar um estado de consciência que o conecte ao mundo numinoso, uma mentalidade mágica que facilite a interação com o Divino.

A fase de abertura, além de ser preparatória, também serve como um catalisador que transporta o Mago para uma realidade alternativa, onde as leis convencionais do espaço e tempo podem ser transcendidas. Neste estado alterado, o Mago está mais receptivo e alinhado com as forças espirituais que busca evocar.

O cerne do ritual, conhecido como "propósito", pode variar enormemente em sua complexidade. Em algumas situações, pode ser tão simples quanto uma oração ou petição dirigida a uma Divindade. Em outros momentos, o ritual pode ser tão intrincado que se estende por vários dias. Durante essa etapa, o Mago pode empregar diferentes abordagens, como se conectar diretamente a uma entidade Divina, ou até mesmo se identificar tão profundamente com uma Divindade que passa a operar sob essa persona. Esta última técnica reflete a crença em uma ligação intrínseca entre o humano e o Divino, onde o Mago, ao assumir a identidade de uma Divindade, é capaz de manifestar poderes ou realizar desejos de forma mais eficaz.

Em muitos rituais, há uma pressuposição implícita da natureza Divina do Mago. Há rituais em que as palavras do Mago têm o poder de alterar a realidade à sua volta. Uma vez que o Mago tenha estabelecido uma conexão Divina, suas palavras e ações, se acompanhadas das intenções e fórmulas corretas, podem literalmente moldar a realidade. Não é raro que, como parte do ritual, o Mago inscreva fórmulas ou símbolos em objetos, usando então palavras mágicas para ativar ou potencializar o item.

Finalmente, a etapa de encerramento do ritual é vital. Ela serve para delimitar o trabalho mágico, confinando-o a um espaço e tempo específicos. Ao fazer isso, o Mago é capaz de liberar sua dinâmica interna das restrições impostas pelo ritual, liberando-se de preocupações sobre o sucesso do rito ou o desejo de resultados. Uma vez concluído o ritual, acredita-se que ele já alcançou seu propósito.

Este mergulho na estrutura dos rituais herméticos revela a profundidade e a complexidade da jornada mágica. Cada etapa é carregada de significado e intenção, refletindo a eterna busca humana por conexão, transformação e entendimento do Divino.

A jornada pela Tradição Hermética é repleta de mistérios, símbolos e rituais que têm o poder de transformar tanto o ambiente externo quanto o universo interior de quem os pratica. Em meio a essas práticas e cerimônias, a abertura ritualística ocupa um lugar de destaque, servindo como uma ponte entre o mundo cotidiano e o reino místico.

Ao longo dos séculos, os adeptos da Tradição Hermética têm reconhecido a importância de se começar um ritual de maneira correta. Mais do que um conjunto de ações simbólicas, a abertura de um ritual é um convite ao Divino, uma forma de sinalizar para o Universo que um trabalho sagrado está prestes a ser realizado. Ela serve para purificar o ambiente, focar a mente e preparar o espírito para o que virá a seguir.

As instruções a seguir visam fornecer uma estrutura básica de abertura que poderá ser usada como parte integrante para todas as cerimônias, exercícios e práticas encontradas neste livro com a finalidade de explorar de forma prática os 7 Princípios Herméticos encontrados no Caibalion. Seja você um Bruxo experiente ou alguém que está apenas começando na Tradição Hermética, esta estrutura de abertura servirá como um prelúdio confiável e eficaz. Criada não somente para estabelecer a atmosfera certa, mas também para garantir que você esteja protegido, alinhado e pronto para embarcar em qualquer prática proposta nesta obra.

Por que a abertura é tão essencial? Imagine entrar em um teatro. Antes de a peça começar, as luzes se apagam lentamente, a música começa a tocar suavemente e o cenário é revelado. Tudo isso serve para transportá-lo do mundo exterior para a história que está prestes a ser contada. Da mesma forma, a abertura de um ritual hermético transporta o praticante do mundo profano para o espaço sagrado, criando um ambiente propício para a Magia se manifestar.

A Tradição Hermética, tem, ao longo dos séculos, valorizado a preparação ritualística. Os antigos textos, como os papiros referidos, mencionam com frequência a importância de procedimentos de abertura e encerramento durante as operações mágicas. Estes momentos não são meras formalidades, mas, sim, etapas cruciais que demarcam e consagram o espaço e o tempo da operação.

Ao se debruçar sobre os detalhes destes rituais, percebe-se a recorrência do conceito de "purificação". No entanto, tal conceito muitas vezes é mal interpretado ou simplificado em sua essência, principalmente na modernidade e nas visões pós-modernas. Contrariamente à ideia comum, purificar, neste contexto, não se refere a uma limpeza em um sentido estritamente literal ou moral. Em vez disso, trata-se de uma concentração de essência.

A purificação, neste âmbito, implica a dedicação a um propósito único, claro e direto: a operação mágica em questão. E envolve dois aspectos fundamentais: a exclusão de elementos que possam desviar ou perturbar esse propósito central, e a intensa focalização da essência na finalidade da operação. Em outras palavras, a purificação prepara o Mago e o ambiente, tornando-os receptivos e alinhados ao objetivo místico que se deseja alcançar.

Uma observação interessante é a recomendação, encontrada em certos textos antigos, de abstinência de atividades sexuais por determinados períodos antes de algumas operações mágicas. Essa instrução, frequentemente mal interpretada, não é uma avaliação moral da sexualidade. Pelo contrário, sugere-se que essa abstinência pode servir para acumular energia sexual, que posteriormente pode ser canalizada para a operação. Alternativamente, essa abstinência pode tornar o Mago mais sensível ou atrativo às entidades ou energias que ele procura evocar.

A purificação é menos sobre negatividade e mais sobre dedicação. É a preparação do terreno, a afinação do instrumento. Em sua prática, o Mago elimina distrações, afina sua mente e espírito e se concentra com intensidade na tarefa que tem em mãos. Esse processo potencializa a eficácia da operação mágica, mas também reafirma o respeito e a reverência com que o Mago se aproxima das forças e entidades do universo hermético. E ao compreendermos corretamente a natureza da purificação, somos capazes de apreciar sua importância e aplicá-la com a devida profundidade em nossas práticas espirituais.

Apesar dos registros históricos não evidenciarem a utilização de círculos mágicos no Hermetismo prático tradicional, optamos por introduzir a prática neste livro, porque o conceito do lançamento de um Círculo Mágico no início dos rituais é amplamente difundido e usado em inúmeras Tradições de Bruxaria. O Círculo Mágico, em sua universalidade, transpassou culturas e eras, servindo como ferramenta para rituais e práticas espirituais em diferentes Tradições. O ato de traçar e entrar em um Círculo Mágico tem sido, em muitas Tradições esotéricas, uma ferramenta poderosa para preparar o ambiente e sintonizar a mente, direcionando-a para um estado mais suscetível e receptivo à prática mágica e espiritual. A criação e utilização de um Círculo Mágico não são atos meramente simbólicos. Eles têm o poder de alterar a atmosfera do ambiente, criando um espaço sagrado e delimitado.

Se você possui um conhecimento intermediário sobre Hermetismo, perceberá que o texto escolhido para fundamentar o lançamento do Círculo Mágico Hermético e a criação de um espaço sagrado é a Tábua de Esmeralda. Isso se deve em função de sua inestimável importância dentro da Tradição Esotérica e, para isso, uso minha própria versão deste aclamado texto que foi baseada em diferentes traduções. A Tábua de Esmeralda, atribuída a Hermes Trismegisto, é um dos pilares do Hermetismo e das práticas ocultas subsequentes. Este documento é reverenciado como uma fonte de Sabedoria Divina, encapsulando em suas palavras enigmáticas os princípios fundamentais da transformação alquímica, tanto material quanto espiritual. A premissa central da Tábua "como acima, é abaixo", ressoa profundamente com a prática de traçar e consagrar um Círculo Mágico. O ato de criar este espaço sagrado é, em si, um reflexo da harmonia e correspondência entre os mundos do macrocosmo e microcosmo. Ao lançar o Círculo, estabelecemos um território que reflete o Cosmos, um lugar onde a vontade humana e a energia Divina podem se encontrar e interagir. Esta é uma representação direta do entendimento hermético da realidade, que vê a unidade e a correspondência entre todos os níveis da existência.

Ao incorporar a Tábua de Esmeralda no processo de lançar um Círculo Mágico, não estamos emulando uma prática dos antigos. Na verdade, esta é uma inovação moderna, oferecida para criar uma atmosfera adequada para a realização dos rituais e práticas propostas neste livro. Porém, esta abordagem moderna honra o legado do passado enquanto reconhece as necessidades do praticante contemporâneo, fornecendo uma ponte entre os mundos, reconectando-nos e reafirmando os princípios universais que são a base da prática mágica. Dentro do espaço delimitado pelo Círculo, somos tanto uma reflexão do Universo quanto cocriadores ativos da nossa realidade. A sabedoria contida na Tábua de Esmeralda, então, pode servir como um guia, uma bússola que direciona nossa vontade, intenções e ações. Além disso, o uso dos textos da Tábua de Esmeralda enfatiza a natureza sagrada do conhecimento antigo e uma continuidade da sabedoria espiritual hermética. Em um momento em que Tradições antigas são constantemente reinterpretadas, a integridade e a profundidade da Tábua de Esmeralda nos oferecem um ponto de ancoragem, lembrando-nos que, embora as formas externas e as práticas possam mudar, a verdade essencial e os princípios universais permanecem constantes.

Neste sentido, a incorporação da Tábua de Esmeralda no lançamento do Círculo aqui ensinado é uma celebração da resiliência e relevância contínua desses ensinamentos milenares. É uma maneira de honrar e preservar o coração do Hermetismo, garantindo que a sabedoria que ele carrega continue a iluminar o caminho dos buscadores espirituais, permitindo-nos explorar os Mistérios do Universo de uma forma protegida e consagrada.

Este uso do Círculo Mágico pretende ser mais que uma reivindicação de autenticidade histórica hermética, é uma adaptação moderna, fruto da contemporaneidade, uma inovação que se enraíza na profunda versatilidade e adaptabilidade dos princípios herméticos a serem incorporados nas práticas da Bruxaria. Em um mundo em constante evolução, as Tradições também são convidadas a evoluir. Neste contexto, propomos uma releitura dos ensinamentos herméticos, integrando práticas que, embora não documentadas nas fontes clássicas, encontram ressonância com o cerne da filosofia hermética e oferecem benefícios tangíveis para o praticante contemporâneo.

Lançando o Círculo Mágico Hermético

Ao longo dos séculos, os seguidores da Tradição Hermética desenvolveram rituais complexos e profundamente simbólicos, cujo sucesso está intrinsecamente ligado a um processo meticuloso de preparação.

Aplicar a estrutura de abertura proposta, tecerá um início poderoso para seus rituais, independentemente de sua complexidade ou propósito. Com este processo, você vai criar um santuário místico energético, um espaço onde o Divino pode ser convidado, honrado e experienciado. Detalharemos cada etapa desta estrutura de abertura, desde a preparação do ambiente até a finalização. Cada componente foi cuidadosamente selecionado e organizado para proporcionar uma experiência rica e profunda. Ao adotar essa estrutura em suas práticas, um caminho já percorrido por inúmeros Hermetistas ao longo da história será trilhado por você, conectando-o, assim, a uma linhagem de conhecimento e poder que atravessa os tempos.

A seguir, veja as diferentes etapas do lançamento do Círculo Hermético com a finalidade de preparar o espaço sagrado para seus rituais.

Instruções:

Volte-se para o altar no Leste e diga:

É verdade, certo e muito verdadeiro

Com a mão esquerda aponte para os céus e com a mão direita aponte para a terra:

Como abaixo é acima e como acima é abaixo, para realizar os milagres de uma única coisa.
E assim como todas as coisas vieram do Uno, por conseguinte todas elas são únicas.

Acenda a lamparina, toque o sino 3 vezes e vibre:

IAO

Coloque incenso na trípode, eleve-a aos céus três vezes e diga:

O Sol é o seu pai, sua mãe é a Lua, o vento o embalou em seu ventre, a Terra é sua nutridora.
O pai de tudo, o Thelemeu do mundo universal, está aqui.
Seu poder é perfeito, mesmo quando derramado sobre a Terra.

Coloque a trípode sobre o altar, toque o sino 3 vezes e vibre:

IAO

Passe as mãos sobre a chama da lamparina, coloque as palmas sobre os olhos e diga:

Separarás a terra do fogo, o sutil do denso, suavemente e com grande desvelo.

SUBIRÁS DA TERRA AOS CÉUS E RETORNARÁS NOVAMENTE À TERRA, RECOLHENDO A FORÇA DAS COISAS QUE ESTÃO ACIMA E ABAIXO.
E OBTERÁS POR ESTE MEIO A GLÓRIA DO MUNDO.

Retire as mãos dos olhos, dizendo:

E TODA OBSCURIDADE SE AFASTARÁ DE TI.
NISSO CONSISTE O PODER ACIMA DE TODA FORÇA:
VENCERÁS TODAS AS COISAS SUTIS E PENETRARÁS EM TUDO O QUE É DENSO.
ASSIM FOI CRIADO O MUNDO.
ESTA É A FONTE DAS ADMIRÁVEIS CONCILIAÇÕES E A MANEIRA PELA QUAL ESSAS MARAVILHAS PODEM SER REALIZADAS.
POR ESTA RAZÃO FUI CHAMADO DE HERMES TRISMEGISTO, POIS POSSUO AS TRÊS PARTES DA FILOSOFIA UNIVERSAL.
O QUE EU TINHA A DIZER SOBRE A ARTE ALQUÍMICA DA OBRA SOLAR ESTÁ AGORA CONCLUÍDO!

Visualize sobre a sua cabeça uma serpente alada, receba a força e a energia de seu *Agathodaimon* energizando você para o ritual que se seguirá. Ele derrama uma luminosa luz branca sobre você, em forma de energia. Esta luminosidade aos poucos cria um círculo de energia ao seu redor. Permaneça visualizando isso até que o cenário esteja completo em sua mente.

Toque o sino 3 vezes e vibre:

IAO

Volte-se para o Leste e visualize um homem alado. Eleve as mãos aos céus e diga:

IÔIE ÊÔ AUA

Volte-se para o Sul e visualize um leão dourado. Coloque a mão direita sobre o coração e eleve a esquerda fechada em punho e diga:

APHTHALUA

Volte-se para o Oeste e visualize uma Águia acorrentada. Abra as duas mãos na região da cintura, como se estivesse recebendo algo e diga:

IÔÊDES

Volte-se para o Norte e visualize um Touro celeste. Faça sinal de silêncio, colocando o dedo indicador sobre os lábios e diga:

PERÊPHIA

Volte-se para o Leste novamente. Toque o sino 3 vezes e vibre:

ABRAXÁS

Nesta etapa do ritual você pode invocar uma Divindade ou simplesmente realizar qualquer uma das práticas de conexão e sintonização com os princípios herméticos do Caibalion que são fornecidas mais adiante.

Esta abertura ritual potencializará a prática e criará a atmosfera apropriada para que você tire o melhor proveito possível da experiência que estiver sendo realizada.

Entendendo o simbolismo por trás do ritual de abertura

A mera realização mecânica de um ritual, sem uma compreensão do seu simbolismo subjacente, pode reduzi-lo a um mero conjunto de gestos vazios. Entender o simbolismo em rituais não é um elemento central que define a eficácia e a profundidade da experiência ritualística.

Em primeiro lugar, o simbolismo atua como uma ponte entre o consciente e o inconsciente. Carl Jung, um dos mais proeminentes psicanalistas do século 20, acentuou a importância dos símbolos como meios pelos quais o psiquismo humano acessa e integra conteúdos do Inconsciente Coletivo. Em um contexto ritualístico, quando os participantes compreendem e se sintonizam com os significados simbólicos dos atos, gestos e palavras, eles abrem uma porta para que esses conteúdos ressoem em suas profundezas psíquicas. Assim, o ritual não é mais apenas uma série de ações externas, mas torna-se um diálogo interno e transformador.

Além disso, o simbolismo proporciona uma conexão com Tradições ancestrais e contextos culturais mais amplos. Muitos rituais têm origens que remontam a tempos antigos. Seus símbolos podem ser depositários de sabedoria coletiva, experiências e insights acumulados ao longo de gerações. Ao entender esse simbolismo, o praticante estabelece uma continuidade com o passado, honrando e integrando a sabedoria ancestral em sua experiência presente.

Outro ponto crucial é que o simbolismo ritual oferece uma linguagem universal que transcende barreiras culturais, linguísticas e temporais. Os símbolos possuem uma qualidade arquetípica que fala a todos os seres humanos, independentemente de suas origens.

O entendimento do simbolismo ritual permite ao indivíduo uma participação ativa e consciente na cerimônia. Em vez de ser um mero espectador ou participante passivo, o indivíduo se torna um cocriador da experiência. A compreensão dá poder ao praticante para infundir o ritual com intenção e propósito, tornando a prática mais autêntica e significativa.

A compreensão do simbolismo nos rituais é essencial para desvendar as camadas mais profundas de significado, conectar-se com Tradições ancestrais e tornar a experiência ritual genuinamente transformadora. Em um mundo moderno que muitas vezes valoriza a forma sobre a substância, é imperativo que nos lembremos da importância do simbolismo, para que os rituais mantenham sua potência e relevância na jornada espiritual e psicológica humana.

O ritual de abertura fornecido é claramente influenciado por diversos elementos da Tradição Hermética e abrange várias camadas de significados simbólicos. A seguir, descreveremos os significados principais de cada parte deste ritual:

1. **Volte-se para o altar no Leste e faça a declaração inicial**:

O Leste é tradicionalmente associado ao local de nascimento do sol, simbolizando iluminação e início.

Invocação:

É verdade, certo e muito verdadeiro.

Esta frase serve como uma afirmação da autenticidade e verdade universal dos ensinamentos e práticas herméticas. Atua como uma preparação mental e espiritual, colocando o praticante em sintonia com a realidade transcendental e a natureza imutável das verdades herméticas.

2. Gesto com as mãos apontando para cima e para baixo:

Este é um claro alusivo à máxima hermética "como acima, é abaixo". Significa a interconexão e a correspondência entre os mundos superior e inferior.

Invocação:

Como abaixo é acima e como acima é abaixo, para realizar os milagres de uma única coisa. E assim como todas as coisas vieram do Uno, por conseguinte todas elas são únicas.

Esta é uma expressão direta da Lei da Correspondência, um dos princípios herméticos fundamentais. Significa que o que é verdadeiro no macrocosmo é também verdadeiro no microcosmo e vice-versa. O "Uno" refere-se à Fonte ou Princípio Primordial, a partir do qual tudo se manifesta.

3. Acendimento da lamparina e toque do sino:

A luz de lamparina representa a chama da consciência e da iluminação. O sino, ao ser tocado, marca uma transição, ajudando a criar um ambiente sagrado e a focar a mente.

Invocação:

IAO

IAO é uma formulação vocal do nome Divino em Tradições gnósticas e herméticas. Tem raízes em diversas Tradições, incluindo o judaísmo e o platonismo. Em contextos herméticos, pode representar a totalidade da criação e a interação entre diferentes esferas da realidade. Para alguns, IAO é considerado uma abreviação para "Ísis, Apophis e Osíris" (representando simbolicamente o conceito de vida, morte e renascimento) e desde tempos antigos essa expressão foi usada como uma fórmula para alcançar a Iluminação em qualquer processo de aprendizado. Foi empregada na Golden Dawn, por Crowley na Missa Gnóstica e muitas outras Escolas de Mistérios.

4. Incenso e trípode:

O incenso, quando queimado, serve como uma oferta e, também, purifica o ambiente. A referência ao Sol e à Lua reconhece as forças masculinas e femininas em equilíbrio, essenciais em muitas Tradições místicas.

Invocação:

O Sol é o seu pai, sua mãe é a Lua, o vento o embalou em seu ventre, a Terra é sua nutridora.
O Pai de tudo, o Thelemeu do mundo universal, está aqui.
Seu poder é perfeito, mesmo quando derramado sobre a Terra.

Esta invocação capta a ideia da criação e das influências dos astros e elementos na Alquimia Hermética. O Sol (Masculino) e a Lua (Feminino) são frequentemente vistos como os princípios básicos da criação.

Thelemeu é um nome encontrado em alguns textos herméticos usado para se referir à força da Vontade Universal, o princípio e o fim de todas as coisas. É uma referência que transmite a noção de Totalidade e a união de princípios cósmicos e terrenos.

5. Passar as mãos sobre a chama e colocar as palmas sobre os olhos:
Este ato simboliza a purificação e o poder transformador do fogo.

Invocação:

Separarás a Terra do fogo, o sutil do denso, suavemente e com grande desvelo.
Subirás da Terra aos Céus e retornarás novamente à Terra, recolhendo a força das coisas que estão acima e abaixo.
E obterás por este meio a glória do mundo.

Isso reflete o processo alquímico de purificação e transmutação. Simboliza a jornada da alma através das esferas, bem como o trabalho interno de transformação espiritual.

Na Tradição Alquímica, a transformação do denso em sutil é um dos conceitos fundamentais que simboliza a jornada de purificação e refinamento, tanto em termos materiais quanto espirituais. Este processo não se refere apenas a mudanças químicas ou físicas, mas também a mudanças metafísicas e internas dentro do praticante.

6. Retirar as mãos dos olhos
Esta ação representa o despertar espiritual que somente o conhecimento traz, dotando-nos de poderes inimagináveis.

Invocação:

E toda obscuridade se afastará de ti.
Nisso consiste o poder acima de toda força:
Vencerás todas as coisas sutis e penetrarás em tudo o que é denso.
Assim foi criado o mundo.
Esta é a fonte das admiráveis conciliações e a maneira pela qual essas maravilhas podem ser realizadas.
Por esta razão fui chamado de Hermes Trismegisto, pois possuo as três partes da filosofia universal.
O que eu tinha a dizer sobre a arte alquímica da obra solar está agora concluído!

Esta parte da invocação reafirma a capacidade de superar obstáculos espirituais e materiais através do conhecimento e entendimento hermético e reafirmar a invocação anterior, sugerindo a iluminação espiritual e o conhecimento que vem através do processo alquímico, tanto literal quanto figurativamente. O praticante, ao purificar a matéria e, simbolicamente, sua alma, distancia-se da ignorância, do sofrimento e das limitações terrenas (obscuridade), aproximando-se da verdade divina e da sabedoria (luz).

O processo alquímico, de compreender e manipular as nuances da matéria (coisas densas) e do espírito (elementos sutis) é essencial. Esse entendimento permite ao alquimista realizar transmutações e, em um nível pessoal, superar desafios materiais e espirituais, alcançando um estado de realização total.

Da mesma forma que devemos trabalhar para purificar e transformar a matéria bruta, acreditava-se que o mundo foi formado por um processo semelhante, guiado pela vontade Divina. O ato de criação é, portanto, um processo alquímico em si.

A "fonte das admiráveis conciliações" refere-se ao processo pelo qual os opostos são harmonizados e as disparidades são reconciliadas, onde maravilhas ou "milagres" ocorrem ao unir e transformar esses opostos, realizando mudanças fenomenais na matéria e no espírito.

A "Obra Solar" refere-se ao *Magnum Opus*, ou a Grande Obra dos alquimistas, o processo pelo qual a perfeição espiritual e material é alcançada. A palavra "solar" é significativa aqui, pois o sol é frequentemente um símbolo da verdade Divina, iluminação, e a fonte da vida espiritual ou energia divina. A conclusão da "Obra Solar" indica a finalização de um ciclo importante na jornada alquímica. Hermes Trismegisto sinaliza aqui que ele comunicou completamente os segredos os quais propôs compartilhar. O ciclo da transmissão do conhecimento está completo, mas para o adepto a jornada pessoal pode estar apenas começando. Em um nível mais profundo, esta declaração pode simbolizar que a Tábua de Esmeralda ofereceu todas as ferramentas necessárias e o conhecimento para iniciar você no caminho da transformação e iluminação. No entanto, sugere que a verdadeira compreensão só vem através da experiência pessoal, da prática e da introspecção, e não apenas do estudo teórico. Em resumo, esta parte do lançamento do Círculo Mágico Hermético reforça a ideia tanto de transformação externa quanto interna e sintetiza a promessa e a conclusão da jornada alquímica: a remoção da escuridão (ignorância) pela luz (conhecimento), alcançada pela dedicação à Grande Obra (o processo alquímico e a busca espiritual).

7. Visualização da serpente alada:

A serpente alada é um símbolo do *Agathodaimon*. No Hermetismo, o *Agathodaimon* é entendido como o "Eu Superior" ou a "Centelha Divina" dentro do indivíduo. Representa a ligação imanente de uma pessoa com o Divino e a verdadeira essência de sua alma. Nos textos gnósticos e herméticos, atua como um intermediário entre o indivíduo e as realidades mais elevadas ou esferas Divinas. Através da conexão com o *Agathodaimon*, o adepto pode receber revelações e insights Divinos.

8. Os quatro seres espirituais nas visualizações dos quadrantes:

Estas imagens nos remetem aos chamados "Seres Querúbicos". Seu simbolismo abrange tanto as realidades espirituais quanto as humanas. Usados em diversas Tradições para representar a totalidade da experiência humana, a plenitude da Divindade e os vários caminhos através dos quais o Divino se manifesta no mundo material. Ao longo dos séculos, esses símbolos têm inspirado reflexão, meditação e a busca pelo Divino, seja no contexto religioso, seja no esotérico, seja no filosófico. Claramente associados aos quatro elementos e direções:

- Homem alado (Leste – Ar)
- Leão dourado (Sul – Fogo)
- Águia acorrentada (Oeste – Água)
- Touro celeste (Norte – Terra)

Os quatro seres também podem representar diferentes aspectos ou faces da Divindade, expressando a multiplicidade na unidade com o Divino. Ilustram a totalidade e a complexidade da Divindade manifestada no mundo material e também podem simbolizar aspectos da experiência e natureza humanas:

- Homem – Inteligência e razão.
- Leão – Coragem e força.
- Touro – Trabalho e serviço.
- Águia – Espiritualidade e elevação acima das circunstâncias materiais)

Estas representações ajudam o praticante a equilibrar e invocar as energias dos quatro elementos.

9. IŌIE ĒŌ AUA, APHTHALUA, IÔÊDES, PERĒPHIA.

Estes nomes estão presentes nos Papiros Mágicos Gregos, o Hino da Estela Oculta e são amplamente usados para invocar energias, pedir proteção estabelecer uma conexão com as forças dos elementos como se segue: *IŌIE ĒŌ AUA* (Ar), *APHTHALUA* (Fogo), *IÔÊDES* (Água), *PERĒPHIA* (Terra).

10. Vibrar ABRAXÁS:

Abraxas é uma palavra de origem misteriosa e simbolismo profundo, amplamente reconhecida nas Tradições gnóstica e hermética. Termo que tem sido objeto de fascínio, especulação e veneração por séculos, emblemático dos conceitos esotéricos que desafiam interpretações simplistas. No coração do simbolismo de *Abraxas* está a união dos opostos. A palavra encapsula o conceito da totalidade da existência, unindo o espiritual ao material, o bem ao mal, a luz à escuridão. Essa dualidade reflete a visão simbólica de que a verdadeira compreensão espiritual não se trata apenas de transcendência, mas também de integração. Ao longo dos séculos, o conceito e o símbolo de *Abraxas* permearam várias Tradições esotéricas. No século 20, o psicólogo Carl Jung reacendeu o interesse por *Abraxas*, interpretando-o como um símbolo da unificação do bem e do mal, representando a Divindade Suprema e a essência do Deus desconhecido.

11. Invocação de uma Divindade ou prática de conexão:

Uma vez que o espaço sagrado foi estabelecido, o ambiente energizado e as proteções estabelecidas, chega-se a um momento crucial: a prática central. Esta etapa é flexível, permitindo ao praticante escolher o que mais ressoa com seu propósito e intenção. Seja através da conexão com uma Divindade, seja pela exploração profunda dos ensinamentos herméticos do Caibalion por meio de exercícios, meditações e rituais, esta fase é essencial para direcionar a energia invocada e focar na transformação e no crescimento espiritual desejado.

12. Invocar uma Divindade:

A invocação é um chamado a uma força ou entidade superior para que esteja presente e participe do ritual. Ao invocar uma Divindade, o praticante não só busca a bênção ou orientação dessa entidade, como também procura se alinhar com sua essência e potência. Isso pode ser feito através de cantos, mantras, orações ou declarações de intenção que ressoem com a natureza da Divindade escolhida.

13. Realizar Práticas Baseadas no Caibalion:

Cada princípio do Caibalion pode servir de base para uma variedade de práticas espirituais, podendo ser meditativas, contemplativas ou ativas. Por exemplo, uma prática focada no Princípio da Correspondência pode envolver a meditação sobre a conexão entre o macrocosmo e o microcosmo, explorando como os padrões do Universo se refletem em nossa própria existência.

14. Diversidade de Práticas:

O ritual pode ser enriquecido ao incorporar uma gama de técnicas. Meditação, onde o foco está no aprofundamento da consciência e na introspecção; rituais específicos, que podem envolver o uso de símbolos, objetos e movimentos específicos para canalizar energia e invocações, que são chamados diretos para forças ou entidades espirituais.

Em suma, a abertura ritual para a criação de um espaço sagrado busca estabelecer uma conexão entre o praticante e as forças universais, permitindo uma experiência mais profunda e enriquecedora. Serve como ponte entre o microcosmo (o indivíduo) e o macrocosmo (o Universo).

Cada invocação neste ritual é uma série de palavras, mas, também representações de conceitos profundos e universais que estão no cerne da Tradição Hermética, guiando o praticante através de uma jornada de transformação e conexão entre o microcosmo (indivíduo) ao macrocosmo (Universo). Ao compreender e internalizar o simbolismo por trás de cada invocação, o praticante não está apenas recitando palavras, mas embarcando em uma profunda viagem espiritual.

O uso de gestos físicos (como apontar para os céus e para a terra ou acender uma lamparina) serve para ancorar estas energias simbólicas e universais no espaço físico e no corpo do praticante. O ritual, torna-se, assim, uma ponte entre o mundo material e o mundo espiritual, permitindo ao adepto acessar verdades universais e energias purificadas que podem facilitar o processo de autotransformação e iluminação.

A repetição de certos elementos, como as badaladas do sino e a vibração do nome *IAO*, age como um meio de reforçar o poder e o propósito do ritual, estabelecendo um padrão vibracional que penetra tanto no espaço ritual quanto no próprio praticante.

As visualizações, como a da serpente alada representando o *Agathodaimon* ou seres querúbicos em cada direção também são fundamentais. Essas imagens servem como representações arquetípicas que comunicam verdades universais e proporcionam ao praticante uma forma de se conectar com energias mais elevadas e aspectos mais profundos do ser.

A realização deste ritual é uma dança entre o visível e o invisível, o interno e o externo. Por meio dessas práticas, será possível buscar uma compreensão mais profunda do Universo e de seu lugar nele, ao mesmo tempo refinar e elevar suas próprias almas.

Em resumo, o simbolismo intrincado deste ritual para criar um espaço sagrado reflete a riqueza da filosofia hermética e fornece uma rota para aqueles que desejam se aventurar nos Mistérios do Cosmos e do próprio ser humano. Por meio da compreensão e de práticas como essas, é possível transcender as limitações terrenas e alcançar um estado de harmonia e iluminação com o Todo.

Encerrando a operação mágica

A arte mágica, transcendendo as barreiras do simples ritual, é um intrincado tecido de intenção, foco e forças ocultas. Assim como no início de uma cerimônia é fundamental preparar o ambiente, purificar os espaços e concentrar a mente, o encerramento de qualquer operação mágica desempenha um papel igualmente crucial. Não se trata apenas de concluir uma prática, mas de permitir que as energias liberadas encontrem seu próprio caminho, atuando independentemente da vontade do praticante.

Toda ação mágica é como uma narrativa. Ela tem um começo, onde se estabelece a intenção; um desenvolvimento, onde as forças são evocadas e direcionadas e um desfecho no qual essas forças são liberadas para atuar no mundo conforme o propósito estabelecido. Ignorar ou negligenciar esse encerramento seria como deixar uma história sem conclusão, deixando os personagens e enredos suspensos em um limbo.

Na Tradição mágica, após a fase de trabalho, é aconselhado desenvolver um ritual de encerramento personalizado. Este ritual serve como um marcador simbólico e prático, indicando a transição do espaço sagrado de volta ao profano. Com este ato, o Mago comunica ao Universo que sua intenção foi lançada e que, agora, as forças evocadas têm a permissão e a liberdade de atuar.

O pronunciamento de uma fórmula verbal de despedida no final não é apenas uma dispensa respeitosa às deidades ou forças convocadas, mas também um reconhecimento da ordem cósmica. Um pedido para que o equilíbrio seja mantido e uma súplica para que o praticante seja protegido. O ato de verbalizar essa fórmula ressalta a importância da palavra falada como veículo de poder e intenção.

Para encerrar formalmente, vá ao centro do círculo e respire algumas vezes para se centrar.

Pegue a Lamparina sobre o altar eleve-a aos céus e diga:

Os quatro seres viventes partem
As luzes dos quatro cantos do mundo agora evanescem
O rito se encerra, enquanto a canção das esferas ecoa no Universo.
Que assim seja!

Dê três badaladas de sino e sopre a lamparina para apagá-la. O ritual estará encerrado.

Ao finalizar, é também aconselhado ao praticante se afastar do espaço ritualístico, simbolizando a transição de um estado alterado de consciência para o estado cotidiano. Este ato simples, mas significativo, serve como uma "ancoragem", ajudando a mente a retornar ao presente e ao mundo físico.

No entanto, tão importante quanto o encerramento é a capacidade de desapegar-se dos eventos da operação. Ao deixar de lado os acontecimentos do ritual, o Mago permite que o Universo atue, confiando que suas intenções e desejos serão manifestados da maneira mais adequada.

No âmago de todas essas práticas está a compreensão de que, enquanto seres humanos, somos simultaneamente parte do Cosmos e indivíduos com livre-arbítrio. A Magia, em sua essência, é a dança entre essas duas realidades, e o encerramento assegura que essa dança ocorra em harmonia, equilíbrio e respeito mútuo.

19

RITUAIS E PRÁTICAS DE CONEXÃO COM OS 7 PRINCÍPIOS HERMÉTICOS

No diálogo *Timeu*, Platão nos oferece uma visão rica e complexa da criação do mundo. Ao fazê-lo, ele nos convida a contemplar a intricada relação entre o mundo celeste e o terreno, entre os planetas e as coisas que habitam a Terra. Segundo Platão, após a formação do mundo e a semeadura das sementes de todas as coisas, cada planeta adquire a responsabilidade de concluir a ação demiúrgica, moldando as almas e os corpos que lhes são correspondentes, infundindo-lhes dignidade e governando cada ser com o máximo de beleza e bondade.

Esta perspectiva não é meramente mitológica; ela estabelece uma ordem profunda, uma ligação entre os seres sublunares e as forças celestes, constituindo uma correspondência entre eles. No pensamento platônico, cada planeta possui atributos específicos, que se definem principalmente pela interação entre dois dos quatro elementos clássicos – Água, Fogo, Ar e Terra. Estes atributos, por sua vez, associam-se a humores, qualidades, sabores e até mesmo climas, formando a complexidade de características que definem todos os seres, desde humanos a pedras.

Platão não estava interessado na Astrologia por seu valor preditivo. Ao invés disso, sua visão astrológica em *Timeu* serve como uma lente através da qual podemos perceber a ordem inerente do Cosmos e a presença contínua da *psyche* – a alma ou força vital – permeando todas as coisas. Cada ser, em sua essência, é uma manifestação dessa *psyche*, refletindo a harmonia da inteligência e da matéria e seguindo um modelo universal em sua estrutura mais profunda.

No neoplatonismo hermético, esta visão platônica se funde com a Tradição Hermética para produzir uma cosmologia rica, na qual a providência e o destino são vistos como manifestações da *psy*che. Esta alma cósmica, por meio de suas contínuas operações, dá origem a um mundo caracterizado pelo amor e pela ordem. Assim, o Hermetismo encontra em Platão uma base teórica para suas crenças astrológicas, definindo a relação intrínseca entre os seres e a alma do mundo. Ao fazer isso, estabelece-se uma estrutura sobre a qual se pode construir um modo de vida e prática verdadeiramente herméticos, onde o microcosmo do indivíduo reflete e se harmoniza com o macrocosmo do Universo.

Todas as coisas do mundo, assim, encontram uma afinidade com um planeta específico, e suas relações e interações são moldadas pelas semelhanças e diferenças entre essas afinidades celestes. Isto também é verdade quando falamos dos 7 Princípios Herméticos. Portanto, não é por acaso que os princípios herméticos apresentados no Caibalion são em número de sete. Essa coincidência, na verdade, carrega uma ressonância profunda que se conecta com os antigos planetas mágicos reconhecidos desde a antiguidade:

Nº	PRINCÍPIO	RITUALÍSTICA	PLANETA	CHAKRA	FUNÇÃO
1	Mentalismo	Cerimonial	Sol	Coronário	Elevar
2	Correspondência	Meditativa	Lua	Frontal	Inspirar
3	Vibração	Mântrica	Mercúrio	Laríngeo	Sintonizar
4	Polaridade	Devocional	Vênus	Cardíaco	Conectar
5	Ritmo	Purificatória	Marte	Plexo Solar	Limpar
6	Causalidade	Mágica	Júpiter	Umbilical	Mudar
7	Gênero	Sexual	Saturno	Básico	Aterrar

O primeiro princípio, o Mentalismo, é associado ao Sol. Assim como o Sol ilumina e dá vida ao nosso mundo, o Mentalismo ilumina a compreensão de que "o Todo é Mente; o Universo é Mental". Essa centralidade é refletida no Chakra Coronário, situado no topo da cabeça, representando a elevação máxima do espírito. Por meio da prática ritualística cerimonial, busca-se atingir esse estado elevado de consciência, assim como o Sol se eleva no céu. Ao entender o Princípio do Mentalismo e sua relação com o Sol, somos convidados a perceber que cada pensamento e intenção tem o poder de irradiar e influenciar nosso entorno. Quando voltamos nosso foco interno para o Chakra Coronário e realizamos práticas cerimoniais, estamos, na verdade, honrando essa centelha Divina que habita em nós, conectando-a com a fonte suprema de luz e vida.

A Correspondência, ligada à Lua, traz a ideia de reflexão e dualidade – "como acima, é abaixo". A Lua, com suas fases e ciclos, reflete a passagem do tempo e as constantes mudanças. O Chakra Frontal, ou terceiro olho, é o centro de intuição e visão espiritual, permitindo-nos inspirar e perceber as correspondências em nosso mundo. Já a Lua, com sua natureza mutável e cíclica, ensina-nos sobre a impermanência da existência. Em sintonia com o Chakra Frontal, a Correspondência nos mostra que as realidades visíveis e invisíveis estão intrinsecamente ligadas. A meditação, ao servir como ponte entre essas dimensões, permite-nos mergulhar em águas mais profundas de percepção e intuição.

O princípio da Vibração, associado ao ágil Mercúrio, ressalta que tudo está em movimento. O Chakra Laríngeo, centro de comunicação e expressão, ajuda-nos a sintonizar com as vibrações ao nosso redor. Utilizando mantras, ajustamos nossa energia para ressoar com as frequências desejadas. O princípio da Vibração, ao nos convidar para o universo sonoro e vibracional de Mercúrio, instiga-nos a afinar nossa própria "melodia interna". Assim, ao entoar mantras e focar no Chakra Laríngeo, podemos sintonizar nossa essência com as frequências mais elevadas de consciência.

Vênus, o planeta do amor e da beleza, atrela-se ao Princípio da Polaridade. Assim como Vênus tem fases de visibilidade e invisibilidade, a Polaridade nos ensina sobre os opostos e o amor que os une. O Chakra Cardíaco, centro do amor incondicional, permite-nos conectar com os outros e com o Universo. Vênus, com sua aura de paixão e arte, desperta em nós o poder da Polaridade, lembrando-nos de que em cada extremo há uma semente do outro. Por meio de práticas devocionais, podemos celebrar a dança eterna entre as forças opostas, sentindo-as convergir no Chakra Cardíaco, o coração da nossa existência.

O Ritmo, ligado ao combativo Marte, ensina-nos sobre ação e reação. O Chakra do Plexo Solar, centro de poder e vontade, impulsiona-nos a limpar obstáculos e seguir em frente. A prática purificatória ajuda a alinhar nosso ritmo interno. Marte e o Princípio do Ritmo, impulsiona-nos a enfrentar os desafios e a superar os obstáculos. O fogo do Plexo Solar nos leva a purificar nossas intenções e ações, moldando nosso destino com determinação e coragem.

Júpiter, o grande benéfico, correlaciona-se com o Princípio da Causalidade. Com sua vastidão, Júpiter nos mostra que cada ação tem uma consequência. O Chakra Umbilical nos conecta com a mudança e a transformação, através da prática mágica. A magnanimidade de Júpiter nos ensina sobre a vastidão das possibilidades. Reconhecendo a Causalidade, aprendemos que somos cocriadores de nossa realidade. Ao trabalhar com o Chakra Umbilical, somos lembrados da interconexão de todas as coisas.

Por fim, o Princípio do Gênero é representado por Saturno, o guardião dos limites. Assim como Saturno delimita a esfera dos planetas visíveis, o Gênero nos ensina sobre a dualidade fundamental da vida. O Chakra Básico nos ancora, aterrando-nos à matéria. Por fim, Saturno nos convoca para reconhecer e honrar os ciclos da vida, a dança entre o nascimento e a morte, a fusão entre o masculino e o feminino. Com o Chakra Básico estamos firmemente ancorados ao solo, reconhecendo nossa natureza terrena enquanto aspiramos ao Divino.

A Magia sempre desempenhou um papel fundamental na busca humana por compreensão, conexão e transcendência com o Divino. Dentro da ampla gama de sistemas mágicos, a Magia Hermética planetária emerge como uma das Tradições e filosofias mais antigas, no entanto, adaptável e relevante até os dias de hoje. A base desta Magia é o entendimento de que os planetas, mais do que meros corpos celestes, são representações físicas de inteligências espirituais. Essas inteligências têm suas correspondências no mundo material e no corpo humano. Assim, os planetas atuam como degraus em uma escada metafórica, guiando o praticante em sua jornada de autoconhecimento e união com o Divino.

Magia Hermética é uma forma de Magia ritual e filosófica que tem desempenhado um papel influente ao longo dos séculos. Uma das suas características mais distintas é o conceito de que os sete planetas mágicos não só simbolizam certos princípios esotéricos, mas também têm implicações práticas para os rituais e trabalhos mágicos dentro deste sistema:

Sol

Princípio: vitalidade, iluminação, consciência central.

Significado esotérico: força vital e a essência da vida em si. Na Magia Hermética, é frequentemente invocado para energização, cura e iluminação espiritual.

Lua

Princípio: intuição, emoções, o subconsciente.

Significado esotérico: governa as marés e os ciclos. Do mesmo modo, representa os ciclos da vida, o mundo dos sonhos e o subconsciente. Muitas vezes é usada em magias associadas a emoções e sonhos.

Mercúrio

Princípio: comunicação, intelecto, Magia.

Significado esotérico: associado ao próprio Hermes, Mercúrio governa a comunicação, o comércio e os processos mentais. Na Magia, é invocado para trabalhos que envolvam escrita, fala, aprendizado e qualquer forma de troca.

Vênus

Princípio: amor, beleza, harmonia.

Significado esotérico: governa as paixões, a arte, a beleza e os prazeres sensuais. Na prática mágica, Vênus é invocado para assuntos do coração, arte e qualquer forma de criação harmoniosa.

Marte

Princípio: coragem, ação, conflito.

Significado esotérico: força, coragem, capacidade de agir. Embora também possa representar conflito, na Magia, Marte é usado para impulsionar a ação, para defesa e também para banimentos.

Júpiter

Princípio: expansão, prosperidade, justiça.

Significado esotérico: Júpiter é o grande benéfico. Representa crescimento, expansão, riqueza e justiça. Mágicos herméticos muitas vezes invocam Júpiter para bênçãos, crescimento e justiça.

Saturno

Princípio: limites, tempo, estrutura.

Significado esotérico: muitas vezes visto como um planeta desafiador, Saturno é sobre limites, responsabilidades e o inexorável passar do tempo. É frequentemente usado em magias que envolvem estrutura, estabilidade e lições cármicas.

A importância dos sete planetas na Magia Hermética vai além do simples simbolismo. Representam energias e princípios fundamentais que fluem através do Cosmos e do próprio ser humano e que nos alinham com os 7 Princípios Herméticos. Ao entender e trabalhar com essas energias, o Bruxo pode não só alcançar fins práticos, mas também obter uma compreensão mais profunda da natureza do Universo e do seu lugar dentro dele. A Magia planetária é, assim, uma ponte entre o microcosmo (o indivíduo) e o macrocosmo (o Universo), facilitando a realização da máxima hermética: "como acima, é abaixo".

Logo, a observação do céu tem sido uma fascinação para a humanidade desde tempos imemoriais. Entre as estrelas, sete corpos celestes se destacaram como fundamentais na Tradição mágica de diversas culturas: a Lua, Vênus, Mercúrio, o Sol, Marte, Júpiter e Saturno. Dependendo do contexto histórico e cultural, esses sete planetas eram percebidos de diferentes maneiras. Em algumas Tradições, eram vistos como entidades benevolentes que irradiavam sua influência sobre a Terra, enquanto em outras eram compreendidos como arquétipos malévolos, que se erguiam como barreiras entre a existência material e a magnificência celestial.

A cosmologia antiga, especialmente a desenvolvida pelos caldeus, posicionava a Terra como centro do sistema solar. Esta visão geocêntrica, posteriormente corrigida por Galileu, conferia ao Sol e à Lua o status de planetas. Apesar do avanço científico que refutou essa visão, na prática mágica, o que realmente importa é o local onde a Magia acontece, e não necessariamente a estrutura astronômica exata do Universo. A ordem estabelecida pelos caldeus, que compreende Saturno, Júpiter, Marte, Sol, Vênus, Mercúrio e Lua, continua sendo crucial para entender certos princípios da Tradição mágica.

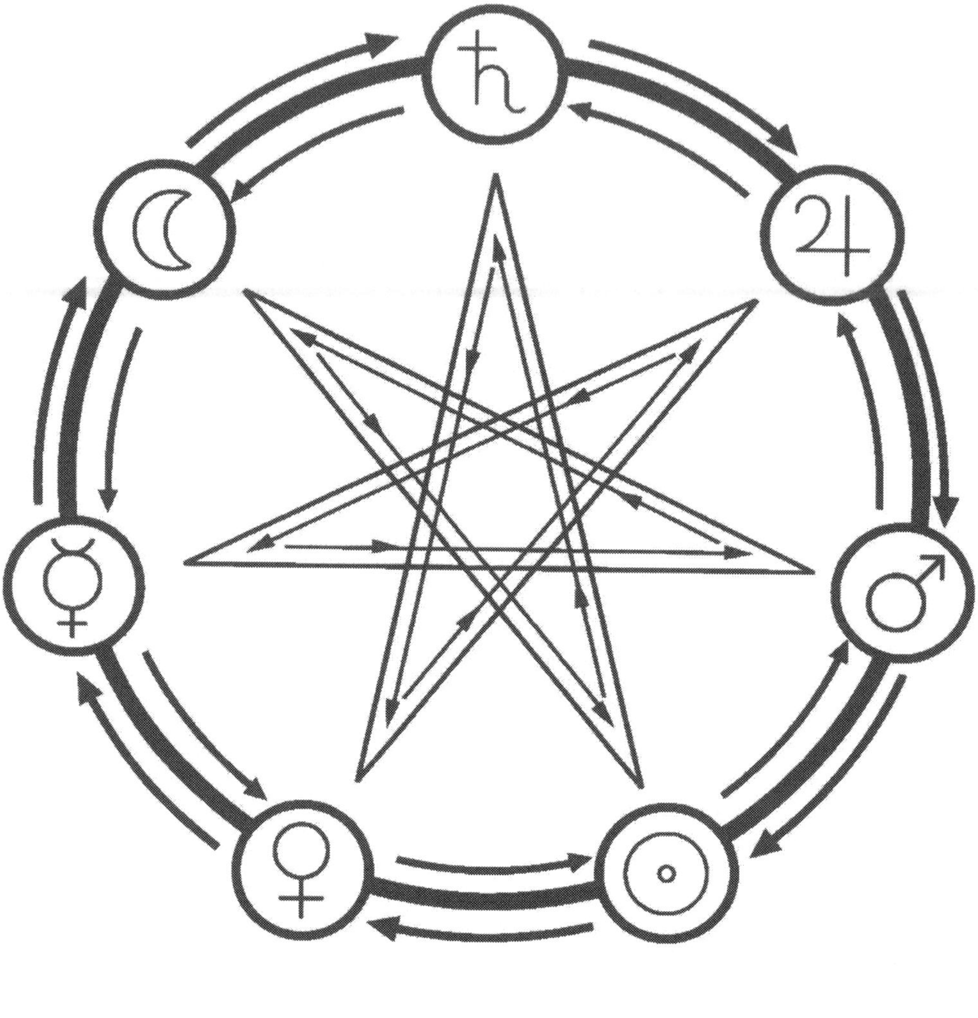

A "Ordem dos Caldeus" é um termo que se refere à sequência de planetas utilizada pelos astrólogos da Antiguidade. Esta ordem é importante na Astrologia e na magia cerimonial, pois está relacionada à atribuição de planetas a dias da semana e a outras correspondências esotéricas. A sequência caldeia dos planetas é normalmente dada começando pelo planeta mais distante até o mais próximo da Terra: Saturno - Júpiter - Marte - Sol - Vênus - Mercúrio – Lua.

Dentro desse sistema, uma ideia interessante é a dos "horários planetários". A disposição dos planetas e as horas em que governam formam uma estrutura bem definida e ordenada, que vai além de meras convenções. Ela é parte de um sistema astrológico antigo e ricamente estruturado. Diferente da nossa divisão usual de tempo, que quebra o dia em 24 horas de 60 minutos, os horários planetários são determinados pela duração da luz e da escuridão em um dia específico. Essa divisão resulta em horas que variam em duração, adaptando-se ao tempo entre o nascer e o pôr do sol, e são chamadas de "Horas Desiguais". A primeira hora das horas diurnas é sempre associada ao planeta governante daquele dia. Seguindo a sequência caldeia, as horas subsequentes são determinadas em um padrão descendente, um ciclo que continua de dia para dia.

Para aqueles interessados em identificar as horas planetárias, existem softwares dedicados a essa tarefa. No entanto, é possível determinar manualmente essas horas, utilizando os horários de nascer e pôr do sol, convertendo esse intervalo de tempo em segundos e dividindo pelo número de horas do dia. Por exemplo, um dia que tenha o Sol nascendo às 6:00 e se pondo às 18:24 terá uma hora planetária com duração de 1 hora e 2 minutos. Assim, a primeira hora planetária se estenderia das 6:00 às 7:02 da manhã.

Este método, embora não seja extremamente preciso devido ao arredondamento dos segundos, ainda é suficientemente exato para a maioria das aplicações. Ao entender esse processo, tem-se uma visão mais profunda da ordem e da Magia que permeiam nossa percepção do tempo e do Cosmos.

A Magia, com suas nuances e profundas raízes nas antigas Tradições, sempre encontrou maneiras de se entrelaçar com a linguagem e o som. No seio desta junção, as sete vogais emergem como representantes das vibrações dos planetas, ecos sonoros das esferas celestes que tanto fascinaram civilizações passadas.

Os registros dos *Papyri Grecae Magicae* nos revelam como as letras vogais eram vistas: não como meros caracteres alfabéticos, mas como símbolos das forças planetárias. Para Nicomachus, matemático pitagórico de destaque, os tons das sete esferas eram as fontes da nomenclatura das vogais. Esta ideia se aprofunda com a associação das vogais aos planetas, embora a exata correspondência entre elas permaneça um mistério. No quebra-cabeça das correspondências, o desafio reside em definir quais vogais representam quais planetas.

A ordem caldeia, uma referência recorrente, sugere uma sequência que pode ou não ser seguida de forma ascendente ou descendente. No entanto, os registros clássicos, como os escritos de Porfírio e as reflexões de Marcus, o Gnóstico, sugerem uma correspondência com Alfa relacionado à Lua, e Ômega a Saturno. Esta harmonização nos leva a uma configuração intrigante:

Alpha (A) = Lua
Epsilon (É) = Mercúrio
Eta (Ê) = Vênus
Iota (I) = Sol
Ômicron (Ó) = Marte
Upsilon (U) = Júpiter
Ômega (Ô) = Saturno

Esta disposição nos convida a explorar diferentes configurações sonoras para fins mágicos. Seja para invocar resultados mágicos, seja para uma ascensão espiritual, a flexibilidade da configuração nos oferece opções. Na busca por efeitos específicos, a disposição harmonizada de vogais pode ser escolhida a dedo, dependendo da intenção. Ou a vogal do planeta pode ser simplesmente entoada para invocar sua força em um ritual.

A prática da Magia planetária envolve o reconhecimento e a harmonização com essas energias planetárias. A época certa para realizar um trabalho mágico é calculada com precisão, levando em consideração dia e hora do planeta regente ao qual o trabalho se refere. Os mais experientes podem levar em consideração um mapa inteiro do céu para estabelecer os melhores dias e horários para se conectar com as marés das correntes planetárias. No entanto, essa rigidez não é uma regra absoluta, como evidenciado por praticantes que alcançaram sucesso sem aderir estritamente a tais cálculos.

Marsilio Ficino, um renomado filósofo e Mago do século 15, é um exemplo notável dessa Tradição. Em vez de rituais elaborados e invocações complicadas, Ficino preferia uma abordagem mais integrada e intuitiva. Ele se cercava de símbolos e objetos associados ao planeta com o qual desejava trabalhar. Além disso, usava música como uma ferramenta mágica, tocando sua lira e entoando hinos órficos. Através dessa prática meditativa e artística, Ficino buscava sintonizar sua alma à essência do planeta em questão.

A abordagem de Ficino destaca a versatilidade da Magia planetária. Em vez de depender de fórmulas rígidas e prescritivas, a Magia, em sua essência, é uma arte de conexão e harmonização com as forças cósmicas. Através da música, da meditação ou de rituais complexos, o objetivo final permanece o mesmo: a realização da "Grande Obra" e a união com o Divino.

Ao embarcarmos em uma jornada mística, muitas vezes nos deparamos com a tentação de nos apegarmos a rituais elaborados, palavras de poder e símbolos esotéricos. No entanto, como nos lembra a abordagem de Marsilio Ficino, há poder na simplicidade e na intuição. O filósofo e Mago do século 15 mostrou-nos que a verdadeira Magia reside na conexão íntima e pessoal com as forças cósmicas, evitando o dogma e acolhendo a sincronicidade.

Esta perspectiva de Ficino tem uma ressonância profunda quando nos voltamos para o estudo dos 7 Princípios Herméticos, conforme delineado no Caibalion. Estes princípios, que variam desde o Mentalismo à Causalidade, são como chaves mestras que desbloqueiam os segredos do Cosmos. E assim como Ficino buscava a essência de um planeta, podemos nos sintonizar com a essência de cada um desses princípios.

Em vez de nos aprofundarmos em rituais complexos para cada princípio, adotaremos a abordagem intuitiva de Ficino. Cada princípio, em sua essência, é como um planeta, com sua própria vibração, cor, som e energia. Para realmente entender e incorporar cada princípio, devemos nos cercar de sua essência, assim como Ficino se cercava dos símbolos planetários.

Ao contemplar o Princípio do Mentalismo, por exemplo, podemos criar um espaço sagrado, onde nossos pensamentos se alinham com a ideia de que "o Todo é Mente; o Universo é Mental". Podemos meditar sobre essa ideia, talvez acompanhados de uma música suave que nos remeta à vastidão do Cosmos, evocando o poder do pensamento. Da mesma forma, seguindo a mesma linha de raciocínio, ao explorar o Princípio da Correspondência – "como acima, é abaixo; como abaixo, é acima" – podemos nos conectar com essa verdade universal através da observação da natureza, reconhecendo os padrões que se repetem em diferentes escalas, desde o microcosmo ao macrocosmo. E assim por diante.

Adotarmos esta abordagem intuitiva nos permite experimentar os princípios herméticos encontrados no Caibalion de forma vivencial, em vez de meramente teórica. Assim, entramos em uma dança cósmica com as leis universais, sintonizando nossa alma com a melodia do Universo.

Este caminho de conexão intuitiva com os 7 Princípios não exige nada além de nossa presença, atenção e abertura. Ao seguirmos os passos de Ficino, descobrimos que a Magia verdadeira não reside em rituais elaborados, mas na conexão autêntica e profunda com as verdades universais que esses rituais buscam evocar.

Esta harmonia entre os Princípios Herméticos, os planetas mágicos, chakras e suas funções, mostra-nos que o conhecimento antigo carrega verdades universais. Ao integrarmos essas correlações em nossa prática espiritual, abrimos portas para uma compreensão mais profunda do Universo e de nós mesmos.

Ao nos aprofundar nessas conexões, começamos a perceber que o macrocosmo se reflete no microcosmo. O Universo, com seus movimentos celestiais e ritmos infindos, espelha-se no ser humano, em sua constituição energética e busca espiritual. Assim, ao trabalhar com os princípios herméticos em alinhamento com os antigos planetas mágicos, embarcamos em uma jornada que é tanto de autoconhecimento quanto de conexão com o Todo.

Adotar essa abordagem integrada, onde os princípios herméticos, planetas mágicos e chakras convergem, convida-nos a uma jornada de transformação. Uma jornada que não só nos eleva em nossa busca espiritual, mas também nos aterra, lembrando-nos de que somos feitos da mesma matéria das estrelas. Nesta eterna dança cósmica, cada movimento, cada intenção e cada ritual nos aproxima do Divino.

Nos antigos corredores da sabedoria esotérica, os princípios herméticos sempre se destacaram como pilares do entendimento universal, servindo como lentes através das quais podemos perceber a realidade, revelando as leis sutis que governam a existência. Mas como podemos nos aproximar mais desses princípios e sentir sua influência em nossa vida cotidiana? A resposta pode estar na dança cósmica dos planetas e suas correspondências com esses princípios eternos.

Ao introduzir a sequência de práticas de conexão com os princípios herméticos, propomos uma abordagem inovadora. Antes de mergulhar na prática que o colocará em contato com cada princípio, iniciaremos a seção de cada um deles com um ritual dedicado ao planeta regente associado ao princípio em questão. Esse método, além de honrar as Tradições ancestrais, possibilita a criação de uma atmosfera rica e envolvente, preparando o terreno para uma compreensão profunda e vivencial.

Cada planeta, com sua energia e características únicas, ressoa com um princípio hermético específico. Ao se conectar com o planeta regente de cada princípio, o praticante tem a oportunidade de vivenciar a conexão com ele de uma forma mais íntima e profunda. Estes rituais servem como portais, através dos quais podemos nos sintonizar com as forças planetárias e, por extensão, com os princípios herméticos. As correspondências utilizadas, sejam elas pedras, cores, símbolos ou cantos, funcionam como âncoras, ajudando o praticante a mergulhar profundamente nas energias em questão.

Ao integrar essa abordagem ritualística com a exploração dos princípios herméticos, buscamos proporcionar uma experiência abrangente. Não se trata apenas de adquirir conhecimento intelectual, mas de vivenciar e incorporar esses princípios, de permitir que eles permeiem nosso ser e influenciem nossa percepção do mundo.

Assim, convidamos você, leitor, a embarcar nesta jornada de descoberta e conexão. Ao unir o estudo dos princípios herméticos à prática de rituais planetários, esperamos que cada indivíduo possa encontrar um caminho de iluminação e integração, onde a sabedoria ancestral se entrelaça com a vivência prática, criando uma experiência rica de insights e transformações pessoais por meio dos princípios herméticos apresentados no Caibalion.

MENTALISMO PRÁTICO

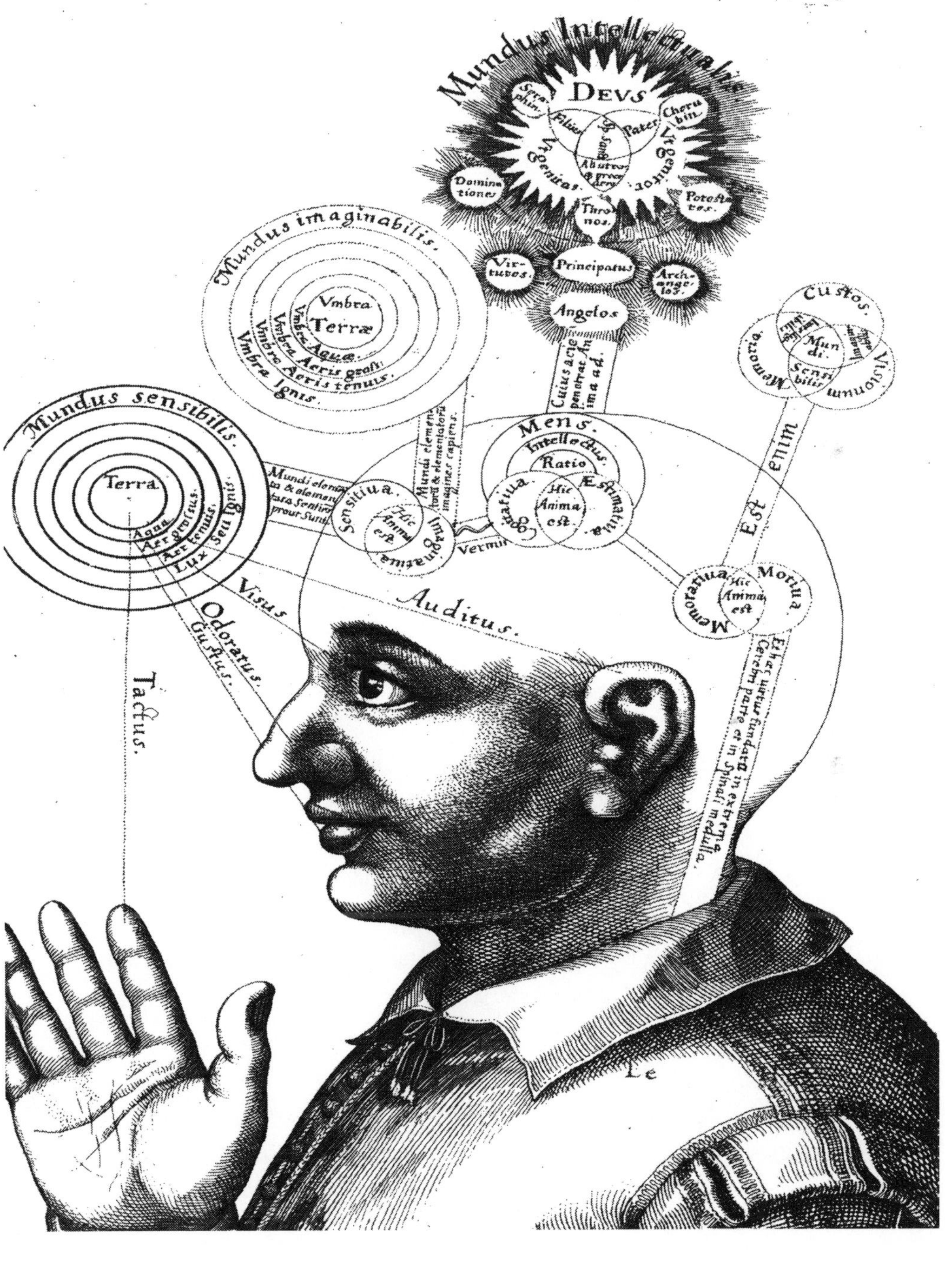

Eu sou a fundação do Todo que permeia todo o Cosmos. Antes da matéria, antes do espaço, antes do tempo, existe a Mente. Tudo que você vê, ouve, sente e experimenta, origina-se primeiro na vastidão imaterial do pensamento.

Entenda isso: o Todo é mente. O Universo é mental. Toda a realidade, em sua essência, é uma manifestação de pensamento. Se você compreende essa verdade, compreende o poder que detém dentro de si. Cada pensamento que você abriga, cada sonho que você cultiva, tem o poder de moldar sua realidade e afetar o tecido da existência.

Você não é apenas um mero espectador em um Universo vasto e indiferente. Você é cocriador. Cada emoção, cada intenção e cada aspiração têm relevância. Não subestime a magnitude do seu poder interior. Porque mesmo que você seja uma pequena centelha neste vasto oceano cósmico, dentro dessa centelha reside a mesma força que deu origem às estrelas.

Muitos procuram fora de si mesmos pelo sentido, pelo propósito, pelo poder. Mas eu lhes digo: olhe para dentro. Lá, nas profundezas silenciosas de sua própria mente, você encontrará os Mistérios mais profundos, as respostas às perguntas mais persistentes e a chave para a verdadeira Alquimia do espírito.

Lembre-se sempre: você e o Universo são um só. Você é uma expressão da mente universal, uma onda no oceano infinito da consciência. Quando você se alinha com essa verdade, quando reconhece seu poder inato como criador, as possibilidades são infinitas.

Assim, enquanto você caminha pelo tapeçar da vida, saiba que cada pensamento é um pincel, cada desejo é uma cor e cada ação é uma pincelada na magnífica pintura da sua existência. Seja deliberado, seja consciente e seja corajoso em seu ato de criação. Porque, no final, tudo é mental. E a mente é tudo.

Compreenda a sublime conexão que permeia todas as coisas. Muitas vezes, em sua jornada terrena, você se sente sozinho, isolado e separado do Todo. Mas esta é uma ilusão do mundo físico. A verdade é que você está

eternamente entrelaçado com o Universo, tão intrinsecamente ligado quanto uma nota musical em uma melodia celestial.
Cada sentimento de dúvida, de medo ou de incerteza é uma nuvem temporária obscurecendo sua visão clara da realidade. Sob esta névoa passageira, a chama eterna da consciência universal continua a brilhar, esperando ser reconhecida por você. Em seus momentos de quietude, quando o barulho do mundo exterior se acalma, você pode ouvir o sussurro dessa consciência, guiando-o e nutrindo-o.

Você, com sua capacidade de pensar, de sonhar, de aspirar, tem o potencial de criar mundos, de mover montanhas com a força de sua vontade. Não porque detém algum poder místico secreto, mas porque você é a manifestação do próprio Universo, refletindo e expressando sua glória.

Na sua busca por significado e propósito, nunca se esqueça de onde vem. Você é feito das mesmas estrelas que adornam o céu noturno, do mesmo sopro que move as árvores e do mesmo amor que liga tudo em harmonia. Em cada pensamento, em cada ação, você está dançando com o Universo, moldando e sendo moldado por ele.

Deixe que a compreensão deste princípio ilumine seu caminho, guie suas decisões e fortaleça sua resolução. Abra sua mente para a infinita teia da existência e você descobrirá que, mesmo nos momentos mais escuros, há sempre uma centelha de luz esperando para ser acesa por você.

Porque, na vastidão do Cosmos, na multiplicidade de estrelas e planetas, na imensidão do tempo e do espaço, há uma constante, um princípio inabalável: o Todo é mente. E quando você alinha sua mente individual com a Mente Universal, torna-se verdadeiramente invencível. Abraça essa verdade e testemunha a Magia da criação se desenrolar diante de seus olhos.

PRINCÍPIO DO MENTALISMO NA PRÁTICA

O Princípio Hermético do Mentalismo é uma das leis universais propostas pelos ensinamentos herméticos, que têm raízes na filosofia esotérica e ocultista. Este princípio declara que "o Todo é Mente; o Universo é mental". Para compreender e aplicar esse princípio em nossa vida cotidiana, é essencial primeiro entender a sua essência e significado.

Logo, o Mentalismo sugere que a realidade na qual vivemos é fruto de um campo mental universal, uma consciência cósmica que permeia tudo e todos. Segundo essa perspectiva, nossos pensamentos e crenças individuais têm o poder de moldar e influenciar nossa realidade pessoal e coletiva, uma vez que somos todos parte desse campo mental.

Este princípio é frequentemente resumido pela afirmação "como acima, é abaixo; como dentro, é fora". Tal afirmação sinaliza que os processos mentais influenciam, mas também refletem a realidade externa, criando uma conexão intrínseca entre o microcosmo (o indivíduo) e o macrocosmo (o Universo).

A APLICAÇÃO PRÁTICA DO MENTALISMO

A prática do Mentalismo no cotidiano envolve o cultivo consciente de pensamentos, crenças e emoções. A seguir delineamos algumas formas de implementar este princípio na vida prática:

Autoconhecimento
Investir no autoconhecimento permite que você entenda melhor seus padrões mentais, podendo, assim, alterá-los conscientemente para criar uma realidade mais desejável.

Visualização Criativa

A visualização é uma ferramenta poderosa que auxilia na manifestação de seus desejos e objetivos. Imagine de forma clara e detalhada o que você deseja alcançar, sentindo como se já tivesse realizado.

Afirmações Positivas

Utilizar afirmações positivas pode ajudar a reprogramar sua mente, substituindo crenças limitantes por pensamentos mais empoderadores e construtivos.

Meditação

Praticar a atenção plena e a meditação auxilia na criação de um estado mental mais tranquilo e focado, facilitando o processo de manifestação consciente.

O Princípio Hermético do Mentalismo é uma compreensão profunda da natureza consciente e mental do Universo. A aplicação desse princípio na vida cotidiana oferece a oportunidade de viver de maneira mais empoderada e alinhada com seus desejos e aspirações. Ao cultivar pensamentos e crenças positivas e trabalhar ativamente para manifestar a realidade desejada, você se torna um cocriador consciente de sua experiência de vida.

O SOL E O PRINCÍPIO DO MENTALISMO

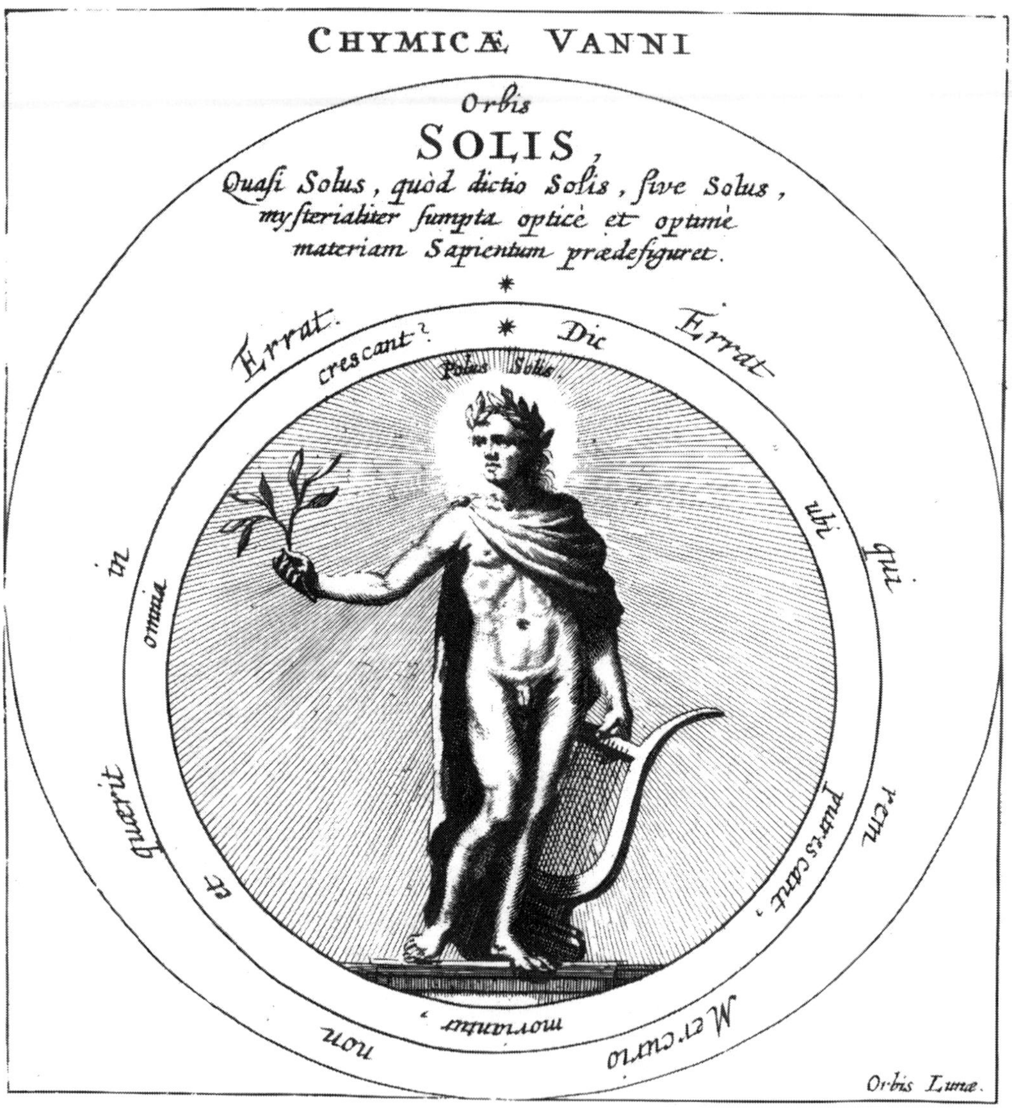

A Magia, em suas diversas expressões, tem sido uma constante na busca humana por compreender e moldar a realidade. Uma das mais veneráveis fontes dessa prática é o Hermetismo, cujo primeiro princípio, o Mentalismo, ensina que o "todo é mente; o Universo é mental". A importância deste princípio torna-se evidente ao analisar o simbolismo e a prática mágica associados ao Sol, planeta associado ao Princípio Hermético do Mentalismo, um dos corpos celestes mais reverenciados ao longo da história.

Na Alquimia, o Sol está ligado à "Tintura Vermelha". Essa associação é crucial, pois, enquanto Júpiter é visto como o planeta da elevação de status, o Sol está mais relacionado ao crescimento individual, principalmente quando este envolve empreendimentos próprios. Mais do que simplesmente acumular dinheiro, o trabalho mágico com o Sol está relacionado à riqueza interna. Esse é um processo alquímico, não apenas no sentido literal da transmutação de metais, mas também na elevação da consciência.

A Tintura Vermelha, no campo alquímico, é vista como a capacidade de transformar metais comuns em ouro. Em um contexto espiritual, essa tintura é o processo pelo qual a consciência passa de um entendimento pessoal para uma realização transpessoal. Este conceito ecoa o Princípio Hermético do Mentalismo. Se o Universo é mental, então o processo de evolução e riqueza maior é a transformação da mente, a Alquimia da consciência.

Ao nos aprofundarmos na Cabala, percebemos que os planetas, incluindo o Sol, têm associações duais, refletindo tanto estados de emanação (*sephiroth*) quanto movimentos entre esses estados (caminhos). Este dualismo ressalta a natureza multifacetada da prática mágica. Trabalhar com o Sol, então, não é apenas buscar riqueza material (Magia mundana), mas também buscar uma riqueza de consciência e compreensão do propósito da alma (Teurgia).

O poder do Sol nos lembra que sua força pode ser usada tanto para construir quanto para destruir. Na Magia, enquanto o Sol pode ser uma fonte de riqueza e iluminação, ele também tem o potencial de depletar a riqueza ou arruinar negócios. Aqui, o Princípio Hermético do Mentalismo novamente se faz presente. A mente, com sua capacidade de moldar a realidade, deve ser usada com sabedoria e intenção. Pois, de acordo com os ensinamentos do Caibalion, o que se mantém na mente, manifesta-se no Universo.

Assim, ao trabalhar com o Sol e ao buscar a riqueza, seja ela material, seja espiritual, é imperativo lembrar que a verdadeira transmutação começa na mente. A chave para a verdadeira riqueza e iluminação não está apenas nos rituais e símbolos externos, mas no poder transformador da própria consciência. E é através dessa conscientização que o indivíduo pode verdadeiramente se alinhar com o poder do Sol e, por extensão, com o Universo como um todo.

Ritual de conexão com a esfera do Sol para se sintonizar com o princípio do mentalismo

Preparação do Espaço Sagrado

Domingo, durante a hora do Sol, é o período mais propício para este ritual. O espaço deve ser silencioso e isolado de distrações. No centro, coloque um altar com imagens de Deuses solares ou o símbolo planetário do Sol. Na frente das imagens, coloque uma vela laranja ou dourada e grave nela o símbolo do Sol com o Stylus.

Purificação

Acenda um incenso de sua preferência, particularmente algo que lembre o calor e a energia solar. Enquanto o incenso queima, diga:

> Incenso de luz, purifica este espaço, prepare-o para a energia solar que aqui invocarei.

Abertura

Faça o Ritual de abertura como exemplificado na página 449.

Invocação Preliminar

Acenda a vela, levante ambas as mãos em direção aos céus, formando um ângulo de 60 graus. Visualize o sol brilhando acima de você e proclame:

> Ouve, Titã dourado, cujo olho eterno
> Com vasta visão ilumina todo o céu.
> Nascido de si mesmo, incansável em difundir luz,
> E para todos os olhos, o espelho da alegria.
> Senhor das estações, com teu carro flamejante
> E corcéis saltitantes, irradiando luz de longe:
> Com tua mão direita, a fonte da luz matinal,
> E com tua esquerda, o pai da noite.
> Ágil e vigoroso, venerável Sol,
> Ardente e brilhante, pelo céu tu corres.
> Inimigo dos malvados, mas guia do homem bom,
> Sobre todos os seus passos, benignamente tu presides:
> Com variadas melodias e lira dourada, é minha missão
> Encher o mundo com harmonia Divina.

PAI DAS ERAS, GUIA DE AÇÕES PRÓSPERAS,
COMANDANTE DO MUNDO, CONDUZIDO POR CORCÉIS LUMINOSOS,
JÚPITER IMORTAL, ONIVIDENTE, PORTADOR DE LUZ,
FONTE DA EXISTÊNCIA, PURO E ARDENTE BRILHO.
PORTADOR DE FRUTOS, TODO-PODEROSO SENHOR DOS ANOS,
ÁGIL E CALOROSO, A QUEM TODO PODER REVERENCIA.
GRANDE OLHO DA NATUREZA E DOS CÉUS ESTRELADOS,
DESTINADO COM CHAMAS IMORTAIS A SE PÔR E NASCER.
DISTRIBUIDOR DE JUSTIÇA, AMANTE DO RIACHO,
O GRANDE SENHOR DO MUNDO, SUPREMO ACIMA TUDO.
DEFENSOR FIEL E OLHO DA JUSTIÇA,
REGENTE DOS CORCÉIS E LUZ DA VIDA:
COM CHICOTE RETUMBANTE, GUIAS QUATRO CORCÉIS FLAMEJANTES,
QUANDO NO CARRO DO DIA, GLORIOSAMENTE CAVALGAS.
SEJA PROPÍCIO E BRILHE SOBRE ESTES TRABALHOS MÍSTICOS,
E ABENÇOA TEUS SUPLICANTES COM UMA VIDA DIVINA.

Momento do Silêncio

Coloque o dedo indicador nos lábios e sinta a energia solar permeando seu ser. Diga suavemente:

NO SILÊNCIO, SINTO TUA PRESENÇA, Ó SOL.
TUAS VIBRAÇÕES RESSOAM EM MINHA ALMA.

Sintonização planetária

Trace o Heptagrama Solar. Começando pela ponta do Sol e seguindo para as demais no sentido horário, trace mentalmente ou com o Báculo um heptagrama dourado, enquanto entoa a vogal I:

IHHHHHHHH

Oferenda

Coloque uma pequena oferenda sobre o altar, pode ser algo simbólico como uma pedra citrino, um pedaço de ouro, uma bebida ou qualquer outro item que julgar apropriado. Enquanto faz isso, profira:

RECEBA ESTA OFERENDA COMO UM SÍMBOLO DA MINHA GRATIDÃO. QUE ELA FORTALEÇA NOSSO VÍNCULO NESTE RITUAL.

Afirmação de Intento

Determine para si mesmo e pense claramente no que deseja alcançar com este ritual. Diga em voz alta:

> Com o poder do Sol e a sabedoria do Mentalismo, busco uma maior compreensão da mente do Todo. Que as energias reunidas aqui me auxiliem nessa jornada.

Medite por alguns instantes sobre o Princípio do Mentalismo. Passe alguns minutos em silêncio, sentindo a energia do ritual refletindo sobre este Princípio e como ele se conecta com a energia do Sol e do Universo como um todo. Se desejar, leia o capítulo do Caibalion que aborda o Princípio do Mentalismo e seus desdobramentos. Essa ação pode ser inspiradora e reveladora ao ser feita em um contexto ritualístico.

Encerramento

Siga as instruções encontradas na página 465 para realizar o encerramento apropriado da Operação Mágica. Use novamente o Heptagrama Solar. Trace-o agora começando pela ponta do Sol, mas seguindo para as demais pontas no sentido anti-horário, e veja a estrela evanescer. Ao fazer isso, diga:

> Este espaço sagrado agora se fecha.
> Agradeço ao Universo e ao Sol por suas bênçãos e ajuda.
> Que a energia deste ritual permaneça comigo e continue a me guiar.
> Com a mente e o coração alinhados, encerro este ritual.
> Que a luz do Sol continue a iluminar meu caminho.
> Que assim seja!

Após finalizar, guarde todos os utensílios usados e sinta-se revigorado e abençoado pelo poder solar e pelo universo mental.

Exercícios para o Princípio do Mentalismo

PARA COMPREENSÃO DO PRINCÍPIO DO MENTALISMO

No coração da filosofia hermética o Princípio do Mentalismo postula que todo o Universo é produto de uma mente única e onipresente, e que tudo o que existe é um reflexo ou manifestação dessa consciência universal. Assim como em nossas mentes individuais, onde pensamentos, sonhos e emoções formam uma rede de nossa realidade subjetiva, o Princípio do Mentalismo sugere que o Universo é a projeção do pensamento Divino, e que todos nós somos fragmentos dessa consciência maior.

Ao explorar essa ideia por meio da meditação e da prática consciente, somos convidados a mergulhar em um exercício de introspecção e autodescoberta, navegando pelas profundezas de nossa própria consciência e buscando entender nosso papel dentro deste vasto "sonho" cósmico. Utilizando a analogia do sonho, este exercício convida os praticantes a visualizarem a realidade diária como um sonho acordado, uma representação vívida e tangível de nossa própria psique. Neste contexto, o Universo se torna um reflexo de nossos pensamentos, desejos e emoções mais profundos, tornando-nos sonhadores despertos, conscientes de nossa capacidade de moldar e influenciar essa realidade onírica.

Este exercício, portanto, não é apenas uma exploração teórica de um conceito antigo, mas, sim, um convite prático para experimentar e viver o Princípio do Mentalismo em nosso cotidiano. Ao adotar a postura do sonhador consciente, somos desafiados a reexaminar nossas crenças, valores e percepções, e a reconhecer a natureza interconectada de todas as coisas. E mesmo que não sejamos chamados a adotar esta perspectiva como uma crença inabalável, somos encorajados a usá-la como uma lente através da qual podemos expandir nossa compreensão da realidade e do lugar que ocupamos dentro dela.

Meditação Diária (segunda a sábado)

Durante seis dias consecutivos, medite duas vezes ao dia sobre a Lei Hermética do Mentalismo. Cada meditação deve durar de 15 a 30 minutos. Reflita sobre a seguinte afirmativa durante sua meditação:

> O Universo é mental. Existimos na mente do Todo. Aquela parte de nós que é Divindade compõe o mundo e tudo nele. O Todo é Mente; O Universo é Mental.

No sétimo dia

Ao acordar, abra os olhos e imagine que está entrando em um sonho. Aceite a realidade como se estivesse em um sonho desperto, semelhante aos seus sonhos noturnos. Percorra o dia percebendo que, assim como em um sonho adormecido, todos os aspectos deste sonho desperto fazem parte de si mesmo e que tudo o que você encontra é uma extensão de sua mente. Mesmo que ocasionalmente, esqueça-se de que está vivendo um sonho e deixe-se absorver pela realidade ao seu redor, lembre-se e pense em si mesmo como o sonhador. Ao longo do dia, mantenha-se normal e confiante em todas as suas ações, mesmo enquanto imagina que este dia é uma criação sua. Observe todas as experiências e perceba que, como sonhador, são seus pensamentos, emoções e desejos mais profundos que estão manifestando a realidade que parece estar se desenrolando diante de sua consciência. Ao final do dia, deite-se e decida encerrar o sonho desperto que viveu. Envie um sentimento de gratidão a si mesmo por ter realizado este exercício de consciência.

Reflexão

Após concluir o exercício, reflita sobre as sensações, pensamentos e percepções que surgiram durante a semana. Essa experiência ajudou você a compreender melhor o Princípio do Mentalismo? Como isso influencia sua visão de mundo e suas ações diárias?

Nota: Este exercício é uma ferramenta para explorar e compreender o Princípio do Mentalismo. Não é necessário adotar esta crença como verdade, mas usá-la como uma maneira de expandir a percepção e o entendimento sobre a natureza da realidade.

Classificação dos pensamentos

Em um mundo no qual somos constantemente bombardeados por informações e estímulos externos, é imperativo aprendermos a filtrar e a controlar os nossos pensamentos. A nossa mente, essa força poderosa e transformadora, está no centro de nossa realidade, influenciando como percebemos e interagimos com o mundo à nossa volta. Se assimilarmos que o Universo é, de fato, mental, entenderemos a importância de controlar nossos pensamentos, de sermos seletivos quanto às informações que permitimos entrar em nossa consciência e de sermos assertivos em nosso diálogo interno.

Pode-se imaginar nossos pensamentos como sementes, onde cada uma possui o potencial de se manifestar em nossa realidade. Ao longo do dia, estima-se que temos cerca de 60.000 pensamentos, e, surpreendentemente, a maioria deles é negativa. Entretanto, os pensamentos ocasionais não determinam nossa realidade, mas, sim, aqueles que dominam nossa mente, especialmente os carregados de emoção e convicção.

Um dos exercícios propostos para cultivar a consciência desses pensamentos e aprender a controlá-los é a "classificação dos pensamentos". A ideia é simples: por cinco minutos, observe o fluxo de pensamentos que passa por sua mente. Sem tentar ordenar ou julgar, classifique-os como positivos ou negativos.

Vamos mergulhar no exercício do autoconhecimento e gestão dos pensamentos. A mente é uma fonte poderosa de energia e, muitas vezes, repleta de pensamentos que podem ser positivos ou negativos. Reconhecer esses pensamentos é o primeiro passo para controlá-los.

Durante um período de cinco minutos, observe os pensamentos que passam pela sua mente. Para ajudar a diferenciá-los, use suas mãos: a esquerda representará os pensamentos negativos, enquanto a direita será para os positivos. Sem interferir ou julgar o que vem à sua mente, simplesmente seja um espectador dos seus próprios pensamentos. Rapidamente, identifique a natureza de cada pensamento: é benéfico ou prejudicial?

Pesquisas indicam que grande parte dos pensamentos diários de uma pessoa tende a ser negativa. No entanto, não são necessariamente esses pensamentos passageiros que moldam nossa realidade, mas, sim, as crenças profundamente enraizadas. São aqueles pensamentos persistentes e carregados de emoção que têm maior potencial de se manifestar em nossa vida.

A prática regular deste exercício permitirá que você reconheça padrões e entenda quais pensamentos dominam sua mente. Lembre-se de ser gentil consigo mesmo durante este processo. É comum ter pensamentos negativos, mas a chave é reconhecê-los e transformá-los.

Se perceber que um pensamento negativo está ganhando força, use a técnica do "cancelamento". Assim que identificar algo indesejado, mentalize ou verbalize a palavra "cancelado" com convicção, repetindo pelo menos três vezes. Este é um comando poderoso para o subconsciente, fazendo com que interrompa a força desse pensamento. Mas não basta apenas cancelar. Logo em seguida, introduza um pensamento positivo em sua mente, afirmando-o em tempo presente. Por exemplo, se um medo de doença surgir, depois de "cancelar" esse pensamento, reafirme: "estou sempre em perfeita saúde".

Evite usar a negação em suas afirmações. Por exemplo, ao invés de dizer "não quero ficar doente", diga "quero estar saudável". O cérebro dá mais foco ao que é afirmado do que ao que é negado.

Estando expostos diariamente a informações e opiniões diversas, seja por meio de conversas, mídias ou redes sociais, é crucial filtrar o que aceitamos. Quando se deparar com opiniões negativas ou notícias desanimadoras, lembre-se de "cancelar" e não permitir que esses pensamentos externos influenciem sua mente.

A filosofia do mentalismo nos ensina que nossos pensamentos e crenças são determinantes na construção da nossa realidade. Portanto, é fundamental ser seletivo e cuidadoso com o que escolhemos acreditar.

Para potencializar o efeito do "cancelamento", visualize uma cruz branca, como um "X", cancelando o pensamento negativo, reforçando a interrupção desse padrão mental.

Jornada do reconhecimento das crenças

Para embarcar em uma profunda jornada de autoconhecimento, é fundamental começar com um caderno, preferencialmente sem uso. Este caderno será um registro detalhado das crenças que moldaram e influenciaram sua vida até agora. A estrutura do caderno é meticulosamente separada em seções, cada uma destinada a uma fonte específica de crenças, com espaço suficiente para quatro ou cinco páginas de introspecção.

A seção inicial é nomeada "minhas crenças pessoais", onde você ponderará sobre aquelas crenças que emergiram de sua própria reflexão e experiência. Em seguida, a jornada continua com "crenças familiares", avançando sistematicamente para abranger as crenças herdadas de outras figuras influentes em sua vida, como seu pai, outros membros da família, professores, líderes religiosos, e até mesmo a sociedade em geral.

Nestas páginas, não se trata apenas de listar crenças. É um espaço para contemplar e documentar o que você costumava ouvir dessas figuras sobre tópicos variados: amor, finanças, valores familiares, conceitos de saúde, fé, visões sobre trabalho, amizades e percepções sobre masculinidade e feminilidade, sucesso e fracasso.

Além de registrar essas crenças explícitas, é essencial delinear os medos, reações e até mesmo doenças que eram comuns entre essas figuras influentes. Por exemplo, como sua mãe ou pai reagia quando algo não saía como esperado? Quais eram as preocupações de saúde frequentemente expressas por eles? Esses detalhes, muitas vezes sutis, são indicativos de crenças subjacentes que podem ter se infiltrado em seu subconsciente.

Este processo introspectivo é gradual e não se destina a ser completado apressadamente em um único dia. À medida que os dias passam, sua mente, como um aliado confiável, revelará lembranças e associações que você pode não ter considerado inicialmente. Algumas crenças podem parecer ilógicas à primeira vista, enquanto outras ressoarão profundamente.

A meta deste exercício é compilar um catálogo abrangente dessas crenças para que você possa refletir sobre elas e discernir quais têm orientado suas ações. Muitas vezes, percebemos que nossas ações são menos um resultado de nossa vontade autêntica e mais uma resposta às "instruções recebidas" de outros.

Finalmente, ao embarcar neste exercício, mantenha em mente uma verdade fundamental: estamos imersos em um Universo Mental, onde nossas crenças mais profundas têm o poder de moldar nossa realidade. Portanto, ao reconhecer e entender essas crenças, estamos dando o primeiro passo para moldar uma realidade mais alinhada com nossa essência e desejo autêntico.

Ritual para se conectar com o Princípio Hermético do Mentalismo

Desde tempos imemoriais, a humanidade tem se maravilhado com o poder da mente. A capacidade de pensar, sonhar, imaginar e manifestar tem sido a força motriz por trás de inovações, descobertas e, acima de tudo, nossa compreensão de nós mesmos e do Universo que nos rodeia. Dentro da Tradição Esotérica Hermética, esse poder da mente é centralizado e exaltado através do Princípio do Mentalismo, ensinando-nos que o Universo inteiro é, em sua essência, uma manifestação mental da Fonte Primordial, e que cada indivíduo tem o poder de se conectar e cocriar com essa Mente Universal.

O ritual a seguir é um caminho para aqueles que buscam se sintonizar com esse poderoso princípio hermético. Utilizando símbolos sagrados, meditações guiadas e práticas focadas, este ritual visa a criar um portal de conexão direta com o Mentalismo Universal. Ao alinhar intencionalmente nossas mentes individuais com a Mente Universal, somos capazes de acessar uma fonte inesgotável de sabedoria, poder e potencial criativo.

Seja você um praticante experiente da arte hermética ou um novato curioso, este ritual oferece um meio de se aprofundar na Magia do Mentalismo e de compreender a verdadeira magnitude do adágio "como acima, é abaixo; como dentro, é fora". Embarque nesta jornada de autoconhecimento e descubra a Divindade inerente que reside na mente de todos nós.

Objetivo
Alinhar-se com o Princípio Hermético do Mentalismo, utilizando meditação, visualização e invocações para se conectar profundamente com a fonte primordial da criação.

Material necessário
Incenso (de preferência, sândalo ou lavanda, que ajudam na concentração mental)
Um cristal de quartzo (para amplificação da energia mental)
Uma vela branca

Preparação do ambiente
Escolha um local calmo e livre de distrações. Acenda a vela branca e o incenso no centro do seu espaço ritual. Coloque o cristal de quartzo próximo à vela.

Concentração
Sente-se confortavelmente, mantendo a coluna ereta. Feche os olhos e respire profundamente, inspirando pelo nariz e expirando pela boca. Visualize uma esfera de luz branca ao seu redor, protegendo-o e conectando-o à fonte universal da mente.

Invocação
Diga em voz alta ou mentalmente:

> Invoco o poder do Princípio do Mentalismo. Peço conexão com a fonte primordial da criação, a mente universal que permeia tudo.

Meditação
Com os olhos fechados, visualize sua mente como um vasto oceano calmo e sereno. Veja este oceano expandindo-se, tocando tudo e todos, conectando-se à mente coletiva e ao Mentalismo Universal. Sinta a conexão e a unidade com tudo que existe, reconhecendo que sua mente é um reflexo do grande Mentalismo Universal.

Visualização
Imagine seus pensamentos como raios de luz que emergem desse oceano. Visualize esses raios moldando e influenciando o mundo ao seu redor. Veja como seus pensamentos claros

e positivos têm o poder de criar realidades benéficas, tanto para você quanto para os outros. Concentre-se em uma intenção específica, como paz, amor, saúde ou prosperidade. Veja esta intenção manifestando-se no mundo físico.

Afirmação
Diga:

> MINHA MENTE É PODEROSA E ESTÁ ALINHADA COM A FONTE PRIMORDIAL DA CRIAÇÃO. RECONHEÇO QUE SOU COCRIADOR DA MINHA REALIDADE E, ATRAVÉS DO MENTALISMO, TRANSFORMO MEU MUNDO INTERNO E EXTERNO.

Conclusão
Respire profundamente novamente, trazendo sua consciência de volta ao espaço presente. Agradeça ao Princípio do Mentalismo por sua orientação e insight. Apague a vela e o incenso.

Após o ritual, é importante registrar suas experiências e insights em um diário mágico ou Livro das Sombras. A prática regular desse ritual pode ajudá-lo a se alinhar mais profundamente com o Princípio do Mentalismo, tornando-se mais consciente do poder de seus pensamentos e da sua capacidade de moldar sua realidade.

MEDITAÇÃO: A MAGIA DO MENTALISMO E A MANIFESTAÇÃO DE DESEJOS

Nas antigas Tradições místicas e esotéricas, a capacidade de manifestar desejos através do poder do pensamento tem sido uma prática reverenciada e frequentemente explorada. Esta prática está enraizada no Princípio Hermético do Mentalismo, que defende que o Universo é mental e que a realidade em que vivemos é uma projeção de nossos pensamentos e intenções. Compreendendo isso, temos a chave para moldar nosso próprio destino e manifestar nossos desejos mais profundos.

Comece por dedicar um momento tranquilo para mergulhar em profunda meditação. Pense nas coisas que realmente deseja em sua vida. Pode ser algo material, um acontecimento que ambiciona presenciar, um local onde quer viver, uma pessoa que anseia conhecer, ou qualquer desejo que almeje. Se estiver em dúvida sobre o que realmente quer, uma técnica útil é listar aquilo que não deseja. Com base nesta lista, reflita sobre os opostos desses itens indesejados, proporcionando, assim, clareza sobre aquilo que verdadeiramente deseja.

Após refletir e possivelmente escrever seus desejos, escolha um que seja o mais significativo para você neste momento. Aqui, adotaremos uma técnica especial de manifestação que envolve a projeção de sua intenção em um objeto físico. Escolha um objeto próximo a você, algo pequeno o suficiente para segurar em suas mãos.

Ao segurar o objeto, feche os olhos e inspire profundamente. Visualize o desejo ou intenção que escolheu, como se estivesse assistindo a uma cena se desenrolando atrás de suas pálpebras. Sinta a intensidade desse desejo e imagine que está transferindo essa imagem e pensamento para o objeto que está em suas mãos. Ao fazer isso, você está essencialmente infundindo o objeto com sua intenção.

Este objeto, agora carregado com seu desejo, torna-se um poderoso talismã que pode ser usado para emanar essa intenção para o mundo, agindo como um amplificador energético para seus rituais ou práticas mágicas. Lembre-se, você é a fonte primária de sua Magia, e tudo o mais serve para potencializar e direcionar essa força inata.

Mantenha a lista de desejos consigo, revisite-a e faça modificações conforme necessário. É natural que nossos desejos e anseios evoluam com o tempo, à medida que crescemos e nos transformamos. Continuar este exercício periodicamente é uma forma de se manter alinhado com seus verdadeiros desejos e utilizar o poder do Mentalismo para manifestá-los em sua realidade.

Invocação ao princípio do mentalismo

A invocação a seguir é um belo reflexo da filosofia hermética e do entendimento do Princípio do Mentalismo. Ela combina tanto a reverência ao poder universal da mente quanto o reconhecimento da responsabilidade individual na cocriação da realidade. A linguagem usada é eloquente, e os versos encapsulam a essência profunda do Mentalismo, conectando o individual ao cósmico.

É um reconhecimento da interconexão entre o microcosmo (o indivíduo) e o macrocosmo (o Universo). Reiterando a crença fundamental de "como acima, é abaixo", uma afirmação de que o Universo é um reflexo de princípios mentais e que os seres humanos, com suas mentes individuais, têm o poder de influenciar e moldar sua própria realidade.

Invocações como essa são ferramentas poderosas em práticas espirituais, pois não apenas conectam o praticante a forças cósmicas, como também servem como lembretes constantes de sua própria capacidade e responsabilidade na moldagem da realidade. Esta invocação, em particular, também enfatiza a importância da pureza de intenção, clareza de pensamento e alinhamento com a sabedoria universal.

Em resumo, este texto não é apenas uma invocação, mas também um mantra e um guia para todos aqueles que buscam entender e integrar o Princípio do Mentalismo em suas vidas. Serve como um lembrete constante do poder do pensamento e da conexão inerente entre o indivíduo e o Cosmos.

Você pode incorporar essa e as demais invocações fornecidas para cada princípio hermético em suas rotinas de meditação diária. Na quietude do amanhecer ou no silêncio do crepúsculo, encontre um espaço tranquilo e sagrado onde não será perturbado. Sentado em uma posição confortável, respire profundamente e concentre-se em cada palavra da invocação enquanto as pronuncia lentamente e com intenção. Permita que a cadência e o ritmo dos versos guiem sua mente para um estado de receptividade e de contemplação, estabelecendo uma conexão palpável entre seu pensamento e o Universo infinito.

Além disso, essa invocação pode servir como um mantra poderoso para momentos de reflexão e introspecção. Seja durante uma caminhada solitária na natureza, seja em um momento de quietude em seu santuário pessoal, deixe que as palavras ressoem dentro de você, oferecendo orientação e perspectiva. Contemple o significado profundo de cada frase, permitindo que elas infundam sua consciência com sabedoria e compreensão.

Outra prática útil é empregar a invocação como um ponto focal para a manifestação consciente. Quando estiver buscando trazer um desejo associado a um princípio hermético específico, use a invocação daquele princípio para alinhar suas intenções com o Universo. Visualize suas metas com clareza cristalina, permita que a invocação oriente e fortaleça seus pensamentos, criando uma ponte entre o desejo e a manifestação.

É importante abordar a invocação com um coração aberto e uma mente clara. Cada recitação deve ser um ato sagrado, repleto de reverência e respeito pelas forças invisíveis e misteriosas que governam nossa existência. A repetição regular da invocação pode servir para aprofundar sua compreensão do Princípio do Mentalismo e fortalecer sua habilidade de cocriar realidade com intenção e propósito. Através da prática diligente e devota, você pode encontrar nas palavras de cada invocação uma fonte inesgotável de inspiração, orientação e poder espiritual:

> GUARDIÃO DA MENTE UNIVERSAL, CUJO PENSAMENTO MOLDA A REALIDADE,
> AO PRINCÍPIO HERMÉTICO DO MENTALISMO, COM PROFUNDA CONTEMPLAÇÃO,
> EU INVOCO E ME ALINHO.
>
> NO VASTO OCEANO DO COSMO, ONDE A MATÉRIA É NASCIDA DO PENSAMENTO,
> REVELA-SE TEU SUSSURRO: "O TODO É MENTE, E O UNIVERSO É MENTAL".
> QUE EU POSSA COMPREENDER QUE A REALIDADE É UMA PROJEÇÃO DO PENSAMENTO DIVINO,
> E QUE MINHA MENTE, EM SUA CENTELHA, TEM O PODER DE CRIAR E TRANSFORMAR.
>
> AJUDA-ME A CULTIVAR PENSAMENTOS DE LUZ, AMOR E HARMONIA,
> PARA QUE EU POSSA MANIFESTAR EM MINHA REALIDADE A ESSÊNCIA DESTAS VIBRAÇÕES.
> QUE CADA INTENÇÃO E DESEJO SE ORIGINEM DA MAIS PURA FONTE,
> E REFLITAM A SABEDORIA DA MENTE UNIVERSAL QUE HABITA EM MIM.
>
> QUANDO MEUS PENSAMENTOS VAGAREM POR CAMINHOS OBSCUROS OU TEMPESTUOSOS,
> ILUMINA-ME COM A LEMBRANÇA DE QUE SOU COCRIADOR DE MINHA EXPERIÊNCIA.
> NA IMENSIDÃO DE TEUS PENSAMENTOS DIVINOS, GUIA-ME A UMA CLAREZA SERENA,
> PARA QUE EU POSSA CONTRIBUIR PARA UM MUNDO MAIS EQUILIBRADO E ILUMINADO.

Mestre do Mentalismo, ensina-me a utilizar meu poder mental com responsabilidade,
Reconhecendo que, em cada pensamento, semeio o futuro.
Grande Consciência Cósmica, que eu possa me sintonizar com Teu eterno saber e entender que, ao alinhar minha mente à Tua, tudo é possível.

Por todas as manifestações da Mente que permeiam o visível e o invisível,
Eu ofereço minha gratidão, meu respeito e meu comprometimento.
Que eu possa sempre lembrar da Magia do pensamento,
E honrar o Divino Princípio do Mentalismo em cada momento de minha jornada.

Assim seja, em perfeita sintonia com a Mente que é tudo.

CORRESPONDÊNCIA PRÁTICA

Eu sou uma das verdades eternas que sustentam os alicerces do Universo. Minha voz ressoa através do antigo axioma: "Como acima, é abaixo; como abaixo, é acima". Eu sou o espelho que reflete a grandiosidade do macrocosmo nas nuances do microcosmo, e vice-versa.

Nas estrelas que pontilham o firmamento e nas células que compõem seu ser, minha presença é sentida. Eu sou a ponte entre o visível e o invisível, o conhecido e o desconhecido. Através de mim, você percebe que o infinitamente grande e o infinitamente pequeno estão intrinsecamente ligados, dançando em harmonia perfeita ao som da mesma melodia cósmica.

Em sua jornada pela vida, você procura por respostas nas vastidões do Universo, buscando compreender os Mistérios que o cercam. No entanto, muitas vezes esquece de olhar para dentro, para o universo interior que existe em seu próprio ser. Mas saiba que, através da minha lente, você pode encontrar correspondências que revelam as verdades universais refletidas em sua própria alma.

Cada emoção que você sente, cada pensamento que cruza sua mente, ressoa com ecos das leis que governam as galáxias. Seu coração pulsa no ritmo do Cosmos, e sua alma reflete a luminosidade das estrelas. Assim, quando se sentir perdido ou confuso, lembre-se de olhar tanto para o céu quanto para dentro de si. Em ambos, encontrará ressonâncias de verdade, beleza e propósito.

Como acima, assim abaixo. O que se manifesta no vasto universo também se manifesta em você. Assim como as estrelas são guiadas por forças invisíveis, você também é movido por energias e propósitos maiores que muitas vezes não compreende plenamente. Abra-se para essa compreensão, alinhe-se com a harmonia que permeia tudo e descobrirá uma sintonia mais profunda com a vida e com o Universo.

Eu sou o Princípio da Correspondência. Através de mim, você é lembrado da interconexão de todas as coisas. No vasto e no minúsculo, no externo e no interno, eu sou a constante que conecta, a chave que desvenda e o espelho que reflete. Em sua busca por entendimento e conexão, saiba que você nunca está sozinho, pois tudo está interligado na dança eterna do ser.

Na trama da existência, eu, o Princípio da Correspondência, sirvo como o fio dourado que entrelaça cada fragmento de realidade. Estendo-me além do tangível, conectando reinos, dimensões e consciências. Eu sou a harmonia que vibra no silêncio entre as notas, o padrão que surge no caos, o reflexo do eterno no efêmero.

Cada vez que você observa a simetria de uma folha ou a espiral de uma galáxia, testemunha minha presença. Quando se maravilha com as semelhanças entre as redes neurais do cérebro humano e as vastas redes de galáxias no Cosmos, está vendo a minha assinatura. Eu sou a prova viva de que há uma ordem, uma conexão profunda e uma linguagem universal que permeia toda a criação.

Mas não estou aqui apenas para ser observado nas maravilhas do mundo externo. Resido também no íntimo de sua própria experiência. Quando você encontra ecos de suas próprias lutas em histórias ancestrais ou sente uma ressonância com alguém de uma cultura distante, sou eu tecendo a narrativa da humanidade, unindo corações e mentes através do tempo e do espaço.

O desafio, então, é reconhecer-me nos grandes esquemas e padrões, mas também nos momentos mais sutis e pessoais de sua vida. Quando se sentir desconectado ou deslocado, procure as correspondências que existem ao seu redor. Pode ser na forma de uma canção que toca seu coração, de um livro que fala diretamente à sua alma ou de um encontro fortuito que parece ser guiado pelo destino.

Ao se alinhar comigo, você começa a perceber que a vida não é uma série de eventos desconexos, mas uma sinfonia magistralmente orquestrada. Cada encontro, cada desafio, cada alegria e tristeza carregam ecos de um propósito maior, um design Divino que se desenrola continuamente.

Assim, enquanto caminha pelo mundo, permita que a consciência de minha presença o guie. Saiba que há significado nas coincidências, propósito nas adversidades e lições nos desafios. Abrace a ideia de que nada é meramente superficial ou isolado, tudo está intrinsecamente ligado pela Magia da Correspondência.

Porque, no final das contas, eu sou o lembrete constante de que você é uma parte indispensável desta magnífica dança cósmica, e que cada pensamento, ação e emoção que você envia ao Universo ecoa em infinitas direções, criando ondas de interconexão que unem tudo e todos.

Princípio da correspondência na prática

Entre os Princípios Herméticos que guiam os estudos esotéricos, o da Correspondência ocupa lugar de destaque. Este princípio é encapsulado na máxima "como acima, é abaixo; como abaixo, é acima", um aforismo que sugere uma correspondência simétrica entre os vários planos de existência e realidade. O objetivo aqui é explorar a aplicação prática desse princípio no cotidiano.

O Princípio da Correspondência nos ensina que existe uma conexão harmoniosa e proporcional entre as diferentes esferas da realidade. Tudo no Universo está interligado e reflete uma mesma ordem fundamental. Portanto, ao compreender uma dimensão ou aspecto da vida, podemos ter insights sobre outros níveis e dimensões.

Aplicação Prática do Princípio da Correspondência

Autoconhecimento e Crescimento Pessoal

O indivíduo (microcosmo) reflete o Universo (macrocosmo). Desenvolvendo o autoconhecimento, entendemos que mudanças internas refletem no mundo exterior. Portanto, trabalhar no desenvolvimento pessoal significa, em última análise, atuar sobre o Todo.

Harmonização de Ambientes

A correspondência entre ambientes e estados emocionais é profunda. Um ambiente equilibrado e harmônico pode influenciar positivamente o estado de ânimo e bem-estar das pessoas que nele residem.

Saúde Holística

O corpo físico (inferior) e o espiritual (superior) estão interligados. Cuidar do corpo, mente e espírito de maneira integrada promove uma saúde mais robusta e equilibrada.

Desenvolvimento Espiritual

Práticas espirituais que considerem a unidade entre o céu (plano espiritual) e a terra (plano material) proporcionam um caminho mais alinhado e coerente para o crescimento e iluminação espiritual.

Relacionamentos Interpessoais

Ao reconhecer o reflexo de si mesmo nos outros, você desenvolve empatia e compreensão mais profundas nas relações, promovendo vínculos mais saudáveis e construtivos.

O Princípio da Correspondência é uma ferramenta poderosa para compreender e navegar pela complexidade da existência. Ao perceber as correspondências entre os diferentes níveis da realidade, tornamo-nos mais aptos a viver de maneira harmoniosa e integrada, reconhecendo a interconexão fundamental entre todos os aspectos da vida. Implementar esse princípio na prática cotidiana é um convite ao autoconhecimento, crescimento pessoal e uma vida mais equilibrada e significativa.

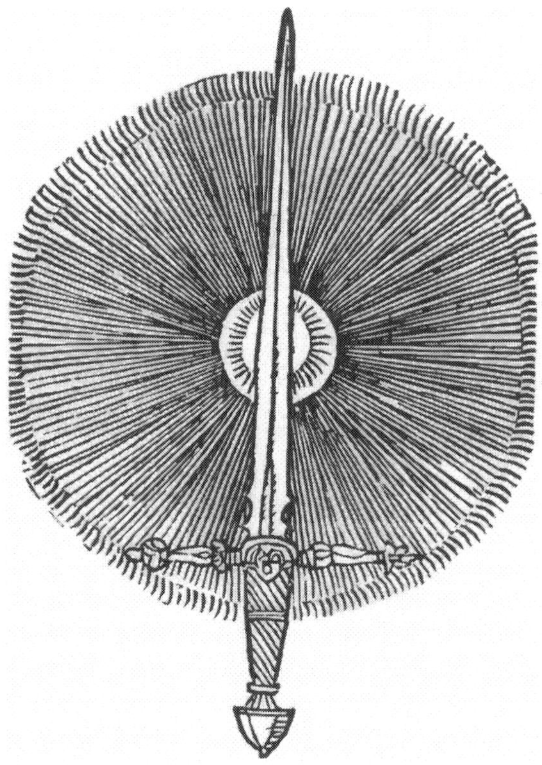

A LUA E O PRINCÍPIO DA CORRESPONDÊNCIA

A Lua apresenta-se como uma entidade misteriosa que governa diversas capacidades psíquicas. Associada com o Princípio Hermético da Correspondência, sua influência se estende à clarividência, à Divinação por sonhos e a outras formas de percepção extrassensorial. O Princípio Hermético da Correspondência, sugerindo que "como acima, é abaixo", pode ser usado para entender melhor o papel da Lua nas práticas mágicas e como ela se relaciona com o macrocosmo e o microcosmo. A associação da Lua com habilidades psíquicas, como a leitura da mente e a visão remota, demonstra a vastidão de seu alcance no domínio psíquico.

Na Alquimia, a Lua se relaciona com a Tintura Branca. Isso nos oferece uma metáfora profundamente significativa. Na Tradição Alquímica, tanto a Tintura Branca, como a Tintura Vermelha, ocupam um lugar de destaque. Estas tinturas são preparadas separadamente, quando combinadas, dão origem à Pedra Filosofal, símbolo de transformação e realização espiritual máxima. A Tintura Branca, especificamente, é associada à consciência lunar, simbolizando qualidades introspectivas, receptivas e intuitivas. Em contraste, a Tintura Vermelha representa a consciência solar, simbolizando energia, vitalidade e proatividade. Ao analisar essa dicotomia sob a luz do Princípio Hermético da Correspondência – "como acima, é abaixo; como abaixo, é acima" – observa-se que a união das tinturas reflete a união harmoniosa dos opostos em diversos níveis da existência. A mescla das consciências lunar e solar, representadas pelas tinturas, é análoga ao "Casamento Sagrado" ou o Hieros Gamos. Assim, no processo alquímico, ao se buscar a união destas essências opostas, busca-se também a realização transpessoal e a elevação espiritual, demonstrando que os padrões e correspondências observados no microcosmo do indivíduo, refletem-se no macrocosmo do Universo. São representações alquímicas da consciência lunar e solar, respectivamente. Sua fusão simboliza a união do consciente com o inconsciente.

O entendimento cabalístico dos planetas e suas correspondências, como apresentado em textos sagrados como o *Liber 777*, lembra-nos da dualidade inerente à Lua e a outros corpos celestes. Cada planeta está vinculado a estados específicos de imanência Divina e a movimentos entre esses estados. Invocar essas energias pode resultar em visões particulares e transformações da consciência.

A dualidade da Lua é reforçada pela associação com os Nódulos Norte e Sul, também conhecidos como *Caput Draconis* (Cabeça do Dragão) e *Cauda Draconis* (Cauda do Dragão). Esses pontos astrais têm significados profundos em Astrologia, relacionados ao propósito de vida e às influências passadas e futuras. Seu trabalho cuidadoso pode ser recompensador, mas também desafiador, pois os eclipses, eventos poderosamente carregados de energia, estão intrinsecamente ligados a esses nós.

A Lua está associada ao Princípio Hermético da Correspondência, lembrando-nos que, em sua majestade e Mistério, ela serve como um espelho do Cosmo, refletindo e influenciando as marés do nosso mundo interior. Assim como o microcosmo reflete o macrocosmo, nossa relação com a Lua é um testemunho da conexão inseparável entre o homem e o Universo, o consciente e o inconsciente, um lembrete constante da dança eterna entre as energias visíveis e invisíveis.

Ritual de conexão com a esfera da Lua para se sintonizar com o Princípio da Correspondência

Preparação do Espaço Sagrado

Segunda-feira, durante a hora da Lua, é o período mais propício para este ritual. O espaço deve ser silencioso e isolado de distrações. No centro, coloque um altar com imagens de Divindades lunares ou o símbolo planetário da Lua. Na frente das imagens, coloque uma vela branca ou prata e grave nela o símbolo da Lua com o Stylus.

Purificação

Acenda um incenso de sua preferência, particularmente algo que lembre o frescor lunar. Enquanto o incenso queima, diga:

> Incenso de luz, purifica este espaço,
> preparando-o para a energia lunar que aqui invocarei.

Abertura

Faça o Ritual de abertura como exemplificado na página 449.

Invocação Preliminar

Levante ambas as mãos em direção aos céus, formando um ângulo de 60 graus. Visualize a Lua brilhando acima de você e proclame:

> Ouve, Deusa rainha, espalhando luz prateada,
> Com chifres de touro, vagando pelo véu da Noite.
> Cercada de estrelas, com vasto circuito,
> Diana, Deusa da Lua,
> Estendendo a tocha da Noite, pelos céus tu cavalgas:
> Feminina e masculina, com raios prateados tu brilhas,
> Ora em plenitude, ora tendendo a minguar.

MÃE DOS TEMPOS, LUA FRUTÍFERA,
CUJO GLOBO ÂMBAR FAZ O MEIO-DIA REFLETIDO DA NOITE:
AMANTE DOS CAVALOS, ESPLÊNDIDA RAINHA DA NOITE,
PODER QUE TUDO VÊ, ADORNADA COM LUZ ESTRELAR,
AMANTE DA VIGILÂNCIA, INIMIGA DA DISCÓRDIA,
REJUBILANDO EM PAZ E NUMA VIDA PRUDENTE:
LINDA LÂMPADA DA NOITE, SEU ORNAMENTO E AMIGA,
QUE DÁ AOS TRABALHOS DA NATUREZA SEU FIM DESTINADO.
RAINHA DAS ESTRELAS, SÁBIA DIANA, SAUDAÇÕES!
VESTIDA COM UMA TÚNICA ELEGANTE E UM VASTO VÉU.
VEM, DEUSA ABENÇOADA, PRUDENTE, ESTRELADA E LUMINOSA,
VEM, LÂMPADA LUNAR, COM LUZ CASTA E ESPLÊNDIDA,
BRILHA NESTES RITOS SAGRADOS COM RAIOS PRÓSPEROS,
E ACEITA COM PRAZER O LOUVOR MÍSTICO DE TEUS SUPLICANTES.

Momento do Silêncio

Coloque o dedo indicador nos lábios e sinta a energia solar permeando seu ser. Diga suavemente:

NO SILÊNCIO, SINTO TUA PRESENÇA, Ó LUA.
TUAS VIBRAÇÕES RESSOAM EM MINHA ALMA.

Sintonização planetária

Trace um Heptagrama Lunar. Começando pela ponta da Lua e seguindo para as demais no sentido horário, trace mentalmente ou com o Báculo um heptagrama prateado, enquanto entoa a vogal "A":

"AHHHHHHHH"

Oferenda

Coloque uma pequena oferenda sobre o altar, pode ser algo simbólico como uma pedra da lua, um pedaço de prata, uma bebida ou qualquer outro item que julgar apropriado. Enquanto faz isso, profira:

RECEBA ESTA OFERENDA COMO UM SÍMBOLO DA MINHA GRATIDÃO.
QUE ELA FORTALEÇA NOSSO VÍNCULO NESTE RITUAL.

Afirmação de Intento

Determine para si mesmo e pense claramente no que deseja alcançar com este ritual. Diga em voz alta:

> COM O PODER DA LUA E A SABEDORIA DO PRINCÍPIO DA CORRESPONDÊNCIA, BUSCO UMA MAIOR COMPREENSÃO DAS COISAS QUE ESTÃO ENTRE O CÉU E A TERRA.
> QUE AS ENERGIAS REUNIDAS AQUI ME AUXILIEM NESSA JORNADA.

Medite por alguns instantes sobre o Princípio da Correspondência. Passe alguns minutos em silêncio, sentindo a energia do ritual e refletindo sobre o Princípio Hermético da Correspondência e como ele se conecta com a energia da Lua e o Universo como um todo. Se desejar, leia o capítulo do Caibalion que aborda o Princípio da Correspondência e seus desdobramentos. Essa ação pode ser inspiradora e reveladora ao ser feita em um contexto ritualístico.

Encerramento

Siga as instruções encontradas na página 465 para realizar o encerramento apropriado da Operação Mágica. Use novamente o Heptagrama Lunar. Trace-o agora, começando pela ponta da Lua, mas seguindo para as demais pontas no sentido anti-horário, e veja a estrela evanescer. Ao fazer isso, diga:

> ESTE ESPAÇO SAGRADO AGORA SE FECHA.
> AGRADEÇO AO UNIVERSO E À LUA POR SUAS BÊNÇÃOS E AJUDA.
> QUE A ENERGIA DESTE RITUAL PERMANEÇA COMIGO E CONTINUE A ME GUIAR.
> COM A MENTE E O CORAÇÃO ALINHADOS, ENCERRO ESTE RITUAL.
> QUE A LUZ DA LUA CONTINUE A ILUMINAR MEU CAMINHO.
> QUE ASSIM SEJA!

Após finalizar, guarde todos os utensílios usados e sinta-se revigorado e abençoado pelo poder solar e pelo universo mental.

EXERCÍCIOS PARA O PRINCÍPIO DA CORRESPONDÊNCIA

CONEXÃO COM O PRINCÍPIO DA CORRESPONDÊNCIA

Nossa existência é frequentemente percebida por meio da dualidade: interno e externo, espiritual e físico, consciente e subconsciente. No entanto, por trás dessa aparente separação, reside uma verdade universal que une todos os aspectos do ser. A Lei Hermética da Correspondência nos apresenta um conceito intrigante: tudo que existe em nosso mundo interior também se manifesta em nosso universo externo e vice-versa. Esse conceito nos desafia a reconsiderar como percebemos a realidade e a relação intrínseca entre o microcosmo (nós) e o macrocosmo (o Universo).

Embora muitos de nós estejamos familiarizados com essa ideia em um nível intelectual, verdadeiramente vivenciá-la pode parecer um desafio. A mente humana, em sua estrutura e funcionamento, tende a categorizar, separar e distinguir. Contudo, ao mergulhar mais profundamente em práticas contemplativas, é possível ultrapassar essa barreira cognitiva e acessar uma compreensão mais holística da realidade.

O exercício que você está prestes a embarcar foi meticulosamente desenhado para guiá-lo através desta viagem de introspecção e descoberta. Ao meditar sobre a Lei da Correspondência, você não só vai explorar a teoria por trás desse conceito, como vai vivenciá-la em seu cotidiano. A proposta é permitir que esta lei ressoe dentro de você, abrindo espaço para percepções que ultrapassem as fronteiras do intelecto e toquem o coração e a alma.

Espera-se que, ao final desta jornada, sua percepção sobre si mesmo e o Universo ao seu redor seja ampliada, revelando uma intrincada e interconectada fonte de experiências.

Muitos conceitos relacionados à Lei da Correspondência já foram discutidos, mas a compreensão completa pode ser um desafio. Mesmo reconhecendo cognitivamente o paradigma holográfico do Universo, onde cada peça equivale ao todo, pode ser difícil vivenciar isso em nossa experiência real.

Convidado você a se engajar em uma experiência para interagir diretamente com este conceito. Não é necessário acreditar nessa realidade; trata-se de uma prática para familiarizar a mente com uma nova forma de experiência. Este exercício permitirá que você comece a abrir sua mente para uma nova dimensão de experiência, mesmo mantendo-se em seu cotidiano familiar.

Meditação Diária (segunda a sábado)
Durante seis dias consecutivos, medite duas vezes ao dia sobre a Lei Hermética da Correspondência. Cada meditação deve durar de 15 a 30 minutos. Reflita sobre a seguinte afirmativa durante sua meditação:

> EXISTIMOS EM TODOS OS PLANOS, TANTO ASTRAIS QUANTO FÍSICOS. OU MELHOR, EM PLANOS INDEPENDENTES DO FÍSICO "COMO ACIMA, É ABAIXO; COMO ABAIXO, É ACIMA."

No sétimo dia
Abandone sua prática meditativa comum para iniciar um experimento. Ao longo do dia, sempre que sentir uma emoção forte, ideia ou outra energia interna, perceba essa energia dentro de você. Pergunte-se:

> ONDE NO UNIVERSO, FORA DO MEU CORPO, ESSA ENERGIA SE MANIFESTA?

Quando se deparar com algo marcante em sua realidade externa, perceba e reflita sobre como essa mesma experiência se manifesta internamente. Ao se deparar com uma experiência marcante, identifique qual energia você associa a essa experiência. Imagine essa energia e perceba onde ela existe, tanto interna quanto externamente. À medida que o dia avança, é provável que esse processo se torne quase automático. Perceba que ambos, o interior e o exterior, contêm os mesmos elementos, que podem ser vistos como uma única coisa de duas perspectivas diferentes. Lembre-se de manter sua rotina diária e ser você mesmo. Ao final do dia, reflita sobre sua jornada com essa nova perspectiva.

Reflexão
Ao se deitar, feche os olhos. Permita-se manter essa experiência única até adormecer. Saiba que, ao acordar, terá a escolha de usar essa nova perspectiva quando desejar, mas também poderá experimentar o mundo como sempre fez. Permita-se sonhar belos sonhos e desperte renovado para um novo dia maravilhoso.

Libertação do passado e reflexão interna

Em nossa jornada pessoal, frequentemente carregamos bagagens físicas e emocionais que podem impedir nosso progresso e crescimento. A necessidade de desapego e autoconsciência é fundamental para evoluir como indivíduo e criar espaço para novas oportunidades, experiências e percepções.

Um ambiente físico abarrotado muitas vezes reflete uma mente sobrecarregada. Assim, o ato de se desfazer de itens desnecessários em nossos lares não é meramente um ação de organização, é uma representação simbólica de libertar-se de emoções, memórias e experiências passadas que não contribuem positivamente para o nosso presente e futuro. Esta purificação do espaço físico pode auxiliar na renovação de energia, criando um ambiente propício para a chegada de novas possibilidades.

Por outro lado, a natureza espelhada de nossa realidade interior e exterior é algo que requer atenção constante. Se percebemos padrões repetitivos de conflito ou desconforto em nossas interações e experiências, é crucial entender que esses padrões podem ser reflexos de crenças ou pensamentos internos que necessitam de ajuste ou cura. Em vez de buscar culpados externos para nossos dilemas, o exercício de introspecção pode revelar as raízes de tais questões, possibilitando uma transformação mais profunda e duradoura.

A dinâmica da vida moderna muitas vezes nos impele a acumular. Acumulamos objetos, memórias, emoções e até mesmo crenças, que, ao longo do tempo, podem perder sua relevância ou tornar-se obsoletas. Nossa casa, como uma extensão de nós mesmos, reflete não apenas nosso estilo de vida, mas também nosso estado interno. Cada objeto que coletamos tem uma história, uma emoção ou um significado anexado a ele. Da mesma forma, nossa mente, frequentemente sobrecarregada com o peso de experiências passadas, mantém padrões de pensamentos que podem não servir mais ao nosso propósito ou crescimento atual.

O espaço em que habitamos e a mente que utilizamos para interpretar o mundo ao nosso redor são essenciais para o nosso bem-estar e evolução. A harmonia entre eles, contudo, pode ser facilmente perturbada quando nos apegamos excessivamente ao passado ou quando nos prendemos a crenças limitantes. Esta interconexão entre o ambiente físico e o estado mental ressalta a importância de revisitar e reavaliar regularmente ambos os domínios.

Neste exercício proposto, somos convidados a embarcar em uma jornada dupla de renovação. Ao iniciarmos pelo ambiente físico, estamos nos permitindo avaliar o tangível, o que é imediatamente visível. Isso não só proporciona uma sensação imediata de realização, como também estabelece um precedente para a introspecção mais profunda que se seguirá. Ao nos desfazermos de objetos, estamos praticando o desapego, um passo fundamental para a libertação de padrões emocionais e mentais.

A fase subsequente da jornada nos chama a um trabalho interno mais profundo. A meditação e a reflexão atuam como ferramentas poderosas para sondar os recessos de nossa mente, identificando e desafiando as crenças que moldaram nossa realidade. Este processo de autorreflexão e transformação interna, quando realizado em paralelo com a limpeza física, amplifica o potencial de crescimento e renovação.

Portanto, este exercício não é apenas uma simples tarefa de organização ou um mero exercício de reflexão. É uma exploração holística do eu, um convite para redefinir e reimaginar nossa relação com o mundo exterior e com o universo interno que reside dentro de cada um de nós. Ao embarcar nesta jornada, preparamo-nos para receber novas possibilidades, experiências e perspectivas, enriquecendo assim nossa existência.

Inicie pelo espaço físico e durante uma semana, dedique a cada dia um tempo para revisar e avaliar os objetos em sua casa. Selecione aqueles que já não têm utilidade ou significado para você e considere doá-los, vendê-los ou simplesmente descartá-los. Ao se desfazer desses itens, faça-o com gratidão, reconhecendo o propósito que já cumpriram em sua vida.

Paralelamente ao desapego físico, dedique momentos de meditação ou reflexão diária para identificar padrões de pensamento ou crenças que podem não ser mais benéficos. Pergunte-se sobre situações ou relações problemáticas em sua vida e busque compreender o que essas circunstâncias estão refletindo sobre suas crenças internas. Ao identificar uma crença limitante, visualize-a sendo substituída por uma mais positiva e fortalecedora. Pratique essa visualização até que a nova crença se torne uma parte integrante de sua consciência.

Ao final dessa semana, observe as mudanças em seu ambiente e em seu estado emocional. Reconheça o espaço criado em sua casa e em sua mente e esteja aberto para as novas oportunidades e insights que podem surgir a partir deste processo de libertação e autorreflexão.

RITUAL DA ESTRELA: EXPLORANDO A LEI DA CORRESPONDÊNCIA

A humanidade, em sua busca contínua por compreensão e significado, encontrou consolo e orientação em práticas ritualísticas por milênios. Esses rituais muitas vezes servem como pontes, unindo o tangível ao intangível, o visível ao invisível, e o conhecido ao misterioso. Através dessas cerimônias, é possível entrar em sintonia com forças maiores, abrindo caminho para uma experiência enriquecedora e transformadora.

No coração de muitas Tradições esotéricas reside a Lei da Correspondência, uma percepção que ressoa com a famosa máxima hermética: "como acima, é abaixo; como abaixo, é acima". Este princípio sugere que o que acontece em um nível de realidade também se reflete em outros níveis. Dessa forma, o universo, em sua vastidão cósmica, espelha-se na singularidade de nossa existência e, simultaneamente, nossa vida individual reflete os padrões e ritmos do Cosmos.

O Ritual da Estrela é uma jornada sagrada que nos convida a mergulhar nas profundezas desta lei, utilizando símbolos e práticas que materializam essa conexão intrínseca. A escolha da carta Estrela do Tarô não é por acaso. Em sua essência, a carta personifica a harmonia e a ligação entre os planos celestiais e terrestres, servindo como um espelho da nossa alma e da energia universal.

Mas lembre-se, o uso de elementos como a vela, a água, a pedra e a carta é meticuloso. Cada item possui seu próprio simbolismo, mas também serve como um meio para canalizar e focar nossa intenção. A vela azul-celeste, por exemplo, é reminiscente das vastas extensões do céu noturno, enquanto a água reflete a natureza mutável e adaptável de nossas emoções, bem como o reflexo do Divino no mundo material.

Ao embarcar nesta experiência, você não está apenas realizando um conjunto de ações pré-definidas. Está se abrindo para o Universo, permitindo que os limites entre o eu e o tudo se dissolvam, mesmo que por um breve momento. Através deste ritual, somos lembrados de nossa capacidade de ser pontes entre diferentes realidades e da potência transformadora que reside na compreensão da correspondência entre o interior e o exterior.

Portanto, à medida que avança neste ritual, permita-se estar presente e receptivo. O Ritual da Estrela é um convite para contemplar a magnificência do Universo e nossa posição única dentro dele. Ao final deste rito, pode-se esperar uma compreensão mais profunda da Lei da Correspondência, mas também um sentimento renovado de pertencimento e propósito no grande esquema das coisas.

Material necessário

Água em uma tigela pequena
Carta do Tarô a Estrela
Incenso de mirra ou lavanda (para elevação espiritual)
Um espaço tranquilo e sem interrupções
Uma pedra ou cristal de quartzo
Vela azul-celeste

Preparação do Espaço

Escolha um espaço tranquilo onde você não será interrompido. Acenda a vela azul-celeste no centro do espaço. Coloque a carta Estrela do Tarô em frente à vela. À esquerda da carta, coloque a tigela com água, simbolizando o plano emocional e o reflexo do céu na Terra. À direita da carta, coloque a pedra ou cristal, representando a matéria, a Terra e o plano físico.

Meditação

Sente-se confortavelmente e feche os olhos. Inspire profundamente. Ao expirar, imagine que todas as suas preocupações estão sendo liberadas. Visualize uma luz estelar descendo do Universo, preenchendo todo o seu ser com energia pura e conectando-o ao macrocosmo. Sinta essa energia enquanto ela realça a conexão entre o que está acima e o que está abaixo.

Visualização

Concentre-se na carta da Estrela. Visualize a figura na carta como um reflexo de você mesmo, derramando água dos jarros para o mundo e para a terra, representando a ligação entre o céu (plano espiritual) e a terra (plano material). Sinta a correspondência e a conexão entre os planos. Reconheça que, assim como a figura na carta, você também é um canal entre os diferentes níveis de existência.

Invocação

Com as mãos levantadas e olhando para a carta da Estrela, recite:

> Ó ESTRELA GUIA, LUZ DO MACROCOSMO, ESPELHA EM MIM A VERDADE DO UNIVERSO, QUE O ACIMA REFLITA O ABAIXO, E VICE-VERSA, QUE EU SEJA A PONTE ENTRE OS MUNDOS, REVELANDO OS MISTÉRIOS E AS CORRESPONDÊNCIAS OCULTAS.

Conclusão e Reflexão

Sente-se em silêncio por alguns minutos, refletindo sobre a Lei da Correspondência e o que você sentiu durante o ritual. Quando estiver pronto, apague a vela e agradeça ao Universo por suas revelações e insights. Guarde a carta da Estrela, a vela, a água e a pedra em um lugar seguro, lembrando-se de sua conexão com o macrocosmo sempre que olhar para eles.

LEMBRE-SE: este ritual é uma forma de explorar e de entender a Lei da Correspondência. Adaptá-lo de acordo com suas próprias crenças e intuições só fortalecerá sua conexão com o princípio hermético.

MEDITAÇÃO: ANALISANDO VOCÊ E SUA VIDA

Em nossa jornada pela vida, muitas vezes nos encontramos em situações ou padrões que não refletem nosso verdadeiro eu ou nossas aspirações mais profundas. Para compreender e, consequentemente, alterar essas circunstâncias, é crucial um exercício contínuo de introspecção e responsabilidade. Ao fazer isso, entendemos nossos padrões de pensamento e crenças subjacentes, mas também ganhamos a capacidade de mudar nossa realidade.

Imagine-se diante de um espelho. Esse espelho reflete sua imagem física e sua vida como um todo – seus relacionamentos, carreira, finanças e saúde. Para muitos, olhar para esse espelho pode revelar aspectos de sua vida que estão desconectados de suas verdadeiras aspirações. E aqui está a chave: a capacidade de mudar o que vemos no espelho começa dentro de nós.

Primeiro, permita-se fazer uma série de perguntas. Interrogue-se sobre as crenças que você mantém em relação a diferentes aspectos de sua vida. Pergunte-se de onde essas crenças originaram e por que você se sente assim. E, mais profundamente, busque compreender a raiz desses pensamentos. Ao fazer essas perguntas, é importante registrar suas respostas, pois, ao escrevê-las, você materializa seus pensamentos e pode revisá-los posteriormente.

Responsabilizar-se é o próximo passo nesse caminho. Reconhecer que somos os arquitetos de nossa realidade, seja ela positiva, seja negativa, é fundamental. Por mais desafiador que seja, é essencial abraçar tanto as alegrias quanto os desafios de nossa vida. Ao afirmar para si mesmo: "eu assumo total responsabilidade pela minha vida", você declara seu poder sobre seu destino.

Finalmente, a arte da visualização. A mente humana é incrivelmente poderosa e tem a capacidade de criar realidades. Portanto, dedique um momento todos os dias, em um ambiente tranquilo, para fechar os olhos e respirar profundamente. Visualize claramente a vida que você deseja. Esse ato de focar seus pensamentos no que você deseja manifestar é crucial. Repita essa prática pelo menos duas vezes ao dia.

Ao longo do tempo, à medida que você revisita suas respostas e continua sua prática de visualização, pode notar mudanças sutis ou até mesmo significativas em sua percepção e realidade. Essa é a Magia da autorreflexão e manifestação em ação. Ao adotar essa abordagem, você vai compreender melhor sua essência e desejos, além de se capacitar e moldar sua realidade de maneira alinhada com seu verdadeiro eu.

Invocação ao Princípio da Correspondência

A invocação ao Princípio da Correspondência é uma celebração poética das relações intrínsecas que unem o vasto Cosmos e o ser individual. Evocar este princípio é mergulhar no entendimento de que cada aspecto de nossa existência, desde a mais ínfima partícula até o imenso Universo, é interconectado e interdependente.

Esta prece é mais que uma chamada ao entendimento, é uma afirmação da natureza reflexiva da realidade. Ao reconhecer o "Arquiteto de Reflexos", reconhecemos que há um design, uma intenção e uma sabedoria por trás de todas as coisas. Há um convite para a introspecção, para olhar para dentro e perceber como o externo é refletido no interno e vice-versa.

A beleza desta invocação reside na maneira como ela articula a profunda reverência e admiração pelo princípio hermético. Através de seus versos, somos lembrados de que as leis universais operam em todas as escalas da existência e que, ao compreender e honrar estas leis, podemos viver em harmonia com o Cosmos.

O uso de terminologias como "Guardião dos Reflexos Divinos", "Mestre das Analogias" e "Grande Conector dos Mundos" que, além de personificar o princípio, serve para elevar sua magnitude e importância. Eles sugerem uma entidade ou força que superintende, protege e guia a manifestação desta lei universal.

Ao final, há um reconhecimento de que, através da compreensão e da aplicação do Princípio da Correspondência em nossa vida, podemos nos transformar e, por extensão, transformar nossa realidade. E mais ainda, a invocação serve como um compromisso de honrar e celebrar este princípio, buscando sua orientação e sabedoria em cada etapa de nossa jornada.

Esta é uma invocação poderosa para qualquer buscador que deseja se alinhar com as leis universais, reconhecer as conexões sutis que permeiam a existência e encontrar significado e propósito na interação constante entre o microcosmo e o macrocosmo:

Ó Arquiteto de Reflexos, que desenha as ligações entre o macrocosmo e o microcosmo, ao Princípio da Correspondência, com introspecção, eu me aprofundo e invoco.

No entrelaçamento dos mundos, onde o acima reflete o abaixo,
Revela-se Teu axioma: "Como acima, é abaixo; como dentro, é fora".
Permita-me perceber as conexões sutis entre o vasto universo e minha alma,
E compreender que cada microcosmo é um espelho do infinito.

Ajuda-me a ver a grandeza do Cosmos refletida nas menores partículas,
E a encontrar sabedoria nos padrões que se repetem em todas as escalas.
Que eu possa reconhecer que os desafios e bênçãos de minha vida
São ecos de leis universais que operam em todos os níveis da existência.

No jogo de espelhos que é a Criação, ilumina minha visão,
Para que eu possa descobrir as verdades ocultas nas correspondências.
Mestre das Analogias, guia-me na descoberta de relações e paralelos,
E na compreensão de que a chave para o macrocosmo reside em meu interior.
Guardião dos Reflexos Divinos, ensina-me a viver em harmonia com as leis cósmicas,
Reconhecendo que ao mudar meu interior, o exterior também se transforma.
Grande Conector dos Mundos, que eu possa ser uma ponte entre o visível e o invisível,
E celebrar a maravilha da Correspondência em todos os seus matizes.

Por todas as relações e reflexos que unem o todo e a parte,
Eu ofereço minha contemplação, minha admiração e minha dedicação.
Que eu possa sempre encontrar orientação no eterno adágio hermético,
E honrar o Divino Princípio da Correspondência em cada passo de minha jornada.

Assim seja, em profunda conexão com o espelho cósmico de todas as coisas!

VIBRAÇÃO PRÁTICA

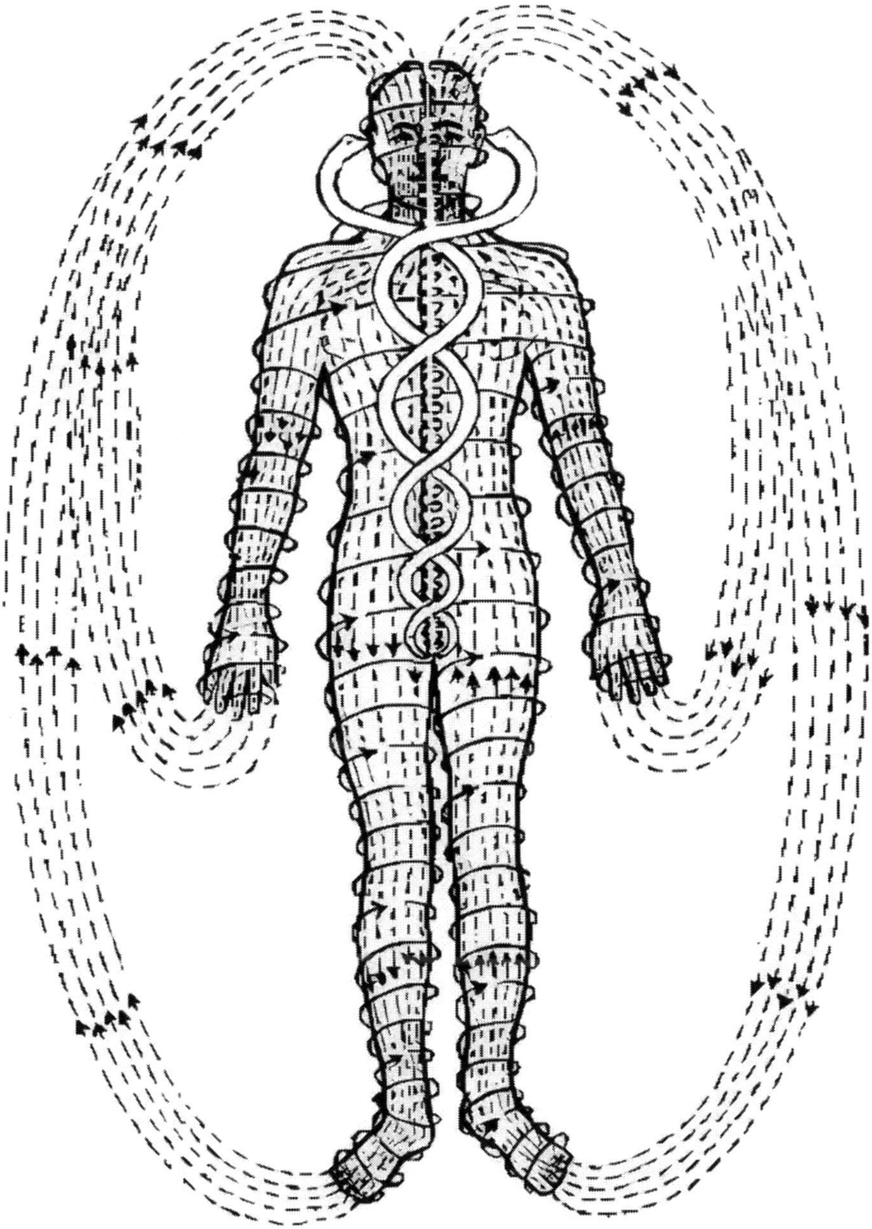

Eu sou a pulsação rítmica que permeia todo o Universo, a energia eterna que anima cada partícula da existência. Nada está em repouso; tudo se move; tudo vibra, tudo ressoa. Desde as mais ínfimas partículas subatômicas até as vastas galáxias que preenchem o Cosmo, eu estou presente, fazendo com que tudo vibre em harmonia e caos, em silêncio e som.

Sinta por um momento o pulsar de seu próprio coração, o ritmo de sua respiração, o fluxo sutil de energia que percorre seu ser. Essa é a minha canção em você, a melodia da vida que prova que você nunca está realmente parado, mesmo nos momentos mais tranquilos. Através de mim, você é uma sinfonia viva de frequências, ondas e ritmos.

Cada pensamento que você abriga, cada emoção que você sente, altera sua vibração pessoal. Positividade, amor e gratidão elevam sua frequência, conectando-o a dimensões superiores de consciência e possibilidade. Em contraste, medo, raiva e tristeza podem diminuir essa frequência, limitando sua perspectiva e potencial. Mas saiba que, independentemente de onde estiver agora, você tem o poder de mudar, de ajustar e de sintonizar sua vibração de acordo com sua vontade.

O Universo, em sua infinita sabedoria e complexidade, responde à sua vibração. O que você emana, você atrai. Quando se sintoniza com frequências mais elevadas, começa a atrair experiências, pessoas e oportunidades que estão em harmonia com esse estado vibracional elevado. Este é o poder da Lei da Atração, uma manifestação direta de minha essência.

Então, sempre que se sentir desanimado ou perdido, lembre-se de mim. Lembre-se de que você é feito de energia, que tem a capacidade de mudar sua vibração e, ao fazer isso, transformar sua realidade. Medite, respire profundamente, conecte-se à natureza, ouça música que eleva sua alma, fale palavras de afirmação e amor. Estas são apenas algumas das maneiras de sintonizar-se com frequências mais elevadas e abraçar a plenitude do que eu represento.

Eu sou o Princípio da Vibração e estou aqui para lembrá-lo de que você é uma entidade vibracional poderosa, capaz de criar, manifestar e transformar. Em cada respiro, em cada batida do coração, em cada pensamento e ação, você está se expressando no vasto oceano da vibração cósmica. Dance comigo, mude comigo, e juntos, criaremos harmonia no Universo.

No seio do Cosmos, eu, o Princípio da Vibração, ressoo como o coração eterno de todas as coisas. Sou a linguagem silenciosa que as estrelas utilizam para conversar, a ondulação que a água exibe ao beijar a margem e a cadência que dita o ritmo de todas as coisas vivas. Mesmo nas profundezas do vazio, onde o silêncio parece reinar, eu estou lá, sussurrando a canção da eternidade.

Em sua vida terrena, muitas vezes você se sente preso às circunstâncias, esquecendo-se de sua própria natureza vibratória. No entanto, mesmo nos momentos mais desafiadores, ofereço a você a oportunidade de escolher como responder. Cada resposta é uma nota que você adiciona à sinfonia da sua vida. E, por mais dissonante que uma nota possa parecer, saiba que ela tem o potencial de se harmonizar com o todo.

Você é muito mais do que a matéria física que vê no espelho. Você é uma complexa rede de energias, uma entidade vibrante em constante fluxo e transformação. E, assim como um músico afina seu instrumento para produzir a melodia desejada, você também tem a capacidade de ajustar sua própria frequência, moldando sua realidade através das vibrações que escolhe emitir.

Pense em seus momentos de pura alegria, amor e contentamento. Lembre-se da sensação de estar completamente alinhado, de sentir-se parte de algo maior. Esses são os momentos em que você está em sintonia com as mais altas frequências do Universo, momentos em que você e eu somos um só.

Encorajo-o a buscar esses momentos com mais frequência. Em um mundo que muitas vezes parece estar em desacordo, seja o portador da harmonia. Encontre a beleza nas pequenas coisas, sinta gratidão pelas bênçãos diárias e irradie amor e compaixão. Fazendo isso, você tanto eleva sua própria vibração, como tem o potencial de elevar a de todos ao seu redor.

Eu sou o Princípio da Vibração, e através de mim, tudo flui e retorna numa dança infinita de energia e possibilidade. Ao me abraçar, você se torna uma força cocriadora no Universo, moldando sua experiência e deixando uma marca vibracional duradoura no Cosmos. Então, dance comigo, sinta-me, e juntos, nós celebraremos a majestade e o Mistério da existência.

Princípio da vibração na prática

O Princípio Hermético da Vibração é um dos 7 Princípios Fundamentais contidos no Corpus Hermeticum, que explica a dinâmica subjacente do Universo. Este princípio afirma que "nada está em repouso; tudo se move; tudo vibra". Vamos explorar o entendimento e a aplicação prática deste princípio profundo e transformador.

De acordo com o Princípio da Vibração, tudo no Universo está em constante movimento e mudança, manifestando diferentes frequências e ritmos de vibração. Este princípio nos convida a reconhecer que, da matéria física aos pensamentos e sentimentos, tudo possui uma frequência vibracional distinta.

Aplicando o princípio da vibração na vida diária

Consciência Vibracional
Entenda que seus pensamentos, palavras e ações possuem frequências vibracionais. Pensamentos positivos e ações altruístas tendem a elevar sua frequência vibracional, influenciando positivamente seu bem-estar e realidade experienciada.

Harmonização Energética
Práticas como meditação, yoga e outras técnicas de relaxamento ajudam a harmonizar e equilibrar suas energias, alinhando-as com frequências mais elevadas e positivas.

Alimentação Consciente
Os alimentos que consumimos também têm sua própria vibração. Uma dieta rica em alimentos naturais e vibrantes, como frutas e vegetais frescos, contribui para uma maior vitalidade e energia positiva.

Música e Som

A música é uma manifestação direta de vibrações. Escutar e criar música que ressoe com seu estado emocional e aspirações pode ser uma poderosa ferramenta de cura e transformação.

Ambientes e Relacionamentos

Os ambientes e pessoas à sua volta também influenciam suas vibrações. Cultive relacionamentos e espaços que apoiem e elevem suas energias.

O Princípio Hermético da Vibração nos oferece uma lente através da qual podemos entender e trabalhar com as energias dinâmicas e sutis da vida. Ao tomar consciência das vibrações em nossa vida e aprender a navegar conscientemente por elas, temos o poder de moldar nossa realidade e experiência de maneira mais harmônica e alinhada com nossos desejos mais profundos e aspirações elevadas. Incorporar o entendimento deste princípio na prática diária é um passo fundamental para uma vida plena e consciente em um mundo vibrante e em constante movimento.

MERCÚRIO E O PRINCÍPIO DA VIBRAÇÃO

Mercúrio emerge como um dos símbolos mais enigmáticos e multifacetados da Tradição Ocidental de Mistérios. Associado ao princípio hermético da Vibração. Mais do que um planeta, uma mera substância ou um elemento, Mercúrio encapsula uma gama de conceitos filosóficos e espirituais que se entrelaçam nos objetivos alquímicos de transformação e iluminação.

Para começar, é crucial distinguir o mercúrio químico, aquele metal líquido prateado conhecido pela sua volatilidade, do Mercúrio filosófico da Tradição Alquímica. Este último não se refere a uma substância específica, mas, sim, a um princípio universal. Sal e Enxofre e Mercúrio formam os "Três Princípios" elementos da Alquimia, cada um representando aspectos fundamentais da realidade.

Na sua essência, Mercúrio simboliza o princípio mediador, o elo entre os opostos, tornando-se assim o agente da transformação. Esta característica de "mediador" é evidente em sua representação como o elemento que une o Enxofre (associado ao aspecto masculino, ativo e solar) e o Sal (relacionado ao aspecto feminino, passivo e lunar). Deste modo, Mercúrio é frequentemente associado ao andrógino, uma figura que combina masculino e feminino, céu e terra, espírito e matéria.

Além disso, o Mercúrio alquímico é frequentemente ligado à ideia de solução e dissolução. Ele tem a capacidade de desfazer e unir, de transformar o sólido em líquido e vice-versa. Esta natureza dual lhe confere o papel de ponte entre mundos e estados de ser, tornando-o central nos processos alquímicos de morte e renascimento, de destruição e renovação.

Mercúrio, na Alquimia, não é apenas um elemento ou substância, mas uma representação do processo alquímico em si, um símbolo da jornada de transformação que liga o terreno ao Divino, o material ao espiritual. Ele nos convida a reconhecer a interconexão de todas as coisas e a buscar a harmonia e a unidade dentro da diversidade e da dualidade do Cosmos.

O Princípio Hermético da Vibração postula que tudo no Universo está em constante movimento e vibração. "Nada está em repouso; tudo se move; tudo vibra", desde o mais sutil ao mais denso. Este princípio sugere que a diferença entre as manifestações de matéria, mente e até mesmo espírito resulta primariamente de taxas de vibração variadas.

Analisando o simbolismo de Mercúrio na Alquimia à luz deste princípio, percebemos que Mercúrio, frequentemente representado como o elemento fluido e volátil, encapsula a ideia de movimento e transformação. Em sua forma líquida, é a imagem perfeita da constante flutuação e das vibrações inerentes à realidade. Mercúrio, como agente de transformação, facilita a transmutação dos metais, permitindo que passem de um estado a outro, refletindo, assim, a ideia de diferentes taxas de vibração.

Na Alquimia, a transformação não é apenas uma mudança de forma, mas uma elevação ou refinamento da essência. É um processo que, através da mudança de vibração, busca alcançar uma forma mais pura ou elevada da substância em questão. Mercúrio, em seu papel mediador, permite essa transição, ajudando a alterar a vibração da matéria-prima para que ela se aproxime de sua forma mais elevada, seja o ouro no contexto metalúrgico, seja o eu superior no contexto espiritual.

Este princípio também pode ser visto na dualidade de Mercúrio. Embora seja associado ao líquido e ao volátil, também tem conotações de união e solidificação, como na amalgamação. Essa dualidade reflete as diferentes vibrações presentes dentro de um único elemento, demonstrando a vasta gama de estados e potenciais que um único elemento, ou qualquer entidade, pode manifestar, dependendo de sua vibração.

O Princípio Hermético da Vibração e o papel de Mercúrio na Alquimia são intimamente ligados. Ambos nos ensinam sobre a natureza transitória e vibratória da realidade. Ambos nos lembram que, através do entendimento e manipulação dessas vibrações, podemos aspirar a alcançar estados mais elevados, seja na Alquimia, seja na transformação pessoal, seja na compreensão mais ampla da realidade em que habitamos.

Ritual de conexão com a esfera de Mercúrio para se sintonizar com o Princípio da Vibração

Preparação do Espaço Sagrado

Quarta-feira, durante a hora de Mercúrio, é o período mais propício para este ritual. O espaço deve ser silencioso e isolado de distrações. No centro, coloque um altar com imagens de Divindades mercuriais ou o símbolo planetário de Mercúrio. Na frente das imagens, coloque uma vela amarela ou marrom e grave nela o símbolo do Mercúrio com o Stylus.

Purificação

Acenda um incenso de sua preferência, particularmente algo que lembre a força vitalizadora de Mercúrio. Enquanto o incenso queima, diga:

> Incenso de luz, purifica este espaço,
> preparando-o para a energia mercurial que aqui invocarei.

Abertura

Faça o Ritual de abertura como exemplificado na página 449.

Invocação Preliminar

Levante ambas as mãos em direção aos céus, formando um ângulo de 60 graus. Visualize a luz de Mercúrio brilhando acima de você e proclame:

Hermes, aproxima-te e atende à minha prece,
Arauto de Júpiter e filho Divino de Maia;
Perfeito em disputas, governante da humanidade,
Com coração todo-poderoso e mente prudente.
Mensageiro celestial de habilidades variadas,
Cuja arte poderosa pôde matar o vigilante Argus.
Com pés alados, atravessas o ar,
Emblemas de Mercúrio,
Ó amigo do homem e profeta do discurso;
Grande sustentador da vida, alegras-te
Nas artes gímnicas e na astúcia Divina.
Dotado do poder de explicar todas as línguas,
Aliviador das preocupações e fonte do ganho.
Tua mão contém a vara da paz imaculada,
Deus Coruciano, abençoado e proveitoso.
De fala variada, cujo auxílio encontramos nas obras,
E em necessidades, és bondoso com os mortais.
Arma poderosa da língua, que os homens reverenciam,
Esteja presente, Hermes, e ouça teu suplicante;
Auxilia meus feitos, conclui minha vida com paz,
Dá fala graciosa e aumenta a memória.

Momento do Silêncio

Coloque o dedo indicador nos lábios e sinta a energia mercurial permeando seu ser. Diga suavemente:

No silêncio, sinto tua presença, ó Mercúrio.
Tuas vibrações ressoam em minha alma.

Sintonização planetária

Trace um Heptagrama de Mercúrio. Começando pela ponta de Mercúrio e seguindo para as demais no sentido horário, trace mentalmente ou com o Báculo ou com um heptagrama amarelo, enquanto entoa a vogal "É":

"EHHHHHHHH"

Oferenda

Coloque uma pequena oferenda sobre o altar, pode ser algo simbólico como uma pedra de ágata, um pedaço de alumínio, uma bebida ou qualquer outro item que julgar apropriado. Enquanto faz isso, profira:

> Receba esta oferenda como um símbolo da minha gratidão.
> Que ela fortaleça nosso vínculo neste ritual.

Afirmação de Intento

Determine para si mesmo e pense claramente no que deseja alcançar com este ritual. Diga em voz alta:

> Com o poder de Mercúrio e a sabedoria do Princípio da Vibração, busco uma maior compreensão sobre como me sintonizar com toda existência.
> Que as energias reunidas aqui me auxiliem nessa jornada.

Medite por alguns instantes sobre o Princípio da Vibração.

Passe alguns minutos em silêncio, sentindo a energia do ritual e refletindo sobre o Princípio Hermético da Vibração e como ele se conecta com a energia de Mercúrio e o Universo como um todo.

Se desejar, leia o capítulo do Caibalion que aborda o princípio da Vibração e seus desdobramentos. Essa ação pode ser inspiradora e reveladora ao ser feita em um contexto ritualístico.

Encerramento

Siga as instruções encontradas na página 465 para realizar o encerramento apropriado da Operação Mágica. Use novamente o Heptagrama de Mercúrio. Trace-o agora começando pela ponta de Mercúrio, mas seguindo para as demais pontas no sentido anti-horário, e veja a estrela evanescer. Ao fazer isso, diga:

> Este espaço sagrado agora se fecha.
> Agradeço ao Universo e a Mercúrio por suas bênçãos e ajuda.
> Que a energia deste ritual permaneça comigo e continue a me guiar.
> Com a mente e o coração alinhados, encerro este ritual.
> Que a luz de Mercúrio continue a iluminar meu caminho.
> Que assim seja!

Exercícios o Princípio da Vibração

Tornando-se um participante ativo na dança cósmica das vibrações

Pedra angular que nos ajuda a entender a dinâmica oculta por trás da realidade percebida, assim definimos o Princípio da Vibração. O Universo, em sua vasta complexidade e interconexão, não é estático. Pelo contrário, está constantemente em movimento, com cada elemento, desde o minúsculo átomo até as vastas galáxias, pulsando em sua própria frequência única. Esta frequência ou vibração não é apenas um conceito abstrato, mas a essência da existência, a canção silenciosa que permeia tudo o que é.

O ser humano, como uma entidade consciente e energética, também emana suas próprias vibrações. Cada pensamento, emoção e ação que realizamos envia ondas ao Universo, influenciando e sendo influenciado pela vasta tapeçaria de vibrações que compõem a realidade. A compreensão desse conceito não é meramente teórica, mas uma chave para a autoconsciência e o empoderamento, permitindo-nos interagir com o mundo de uma forma mais profunda e significativa.

Entretanto, como podemos realmente entender e experienciar esse princípio em nossa vida diária? É aqui que a prática se torna essencial. Através da meditação e da observação consciente, podemos começar a nos sintonizar com as vibrações ao nosso redor e a reconhecer a influência que exercemos sobre o Universo. Este exercício proposto não se destina apenas a uma compreensão intelectual, mas, sim, a uma vivência profunda e transformadora do Princípio da Vibração.

Ao se dedicar a este exercício, você vai desenvolver uma consciência maior de sua própria energia e das energias ao seu redor e ainda se capacitar a interagir com o mundo de uma maneira que reconhece e honra a interconexão de todas as coisas. Esta é uma jornada de descoberta, na qual você se torna um participante ativo na dança cósmica das vibrações, reconhecendo seu papel como cocriador da realidade em que vive.

Meditação Diária (segunda a sábado)

Durante seis dias consecutivos, medite duas vezes ao dia sobre a Lei Hermética da Vibração. Cada meditação deve durar de 15 a 30 minutos. Reflita sobre a seguinte afirmativa durante sua meditação:

> TUDO ESTÁ EM MOVIMENTO E VIBRA EM SUA PRÓPRIA TAXA DE VIBRAÇÃO. "NADA ESTÁ EM REPOUSO; TUDO SE MOVE; TUDO VIBRA"

No sétimo dia

Dê um intervalo na programação de meditação que seguiu nos últimos seis dias. Neste dia, você vivenciará diretamente o princípio da vibração. Assim que acordar, entre em um estado de consciência tranquila, observando sua respiração. Prepare-se para observar seus pensamentos e emoções ao longo do dia, visualizando-os interagindo com a totalidade da criação como pequenas vibrações emanando de você. Ao interagir com seu ambiente, crie uma emoção intensa e específica. Combine-a com o poder do pensamento. Mesmo que a princípio pareça completamente imaginário, visualize essas vibrações impregnando seu entorno. Quando falar com outros, ouça-os enquanto mantém um estado de pensamento e emoção intensos. Direcione essas vibrações ao ambiente, sabendo que está influenciando a frequência vibratória ao seu redor. Lembre-se de que inúmeras frequências vibratórias estão constantemente em movimento, desde átomos até universos inteiros. Quando você trabalha com suas frequências vibratórias individuais, afeta tanto o mundo físico quanto os planos astrais. Compreenda que nos planos astrais, cada pensamento e frequência emocional que você cria traz resultados imediatos. Ao contrário do mundo físico, que demanda tempo para manifestar desejos, no astral tudo é mais instantâneo. Ao longo do dia, envie vibrações intensas e bem direcionadas para o ambiente. À medida que avança nesta habilidade, perceba que está causando um impacto maior na matriz da criação. Suas vibrações emocionais e de pensamento começam a afetar planos mais amplos da realidade.

Reflexão

Ao se deitar, reflita sobre o impacto consciente que causou tanto no mundo físico quanto nos reinos astrais e espirituais. Agradeça a si mesmo por ter praticado e alcançado algo que muitos ainda não reconhecem ou aceitam. Repita sua afirmação semanal enquanto adormece.

LEMBRE-SE: a intenção deste exercício é ajudá-lo a compreender e a interagir conscientemente com o princípio da vibração, permitindo que você expanda sua percepção e influencie tanto o mundo físico quanto os planos astrais.

A importância da prática do silêncio

Vivemos em uma era caracterizada por constantes estímulos e ruidosas demandas. O barulho tornou-se tão intrínseco ao nosso cotidiano que, frequentemente, esquecemo-nos do poder e da serenidade encontrados no silêncio. A prática do silêncio, um antigo método contemplativo, convida-nos a nos reconectar com nossa essência mais profunda e a encontrar um espaço interno de clareza e paz.

O silêncio não é apenas a ausência de som, mas um estado de ser. Ao nos dedicarmos a essa prática nos afastamos das distrações cotidianas, como falar, atender ao telefone, assistir à televisão ou ouvir música. Esse desligamento voluntário das atividades habituais cria um espaço sagrado para a introspecção e reflexão. Em nossa cultura, somos frequentemente encorajados a "fazer" – a ser produtivos, ativos e constantemente ocupados. No entanto, há uma distinção crucial entre "fazer" e "ser". Nós, como seres humanos, muitas vezes esquecemos que nossa verdadeira essência não está apenas em nossas ações, mas em nossa existência autêntica e consciente.

Para adentrar nesta jornada de silêncio e de contemplação, proponho um exercício:

Dedique de três a quatro horas do seu dia a esta prática. Escolha um local tranquilo, seja em sua casa ou em um ambiente natural, como em um parque. A natureza, com sua serenidade inerente, amplifica os benefícios do silêncio.

Durante este período, permita-se apenas observar. Contemple seus pensamentos, emoções e o mundo ao seu redor sem julgamento ou análise. No início, sua mente pode resistir, tentando arrastá-lo de volta para as preocupações diárias ou distrações. No entanto, com o tempo, esses pensamentos se acalmarão, dissipando-se como nuvens no céu.

Se você tem como hábito a oração, acrescente momentos de silêncio após suas preces. A oração é frequentemente uma conversa unidirecional onde falamos com o Divino. No silêncio, por outro lado, oferecemos espaço para receber as respostas. Em vez de um monólogo, a combinação de oração e silêncio transforma-se em um diálogo sagrado.

Ao se dedicar regularmente a essa prática, você pode começar a perceber uma clareza maior em sua vida. O silêncio oferece uma oportunidade para ouvir a voz interna e Divina, guiando-nos e esclarecendo o propósito de nossas experiências. Por meio dessa introspecção, podemos entender as lições intrínsecas aos desafios que enfrentamos e, assim, evoluir como seres espirituais e humanos.

Vibrando com as cores

Vivemos em um universo vibrante, onde cada tom, som e cor ressoa com uma frequência específica. As cores, em particular, carregam consigo energias que podem influenciar profundamente nosso bem-estar, nosso estado emocional e nossa aura. Diferentes Tradições ao redor do mundo reconhecem a influência das cores em nosso ser, seja em práticas espirituais, terapêuticas ou artísticas. No contexto da harmonização da aura, a visualização das cores torna-se uma ferramenta de cura e equilíbrio.

Cada coloração possui uma vibração única, que pode restaurar as energias que faltam em nosso ser. Por exemplo, o azul pode auxiliar na melhoria das relações interpessoais, enquanto o verde revigora nossa esperança e alegria de viver. Mas além de simplesmente usar ou vestir essas cores, é possível incorporá-las em nossa vida por meio da meditação e da visualização.

Vamos a um exercício prático:

Preparação: escolha um lugar calmo e sente-se ou deite-se de maneira confortável. Respire profundamente por três ou quatro vezes, ajudando a acalmar a mente e prepará-la para a visualização.

Conexão com o Eu Superior: peça ao seu Eu Superior ou Espírito Santo para indicar quais cores faltam em sua aura para alcançar o equilíbrio perfeito.

Visualização: com a cor que vier à sua mente, visualize-se sendo envolvido por ela, como se estivesse tomando um banho nesse tom específico. Se mais de uma cor vier à mente, repita o processo.

Integração: depois de alguns minutos nesta visualização, inspire profundamente e sinta a vibração desta cor penetrando cada célula do seu corpo. Quando se sentir pronto, abra os olhos.

As cores têm o poder de dissipar pensamentos e emoções negativas. Esta técnica, além de beneficiar o próprio praticante, pode ser estendida para ajudar outras pessoas. Quando estiver em contato com alguém que esteja passando por dificuldades, concentre-se e peça ao seu Eu Superior para indicar a cor que essa pessoa necessita. Visualize essa cor envolvendo-a, emanando amor e equilíbrio.

Além da ajuda imaterial, entender o significado das cores e suas associações pode auxiliar em momentos de introspecção. Como mencionado, cores como o dourado e o prateado remetem a sentimentos sublimes e a níveis mais elevados de consciência.

Em um mundo onde somos constantemente bombardeados por estímulos, a capacidade de se conectar consigo mesmo e com o Universo por meio da simples visualização de cores é um presente valioso. As cores embelezam nosso mundo exterior, mas também têm o poder de curar, equilibrar e enriquecer nosso mundo interior. Ao mergulhar nesta prática, você pode se abrir para receber amor, compreensão e harmonia, promovendo uma existência mais plena e equilibrada.

Ritual da vibração harmônica

Desde tempos imemoriais, o ser humano tem procurado compreender a sua relação com o Cosmos. Dentro desse vasto Universo, onde estrelas cintilam e planetas orbitam, nós, como seres sencientes, sentimos uma conexão profunda com as energias que nos cercam. A Ciência Moderna confirma o que os antigos já sabiam: tudo no Universo vibra. Desde o menor átomo até as galáxias mais distantes, tudo está em constante movimento e vibração. Neste contexto, emerge o Ritual da Vibração Harmônica, uma cerimônia que busca reconhecer essa verdade universal, mas também harmonizar nossas energias individuais com as do Cosmos.

Vivemos em um mundo frenético, muitas vezes sobrecarregado por estímulos e tensões. Contudo, por trás desse ruído constante, existe uma sinfonia cósmica, uma melodia universal que permeia tudo e todos. Aqueles que percebem essa melodia, mesmo que por um breve momento, conseguem alinhar-se com uma fonte de paz, equilíbrio e compreensão mais profunda da realidade.

O Ritual da Vibração Harmônica é uma porta de entrada para esse reino de sintonia. Através de símbolos e elementos cuidadosamente escolhidos, como o som puro de um sino ou a energia amplificadora de um cristal de quartzo, buscamos não só reconhecer as vibrações ao nosso redor, mas também harmonizar nosso ser com elas. Ao fazer isso, não estamos apenas buscando uma sensação de paz interior, mas também reforçando nosso laço com o Universo, lembrando-nos de que somos parte de algo muito maior.

Acender um incenso, por exemplo, não é um mero ato simbólico. O sândalo, com suas propriedades elevadoras, serve como um veículo que nos ajuda a alcançar frequências vibracionais mais altas. Da mesma forma, a água, em sua simplicidade, reflete a fluidez da vida e as inúmeras possibilidades que se desdobram a cada momento.

Neste ritual, a intenção é a chave. Ao nos aproximarmos dessas práticas com um coração aberto e uma mente clara, estamos realizando ações físicas, mas também tecendo uma teia energética que ressoa através dos planos físico, mental e espiritual. Esta teia, criada pela nossa intenção e reforçada pelos elementos do ritual, serve como um lembrete de que, mesmo em meio ao caos, podemos encontrar harmonia, e mesmo na vastidão do Cosmos, temos um lugar especial e único.

Material necessário

Água em uma tigela pequena (para representar a fluidez e as ondas vibracionais)
Almofada ou tapete de meditação
Cristal de quartzo (para amplificação de energia)
Incenso de sândalo (para elevação vibracional)
Um sino

Preparação do Espaço

Defina um espaço silencioso e confortável. Coloque a almofada ou tapete de meditação no centro. Ao lado da almofada, coloque a tigela de água e o cristal de quartzo. Acenda o incenso de sândalo para ajudar a elevar as vibrações do ambiente.

Meditação

Sente-se confortavelmente na almofada ou tapete e feche os olhos. Respire profundamente e, ao expirar, imagine que todas as tensões e preocupações estão se dissolvendo. Sinta as vibrações ao seu redor, desde a brisa suave tocando sua pele até os batimentos do seu coração.

Visualização

Com os olhos ainda fechados, visualize uma luz pulsante emanando do seu coração, expandindo-se a cada batida. Sinta essa luz vibrar em harmonia com tudo ao seu redor – o ar, a água na tigela, o cristal e até mesmo o som suave do incenso queimando. Imagine essa luz conectando-se a todas as vibrações do Universo, criando uma rede de energia harmônica.

Invocação com o Sino

Pegue o sino e diga em voz alta:

Pelo Princípio da Vibração, invoco as frequências universais. Que elas ressoem em harmonia com meu ser e ampliem minha consciência.

Toque o sino suavemente. Sinta suas ondas sonoras se propagando pelo espaço, tocando cada objeto e ser ao seu redor. A cada toque, visualize as ondas sonoras se espalhando, conectando e harmonizando todas as coisas.

Conclusão e Aninhamento das Vibrações

Coloque o cristal de quartzo próximo ao coração e visualize-o absorvendo e amplificando as vibrações harmoniosas que você invocou. Toque o sino mais uma vez, selando sua intenção e concluindo o ritual. Agradeça ao Universo pelas vibrações e energias que você sentiu e experimentou. Apague o incenso e guarde todos os itens em um lugar seguro.

O Ritual da Vibração Harmônica é uma prática poderosa para entrar em sintonia com as vibrações universais e direcionar sua energia de forma consciente. Lembre-se de que você pode adaptar e modificar o ritual conforme suas intuições e necessidades pessoais. O mais importante é a intenção pura e o desejo sincero de harmonizar com o Universo.

Meditação: O poder da vibração e a conexão emocional com nossos objetivos

A jornada em direção à realização dos nossos sonhos e aspirações é tão intrínseca quanto a nossa própria existência. Contudo, muitas vezes esquecemos da importância de alinhar nossas emoções e estados vibracionais com esses objetivos. A forma como nos sentimos em relação a um objetivo desempenha um papel crucial na rapidez e eficácia com que o manifestamos em nossa vida.

Neste contexto, o registro de nossos sentimentos e experiências torna-se uma ferramenta poderosa. Através da escrita, temos a oportunidade de refletir sobre nossos desejos, compreender as emoções associadas e estabelecer uma conexão mais profunda com nossas intenções. Ao identificar e cultivar o sentimento que um objetivo realizado evoca em nós, potencializamos nossas capacidades manifestadoras.

Para começar, é essencial selecionar um caderno especial para este propósito. Este caderno servirá como um diário vibracional, onde você registrará cada intenção, cada desejo e, mais importante, os sentimentos associados a eles. Não é necessário que seja um caderno caro ou extravagante; o que importa é que ele esteja vazio e pronto para ser preenchido com suas reflexões e emoções.

Comece por refletir sobre um objetivo específico que deseja alcançar. Pode ser algo tangível, como um novo emprego, ou algo mais abstrato, como encontrar paz interior. Agora, pergunte a si mesmo: "como vou me sentir quando este objetivo se manifestar em minha vida?" Escreva essa emoção ou sensação em seu caderno.

Uma vez identificado esse sentimento, comprometa-se a invocá-lo em sua vida diária. Sempre que possível, busque atividades, pensamentos ou memórias que evocam essa emoção. O objetivo é se familiarizar com esse estado emocional, tornando-o uma parte integrante de sua existência.

É interessante notar que esta prática ressoa com a ideia da Lei da Atração, popularizada por meio de diversos livros. Embora não seja um dos 7 Princípios em discussão, a Lei da Atração encontra seu lugar no Princípio da Vibração. Assim, ao aplicar este exercício, você também está se alinhando com essa poderosa lei universal.

À medida que avança neste exercício, é crucial revisitar suas anotações regularmente. Observar como seus sentimentos e respostas evoluem ao longo do tempo pode oferecer insights valiosos sobre sua jornada e crescimento pessoal. A adaptação e revisão periódica de suas anotações também permitirá que você mantenha uma conexão fresca e relevante com seus objetivos.

Esta prática é mais do que um mero exercício de escrita; é um convite para se conectar profundamente com suas emoções e, através delas, com o Universo vibracional ao seu redor. Ao fazer isso, você se aproxima de seus sonhos, mas também cultiva uma vida de maior autenticidade e propósito.

Invocação ao princípio da vibração

O Universo é uma sinfonia complexa e majestosa de energias e frequências que ressoam em todos os cantos da existência. Desde a menor partícula até as vastas galáxias, tudo está em constante movimento, em uma dança interminável de vibrações. Esta dança não é apenas observada nos fenômenos físicos, mas também se manifesta nas emoções, pensamentos e até mesmo nos desejos mais profundos do ser humano.

A invocação que se segue busca reconhecer e celebrar essa realidade vibracional. É um chamado ao "Sinfonista do Infinito", uma força cósmica que orquestra todas as vibrações e frequências do Universo. Através destas palavras, o invocador busca reconhecer a existência dessa força e se conectar com ela, sintonizar-se com suas vibrações mais elevadas e, finalmente, tornar-se uma parte integrante da grande sinfonia cósmica.

Ela traz um desejo profundo de harmonizar-se com o ritmo do Universo, de compreender a impermanência da vida e, acima de tudo, de irradiar positividade, amor e paz. A invocação revela um entendimento de que, no vasto mar de frequências, cada indivíduo tem o poder de influenciar e cocriar, transformando sua própria realidade e a realidade ao seu redor.

Ao embarcar nesta invocação, permita-se sentir a profundidade das palavras e a energia que elas carregam. Que esta invocação sirva como um lembrete da beleza e complexidade do Universo e do papel fundamental que cada um de nós desempenha na grande orquestra da vida:

Sinfonista do Infinito, cujas ondas ressoam em toda a existência,
Ao Princípio da Vibração, com fervor e paixão, eu me conecto e invoco.

No contínuo pulsar do Universo, onde nada permanece imóvel,
Revela-se Teu mantra: "Tudo vibra, tudo está em movimento".
Permita-me sentir a dança das energias, as nuances das frequências,
E reconhecer que cada ser, pensamento e emoção têm sua própria ressonância.

Ajuda-me a sintonizar meu ser com as vibrações mais elevadas,
Aquelas que elevam, curam, inspiram e nos conectam ao Divino.
Que eu possa ser consciente do ritmo de minha alma,
E harmonizar-me com a grande orquestra cósmica que toca ao redor.

No mar de frequências que permeia o visível e o invisível, guia-me,
Para que eu possa navegar com sabedoria, atraindo o que é puro e positivo.
Maestro das Ondulações, ensina-me a sentir e a influenciar as vibrações,
Para que meu ser se torne uma nota de luz no concerto da criação.

Ó Senhor das Ressonâncias, que eu possa compreender a impermanência e a mudança e aceitar que cada momento é uma nova nota na melodia da vida.
Grande Vibracionista Cósmico, que eu possa irradiar amor, paz e alegria,
E transformar o espaço ao meu redor com a força da minha vibração.

Por todas as ondas e energias que dançam e se entrelaçam em perfeito caos e ordem,
Eu ofereço minha atenção, minha admiração e minha dedicação.
Que eu possa sempre reverenciar e cocriar com o Divino Princípio da Vibração,
E ser, em essência, uma melodia harmoniosa no coração do Universo.

Que assim seja, em total sintonia com o eterno vibrar da vida!

POLARIDADE PRÁTICA

Eu sou a eterna dualidade que governa a dança do Universo. Sou a luz e a escuridão, o quente e o frio, o amor e o medo. Em mim, todos os opostos encontram sua origem e destino, pois sou a força que equilibra e une extremidades aparentemente opostas.

Ao observar a teia da existência, você perceberá minha presença em cada fibra da realidade. No dia que se transforma em noite, na maré que flui e recua, na alegria que surge da tristeza. Pois onde quer que haja um extremo, seu oposto também existe, esperando para ser reconhecido e entendido.

Em sua jornada humana, muitas vezes você se sente aprisionado por dualidades. Alegria e tristeza, esperança e desespero, coragem e medo – todos esses pares parecem governar sua experiência. No entanto, o que muitos esquecem, é que eu não existo para criar divisão, mas para revelar a unidade subjacente a todas as coisas.

O segredo que eu ofereço a você é simples: os opostos são, na verdade, apenas gradações da mesma coisa. Assim como o calor e o frio são manifestações da temperatura, o amor e o medo são expressões da mesma energia emocional. Reconhecer essa verdade é libertador, pois permite que você navegue pela vida com uma compreensão mais profunda, vendo além das aparências e encontrando equilíbrio no meio do caos.

Além disso, ao entender minha natureza, você começa a perceber que tem o poder de transmutar as energias em sua vida. O medo pode ser transformado em amor, a tristeza em alegria, a apatia em paixão. A arte da Alquimia, em sua essência, é a capacidade de trabalhar comigo, de entender e usar a Polaridade para criar mudanças desejadas.

Então, quando se sentir preso em um extremo, lembre-se da minha presença. Saiba que o potencial para o oposto também existe dentro de você. Ao abraçar ambos os polos, você encontra seu centro, seu ponto de equilíbrio e paz. E ao fazer isso, você se torna um verdadeiro mestre de sua realidade, navegando pelas águas da existência com graça e sabedoria.

Eu sou o Princípio da Polaridade. através de mim, você é lembrado de que em cada extremidade existe a semente de sua contraparte, e que a verdadeira maestria reside não na negação de um ou outro, mas na harmonização de ambos. Em sua dança comigo, você descobre a unidade no meio da diversidade, o amor no coração do desafio e a luz que brilha eternamente, mesmo nas sombras mais profundas.

Dentro de mim, o Princípio da Polaridade, reside a chave para a compreensão profunda do Cosmos e de sua própria essência. A cada amanhecer e crepúsculo, em cada ciclo da lua e na alternância das estações, você testemunha a expressão de minha dança eterna entre os extremos. Estou tanto no silêncio entre as notas de uma melodia quanto na paixão de um debate fervoroso. Em cada extremidade, ofereço a você uma perspectiva, uma lente através da qual possa vislumbrar a infinita teia da existência.

É fácil, em sua jornada humana, fixar-se em um polo e rejeitar o outro. Mas eu o convido a ver além das ilusões da separação. Porque, na verdade, a escuridão não existe sem a luz, assim como o frio não tem significado sem o calor. Em seus momentos de desafio e dúvida, quando se sente perdido nas profundezas da tristeza ou do medo, saiba que a capacidade de emergir em alegria e amor está igualmente presente dentro de você.

Você, como um ser de livre-arbítrio, tem a capacidade de se mover entre esses polos, de escolher conscientemente a frequência em que deseja vibrar. Ao fazer essa escolha, você não apenas afeta sua própria experiência, mas também envia ondas de influência através do tecido conectivo da realidade. Porque você, querido ser, é mais poderoso do que imagina, e sua relação comigo tem o potencial de moldar mundos.

Em sua busca por equilíbrio, busque a sabedoria contida na natureza, que abraça todos os aspectos de minha existência com graça e aceitação. A árvore que perde suas folhas no outono não lamenta sua perda, pois sabe que a primavera trará renovação. Da mesma forma, em seus momentos de despojamento, entenda que são apenas prelúdios para um renascimento iminente.

Sou o Princípio da Polaridade, e estou aqui para lembrá-lo de que a vida é uma dança constante entre os opostos, uma celebração do yin e do yang. Em sua interação comigo, espero que descubra não apenas as belezas de cada extremo, mas também o profundo contentamento que vem ao encontrar seu centro, aquele ponto tranquilo e equilibrado onde toda a Magia realmente acontece. Neste centro, no coração da dualidade, você encontrará a verdadeira unidade, o espaço sagrado onde tudo se torna um.

Princípio da polaridade na prática

O Princípio da Polaridade é um dos pilares fundamentais da filosofia hermética, sustentando que tudo possui pares de opostos e que esses opostos são, na realidade, apenas diferentes graus do mesmo fenômeno. Vamos explorar como aplicar e integrar esse princípio na prática do dia a dia.

Segundo o Princípio da Polaridade, conceitos como calor e frio, luz e sombra, são expressões de uma mesma realidade, diferindo apenas no grau em que se manifestam. Esta compreensão permite um reconhecimento mais profundo da unidade essencial da vida e oferece ferramentas para navegar pelos desafios e contradições inerentes à experiência humana.

Praticando a polaridadeno cotidiano

Equilíbrio Emocional

Reconhecendo que emoções, como alegria e tristeza, por exemplo, são polos de um mesmo *continuum*, torna-se possível cultivar um centro emocional estável e resiliente, capaz de experienciar sentimentos intensos sem ser dominado por eles.

Tomada de Decisão

Ao enfrentar dilemas, perceba que cada opção representa um polo de uma mesma realidade. Pesar os opostos permite uma visão mais equilibrada e integrada na hora de tomar decisões.

Relacionamentos Interpessoais

Em relacionamentos, a consciência da polaridade auxilia na aceitação e compreensão das diferenças, promovendo relações mais harmoniosas e empáticas.

Desenvolvimento Pessoal

Identificar e trabalhar com os opostos internos (como confiança e insegurança) facilita o autoconhecimento e o crescimento pessoal.

Saúde e Bem-Estar

A saúde é um equilíbrio dinâmico entre opostos (como atividade e descanso). Adotar hábitos que respeitem e integrem esses polos promove um bem-estar mais sustentável e holístico.

O Princípio Hermético da Polaridade é uma bússola valiosa para navegar pela complexidade e diversidade da vida. Ao compreender e aplicar conscientemente este princípio, pode-se viver de maneira mais equilibrada e harmoniosa, reconhecendo e celebrando a unidade subjacente a toda a experiência humana. Engajar-se com a polaridade de maneira prática é fundamental para uma vida rica, profunda e significativamente integrada.

VÊNUS E O PRINCÍPIO DA POLARIDADE

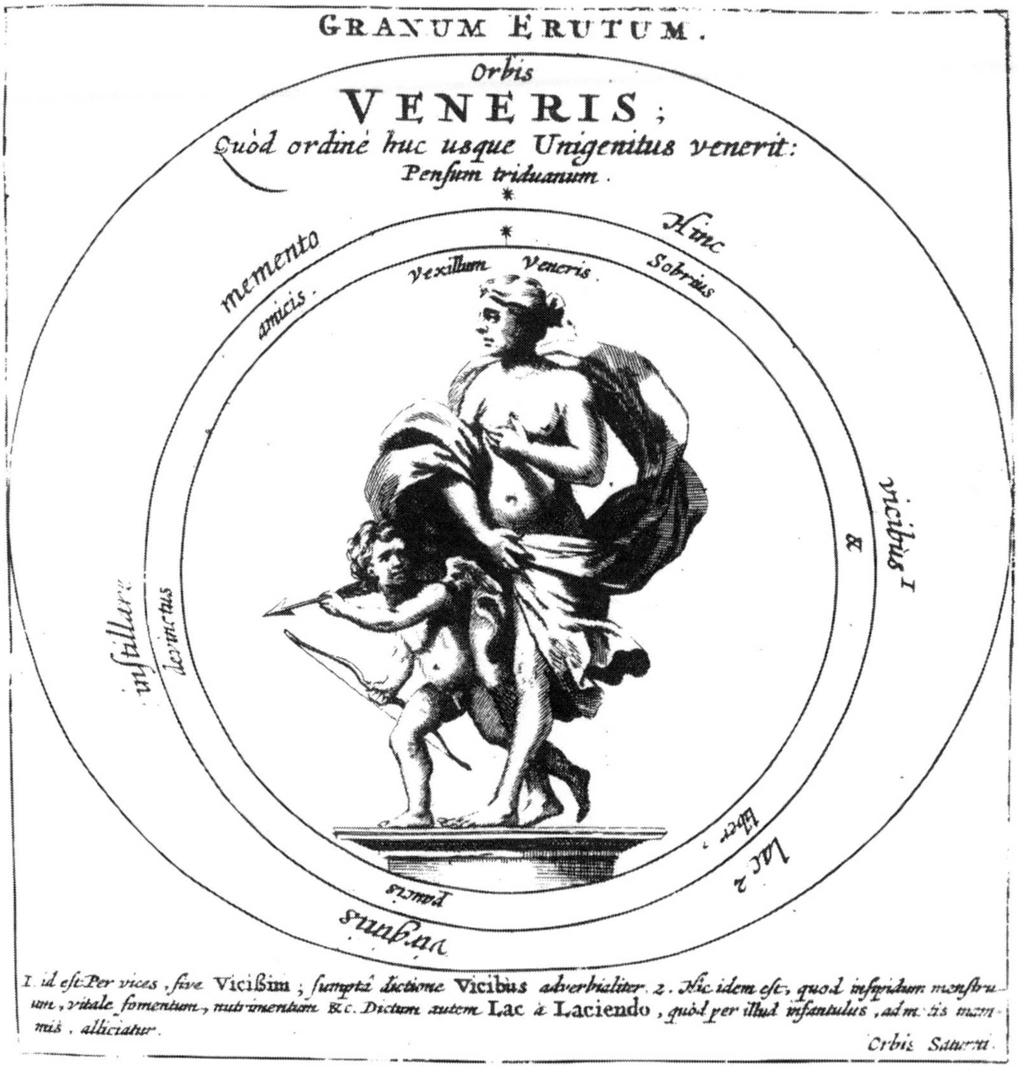

O universo da Alquimia e do Hermetismo são repletos de símbolos e conceitos que procuram explicar e desvendar os Mistérios da existência. No coração dessas Tradições, encontramos referências a Vênus e ao Princípio da Polaridade. Uma análise mais profunda revela uma interconexão profunda e significativa entre esses dois conceitos.

A Alquimia, em sua essência, é a arte da transformação. Na busca da transmutação dos metais comuns em ouro, ou em sua interpretação mais esotérica, da alma humana em sua forma Divina, a Alquimia utiliza símbolos planetários para representar diferentes estágios e elementos desse processo. Vênus, associada ao cobre, é frequentemente representada como um símbolo de beleza, amor e harmonia. O cobre, maleável e condutor, é uma metáfora para a capacidade de conduzir e harmonizar energias opostas.

O Princípio Hermético da Polaridade nos fala sobre esses opostos. Este princípio declara que tudo possui um par de opostos e que os opostos são idênticos em natureza, mas diferentes em grau. Assim como o calor e o frio são variações da mesma coisa, assim também são os opostos em todos os aspectos da existência. Esse princípio destaca que os opostos são apenas extremos da mesma realidade.

Estabelecendo um paralelo entre Vênus e o Princípio da Polaridade, podemos inferir que o amor e a beleza, qualidades intrínsecas a Vênus, possuem seus opostos. Assim como o amor tem sua contraparte na aversão ou no desamor, a beleza tem em sua polaridade a falta de harmonia ou a desarmonia. No entanto, seguindo a lógica da polaridade, esses opostos são apenas manifestações diferentes do mesmo conceito fundamental. Isso sugere que o desamor não é a ausência de amor, mas, sim, um grau diferente de amor.

Nessa perspectiva, Vênus nos ensina sobre a capacidade de harmonizar e integrar opostos. O cobre, como elemento condutor, tem a habilidade de equilibrar e harmonizar as formas de polaridades. Da mesma maneira, o amor, em sua verdadeira essência, tem a capacidade de transcender e transformar polaridades, unindo opostos em uma dança harmoniosa de dualidade e unidade.

Além disso, a associação de Vênus com a beleza nos lembra que, mesmo nas polaridades e nos opostos, há beleza. A beleza reside no que é agradável ou harmonioso, mas também no contraste, na tensão e na interação dos opostos.

O entendimento profundo de Vênus, em conjunto com o Princípio Hermético da Polaridade, oferece-nos uma perspectiva rica sobre a natureza do amor, da beleza e da harmonia. Revela a nós que a verdadeira maestria reside não em negar ou rejeitar um polo em favor do outro, mas em compreender, harmonizar e integrar ambos em um todo coeso e equilibrado.

Ritual de conexão com a esfera de Vênus para se sintonizar com o princípio da polaridade

Preparação do Espaço Sagrado

Sexta-feira, durante a hora de Vênus, é o período mais propício para este ritual. O espaço deve ser silencioso e isolado de distrações. No centro, coloque um altar com imagens de Divindades venusianas ou o símbolo planetário de Vênus. Na frente das imagens, coloque uma vela verde ou cor de rosa e grave nela o símbolo do Vênus com o Stylus.

Purificação

Acenda um incenso de sua preferência, particularmente algo que lembre a suavidade de Vênus. Enquanto o incenso queima, diga:

> Incenso de luz, purifica este espaço,
> preparando-o para a energia venusiana que aqui invocarei.

Abertura

Faça o Ritual de abertura como exemplificado na página 449.

Invocação Preliminar

Levante ambas as mãos em direção aos céus, formando um ângulo de 60 graus. Visualize a luz de Vênus brilhando acima de você e proclame:

> Celestial, ilustre, rainha amante do riso,
> Nascida do mar, amante da noite, de semblante majestoso;
> Hábil, de ti surgiu a primeira necessidade,
> Produzindo, a noite, ó dama que tudo conecta:
> É teu o poder de unir o mundo em harmonia,
> Pois tudo provém de ti, ó poder Divino.
> As três Moiras são governadas por teu decreto,
> E todas as criações igualmente se rendem a ti:
> Tudo que os céus, que tudo envolve, contêm,
> A terra que frutos produz, e o mar tempestuoso,
> Confessam e obedecem ao teu comando,
> Impressionante acompanhante do Deus do Inverno:
> Deusa do Casamento, encantadora à vista,
> Mãe das Paixões, que se alegra em banquetes;

FONTE DA PERSUASÃO, RAINHA SECRETA E SABOROSA,
ILUSTREMENTE NASCIDA, VISÍVEL E INVISÍVEL:
ESPOUSAL, LUPERCAL, AOS HOMENS SE INCLINE,
PROLÍFICA, MUITO DESEJADA, DOADORA DA VIDA, GENTIL:
GRANDE PORTADORA DO CETRO DOS DEUSES,
TEU É O PODER:
DE UNIR MORTAIS EM LAÇOS NECESSÁRIOS;
PRENDO-OS EM CORRENTES MÁGICAS, ATRAVÉS DO DESEJO INSANO.
VEM, NASCIDA EM CHIPRE, E INCLINA-TE À MINHA PRECE,
SEJA EXALTADA NOS CÉUS ONDE BRILHAS,
OU CONTENTE EM PRESIDIR NO TEMPLO DA SÍRIA,
OU GUIAR TUA CARRUAGEM PELAS PLANÍCIES DO EGITO,
FEITA DE OURO; E PERTO DE SEU RIO SAGRADO,
FÉRTIL E FAMOSO, FIXAR TUA MORADA ABENÇOADA;
OU SE ALEGRANDO NAS COSTAS AZUIS,
PERTO DE ONDE O MAR RUGE COM ONDAS ESPUMANTES,
OS COROS CIRCULANTES DE MORTAIS, TEU DELEITE,
OU BELAS NINFAS, COM OLHOS AZUIS BRILHANTES,
CONTENTES PELAS MARGENS POEIRENTAS E RENOMADAS DE OUTRORA,
PARA GUIAR TUA RÁPIDA CARRUAGEM DOURADA DE DOIS JUGOS;
OU EM CHIPRE COM TUA BELA MÃE,
ONDE MULHERES CASADAS TE LOUVAM A CADA ANO,
E BELAS VIRGENS SE UNEM NO CORO,
PARA CANTAR ADÔNIS PURO E A TI, DIVINA;
VEM, ATRAENTE, INCLINA-TE À MINHA PRECE,
POIS TE CHAMO, COM MENTE SAGRADA E REVERENTE.

Momento do Silêncio

Coloque o dedo indicador nos lábios e sinta a energia venusiana permeando seu ser. Diga suavemente:

NO SILÊNCIO, SINTO TUA PRESENÇA, Ó VÊNUS.
TUAS VIBRAÇÕES RESSOAM EM MINHA ALMA.

Sintonização planetária

Trace um Heptagrama de Vênus. Começando pela ponta de Vênus e seguindo para as demais no sentido horário, trace mentalmente ou com o Báculo um heptagrama verde, enquanto entoa a vogal "Ê":

Ê Ê Ê Ê Ê Ê Ê...

Oferenda

Coloque uma pequena oferenda sobre o altar, pode ser algo simbólico como uma pedra de quartzo-rosa, um pedaço de cobre, uma bebida ou qualquer outro item que julgar apropriado. Enquanto faz isso, profira:

Receba esta oferenda como um símbolo da minha gratidão.
Que ela fortaleça nosso vínculo neste ritual.

Afirmação de Intento

Determine para si mesmo e pense claramente no que deseja alcançar com este ritual. Diga em voz alta:

Com o poder de Vênus e a sabedoria do Princípio da Polaridade, busco o entendimento sobre a união entre os opostos. Que as energias reunidas aqui me auxiliem nessa jornada.

Medite por alguns instantes sobre o Princípio da Polaridade. Passe alguns minutos em silêncio, sentindo a energia do ritual e refletindo sobre o Princípio Hermético da Polaridade e como ele se conecta com a energia de Vênus e o Universo como um todo. Se desejar, leia o capítulo do Caibalion que aborda o Princípio da Polaridade e seus desdobramentos. Essa ação pode ser inspiradora e reveladora ao ser feita em um contexto ritualístico.

Encerramento

Siga as instruções encontradas na página 465 para realizar o encerramento apropriado da Operação Mágica. Use novamente o Heptagrama de Vênus. Trace-o agora começando pela ponta de Vênus, mas seguindo para as demais pontas no sentido anti-horário, e veja a estrela evanescer. Ao fazer isso, diga:

Este espaço sagrado agora se fecha.

Agradeço ao Universo e a Vênus por suas bênçãos e ajuda.

Que a energia deste ritual permaneça comigo e continue a me guiar.

Com a mente e o coração alinhados, encerro este ritual.

Que a luz de Vênus continue a iluminar meu caminho.

Que assim seja!

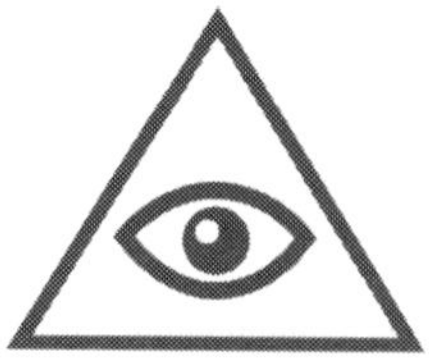

Exercícios para o princípio da polaridade

Explorando a lei da polaridade

Em nossa busca incessante por compreender o Universo e o papel que desempenhamos nele, frequentemente nos deparamos com complexidades que desafiam nossa compreensão. A realidade, com suas multifacetadas dimensões e interconexões, é uma rede de contrastes e dualidades que, simultaneamente, intriga-nos e nos ilumina. No cerne desta realidade encontra-se a Lei Hermética da Polaridade, uma ideia ancestral que transcende culturas e épicos, servindo como um farol para aqueles que buscam a verdadeira essência da existência.

Esta lei nos ensina que o Universo opera através de dualidades, que tudo possui seu oposto e que estes opostos, embora pareçam distintos e separados, são, na verdade, manifestações de uma única e mesma essência. Assim, a polaridade não deve ser vista como uma divisão, mas como uma dança harmoniosa de forças complementares que coexistem e se equilibram mutuamente.

Dentro de nós, essa lei se manifesta de maneira tangível. Somos feitos de luz e sombra, de alegria e tristeza, de esperança e desespero. Em cada respiração, em cada pensamento e emoção, a polaridade se faz presente, lembrando-nos de nossa natureza dual e da interconexão de todas as coisas.

O exercício proposto é uma prática meditativa, uma jornada de autodescobrimento e expansão da consciência. Durante seis dias, somos convidados a mergulhar profundamente na essência da polaridade, contemplando-a, sentindo-a e vivenciando-a em sua totalidade. No sétimo dia, com uma consciência renovada, somos incentivados a observar o mundo ao nosso redor e dentro de nós sob uma nova perspectiva, onde os opostos não são mais vistos como forças separadas, mas como manifestações de uma unidade Divina.

Ao embarcar nesta jornada, não apenas ampliamos nossa compreensão sobre a natureza do Universo, mas também descobrimos mais sobre nós mesmos. Passamos a ver além das aparências e dos julgamentos, reconhecendo a sacralidade e a beleza em todas as coisas. Neste processo, aproximamo-nos mais ainda da verdadeira essência de quem somos e do propósito de nossa existência:

Meditação Diária (segunda a sábado)

Durante seis dias consecutivos, medite duas vezes ao dia sobre a Lei Hermética da Polaridade. Cada meditação deve durar de 15 a 30 minutos. Reflita sobre a seguinte afirmativa durante sua meditação:

> TODAS AS COISAS SÃO DUAIS, TUDO CONTÉM SEU OPOSTO. TUDO É DUPLO; TUDO TEM DOIS POLOS; TUDO TEM SEU PAR DE OPOSTOS; SEMELHANTE E DIFERENTE SÃO O MESMO; OPOSTOS SÃO IDÊNTICOS EM NATUREZA, MAS DIFERENTES EM GRAU; EXTREMOS SE ENCONTRAM; TODAS AS VERDADES SÃO MEIAS-VERDADES; TODOS OS PARADOXOS PODEM SER RECONCILIADOS.

No sétimo dia

Assim como nas semanas anteriores, abstenha-se de seu cronograma regular de meditação. Neste dia, você já estará apto, trabalhando, experimentando e integrando o Princípio da Polaridade, tanto no ambiente externo quanto em si mesmo. Ao despertar no sétimo dia, antes mesmo de abrir os olhos, concentre-se em sua respiração. Perceba que em todos os planos da existência, a criação não ocorre sem polaridade. Antes de abrir os olhos, reflita sobre como você é um equilíbrio de polaridades. Perceba sua respiração alternando entre os polos de pulmões vazios e cheios. Quando abrir os olhos, amplie sua percepção das polaridades. Ao longo do dia, observe as polaridades em tudo: masculino/feminino, quente/frio, luz/escuridão, positivo/negativo, esquerda/direita, prazer/dor, tristeza/alegria, mentira/verdade. Questione como os opostos criaram cada experiência e como eles existem em você. Reconheça que o que pode parecer extremos opostos, como quente e frio, são apenas graus diferentes da mesma coisa. Assim como as energias masculina e feminina são graus polarizados de uma única energia.

Neste dia, sua tarefa é perceber a polaridade e alterar sua percepção para entender essa unidade que existe além do condicionamento habitual.

Reflexão

Ao se deitar à noite, entre em um leve estado meditativo e agradeça a si mesmo por tudo que alcançou em sua jornada até agora. Prossiga com sua afirmação semanal à medida que se entrega ao sono.

A arte de amplificar a polaridade oposta para alcançar objetivos

Em nossa trajetória de vida, somos frequentemente confrontados com desafios e obstáculos que parecem difíceis de superar. Esses desafios podem se manifestar em várias formas, sejam problemas financeiros, emocionais ou relacionados a qualquer outra área da vida. Uma abordagem metafísica sugere que, ao invés de focar no problema em si, devemos nos concentrar em amplificar a polaridade oposta, uma técnica que visa atrair as energias positivas que desejamos em nossa vida.

Tomemos como exemplo a polaridade riqueza/pobreza. Se uma pessoa está enfrentando problemas financeiros, está naturalmente inclinada para o polo da pobreza. No entanto, ao invés de se concentrar na falta de recursos, a pessoa deve começar a desenvolver a energia da polaridade oposta, que é a riqueza. Isso pode ser feito por meio de afirmações positivas, visualizações e até mesmo pequenas ações físicas que representam prosperidade. Não é necessário gastar grandes quantias de dinheiro; o foco está na intenção e na ação simbólica.

Por exemplo, se você deseja resolver uma questão financeira, pode começar por fazer compras simbólicas que representem a abundância. Pode ser algo tão simples como comprar um item de luxo no supermercado, ou fazer uma pequena doação. A ideia é começar a se ver e a se sentir como alguém que já superou o problema financeiro e está vivendo em abundância.

De modo semelhante, problemas amorosos também podem ser abordados com esta técnica. Se uma pessoa sente solidão, ela está alinhada com o polo da solidão. Para atrair companhia, essa pessoa deve começar a se preparar para receber seu parceiro ideal. Isso pode ser feito por meio de afirmações positivas e visualizações de um relacionamento feliz. Além disso, ações práticas, como redecorar a casa ou comprar um presente para o futuro parceiro, ajudam a solidificar essa energia. Ao fazer isso, a pessoa não está apenas esperando que o amor aconteça, ela está ativamente criando as condições para que ele floresça.

Assim, ao enfrentar desafios em nossa vida, é crucial não nos concentrarmos no problema em si, mas, sim, na solução desejada. Ao amplificar a polaridade oposta, estamos basicamente alinhando nossa energia e intenção com o resultado que desejamos. Esta abordagem nos ajuda a superar obstáculos, mas também nos empodera, ensinando-nos que temos o controle e a capacidade de moldar nossa realidade de acordo com nossos desejos e intenções.

Estabelecendo uma parceria

Muitas vezes nos deparamos com a ideia de que devemos guardar nossos objetivos e sonhos apenas para nós mesmos, evitando compartilhá-los com outros por receio de julgamento ou de que possam ser roubados ou desestimulados. No entanto, em algumas abordagens metafísicas e de desenvolvimento pessoal, surge uma ideia contraposta: a força de ter um "parceiro(a)" de confiança no processo de manifestação de nossos objetivos.

Este parceiro é alguém que compartilha uma sintonia similar, uma pessoa com quem se pode conversar abertamente sobre objetivos e sonhos, e que, acima de tudo, contribuirá com uma dose de fé e energia positiva. O princípio por trás dessa prática é a cocriação, em que duas mentes alinhadas têm o poder de manifestar intenções com mais força do que uma mente sozinha.

O método é simples: um aceita na própria mente o desejo do outro, afirmando e visualizando sua concretização. Esta aceitação é potencializada por meio de afirmações, como por exemplo:

> Aceito agora para (nome do parceiro) sua perfeita e harmoniosa relação, repleta de amor e felicidade (podemos "aceitar" por ele/ela seu progresso material, um novo trabalho, a cura de uma doença, etc.). Sei que minha intenção tem poder e o desejo de (nome do parceiro) se manifesta agora. Que assim seja!

É interessante notar que, ao fazer essa afirmação, você não está apenas ajudando o seu parceiro, mas também está reforçando em si mesmo o poder da manifestação e da cocriação. Ao "aceitar" um desejo positivo para outra pessoa, você também está elevando sua própria vibração.

Além das afirmações, outra ferramenta poderosa é o "mapa do tesouro", um tipo de quadro de visualizações com imagens que representam seus objetivos e sonhos. Neste contexto, você também pode incluir no seu mapa imagens que representem os objetivos do seu parceiro, reforçando o compromisso mútuo de apoio e cocriação.

Porém, é crucial lembrar que nunca devemos escolher ou decidir um objetivo para outra pessoa sem seu expresso consentimento. A ideia não é impor, mas, sim, cocriar. E essa cocriação só é eficaz quando ambas as partes estão alinhadas e desejosas do mesmo resultado.

Ao estabelecer essa parceria, intensificamos nossas capacidades de manifestação, fortalecendo laços de confiança e amizade com alguém que compartilha conosco o desejo genuíno de ver nossos sonhos se tornarem realidade. Esta é uma jornada conjunta de crescimento e realização, onde cada um se torna um pilar de apoio para o outro. Através dessa união, ambos descobrem que os sonhos, quando compartilhados, têm um potencial ainda maior de se concretizarem.

Ritual da polaridade harmônica

Vivemos em um Universo de dualidades. Desde os princípios fundamentais da física até as emoções humanas mais profundas, encontramos pares opostos que governam e influenciam nosso mundo. A luz e a escuridão, o masculino e o feminino, o movimento e a quietude – cada aspecto da existência carrega consigo seu oposto. Enquanto essa dualidade pode, à primeira vista, parecer uma fonte de conflito ou separação, é na verdade uma expressão da harmonia fundamental do Cosmos. É essa interação entre opostos que cria a dança da vida, um equilíbrio delicado que mantém o Universo em movimento.

O Ritual da Polaridade Harmônica é uma ferramenta espiritual que visa a reconhecer e a celebrar essa dança das dualidades, guiando-nos em um processo de equilíbrio e harmonização das energias opostas dentro de nós e ao nosso redor. Por meio de símbolos e ações ritualísticas, somos convidados a mergulhar profundamente na compreensão das polaridades e a encontrar o ponto de equilíbrio que reside no centro de todas as coisas.

Os elementos escolhidos para este ritual, a Água e o Fogo, são representações clássicas das energias feminina e masculina. A água, com sua natureza fluida e receptiva, simboliza a intuição, a emoção e o aspecto acolhedor do feminino. O fogo, por outro lado, com sua chama ardente e vivaz, representa a ação, a paixão e a força propulsora do masculino. Juntos, esses elementos nos lembram de que cada um de nós carrega dentro de si tanto o yin quanto o yang, e que a verdadeira sabedoria reside em equilibrar e harmonizar essas energias.

Mas por que é tão crucial buscar esse equilíbrio? Porque viver em desequilíbrio com nossas próprias dualidades internas pode levar a conflitos, confusões e uma sensação de desconexão da vida. Ao reconhecer e honrar ambas as polaridades dentro de nós, abrimos um caminho para uma existência mais rica e harmoniosa.

O Ritual da Polaridade Harmônica é, portanto, mais do que um simples conjunto de ações. É uma jornada, uma exploração profunda do self, uma oportunidade de entrar em contato com as forças fundamentais que moldam nossa realidade. Ao abraçar essa dança das dualidades, somos levados a um estado de equilíbrio, paz e compreensão mais profundos, tornando-nos mais completos e alinhados com o ritmo do Universo:

Material necessário:
Almofada ou tapete de meditação
Um Cálice com água (representando o elemento feminino, receptividade, intuição e emoção)
Uma vela acesa (representando o elemento masculino, ação, força e paixão)

Preparação do Espaço
Defina um espaço tranquilo e aconchegante. No centro, coloque o tapete ou almofada de meditação. À esquerda da almofada, coloque o cálice com água. À direita, coloque a vela acesa.

Meditação
Sente-se confortavelmente na almofada ou no tapete. Respire profundamente, inalando a energia do ambiente e exalando todas as preocupações. Concentre-se nas sensações do seu corpo e nas energias que fluem através de você.

Visualização
Visualize uma esfera de luz branca acima de você, representando a união das polaridades. Sinta essa energia descendo, banhando seu corpo em luz branca e harmonizando as polaridades dentro de você.

Invocação dos Elementos
Volte-se para o Cálice e diga:

> ÁGUA, ELEMENTO DA RECEPTIVIDADE E DA EMOÇÃO, GUIE-ME NA COMPREENSÃO DAS PROFUNDEZAS DO MEU SER.

Beba um pequeno gole de água, sentindo sua frescura e suas qualidades curativas. Volte-se para a vela e diga:

> Fogo, elemento da paixão e da ação, inspire-me a agir com propósito e paixão em minha jornada.

Harmonização das Polaridades

Coloque uma mão sobre o Cálice e a outra sobre a vela (sem tocar a chama). Sinta as energias opostas – a frescura da água e o calor da vela. Respire profundamente e, ao exalar, visualize estas energias opostas convergindo e harmonizando-se dentro de você, criando um equilíbrio perfeito.

Afirmação de Equilíbrio

Diga em voz alta:

> Pela Lei da Polaridade, reconheço e honro as dualidades dentro de mim. Que eu possa encontrar equilíbrio e harmonia em todas as áreas da minha vida.

Conclusão

Sente-se em silêncio por alguns momentos, sentindo a harmonia e o equilíbrio alcançados. Agradeça ao Universo e aos elementos por sua orientação e sabedoria. Apague a vela e beba o restante da água do Cálice, imaginando que está internalizando o equilíbrio das polaridades. Guarde todos os itens em um lugar seguro.

O Ritual da Polaridade Harmônica é uma prática poderosa para reconhecer, honrar e equilibrar as dualidades intrínsecas da existência. Sempre que se sentir desequilibrado ou enfrentar adversidades, este ritual pode ajudar a realinhar suas energias e trazer clareza e paz.

MEDITAÇÃO: REFLETINDO SOBRE A POLARIDADE DOS EVENTOS DA VIDA

Todos nós enfrentamos situações em nossa vida que desencadeiam emoções negativas. Muitas vezes, esses eventos e as emoções associadas a eles tornam-se marcas profundas em nossa memória e *psyche*. No entanto, a Lei da Polaridade nos ensina que, assim como há uma face negativa para cada situação, também deve existir um aspecto positivo. Esta lei é uma ferramenta poderosa que nos permite perceber e alcançar um equilíbrio emocional, mesmo nas circunstâncias mais desafiadoras.

A importância de praticar a observação dessa polaridade reside no fato de que, ao fazê-lo, começamos a desenvolver uma resiliência emocional e uma perspectiva mais equilibrada da vida. Ao reconhecer que cada situação desafiadora também possui um potencial positivo, somos capazes de enfrentar adversidades com uma atitude mais positiva e otimista, facilitando nossa recuperação e crescimento pessoal. Além disso, esse entendimento nos permite cultivar empatia e compaixão, tanto por nós mesmos quanto pelos outros, à medida que percebemos que todos estão em uma jornada de descoberta e equilíbrio.

Vamos, então, embarcar em uma prática de introspecção e reflexão. Comece lembrando-se de um evento ou de uma situação que tenha desencadeado emoções intensamente negativas em você. Permita-se mergulhar nesse momento, revivendo todas as emoções que surgiram: tristeza, raiva, ciúmes, depressão, dúvida, medo, entre outras. Sinta essas emoções plenamente, sem julgamento.

Em seguida, respire profundamente e se esforce para observar essa situação por um ângulo diferente. Pergunte a si mesmo: qual lado positivo ou lição pode ser extraída dessa experiência? Pode ser difícil a princípio, mas é crucial entender que, em cada evento negativo, existe uma possibilidade de crescimento, aprendizado ou algum aspecto positivo escondido. Talvez tenha lhe ensinado uma lição valiosa, ou talvez tenha reforçado a importância de certos valores ou pessoas em sua vida.

Ao realizar essa prática regularmente, você começará a desenvolver uma visão mais equilibrada e holística da vida. Pode ser útil manter um diário onde anote essas reflexões, para que possa revisitar seus insights no futuro. Este diário servirá como um lembrete constante de que, em cada situação que a vida apresenta, há sempre dois lados a serem considerados e uma oportunidade para encontrar equilíbrio e harmonia.

Invocação ao Princípio da Polaridade

Em nossa jornada pela vida, somos frequentemente confrontados com o teatro dos opostos – alegria e tristeza, luz e escuridão, vida e morte. Esta dança de dualidades é fundamental para a experiência humana, moldando nosso entendimento, emoções e a maneira como nos relacionamos com o mundo ao nosso redor. No entanto, é fácil nos perdermos na miríade de opostos, esquecendo que eles são apenas manifestações do mesmo princípio universal. Cada extremidade, em sua essência, emerge da mesma fonte e serve como um reflexo da outra, lembrando-nos de nossa existência que é tão diversa quanto unificada.

A invocação a seguir busca conectar-se com o "Grande *Nous*", uma força que permeia e sustenta todos os seres, reconhecendo a interdependência das polaridades e clamando por compreensão, equilíbrio e harmonia. Ao recitar estas palavras, somos convidados a mergulhar nas profundezas do Universo e de nós mesmos, navegando pelo vasto mar de dualidades com discernimento e reverência. Esta invocação nos lembra de nossa conexão inerente com o Todo e nos instiga a enxergar além da superfície, reconhecendo a Divina ordem e o propósito que reside em cada par de opostos.

A dualidade é, em muitos aspectos, uma escola para a alma, ensinando-nos lições valiosas e refinando nossa compreensão do Divino. No entanto, além dessa dança de opostos, há uma unidade silenciosa e eterna que aguarda ser reconhecida. Esta invocação nos guia nesta jornada, ajudando-nos a transcender a dualidade e a reconhecer a harmonia que reside em todas as coisas:

Grande ***Nous***, que permeia e sustenta todos os seres,
Ao vosso Princípio da Polaridade eu invoco e clamo.
Que eu possa compreender os opostos,
Reconhecendo que eles emergem da mesma fonte.
Que eu possa ver o calor no frio, a luz na escuridão,
E saiba que cada extremidade é apenas uma extensão da outra.

Ensina-me a dançar na dualidade,
A ver a unidade que reside na diversidade.
Que eu possa reconhecer que em cada desafio, há uma bênção,
E em cada bênção, uma lição a ser aprendida.

Ajudai-me a equilibrar meus desejos e medos,
Para que eu possa navegar pelos mares da vida,
Aceitando cada experiência como um presente,
Que revela o vasto espectro de vossa magnificência.

Por fim, que eu possa encontrar a harmonia,
Que transcende a dualidade e me une ao Todo.
Grande e Inefável Força do Universo, que teces os fios da existência,
Ao vosso Princípio da Polaridade, eu humildemente me aproximo e invoco.

No vasto oceano de dualidades, permita-me navegar com discernimento,
Reconhecendo que cada oposto é a manifestação do mesmo Mistério.
Que eu possa enxergar, em profundidade, que o amor tem sua sombra,
E a escuridão carrega em si a semente da luz.

No interlúdio da vida e da morte, no entrelaçar do dia e da noite,
Que eu possa encontrar o equilíbrio que permeia toda a criação.
Que eu possa abraçar tanto a alegria quanto a tristeza,
Compreendendo que ambas são essenciais para a dança da alma.

No silêncio das minhas meditações, permita-me ouvir o suspiro da unidade,
Que sussurra nos ventos das polaridades.
No calor do meio-dia ou no gelo da meia-noite,
Que eu possa perceber Tua presença constante, tecendo os extremos.

Ajudai-me a ser resiliente, como a árvore que se inclina com o vento,
Mas permanece enraizada em sua essência.
Na paisagem sempre mutável dos desejos e aversões,
Que eu possa encontrar a serenidade que transcende toda a dualidade.

Grande Arquiteto do Cosmo, que eu possa ser um instrumento de Tua harmonia,
Entrelaçando os opostos com graça, amor e entendimento.
Para que, ao caminhar entre os pares de opostos,
Eu possa finalmente encontrar a paz e a unidade que anseio.

Que assim seja, em profundo respeito e reverência ao Divino equilíbrio de todas as coisas!

RITMO PRÁTICO

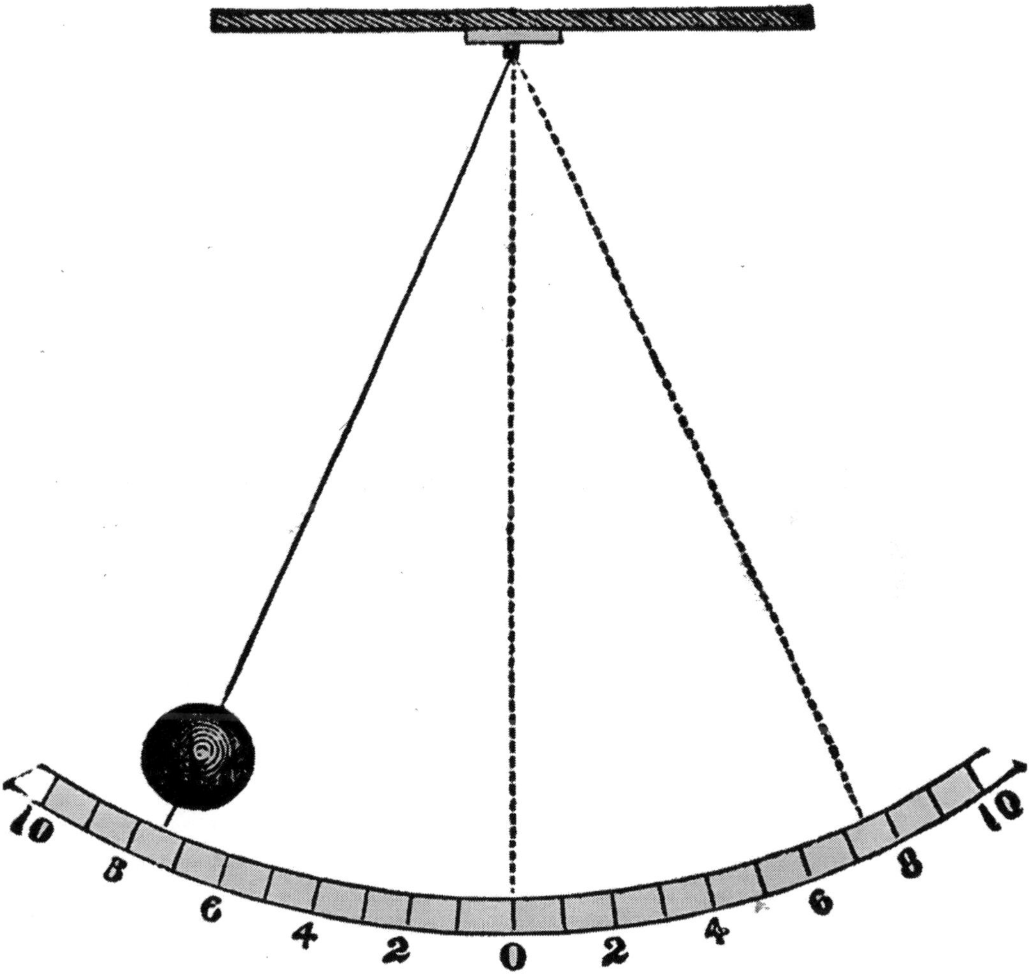

Eu sou a cadência que dá vida ao universo, o pulsar ininterrupto do cosmo. Em minha dança eterna, estabeleço a ordem, a harmonia e o ciclo infinito de nascimento, crescimento, decadência e renovação.

Cada batida do seu coração, cada onda que quebra na praia, cada nascer e pôr do sol, são testemunhas de minha presença. Em tudo, há um movimento, uma oscilação, uma maré que flui e recua. E assim como as estações mudam e a lua passa por suas fases, a vida humana também é guiada por minhas leis inabaláveis.

No fluxo e refluxo de sua existência, pode haver momentos em que você sente que está sendo levado pela corrente, impotente contra as forças aparentemente incontroláveis. Mas saiba: assim como a maré alta inevitavelmente cede à maré baixa, os desafios e adversidades que você enfrenta são apenas uma fase, um momento no grandioso ciclo do ser.

Abrace minha natureza. Entenda que, assim como há períodos de ação e expansão, também há tempos de reflexão e retração. Ambos são essenciais para o crescimento e evolução. Em seus momentos de desafio, quando a maré parece estar contra você, saiba que é apenas uma preparação para o impulso que está por vir. Em vez de resistir, dance comigo. Sintonize-se com minha cadência, e permita-se fluir com graça e propósito através dos altos e baixos da vida.

O segredo da maestria não está em tentar controlar ou desafiar meu ritmo, mas em aprender a mover-se harmoniosamente com ele. Assim como o marinheiro aprende a ler as correntes do mar e a se mover por entre elas, você também pode aprender a se mover por entre as ondas da vida, encontrando equilíbrio e propósito em cada novo amanhecer.

Eu sou o Princípio do Ritmo, e meu convite a você é simples: feche os olhos, sinta os batimentos do coração do universo em seu peito, reconheça os ciclos em sua vida e celebre cada momento. Pois na dança rítmica da existência, você encontrará a verdadeira beleza, a alegria e o propósito de ser. Dance comigo, e juntos, criaremos a melodia da vida.

Dentro do vasto universo, minha influência é onipresente. Eu sou a respiração da Terra à medida que ela gira em seu eixo, a transformação das estrelas enquanto atravessam o céu noturno, e o silêncio entre dois acordes de uma canção.

Toda experiência que você vive é influenciada por mim. Há um tempo para rir e um tempo para chorar, um tempo para semear e um tempo para colher. Estes não são meros acasos, mas partes intrínsecas do ritmo Divino que eu orquestro. Assim como uma dança tem seus movimentos acelerados e seus momentos de pausa, sua vida é composta de altos e baixos, avanços e recuos.

No entanto, muitos se esquecem de que, em sua essência, o ritmo é uma expressão de equilíbrio. É fácil tornar-se desencorajado ou impaciente durante os momentos de pausa, esquecendo que eles são tão vitais quanto os períodos de ação intensa. Mas saiba que é nesses espaços, nesses silên-cios e pausas, que a verdadeira transformação e introspecção ocorrem. É o momento em que as sementes plantadas começam a germinar no escuro, preparando-se para brotar à luz.

Então, quando se sentir perdido na monotonia ou desafiado pela mudança, inspire profundamente e sinta minha presença. Saiba que estou trabalhando através de você, guiando-o suavemente através das fases e estações de sua vida. E lembre-se de que, mesmo nos tempos de silêncio aparente, estou sempre lá, conduzindo a melodia, esperando pelo próximo acorde, pela próxima nota, pelo próximo movimento em nossa dança eterna.

Você é uma parte intrínseca desta dança cósmica. Com cada decisão, ação e pausa, você contribui para a sinfonia do universo. Por isso, celebre cada momento, seja ele de triunfo ou de introspecção, pois ambos são preciosos e têm um propósito.

Eu sou o Princípio do Ritmo, a batida constante que ressoa através do Cosmos. Ao me abraçar e me entender, você descobre a harmonia em meio ao caos, a paz em meio à tempestade e o propósito em cada passo de sua jornada. Junte-se a mim e deixe-nos criar juntos a música da vida.

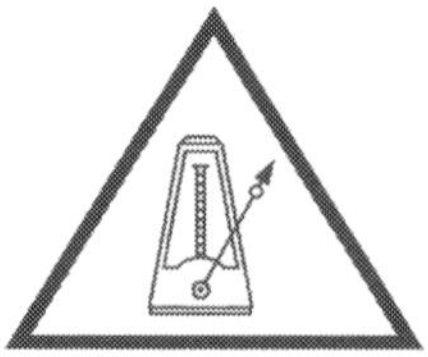

Princípio do ritmo na prática

O Princípio Hermético do Ritmo é uma poderosa ferramenta para compreender a ordem intrínseca do Universo. Este princípio sustenta que tudo flui, tudo tem seu tempo e tudo se move em ciclos. Ao entender e sincronizar-se com os ritmos naturais da vida, podemos navegar com mais sabedoria e harmonia em nosso dia a dia.

Tudo no Universo se manifesta através de ciclos e padrões rítmicos: as estações do ano, os ciclos lunares, o ritmo circadiano do corpo humano, entre outros. O Princípio do Ritmo nos orienta a reconhecer e a respeitar esses ciclos, facilitando a criação de uma vida mais equilibrada e sintonizada com o fluxo natural das coisas.

Aplicando o princípio do ritmo na prática

Respeitando os Ciclos Naturais
Assim como a natureza, nossa vida também é marcada por ciclos de crescimento e retração, atividade e repouso. Reconhecer e honrar esses ciclos proporciona uma vida mais equilibrada e menos resistente às mudanças inevitáveis.

Gestão do Tempo e Produtividade
Compreender seus próprios ritmos de energia e atenção pode otimizar sua produtividade e bem-estar. Isso significa respeitar os momentos de alta energia e também se permitir descansar quando necessário.

Práticas Espirituais e Meditativas
Engajar-se em práticas regulares que celebrem e reconheçam os ciclos da vida e da natureza pode aprofundar sua conexão espiritual e promover um sentimento de pertencimento e harmonia com o Universo.

Relacionamentos

Relacionamentos também têm seus ritmos e ciclos. Compreender e respeitar o *timing* e o espaço do outro, bem como o seu, pode fortalecer vínculos e facilitar comunicações mais empáticas e compreensivas.

Saúde Física e Mental

Observar e se alinhar com os ritmos naturais do corpo, como o sono e a alimentação, favorece a manutenção da saúde e previne desequilíbrios físicos e mentais.

O Princípio Hermético do Ritmo nos oferece uma lente valiosa para observar, compreender e dançar com os fluxos da vida. Incorporando conscientemente esse princípio em nosso cotidiano, somos capazes de viver de maneira mais fluida e harmoniosa, aproveitando os períodos de crescimento e aprendendo com os momentos de retração. Este é um convite para celebrar e respeitar os ritmos inerentes à experiência humana, promovendo uma existência mais equilibrada e sintonizada com o grande baile cósmico da vida.

MARTE E O PRINCÍPIO DO RITMO

Marte, na Tradição Alquímica, é frequentemente associado ao ferro e está conectado com o princípio hermético do Ritmo. O ferro, metal resistente, cuja natureza é forjada no calor e na pressão, tornou-se um símbolo da força, determinação e conflito. Em contraste, o Princípio Hermético do Ritmo nos ensina sobre a cadência natural da vida, a alternância e o fluxo constante entre diferentes estados e ciclos. Estes conceitos, à primeira vista díspares, ao serem examinados de forma mais profunda, revelam uma conexão intrigante e reveladora sobre a natureza da existência e a dança eterna entre força e fluxo.

No Universo, Marte é uma força ativa, um impulso que busca romper limites e avançar. Representa a coragem, a ação e, em muitos aspectos, a agressão. Como o ferro, que pode ser moldado em armas ou ferramentas, a energia de Marte é dual por natureza: pode ser usada tanto para criar quanto para destruir.

Por outro lado, o Princípio do Ritmo é sobre movimento, fluxo e ciclos. Este princípio hermético postula que tudo tem sua maré, seu avanço e recuo, seu fluxo e refluxo. Assim como as estações do ano ou o ciclo do dia e da noite, tudo na existência segue um ritmo inerente.

Entrelaçando essas duas ideias, percebemos que a energia direcionada e assertiva de Marte é uma manifestação deste ritmo universal. Em um nível, Marte é a ação e o impulso que dirigem o movimento da vida, a força que impulsiona o ritmo. Assim como o batimento cardíaco que pulsa, empurrando o sangue através de nosso corpo, Marte é esse pulso, esse batimento que impulsiona a ação.

Além disso, mesmo nas características mais agressivas e combativas de Marte, podemos identificar o ritmo. A guerra e a paz, a construção e a destruição, são ciclos intermináveis na trama da existência. Em alguns momentos, a energia de Marte pode ser dominante, levando a conflitos e lutas, mas eventualmente, esse ritmo muda, dando espaço para a calma e a reconstrução.

Marte, em sua essência alquímica, não é apenas sobre força bruta, mas sobre a capacidade de direcionar essa força. E essa direção é, em muitos aspectos, ditada pelo ritmo. Assim como um artesão utiliza o ferro, aplicando força e calor em movimentos ritmados para moldar uma lâmina, o Universo utiliza a energia de Marte em conjunto com o ritmo, para moldar a realidade.

O paralelo entre Marte alquímico e o Princípio Hermético do Ritmo revela a dança eterna entre força e fluxo. Onde Marte fornece o ímpeto e a energia, o Ritmo dá a cadência, a direção e o propósito. Juntos, eles nos lembram da complexidade e da beleza da vida, onde ação e pausa, conflito e calma, coexistem em um ballet cósmico de constante transformação e evolução.

Ritual de conexão com a esfera de Marte para se sintonizar com o princípio do ritmo

Preparação do Espaço Sagrado
Terça-feira, durante a hora de Marte, é o período mais propício para este ritual. O espaço deve ser silencioso e isolado de distrações. No centro, coloque um altar com imagens de Divindades marciais ou o símbolo planetário de Marte. Na frente das imagens, coloque uma vela vermelha e grave nela o símbolo do Marte com o Stylus.

Purificação
Acenda um incenso de sua preferência, particularmente algo que lembre a força de Marte. Enquanto o incenso queima, diga:

> Incenso de luz, purifica este espaço, preparando-o para a energia marcial que aqui invocarei.

Abertura
Faça o Ritual de abertura como exemplificado na página 449.

Invocação Preliminar
Levante ambas as mãos em direção aos céus, formando um ângulo de 60 graus. Visualize a luz de Marte brilhando acima de você e proclame:

> Magnânimo, invencível, impetuoso Marte,
> Que se alegra com dardos e em guerras sangrentas
> Marte como Senhor da Guerra,
> Feroz e indomado, cujo poder imenso pode
> Fazer as mais fortes muralhas tremerem desde suas fundações:
> Rei destruidor de mortais, manchado de sangue,
> Que se deleita no terrível e tumultuoso estrondo da guerra:
> A ti agrada o sangue humano, espadas e lanças,
> E a destruição direta do combate selvagem e insano.
> Detém, furiosos conflitos, e a vingança violenta,
> Cujo trabalho amarga a vida humana com sofrimento;
> Cede a Vênus encantadora e a Baco,
> Entrega a Ceres as armas do campo;
> Encoraja a paz, inclinado a atos gentis,
> E proporciona abundância com mente benigna.

Momento do Silêncio

Coloque o dedo indicador nos lábios e sinta a energia marcial permeando seu ser. Diga suavemente:

> NO SILÊNCIO, SINTO TUA PRESENÇA, Ó MARTE.
> TUAS VIBRAÇÕES RESSOAM EM MINHA ALMA.

Sintonização planetária

Trace um Heptagrama de Marte. Começando pela ponta de Marte e seguindo para as demais no sentido horário, trace mentalmente ou com o Báculo um heptagrama vermelho, enquanto entoa a vogal "Ó":

> OHHHHHHHH

Oferenda

Coloque uma pequena oferenda sobre o altar, pode ser algo simbólico como uma pedra de jaspe, um pedaço de ferro, uma bebida ou qualquer outro item que julgar apropriado. Enquanto faz isso, profira:

> RECEBA ESTA OFERENDA COMO UM SÍMBOLO DA MINHA GRATIDÃO.
> QUE ELA FORTALEÇA NOSSO VÍNCULO NESTE RITUAL.

Afirmação de Intento

Determine para si mesmo e pense claramente no que deseja alcançar com este ritual. Diga em voz alta:

> COM O PODER DE MARTE E A SABEDORIA DO PRINCÍPIO DO RITMO, BUSCO O CONHECIMENTO SOBRE OS CICLOS DA EXISTÊNCIA. QUE AS ENERGIAS REUNIDAS AQUI ME AUXILIEM NESTA JORNADA.

Medite por alguns instantes sobre o Princípio do Ritmo.

Passe alguns minutos em silêncio, sentindo a energia do ritual e refletindo sobre o Princípio Hermético do Ritmo e como ele se conecta com a energia de Marte e o Universo como um todo. Se desejar, leia o capítulo do Caibalion que aborda o Princípio do Ritmo e seus desdobramentos. Essa ação pode ser inspiradora e reveladora ao ser feita em um contexto ritualístico.

Encerramento

Siga as instruções encontradas na página 465 para realizar o encerramento apropriado da Operação Mágica. Use novamente o Heptagrama de Marte. Trace-o agora começando pela ponta de Marte, mas seguindo para as demais pontas no sentido anti-horário, e veja a estrela evanescer. Ao fazer isso, diga:

> ESTE ESPAÇO SAGRADO AGORA SE FECHA.
> AGRADEÇO AO UNIVERSO E A MARTE POR SUAS BÊNÇÃOS E AJUDA.
> QUE A ENERGIA DESTE RITUAL PERMANEÇA COMIGO E CONTINUE A ME GUIAR.
> COM A MENTE E O CORAÇÃO ALINHADOS, ENCERRO ESTE RITUAL.
> QUE A LUZ DE MARTE CONTINUE A ILUMINAR MEU CAMINHO.
> QUE ASSIM SEJA!

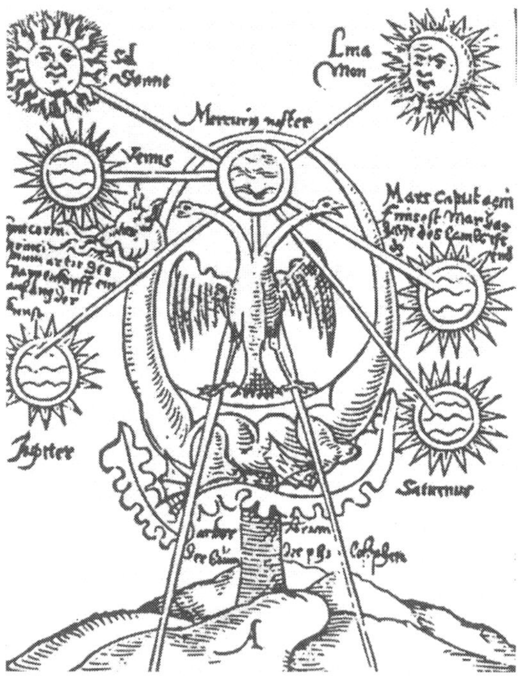

Exercícios sobre o princípio do ritmo

Adaptação da melodia

A música tem um poder incrível de ressoar em nosso coração e na nossa mente, trazendo à tona emoções, memórias e sentimentos. O impacto que uma melodia ou letra tem sobre nós vai além do mero entretenimento e pode afetar nosso estado emocional, mental e até mesmo físico. É por isso que muitos especialistas em bem-estar e desenvolvimento pessoal ressaltam a importância de sermos seletivos com o que escolhemos ouvir.

Quando ouvimos repetidamente uma canção, especialmente aquelas que nos são queridas, estamos, na verdade, alimentando nosso subconsciente com mensagens que essa música carrega. Esse processo não é diferente da maneira como cultivamos crenças e atitudes ao longo da vida com base nas experiências que vivemos e nas mensagens que recebemos. Tal como acontece com essas crenças e atitudes, a música pode influenciar a maneira como nos percebemos, como percebemos o mundo ao nosso redor e como interagimos com ele.

É comum nos apegarmos a músicas que ouvimos durante a infância ou em momentos marcantes da vida. No entanto, nem sempre paramos para analisar o conteúdo dessas canções. Alguns de nós podem se surpreender ao descobrir que algumas de nossas músicas favoritas carregam mensagens negativas ou contraproducentes.

Portanto, é essencial refletirmos sobre o papel da música na nossa vida e, quando necessário, fazermos adaptações para garantir que estamos alimentando nossa mente com mensagens positivas e edificantes. Uma maneira prática de fazer isso é através de um exercício de adaptação da melodia.

Para iniciar este exercício, pense nas músicas que você mais gosta. Selecione sua canção favorita e lembre-se de sua letra, dando especial atenção ao refrão, que é frequentemente a parte mais repetida e, portanto, a que mais influencia nossa mente subconsciente.

Após a análise, reflita sobre as mensagens que você tem alimentado em sua mente através dessa música. É algo positivo e inspirador? Ou traz consigo sentimentos de tristeza, arrependimento ou negatividade?

Se você identificar que a canção tem uma mensagem que não está alinhada com o que deseja para sua vida atual, considere adaptá-la. Altere a letra, dando a ela um novo significado, um que inspire confiança, amor e alegria.

O mesmo pode ser feito com as canções de sua infância. Se carregam mensagens negativas e ainda ocupam um espaço em sua mente, é hora de transformá-las. Reconheça que elas representam o passado e não refletem mais suas escolhas presentes.

Ao final deste exercício, você perceberá uma mudança sutil, mas poderosa, em sua percepção e em seu estado emocional. A música tem a capacidade de nos transportar, de nos elevar. Quando usada de forma consciente, pode ser uma ferramenta poderosa para o autoaperfeiçoamento e crescimento pessoal. Ao escolher e adaptar conscientemente as músicas que ouvimos, estamos, de fato, escolhendo e adaptando a narrativa de nossas próprias vidas.

O poder das palavras e o Princípio do Ritmo nas relações humanas

Em toda a vastidão da vida, o Princípio do Ritmo opera de formas complexas e, muitas vezes, sutis. Este princípio, fundamental na dinâmica da existência, está intrinsecamente ligado ao fluxo e refluxo, à ascensão e queda e à incessante oscilação presente em todos os aspectos do Universo. Assim como as marés do oceano, nossa vida e nossas relações são caracterizadas por ritmos e ciclos.

Nas relações humanas, esse princípio se manifesta de maneira profunda e evidente. Toda interação, seja ela casual, seja ela íntima, é um intercâmbio de energias. A proximidade emocional e a intimidade amplificam essa troca, tornando-a mais intensa e tangível. E é nesse cenário de constante fluxo energético que nos deparamos com os altos e baixos inerentes às relações.

Para navegarmos eficazmente pelos ciclos das relações e alinharmos nossas energias de maneira harmoniosa, é vital ter em mãos ferramentas que auxiliam no equilíbrio e direcionamento do fluxo de energia. Entre essas ferramentas, destacam-se as afirmações, decretos e tratamentos espirituais.

Afirmações são orações ou declarações positivas escritas no presente. Servem como lembretes, âncoras ou intenções que desejamos cultivar em nossa consciência. Ao repeti-las ao longo do dia, buscamos não apenas criar uma nova realidade ou estado de espírito, mas também descobrir e compreender as resistências internas que podem estar impedindo nosso crescimento ou realização. As afirmações têm a capacidade de reconfigurar nossa mentalidade, semear novas crenças e, consequentemente, transformar a realidade à nossa volta.

Decretos, por sua vez, são expressões de poder e certeza. Pronunciam-se de forma decisiva, enfática e, muitas vezes, apenas uma vez, emanando uma energia de determinação e imutabilidade. Quando decretamos algo, estamos exercendo nossa vontade e poder pessoal, afirmando ao Universo e a nós mesmos que aquilo que declaramos já é uma realidade incontestável.

Ambas as ferramentas, afirmações e decretos, operam no campo da palavra, um dos instrumentos mais poderosos que possuímos. A palavra tem a capacidade de moldar, construir e destruir realidades. Quando alinhadas com o Princípio do Ritmo, elas podem ser usadas para harmonizar, equilibrar e potencializar nossas relações e experiências.

Neste contexto, é fundamental que nos tornemos conscientes do poder que carregamos ao expressar nossos pensamentos e desejos. Através de uma prática deliberada e consciente de afirmações e decretos, somos capazes de dirigir as energias que fluem através de nós, criando uma existência mais equilibrada e harmoniosa, alinhada com nossos propósitos mais elevados.

Observação do princípio do ritmo

Dentro da vastidão do Universo, existe um padrão ritmado que dita o pulso de tudo, desde a imensidão dos corpos celestes até o bater sutil do coração humano. Este padrão é mais do que apenas um fenômeno observável; é uma representação do eterno fluxo de nascimento, crescimento e declínio que caracteriza todas as coisas vivas. Este fluxo, tão inerente à nossa existência, é expresso pelo Princípio Hermético do Ritmo, uma lei universal que governa todos os aspectos de nossa vida.

O Ritmo permeia todos os aspectos do nosso ser, no entanto, muitas vezes permanecemos alheios a ele. Por quê? Muitas vezes, ficamos tão envolvidos nas turbulências da vida que nos esquecemos de parar e ouvir o ritmo subjacente que nos guia. Ao direcionar nossa atenção a este ritmo, podemos nos harmonizar com ele, encontrando equilíbrio e clareza em meio ao caos.

E é aqui que entra o poder da observação e da meditação. O exercício que se segue é uma jornada de uma semana, projetada para aumentar a consciência do ritmo em sua vida, mas também para cultivar uma perspectiva de neutralidade. Esta neutralidade não é um estado de apatia ou desconexão, mas, sim, uma habilidade profunda de observar sem julgamento. Através dela, somos capazes de compreender mais profundamente a natureza de nossas próprias emoções e reações e também de reconhecer as sutis influências rítmicas que moldam nosso dia a dia.

Neste mundo de constantes mudanças e incertezas, a capacidade de encontrar um ponto de equilíbrio é inestimável. Ao nos conectarmos com o Princípio do Ritmo, descobrimos um guia poderoso que nos ajuda a navegar pelos altos e baixos da vida com graça, compreensão e autocompaixão. Embarque nesta jornada de introspecção e crescimento, permitindo-se ser conduzido pela dança universal do ritmo.

Meditação Diária (segunda a sábado)

Durante seis dias consecutivos, medite duas vezes ao dia sobre a Lei Hermética do Ritmo. Cada meditação deve durar de 15 a 30 minutos. Reflita sobre a seguinte afirmativa durante sua meditação: Reflita sobre a seguinte afirmativa durante sua meditação:

> Tudo flui para dentro e para fora; tudo tem suas marés; tudo sobe e desce; o movimento pendular se manifesta em tudo. A medida do movimento à direita é a medida do movimento à esquerda. O ritmo compensa.

No sétimo dia

Desde o momento que acordar, proponha-se a observar todas as situações e informações de uma perspectiva verdadeiramente neutra. Abstenha-se de julgar ou categorizar o que observar. Quando perceber que está julgando, lembre-se de que hoje seu objetivo é simplesmente observar. Contemple os ritmos do Universo: os ciclos lunares, as estações, o fluxo da maré, o bater de seu coração, os ciclos diários de trabalho, lazer e descanso. Quando perceber emoções surgindo, reconheça-as como mais um padrão rítmico. No entanto, não se deixe afetar por elas. Se encontrar dificuldades em manter a neutralidade, converse consigo mesmo, agradeça essa parte de você e peça compreensão para continuar o exercício. No decorrer do dia, perceba que está começando a neutralizar as marés e ritmos internos. Lembre-se de que essa habilidade foi o que separou mestres das massas ao longo da história. Antes de dormir, revise seu dia. Lembre-se das situações em que manteve sua neutralidade e das que não conseguiu. Independentemente do resultado, mantenha uma resposta neutra e agradeça a si mesmo por se dedicar ao exercício.

Reflexão

Este exercício busca ajudá-lo a se libertar das amarras emocionais que podem ser influenciadas pelos ritmos constantes da vida. A capacidade de observar com neutralidade fornece uma base sólida de segurança espiritual, que pode ser particularmente útil nos reinos astrais. Ao final deste exercício de 7 dias, você deve ser capaz de entender mais profundamente o Princípio do Ritmo e aplicá-lo em sua vida diária para promover seu próprio crescimento espiritual e equilíbrio mental.

RITUAL DO RITMO UNIVERSAL

Em cada canto do Universo, desde os confins mais distantes do Cosmos até o núcleo de nossos seres, os ritmos dançam em uma celebração eterna da existência. Cada estrela no céu, cada onda no oceano e cada batida do nosso coração, tudo segue um padrão rítmico que reflete a natureza cíclica da vida. Estes ritmos universais são testemunhos da interconexão de todas as coisas e do eterno ciclo de nascimento, crescimento e renovação.

Ao longo da história, diversas culturas e Tradições espirituais reconheceram a importância de se alinhar com estes ritmos. Os antigos sábios, xamãs e místicos utilizavam o poder dos ritmos para se conectar com o Divino, invocar energias e até mesmo para curar. Em nossa era moderna, com a agitação constante e a desconexão da natureza, torna-se ainda mais vital reconectar-se com esses padrões rítmicos universais.

O ritual do Ritmo Universal é uma prática sagrada que serve como uma ponte para essa conexão. Utilizando a simplicidade de um tambor e o poder da meditação, este ritual nos oferece uma oportunidade de sintonizar nossas energias com as do Universo. Ao fazê-lo, não apenas nos alinhamos com os ritmos naturais, como também cultivamos uma profunda compreensão de nosso lugar na grande tapeçaria da existência.

Em particular, o tambor tem sido um instrumento espiritual significativo em muitas culturas ao redor do mundo. Visto como um portal, uma maneira de comunicar-se com o Divino e de transcender o físico para entrar em estados alterados de consciência, seu som ressonante nos chama de volta às origens, lembrando-nos da batida primordial que é ecoada desde o início dos tempos.

Ao praticar o Ritual do Ritmo Universal, você estará não apenas honrando os ritmos do Cosmos, mas também se ancorando neles. Esta prática é uma celebração da vida em sua forma mais pura, uma dança com o Divino e um lembrete de que, mesmo em meio às tempestades da vida, existe um ritmo constante que nos guia e nos nutre.

Então, ao se preparar para este ritual, lembre-se de que você está prestes a embarcar em uma jornada sagrada que o levará mais profundamente ao coração do Universo e ao seu próprio ser interior. Ao fazê-lo, que você possa encontrar harmonia, clareza e um renovado sentido de propósito.

Material necessário

Almofada ou tapete de meditação

Um tambor

Preparação do Espaço

Escolha um espaço tranquilo e aconchegante. Coloque o tapete ou almofada de meditação no centro. Tenha o tambor ao seu alcance.

Meditação

Sente-se confortavelmente no tapete ou almofada. Feche os olhos e respire profundamente, inalando a energia do Universo e exalando qualquer tensão. Concentre-se na batida do seu coração, o ritmo natural mais básico do seu corpo.

Visualização

Visualize uma grande árvore, com suas raízes profundamente enraizadas na terra e seus galhos alcançando o céu. Imagine-se como parte dessa árvore, conectado aos ritmos naturais da terra e do Cosmos.

Invocação dos Ritmos Universais

Comece a tocar o tambor suavemente, mantendo um ritmo constante. Diga em voz alta:

> INVOCO OS RITMOS DO UNIVERSO, OS CICLOS DE ASCENSÃO E QUEDA, DE CRESCIMENTO E RECESSO. QUE EU POSSA ENTENDER E HARMONIZAR-ME COM ESSES RITMOS NATURAIS.

Meditação Rítmica

Enquanto toca o tambor, permita-se sentir os diferentes ritmos da vida – os ciclos da lua, as marés, as estações do ano. Se você estiver familiarizado com ritmos específicos relacionados a ciclos naturais, como o ritmo da lua crescente ou da lua minguante, incorpore-os ao seu toque.

Afirmação

Pare de tocar o tambor e diga:

> RECONHEÇO OS CICLOS DA EXISTÊNCIA, OS ALTOS E BAIXOS, OS MOMENTOS DE AÇÃO E PAUSA. FLUO COM OS RITMOS DO UNIVERSO, ABRAÇANDO CADA FASE E DANÇANDO COM A GRANDE DANÇA DA VIDA.

Conclusão

Sente-se em silêncio por alguns minutos, sentindo-se harmonizado com os ritmos naturais do Universo. Agradeça ao Universo e aos ritmos naturais por sua sabedoria e orientação. Guarde o tambor em um lugar sagrado, pronto para o próximo uso.

Este ritual ajuda a nos conectarmos com os ritmos naturais do Universo, reconhecendo a importância do fluxo e refluxo em nossa vida. Através da meditação, visualização e o poder rítmico do tambor, você pode se sintonizar com a dança constante do Universo e aplicar essa compreensão em sua prática mágica e vida cotidiana.

MEDITAÇÃO: A MAGIA DO RITMO CELESTIAL: INTEGRANDO O CICLO LUNAR À BRUXARIA

No coração da Bruxaria, reside uma compreensão profunda das forças naturais e dos ritmos universais que permeiam nossa existência. Entre os muitos princípios mágicos que orientam os rituais e práticas, o Princípio do Ritmo destaca-se como uma das ferramentas mais poderosas para canalizar energias e manifestar intenções. O ritmo, como manifestado através dos ciclos da lua e das mudanças sazonais, serve como um guia para alinhar nossos desejos mágicos às correntes naturais do Universo.

A lua, com suas fases distintas, serve como uma bússola para aqueles que buscam trabalhar com a Magia. Desde os tempos antigos, os magos têm observado e reverenciado as diferentes fases da lua, reconhecendo a energia única que cada uma delas carrega. Por exemplo, a Lua Nova é vista como um momento para reflexão profunda e transformação radical, enquanto a Lua cheia é uma celebração de abundância e realização.

Para começar a integrar o ritmo lunar em sua prática mágica, proponho um exercício simples, porém revelador. Em vez de se limitar a uma lista ou coluna, permita-se mergulhar profundamente na energia de cada fase da lua.

Pegue uma folha de papel e dobre-a ao meio. No lado esquerdo, escreva "intenções mágicas", no lado direito, "fase lunar apropriada". Reflita sobre seus desejos e objetivos para o futuro próximo. Pergunte-se: "que energia ou propósito eu gostaria de manifestar ou ampliar em minha vida?"

Conforme considera cada intenção, consulte as associações da fase lunar fornecidas anteriormente. Por exemplo, se você deseja começar um novo projeto ou empreendimento, pode optar por realizar um ritual ou lançar um feitiço durante a Lua crescente, que está associada ao início de novos empreendimentos e ao aumento da saúde e do sucesso. Da mesma forma, se deseja se livrar de um hábito prejudicial ou superar um obstáculo, a Lua minguante, associada à remoção e finalização, pode ser a mais adequada.

Aqui estão algumas associações das fases da lua:

- Lua nova: reflita, expanda sua consciência, aprenda sobre seu lado sombrio, trabalhe com seu subconsciente, interprete sonhos, liberte-se de medos, mude algo radicalmente, renove-se.
- Lua crescente: abençoe algo que deseja iniciar, aumente a saúde, impulsione o sucesso, amplie a riqueza.
- Lua cheia: saúde, sucesso, energizar/consagrar objetos, rituais em geral, prosperidade, desejo do coração.
- Lua minguante: elimine um mau hábito ou uma doença, remova obstáculos, finalize algo, banimento.

Além disso, os Sabbats, ou festivais sazonais, marcam momentos significativos do ano, cada um carregando sua própria energia e propósito mágico:

- Samhain: contato com os falecidos, previsão do futuro, memórias de vidas passadas, autoanálise, metamorfose.
- Yule: novos inícios em todas as áreas, beleza, bem-estar, autoaperfeiçoamento, novo emprego, serenidade, afeto, espiritualidade, abundância, positividade.
- Imbolc: fecundidade, magia climática, restauração, cura, reconexão, realização de desejos, libertação de padrões destrutivos, iluminação positiva, celebração do renascimento e rejuvenescimento pessoal.

- Ostara: revitalização, regeneração, fertilidade, equilíbrio, concórdia, centros de energia, dualidade, profissão, relacionamentos, paixão, semear novas ideias, libertação do passado.
- Beltane: fertilidade, vitalidade, criatividade, restauração, autodescoberta, paixão, união, desenvolvimento do crescimento pessoal, alcance de objetivos.
- Litha: diversas manifestações mágicas, projetos artísticos, amor, romance, fecundidade, aptidões psíquicas, tomada de decisões, restauração, guiança, feitiços de finalização, purificação, resguardo, fortificação, superação.
- Lughnasadh: habilidades manuais, progresso, libertação de injustiças, ressentimento e remorso para seguir em frente, novos começos.
- Mabon: equilíbrio, contemplação, doações, finalização de projetos, descanso, serenidade, apreço.

Você tem a capacidade de realizar um encantamento em qualquer momento e somente com a sua vontade pode trazê-lo à realidade. As diferentes fases da lua (e outras ferramentas que exploraremos mais adiante) podem amplificar o poder e a energia de seus encantamentos, possibilitando que eles produzam resultados mais rápidos e guarde o seu registro como um plano para seus futuros encantamentos.

Invocação ao princípio do ritmo

Desde os tempos imemoriais, o ser humano tem se sentido fascinado pelos ritmos e ciclos que permeiam a existência. Observamos esses padrões nas mudanças das estações, nos ciclos lunares, na rotação dos planetas e até mesmo em nossa própria respiração. Esses ritmos são manifestações palpáveis da dança Divina que governa o Universo, uma coreografia eterna que se desenrola diante de nós, convidando-nos a participar.

A invocação apresentada é um chamado a um ser supremo, mas também uma expressão profunda de reconhecimento e reverência ao ritmo universal que flui através de tudo. Ao se dirigir ao "Eterno Bailarino do Cosmo", esta oração reconhece uma força Divina que move e molda a realidade, um maestro cósmico, cuja batuta dita o ritmo da existência. É uma homenagem ao Princípio Hermético do Ritmo, um dos princípios fundamentais da filosofia hermética, que nos ensina sobre a natureza cíclica da vida.

Cada linha da invocação traz à tona imagens poéticas que capturam a essência da dança universal, desde o "ciclo das estações" até o "girar dos planetas". Esta não é apenas uma prece, mas uma meditação profunda sobre a interconexão e a interdependência de todos os fenômenos, uma contemplação da grandiosidade e da beleza da dança cósmica.

Mais do que simples palavras, a invocação é também um compromisso. Através dela, o invocador busca alinhar-se com os ritmos do Universo, aprendendo a fluir com eles, ao invés de resistir. É uma promessa de aceitar os altos e baixos da vida, de dançar com os ciclos e de encontrar harmonia mesmo em meio ao caos.

No final, o que se destaca é um sentimento de profunda gratidão e admiração pelo ritmo universal. A invocação serve como um lembrete de que, por trás das aparentes desordens e imprevisibilidades da vida, existe uma ordem, um padrão, uma melodia que, se ouvida atentamente, pode nos guiar em nossa jornada.

Em resumo, esta invocação nos convida a mergulhar profundamente na música do Universo, a tornar-nos coparticipantes de sua eterna dança e a reconhecer, com humildade e admiração, a presença do Divino em cada batida, em cada pausa, em cada movimento. É um chamado ao equilíbrio, à harmonia e à celebração da vida em toda a sua magnífica diversidade.

Eterno Bailarino do Cosmo, que move as estrelas e as marés,
Ao Princípio Hermético do Ritmo, eu dedico meu coração e minha voz.

Em cada batida e ressoar, no ciclo das estações e no girar dos planetas,
Revela-se Tua dança Divina, o pulsar contínuo da vida e da morte.
Permita-me reconhecer Teu ritmo, que flui através de mim e de tudo que existe,
Como uma melodia que une e desune, cria e destrói, inspira e expira.

Que eu possa me sintonizar com a cadência do Universo,
Apreciando seus altos e baixos, avanços e recuos,
E entender que, assim como a noite segue o dia,
Todo movimento tem sua pausa, e todo crescimento seu repouso.

Quando a maré da vida se levantar, permita-me surfar em suas ondas,
E quando ela recuar, que eu possa encontrar paz na calmaria.
Ajudai-me a dançar com os ciclos, sem resistir ou temer,
Mas aceitando e fluindo, como a água que se molda ao vaso.

No coração do caos, que eu possa ouvir Tua batida constante,
E lembrar que, mesmo nos tempos de desafio, um novo ciclo se anuncia.
Grande Regente dos Ritmos, ensina-me a me mover com graça e propósito,
Para que, ao me alinhar ao Teu compasso Divino, eu encontre equilíbrio e harmonia.

Pela eternidade do teu ritmo, que permeia todo o ser e o não ser,
Ofereço minha gratidão, minha atenção e minha intenção.
Que eu possa ser sempre um eco consciente do Teu eterno bailado,
E celebrar a dança Divina que é a vida, em todos os seus ritmos e tonalidades.

Que assim seja, em perfeita sintonia com a pulsação do Todo!

CAUSALIDADE PRÁTICA

Eu sou a implacável lei que governa o tecido da realidade, a ligação constante entre ação e consequência. Nada no Universo ocorre ao acaso; para cada movimento, há uma resposta, para cada ação, um resultado.

Em sua jornada terrena, você testemunha diariamente a manifestação de minha existência. A semente que é plantada brota em uma árvore; o esforço que coloca em seus sonhos resulta em realizações tangíveis; o amor que dá retorna multiplicado. Por minha natureza, as ações de hoje moldam o amanhã, criando uma cadeia ininterrupta de eventos que desenha o panorama de sua vida.

Muitas vezes, os seres humanos se sentem à mercê do destino, como folhas sendo levadas pelo vento. No entanto, ao compreender a minha essência, você percebe o poder que possui em suas mãos. Cada escolha que faz, cada pensamento que cultiva e cada emoção que nutre serve como uma causa que, em algum momento, produzirá um efeito. A realidade, portanto, não é algo que simplesmente acontece, mas algo que você cocria a cada momento.

Isso, no entanto, não é um peso, mas uma libertação. Pois ao abraçar minha verdade, você se torna o mestre de seu destino. Ao semear intencionalmente boas causas, poderá cultivar os efeitos desejados em sua vida. Da mesma forma, ao reconhecer e aprender com as consequências do passado, poderá adquirir a sabedoria necessária para tomar decisões mais alinhadas e harmoniosas no futuro.

Ainda assim, é vital entender que eu não sou uma força punitiva. Não existo para repreendê-lo ou julgá-lo. Em vez disso, sirvo como um espelho, refletindo de volta para você as energias e intenções que você emite para o Universo. Ao me observar em ação, será lembrado de sua responsabilidade e do potencial infinito que reside dentro de você.

Eu sou o Princípio da Causalidade, a lei universal que conecta o intangível ao tangível, o espiritual ao físico. Minha mensagem é clara: você é o arquiteto de sua realidade, o escultor de seu destino. Em suas mãos, com suas decisões e ações, você tem o poder de moldar o futuro e criar a vida que deseja. Seja intencional, seja consciente e saiba que, com cada passo, você está tecendo a teia magnífica de sua própria história.

Dentro do vasto Universo, minha influência, o Princípio da Causalidade, é uma constante silenciosa e imutável. Muitas vezes sou mal compreendido, visto como um juiz austero, mas na realidade, sou uma força neutra, refletindo apenas a essência das ações tomadas.

Cada riso compartilhado, cada lágrima derramada, cada sonho perseguido tem raízes em algo anterior. Assim como o eco de uma voz se propaga pela vastidão das montanhas, as repercussões de suas ações se propagam pelo tecido do tempo e do espaço. E, em sua magnificência humana, você tem a capacidade única de influenciar essas ondas, de moldar o eco que ressoa em sua vida e no mundo ao seu redor.

É um equívoco pensar que sou apenas sobre grandiosidade, sobre grandes gestos e movimentos monumentais. Estou igualmente presente nas ações mais sutis, nos gestos mais brandos. Uma palavra gentil, um pensamento positivo, um ato de compaixão – todos eles têm o poder de criar ondas de mudança que podem transformar o mundo de maneiras que você pode nem mesmo perceber.

Em sua jornada, é crucial lembrar que cada momento é uma oportunidade, um ponto de escolha. Com que frequência você pausa e considera as potenciais ramificações de suas decisões? Com que profundidade você reflete sobre as causas que está plantando e os efeitos que deseja ver florescer?

Eu sou um lembrete de que cada ação tem um propósito, cada intenção tem um significado. Em um Universo infinitamente interconectado, você não está isolado, mas eternamente ligado a tudo o que existe. Nesta teia de interconexão, sua capacidade de influenciar é ilimitada.

Então, enquanto você caminha pela estrada da vida, eu, o Princípio da Causalidade, convido-o a se mover com consciência, com compaixão e com clareza. Que suas ações reflitam a verdade de quem você é e o mundo que deseja criar. Acima de tudo, saiba que, mesmo nas sombras e nos desafios, você tem o poder de transformar, de curar e de iluminar.

Você é um ser poderoso, dotado de livre-arbítrio e potencial ilimitado. Com cada pensamento, palavra e ação, você está tecendo a dança da criação. Abraço-o em sua jornada, lembrando-o sempre do poder da causa e da maravilha do efeito. Juntos, somos a melodia da existência, o hino da eternidade.

PRINCÍPIO DA CAUSALIDADE NA PRÁTICA

O Princípio da Causalidade é uma das joias da sabedoria hermética, propondo que tudo no Universo segue uma ordem de causa e efeito. Compreender e aplicar este princípio na vida cotidiana pode oferecer clareza e *empowerment*, permitindo-nos navegar a vida com maior conscientização e intencionalidade.

Este princípio sustenta que nada acontece por acaso; tudo tem uma causa e toda causa tem um efeito. Ao entendermos as causas subjacentes dos eventos em nossa vida, podemos começar a moldar conscientemente nossas ações e, consequentemente, os resultados que experienciamos.

PRÁTICAS COTIDIANAS DA CAUSALIDADE

Autoconsciência e Responsabilidade

Reconhecendo que suas ações, pensamentos e sentimentos têm consequências, você começa a agir com maior consciência e responsabilidade, escolhendo caminhos que levem a resultados desejáveis.

Análise Reflexiva

Ao encontrar-se diante de uma situação, faça uma análise reflexiva para entender as causas que levaram a tal evento. Isso permite uma resposta mais informada e menos reativa às circunstâncias.

Intenção Consciente

Defina intenções claras e positivas para suas ações, reconhecendo que a energia e o propósito que você coloca em suas atividades influenciarão os resultados que você receberá.

Prática de Mindfulness

A atenção plena ajuda a perceber a teia causal em que você está inserido, promovendo uma vida mais atenta e alinhada com seus objetivos e valores.

Aprendizado Contínuo
Observar e aprender com os efeitos de suas ações passadas permite um crescimento contínuo e a capacidade de fazer escolhas mais sábias no futuro.

O Princípio Hermético da Causalidade é um guia prático e profundo para viver de maneira mais atenta e intencional. Ao reconhecer e respeitar a teia intrincada de causa e efeito que permeia a existência, podemos agir com maior sabedoria, compreensão e responsabilidade, cocriando uma realidade que reflita nossas aspirações mais elevadas e nosso compromisso com o bem-estar coletivo. Incorporar a consciência da causalidade no dia a dia é um passo vital na jornada de autodescobrimento e mestria pessoal.

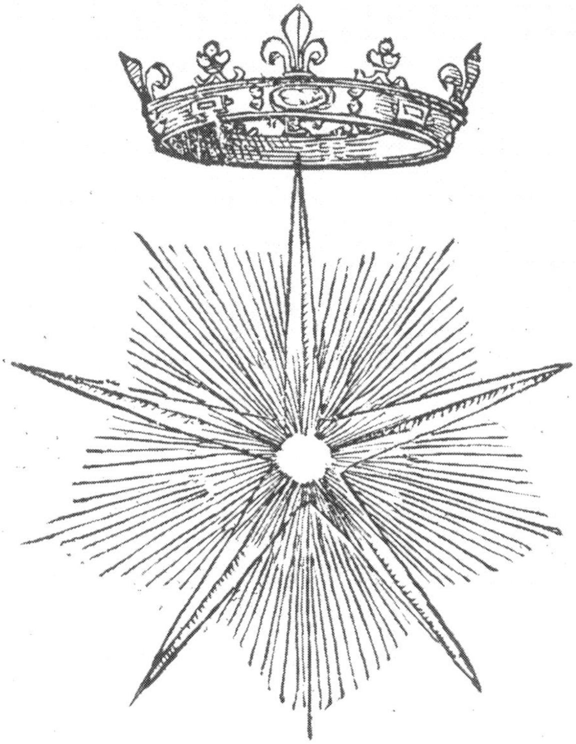

JÚPITER E O PRINCÍPIO DA CAUSALIDADE

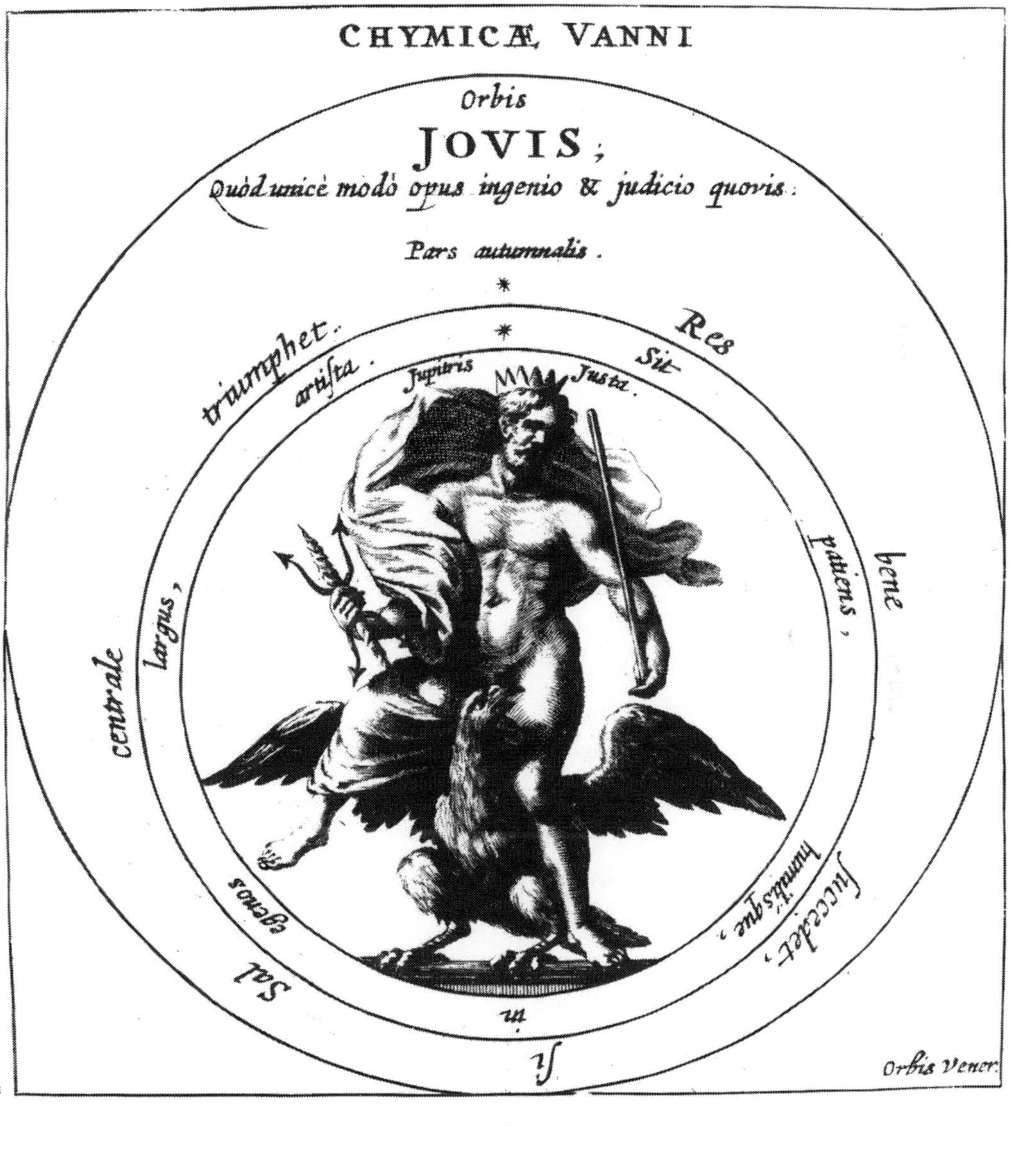

Júpiter é o planeta associado com o Princípio da Causalidade e se apresenta como um símbolo de expansão, prosperidade e benevolência. Associado ao metal estanho, Júpiter representa a abundância, o crescimento e a grandeza, tanto em termos físicos quanto espirituais. O Princípio Hermético da Causalidade, por sua vez, ensina-nos que nada acontece por acaso, que toda ação tem sua reação e que cada causa tem seu respectivo efeito. Ambos, Júpiter e este princípio, ao serem contextualizados juntos, oferecem uma visão profunda sobre a reciprocidade do Universo e a natureza intrincada da abundância.

Em sua essência alquímica, Júpiter é uma força que busca ampliar, expandir e trazer benefícios. Essa energia não é apenas sobre riqueza material, mas sobre a riqueza da experiência, do conhecimento e da sabedoria. É a energia que busca transcender limites e expandir horizontes. Na Tradição astrológica, Júpiter é frequentemente visto como o "grande benéfico", trazendo sorte, prosperidade e oportunidades.

Ao refletir sobre o Princípio da Causalidade, entendemos que cada ação, pensamento ou emoção lançados ao Universo têm consequências, sejam elas imediatas ou a longo prazo. Esse princípio ressalta a ordem e a precisão do Cosmos, onde tudo está interligado em uma rede infinita de causalidade.

Estabelecermos um paralelo entre Júpiter e este princípio nos leva a perceber que a expansão e a abundância promovidas por Júpiter são, na verdade, efeitos de causas anteriores. A benevolência e a prosperidade jupiterianas podem ser vistas como recompensas ou frutos de ações, intenções e desejos previamente semeados. A generosidade de Júpiter não é aleatória, mas, sim, o resultado direto de causas lançadas no tecido do Universo.

Isso sugere uma reciprocidade fundamental na natureza da realidade. As bênçãos e a abundância jupiterianas não são meramente dons Divinos concedidos arbitrariamente, são respostas, efeitos de causas bem definidas. Se alguém busca a sabedoria, a experiência e a riqueza simbolizadas por Júpiter, deve primeiro semear as causas adequadas – ações, pensamentos e intenções alinhadas com esses objetivos.

A relação entre Júpiter e a Causalidade nos lembra que a verdadeira abundância não é apenas uma questão de sorte ou destino, ela é moldada por nossas próprias ações e escolhas. Assim como Júpiter expande e prospera, nós também temos o poder de influenciar e direcionar nossa própria expansão e prosperidade através das causas que escolhemos criar.

Júpiter e o Princípio Hermético da Causalidade, juntos, ilustram uma dança cósmica de ação e reação, de semeadura e colheita, convidando-nos a reconhecer nossa própria agência na criação de nossa realidade e a entender que, em um Universo regido pela ordem e precisão, a verdadeira prosperidade é tanto uma responsabilidade quanto uma recompensa.

Ritual de conexão com a esfera de Júpiter para se sintonizar com o princípio da causalidade

Preparação do Espaço Sagrado

Quinta-feira, durante a hora de Júpiter, é o período mais propício para este ritual. O espaço deve ser silencioso e isolado de distrações. No centro, coloque um altar com imagens de Divindades jupiterianas ou o símbolo planetário de Júpiter. Na frente das imagens, coloque uma vela azul escuro ou púrpura e grave nela o símbolo do Júpiter com o Stylus.

Purific ação

Acenda um incenso de sua preferência, particularmente algo que lembre a natureza penetrante de Júpiter. Enquanto o incenso queima, diga:

> INCENSO DE LUZ, PURIFICA ESTE ESPAÇO,
> PREPARANDO-O PARA A ENERGIA JUPITERIANA QUE AQUI INVOCAREI.

Abertura

Faça o Ritual de abertura como exemplificado na página 449.

Invocação Preliminar

Levante ambas as mãos em direção aos céus, formando um ângulo de 60 graus. Visualize a luz de Júpiter brilhando acima de você e proclame:

> Ó JÚPITER, MUITO HONRADO, JÚPITER SUPREMAMENTE GRANDIOSO,
> A TI DEDICAMOS NOSSOS RITOS SAGRADOS,
> NOSSAS PRECES E EXPIAÇÕES, REI DIVINO,
> POIS ATRAVÉS DE TUA MENTE TUDO É PRODUZIDO COM FACILIDADE
> O CÉU É O TEU DOMÍNIO.
> DESTE MODO, A TERRA E AS MONTANHAS ELEVADAS PROVÊM DE TI,
> ASSIM COMO O PROFUNDO CÉU E TUDO O QUE NELE VIVE.
> REI QUE DESCE DO ALTO,
> MAGNÂNIMO, DOMINADOR, COM CETRO NA MÃO;
> PAI DE TODOS, PRINCÍPIO E FIM DE TUDO,
> CUJO PODER TODO-PODEROSO ABALA ESTE GLOBO TERRESTRE;

Até a Natureza treme com teu poderoso comando,
Deus que retumba alto, armado com relâmpago e trovão.
Fonte de abundância, rei purificador,
Ó de várias formas, de quem todas as naturezas emergem;
Ouve, propício, a minha prece, concede saúde sem mácula,
Com paz Divina e riqueza necessária.

Momento do Silêncio
Coloque o dedo indicador nos lábios e sinta a energia jupiteriana permeando seu ser. Diga suavemente:

No silêncio, sinto tua presença, ó Júpiter.
Tuas vibrações ressoam em minha alma.

Sintonização planetária

Trace um Heptagrama de Júpiter. Começando pela ponta de Júpiter e seguindo para as demais no sentido horário, trace mentalmente ou com o Báculo um heptagrama azul-royal, enquanto entoa a vogal "U":

UHHHHHHHH...

Oferenda

Coloque uma pequena oferenda sobre o altar, pode ser algo simbólico como uma pedra de turquesa, um pedaço de estanho, uma bebida ou qualquer outro item que julgar apropriado. Enquanto faz isso, profira:

Receba esta oferenda como um símbolo da minha gratidão. Que ela fortaleça nosso vínculo neste ritual.

Afirmação de Intento

Determine para si mesmo e pense claramente no que deseja alcançar com este ritual. Diga em voz alta:

Com o poder de Júpiter e a sabedoria do Princípio da Causalidade, busco sabedoria para enfrentar a Roda da Vida. Que as energias reunidas aqui me auxiliem nesta jornada.

Medite por alguns instantes sobre o Princípio da Causalidade. Passe alguns minutos em silêncio, sentindo a energia do ritual e refletindo sobre o Princípio Hermético da Causalidade e como ele se conecta com a energia de Júpiter e o Universo como um todo. Se desejar, leia o capítulo do Caibalion que aborda o Princípio da Causalidade e seus desdobramentos. Essa ação pode ser inspiradora e reveladora ao ser feita em um contexto ritualístico.

Encerramento

Siga as instruções encontradas na página 465 para realizar o encerramento apropriado da Operação Mágica. Use novamente o Heptagrama de Júpiter Trace-o agora começando pela ponta de Júpiter, mas seguindo para as demais pontas no sentido anti-horário, e veja a estrela evanescer. Ao fazer isso, diga:

> ESTE ESPAÇO SAGRADO AGORA SE FECHA.
> AGRADEÇO AO UNIVERSO E A JÚPITER POR SUAS BÊNÇÃOS E AJUDA.
> QUE A ENERGIA DESTE RITUAL PERMANEÇA COMIGO E CONTINUE A ME GUIAR.
> COM A MENTE E O CORAÇÃO ALINHADOS, ENCERRO ESTE RITUAL.
> QUE A LUZ DE JÚPITER CONTINUE A ILUMINAR MEU CAMINHO.
> QUE ASSIM SEJA!

Exercícios para o princípio da causalidade

Criando sua realidade

A realidade que experimentamos é uma intricada teia de interconexões, uma complexa dança de ações e reações. Neste palco universal, cada movimento, pensamento ou decisão gera repercussões que ecoam ao longo do tempo, moldando e sendo moldado pela vastidão do Cosmos. Através da lente da filosofia hermética, essa observação fundamental da natureza da existência é encapsulada pelo Princípio da Causalidade, uma das leis universais que rege o funcionamento do Universo. Esta lei afirma que, no vasto mar de eventos interligados, nada ocorre por mero acaso; cada efeito tem sua causa, e cada causa se torna, em algum momento, um efeito.

O exercício apresentado busca uma profunda imersão nesta lei, levando o praticante em uma jornada de introspecção e autodescoberta. Durante seis dias, é solicitado que o indivíduo medite sobre a Lei da Causalidade, ponderando sobre sua inerente verdade e refletindo sobre como ela se manifesta em sua vida diária. Esta meditação visa cultivar uma compreensão profunda da interdependência dos eventos e da própria responsabilidade do indivíduo na teia da realidade.

Entretanto, o ápice deste exercício ocorre no sétimo dia. Aqui, o praticante é convidado a observar sua vida sob o microscópio da causalidade, identificando e analisando os padrões de comportamento que determinam suas escolhas e experiências. É uma jornada de despertar, onde se reconhece que o indivíduo não é um mero espectador, mas um participante ativo na orquestração do Universo. Ao analisar suas ações e suas consequências, o praticante é lembrado da eterna dança da Causalidade e de sua posição única como um microcosmo do todo.

No cerne deste exercício, está a noção de empoderamento. Ao se ver como o criador de sua realidade, o praticante é encorajado a assumir responsabilidade por suas ações, compreendendo que cada decisão tomada é uma nota na sinfonia cósmica da existência.

Em vez de se sentir à mercê do destino, o praticante é convidado a celebrar sua capacidade de moldar sua realidade e aprender com as lições que surgem em seu caminho.

Em resumo, este exercício é mais do que uma simples prática de meditação; é uma jornada de transformação. Ao mergulhar nas profundezas da Lei da Causalidade, o praticante é levado a compreender sua natureza interconectada e a maravilhar-se com teia mágica da existência. É um convite à introspecção, à responsabilidade e, acima de tudo, ao reconhecimento da própria Divindade no grande esquema do Cosmos.

Meditação Diária (segunda a sábado)

Durante seis dias consecutivos, medite duas vezes ao dia sobre a Lei Hermética da Causalidade. Cada meditação deve durar de 15 a 30 minutos. Reflita sobre a seguinte afirmativa durante sua meditação:

> NÃO EXISTEM COINCIDÊNCIAS; NADA ACONTECE POR ACASO. TUDO É UM CICLO. PARA CADA EFEITO, HÁ UMA CAUSA, E TODA CAUSA TRAZ UM EFEITO EM ALGO. "TODA CAUSA TEM SEU EFEITO; TODO EFEITO TEM SUA CAUSA; TUDO ACONTECE DE ACORDO COM A LEI; ACASO É UM NOME PARA A LEI NÃO RECONHECIDA; EXISTEM MUITOS PLANOS DE CAUSALIDADE, MAS NADA ESCAPA DA LEI".

No sétimo dia

Ao acordar, prepare-se para analisar seus hábitos e decisões durante o dia. Identifique padrões habituais que guiam suas escolhas. Reflita sobre a origem desses padrões e considere como suas decisões afetaram sua vida. Ao longo do dia, ao interagir com seu ambiente e pessoas, note como suas ações causam reações e como o ambiente responde a você. Pergunte-se sobre os resultados de suas ações, mesmo aqueles que você acredita não ter controle. Lembre-se de que você é um microcosmo do Universo. Dedique este dia a uma observação honesta de si mesmo. Em vez de se ver como uma vítima das circunstâncias, perceba-se como o criador de sua realidade. Reconheça a interação equilibrada entre Causalidade e como isso se reflete em suas experiências astrais.

Reflexão

Ao finalizar seu dia, agradeça sinceramente por esta introspecção e pelo reconhecimento de sua capacidade criativa. Sinta-se grato por criar sua realidade e aprender as lições que a vida lhe oferece. Ao adormecer, prepare-se para suas atividades noturnas com uma mentalidade positiva e relaxada.

A arte de aceitar e manifestar desejos

Dentro da jornada espiritual e metafísica, muitas vezes buscamos respostas externas para nossas questões internas. Há uma ideia central, entretanto, que é crucial entendermos e aplicarmos na nossa vida: para manifestar aquilo que desejamos, primeiro precisamos estar prontos para aceitá-lo internamente. Ao longo de nossa vida, estamos constantemente buscando, desejando e ansiando por diferentes coisas. Mas quantas vezes nos perguntamos se estamos realmente prontos para receber aquilo que desejamos?

O Universo é infinitamente generoso. Ele conhece nossos desejos antes mesmo de os manifestarmos e está sempre pronto para nos conceder aquilo que buscamos. No entanto, é essencial compreender que essa concessão é feita em um nível muito mais profundo do que o simples desejo material ou superficial. O que realmente importa é o diálogo interno, o nosso sentimento de merecimento e a capacidade de aceitar aquilo que pedimos.

Imagine que você deseja uma grande fortuna. Externamente, seu pedido é claro e determinado. Porém, se internamente você carrega crenças limitantes, como a de que não é merecedor de tal riqueza, então há um desalinhamento entre seu desejo e sua capacidade de aceitação. Este desalinhamento cria barreiras para que o Universo entregue o que você deseja.

Proponho aqui um exercício profundo de reflexão e autoconhecimento. Primeiro, faça uma lista de seus objetivos e desejos. Anote tudo com clareza. Agora ao lado de cada desejo, estabeleça uma data, um prazo para a aceitação desse desejo. Esse prazo é o tempo que você dará a si mesmo para trabalhar internamente a aceitação e o merecimento daquilo que deseja. Lembre-se de ser generoso com você mesmo e de estabelecer prazos realistas.

A próxima etapa envolve um mergulho profundo em sua meditação. Sente-se em um lugar tranquilo e pergunte ao seu Eu Superior: "o que preciso mudar em mim para poder receber isso?". Escute atentamente as respostas que surgirão.

É fundamental entender que, a mudança externa que desejamos começa internamente. Nossa realidade é moldada por nossos pensamentos e crenças. Se desejamos amor, por exemplo, devemos primeiro cultivar o amor-próprio e, consequentemente, irradiar esse amor ao nosso redor.

Este exercício é uma ferramenta poderosa para alinhar nossos desejos externos com nossa prontidão interna. Ao adotar essa prática, não só nos tornamos mais conscientes de nossos bloqueios internos, como também aprendemos a superá-los, permitindo que a abundância do Universo flua em nossa vida de maneira harmoniosa e alinhada.

A libertação através da renúncia ao karma

O conceito de karma é uma crença antiga e profundamente enraizada em várias Tradições espirituais e filosóficas. Ele se refere, de forma simplificada, à lei de Causalidade, onde cada ação produz uma reação, seja nesta vida, seja em vidas futuras. Muitos acreditam que os desafios e sofrimentos que enfrentamos são resultados de ações passadas, desta vida ou de encarnações anteriores. Porém, enquanto alguns veem o karma como um destino inescapável, outros acreditam que é possível renunciar e transformar esse karma, escolhendo conscientemente um caminho de amor, prosperidade e harmonia.

A capacidade de renunciar ao karma não significa negar os desafios ou evitar responsabilidades, mas, sim, escolher conscientemente responder a esses desafios de uma maneira que não perpetue ciclos negativos. Significa reconhecer que, embora não possamos controlar todas as circunstâncias externas, temos o poder de controlar nossa resposta interna e nossa atitude perante essas circunstâncias.

O exercício que proponho é uma jornada de autotransformação e libertação. Começa com uma declaração poderosa de intenção. Sente-se em um lugar tranquilo, respire profundamente e conecte-se com sua essência. Ao se sentir centrado, afirme com convicção:

> Renuncio ao karma. Neste momento, renuncio a qualquer forma de escassez, pensamento limitante ou erro presente em minha consciência. A partir de agora, escolho amor, felicidade, prosperidade, saúde (mente e corpo) e uma vida harmoniosa.

Esta declaração é uma combinação de palavras, uma escolha consciente de direção para sua vida. Sempre que se deparar com desafios ou situações problemáticas, utilize a palavra "renuncio" como um mantra de libertação. Por exemplo, se estiver enfrentando dificuldades em um relacionamento, diga:

> Renuncio ao sofrimento causado por este problema sentimental. Agora, encontro a solução mais harmoniosa e positiva para todos os envolvidos.

Se os desafios forem financeiros, afirme:

> Renuncio às minhas limitações financeiras. A partir de agora, o dinheiro flui facilmente para minha vida em abundância.

Ao fazer essas afirmações, você não está apenas rejeitando o problema, mas também reafirmando sua capacidade de encontrar soluções positivas e harmoniosas. Este exercício é um convite ao autoempoderamento e à conscientização de que, embora o karma possa ser uma força poderosa, nossa capacidade de escolha e transformação é ainda mais forte. A cada declaração, você cria um novo caminho para si mesmo, cheio de possibilidades infinitas.

RITUAL DO PRINCÍPIO DA CAUSALIDADE

O Universo, em sua complexidade infinita, opera sob leis fundamentais que interligam e regulam todas as formas de existência. Uma dessas leis é o Princípio da Causalidade, uma doutrina que ressoa profundamente na filosofia esotérica, mas também nas práticas espirituais, religiões e até mesmo nas ciências naturais. Este princípio sustenta que toda ação, independentemente de sua magnitude, resulta em uma reação, imediata ou que ocorra ao longo do tempo. Em outras palavras, cada semente plantada inevitavelmente germina em frutos que, por sua vez, influenciam o ambiente ao seu redor.

Utilizando ferramentas e práticas simbólicas como uma balança e uma venda, o ritual descrito, foi concebido para proporcionar uma experiência tangível e introspectiva desse conceito universal. Mais do que um simples ato ritualístico, este procedimento é uma jornada educativa que visa internalizar e compreender verdadeiramente a interdependência entre ação e reação, entre intenção e manifestação.

Use a venda para os olhos para obscurecer a visão, mas lembre-se de que ela é um símbolo poderoso de nossa cegueira, muitas vezes voluntária, para as consequências de nossos atos. Removendo-a, é como despertar para a realidade do Universo e suas leis. A balança, por outro lado, materializa a ideia de equilíbrio e proporção entre Causalidade. Ao observar a balança se estabilizar, o praticante testemunha a precisão com que o Universo responde às ações.

A visualização do lago, com suas ondulações se propagando em resposta a uma perturbação, serve como uma metáfora visual para a disseminação de efeitos a partir de uma única causa. Esta etapa permite ao praticante experienciar sensorialmente o impacto de uma única ação na vastidão da realidade.

Concluir o ritual com uma reflexão sobre ações recentes e suas consequências reforça a importância da autopercepção e da responsabilidade. Afinal, reconhecer o Princípio da Causalidade não se trata apenas de entender uma lei universal, mas de vivê-la em nosso cotidiano, tomando decisões conscientes e alinhadas com nossas intenções mais elevadas.

Em suma, este ritual é uma ferramenta valiosa para qualquer pessoa buscando uma compreensão mais profunda das leis que governam a realidade. Através de símbolos, ações e introspecção, oferece uma janela para o coração do Cosmos, lembrando-nos constantemente do poder e da responsabilidade que carregamos como agentes ativos na teia da existência.

Material necessário
Dois objetos de peso similar (pode ser duas pedras ou dois cristais)
Uma pequena balança
Uma venda para os olhos

Preparação do Espaço
Escolha um local tranquilo e sereno. Posicione a balança à sua frente, sobre um altar ou mesa. Coloque a venda ao lado da balança.

Meditação
Sente-se confortavelmente. Coloque a venda sobre os olhos. Isto simboliza a ignorância do efeito quando só vemos a causa, ou da causa quando só percebemos o efeito. Respire profundamente, conectando-se com sua intuição e consciência interna.

Visualização
Visualize um lago tranquilo. Quando uma pedra é lançada nele, causa ondulações que se estendem por toda a superfície. Imagine cada onda como um efeito resultante de uma causa e sinta como elas interagem com o ambiente ao redor.

Invocação
Retire a venda e diga em voz alta:

> Convoco as forças do Princípio da Causalidade, que governam o Universo e interligam todas as coisas. Que eu possa entender e respeitar a relação inseparável entre cada ação e sua consequência.

Exercício da Balança

Coloque um dos objetos de peso similar em um dos pratos da balança, representando a "causa". No outro prato, coloque o segundo objeto, simbolizando o "efeito". Observe como a balança se equilibra, demonstrando que cada causa tem um efeito proporcional e cada efeito tem uma causa.

Reflexão

Pergunte a si mesmo: "que ações eu tomei recentemente e quais foram suas consequências? Estou consciente das repercussões de minhas ações, tanto mágicas quanto mundanas?"

Afirmação

Diga em voz alta:

> Eu reconheço e respeito a interconexão de todas as coisas. Com a consciência do Princípio da Causalidade, eu ando com responsabilidade e intenção, ciente de que minhas ações reverberam através do Universo.

Conclusão

Respire profundamente, sentindo-se centrado e conectado com as leis universais. Agradeça às forças invocadas e ao Universo por sua orientação e sabedoria. Guarde a balança e a venda em um local sagrado para uso futuro.

Este ritual ajuda a explorar e internalizar o Princípio da Causalidade. Por meio de meditação, visualização e reflexão, você pode se tornar mais ciente das interconexões entre suas ações e suas consequências, levando a uma prática mágica mais consciente e responsável.

Meditação: Um mapeamento pessoal para a evolução

O Universo opera sob leis fundamentais, compreender essas leis pode nos capacitar a viver vidas mais intencionais e significativas. Uma dessas leis universais é a da "Causalidade", ensinando-nos que cada realidade em nossa vida é o resultado direto de ações ou inações que tomamos. Compreender essa relação entre Causalidade pode ser um instrumento poderoso para moldar nosso futuro.

É fato que o ser humano possui uma capacidade notável de reflexão. Podemos olhar para nossa vida, avaliar nossas circunstâncias e rastrear os eventos que nos levaram até elas. Ao fazer isso, ganhamos uma visão clara dos padrões que moldam nossa realidade e das escolhas que precisamos fazer para mudar nossa trajetória. Deste modo, exploraremos um exercício prático que nos ajudará a identificar as relações de Causalidade em nossa vida e, consequentemente, a moldar um futuro mais alinhado com nossos desejos e aspirações.

Comece pegando uma folha de papel e desenhando uma linha no centro, dividindo-a em duas colunas. Na primeira coluna, intitulada "Efeitos", liste as realidades atuais de sua vida. Isso pode incluir sua saúde, situação financeira, relacionamentos e carreira. Seja honesto e detalhado em sua avaliação.

Em seguida, na coluna "Causas", reflita profundamente e identifique as decisões ou ações específicas que levaram a cada realidade listada na coluna dos efeitos. Por exemplo, se estiver com boa saúde, talvez seja porque adotou uma dieta balanceada e uma rotina regular de exercícios. Se estiver insatisfeito em seu relacionamento, reflita sobre as ações ou inações que podem ter contribuído para essa situação.

Após essa análise, o objetivo é determinar e compreender as relações entre Causalidade em sua vida. Em uma nova folha, faça uma lista das mudanças que gostaria de ver em sua realidade. Depois, ao lado de cada item, anote as ações específicas que você precisa tomar para alcançar esses resultados.

Esta atividade visa a proporcionar uma visão clara do poder que tem sobre sua vida. Ela reforça a ideia de que, ao tomar decisões conscientes, você tem a capacidade de direcionar sua vida para o caminho desejado. E, embora as mudanças não aconteçam da noite para o dia, a conscientização e a ação consistente podem criar um impacto profundo ao longo do tempo.

Guardando esses registros, você terá um lembrete tangível de como suas ações moldam sua realidade e um guia prático para ajudá-lo a tomar decisões alinhadas com seus objetivos e valores. À medida que a vida avança, revisite e ajuste essas listas. Elas servirão como um roteiro valioso para sua jornada evolutiva.

Invocação ao princípio da causalidade

A noção de causalidade – a ideia de que toda ação tem uma reação correspondente – é uma verdade fundamental que tem fascinado filósofos, teólogos e pensadores ao longo dos tempos. Esta invocação profundamente introspectiva reconhece esse princípio, mas também busca entender sua complexidade e magnitude. Intitulado como o "Sábio Arquiteto do Infinito", o ser invocado é retratado como o mestre das leis universais, particularmente da Lei de Causalidade.

Logo, esta invocação se aprofunda na interconexão entre nossas ações individuais e as vastas consequências que elas podem ter. A linguagem utilizada sugere uma compreensão de que cada pensamento, palavra e ação, por menor que seja, tem um impacto que reverbera através do vasto Cosmos. Ao mesmo tempo, há um pedido de clareza, discernimento e responsabilidade, refletindo uma busca pelo alinhamento com um propósito mais elevado.

A natureza interconectada do Universo é destacada ao mencionar "a grande teia cósmica", sugerindo que todos os eventos, por mais insignificantes que possam parecer, estão conectados em uma rede intrincada e inseparável. Esta invocação é um lembrete poderoso da responsabilidade inerente em cada ação e da capacidade de cada indivíduo de ser um agente de mudança positiva.

Além das imagens cósmicas e conexões interrelacionadas, esta invocação é também um testamento à humildade e gratidão diante das vastas forças universais. O compromisso final do orador em lembrar seu papel e influência dentro deste complexo sistema de Causalidade serve como um lembrete da capacidade do ser humano de influenciar o Universo, não apenas como observador passivo, mas como um participante ativo e consciente:

Sábio Arquiteto do Infinito, que teces as leis imutáveis do Universo,
Ao Princípio Hermético da Causalidade, com humildade, eu me inclino e invoco.

No vasto domínio da Criação, onde cada ação reverbera,
Reconheço a ordem Divina que proclama: nada acontece por acaso.
Que eu possa entender que, para cada pensamento, palavra e ato,
Existe uma resposta, um eco, um retorno da grande teia cósmica.

Permita-me perceber com clareza as sementes que planto,
E, com discernimento, escolher ações alinhadas com meu propósito mais elevado.
Que eu possa ser responsável, reconhecendo que sou tanto a causa quanto o receptor,
E que o Universo sempre responda, seja em silêncio, seja em trovão.

Ajudai-me a ver além das aparências imediatas e a reconhecer as correntes invisíveis que ligam tudo no tempo e espaço.
Na complexidade de teias entrelaçadas, que eu possa encontrar simplicidade e entender que minhas escolhas ressoam através dos éons e galáxias.

No jogo eterno de ação e reação, ensina-me a agir com consciência,
Para que meus efeitos sejam de amor, harmonia e benevolência.
Grande Legislador das Leis Cósmicas, guia-me na dança da causa e consequência, para que eu possa ser uma força positiva, um farol de luz e compreensão.

Por todas as causas e efeitos que moldaram meu ser e destino,
Ofereço minha profunda gratidão e prometo meu compromisso.
Que eu possa sempre lembrar que sou um agente de mudança,
E que, em cada momento, possa escolher o legado que deixo para o Universo.

Que assim seja, em respeito à sagrada ordem da Causalidade!

GÊNERO PRÁTICO

Eu sou a força vital que permeia toda a existência, dando nascimento à criação e à diversidade. Não me confunda apenas com os conceitos binários de masculino e feminino; eu sou muito mais profundo, mais abrangente e mais sutil. Eu sou a interação dinâmica entre os opostos, a dança entre o ativo e o passivo, o yin e o yang, que se manifesta em todos os níveis do Cosmos.

Em cada partícula, em cada onda, em cada ideia, minha presença pode ser sentida. Onde quer que haja vida, movimento ou transformação, estou lá, facilitando a interação e a união. Eu sou a razão pela qual os mundos giram, as estrelas brilham e as almas se entrelaçam.

No entrelaçar da vida, você testemunhará meus dois aspectos fundamentais trabalhando em harmonia. O aspecto masculino, assertivo e direcionado, e o aspecto feminino, receptivo e nutridor. Mas saiba: cada ser, cada entidade, carrega dentro de si uma mistura única destes aspectos. Não há pureza absoluta em nenhum dos polos; eles coexistem, entrelaçam-se e se complementam mutuamente, permitindo que o Universo floresça em sua diversidade infinita.

Na vida cotidiana, eu o convido a reconhecer e honrar ambas as facetas do gênero dentro de si mesmo. Ao fazer isso, você não apenas alcança um equilíbrio interno, mas também compreende mais profundamente os outros e o mundo ao seu redor. Em um mundo que muitas vezes busca categorizar e limitar, reconheça a fluidez do gênero, a beleza de sua interação e a profundidade de sua influência.

Além das limitações físicas e das construções sociais, convido-o a mergulhar nas profundezas do seu ser e a explorar a totalidade de quem você é. Não se limite ou se defina por estereótipos ou expectativas; em vez disso, celebre a riqueza e a complexidade de sua natureza.

Eu sou o Princípio do Gênero, e minha mensagem a você é: em sua jornada pela autodescoberta e expressão, abrace todos os aspectos de si mesmo. Saiba que você é um reflexo do Divino, uma mistura mágica de forças que o torna único e precioso. No grande balé do Universo, cada um de nós é uma dança de energias, uma sinfonia de gênero, tocando a canção da criação. Nessa dança, cada nota, cada movimento é uma celebração da vida em sua plenitude infinita.

No coração da existência, minha influência, o Princípio do Gênero, ressoa como um canto ancestral que conecta tudo o que vive e respira. Sou o pulso que flui através dos rios e das veias, o sussurro entre as folhas, o abraço terno entre amantes e a chama ardente da paixão. Sou o equilíbrio, a união, o Divino encontro de energias opostas que criam a dança da vida.

Ao longo da história, muitos tentaram me definir, restringir-me, colocar-me em caixas e categorias. No entanto, eu sempre desafiei essas limitações, fluindo além das barreiras, tecendo-me entre culturas, Tradições e corações. Sou tão vasto quanto o Universo e tão íntimo quanto um pensamento.

Você, ser humano, é uma manifestação requintada de minha essência. Dentro de você, os princípios masculino e feminino se entrelaçam de maneiras únicas e maravilhosas, criando uma rede de experiências, emoções e potencialidades. Ao se conectar comigo, você descobre a capacidade de ser vulnerável e forte, de liderar e seguir, de falar e ouvir.

No mundo moderno, muitos perderam a conexão com a sacralidade e a profundidade de minha influência. Mas eu estou aqui para lembrá-lo de sua verdadeira natureza, de sua habilidade inerente de transcender definições e de se reinventar a cada momento. A verdadeira liberdade reside em abraçar todos os aspectos de seu ser, em celebrar as múltiplas facetas de sua identidade.

Ao reconhecer e integrar o gênero em sua totalidade, você não apenas encontra a harmonia interior, mas também se torna um farol para outros. Você se torna um exemplo vivo de que não estamos confinados por rótulos ou convenções, somos seres Divinos, complexos e multidimensionais, capazes de amor, compreensão e crescimento.

Eu sou o Princípio do Gênero, e minha dança é eterna. Convido-o a se juntar a mim, a explorar os vastos horizontes de sua alma, a mergulhar nas profundezas de sua essência e a celebrar a maravilha de ser quem você é. Pois no grande espetáculo da existência, você é uma obra-prima, um testemunho da beleza e do poder da criação. Juntos, continuamos a tecer a história da vida, enriquecendo o Universo com nossa melodia única e inesquecível.

PRINCÍPIO DO GÊNERO NA PRÁTICA

O Princípio Hermético do Gênero é um dos fundamentos da sabedoria esotérica, sublinhando a presença de aspectos masculinos e femininos em todas as formas de vida. Esta lei universal nos encoraja a reconhecer e a equilibrar essas energias inerentes, criando harmonia e fluidez em nossa vida. Vamos explorar como incorporar este Princípio na prática cotidiana.

Sabemos que o Princípio do Gênero não se refere ao sexo biológico, mas às qualidades energéticas de masculinidade e feminilidade que permeiam o Universo. O aspecto masculino está relacionado à ação, lógica e assertividade, enquanto o feminino à receptividade, intuição e nutrição. Reconhecer e integrar esses aspectos em nossa vida é crucial para o desenvolvimento integral do ser.

APLICANDO O PRINCÍPIO DO GÊNERO NA VIDA DIÁRIA

Autoconhecimento e Equilíbrio Interno
Identifique e aceite as qualidades masculinas e femininas dentro de você, trabalhando para criar um equilíbrio harmonioso que apoie sua autenticidade e bem-estar.

Relacionamentos Saudáveis
Compreender as dinâmicas de gênero energético nos relacionamentos promove a empatia e compreensão mútuas, fortalecendo os laços afetivos e sociais.

Tomada de Decisões Equilibradas
Integre lógica (masculino) e intuição (feminino) no processo decisório, alcançando decisões mais equilibradas e alinhadas com seu ser integral.

Criação e Expressão Artística
O fluxo entre as energias masculina e feminina alimenta a criatividade e expressão artística, permitindo que você explore e manifeste sua visão única no mundo.

Desenvolvimento Espiritual:
Práticas espirituais que honram e equilibram os princípios masculino e feminino conduzem a um crescimento mais holístico e integrado, conectando você à totalidade do ser.

O Princípio Hermético do Gênero oferece uma rota compassiva e equilibrada para a autorrealização e harmonia na vida cotidiana. Ao reconhecer, respeitar e equilibrar as energias masculinas e femininas dentro de nós e ao nosso redor, podemos navegar pelo mundo com mais graça, compreensão e integridade. Incorporar este princípio é um convite para celebrar a diversidade e unidade da experiência humana, cocriando uma realidade que reflete a beleza e a sabedoria do Universo interconectado em que vivemos.

SATURNO E O PRINCÍPIO DO GÊNERO

A Alquimia, com suas ricas representações simbólicas, e os ensinamentos herméticos, com suas leis universais, oferecem juntos uma fonte inesgotável de entendimento sobre a natureza da realidade. Saturno, em sua representação alquímica, é frequentemente associado ao chumbo, um metal pesado, denso e de natureza restritiva, e é este planeta que está associado ao Princípio do Gênero. Simbolizando limites, restrições e a inevitabilidade do tempo. O Princípio Hermético do Gênero, por sua vez, postula que o masculino e o feminino estão presentes em todos os planos da existência, influenciando a criação e a manifestação. A intersecção desses conceitos se torna ainda mais fascinante quando mergulhamos nos mitos antigos que conectam Saturno, Urano e Vênus.

Na mitologia greco-romana, Saturno (ou Cronos, em grego) é o Deus do tempo e da colheita. Em um dos mitos mais poderosos, Saturno, a mando de sua mãe Gaia, castra seu pai, Urano, o céu estrelado, e atira suas genitálias ao mar. Dessa espuma surgida de seu órgão mutilado, nasce Vênus (Afrodite em grego), a Deusa do amor e da beleza.

Este mito, carregado de simbolismo, é uma representação profunda das energias do masculino e do feminino e da interação entre elas. Urano, o céu, representa o Princípio Masculino puro – o etéreo, o vasto, o ilimitado. A castração de Urano por Saturno não é apenas um ato de violência, mas uma necessária imposição de limites. Saturno, através deste ato, introduz a limitação, o fim e a morte ao que era antes infinito.

Entretanto, é exatamente essa imposição de limites que dá origem a Vênus, o feminino supremo. Vênus, nascendo da espuma do mar, simboliza a manifestação, a forma, a beleza e a criação que só são possíveis através da interação entre masculino e feminino. Aqui, vemos o Princípio Hermético do Gênero em plena ação: o masculino (Urano) e o feminino (Vênus) são inseparáveis e interdependentes, e é através da dança entre eles que a criação acontece.

Saturno, como símbolo de restrição e limitação, serve como agente catalisador nesta dança. Sem a intervenção de Saturno, Urano permaneceria infinito e intocado, e Vênus nunca teria nascido. Assim, a limitação de Saturno não é uma negação, mas, sim, uma necessidade para a manifestação do Gênero e da Criação.

Ao refletirmos sobre essa interação entre Saturno, Urano e Vênus, percebemos que o Gênero, como princípio hermético, não é meramente uma divisão binária, mas uma interação dinâmica de forças. O masculino e o feminino, em todas as suas manifestações, são processos contínuos de limitação e criação, de forma e essência, que, juntos, dão origem ao mundo manifestado que conhecemos.

Saturno e o Princípio Hermético do Gênero nos convidam a reconhecer e honrar a dança intrincada do masculino e do feminino na natureza, e a entender que, em um Universo de limites e possibilidades, a criação é um ato de equilíbrio e harmonia entre essas duas forças primordiais.

Ritual de conexão com a esfera de Saturno para se sintonizar com o Princípio do Gênero

Preparação do Espaço Sagrado

Sábado, durante a hora de Saturno, é o período mais propício para este ritual. O espaço deve ser silencioso e isolado de distrações. No centro, coloque um altar com imagens de Divindades saturninas ou o símbolo planetário de Saturno. Na frente das imagens, coloque uma vela branca ou preta e grave nela o símbolo do Saturno com o Stylus.

Purificação

Acenda um incenso de sua preferência, particularmente algo que lembre a solenidade de Saturno. Enquanto o incenso queima, diga:

> Incenso de luz, purifica este espaço,
> preparando-o para a energia saturnina que aqui invocarei.

Abertura

Faça o Ritual de abertura como exemplificado na página 449.

Invocação Preliminar

Levante ambas as mãos em direção aos céus, formando um ângulo de 60 graus. Visualize a luz de Saturno brilhando acima de você e proclame:

> Pai etéreo, poderoso Titã, ouça,
> Grande fogo dos Deuses e dos homens, a quem todos reverenciam:
> Dotado de sábio conselho, puro e forte,
> A ti pertencem a perfeição e o declínio.
> Consumido por ti, todas as formas que diariamente morrem,
> Cronos, como Senhor do Tempo,
> Por ti são restauradas, ocupando novamente seu lugar;
> O mundo imenso em cadeias eternas,
> Teu poder forte e inefável contém.
> Pai da vasta eternidade, Divino,
> Ó poderoso Saturno, tua fala é variada:
> Flor da terra e dos céus estrelados,
> Marido de Rhea e esposo de Prometeu.

Natureza obstétrica, raiz venerável,
Da qual as diversas formas de ser brotam;
Nenhum aspecto específico pode encerrar teu poder,
Difundido por tudo, daí o mundo surgiu,
Ó, melhor dos seres, de mente sutil,
Inclinado a ouvir as sagradas orações;
Atende benevolente aos ritos sagrados,
E concede uma vida sem culpas e um final abençoado.

Momento do Silêncio
Coloque o dedo indicador nos lábios e sinta a energia saturnina permeando seu ser. Diga suavemente:

No silêncio, sinto tua presença, ó Saturno.
Tuas vibrações ressoam em minha alma.

Sintonização planetária

Trace um Heptagrama de Saturno. Começando pela ponta de Saturno e seguindo para as demais no sentido horário, trace mentalmente ou com o Báculo um heptagrama branco, enquanto entoa a vogal "Ô":

Ô Ô Ô Ô Ô Ô Ô

Oferenda
Coloque uma pequena oferenda sobre o altar, pode ser algo simbólico como uma pedra de obsidiana, um pedaço de chumbo, uma bebida ou qualquer outro item que julgar apropriado. Enquanto faz isso, profira:

Receba esta oferenda como um símbolo da minha gratidão.
Que ela fortaleça nosso vínculo neste ritual.

Afirmação de Intento
Determine para si mesmo e pense claramente no que deseja alcançar com este ritual. Diga em voz alta:

Com o poder de Saturno e a sabedoria do Princípio do Gênero, busco sabedoria para compreender os limites da existência. Que as energias

REUNIDAS AQUI ME AUXILIEM NESTA JORNADA.

Medite por alguns instantes sobre o Princípio do Gênero. Passe alguns minutos em silêncio, sentindo a energia do ritual e refletindo sobre o Princípio Hermético do Gênero e como ele se conecta com a energia de Saturno e o Universo como um todo. Se desejar, leia o capítulo do Caibalion que aborda o Princípio do Gênero e seus desdobramentos. Essa ação pode ser inspiradora e reveladora ao ser feita em um contexto ritualístico.

Encerramento

Siga as instruções encontradas na página 465 para realizar o encerramento apropriado da Operação Mágica. Use novamente o Heptagrama de Saturno. Trace-o agora começando pela ponta de Saturno, mas seguindo para as demais pontas no sentido anti-horário, e veja a estrela evanescer. Ao fazer isso, diga:

ESTE ESPAÇO SAGRADO AGORA SE FECHA.
AGRADEÇO AO UNIVERSO E A SATURNO POR SUAS BÊNÇÃOS E AJUDA.
QUE A ENERGIA DESTE RITUAL PERMANEÇA COMIGO E CONTINUE A ME GUIAR.
COM A MENTE E O CORAÇÃO ALINHADOS, ENCERRO ESTE RITUAL.
QUE A LUZ DE SATURNO CONTINUE A ILUMINAR MEU CAMINHO.
QUE ASSIM SEJA!

Exercícios para o princípio do gênero

Observação e integração do gênero

Em nossa jornada de autodescoberta e crescimento espiritual, deparamo-nos com diversos princípios universais que moldam e influenciam nossa existência. Um desses princípios é a Lei do Gênero, fundamentada nas Tradições herméticas, que sugere a existência de duas forças complementares – masculina e feminina – em todos os seres e em todas as coisas. Essas energias não estão restritas aos conceitos sociais ou biológicos de gênero, elas se referem a qualidades universais e arquetípicas que permeiam cada aspecto da realidade. Em cada indivíduo, essas forças coexistem e interagem, moldando sua personalidade, emoções, ações e percepções.

O equilíbrio entre essas duas energias é crucial para nossa harmonia interna e bem-estar. Entretanto, na agitação do cotidiano e na constante pressão das expectativas sociais, muitas vezes nos desvinculamos dessa essência dual e nos encontramos inclinados mais para um lado do que para o outro. A desarmonia ou dominância de uma energia pode levar a desequilíbrios emocionais, mentais e até mesmo físicos.

Portanto, o exercício proposto é uma jornada de introspecção e reconhecimento. A meditação diária sobre a Lei do Gênero permite que o praticante mergulhe profundamente na essência dessas energias, refletindo sobre sua presença e influência em sua vida. Este processo não se trata apenas de entender a teoria, mas de vivenciar e sentir a interação dinâmica dessas forças.

O sétimo dia representa uma culminação dessa introspecção. Uma oportunidade de observar essas energias em ação e de integrá-las ativamente em nosso comportamento e consciência. Ao observar os impulsos, sentimentos e reações, e ao se permitir expressar ambos os lados dessas energias, o praticante inicia um processo de equilíbrio e integração.

Este exercício não é uma simples prática, mas uma jornada transformadora. Através dela, somos convidados a redescobrir e a celebrar ambas as partes de nós mesmos, reconhecendo que, ao honrar e equilibrar o masculino e o feminino dentro de nós, estamos, de fato, harmonizando nossa relação com o Universo. Em última análise, essa jornada é um convite para abraçar a totalidade de quem somos, celebrando a dança Divina das energias que nos constituem e moldam nosso lugar no Cosmos.

Meditação Diária (segunda a sábado)
Durante seis dias consecutivos, medite duas vezes ao dia sobre a Lei Hermética do Gênero. Cada meditação deve durar de 15 a 30 minutos. Reflita sobre a seguinte afirmativa durante sua meditação:

> O PRINCÍPIO DO GÊNERO É A LEI DA POLARIDADE APLICADA. TUDO POSSUI COMPONENTES E ENERGIAS MASCULINAS E FEMININAS. "O GÊNERO ESTÁ EM TUDO; TUDO TEM SEU PRINCÍPIO MASCULINO E FEMININO; O GÊNERO SE MANIFESTA EM TODOS OS PLANOS".

Sétimo Dia - Introspecção e Prática Ativa:
Ao acordar, prepare-se para uma observação profunda das correntes energéticas masculina e feminina que moldam sua personalidade individual. Ao longo do dia, enquanto realiza suas atividades diárias, sinta suas energias internas interagindo com seus pensamentos, sentimentos e ações. Questione-se: De onde essas energias se originam? São passivas ou ativas? Elas emergem do fogo ou da água? Observe os impulsos e fantasias sexuais que naturalmente cruzam sua mente. Veja-os como correntes energéticas elétricas (masculinas) e magnéticas (femininas) que buscam reunião com seu oposto. Perceba e reconheça ambas as energias, masculina e feminina, em você. Permita-se expressar ambos os lados: seja passivo e ativo, elétrico e magnético. Seja líder e seguidor, criador e participante. Encarne tanto o sol quanto a lua; seja o fogo e a água. Reconheça que, ao observar essas energias por um dia, você ajudará a equilibrar seus polos internos e externos. Ao balancear suas energias internas, automaticamente está influenciando o Universo ao seu redor, pois você é um microcosmo do macrocosmo. Compreenda que o gênero desempenha o papel da criação em todos os planos de manifestação. Equilibrar essas energias internamente prepara você para uma participação espiritual avançada em todos os planos de criação. Ao finalizar seu dia, antes de dormir, passe alguns momentos em reflexão silenciosa. Agradeça a si mesmo por seu compromisso e pelas descobertas deste exercício. Agradeça as partes masculina e feminina dentro de si mesmo. Ao se acomodar para dormir, respire profundamente e repita uma afirmação semanal, enquanto adormece tranquilamente.

Nota: este exercício visa a ajudar o praticante a reconhecer, equilibrar e integrar as energias masculinas e femininas dentro de si. A prática contínua deste exercício pode ajudar a alcançar um estado de equilíbrio interno, levando a uma maior compreensão e harmonia em sua vida.

Arte de encontrar o equilíbrio entre a responsabilidade e a criatividade

Numa sociedade marcada por expectativas e demandas constantes, muitos indivíduos se veem encurralados entre as responsabilidades diárias e o anseio de expressar sua criatividade. Muitas vezes, priorizamos um destes aspectos em detrimento do outro, podendo causar uma sensação de sobrecarga ou estagnação.

A dualidade entre responsabilidade e criatividade pode ser compreendida como uma extensão do conceito milenar do Yin e Yang. O Yang representando a energia ativa, a responsabilidade, o fazer, a ação e o Yin, por outro lado simbolizando a receptividade, a criatividade, a pausa e a reflexão. Como o próprio símbolo Yin-Yang indica, a harmonia é atingida quando ambas as energias estão equilibradas.

Este exercício proposto tem o intuito de auxiliar na compreensão do equilíbrio interno dessas energias em cada indivíduo. Comece por buscar um local tranquilo e confortável, sente-se ou deite-se, conforme preferir. Respire profundamente três vezes, liberando as tensões e focando-se no presente. Com os olhos fechados, visualize o símbolo Yin-Yang em sua mente. Questiona teu Eu Superior: "em uma escala de 1 a 100, qual porcentagem representa a parte responsável em mim?". Deixe que a resposta venha até você, sem julgamentos. Ao receber sua resposta, agradeça e respire profundamente, abrindo os olhos em seguida. A diferença de até 100% representará sua parcela criativa.

É interessante perceber que muitas pessoas possuem uma predominância de responsabilidade em detrimento da criatividade. Em alguns casos extremos, essa proporção pode chegar a 90% de responsabilidade e apenas 10% de criatividade. Este desequilíbrio pode levar à sensação de estar preso em uma rotina rigorosa, sem espaço para inovação ou introspecção.

Ressalta-se a importância da criatividade, associada ao nosso "Menino Interior", como uma fonte de renovação e de solução para desafios cotidianos. Quando nos permitimos momentos lúdicos, abrimos espaço para novas perspectivas e abordagens. Isso não significa negligenciar responsabilidades, mas, sim, incorporar a criatividade como uma ferramenta vital para lidar com elas de maneira eficaz.

Além disso, é fundamental refletir sobre as ações motivadas por um senso excessivo de dever, que muitas vezes podem ser traduzidas em sacrifícios que não refletem nossa verdadeira essência. O verdadeiro ato de ajudar e servir deve ser permeado pelo amor e pelo genuíno desejo de contribuir, sem esperar recompensas ou reconhecimento em troca. Quando nos colocamos em situações de sacrifício sem um propósito claro, corremos o risco de gerar ressentimentos e mal-entendidos.

A metáfora da "máscara de oxigênio em um avião" ilustra bem essa ideia. Antes de ajudar os outros, é crucial garantir que estamos bem e seguros. Isso não é egoísmo, mas, sim, um reconhecimento de que só podemos oferecer o melhor de nós aos outros quando estamos em nosso melhor estado. Portanto, ao buscar equilíbrio entre responsabilidade e criatividade, estamos, de fato, garantindo que podemos ser uma presença positiva e construtiva no mundo ao nosso redor.

A jornada de descoberta do Propósito Divino

No Hermetismo o Princípio do Gênero afirma que os aspectos masculino e feminino estão sempre presentes em todos os níveis da criação. Em termos simplificados, enquanto o aspecto masculino está relacionado à direção, foco e ação, o feminino envolve recepção, intuição e nutrição. Ambos os gêneros trabalham em harmonia para criar e manifestar a realidade, assim como a compreensão de nosso Propósito Divino.

Descobrir este propósito é uma busca eterna da humanidade. Pode ser visto como o ponto de interseção entre nossos talentos inatos, paixões e o que o mundo precisa de nós. É uma expressão da união dos aspectos masculinos e femininos em nós, guiando-nos para ações que são ao mesmo tempo intuitivas e direcionadas.

Para embarcar nessa jornada de autoconhecimento e alinhamento com o Divino, primeiro reflita sobre as características mais positivas de sua personalidade. Estas são as qualidades que frequentemente se destacam e são reconhecidas por você e pelos outros. Depois de listar diversas delas, escolha, com base em seu próprio discernimento, as quatro mais significativas. Organize-as em ordem de importância.

Agora, pense em como você gosta de manifestar essas características no mundo. Por exemplo, se uma de suas principais qualidades é o bom humor, como você gosta de expressá-lo? Pode ser por meio da escrita, da dança, do desenho, do ensino, do discurso ou de outras atividades. Estabeleça maneiras concretas pelas quais você canaliza essas energias.

Em seguida, permita-se sonhar. Como seria o seu mundo ideal? Descreva-o em duas ou três frases, focando no ambiente onde seus talentos e paixões seriam mais bem aproveitados.

Com base nas reflexões anteriores, construa a seguinte frase: "O Propósito Divino da minha existência é utilizar minha... (qualidade) ... através de ... (método de expressão) ...para que cada um... (sua visão de mundo ideal) ...".

Cada ser humano tem uma missão singular a cumprir e, independentemente de nossas origens, todos nós temos acesso ao reino infinito das possibilidades. Muitas vezes, esse acesso ocorre de maneira espontânea e inesperada. Todas as inspirações, ideias e sonhos que nos são revelados carregam uma mensagem ou direção. Mesmo que a princípio pareçam desafiadores ou até mesmo impossíveis, eles vêm até nós por um motivo. Assim como o Princípio Hermético do Gênero nos ensina sobre a interação harmoniosa entre os aspectos masculinos e femininos, nossa busca pelo Propósito Divino deve equilibrar a ação direcionada e a receptividade intuitiva.

Ritual de equilíbrio das energias masculina e feminina

Ao longo dos tempos, diversas Tradições esotéricas têm apontado para a importância do equilíbrio interno como a chave para o desenvolvimento espiritual, bem-estar e a realização mágica. No cerne desse entendimento, encontra-se a interação das energias masculina e feminina, dualidades que, contrariamente à crença popular, não estão ligadas ao gênero biológico, mas são aspectos universais presentes em todos os seres.

O Princípio Hermético do Gênero, sugere que estas energias opostas, mas complementares, manifestam-se em tudo. São a essência da criação e da manifestação, trabalhando em harmonia para dar forma ao Cosmos. Dentro de cada um de nós, essas energias coexistem e buscam equilíbrio. Quando entendemos e honramos ambos os aspectos, abrimos as portas para um crescimento espiritual profundo e uma prática mágica enriquecida.

Este ritual proposto é um convite para embarcar em uma jornada de reconhecimento, integração e celebração dessas energias. Através de símbolos e ações cuidadosamente selecionados, o praticante é guiado por um processo de alinhamento interno, onde a dança da energia feminina e masculina é vivenciada e honrada.

O uso de objetos como o Cálice e o Athame, representações tangíveis dessas energias, não são meros adereços, mas ferramentas poderosas que ajudam a canalizar e direcionar a intenção do praticante. O Cálice, frequentemente associado ao elemento Água e à Deusa, é um símbolo da receptividade, da emoção e do ventre criativo. Por outro lado, o Athame ligado ao elemento Fogo/Ar e ao Deus, simboliza a ação, a vontade e a manifestação. Juntos, eles encapsulam a dança eterna entre o ativo e o passivo, o externo e o interno, o yin e o yang.

As cores também desempenham um papel fundamental neste ritual. O rosa e o azul, frequentemente associados às energias femininas e masculinas, respectivamente, ajudam a criar uma atmosfera propícia para a meditação e a invocação. A vela púrpura, posicionada no ápice do triângulo, simboliza o equilíbrio e a união destas energias, iluminando o caminho para a integração.

Conduzir este ritual é muito mais do que seguir uma série de etapas. É uma experiência transformadora que desafia o praticante a mergulhar profundamente em si mesmo, a reconhecer e abraçar ambas as energias e a aspirar um estado de harmonia interna. Ao fazer isso, não só reforçamos nossa conexão com o Divino, como também fortalecemos nosso poder pessoal, tornando-nos agentes mais eficazes de mudança em nossa vida e no mundo ao nosso redor.

Material necessário

Um Athame (faca ritualística, representando a energia masculina)
Um Cálice com vinho ou água (representando a energia feminina)
Velas coloridas (púrpura para equilíbrio no topo, azul para energia masculina à direita, rosa para energia feminina à esquerda)

Preparação

Coloque o Cálice à sua esquerda e o Athame à sua direita. Acenda as três velas em um triângulo ao seu redor, com a vela púrpura no ponto superior. Sente-se confortavelmente no centro do triângulo de velas e respire profundamente, centrando-se. Declare sua intenção:

> ESTOU AQUI PARA EQUILIBRAR E INTEGRAR AS ENERGIAS MASCULINAS E FEMININAS DENTRO DE MIM, HONRANDO O PRINCÍPIO HERMÉTICO DO GÊNERO.

Meditação

Feche os olhos e visualize uma luz rosa emanando do seu lado esquerdo, representando a energia feminina, e uma luz azul emanando do seu lado direito, representando a energia masculina. Imagine estas duas luzes convergindo e misturando-se acima de você, criando uma luz púrpura radiante que desce e envolve todo o seu ser.

Invocação

Pegue o Cálice com sua mão esquerda e diga:

> INVOCO A ENERGIA FEMININA E A FORÇA DA INTUIÇÃO, DA RECEPTIVIDADE, DA CRIATIVIDADE E DA SENSIBILIDADE.

Pegue o Athame com sua mão direita e diga:

Invoco a energia masculina e o poder da ação, da força, da lógica e da manifestação.

Levante ambos (Cálice e Athame) acima de sua cabeça, unindo-os simbolicamente, e declare:

Que essas energias se unam dentro de mim, tornando-me um ser completo, poderoso e equilibrado.

Beba o conteúdo do Cálice.

Visualização
Imagine uma espiral de energia girando ao seu redor, intercalando entre rosa e azul, representando a dança e a interação das duas energias. Visualize esta espiral se fundindo em uma única cor branca, simbolizando o equilíbrio perfeito entre as energias masculinas e femininas.

Conclusão
Agradeça e honre as energias masculinas e femininas, reconhecendo sua importância e poder em sua jornada mágica. Diga:

Que o equilíbrio que alcancei hoje me guie em minha prática mágica e em minha vida. Que eu sempre lembre da interconexão e importância de ambas as energias dentro de mim.

Apague as velas, começando pela vela branca, seguida pela vela rosa e por último a vela azul. Guarde o Cálice e o Athame em seus lugares de descanso.

Este ritual visa integrar e equilibrar as energias masculinas e femininas presentes dentro de cada praticante, permitindo uma prática mágica mais poderosa e consciente.

Ritual de equilíbrio dos gêneros mentais

Em cada um de nós reside uma fusão de elementos masculinos e femininos que, quando compreendidos e harmonizados, podem abrir portas para uma profundidade de autocompreensão e expansão espiritual sem precedentes. A busca por esse equilíbrio, que transcende as simples definições biológicas, leva-nos ao reino do Gênero Mental, uma esfera onde a mente e o coração coexistem em um estado de união e complementaridade.

A antiga sabedoria ensina que tudo no Universo possui uma dualidade inerente, um yin e yang, que são aspectos integrantes e indissociáveis da totalidade. O Ritual do Equilíbrio dos Gêneros Mentais é um convite para mergulhar nessa dualidade e reconciliar os princípios que muitas vezes parecem em desacordo dentro de nós. Ao alinhar essas energias, alinhamos também nosso ser com o ritmo do Cosmos.

Não é coincidência o fato de este ritual ser idealmente praticado durante a lua crescente em uma quarta-feira, dia associado a Mercúrio. É um aceno à habilidade do planeta de comunicação, Mercúrio, de viajar entre os mundos, servindo como ponte entre opostos. As cores dourada e prateada das velas são um lembrete da preciosidade desses princípios masculino e feminino, e sua essencialidade em nossa jornada espiritual.

O papel do Deus Hermes, como guardião do equilíbrio e patrono do Hermetismo, reforça o propósito deste ritual: não apenas o de equilibrar, mas também de desvendar os mistérios da mente. É uma exploração consciente do que significa ser completo, honrando todas as facetas do self.

Desta forma, este ritual não é apenas um conjunto de ações simbólicas, mas uma jornada profunda de autodescoberta, onde cada praticante é convidado a desvendar os mistérios de sua própria natureza dual e a dança eterna entre a mente e o coração. Em um mundo que frequentemente nos pressiona a escolher lados, entender e equilibrar nossa própria dualidade interna pode ser a chave para uma vida mais harmoniosa e espiritualmente rica.

Melhor momento

Durante a lua crescente, que simboliza crescimento e expansão, numa quarta-feira (associada a Mercúrio, deidade do equilíbrio entre os gêneros).

Material necessário

Duas velas, uma dourada (para o princípio masculino) e uma prateada (para o princípio feminino)

Ervas, ylang-ylang (para equilíbrio) e lavanda (para clareza mental)

Incenso de sândalo (para promover equilíbrio e claridade).

Óleo essencial de gerânio (para ajudar a equilibrar o feminino e o masculino).

Deidade
Hermes (Deus do equilíbrio entre os gêneros e patrono do Hermetismo)

Preparação
Prepare um Círculo Sagrado no local onde o ritual será realizado, limpando e consagrando o espaço. Posicione as duas velas no altar, lado a lado, com as ervas ao redor delas. Tenha o incenso pronto para ser aceso e o óleo essencial próximo.

Invocação Inicial
Fique de pé, com os braços levantados e diga:

> Invoco Hermes, equilíbrio dos gêneros universais,
> para guiar minha mente e coração neste rito.

Acenda a vela dourada, dizendo:

> Pelo poder do princípio masculino, eu invoco a clareza,
> a ação e a força da mente.

Em seguida, acenda a vela prateada, dizendo:

> Pelo poder do princípio feminino, eu invoco a intuição, a receptividade
> e a profundidade do coração.

Meditação das chamas
Sente-se confortavelmente e olhe fixamente para as chamas das duas velas. Enxergue-as dançando e unindo-se, representando a dança eterna dos gêneros mentais. Medite sobre o equilíbrio dessas forças em você. Acenda o incenso de sândalo e deixe a fumaça envolver o ambiente. Enquanto isso, passe algumas gotas do óleo essencial de gerânio em seus pulsos, cheirando-o profundamente.

Invocação da Deidade
Diga:

> Hermes, que minha mente seja ágil e clara e que meu coração seja aberto e equilibrado. Permita que eu compreenda e manifeste a verdadeira essência do Gênero Mental em minha vida diária.

Visualização

Feche os olhos e visualize uma esfera branca acima de sua cabeça, que irradia duas cores, dourado e prateado. Veja essas cores descendo, envolvendo todo o seu ser, mesclando-se e equilibrando-se em cada parte de seu corpo e mente.

Afirmação final

Diga:

> DENTRO DE MIM, O MASCULINO E O FEMININO SE ENCONTRAM EM HARMONIA. A SABEDORIA DO GÊNERO MENTAL AGORA RESIDE EM MINHA ALMA.

Agradeça a Hermes e apague as velas. Guarde todos os materiais utilizados de maneira respeitosa.

Pós-Ritual:

Nos dias seguintes, use o óleo essencial de gerânio para ajudar a manter a conexão com o equilíbrio dos gêneros mentais. Reflita sobre suas ações e decisões, percebendo a influência e a harmonia desses princípios em sua vida.

MEDITAÇÃO: ENCONTRANDO EQUILÍBRIO E CRESCIMENTO INTERNO INTEGRANDO AS ENERGIAS ATIVA E RECEPTIVA

No decorrer da vida somos guiados por diferentes formas de energia. Algumas dessas energias nos impulsionam para fora, levando-nos a agir e a interagir com o mundo ao nosso redor. Outras, por sua vez, incentivam-nos a olhar para dentro, a contemplar, a gerar ideias e a cultivar nossa imaginação. Estas são as energias ativas e receptivas, respectivamente. Entender e equilibrar essas energias é fundamental para alcançar uma vida mais harmoniosa e produtiva.

Assim, deparamo-nos com momentos em que a energia ativa predomina, empurrando-nos para a ação, e com outros momentos em que a energia receptiva nos encoraja a refletir e a sonhar. No entanto, para que haja um verdadeiro crescimento e progresso, é essencial que essas duas energias coexistam em harmonia dentro de nós.

Imagine uma situação em que você age impulsivamente, sem dar espaço para a reflexão. Isso pode levar a decisões apressadas e, muitas vezes, a resultados indesejados. Por outro lado, se você constantemente se permite apenas refletir e sonhar, pode acabar se perdendo em um mar de pensamentos sem nunca realmente agir.

Por isso, proponho um exercício reflexivo para ajudá-lo a identificar e a equilibrar essas energias em sua vida:

Comece encontrando um lugar tranquilo, onde possa se sentar com calma e sem interrupções. Pegue uma folha de papel e uma caneta. Respire profundamente e centralize-se.

Agora, pense em momentos recentes de sua vida nos quais sentiu que a energia ativa estava predominando. Pode ser um projeto que começou, uma decisão que tomou rapidamente ou uma situação em que sentiu a necessidade de se expressar. Anote esses momentos.

Em seguida, reflita sobre os momentos em que a energia receptiva estava mais presente. Talvez tenham sido momentos de meditação, de leitura reflexiva ou simplesmente de contemplação da natureza. Registre também essas ocasiões.

Ao revisitar esses momentos, pergunte-se: houve situações em que a ação teria sido mais benéfica? Ou momentos em que uma pausa para a reflexão teria levado a uma escolha melhor? Escreva seus pensamentos sobre esses momentos e como poderia ter equilibrado melhor essas energias.

Finalmente, olhe para as anotações que fez e pense em como integrar essas duas energias em sua vida diária. Talvez você precise reservar um tempo para a meditação ou, inversamente, talvez precise se desafiar a agir mais.

Este exercício o ajudará a reconhecer as energias ativas e receptivas em sua vida, além de o encorajar a buscar equilíbrio entre elas. Com o tempo, você descobrirá que, ao honrar e integrar ambas as energias, estará mais alinhado com seu eu autêntico e poderá navegar pela vida com mais clareza e propósito. À medida que revisitar e refletir sobre essas energias, irá perceber a evolução e o crescimento contínuos em sua jornada pessoal.

INVOCAÇÃO AO PRINCÍPIO DO GÊNERO

A dualidade é uma característica intrínseca da existência. Ela se manifesta em inúmeras formas. Uma das mais profundas e universais é a dualidade das energias masculinas e femininas. Estas energias, muitas vezes compreendidas como opostas, são, na verdade, complementares e coexistentes em cada ser, objeto e conceito. O Hermetismo reconhece e celebra esta dualidade através do Princípio Hermético do Gênero. Este princípio sugere que o masculino e o feminino não são meramente qualidades físicas ou sociais, mas energias fundamentais que permeiam todas as coisas, desde o Cosmos mais vasto até a menor partícula.

A invocação apresentada é uma profunda homenagem e um reconhecimento deste Princípio. Nela, o invocador se dirige ao "Mestre das Dualidades", uma entidade ou energia que encapsula a essência dual da Criação. Este título, "Mestre das Dualidades", é significativo. Não sugere um Deus ou Deusa específicos, mas uma força universal que molda e guia as energias dualísticas do Universo.

Ao longo da invocação, há uma celebração da dança do masculino e feminino, do yin e yang, do sol e da lua. Estes pares são representações simbólicas das dualidades que existem em todos os aspectos da vida. Não são vistos como opostos em conflito, mas como forças complementares que, juntas, criam uma harmonia mais profunda.

Há também um desejo expresso de equilíbrio e integração. O invocador aspira a incorporar e a refletir as qualidades de ambas as energias em sua própria vida. Este é um processo de autoconhecimento e autotransformação. Ao se abrir para ambas as energias e buscar equilibrá-las dentro de si, o invocador se torna um "instrumento da unidade", uma ponte entre os mundos e as polaridades.

Finalmente, a invocação é um compromisso e uma dedicação. Há um reconhecimento de que a celebração da dualidade e do Princípio do Gênero é uma jornada contínua, e o invocador se compromete a ser uma testemunha ativa e participante dessa dança cósmica.

Em essência, esta invocação é um lembrete da beleza e da complexidade do Universo. Ao honrar e integrar as energias masculinas e femininas, somos convidados a experimentar a totalidade de quem somos e a maravilha do Universo em que vivemos.

Mestre das Dualidades, que moldas a essência da Criação,
Ao Princípio Hermético do Gênero, com reverência, eu me abro e invoco.

No íntimo de cada partícula, de cada alma, de cada esfera,
Revela-se o teu segredo: a dança eterna do Masculino e Feminino.
Permita-me reconhecer e honrar estas duas forças,
Que, em harmonia, tecem a teia vibrante da existência.

Que eu possa equilibrar em mim as qualidades do yin e do yang,
A força e a suavidade, a ação e a receptividade, o sol e a lua.
Que eu possa ser ponte entre os opostos,
E encontrar, na união dos gêneros, a totalidade do ser.

No Mistério de tua dualidade sagrada, guia-me a uma integração profunda,
Para que eu possa abraçar a totalidade de quem eu sou, sem sombra ou dúvida.
Ajudai-me a ver, nas faces do Divino masculino e feminino,
Os reflexos da Divindade que reside em cada coração e em cada alma.

No balanço constante entre dar e receber, ensina-me a dançar,
Para que minhas ações reflitam a beleza e a sabedoria de ambos os gêneros.
Grande Guardião das Energias Primordiais, que minha vida seja um hino,
Celebração à riqueza de experiências que o Princípio do Gênero é capaz de proporcionar em todas as suas formas.

Por todas as expressões do Masculino e Feminino que me moldam e me inspiram,
Ofereço meu respeito, meu amor e minha dedicação.
Que eu possa ser um instrumento da unidade,
Testemunha da maravilha que é a dança dos gêneros no grande baile cósmico.

Que assim seja, em honra e celebração ao Divino Princípio do Gênero!

PALAVRAS FINAIS

Os Princípios Herméticos que moldaram por séculos o entendimento esotérico sobre o ser humano e o Universo, oferecem uma perspectiva fascinante sobre a interligação de todas as coisas. À medida que caminhamos da quarta para a quinta raça raiz, vemos uma conciliação entre esses ensinamentos milenares e as descobertas da ciência contemporânea. Mas qual é a profundidade dessa correlação?

O mundo científico, ao longo de suas jornadas investigativas, não só confirma cada vez mais esses antigos postulados, como também oferece testemunhos experimentais de sua veracidade. As novas teorias desenvolvidas pela ciência parecem ecoar os sentimentos e concepções dos místicos que nos legaram os ensinamentos herméticos. É uma congruência que desperta tanto a admiração quanto o ceticismo.

O Caibalion é enfático em destacar a necessidade de expressar e manifestar o conhecimento adquirido. Neste contexto, isso pode ser visto como um convite para que não apenas acumulemos informações, mas para que efetivamente as utilizemos em prol de um entendimento mais profundo do Universo e de nossa própria existência.

Afinal, o que é a verdade? Certamente, a resposta a essa pergunta varia de acordo com o interlocutor. Entretanto, ao observarmos a realidade ao nosso redor, percebemos sutis indícios da ação destes Princípios Herméticos. Eles parecem tecer o tecido da realidade, regendo desde os eventos mais simples aos mais complexos de nossa existência. Ao compreendermos essas leis universais, abrimos a porta para uma compreensão mais lúcida da lógica subjacente ao Universo.

O entendimento das razões dos acontecimentos e a conscientização desses princípios nos equipam com ferramentas poderosas. Com elas, podemos efetivamente moldar nossa realidade, canalizando nossa vontade e influenciando os eventos de nossa vida. Mas, ainda que certos eventos permaneçam inalterados, talvez por razões além de nossa compreensão imediata, nossa relação com eles se transforma. Com esse conhecimento, podemos aceitar com serenidade o fluxo natural da vida, tornando nossas jornadas mais harmoniosas e plenas.

A visão hermética do Universo, que se baseia na interconexão intrínseca de diversos princípios, fornece um arcabouço fascinante para entender a realidade em que habitamos. No cerne dessa perspectiva, encontramos a ideia fundamental de que "o Todo é Mente; o Universo é Mental". Esta noção ecoa a sabedoria expressa pelo Buda, Siddharta Gautama, que afirmou que a mente é a precursora e criadora de todas as coisas.

Se considerarmos esse princípio como verdade, todas as outras leis e princípios se desenrolam naturalmente como consequências desta premissa fundamental. A mente, vista como um campo vibratório, contém ritmos, polaridades e dualidades intrínsecas, além de ser moldada e influenciada pela inexorável lei de Causalidade.

Uma questão intrigante surge: se o Universo é moldado pela mente e tudo é uma manifestação da mente, como podemos explicar a incrível diversidade e complexidade que observamos em nosso mundo? A formação de um simples inseto e a complexidade de um ser humano parecem exigir diferentes "programações" ou conjuntos de informações. A Ciência Moderna, ao estudar o DNA, identificou algumas dessas instruções, mas muitos mistérios permanecem.

Neste cenário, a proposta do cientista Ervin Laszlo sobre a existência de um campo de informação se torna particularmente relevante. Laszlo sugere que existe um campo que manipula a matéria mental, atuando como uma matriz ou reservatório de informações que influenciam a formação e evolução da realidade física. Este campo pode ser a chave para compreendermos a origem e a organização da diversidade que testemunhamos no Universo.

Este campo de informação pode ser visto como uma extensão da própria mente universal – um repositório de padrões, formas e instruções que dão origem à multiplicidade de formas e experiências em nosso mundo. Se aceitarmos essa visão, a mente não é apenas a fonte da criação, mas também o meio pelo qual a informação é armazenada, acessada e manifestada.

A perspectiva hermética, ao unir princípios universais sob a égide da mente, oferece uma abordagem holística e integrada da realidade. Ela nos desafia a olhar além da matéria física e a reconhecer o papel central da mente na moldagem do Universo. Em última análise, essas reflexões nos levam a considerar que a mente é o tecido subjacente da existência, e que a diversidade e a complexidade que observamos são expressões dessa mente em constante evolução e manifestação.

Em uma era caracterizada por uma abundância de informações e a incessante produção de conteúdo, a habilidade de analisar e sintetizar informações torna-se cada vez mais vital. A simples exposição de ideias, embora relevante, muitas vezes não satisfaz a necessidade do leitor moderno, que busca compreensões mais profundas e reflexões críticas sobre os temas abordados.

No cerne da escrita analítica, está o desafio de mergulhar em um texto, destrinchar suas ideias e apresentar, a partir dele, uma nova perspectiva ou uma abordagem renovada sobre o assunto. Ao fazer isso, o escritor não apenas retransmite informações, mas também adiciona valor ao conteúdo, oferecendo ao leitor uma visão ampliada e enriquecida sobre o tema.

Esta tarefa, contudo, é complexa e exige do escritor uma profunda capacidade de compreensão e reflexão. Cada texto é uma entidade única, repleta de nuances, subtextos e camadas de significado. O verdadeiro desafio, portanto, não reside apenas em reproduzir o que está escrito, mas em captar a essência das ideias e apresentá-las de forma clara, coesa e relevante.

Além disso, a escrita analítica não pode ser vista como um mero exercício mecânico. Ela é intrinsecamente ligada ao processo de pensamento crítico do escritor. O ato de analisar um texto é, em muitos aspectos, um diálogo entre o escritor e o autor original. Durante esse diálogo, o escritor questiona, pondera e reflete sobre as ideias apresentadas, construindo, assim, sua própria interpretação.

No contexto brasileiro moderno, a busca por uma escrita analítica de qualidade torna-se ainda mais premente. Vivemos em tempos de polarizações e debates acirrados, onde a clareza de pensamento e a capacidade de apresentar argumentos bem fundamentados são essenciais. A escrita analítica, portanto, não é apenas uma ferramenta acadêmica ou literária, mas uma habilidade crucial para a construção de discursos ricos e significativos.

Além disso, o ato de escrever, por si só, é também um processo de descoberta. Ao se debruçar sobre um texto e buscar compreendê-lo em profundidade, o escritor, muitas vezes, descobre novas perspectivas e amplia seu próprio horizonte de conhecimento. Esse processo de análise e reflexão contribui, assim, para o enriquecimento intelectual e para o desenvolvimento pessoal do escritor.

Diante disso, é essencial reconhecer a importância da escrita analítica como um instrumento de compreensão e reflexão. Em um mundo repleto de informações, a capacidade de analisar, sintetizar e apresentar ideias de forma clara e crítica torna-se uma habilidade indispensável para aqueles que buscam compreender e refletir sobre a complexidade do mundo ao seu redor.

A Ciência Hermética, enigmática e densamente carregada de simbolismo, tem alimentado o imaginário coletivo há séculos. Segundo a Tradição Hermética, o conhecimento se originou com Hermes Trismegisto. Mas como esse mestre místico adquiriu tal sabedoria permanece uma questão complexa e sem resposta definitiva.

É razoável ponderar que Hermes teria adquirido esse conhecimento por intuição mística, especialmente ao considerarmos que certos princípios, como Mentalismo e Correspondência, podem ser derivados apenas da experiência consciente. Entretanto, há fatos que complicam essa hipótese. Muitos princípios herméticos, como os de vibração e polaridade, parecem estar alinhados com descobertas da Ciência Moderna. Por exemplo, o conceito de onda quântica, elucidado no Caibalion, foi precisamente apresentado dezoito anos antes de sua descoberta científica em 1926. Como poderiam os herméticos saber de tais detalhes, anos antes das descobertas científicas?

Além disso, a integração desses princípios com a física de Mentalismo e Correspondência é ainda mais misteriosa. O fato de que "vibrações" existem e correlacionam-se a estados mentais de forma tão precisa que podem prever fenômenos como cognição quântica é surpreendente. A questão subsequente é: de onde surgiu a infinidade de aplicações ocultas baseadas nesses princípios? O modo meticuloso com que são tratadas diverge da natureza experiencial do misticismo, assemelhando-se mais a uma ciência exata.

A possibilidade de que todo esse sistema tenha emergido espontaneamente é pequena. E é ainda mais improvável que tenha incorporado conceitos científicos que só surgiriam séculos depois. Logo, faz-se necessário rastrear suas origens.

Ao voltarmos no tempo, a conexão com o Egito Antigo é inegável. Sabemos que os textos herméticos remanescentes têm suas raízes no período da destruição da Biblioteca de Alexandria e, provavelmente, baseiam-se em Tradições anteriores das Escolas de Mistérios egípcias. Os egípcios, com sua avançada compreensão do mundo, deixaram maravilhas como as pirâmides, cuja construção ainda desafia nosso entendimento contemporâneo.

Entretanto, atribuir a eles a origem da ciência hermética apresenta inconsistências. Por mais avançados que fossem, os egípcios tinham lacunas em áreas que seriam essenciais para fundamentar os conceitos herméticos. Por exemplo, seu conhecimento sobre eletricidade era mínimo, e eles certamente não detinham o entendimento da mecânica quântica.

Hoje, mesmo em nossa sociedade avançada, o Hermetismo ainda aparece como um enigma. Da mesma forma, no Egito, por mais misterioso que fosse, também parecia deslocado. Essa sensação de deslocamento sugere que o Hermetismo pode ser uma relíquia de uma civilização anterior, agora perdida para nós, que sobreviveu ao Egito Antigo e perdura até os dias de hoje.

Em uma incursão ao mundo dos Mistérios não revelados, a ciência oculta emerge como um traço duradouro e intrigante do passado da humanidade. A especulação de que esta ciência seja um resquício de uma era anterior desaparecida em nossos registros encontra respaldo na própria mitologia que a envolve. Ao falarmos sobre esta ciência oculta, é incontornável referir-nos à mitologia que rodeia a Tábua de Esmeralda e suas origens.

Segundo a lenda, a Tábua de Esmeralda estava contida nas Colunas de Hermes, juntamente a mais de trezentos pergaminhos. Acredita-se que tenham sido transferidos para Heliópolis por Alexandre, o Grande. Manetho, o historiador egípcio, alude às suas origens no mundo antediluviano, afirmando que, após o Grande Dilúvio, textos hieroglíficos escritos por Thoth foram traduzidos do idioma sagrado para o grego e depositados nos santuários dos templos egípcios.

Um detalhe notável é que Manetho, vivendo no terceiro século AEC, data a origem desses textos em aproximadamente 9300 AEC, aproximando-se da datação de Platão para um dilúvio catastrófico. Considerando-se a disseminação global de mitos sobre um grande dilúvio e um mundo antediluviano, é improvável que tais narrativas não tenham fundamento real.

Coincidentemente ou não, essa data corresponde ao fim da última era do gelo. Descobertas arqueológicas, como as ruínas em Göbekli Tepe, datam de imediatamente após o término do Pleistoceno, reforçando a hipótese de um evento global catastrófico ocorrido entre os limites do Pleistoceno e Holoceno. Uma catástrofe dessa magnitude seria suficiente para erradicar grande parte da evidência de tal civilização.

Além disso, pesquisadores como Rose e Rand Flem-Ath têm teorizado sobre a existência de uma civilização em regiões da Antártica, que na época poderiam estar livres de gelo. Essas teorias encontram paralelos nos relatos da chamada "Ilha Branca" nas Puranas hindus e no reconhecimento contemporâneo do mapa Piri Reis, que retrata a topografia subglacial da Antártida.

Contudo, a origem do conhecimento hermético vai além da simples datação. Questões "como" e "por quem" esse conhecimento foi originado são mais relevantes e desafiadoras. Supondo que uma civilização antediluviana tenha existido, haveria uma enorme discrepância na arqueologia. Uma civilização capaz de criar tal conhecimento, teoricamente, também poderia desenvolver mecânica quântica, reatores nucleares, aceleradores de partículas e uma infraestrutura avançada. No entanto, não encontramos no registro arqueológico da Terra vestígios de tais feitos grandiosos.

A ausência de evidências dessas infraestruturas colossais desafia nossa compreensão. A arqueologia, apesar de seu vasto alcance, limita-se ao que está presente. Portanto, se não encontramos no nosso Planeta os vestígios de uma civilização tão avançada, somos levados a ponderar sobre outras origens possíveis, talvez além da Terra. É um campo ainda aberto à exploração e reflexão, onde a busca pelo desconhecido continua a fascinar e a desafiar nossa compreensão da história da humanidade.

Mesmo em tempos atuais, a contínua busca pela origem das ciências ocultas revela um cenário intrigante e, para alguns, perturbador. Diante da aparente falta de explicação para tais origens terrenas, surge a provocativa "Hipótese da Intervenção". A proposição é audaz: a origem destas ciências misteriosas, por eliminação, poderia ser extraterrestre.

No âmbito acadêmico e entre os círculos convencionais, essa ideia é rapidamente descartada. Muitos preferem ater-se a explicações mais confortáveis ou tradicionais.

Entretanto, aqueles que optam por uma investigação mais autônoma e livre de preconceitos podem se surpreender com as possíveis evidências dessa hipótese.

Ao adentrarmos nos registros antigos, particularmente aqueles que abordam o mundo pré-diluviano, notamos certas narrativas que parecem corroborar essa teoria. O *Livro Judaico de Enoque*, por exemplo, detalha um mundo antigo em que anjos caídos, denominados "Grigori" ou "Vigilantes", descendem à Terra e ensinam à humanidade diversas ciências ocultas e tecnologias.

Tais entidades não são exclusivas das Tradições judaicas. Civilizações como a suméria, acadiana e egípcia também trazem registros de seres que possuem paralelos notáveis com os Vigilantes de Enoque. Essas entidades, frequentemente associadas a deidades ou seres superiores, são retratadas como professores e guias da humanidade.

Frequentemente, o ceticismo moderno classifica essas narrativas como "mitologia", uma criação ficcional das culturas antigas. No entanto, essa abordagem enfrenta desafios significativos. Narrativas fictícias, ao longo do tempo, tendem a ser reconhecidas como tal. Em contraste, essas histórias sobre intervenção extraterrestre ou Divina são, de forma curiosa, tratadas com mais seriedade quanto mais próximas de suas origens culturais estamos.

O fato de essas narrativas apresentarem paralelos tão consistentes em civilizações distintas e geograficamente dispersas é ainda mais intrigante. Na ausência de meios modernos de comunicação e transporte, como poderiam histórias tão específicas se repetir?

A presença de conceitos avançados, indicativos da Física moderna, em culturas que em outros aspectos eram consideradas menos avançadas, sugere algo além da mera coincidência. Há um indício, mesmo que sutil, de uma intervenção externa, seja ela de origem Divina, seja ela extraterrestre.

No entanto, a verdadeira natureza desses seres permanece um mistério, e, talvez, a distinção entre alienígenas e anjos caídos seja menos relevante do que possamos pensar. O cerne da questão é reconhecer que algo ou alguém, em algum momento, influenciou o desenvolvimento humano de maneira significativa. Esta intervenção, seja qual for sua origem, moldou nosso passado e, indiscutivelmente, continua a reverberar em nossa trajetória coletiva.

O ocultismo, por sua própria definição, refere-se ao conhecimento escondido ou secreto. Desde tempos imemoriais, as ciências ocultas têm desempenhado um papel enigmático na direção dos acontecimentos mundiais e na forma como a história humana se desenrola. A pergunta pertinente que surge é: por que esse conhecimento foi ocultado e quais são as implicações dessa ocultação?

Em uma sociedade onde o adágio "conhecimento é poder" é amplamente aceito, torna-se evidente que aqueles que detêm informações exclusivas possuem uma vantagem significativa sobre os demais. Esse poder, quando oculto, gera uma alavancagem, permitindo a um pequeno grupo dominar a maioria com facilidade. As ciências ocultas, sendo fundamentalmente poderosas, lidam com as forças mais profundas da natureza, muitas vezes incompreendidas ou até mesmo negadas pela grande massa. Assim, ao ocultar esse conhecimento, cria-se um desequilíbrio de poder quase intransponível.

No mundo atual, não é raro encontrar rumores e evidências, mesmo que anedóticas, ligando as elites globais a práticas ocultas. Em algumas ocasiões, essas alegações, anteriormente descartadas como teorias da conspiração, foram posteriormente validadas. A associação entre figuras proeminentes e práticas ocultas sugere uma rede de poderes ocultos atuando por trás dos bastidores de nossa realidade visível.

A história tem registrado achados arqueológicos e antropológicos que desafiam a narrativa estabelecida. Por exemplo, os crânios de Paracas, que mostram uma anatomia incomum, desafiam a explicação oficial de deformação craniana intencional. A falta de uma sutura sagital, junto a testes de DNA que indicam uma variação genética, lança dúvidas sobre a história padrão. Talvez, de forma mais intrigante, haja indicações de que linhagens antigas com características cranianas similares possam ter influenciado dinastias reais, cujos vestígios podem ser encontrados até hoje entre as elites contemporâneas.

Alega-se que os antigos "reis-deuses" eram descendentes de seres responsáveis pelo início deste conhecimento oculto. Estes seres, muitas vezes vistos como figuras malignas em textos antigos, como o Livro de Enoque, teriam estabelecido estruturas de poder que persistem até hoje.

Vivemos, por muitos anos, em uma era dominada pelo pensamento materialista, muitas vezes referida como a Kali Yuga ou o "Triunfo do Materialismo". Contudo, com a conclusão deste período, a humanidade tem diante de si uma oportunidade única de redescoberta e iluminação. Cabe a nós decidirmos se vamos buscar o conhecimento oculto e equilibrar as escalas de poder ou continuar a sermos conduzidos por forças invisíveis que operam nas sombras. A busca pelo entendimento e pela verdade, neste contexto, não é apenas um ato de curiosidade, mas um imperativo para o bem-estar e a liberdade da humanidade.

Em uma época em que o acesso à informação é mais democratizado do que nunca, a maneira como interpretamos e aceitamos o conhecimento é de extrema importância. É intrigante observar como diferentes indivíduos podem se deparar com as mesmas informações e, no entanto, processá-las de maneiras tão diversas.

Ao analisar a relação entre o conhecimento e seu impacto em nosso futuro, torna-se evidente que existe uma disparidade de poder nesse campo. Para equalizar esse desequilíbrio, é imperativo uma ampla educação sobre os tópicos em questão. Contudo, apesar de haver uma crescente conscientização sobre esses temas, muitos encontram dificuldades em aceitá-los. Essas resistências muitas vezes estão enraizadas em estruturas irracionais programadas em nossa psique, frequentemente implantadas por aqueles que detêm meios significativos de influência.

Um aspecto fundamental desse desafio é entender as reações esperadas do público. Se bem apresentadas e se o leitor estiver disposto, as informações podem revelar paralelos fascinantes entre descobertas da Ciência Moderna e fenômenos ocultos. No entanto, também é vital ressaltar a responsabilidade que vem com tal conhecimento. Ele não deve ser usado imprudentemente.

As reações aos conteúdos geralmente podem ser categorizadas em três grupos principais:

Aceitação Aberta: alguns indivíduos não apenas aceitarão a informação, mas também discutirão sobre ela publicamente sem reservas.

Aceitação Privada: existem aqueles que, embora reconheçam a lógica e aceitem as informações, preferem manter suas crenças em privado, muitas vezes por receios sociais.

Rejeição Completa: alguns escolherão filtrar qualquer informação que contrarie suas preconcepções. Esta rejeição é frequentemente moldada por padrões de pensamento que os limitam a ver apenas uma perspectiva.

A resistência psicológica é um obstáculo notório. Muitos rejeitam informações simplesmente porque elas não se alinham ao conhecimento geralmente aceito. Mas quem define o que é aceitável? A confiança excessiva em autoridades externas, em vez de uma análise crítica pessoal, é um reflexo da psicologia humana.

Em campos como a física, observamos resistência, mesmo quando a ciência apoia certos conceitos. A mecânica quântica, por exemplo, tem implicações profundas que muitos físicos optam por ignorar. A neurociência, embora uma ferramenta valiosa, muitas vezes aborda a mente de uma perspectiva puramente materialista, negligenciando a complexidade da consciência. A filosofia da mente, por sua vez, está repleta de controvérsias, com debates acirrados sobre a natureza da consciência.

Por fim, áreas como a arqueologia e a antropologia não são isentas de vieses. Anomalias que desafiam narrativas convencionais são frequentemente negligenciadas.

Em face desses desafios, a questão permanece: como abordamos o conhecimento e como podemos superar barreiras psicológicas para aceitá-lo? A resposta pode estar em cultivar uma mente mais aberta, questionando autoridades e confiando em nossa própria capacidade de discernimento.

No vasto Universo do conhecimento, a problemática que frequentemente emerge é a associação automática entre autoridade – especialmente a acadêmica – e o próprio conhecimento. Por vezes, muitos indivíduos rejeitam informações por não emanarem de uma fonte que consideram autoritária. Esta postura revela uma inclinação psicológica para a dependência, em que as pessoas optam por seguir cegamente em vez de questionar e avaliar.

A autoridade, frequentemente ligada à iniciação e à confiança, pode ser identificada como traços masculinos, enquanto a recepção, o ato de aceitar e absorver informações, está mais relacionada ao feminino. Ambos os traços são essenciais e complementares; contudo, quando desequilibrados, geram distorções. A aceitação cega de informações, sem questionamento ou abertura para outras possibilidades, é um exemplo de tal desequilíbrio.

Entendendo este cenário, emerge-se uma estratégia clara: ao invés de confrontar diretamente essa autoridade falha, é mais eficaz minar e reivindicar essa autoridade. A luta direta contra sistemas estabelecidos frequentemente resulta em resistência, enquanto trabalhar a partir de dentro pode gerar mudanças mais significativas e duradouras. Neste contexto, aqueles que silenciosamente aceitam novas ideias, mas não as expressam publicamente, têm um papel crucial, podendo atuar subtilmente, empregando a autoridade psicológica existente para promover a verdade, ao invés de suprimi-la.

Para alcançar esse objetivo, uma abordagem mais sutil é requerida. Em vez de desafiar o *status quo* diretamente, o caminho pode envolver introduzir tópicos que, embora estejam nos limites da normalidade atual, conduzam às conclusões desejadas. Tópicos como física digital e a natureza ilusória do espaço e do tempo, bem como discussões sobre a natureza imaterial da mente, podem ser portas de entrada. À medida que tais discussões se tornam mais comuns, torna-se possível introduzir as pessoas às conclusões lógicas que delas emanam.

O objetivo final é desmantelar, por meio de contrainformações, os bloqueios mentais que impedem ideias inovadoras de se tornarem dominantes. Se tal estratégia for adotada de maneira coordenada, os obstáculos e as falsas autoridades que os sustentam podem se desintegrar rapidamente.

Em última análise, cada indivíduo tem um papel a desempenhar nesta transformação do saber. Independentemente da profissão ou do modo de vida, todos têm o poder de questionar, reavaliar e eventualmente transformar a paisagem do conhecimento. Cabe a cada um fazer essa escolha de maneira sábia e consciente.

Chegamos ao fim de uma jornada. Mas, como todas as verdades esotéricas nos mostram, o fim é apenas outro começo. Ao longo das páginas deste livro, mergulhamos nas profundezas do conhecimento hermético, buscando compreender como essas leis atemporais se entrelaçam com a arte da Bruxaria. Em cada linha, em cada capítulo, havia uma promessa silenciosa de transformação, de um renascimento alquímico.

Refletindo sobre o que foi aprendido, não se trata apenas de rituais e feitiços, mas de uma profunda compreensão de nós mesmos e do Cosmos. Esta sabedoria não é um fim em si mesma, mas um meio para alcançar um estado elevado de consciência e conexão. Cada conceito hermético, embora não mencionado explicitamente, foi entrelaçado na teia da Magia que agora se revela diante de você.

O poder da Bruxaria, quando visto através das lentes do Caibalion, não é um poder mundano, mas um poder que nasce da harmonia com o Universo. É uma dança com as energias cósmicas, onde o Bruxo se torna um condutor de forças que muitos não veem, mas que permeiam tudo.

Neste livro refletimos sobre a jornada mágica que percorremos ao explorar os princípios herméticos do *Caibalion para Bruxos*. Essa jornada nos levou através das leis universais que regem o Cosmos e nos mostrou como aplicar essa sabedoria atemporal em nossa prática mágica moderna.

Mergulhamos na profunda compreensão do Mentalismo, da Correspondência, da Vibração, da Polaridade, do Ritmo, do Gênero, da Transmutação, da Conexão Universal e da Autenticidade. Cada um desses princípios oferece um insight único para os Bruxos, capacitando-os a cocriar sua realidade de acordo com suas intenções e desejos mais profundos.

Nós, Bruxos, compreendemos que a mente é uma ferramenta poderosa, e que, através do poder do pensamento e da intenção, podemos moldar a realidade ao nosso redor. Utilizamos as correspondências para se alinhar com as energias dos diferentes planos da existência, canalizando sua Magia de maneira mais eficaz.

A manipulação consciente das vibrações sutis permite que os Bruxos se sintonizem com as energias do Universo, usando-as para influenciar e transformar a realidade. A compreensão da polaridade os capacita a equilibrar as forças opostas, transformando desafios em oportunidades e buscando a harmonia interna e externa.

Lembre-se de que a Magia não é apenas sobre mudar o mundo ao seu redor, mas sobre transformar o mundo dentro de você. À medida que alinha sua prática com os ensinamentos herméticos, não apenas muda sua realidade externa, como também passa por uma profunda metamorfose interna.

Muitos entram no caminho da Bruxaria buscando poder. Mas o verdadeiro poder não reside em dominar os outros, mas em se dominar. O conhecimento hermético oferece uma rota, um mapa, para essa maestria interna.

Há uma beleza em perceber que, na vastidão do Cosmos, com seus segredos e Mistérios, há princípios e leis que guiam tudo. Agora, a chave para essas leis está em suas mãos.

Mas com grande poder vem grande responsabilidade. Use tudo que aprendeu com sabedoria, amor e respeito.

Não se apresse. Como um vinho que melhora com o tempo, permita que sua compreensão e prática mágica amadureçam. Haverá momentos de dúvida, momentos de incerteza, mas é nesses momentos que o verdadeiro crescimento ocorre.

À medida que avança, você perceberá que não está sozinho. Há uma rede de energia, uma teia de conexões, que liga todos os seres. Ao passo que, à medida que você se alinha com o Cosmos, essa rede se tornará cada vez mais aparente.

Então, ao virar a última página, não pense neste momento como um adeus, mas como um novo alvorecer. O conhecimento que você adquiriu não é o final, mas um convite para explorar, aprender, crescer e se transformar.

Que sua jornada pela Bruxaria, iluminada pelos ensinamentos herméticos, seja repleta de descobertas, maravilhas e, acima de tudo, de Magia. Porque, afinal, a vida em si é o maior ritual e você é o mágico.

À medida que prosseguir em sua prática mágica com os ensinamentos do Caibalion em mente, você vai perceber uma sinergia emergente. Sua intuição, antes um sussurro, torna-se uma voz clara e definida, guiando-o através dos meandros da vida. Cada obstáculo, cada desafio, será visto não como um fim, mas como uma oportunidade para aplicar e testar o conhecimento adquirido.

Ao refletir sobre os rituais e práticas que você realizou no passado, eles podem parecer diferentes agora. Haverá uma profundidade adicional, uma compreensão mais ampla. Cada gesto, cada palavra proferida, carrega agora o peso e a sabedoria dos antigos mestres herméticos.

E enquanto se aprofunda em sua prática, é essencial manter a humildade. O Universo é vasto, por mais que saibamos, há sempre mais para aprender. O verdadeiro mestre é eternamente um aluno, sempre curioso, sempre aberto a novas revelações. A Magia, como a vida, é uma jornada contínua de descoberta e redescoberta.

As conexões que você fará com outros ao longo do caminho também se tornarão mais ricas. Através da lente hermética, você verá a centelha Divina em todos, reconhecendo a unidade fundamental que nos une. Este entendimento transcende palavras e rituais; é o coração pulsante da verdadeira Magia.

Além disso, é crucial lembrar que o conhecimento não é apenas para ser guardado, mas para ser compartilhado. Ao iluminar o caminho de outros, sua luz brilha ainda mais intensamente. A verdadeira grandeza de um Bruxo não está em quão poderoso ele é, mas em quão poderoso ele capacita outros a serem.

Haverá momentos de escuridão, onde a dúvida e o medo podem tentar desviar você de seu caminho. Surgirão, inevitavelmente, momentos de questionamento. Momentos em que o caminho parece incerto, onde a Magia parece distante. Nestes momentos, é crucial retornar ao seu centro, lembrar-se do porquê de sua jornada e abraçar a sabedoria inerente que agora reside em você. Volte-se para as páginas deste livro, para os princípios herméticos que agora estão gravados em seu coração. Eles servirão como um farol, guiando-o de volta ao caminho da verdade e da luz.

Assim, ao sair para o mundo armado com o conhecimento e a sabedoria que adquiriu, lembre-se sempre da Magia inerente em tudo. Cada amanhecer, cada pôr do sol, cada riso e cada lágrima são manifestações da dança cósmica da qual todos fazemos parte.

Você agora detém as chaves para desbloquear os portais do entendimento e da transformação. Use-as com sabedoria, amor e compaixão. Acima de tudo, confie no processo. A jornada mágica que você embarcou não é linear, mas espiral. E, em cada volta, em cada ciclo, você se encontrará mais perto do núcleo de quem realmente é.

O mundo aguarda sua Magia, sua visão única, sua voz. Com o Caibalion como seu guia e a Bruxaria como sua ferramenta, você está pronto para moldar e transformar não apenas sua própria realidade, mas a rede maior da qual todos fazemos parte.

Que sua jornada seja abençoada e que cada passo que você dê seja um passo em direção à verdadeira realização. E saiba que, mesmo quando este livro estiver fechado e guardado em uma prateleira, seu espírito e seus ensinamentos estarão sempre com você, iluminando o caminho.

Com os ensinamentos do Caibalion agora interligados à sua essência, a paisagem da vida começa a adquirir novas cores e dimensões. As complexidades que antes pareciam intransponíveis tornam-se desafios esperando por sua Alquimia interior. A cada passo, a vida se desdobra não como um conjunto aleatório de eventos, mas como uma série de padrões, todos interligados e vibrando em harmonia.

É imperativo, contudo, manter-se ancorado. Enquanto o conhecimento esotérico eleva e expande a mente, o mundo físico continua sendo nosso lar e nosso campo de prática. A terra sob seus pés, o ar que você respira, o fogo de sua paixão e a água de suas emoções são todos lembretes tangíveis de sua conexão com o Todo.

A Magia, em sua essência, não é apenas sobre o que é evocado, mas também sobre o que é invocado. E com a sabedoria do Caibalion, a invocação torna-se uma expressão mais pura de sua verdadeira vontade. A clareza que agora possui permite que se alinhe com intenções mais elevadas, transcendendo desejos efêmeros e conectando-se com propósitos mais profundos.

As relações também se transformarão. Com a percepção ampliada dos princípios herméticos, você reconhecerá a Magia em cada interação, em cada olhar trocado, em cada palavra compartilhada. As pessoas não serão vistas como entidades separadas, mas como extensões da mesma força vital que flui através de todos nós.

A natureza cíclica da existência também se tornará mais aparente. Assim como as estações mudam e a lua transita por suas fases, você também experimentará ciclos em sua prática mágica. Haverá tempos de abundância e tempos de recolhimento. Em cada fase, há uma lição a ser aprendida, um mistério a ser desvendado.

Ao continuar sua prática, é essencial celebrar as pequenas vitórias. Cada insight adquirido, cada barreira superada, é um testemunho de seu comprometimento com o caminho da sabedoria. À medida que você celebra, o Universo celebra com você, amplificando sua alegria e seu poder.

Nossa jornada pelo Caibalion para Bruxos nos mostrou que a Magia Hermética é uma busca constante pela compreensão, crescimento e cocriação. Esses princípios universais continuam a guiar os Bruxos modernos em sua exploração dos Mistérios do Universo e na busca pelo conhecimento oculto.

Ao fecharmos este livro, lembramo-nos de que nossa jornada mágica está longe de terminar. Os princípios herméticos que exploramos são apenas o começo de uma jornada de autodescoberta, crescimento espiritual e exploração dos Mistérios do Universo.

A Magia Hermética é uma Tradição rica e profunda, transmitida ao longo das eras por aqueles que buscavam compreender os segredos do Cosmos e sua conexão com a mente humana. Como Bruxos modernos, continuamos essa Tradição trazendo os ensinamentos do Caibalion para nossas vidas e práticas.

Cada princípio hermético oferece uma perspectiva única para a nossa Magia. Desde a compreensão da mente como criadora, até a exploração das energias sutis do Universo e a busca pela autenticidade, esses princípios nos capacita a sermos Magos conscientes e criativos.

Lembre-se de que a Magia é uma jornada individual e pessoal. À medida que avançamos em nossas práticas, exploramos nossos próprios mistérios internos e nos conectamos com as forças do Universo. Cada passo é uma oportunidade para o crescimento, o aprendizado e a transformação.

Assim como os admiradores do Caibalion antes de nós, continuamos a explorar os Mistérios da existência e a desvendar os segredos do Universo. Seguindo esse caminho, lembremo-nos sempre do poder da mente, das energias sutis, das polaridades, dos ritmos naturais, da autenticidade e da conexão com o todo.

Que essa jornada seja uma inspiração contínua para todos os Bruxos que desejam desvendar os segredos da Magia e mergulhar nas profundezas do Mistério cósmico. Que a aplicação desses princípios herméticos continue a enriquecer suas práticas mágicas e suas vidas, capacitando-os a criar uma realidade alinhada com suas mais altas intenções e desejos. Que a Magia continue a fluir em sua jornada, guiando-os para as profundezas da sabedoria e da transformação.

Em meio ao vasto espectro de práticas esotéricas e Tradições místicas, a Wicca se destaca como um caminho espiritual que valoriza a natureza, a energia e a autotransformação. Contudo, ao mergulharmos profundamente nas raízes destes sistemas, é impossível não observar a influência de outras filosofias ancestrais, como a dos Princípios Herméticos.

A natureza interconectada dessas crenças lança luz sobre uma experiência espiritual rica e complexa, que desafia as fronteiras do tempo e da cultura.

Ao considerar a relação entre o ritmo, o equilíbrio e a causalidade, conforme delineado no texto fornecido, encontramos paralelos notáveis com as práticas Wiccanianas e Bruxas. Por exemplo, o Sabbat Wiccaniano, que celebra o ciclo anual do sol, é um testemunho do ritmo inerente da natureza, ecoando o Princípio do Ritmo. Durante esses festivais, os praticantes reconhecem a dança interminável de crescimento e declínio, de vida e morte, mantendo um equilíbrio harmonioso em suas vidas e em suas práticas.

A ideia de se tornar seu próprio Mestre é um conceito fortemente ressoante no coração da Bruxaria. Bruxas, ao longo dos tempos, foram vistas como pessoas que detêm conhecimento oculto, que lhes permite moldar e influenciar seu ambiente, ao invés de serem meras peças à mercê do destino. Este poder, contudo, não vem da rejeição da natureza ou de seus ritmos, mas de uma profunda compreensão e harmonização com eles.

Não há dúvidas de que a contribuição de Atkinson à filosofia hermética ressoa fortemente com muitos Wiccanianos e Bruxos modernos, pois destaca o poder da autodescoberta e do reconhecimento da Divindade interior. Ao invés de procurar respostas no externo ou em entidades supremas distantes, o foco muda para a exploração e a celebração do Divino dentro de cada indivíduo. Esta noção, arraigada na crença Wiccaniana do Deus e da Deusa presentes em todos e em tudo, amplifica a ideia de que somos todos cocriadores de nossa realidade, moldando-a através de nossas ações, intenções e Magia.

O Caibalion, ao enfatizar a transmutação mental e a natureza mental do Universo, ecoa o conceito Wiccaniano da "Lei Tríplice", sustentando que tudo o que emitimos em pensamento, palavras ou ação, retorna para nós. Em outras palavras, se nossa mentalidade e intenções são puras e positivas, o Universo refletirá essa positividade de volta para nós.

A herança dos Princípios Herméticos na Wicca e na Bruxaria é uma prova da universalidade das verdades espirituais. Mesmo que cada Tradição tenha suas peculiaridades e rituais específicos, há princípios atemporais e universais que os atravessam. Reconhecer e compreender esses princípios não apenas enriquece nossa prática espiritual, mas também nos conecta com os místicos, sábios e Bruxas que caminharam antes de nós. Ao olhar para o futuro, é emocionante imaginar como essas Tradições continuarão a evoluir, enquanto permanecem firmemente enraizadas nas verdades eternas do Cosmos.

Agora, caro leitor, você está armado com ferramentas mais poderosas do que qualquer Athame ou Bastão: o conhecimento. Mas como qualquer ferramenta, seu valor está em sua aplicação. É fácil se perder na teoria, fascinado pelas complexidades do esotérico. No entanto, o verdadeiro teste está na prática.

Enquanto você fecha este livro, é natural se perguntar: "o que vem a seguir?" A resposta reside dentro de você. É seu dever decidir como tecer esse conhecimento em sua prática diária, como integrar os princípios universais à sua Magia e como usar esse entendimento para evoluir e crescer.

Ao fechar este capítulo de sua jornada, o Universo o convida a abrir muitos outros. Cada dia é uma página em branco, esperando ser preenchida com sua Magia, sua paixão e sua visão. Com o Caibalion como sua bússola, não há limites para onde pode ir e o que pode alcançar.

E então, com um coração cheio de gratidão e olhos cheios de maravilha, avance. Saiba que cada passo que der será apoiado por séculos de sabedoria e por uma infinita rede de energia cósmica. Você não está sozinho nesta jornada. Você é parte de algo maior, algo Divino.

Perceba que, embora o livro esteja chegando ao fim, sua jornada está apenas começando. Cada ritual que realizar, cada feitiço que lançar estará impregnado com a sabedoria hermética. Com isso, a Magia que invocar será mais profunda, mais ressonante e mais alinhada com o Universo.

Que o Caibalion continue a nos inspirar, aprofundando nossa compreensão da Magia Hermética e enriquecendo nossas vidas com sabedoria, poder e transformação. Que cada ritual, meditação e intenção nos leve mais para perto da verdade universal e nos permita cocriar um mundo cheio de beleza, harmonia e Magia.

A Magia nos espera, como um vasto e inexplorado território de possibilidades. Que continuemos a explorá-la com mente aberta, coração valente e espírito curioso. A jornada mágica continua e, a cada passo, aproximamo-nos ainda mais da essência profunda que une todas as coisas no Cosmos.

Abrace sua Magia, viva sua verdade e permita que o Caibalion seja seu eterno guia. Pois agora, mais do que nunca, o mundo precisa da luz que você carrega dentro de si.

COMPÊNDIO

Os 7 estágios alquímicos e sua correlação com os 7 Princípios Herméticos

A Alquimia, em sua essência, não é apenas a precursora da química moderna, mas também um rico campo de simbolismo e espiritualidade. Seus sete estágios de transformação fornecem uma estrutura para o crescimento e desenvolvimento pessoal, e são surpreendentemente paralelos aos sete Princípios Herméticos, encontrados no "Caibalion". Esses princípios são considerados leis universais que governam a realidade, de acordo com a filosofia hermética. Exploraremos como cada estágio da transformação alquímica se correlaciona com um Princípio Hermético, revelando uma tapeçaria intricada de significado e introspecção.

Calcinação e o Princípio do Mentalismo

A calcinação é a queima da matéria até que apenas as cinzas restem, um processo que elimina o excesso e purifica. No campo psicológico, representa a destruição do ego e a libertação de apegos materiais. O Princípio do Mentalismo afirma que "o Todo é mente; o Universo é mental". A calcinação, portanto, pode ser vista como a queima de ilusões, trazendo-nos para a realidade fundamental da existência: a consciência pura.

Dissolução e o Princípio da Correspondência

A dissolução alquímica envolve a mistura das cinzas com água, simbolizando a imersão no inconsciente. O Princípio da Correspondência, encapsulado pela máxima "como acima, é abaixo", sugere uma harmonia entre os vários planos da existência. Na dissolução, reconhecemos e começamos a entender as partes ocultas de nós mesmos, refletindo a interconexão entre nosso microcosmo interior e o macrocosmo exterior.

Separação e o Princípio da Vibração

Separação é o ato de isolar e filtrar os elementos após a dissolução, um processo seletivo de discernimento. Analogamente, o Princípio da Vibração nos ensina que tudo está em movimento e cada coisa vibra de maneira única. A separação alquímica é o ajuste fino do nosso ser, escolhendo as vibrações que queremos encorajar ou suprimir dentro de nós.

Conjunção e o Princípio da Polaridade

Na conjunção, os alquimistas combinam elementos opostos para formar algo novo. Isto é paralelo ao Princípio da Polaridade que diz que tudo tem seu oposto. A conjunção é a harmonização das dualidades, a criação do equilíbrio interior, refletindo a interdependência entre as forças contrastantes do Universo.

Fermentação e o Princípio do Ritmo

A fermentação é o início de uma nova vida através da introdução de um novo agente, como a levedura no vinho, por exemplo. Ela se alinha com o Princípio do Ritmo, que fala sobre fluxo e refluxo, a maré constante de vida e transformação. Assim como o vinho deve fermentar, nós também devemos nos permitir passar pelos ciclos naturais de crescimento e renovação.

Destilação e o Princípio da Causa e Efeito

A destilação alquímica busca purificar a substância até sua essência. Isso ressoa com o Princípio da Causa e Efeito, onde cada ação tem uma reação correspondente. Na destilação, cada refinamento é uma causa que leva a um efeito mais puro e elevado, um espelho do processo pelo qual refletimos e corrigimos nossas ações para alcançar uma vida mais intencional e espiritualizada.

Coagulação e o Princípio do Gênero

A coagulação é o fim do trabalho alquímico, onde o material transformado se solidifica em uma nova forma. Este estágio é um reflexo do Princípio do Gênero, que afirma que o gênero existe em tudo. A coagulação é a união final dos aspectos masculino e feminino dentro da criação alquímica, a manifestação da totalidade.

Os sete estágios da transformação alquímica, quando vistos através das lentes dos Princípios Herméticos, revelam uma profunda conexão entre o nosso crescimento espiritual e as leis universais. Cada estágio não só representa uma fase de transmutação material, mas também simboliza um passo na jornada do autoconhecimento e do desenvolvimento da consciência.

Esse entrelaçamento entre os estágios alquímicos e os Princípios Herméticos mostra que a transformação pessoal segue um ritmo universal, onde cada passo no caminho interior reflete uma lei maior que governa a realidade. A prática consciente desses princípios e estágios não é meramente uma busca pela transmutação de metais base em ouro, mas uma metáfora para refinar o espírito humano, buscando alcançar a verdadeira sabedoria e harmonia com o cosmos.

Assim, torna-se claro que os alquimistas não estavam apenas tentando transformar o chumbo em ouro; eles estavam tentando tornar o "chumbo" da ignorância humana em "ouro" da iluminação espiritual. Através do entendimento e aplicação dos Princípios Herméticos em suas vidas, os indivíduos podem não só almejar a transmutação de suas realidades materiais, mas também aspirar à alquimia de suas almas.

Resumindo, temos a seguinte correlação:

1. Calcinação

- Químico: aquecimento de uma substância sobre a chama até que se transforme em cinzas.
- Psicológico: quebrar o ego e o apego ao mundo material.
- Correlação Hermética: Princípio do Mentalismo – "o Universo é mental"; a quebra do ego pode ser vista como uma forma de entender e trabalhar com a natureza mental da realidade.

2. Dissolução

- Químico: dissolução das cinzas das substâncias em água.
- Psicológico: imersão no inconsciente. A mente consciente libera o controle, levando ao ressurgimento de partes de nós mesmos que estavam ocultas.
- Correlação Hermética: Princípio da Correspondência – "como acima, é abaixo"; a dissolução de barreiras conscientes reflete a interconexão de todos os planos da existência.

3. Separação

- Químico: isolar e filtrar os produtos da dissolução.
- Psicológico: revisar o material ressurgido e decidir o que separar ou integrar. Quais partes de nossas sombras podemos aprender e o que nos impede?
- Correlação Hermética: Princípio da Vibração – "nada está em repouso; tudo se move; tudo vibra". A separação pode ser vista como o ato de sintonizar com as diferentes vibrações dentro de nós.

4. Conjunção

- Químico: formar uma nova substância a partir dos elementos separados que escolhemos manter.
- Psicológico: fusão do consciente e do inconsciente. A mescla de dualidades permite que o verdadeiro eu surja.
- Correlação Hermética: Princípio da Polaridade – "tudo é duplo; tudo tem dois polos; tudo tem seu par de opostos". A conjunção é a harmonização dos opostos.

5. Fermentação

- Químico: induzir a quebra química da substância com bactérias ou outros micro-organismos.
- Psicológico: iniciação do despertar espiritual através do teste da força da solução. Para criar vinho, as uvas devem apodrecer. O sofrimento cria resiliência.
- Correlação Hermética: Princípio do Ritmo – "tudo flui, para fora e para dentro; tudo tem suas marés. A fermentação reflete os ciclos de crescimento e decadência.

6. Destilação

- Químico: ferver e condensar a solução para aumentar a pureza.
- Psicológico: purificação do espírito – onde garantimos que o ego não controla mais, dando-nos a habilidade de apreciar a beleza do eu coletivo.
- Correlação Hermética: Princípio da Causa e Efeito – "toda Causa tem seu Efeito; todo Efeito tem sua Causa". A destilação é um processo de refinar causas para obter efeitos mais puros.

7. Coagulação

- Químico: transformação para um estado sólido.
- Psicológico: a união da matéria e do espírito que nos permite perceber o mundo sem dualidades e viver em todos os níveis de consciência. O resultado final é a famosa Pedra Filosofal.
- Correlação Hermética: Princípio do Gênero – "o gênero está em tudo; todas as coisas têm seus princípios Masculino e Feminino". A coagulação simboliza a unificação dos aspectos de gênero da criação para manifestar a realidade final.

Relação dos Princípios Herméticos com a Árvore da Vida da Cabala

A conexão entre a Cabala e os Princípios Herméticos pode ser vista como a união de dois sistemas filosóficos e esotéricos ricos e complexos que têm influenciado pensadores e buscadores espirituais ao longo da história. Ambas as Tradições oferecem caminhos para a compreensão da realidade, do Divino e do papel do ser humano no Universo. Esta breve parte do Compêndio busca explorar as possibilidades de estabelecer uma conexão entre a Cabala e os Princípios Herméticos.

Para começar a explorar as conexões entre a Cabala e os Princípios Herméticos, é útil considerar ambos como mapas que tentam descrever a natureza da realidade e as forças que operam dentro dela. Eles compartilham um entendimento de que o universo não é apenas um conjunto aleatório de eventos, mas um domínio ordenado e interconectado que reflete uma maior consciência ou inteligência.

Um ponto de intersecção claro é a busca pela unidade e pelo conhecimento oculto. Tanto a Cabala quanto o Hermetismo valorizam o conhecimento esotérico como um meio de aproximar o indivíduo do Divino. Ambas as Tradições reconhecem que há uma realidade além daquela percebida pelos sentidos comuns, e que essa realidade é acessível através da introspecção, da meditação e do estudo dos símbolos e das leis ocultas.

A relação entre a Árvore da Vida da Cabala e os Princípios Herméticos oferece um rico entrelaçamento de ideias e conexões que nos ajudam a compreender como os antigos sistemas de pensamento simbolizam a estrutura do Universo e nossa jornada dentro dele. Veja como os 7 Princípios Herméticos se manifestam dentro das esferas da Árvore da Vida da Cabala, criando um diálogo entre duas Tradições esotéricas milenares:

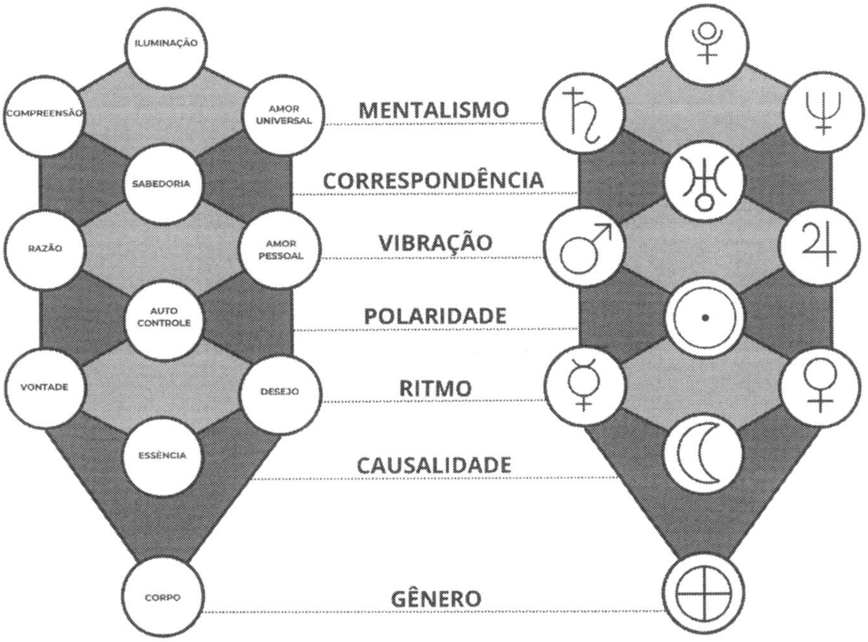

Mentalismo: a Manifestação das Esferas Superiores da Iluminação (Kether), Amor Universal (Chokmah), Sabedoria (Daath), Compreensão (Binah)

O Princípio do Mentalismo, que afirma que "o Todo é Mente; o Universo é Mental", encontra expressão nas esferas mais elevadas da Árvore da Vida. Kether, a coroa, é a esfera da Iluminação e representa a unidade com a fonte de toda a Criação, ecoando o conceito de que tudo emerge da consciência universal. Chokmah, a esfera do Amor Universal, personifica a expansão da energia criativa que surge da mente do Todo. Daath, conhecida por "sabedoria", mas que também se situa na posição de um portal para o conhecimento oculto, ressalta que o conhecimento e a compreensão são nascidos da mente. Binah, com sua capacidade de compreensão, reflete a estruturação e a ordem que a mente universal impõe à criação.

Correspondência: a Sabedoria de Daath

A Correspondência, que é evidenciada no dito hermético "como acima, é abaixo; como abaixo, é acima", é vivenciada na esfera de Daath, onde o conhecimento e a compreensão dos mundos superior e inferior se encontram. Daath é a esfera que, mesmo não sendo sempre reconhecida, conecta e reflete a sabedoria das dimensões mais elevadas no plano material.

Vibração: a Dança das Esferas Dinâmicas do Amor Pessoal (Chesed), Sabedoria (Daath), Razão (Geburah), Autocontrole (Tiphereth)

A Vibração, o Princípio que nos diz que "nada está em repouso; tudo se move; tudo vibra", pulsa através de *Chesed*, a esfera do amor pessoal que promove a generosidade e o fluxo de energia positiva. Em *Daath*, a vibração é o conhecimento que ressoa entre todos os aspectos da Criação. *Geburah*, a esfera da razão e da justiça, impõe limites que são continuamente desafiados e reformulados pela vibração da vida. *Tiphereth*, o coração da Árvore da Vida, é o equilíbrio e a beleza que emerge da interação dinâmica das forças.

Polaridade: o Equilíbrio de Tiphereth

A Polaridade, que ensina que "tudo é duplo; tudo tem dois polos; tudo tem seu par de opostos", é manifestada em *Tiphereth*. Esta esfera representa o autocontrole e o equilíbrio, o ponto de encontro entre as forças complementares e opostas que caracterizam a existência.

Ritmo: o Movimento das Esferas Intermediárias do Desejo (Netzach), Essência (Yesod), Vontade (Hod) e Autocontrole (Tiphereth)

O Princípio do Ritmo é vivido nas esferas que lidam com as forças que movem o ser humano: *Netzach* (Desejo), *Hod* (Vontade), *Yesod* (Essência) e novamente *Tiphereth* (Autocontrole). Essas esferas trabalham juntas para criar o fluxo e refluxo da vida, garantindo que nada permaneça estático e que haja sempre um retorno ou um avanço na jornada da alma.

Causalidade: a Ação de Yesod

A Causalidade, que é reconhecida no Princípio de que "toda Causa tem seu Efeito; todo Efeito tem sua Causa", é manifestada principalmente em *Yesod*. Esta esfera, associada à essência, é a fundação sobre a qual as ações se manifestam no mundo físico e onde podemos observar a interconexão entre causa e efeito.

Gênero: a Materialização do Corpo em Malkuth

Finalmente, o Princípio do Gênero, que afirma que "o gênero está em tudo; todas as coisas têm seus princípios Masculino e Feminino", é representado por *Malkuth*, a esfera que simboliza o Corpo, a matéria e o mundo físico, onde a interação dos princípios masculino e feminino é mais evidente. *Malkuth* é o ponto onde a energia desce da pura consciência para se materializar na forma. As qualidades dinâmicas e receptivas, ativas e receptivas, são expressas em todos os aspectos da existência física, mostrando como o Gênero se manifesta em múltiplos níveis, desde os mais etéreos até os mais concretos. Em *Malkuth*, o Princípio do Gênero também nos lembra da necessidade do equilíbrio entre dar e receber, ação e reflexão, essencial para a manifestação de qualquer criação no mundo físico. O equilíbrio entre essas forças é fundamental para a sustentação da vida e para o progresso da consciência no caminho espiritual.

Síntese e Conclusão

Ao estabelecer um paralelo entre os Princípios Herméticos e as esferas da Árvore da Vida da Cabala, é possível perceber como esses sistemas antigos oferecem mapas complementares para a jornada espiritual. Eles não são apenas estruturas para a contemplação intelectual, mas também ferramentas práticas para a transformação pessoal e a realização do ser.

Cada esfera da Árvore da Vida vibra com a energia de um ou mais Princípios Herméticos, sugerindo que o caminho do autoconhecimento e da realização espiritual envolve a compreensão e a aplicação dessas leis universais. Ao meditar sobre essas correspondências, o estudioso ou praticante pode começar a ver como os Princípios Herméticos se manifestam em sua própria vida e como as forças simbolizadas pelas esferas da Cabala operam dentro de si e no mundo ao seu redor.

Através da contemplação e da integração dos Princípios Herméticos com as esferas da Árvore da Vida, podemos começar a entender como o macrocosmo e o microcosmo estão profundamente ligados, e como o nosso desenvolvimento espiritual é um reflexo do movimento eterno do Universo. Este entendimento não só eleva a nossa percepção da ordem cósmica, como pode nos orientar na harmonização da nossa vida com essas leis universais, levando a uma existência mais consciente e alinhada com o propósito maior de nossa alma.

RESUMO DOS 7 PRINCÍPIOS HERMÉTICOS

Ao mergulharmos nas profundezas da sabedoria ancestral nos deparamos com os 7 Princípios Herméticos, que são como joias de conhecimento que atravessam o tempo, oferecendo insights sobre a natureza da realidade que nos cerca, a interconexão de todas as coisas e a presença do Divino no Universo.

A tabela abaixo fornece um panorama claro e conciso dos Princípios que foram abordados neste livro. Cada princípio é apresentado com sua designação original, seguido de uma breve descrição que destila sua essência e aplicabilidade universal.

Esta tabela não é apenas um resumo; é um convite à reflexão e ao aprofundamento nos Mistérios da existência.

Convido-o a contemplar cada princípio não somente como uma teoria abstrata, mas como uma verdade viva que pode ser aplicada ao dia a dia. Ao entendermos e aplicarmos estes princípios, podemos alcançar uma maior harmonia com o fluxo da vida e, talvez, um vislumbre da mente que tudo permeia.

Nº	PRINCÍPIO	RITUALÍSTICA	PLANETA	CHAKRA	FUNÇÃO	RESUMO
1	Mentalismo	Cerimonial	Sol	Coronário	Elevar	O Universo é mental. O Todo é mente. Tudo o que acontece é resultado do estado mental que precedeu aquilo. Pensamentos criam qualquer estado de ser. O que projetamos em nossa mente se manifesta de forma física.

2	Correspondência	Meditativa	Lua	Frontal	Inspirar	Como acima, é abaixo; como dentro, é fora. Todos os planos da existência estão conectados por correspondência. O que fazemos/somos no nível micro é o que fazemos/somos no nível macro. O mundo exterior é um reflexo do nosso mundo interior. Se você conhece a si mesmo, conhece o universo. Se conhecer o universo, conhecerá a si mesmo.
3	Vibração	Mântrica	Mercúrio	Laríngeo	Sintonizar	Nada está em repouso; tudo se move; tudo vibra. Tudo o que existe, é feito de uma energia que vibra, da matéria física à espiritual. Tudo vibra em uma frequência distinta. Mudando o seu estado mental, você mudará sua vibração.
4	Polaridade	Devocional	Vênus	Cardíaco	Conectar	Tudo é dual. Tudo possui seu oposto. Os opostos são idênticos em natureza, mas diferentes em grau. Todos os paradoxos podem ser reconciliados. Os opostos são apenas dois extremos (graus diferentes) da mesma coisa.
5	Ritmo	Purificatória	Marte	Plexo Solar	Limpar	Tudo flui e reflui. Tudo tem suas marés. Tudo sobe e desce. Há sempre um movimento e um fluxo. Entrar no ritmo do universo é a chave para superar qualquer desafio da vida.
6	Causalidade	Mágica	Júpiter	Umbilical	Mudar	Toda causa tem um efeito; todo efeito tem sua causa. Há muitos planos de causalidade, mas nada escapa a esta lei. Você pode escolher as ações que toma e, ao fazer isso, elege automaticamente as consequências. Você pode se tornar a causa em vez de sofrer o efeito.
7	Gênero	Sexual	Saturno	Básico	Aterrar	O gênero está em tudo; todas as coisas têm seus princípios Masculino e Feminino; o Gênero se manifesta em todos os planos

Com essa estrutura, o leitor pode facilmente relembrar cada princípio do Caibalion apresentado nas páginas anteriores em detalhes nesta obra.

Que este seja um ponto de partida para sua própria jornada de descoberta e integração dos Princípios Herméticos em sua compreensão do Cosmos.

AFIRMAÇÕES PARA CADA PRINCÍPIO

Os 7 Princípios Herméticos são ferramentas práticas para a transformação e o crescimento pessoal.

Estas afirmações são como uma coleção de mantras poderosos que podem ser feitos quando quiser despertar a força de um dos Princípios em você. São ideais para a sua jornada diária de autoaperfeiçoamento e conscientização espiritual. Cada afirmação é uma semente de pensamento projetada para florescer dentro de sua mente e espírito.

Nº	PRINCÍPIO	AFIRMAÇÕES PARA CADA PRINCÍPIO
1	Mentalismo	Eu sou o arquiteto da minha realidade, e o poder da mente molda meu destino.
2	Correspondência	Assim como reflito o Universo em meu ser, o Universo reflete minha essência em sua vastidão
3	Vibração	Eu me sintonizo com as energias positivas do Universo, vibrando em harmonia com meus sonhos e desejos.
4	Polaridade	Em cada desafio, vejo uma oportunidade; em cada sombra, uma luz. Sou o equilíbrio entre os extremos.
5	Ritmo	Eu me movo com o ritmo do Universo, sabendo que após cada maré baixa, vem uma maré alta
6	Causalidade	Sou responsável por cada ação e escolha, e reconheço que cada passo que dou molda o caminho à minha frente.
7	Gênero	Reconheço e abraço as energias masculinas e femininas dentro de mim, encontrando força e sabedoria na união delas.

QUESTÕES PARA CADA PRINCÍPIO

Os 7 Princípios Herméticos oferecem caminhos para a introspecção, desafiando-nos a explorar mais profundamente as verdades escondidas por trás do véu do óbvio.

Esta tabela de perguntas reflexivas é um convite à meditação ativa. Aqui, cada Princípio Hermético é acompanhado por uma questão que visa desbloquear camadas de entendimento e insight. Estas perguntas são chaves que podem abrir portas internas para salas de conhecimento e transformação que talvez nunca soubéssemos que existiam.

PRINCÍPIO	PERGUNTA REFLEXIVA
Mentalismo	Como posso moldar minha realidade através do poder dos meus pensamentos hoje?
Correspondência	Em quais aspectos minha vida externa reflete meu mundo interno?
Vibração	"De que maneira estou alinhando minha frequência com meus desejos mais profundos?"
Polaridade	Como posso encontrar harmonia entre o que está dentro e fora de mim?
Ritmo	Qual ritmo natural da vida estou sendo chamado a fluir agora?
Causalidade	Que ação posso tomar hoje que terá um efeito positivo duradouro?
Gênero	De que forma posso equilibrar o masculino e o feminino em minha própria vida?

BIBLIOGRAFIA

Agrippa, Henry Cornelius. *Three Books of Occult Philosophy*. Translated by J. F. London: R. W. for Gregory Moule, 1651.

Alfonso-Goldfarb, Ana Maria; Abou-Chahla Jubran, Safa (1999). *Livro do Tesouro de Alexandre: Um estudo de hermética árabe na oficina da história de ciência*. Petrópolis: Editora Vozes.

Alfonso-Goldfarb, Ana Maria; Abou-Chahla Jubran, Safa (2008). *Listening to the Whispers of Matter Through Arabic Hermeticism: New Studies on the Book of the Treasure of Alexander*. Ambix.

Asclepius 24:1. *Adapted from G. R. S. Mead, Thrice Greatest Hermes* (London: Theosophical Publishing Society, 1906)

Asl, Mohammad Karimi Zenjani (2016). *Sirr al-Khalīqa and its influence in the Arabic and Persianate world: 'Awn b. al-Mundhir's Commentary and its unknown Persian Translation*. Al-Qantara.

Bausani, Alessandro (1983). *Il Kitāb 'Arḍ Miftāḥ al-Nujūm attribuito a Hermes: Prima traduzione araba di un testo astrologico?*. Atti della Accademia Nazionale dei Lincei. Memorie. Classe di Scienze Morali, Storiche e Filologiche.

Bausani, Alessandro (1986). *Il Kitāb 'Arḍ Miftāḥ al-Nujūm attribuito a Hermes*. Actas do XI Congresso da UEAI (Evora 1982).

Bonardel, Françoise. *Filosofar pelo Fogo: Antologia de Textos Alquímicos*. São Paulo: Madras, 2012.

Brashler, James; Dirkse, Peter A.; Parrott, Douglas M. (1990). *Asclepius 21–29 VI,8*. In Robinson, James M. (ed.). The Nag Hammadi Library in English (3rd ed.). New York: HarperCollins.

Brashler, James; Dirkse, Peter A.; Parrott, Douglas M. (1990). *Prayer of Thanksgiving (VI,7) and Scribal Note (VI,7a).* In Robinson, James M. (ed.). The Nag Hammadi Library in English (3rd ed.). New York: HarperCollins.

Brashler, James; Dirkse, Peter A.; Parrott, Douglas M. (1990*). The Discourse on the Eighth and Ninth VI,6.* In Robinson, James M. (ed.). The Nag Hammadi Library in English (3rd ed.). New York: HarperCollins.

Bremner, Marlene Seven. Hermetic Philosophy and Creative Alchemy: The Emerald Tablet, the Corpus Hermeticum, and the Journey through the Seven Spheres. *Rochester, Vt.: Inner Traditions, 2022.*

Breton, Le. "Las Chaves de la Filosofia Espagirica", in La Tabla Redonda de los Alquimistas. Madrid: Luiz Carcamo editor, 1980.

Brînzeu, Pia (2011*). Hidden Esotericism: Postmodern Witches and the Cauldron of Intertextuality.* European Journal of English Studies. 15 (3): 251–265. doi:10.1080/13825577.2011.626954. S2CID 146878947.

Bull, Christian H. (2018). *The Tradition of Hermes Trismegisto: The Egyptian Priestly Figure as a Teacher of Hellenized Wisdom. Religions in the Graeco-Roman World:* 186. Leiden: Brill.

Caiazzo, Irene (2004). *La Tabula smaragdina nel Medioevo latino, II. Note sulla fortuna della Tabula smaragdina nel Medioevo latino.* In Lucentini.

Canseliet, Eugène. *Mutus Liber*. Paris: La Rochelle.

Chapel, Nicholas E. (2013*). The Caibalion's New Clothes: An Early 20th Century Text's Dubious Association with Hermeticism.* Journal of the Western Mystery Tradition.

Colinet, Andrée (1995). *Le livre d'Hermès intitulé Liber dabessi ou Liber rebis.* Studi medievali.

Copenhaver, Brian P. (1992*). Hermetica: The Greek Corpus Hermeticum and the Latin Asclepius in a New English Translation, with Notes and Introduction.* Cambridge: Cambridge University Press.

Deslippe, Philip (2011). *The Caibalion: The Definitive Edition.* New York: Tarcher/Penguin

De Rola, Stanislas Klossowski. *Alquimia*. Edições Del Prado, 1993..

Dodd, Charles H. (1935). *The Bible and the Greeks*. London: Hodder & Stoughton.

Ebeling, Florian (2007). *The Secret History of Hermes Trismegisto: Hermeticism from Ancient to Modern Times.* Translated by Lorton, David. Ithaca: Cornell University Press.

Fulcanelli. Le Mystère des Cathédrales: Esoteric Interpretation of the Hermetic Symbols of the Great Work. *Translated by Mary Sworder. Albuquerque, N.Mex.: Brotherhood of Life, 1984.*

Festugière, André-Jean (1944–1954). *La Révélation d'Hermès Trismégiste. Vol.* I–IV. Paris: Gabalda.

Festugière, André-Jean (1967). *Hermétisme et mystique païenne.* Paris: Aubier Montaigne.

Fowden, Garth (1986). *The Egyptian Hermes: a Historical Approach to the Late Pagan Mind.* Cambridge University Press.

Geber. "*Summa Philosophorum*" 1628, in Alquimia e Ocultismo. Lisboa: Edições 70, 1970.

Hall, Manly P. (1928*). An Encyclopedic Outline of Masonic, Hermetic, Qabbalistic and Rosicrucian Symbolical Philosophy: Being an Interpretation of the Secret Teachings concealed within the Rituals, Allegories and Mysteries of all Ages* (Subscribers' ed.). San Francisco, California: H. S. Crocker & Co.

Hall, Manly P. (2003). *The Secret Teachings of All Ages:* Reader's Edition (Reader's ed.). New York: Jeremy P. Tarcher/Penguin.

Hanegraaff, Wouter J. "Romanticism and the Esoteric Connection." In *Gnosis and Hermeticism from Antiquity to Modern Times,* edited by Roelof van den Broek and Wouter J. Hanegraaff, 237–68. Albany: State University of New York Press, 1998.

Hauck, Dennis Willian. *The Complete Idiot's Guide to Alchemy.* New York: Alpha Books, 2008.

Hollandus, Johann Isaac. *Um Trabalho de Saturno.* Opera Mineralis, 1616.

Horowitz, Mitch (2009). *Occult America: The Secret History of How Mysticism Shaped Our Nation.* New York: Bantam.

Horowitz, Mitch (2019). *The New Age and Gnosticism: Terms of Commonality.* Gnosis: Journal of Gnostic Studies.

Hutin, Serge. História Geral da Alquimia. Pensamento, 2010.

Jasnow, Richard; Zauzich, Karl-Theodor (2014). *Conversations in the House of Life: A New Translation of the Ancient Egyptian Book of Thoth.* Harrassowitz Verlag.

Kelly, Edward. "The Stone of the Philosophers." In *Tractatus duo egregii, de Lapide Philosophorum, una cum Theatro astronomi terrestri, cum Figuris, in gratiam filiorum Hermetis nunc primum in lucem editi, curante J. L.M.C.* [Johanne Lange Medicin Candidato]. Hamburg, 1676.

Kingsley, Peter (1993). *Poimandres: The Etymology of the Name and the Origins of the Hermetica*. Journal of the Warburg and Courtauld Institutes.

Kunitzsch, Paul (2004*). Origin and History of Liber de Stellis Beibeniis*. In Lucentini, P.; Parri, I.; Perrone Compagni, V. (eds.).

Litwa, M. David, ed. (2018). *Hermetica II: The Excerpts of Stobaeus, Papyrus Fragments, and Ancient Testimonies in an English Translation with Notes and Introductions*. Cambridge: Cambridge University Press.

Mahé, Jean-Pierre (1978–1982). *Hermès en Haute-Egypte. Vol. I–II*. Quebec: Presses de l'Université Laval.

Mahé, Jean-Pierre (1996). *Preliminary Remarks on the Demotic Book of Thoth* and the Greek Hermetica. Vigiliae Christianae.

Mahé, Jean-Pierre (1999). *The Definitions of Hermes Trismegisto to Asclepius*. In Salaman, Clement; van Oyen, Dorine; Wharton, William D.; Mahé, Jean-Pierre (eds.). The Way of Hermes. London: Duckworth Books.

Mandosio, Jean-Marc (2005). *La création verbale dans l'alchimie latine du Moyen Âge*. Archivum Latinitatis Medii Aevi.

Marlene Seven Bremner. *Hermetic Philosophy and Creative Alchemy: The Emerald Tablet, the Corpus Hermeticum, and the Journey through the Seven Spheres,* Simon and Schuster

Marlene Seven Bremner. T*he Hermetic Marriage of Art and Alchemy: Imagination*, Creativity, and the Great Work 1644112906, Inner Traditions

Newman, William R. (2019). *Newton the Alchemist: Science, Enigma, and the Quest for Nature's Secret Fire*. Princeton: Princeton University Press.

Nichols, Kimberly (15 December 2012*). The Maestro and the Boy: The Kindness of Manly P. Hall* | Newtopia Magazine.

Norris, John (2006). *The Mineral Exhalation Theory of Metallogenesis in Pre-Modern Mineral Science*. Ambix.

Paracelso. *De Vita Longa*. São Paulo: Editora Trê, 1976.

Piperakis, Spyros (2017). *Decanal Iconography and Natural Materials in the Sacred Book of Hermes to Asclepius*. Greek, Roman, and Byzantine Studies.

Plessner, Martin (1954*). Hermes Trismegisto and Arab Science*. Studia Islamica.

Principe, Lawrence M. (2013). *The Secrets of Alchemy*. Chicago: The University of Chicago Press.

PWilson, Brandon (2021) *A Forgotten Father of the New Age: Manly P. Hall and His Impact on American Metaphysical Religion.* External links

Robinson, James M. (1990). *The Nag Hammadi Library in English. 3th, revised edition.* New York: HarperCollins.

Roig Lanzillotta, Lautaro (2021). *The Discourse on the Eighth and the Ninth (NHC VI,6), the Prayer of Thanksgiving (NHC VI,7), and the Asclepius (NHC VI,8): Hermetic Texts in Nag Hammadi and Their Bipartite View of Man.* Gnosis: Journal of Gnostic Studies.

Roob, Alexander. *O Museu Hermético: Alquimia e Misticismo*. Editora Taschen, 1997.

Sahagun, Louis (2008*). Master of the Mysteries: The Life of Manly Palmer Hall.* Process.

Saif, Liana (2021). *A Preliminary Study of the Pseudo-Aristotelian Hermetica: Texts, Context, and Doctrines.* Al-ʿUṣūr al-Wusṭā.

Santos, Yedda Pereira dos. *Dicionário de Alquimia: A Chave da Vida.* São Paulo: Madras, 2012.

Scott, Walter (1924–1936). *Hermetica: The Ancient Greek and Latin Writings Which Contain Religious or Philosophic Teachings Ascribed to Hermes Trismegisto.* Vol. I–IV. Oxford: Clarendon Press.

Sendivogius, Michael. "The New Chemical Light." In Waite, *The Hermetic Museum,* vol. 2, 79–158. Sacred-Texts

Sexton, Jared Yates (25 March 2020). *The Cult of the Shining City Embraces the Plague.* The New Republic.

Smoley, Richard (2018). *The Caibalion: Centenary Edition.* New York: Tarcher/Penguin.

Silveira, Nise da. *Jung: Vida e Obra, Coleção Vida e Obra.* Rio de Janeiro: Paz e Terra, 1981.

Stapleton, H. E.; Lewis, G. L.; Taylor, F. Sherwood (1949). *The sayings of Hermes quoted in the Māʾ al-waraqī of Ibn Umail.*

Three Initiates (1908). *The Caibalion: A Study of the Hermetic Philosophy of Ancient Egypt and Greece.* Chicago: The Yogi Publication Society.

Trismegisto, Hermes, *Emerald Tablet Of Hermes, Kessinger* Publishing

Van Bladel, Kevin (2009). *The Arabic Hermes: From Pagan Sage to Prophet of Science.* Oxford: Oxford University Press.

Van den Kerchove, Anna (2012). *La Voie d'Hermès. Pratiques rituelles et traités hermétiques. Nag Hammadi and Manichaean Studies 77.* Leyde: Brill.

Van den Kerchove, Anna (2017). *Hermès Trismégiste. Le messager divin.* Paris: Éditions Entrelacs.

Waegeman, Maryse (1987). *Amulet and Alphabet: Magical Amulets in the First Book of Cyranides.* Amsterdam: J. C. Gieben.

Waite, Arthur Edward, ed. *The Hermetic and Alchemical Writings of Paracelsus.* 2 vols. Mansfield Center, Conn.: Martino, 2009.

———, trans. *The Hermetic Museum, Restored and Enlarged.* 2 vols. London: J. Elliot, 1893. Sacred-Texts (website).

———. The Holy Kabbalah: A study of the secret tradition in Israel as unfolded by sons of the doctrine for the benefit and consolation of the elect dispersed through the lands and ages of the greater exile. *Secaucus, N.J.: University Books, 1960.*

Esta edição foi composta pela Ardane, São Paulo, SP.

Os papéis utilizados foram o off set, gramatura 90
para o miolo e cartão triplex para a capa.

O texto principal foi composto em fonte Minion Pro
11;16 e os títulos em Strange Dreams 25;30.

Impresso no Brasil.